国家卫生健康委员会"十四五"规划教材

全国高等学校教材

供研究生护理学专业用

新形态教材

U0644141

社区护理理论与实践

第 3 版

主　　　编　　冯　辉　侯淑肖

副　主　编　　王　健　王爱红　景丽伟

数字资源主编　　冯　辉

数字资源副主编　侯淑肖　景丽伟　李玉红

人民卫生出版社

·北京·

图书在版编目（CIP）数据

社区护理理论与实践 / 冯辉，侯淑肖主编. -- 3 版.
北京：人民卫生出版社，2025. 7. --（第四轮全国高等
学校新形态研究生护理学专业规划教材）. -- ISBN 978
-7-117-38227-4

Ⅰ. R473.2

中国国家版本馆 CIP 数据核字第 2025C347H6 号

人卫智网	www.ipmph.com	医学教育、学术、考试、健康，购书智慧智能综合服务平台
人卫官网	www.pmph.com	人卫官方资讯发布平台

社区护理理论与实践
Shequ Huli Lilun yu Shijian
第 3 版

主　　编：冯　辉　侯淑肖
出版发行：人民卫生出版社（中继线 010-59780011）
地　　址：北京市朝阳区潘家园南里 19 号
邮　　编：100021
E - mail：pmph @ pmph.com
购书热线：010-59787592　010-59787584　010-65264830
印　　刷：人卫印务（北京）有限公司
经　　销：新华书店
开　　本：850×1168　1/16　印张：22.5
字　　数：650 千字
版　　次：2012 年 7 月第 1 版　2025 年 7 月第 3 版
印　　次：2025 年 8 月第 1 次印刷
标准书号：ISBN 978-7-117-38227-4
定　　价：92.00 元
打击盗版举报电话：010-59787491　E-mail：WQ @ pmph.com
质量问题联系电话：010-59787234　E-mail：zhiliang @ pmph.com
数字融合服务电话：4001118166　E-mail：zengzhi @ pmph.com

编 者（以姓氏笔画为序）

王　健　中国医科大学护理学院

王爱红　南京中医药大学护理学院

王毅欣　海军军医大学护理系

冯　辉　中南大学湘雅护理学院

庄嘉元　福建医科大学护理学院

刘　宇　北京中医药大学护理学院

刘民辉　宁夏医科大学护理学院（兼编写秘书）

李　芸　四川大学华西护理学院

李　明　山东大学护理与康复学院

李　强　齐齐哈尔医学院护理学院

李玉红　安徽医科大学护理学院

杨　丽　青岛大学护理学院

吴异兰　福建中医药大学护理学院

侯淑肖　北京大学护理学院

景丽伟　首都医科大学护理学院

数字资源编者

第四轮修订说明

　　全国高等学校研究生护理学专业规划教材自 2008 年第一轮教材出版以来，历经三轮修订，教材品种和形式不断丰富、完善，从第一轮的 1 种教材到第四轮的 13 种教材，完成了全国高等学校研究生护理学专业"十一五""十二五""十三五""十四五"规划教材的建设，形成了扎根中国大地、立足中国实践、总结中国经验、彰显中国特色的全国高等学校护理学研究生国家规划教材体系，充分展现了我国护理学科和护理研究生教育的发展历程，对我国护理学专业研究生教育教学发展与改革及高层次护理人才培养起到了重要引领作用。为满足新时代我国医疗卫生事业发展对高级护理人才的需求，服务"健康中国""数字中国"国家战略需求，人民卫生出版社在教育部、国家卫生健康委员会的领导与支持下，在全国高等学校护理学类专业教材评审委员会的有力指导下，在全国高等学校从事护理学研究生教育教师的积极响应和大力支持下，经过对全国护理学专业研究生教育教学情况与需求进行深入调研和充分论证，全面启动了第四轮全国高等学校新形态研究生护理学专业规划教材的修订工作，并确定了第四轮规划教材编写指导思想：强化思想政治引领，落实立德树人根本任务；满足人民需要，服务国家战略需求；紧扣培养目标，培育高层次创新人才；体现护理学科特色，突显科学性与人文性；注重学科交叉融合，打造高质量新形态教材。

　　第四轮规划教材的修订始终坚持以习近平新时代中国特色社会主义思想为指导，全面贯彻党的教育方针，全面贯彻落实全国教育大会和全国研究生教育会议精神，以及教育部、国家发展改革委、财政部发布的《关于加快新时代研究生教育改革发展的意见》（教研〔2020〕9 号）的要求。认真贯彻执行《普通高等学校教材管理办法》，加强教材建设与管理，推进教育数字化，以提升研究生教育质量为核心，推动全国高等学校护理教育高质量、高素质、创新型、研究型人才的培养。

　　第四轮规划教材的编写特点如下：

　　1. 坚持立德树人　课程思政　坚持以习近平新时代中国特色社会主义思想为指导，落实立德树人根本任务，深入推进习近平新时代中国特色社会主义思想和党的二十大精神进教材进课堂进头脑。树立课程思政理念，发挥研究生教育在培育高层次护理创新人才中的引领作用。牢记"国之大者"，坚持正确的政治方向和价值导向，严守研究生教育意识形态阵地，强化护理学专业研究生职业素养教育，重点培养研究生知识创新、实践创新能力，助力卓越护理人才培养，推动卫生健康事业高质量发展。

　　2. 坚持学科特色　专业引领　立足学科前沿和关键领域，积极吸纳国内外的最新研究成果，科学选取、系统梳理具有护理学科特色的知识体系。在精准把握教材研究性与实践性的基础上，注重科学技术与人文精神的融合，展现护理学科丰富的人文内涵和属性，提升护理学专业研究生的科学素养和综合人文素质，满足人民群众全方位全生命周期的健康服务需求。加强老年护理、重症护理、安宁疗护等专科护理人才培养，为积极应对人口老龄化、全面推进健康中国建设提供坚实人才支撑。

3. 坚持交叉融合　守正创新　依据《教育部关于深入推进学术学位与专业学位研究生教育分类发展的意见》《研究生教育学科专业目录（2022年）》，坚持学术学位与专业学位研究生教育两种类型同等地位，紧扣两类人才培养目标，分类加强教材建设。调整优化教材结构与布局，紧盯护理学专业研究生教育多学科交叉融合发展的趋势，新增《老年护理理论与实践》《实验护理学》两本教材，适应护理学科发展趋势及新时代人才培养需求，更好地服务高层次护理创新人才高质量培养。

4. 坚持技术驱动　数智赋能　在教育数字化和数智出版深度推进的背景下，积极构筑新形态护理学专业研究生教材高质量发展的新基石。本套教材同步建设了与纸质教材配套的数字资源。数字资源在延续第三轮教材的教学课件、文本、案例、思考题等内容的基础上，拓展和丰富了资源类型，以满足广大院校师生的教育数字化需求，服务院校教学。读者阅读纸书时可以扫描二维码，获取数字资源。

本套教材通过内容创新、形态升级与质量保障，将为培养具有国际视野、科研能力和人文素养的高层次护理人才提供坚实支撑。也希望全国广大院校在教材使用过程中能够多提宝贵意见，反馈使用信息，以逐步完善和优化教材内容，提高教材质量。

冯辉，中南大学湘雅护理学院教授，博士研究生导师，中南大学健康护理研究中心执行主任，智慧医养湖南省工程研究中心主任。

主讲本科生社区护理学、老年护理学、护理信息学，研究生社区护理理论与实践、智慧护理创新实践等课程，为国家级一流本科课程社区护理学负责人，获湖南省普通高校教师教学创新大赛一等奖，主编及参编教材20余部。主要研究方向为智慧康养、社区慢性病管理。近年来，先后主持国家级科研项目10余项，省部级科研项目20余项，国际合作科研项目3项，在国内外期刊发表学术论文100余篇，授权发明专利10余项。以第一完成人获湖南省科技进步奖一等奖1项。

侯淑肖，教授，硕士研究生导师，北京大学护理学院副院长、社区护理学教研室主任，兼任北京护理学会社区专业委员会副主任委员、北京神经内科学会护理专业委员会副主任委员、中国研究型医院学会护理分会常务理事、北京护理工作者协会常务理事等职务。

主要研究方向为社区护理、慢性病管理及护理教育。主持各级各类科研项目10余项，在国内外期刊发表学术论文80余篇，主编及参编教材10余部，参与项目获国家级教学成果奖一等奖、北京市高等教育教学成果奖二等奖、中华护理学会科技奖二等奖等奖励。

副主编简介

王健，中国医科大学护理学院副教授，社区护理学课程负责人，辽宁省循证护理联盟委员。

主讲课程有社区护理学、老年护理学、护理健康教育学、护理学基础等，其中社区护理学被评为校级线下一流课程，护理学基础被评为辽宁省精品课程、辽宁省精品资源共享课程、国家级精品资源共享课程。主要研究方向为护理教育环境和社区护理实践。承担和参与科研课题20余项；在国内外核心期刊发表论文10余篇，其中SCI论文2篇。主编及副主编教材4部。

王爱红，南京中医药大学护理学院教授，硕士研究生导师，江苏高校"青蓝工程"中青年学术带头人，江苏省社区护理实践教育中心负责人，国家中医药管理局命审题专家、江苏省护理学会社区护理专业委员会委员。

主要研究方向为社区护理。主编及副主编教材8部。担任《中国全科医学杂志》《中华现代护理杂志》等专业期刊审稿专家及编委。主持各级各类课题15项，在国内外期刊发表论文90余篇，曾获省教学成果奖一等奖、南京市优秀论文奖等。

景丽伟，首都医科大学护理学院副院长、教授，博士研究生导师，中国人民大学国家发展与战略研究院博士后出站，首都医科大学老年健康护理学学系主任，首都健康老龄化创新研究中心副主任兼秘书长。

主要研究方向为健康老龄化政策与实践、智慧慢性病管理、智慧整合照护。主持国家级科研项目4项，省部级项目4项，国家卫生健康委员会、民政部等决策咨询项目6项。在国内外期刊发表学术论文100余篇。曾获河北省医学会科技进步奖一等奖1项，厅局级科技进步奖三等奖2项。主编及副主编教材4部，参编教材10余部。

前 言

　　《社区护理理论与实践》（第3版）是一部专为研究生教育设计的教材，同时也适合社区护理教师和社区卫生服务工作者作为高级参考书使用。本教材专注于社区全生命周期人群健康维护与促进，涵盖了当前社区护理领域的热点研究问题，介绍了社区卫生服务和社区护理的相关政策以及发展趋势，强调理论对社区护理实践的指导作用。部分章节设置社区护理循证实践模块，引导学生策划社区护理项目并实施，以期探索理论与研究型实践相结合的教学体系。

　　本版教材在保持前一版教材的主要框架和基本结构基础上，紧扣社区护理高层次创新型人才培养目标，关注国内外社区护理及其相关学科的研究趋势与最新动态，强调社区护理的循证实践和研究方法，侧重于社区护理创新服务模式、方法和技术等内容。此外，新增了社区护理的研究方法与实践、数字化技术在社区护理实践中的应用等章节。本版教材凸显护理学科的科学性和人文性，体现学科交叉与融合，有助于推动社区护理的创新发展。

　　本版教材从六个方面设置各章的内容，即基础知识、相关理论、相关政策、社区预防保健、研究与热点问题及循证实践应用模块。全书共12章：第一章介绍社区卫生服务和社区护理的基本知识、发展史、现状等，加入了社区护理研究、管理、政策法规与伦理问题等内容；第二章包括社区常用的流行病学研究方法、社区健康风险评估与预警、社区复杂干预研究、实施科学在社区护理领域的应用等；第三章介绍社区卫生诊断、健康社区和社区居民健康档案；第四章重点阐述了家庭健康护理的发展过程及相关理论，介绍居家护理的知识和技术；第五章和第六章介绍了妇女、儿童和老年人等社区重点人群的保健和护理；第七章至第九章介绍了社区慢性病病人的护理与管理、社区伤残病人的康复护理及社区精神障碍病人的护理；第十章介绍了社区突发公共卫生事件的预防与护理；第十一章介绍了中医护理在社区护理中的发展和应用；第十二章介绍了数字化技术在社区护理实践中的应用，推动社区护理服务模式和技术的创新发展。实践指导部分包括5个社区护理实践专题，从实践的角度出发，提高学生独立解决问题的能力。

　　本教材的编者均为社区护理理论与实践课程的资深教师，具有丰富实践经验与研究经历，全体编者以科学、严谨的态度和极大的热忱编写本教材，在此向各位编者和所有支持或帮助本书编写的人士表示诚挚的感谢！

　　由于时间及能力有限，书中难免有疏漏、不妥之处，敬请广大护理同仁和读者批评指正。

冯　辉　侯淑肖

2025 年 1 月

主编说教材

目 录

第一章

绪论

> ## 📑 社区情景
>
> 　　王大爷，77岁，20多年前诊断为慢性阻塞性肺疾病（chronic obstructive pulmonary disease, COPD）。近两年发作次数增多，咳嗽、咳痰加重，气促、喘憋明显，活动耐力逐渐下降。
>
> 　　王大爷有长期吸烟史，因为戒烟问题常与家人争吵。由于疾病影响，王大爷食欲不好，也不怎么愿意出门活动。小区里有一些老年人与王大爷一样，也患有COPD，他们都觉得得了这个病没什么，不舒服的时候喷点儿药就好了。近期天气逐渐转凉，家人担心王大爷的疾病再次加重，陪他到社区卫生服务中心就诊，想开药预防疾病发作。
>
> 　　本案例中，社区护士在COPD病人健康管理中可以发挥什么作用？从社区的角度，案例中是否存在公共卫生问题需要社区护士解决？带着这些问题，我们来学习本章的内容。

第一节　概　　述

　　随着社会经济的发展和工业化、城市化进程的加快，人类正面临着与生态环境和生活方式密切相关的健康挑战；同时，人口老龄化和公众健康观念的转变带来的健康需求日益增多。为了有效应对这些挑战和需求，全球卫生服务体系正在经历深刻的转型，其核心是强化基层社区卫生服务，提升服务的有效性和可及性。社区护理作为社区卫生服务的重要组成部分，融合了护理学与公共卫生学的理论与技术，致力于维护和提升个人、家庭和群体的健康水平，已成为推动初级卫生保健工作的关键力量，在促进全生命周期人群健康和推进健康中国建设中发挥着越来越重要的作用。

一、社区卫生服务

（一）社区卫生服务的概念和特点

　　1. 社区卫生服务的概念　　社区卫生服务（community health service）是以基层卫生机构为主体，全科医生为骨干，合理使用社区资源和适宜技术，以人的健康为中心、家庭为单位、社区为范围、需求为导向，以妇女、儿童、老年人、慢性病病人、残疾人为重点，以解决社区主要卫生问题、满足基本卫生服务需求为目的，融预防、保健、医疗、康复、健康教育等服务于一体，为居民提供有效、经济、方便、综合、连续的基层卫生服务。社区卫生服务是政府保障公众获得基本公共卫生服务与基本医疗服务的重要举措，是不断提高公众健康素质、促进社会公平、构建和谐社会的重要手段。发展社区卫生服务符合卫生服务低成本和高效益的卫生发展要求。

　　2. 社区卫生服务的特点

　　（1）公益性：社区卫生服务机构提供基本公共卫生服务和基本医疗服务，具有公益性质，不以营利为目的；并以"人人享有初级卫生保健"为目标来构建卫生服务体系。

（2）主动性：社区卫生服务以社区、家庭和居民为服务对象，以妇女、儿童、老年人、慢性病病人、残疾人、贫困居民等为服务重点，以主动服务、上门服务为主要形式。

（3）综合性：社区卫生服务的目标是提高社区人群的健康水平，服务内容涉及面广，除基本医疗服务外，还包括预防、保健、康复、健康教育与健康促进等服务，并涉及生理、心理及社会各个层面。

（4）连续性：社区卫生服务始于生命的准备阶段直至生命结束终止，覆盖生命全周期以及疾病发生、发展的全过程，不因某一健康问题的解决而终止，而是根据生命全周期和健康全过程中各个阶段的特点及需求，提供具有针对性的服务。

（5）可及性：社区卫生服务在服务内容、时间、价格及地点等方面更加贴近社区居民的需求，所提供的服务和药品、开展的适宜技术，居民不仅能承担得起，而且还使用方便。

（6）协调性：社区卫生服务是社区服务系统的一部分，它与社区建设的各方面互相促进和支持，需要整合、协调和利用社区内外的资源来实现。同时，社区卫生服务涉及多学科团队，如全科医生、社区护士、康复治疗师、营养师、社区工作者等，应做好团队成员之间的沟通与协调。

（二）我国发展社区卫生服务的背景和意义

1. 我国发展社区卫生服务的背景 我国社区卫生服务在经济体制改革和社会经济结构变化的过程中孕育而生，其雏形可以追溯到 20 世纪 80 年代初。随着人口老龄化程度的加剧和居民生活方式的改变，慢性非传染性疾病发病率上升，以社区为基础的健康教育及其他行为因素干预、家庭病床、疾病管理、康复服务等需求日益增加，但传统的卫生服务模式和资源配置格局难以满足居民的健康需求。社区卫生服务将医疗卫生服务内容从治疗拓展到预防，将服务范围从院内延伸到院外，将服务对象从个体扩大到家庭和群体，是解决当时我国面临的主要卫生问题的有效途径，是改善社区居民健康、优化医疗卫生服务体系的关键之举。同时，医疗费用增长过快也是当时面临的严重社会问题，从 1980 年到 1998 年近 20 年期间，医疗费用支出中个人支付部分从 23.2% 增长到 57.8%；加之当时许多居民没有健康保险，更加重了个人和家庭的经济负担。与以医院为中心的医疗卫生服务相比，社区卫生服务是一种更为经济的途径，且其服务内容涵盖从预防开始的综合策略，成为卫生体制改革的必然选择。

2. 发展社区卫生服务的意义 在国家政策的大力推动下，我国社区卫生服务快速发展，已逐步成为促进和维护人民群众健康的重要措施和构建和谐社会的重要保证。发展社区卫生服务的意义主要体现在以下几个方面。

（1）适应人口老龄化和社会人口结构的变化：当前我国人口发展趋势已经由人口均衡化发展转化为人口老龄化非均衡式发展，老年人口在社会中所占比例越来越高。老年人因生理、心理、社会、文化等方面的特点，容易出现各种健康问题，更需要得到方便、经济、及时、高质量的医疗卫生服务。而人口结构变化带来的家庭结构变化使家庭养老功能弱化，家庭照顾负担加重，给社会发展带来沉重的负担。发展社区卫生服务不仅可以减轻家庭与社会的经济负担和照顾压力，还可以建立健全社会保障体系和养老保障体系，促进社会的良性健康发展。

（2）适应疾病谱和社会健康服务需求的变化：随着人们生活水平的提高和社会经济结构的变化，发病率及死因排序的主要疾病已经从传染病变为慢性非传染性疾病。大部分慢性病病人需要在社区和家庭进行治疗和护理，仅依靠医院服务难以满足居民的健康服务需求。社区卫生服务在为慢性病病人及其家庭提供方便、快捷、连续、经济、全面的医疗卫生服务的同时，注重提升病人的自我管理能力及其家庭的照顾能力，对改善慢性病病人的生活质量具有重要意义。

（3）促进卫生资源的合理配置和利用：一方面，社区卫生服务通过预防保健、健康教育等途径，帮助人们增强健康意识、掌握健康相关知识、改善生活方式，从而使疾病防控"关口前移"，达到预防疾病、促进健康的目的，提高社会整体健康水平，降低卫生成本。另一方面，社区卫生服务为一般常见病、多发病、慢性病病人提供基本医疗服务，将多数健康问题在基层解决，使慢性病复诊数量下降，有效缓解医疗资源紧缺、医疗费用支出过高等重大问题，促进卫生资源的合理利用。

（三）我国社区卫生服务的组织形式和工作内容

1. 我国社区卫生服务的组织形式 当前，我国社区卫生服务的组织形式主要有以下几种。

（1）由一级医院或基层医疗机构整体转型为社区卫生服务机构：在城区街道办事处范围内，以医疗卫生单位（城市一级医院/地段医院）为主体，建立预防、治疗和康复一体的社区卫生服务中心或服务站。该模式是我国城市社区卫生服务机构的主要形成方式，原则上按每3万~10万人口或每个街道（镇）所辖范围设置一个社区卫生服务中心，在此基础上，根据中心的地理位置，可以在辖区内距中心较远、服务覆盖不到的地方设立社区卫生服务站，服务人数为1万~1.5万人。社区卫生服务由多种专业人员合作提供，包括全科医生、社区护士、公共卫生医师、中医医师、营养师、康复治疗师、心理咨询师等，其中全科医生及社区护士是社区卫生服务的主要提供者。社区卫生服务需要与当地医院、卫生防疫部门及各级政府部门相互联系、密切合作，形成社区卫生服务网络体系。

（2）由城市二、三级医院建立社区卫生服务机构：以二、三级医院为中心，打破原有管理模式，面向社区主动提供上门服务，将医疗服务从院内扩大到院外，充分发挥大医院的技术和资源优势，有利于改变卫生资源配置不平衡的状态。

（3）依靠社会力量开办社区卫生服务机构：依据区域卫生规划，按照布局合理的原则，允许能提供社区卫生服务、符合法律法规的企业或自然人申请举办社区卫生服务机构，与地方卫生资源形成资源互补，共同承担区域内的社区卫生服务，使社区卫生服务向社会化发展。

2. 我国社区卫生服务的工作内容 包括基本公共卫生服务和基本医疗服务两部分。

（1）基本公共卫生服务：根据《国家基本公共卫生服务规范（第三版）》，基本公共卫生服务包括居民健康档案管理、健康教育、预防接种、0~6岁儿童健康管理、孕产妇健康管理、老年人健康管理、高血压病人健康管理、2型糖尿病病人健康管理、严重精神障碍病人管理、肺结核病人健康管理、中医药健康管理、传染病及突发公共卫生事件报告和处理、卫生计生监督协管等。

（2）基本医疗服务：主要包括一般常见病、多发病诊疗，诊断明确的慢性病治疗，社区现场应急救护，家庭出诊、家庭护理、家庭病床等家庭医疗服务，康复医疗服务，转诊服务，政府卫生行政部门批准的其他适宜医疗服务等。

二、社区护理

（一）社区护理的定义和特点

1. 社区护理的定义 社区护理（community nursing）将人群和其生存的环境视作一个整体，通过健康促进、健康维护、连续性照顾及管理、协调等工作，对社区内个体、家庭、群体和环境进行护理，以维护和促进全民健康。美国公共卫生学会（American Public Health Association，APHA）将社区护理定义为：社区护理是将公共卫生及护理学理论相结合，用以促进和维护社区人群健康的一门综合性学科。我国将社区护理定义为：社区护理是综合应用护理学与公共卫生学的理论与技术，以社区为基础，以人群为对象，以服务为中心，将医疗、预防、保健、康复、健康教育、计划生育等融于护理学中，并以促进和维护人群健康为最终目的，提供连续性、动态和综合的护理服务。

社区护理包含三个方面的内容，即促进健康、保护健康、预防疾病及残障。促进健康包括指导社区居民养成良好的生活习惯，如合理膳食、坚持规律运动、戒烟限酒、缓解和减轻压力等；保护健康即保护社区居民免受有害物质（如不洁饮食、饮水）的侵袭，防止社区环境中的有害因

笔记栏

3

素（空气污染、噪声污染、居家装修的污染）造成危害；预防疾病及残障主要是防止疾病及伤害的发生、发展并减少并发症，如对传染病的管制，对社区糖尿病病人的健康教育，对各种多发病、地方病的普查等。

2. 社区护理的特点

（1）以促进和维护健康为目标：社区护理的主要目标是促进和维护人群的健康，预防性服务与基本医疗护理服务在社区护理工作中同等重要。

（2）以社区人群为对象：社区护理的服务对象是社区全体人群，包括健康人群和患病人群，也包括人群赖以生存的环境。社区护士要收集和分析人群的健康状况，掌握群体的行为和生活方式、文化程度、工作和生活环境等，以便发现和解决人群的主要健康问题。

（3）社区护士的高度自主性：在社区护理过程中，社区护士往往独自深入病人家庭进行各种护理活动，故要求社区护士具备较强的独立工作能力和高度的自主性。

（4）多部门的密切合作性：社区护理的工作内容及服务对象决定社区护士在工作中不仅仅要与卫生保健人员密切配合，还要与社区居民及社区的行政、企业、教育等各种机构的相关人员密切合作。

（5）服务内容的综合性：由于社区护理的对象非常广泛，护理工作中所遇到的问题和人群的健康需求具有很大差异，而且影响人群健康的因素又多种多样，这就要求社区护士采用综合性的护理方法，包括促进健康、维护健康、预防疾病，提供连续性的护理、卫生管理等。

（二）我国社区护理的工作范畴

随着社区护理的发展，其工作范畴也在不断地发生着变化。现阶段，我国社区护理的工作范畴主要包括以下几个方面。

1. 社区预防保健服务　向社区不同年龄阶段人群提供预防保健服务，重点人群包括妇女、儿童、老年人等。具体的服务内容包括：①覆盖全生命周期的社区人群健康风险筛查与管理；②不同发育期儿童、青少年的生长发育监测、疾病预防；③免疫接种；④孕期保健；⑤产褥期保健；⑥计划生育技术咨询和指导等。根据服务对象的不同，又可将此范畴的护理分为：社区妇女保健与护理、社区儿童保健与护理、社区老年人保健与护理等。

2. 社区慢性病病人管理　社区护士对社区常见的慢性病风险因素进行评估与控制，在社区及家庭水平上减少共同危险因素，指导社区居民进行生命全程的预防；针对社区人群，特别是高危人群进行健康风险筛查与健康管理，开展以健康促进、认知行为改变理论为指导，以政策和环境改变为主要策略的综合性社区行为危险因素干预项目；鼓励社区慢性病病人共同参与，促进和支持病人自我管理，加强对病人的定期随访，采取综合护理与管理服务，从而控制和降低慢性病的发病率、致残率和病死率，提高慢性病病人的生活质量。

3. 社区突发公共卫生事件的预防与护理　社区护士应落实传染病的预防措施、监测传染病的发生并控制传染病的流行，教育社区人群预防传染病的方法和措施；同时，还应做好社区其他突发公共卫生事件的预防和救护。

4. 社区环境、职业健康与安全管理　社区护士应进行环境的监测和维护，以保护社区人群的安全。对自然环境的维护，主要是对保护社区自然环境资源、防止环境污染提出建议。对社会环境的维护，是促进社区人与人之间的良好关系，认识并尊重服务对象在文化方面的差异，维护他们的尊严。对于社区的职业人群，社区护士应提供职业防护的信息与措施，如开展职业人群的健康检查及身心评估，针对有关职业或个人压力、恐惧与焦虑、人际关系困扰等方面的问题提供咨询，实施职业安全教育、工作环境评估等。

5. 社区急、重症病人的双向转诊服务　双向转诊服务是指帮助在社区无法获得适当的护理或管理的急、重症病人转入适当的医疗机构，以得到及时、必要的救治；同时，接收从医院返回社区卫生服务机构或回家疗养的病人。为提高现场急救能力及救护质量，社区护士须掌握急救的知识和技能；开展社区急救知识宣传，提高社区居民的自救、互救能力及水平。

6. 社区家庭护理服务 包括居家护理和家庭访视，不仅能满足服务对象及家属的需求，而且能维持家庭的完整性，是最容易被社区居民接受的一种服务方式。居家护理的服务对象主要包括慢性病病人、手术后早期出院的病人、母婴保健对象、康复期病人等。社区家庭护理服务的内容主要包括：居家护理评估、家庭环境适应性改变指导、生活护理与指导、居家康复指导、治疗性护理（如伤口护理、各种导管护理、标本采集及送检等）。家庭护理应注重家庭整体功能的健康，如家庭成员间是否有协调不当、家庭发展阶段是否存在危机等。

7. 社区健康教育与健康促进 指以促进和维护居民健康为目标，向社区各类人群提供有计划、有组织、有评价的健康教育与健康促进活动，从而增强居民维护健康的意识，使其养成健康的生活方式及行为习惯，最终提高其健康水平。社区护士应针对社区内个体和群体的健康问题，拟定健康教育与健康促进计划，明确目的与要求、内容与方法，争取社区领导的协助、支持及有关部门的配合，同时要注意评价实施效果，以提高社区健康教育与健康促进的质量。

8. 社区康复护理 指社区护士在康复医师的指导下，依靠社区内的各种力量，围绕康复目标，针对病、伤、残者的整体进行生理、心理、社会各方面的康复指导，减少疾病的影响，预防继发性残病；同时，开展残疾普查，为辖区内伤残者提供康复护理服务，最大限度地帮助伤残者自理、自立，加强伤残者的生活应对能力和适应能力，促进伤残者康复。

9. 社区临终关怀 对失去治愈希望的晚期癌症病人或其他疾病临终病人，应从生理、心理、精神、情感及社会等方面尽量满足病人的需要，减轻病人的痛苦，提高他们临终阶段的生活质量。同时，也应给临终病人亲属提供心理、社会支持，指导亲属照顾病人，对亲属进行死亡教育，鼓励亲属表达感情，使其获得接受死亡事实的力量，坦然地面对死亡。

（三）社区护士的角色与功能

1. 照顾者 社区护理服务对象包括个人、家庭、社区和社会等，这就要求社区护士既要有临床护士应用护理程序对病人进行整体护理的能力，又要有流行病学的知识，以及时发现疾病的致病因素并进行预防。

2. 健康教育者 社区健康教育侧重疾病的康复和预防及建立健康的行为和生活方式方面。社区护士是社区健康教育的主要实施者，这就要求社区护士能够运用健康教育程序，有计划、有目的、系统地实施教育。

3. 健康咨询者 社区护士运用沟通技巧，通过解答护理对象的问题，提供相关信息，给予情绪支持及健康指导，澄清护理对象对疾病与健康有关问题的疑惑，使护理对象清楚地认识自己的健康状况，并以积极有效的方法应对健康问题，提高护理对象的健康水平。

4. 健康代言者 社区护士无法独立解决社区中存在的所有困难，如缺乏食物、家庭暴力等，但可以帮助这些弱势群体寻求合适的救助，并努力使卫生保健系统、社会福利系统等相关部门更多地满足社区个人及群体的需求。

5. 组织与管理者 社区卫生服务的组织机构各不相同，有门诊，也有预防保健诊所，不论哪种形式，社区护士均须承担起组织管理者的角色。有时要负责人员、物资和各种活动的安排，有时还需对社区内有关人员进行培训，如社区养老院护理员的培训，社区内餐馆从业人员的餐具消毒指导等，这些都需要一定的组织管理技巧。

6. 协调与合作者 在进行社区护理实践过程中，护士须联系并协调与社区相关人员及机构之间的相互关系，并保持有效的沟通，确保各项护理服务的顺利进行，使护理对象能获得最适宜的、整体性的照护。

7. 康复训练者 社区护士依据其专业知识和技能，对社区的残疾人进行心理康复教育，协助并训练其在疾病限制下发挥身体最大能力，利用残肢或矫正用具工作和生活，使其能自我照顾，减轻对家庭、社会的依赖。

8. 观察者及研究者　社区护士应具有敏锐的观察能力，医生往往也希望社区护士能观察到疾病的早期症状、儿童的生长发育问题、病人对药物的反应等；由于社区护士与居民接触密切，还可以发现许多家庭和社区中的问题，如家庭或社会中的压力、环境的危险因素等；社区护士有责任针对社区护理涉及的问题进行研究探讨，形成能真正指导社区护理实践的、有中国特色的社区护理理论，以推动我国社区护理的可持续发展。

9. 个案管理者　社区护士会针对高血压、糖尿病、精神疾病等病人进行个案管理，其主要目的是在充分评估的基础上，利用社区资源，协调各类服务，为所服务的个案病人提供整体、连续的医疗保健服务。

三、研究与热点问题

（一）完善分级诊疗服务体系

分级诊疗是根据疾病的轻重程度及治疗的难易程度进行分级，不同级别的医疗机构分别承担相应的诊疗任务，逐步实现各级别医疗机构的专业化，平衡各种医疗服务资源。世界卫生组织在1957 年明确提出将医疗服务分为初级保健、二级医疗以及三级医疗，或者全科医疗和专科医疗。分级诊疗不是要求病人按照医疗机构的级别就诊，而是根据自己的病情轻重缓急来选择适合的医疗服务级别。一般而言，分级诊疗的流程是基层医疗机构（家庭医生、全科医生）进行首诊并提供大部分常见病的诊疗；如果不能解决，则根据具体病情转诊至相应上级医疗机构进行专科诊疗，结束专科诊疗后再转回基层医疗机构或者康复机构进行后续治疗，各医疗机构在明确自己职责范围的基础上分工合作、相互配合。

近年来国外学者对分级诊疗研究的热点主要聚焦于医疗卫生模式的优化、医疗费用的控制等方面。我国分级诊疗服务相关研究和实践主要沿着两条脉络展开：一是围绕医疗服务体系建设，探索各级医疗机构间如何分工协作开展分级诊疗工作；二是以完善医疗保障制度为突破点，探索如何通过医保差异化支付及其他相关政策引导居民到基层医疗机构就医。

1. 围绕医疗服务体系建设开展分级诊疗的相关研究和实践　主要有医疗联合体（简称医联体）构建、基层医疗服务能力提升及信息化建设三个方面。①医联体构建：医联体作为医疗资源整合的方式之一，在促进医疗资源的合理分布、提升基层医疗机构的医疗水平、提高医疗资源的利用方面具有重要作用。医联体的主要特征为：由三所或以上的医疗机构联合构成，有共同的特定目的或目标，彼此之间有一定的隶属关系或联系，通常为大医院联合区域内基层医疗卫生机构，通过组织内部各联合单位间的基层首诊、双向转诊、技术协作和信息共享等方式，提高优质医疗资源利用率，降低服务成本，扩大优质服务受益面。②基层医疗服务能力提升：基层医疗机构是分级诊疗实施过程中的重要一环，提升基层医疗机构的服务能力是建立居民对基层医疗机构的信任，吸引更多居民选择基层首诊的基础。目前，全国各地都非常重视基层医疗服务能力，并采取了相应措施来提高基层医疗机构的服务能力，具体措施包括加大对基层医疗机构的财政投入、建设基层人才队伍、强化上级医院帮扶和指导、引入及下沉优质资源等。③信息化建设：一方面通过互联网 + 医疗、远程诊疗、搭建信息平台等方式解决病人因为物理距离导致的诊疗不便的难题；另一方面通过打通上下级，在医疗机构间实现病人信息互联互通，从而达到提高诊疗效率、控制医疗费用的目的。

2. 通过完善医疗保障制度开展分级诊疗的相关研究和实践　按照作用对象不同，完善医疗保障制度的建设可以分为引导病人就医行为和引导医疗机构诊疗行为两大类。①引导病人就医行为：主要是以经济杠杆引导病人基层就诊，通过实行不同级别医疗机构医保报销比例差异化及转诊报销制度等，让病人更多地选择在附近的基层医疗机构就诊，减少上级医院扎堆就诊情况。②引导医疗机构诊疗行为：主要是以经济激励提升医疗机构积极性，通过医保支付方式的调整变革，促使医疗机构通过积极提高医疗效率、节省医疗成本、提升服务水平的方式获取更高盈利，以经济激励使各级医疗机构有动力主动落实分级诊疗制度，缓解上级医院的诊疗压力，提高基层医疗机构的积极性。

研究成果

北京市医疗联合体分级诊疗效果及影响因素研究

本研究选取北京市 26 家医联体为研究对象，基于 2020 年医联体工作报表并结合访谈法对医联体分级诊疗效果和影响因素进行调查分析。医联体分级诊疗效果评价指标体系包括"基层首诊情况""双向转诊情况""急慢分治情况"和"机构间上下联动情况"4 个一级指标及 11 个二级指标、33 个三级指标。结果显示，核心医院帮扶力度大、核心医院为三级医院、半紧密型医联体的分级诊疗效果明显优于核心医院帮扶力度小、核心医院为二级医院及松散型医联体。建议医联体内部加强信息互联共享和资源联动，促进医疗资源下沉；提升基层医疗服务能力，发挥基层首诊作用；核心医院因地制宜优化资源配置，推动分级诊疗的实施和效果提升。

（二）基本公共卫生服务均等化

基本公共卫生服务均等化是指每个公民，不区分地区和城乡、不区分身份和民族，都能相同地、均等地享受国家免费提供的基本公共卫生服务。基本公共卫生服务项目是推动基本公共卫生服务均等化的载体，对改善城乡居民卫生服务的公平性、提高居民公共卫生服务的可及性、促进社会和谐具有重要意义。中国共产党第十九次全国代表大会报告中提出"实施健康中国战略"，进一步明确了基本公共卫生服务是健康中国建设的重要内容，是实现全民健康的基石，基本公共卫生服务均等化突出体现了健康公平思想、预防优先观念、大健康思维和共享共建理念。

1. **医学视角下的基本公共卫生服务均等化研究** 此类研究是国内学者研究的一个热点，主要涉及疾病预防和控制、健康教育和健康促进、预防接种和计划免疫、妇幼健康和保护等领域。通常以服务内容研究为主，从实施方案、考核指标、评估方法及优化检验检测技术等方面入手，探讨克服在落实基本公共卫生服务均等化过程中遇到的一系列问题，为保障项目均等实施提供医学技术支持，同时也为新时代我国基本公共卫生服务在城乡和区域间均等化提供理论依据。

2. **经济学和公共产品理论下的基本公共卫生服务均等化研究** 此类研究主要基于经济学和公共产品理论，界定基本公共卫生服务的相关概念和内涵。学者通过对基本公共卫生服务非均等化的现状进行深入研究，找出阻碍均等化推进的各方面因素，有针对性地提出完善我国基本公共卫生服务均等化的策略和建议。

3. **卫生政策视角下的基本公共卫生服务均等化研究** 此类研究主要阐述和分析公共卫生服务的筹资、组织、评估、宣传和绩效策略等，并深入分析过程中遇到的问题和困境，从而提出推进基本公共卫生服务均等化的政策建议。

研究成果

基本公共卫生服务均等化研究

采用分层随机抽样的方法抽取 9 328 名居民调查其基本公共卫生服务项目利用情况，并对不同人群的受益程度进行评价。结果显示，农村地区居民基本公共卫生服务整体利用情况优于城市地区，但孕产妇健康管理和 2 型糖尿病健康管理服务利用水平低于城市地区；小学文化程度居民健康教育、健康档案、老年人健康管理、高血压和 2 型糖尿病健康管理服务的利用水平，老年人健康管理、高血压与 2 型糖尿病健康管理服务的受益程度，高于其他文化程度居民；收入水平较低的居民老年人健康管理、高血压和 2 型糖尿病健康管理服务利用水平和受益程度均高于收入水平较高的居民；部分居民对服务机构的服务能力不信任可能是导致利用率低的原因。

（三）基于数字化技术的社区健康管理

随着移动互联网、人工智能、云计算、物联网等数字技术的蓬勃发展，卫生服务的数字化转型成为未来发展方向，将成为解决人口老龄化、空巢家庭等社会问题的重要手段，在"医养康护育"服务新模式中发挥着重要作用。一方面通过深度嵌入智能产品与服务，优化卫生服务的精准供给，提升用户体验与效果；另一方面通过数据共享与服务系统协同，改革卫生服务的动力机制、服务模式与内容，创新卫生服务供给方式。同时，智能手机的广泛应用促进了全民数字素养的整体提升，进一步推动了数字化技术的迅速发展，数字化技术在社区健康领域的研究和实践不断涌现。合理利用数字化技术，不仅有助于提高社区卫生工作者的工作效率，还能扩大社区健康管理的受益人群，提升健康管理的精度和维度，具有广阔的发展前景。《中共中央关于制定国民经济和社会发展第十四个五年规划和二〇三五年远景目标的建议》提出"加强数字社会、数字政府建设，提升公共服务、社会治理等数字化智能化水平"，为数字化技术在社区健康管理中的应用注入了新的动力。

数字化技术在社区健康管理中的应用研究主要包括健康数据收集与监测、健康状况筛查评估、健康干预与支持及健康教育等方面。其中，健康数据收集与监测是通过对数据的实时采集和持续远程监测，实现对健康数据的长期管理，提升健康数据采集的准确性、时效性、舒适性、便捷性、无感性，并改善用户体验。健康状况筛查评估重点是通过数据的智能化分析，实现现存或潜在健康问题的快速识别和筛查，提高筛查评估的准确率、灵敏度和特异度，为制订个性化、精准化的干预方案提供科学依据。健康干预与支持通过引入虚拟数字专家、健康机器人、智能辅助工具等，提供个性化、精准化的健康指导和干预，以改善健康结局。数字化健康教育通过线上健康科普平台提供远程健康指导和咨询、沉浸式虚拟健康教育课堂和情境模拟决策训练等，实现健康科普的个性化精准推送。另外，随着数据量的不断增加，基于大数据进一步优化数据采集系统，构建筛查评估和干预方案模型，形成社区个性化、智能化健康管理平台直接辅助社区居民的健康管理也是数字化应用的重要方向。

总之，随着科技的不断发展，数字化技术有望应用于社区慢性病的精准预防、提高干预方案的依从性等实践领域，从而为社区居民提供更加全面、可及的健康管理服务，提升全民健康水平。然而，在推进数字化服务的进程中，必须警惕数字化技术的潜在风险，解决服务对象数据安全和隐私泄露、老年人"数字鸿沟"、使用者数字负担等问题，以确保数字化技术在社区健康领域发挥积极作用。

第二节　社区护理现状与发展

加快社区护理的发展，解决社区居民基本医疗卫生服务需求，是当前我国卫生服务改革和发展的趋势。但由于我国社区护理起步较晚，尚未形成良好的运行机制，在探索我国社区护理发展的途径和措施时，可充分借鉴国外的成功经验，构建具有中国特色的社区护理服务模式。

一、国外社区护理现状

（一）欧、美等国家社区护理

1. 英国社区护理 英国社区护理服务形式主要有 3 种：①社区护理（community care），主要服务内容有出院后护理、居家护理、保健中心护理及其他社区护理等；针对高血压、糖尿病等慢性病及其他活动受限的病人的护理，是社区护理最重要的服务形式。②健康访视（health-visiting），主要服务内容为儿童及老年人巡诊、产前保健、疾病预防和健康教育等。③学校护理服务，主要是对学生进行健康筛检、卫生保健及健康促进等。英国社区护理的宗旨是以社区和居民为服务对象，关注生理、心理、社会及环境等因素对健康和疾病的相互影响，协同相关专业人员、社会团体等，根据社区的需求，开展防治服务，如家庭保健、妇幼保健、老年保健、精神病保健、健康教育等。

2. 美国社区护理 美国的社区护理工作包括公共卫生护理和家庭护理。社区护理服务模式大致分为：①社区护理服务中心（community nursing center），主要以辖区居民为服务对象，为居民提供有关健康促进和疾病预防的护理服务，是美国社区护理的主要服务方式。服务内容包括预防保健、健康促进、家庭健康护理、妇幼保健、常见疾病的基本治疗和护理、康复护理等。服务对象可以到中心寻求服务，社区护士也会定期进行家庭访视。这些服务中心隶属于医院或护理教育机构（学院式社区护理服务模式），也有的由私人企业家管理。②老年服务中心（senior citizen service center），主要是为一些低收入、无力支付或只能够支付较低医疗保险的、病情较轻、生活可以自理的老年人提供的居家生活照顾。③临终关怀中心（hospice），由医生、护士、营养师、心理工作者以及社会工作者等共同组成健康团队，为临终病人提供关怀服务。④社区诊所（community clinic），一般规模较小，服务内容简单，主要提供初级保健服务。

美国社区护理的特点：①美国有多种社区护理服务方式，但其共同目标是"健康促进和疾病预防"，注重群体健康，帮助人们建立健康意识和提高自我保健能力。②社区与医院有密切的联系和衔接，给予病人连续性照顾。病人出院时，医院护士会与病人所在社区护士联系，将病人出院的治疗护理方案传送给对方，目的是使病人在出院的第一时间得到社区护士的及时指导和帮助。医院也会在病人的康复阶段经常与社区联系，以随时处理病人可能出现的病情变化。③家庭访视是社区护理服务的重要组成部分。社区护士除了对服务对象及其家庭进行定期健康评估，还开展面向家属的照护指导和紧急情况应对指导等。④社区卫生服务充分体现了团队协作精神。社区服务以社区护士为主体，通过与医生、营养师、心理学家、社会工作者、志愿者的相互联系和协作，共同为居民提供健康服务。⑤社区护士在社区居民中享有很高的信任度。

3. 德国社区护理 德国社区护理服务机构由公立机构、教会、红十字等团体开办或私人开设。社区护理服务对象主要是社区老年人、儿童、术后恢复期病人、慢性病病人、残疾人等；服务内容为慢性病的预防、自我保健、康复护理工作等。社区护士根据医院或家庭医生医嘱开展护理工作，若病情需要要调整治疗方案，应与医生联系，并及时记录在社区护理病历上。社区护理服务的费用依据病人病情的不同，由医疗保险公司、护理保险公司或个人支付。目前，德国已有较完善的社区护理管理机构和管理制度，并有整套考核验收和准入标准，各州护理技术监测协会会定期组织对社区护理服务机构进行考核和验收。

4. 澳大利亚社区护理 澳大利亚社区护理模式包括皇家社区护理、社区中心护理、私人护理等。社区护理服务内容主要包括：口腔卫生，烟酒及其他毒品禁戒服务，家庭与社区保健，土著居民的医疗卫生服务，精神心理医疗卫生服务，公共卫生服务，性传播疾病的公共卫生，家庭重症病人的护理等。同时，澳大利亚的社区护理是医院护理的一部分，或者说是医院护理服务的延续。当住院病人病情稳定但尚未完全康复时，医院会将病人转到社区。每个社区都有护理服务

笔记栏

机构，机构的护士承担为辖区病人换药、分发口服药、注射胰岛素、为晚期癌症病人提供镇痛药等医疗护理活动，同时还帮助不能自理的病人购物、清洁等。

（二）亚洲国家社区护理

1. 日本社区护理 日本的社区护理机构主要有政府开办的社区护理机构、医疗机构设立的社区护理机构、民间企业或财团法人资助的社区护理机构和由民间组织开设的护理机构等。社区护理服务的形式主要有公共卫生护理服务和居家护理服务两种。①公共卫生护理服务：进行公共卫生服务的护士应具有社区护士执业证书，在各都、道、府、县所属的保健所和保健所所辖的市、街、村保健中心工作，属于国家公务员。服务对象包括个人、家庭、群体和社区。工作内容主要有体检、健康咨询、健康教育、访问指导等成人保健工作，预防接种、育婴指导等妇幼保健工作，以及残疾人的福利服务、环境卫生、自来水的监测等。②居家护理服务：进行居家护理的访问护士要求具有护士执业证书，并具备 5 年以上护理工作经历。在隶属于医院、财团、企业、个人等开设的访问护理中心工作，中心派遣护士到病人家中进行居家护理。服务对象为有护理需求的居家疗养者及其家庭成员。服务内容包括疾病护理、康复指导、饮食指导、日常生活照顾、咨询、协调家庭成员之间的关系、帮助家庭利用社会资源等。

2. 韩国社区护理 韩国的社区护士主要工作在保健所、保健诊疗所、职业卫生护理机构以及家庭护理机构。韩国保健所按地方自治状况分大都市型保健所、中小都市型保健所和农村型郡保健所 3 种，其中农村型郡保健所占全体保健所的 60.5%。大都市型保健所由保健行政科、行政指导（教育）科、医药科、社区保健科和保健教育科组成，其中社区保健科中的访问护理主要是为老年人实施的健康促进和社区康复项目，保健教育科实施健康促进事务、母子保健和计划生育等，社区保健科和保健教育科的事务主要由护士承担。保健所护士分为全科护士和保健、家庭护理、精神护理领域的开业护士。保健所提供护理服务的基本方法是服务对象直接到保健所寻求帮助，根据其特定的需求提供相应的服务，或者对社区居住的健康居民和居家病人提供家庭访视服务。保健所为辖区登记居民提供的服务主要包括婴幼儿的健康评估和咨询、预防接种、母亲的产前与产后保健以及计划生育等内容，另外还有传染病管理、残疾人康复、口腔保健及健康促进等服务内容。韩国家庭护理主要服务内容有：健康咨询、定期身体检查和化验、特殊护理操作、运动护理、心理护理、手术伤口护理、排泄护理以及给药等。家庭护理的对象主要包括慢性病病人、手术后早期出院病人、母婴保健对象、康复期病人、65 岁以上的老年病人。

二、我国社区护理现状

我国社区护理的服务对象既包括患病人群，也包括健康人群；工作场所除社区卫生服务机构外，还涉及社区、学校、工厂、老人中心等。社区护士在社区除了向个人、家庭和人群提供直接的护理服务外，还承担着健康评估、引导健康行为、健康教育、健康组织管理及协调等多种工作。护理服务内容主要有：建立居民健康档案，健康教育与咨询，免疫接种，对老年人、慢性病病人和伤残者的保健与护理，家庭访视，妇幼保健与护理，计划生育指导和咨询，临终护理等。同时，社区护士还为不需要住院或出院后仍需继续治疗的病人提供各种治疗及护理服务，服务范围主要包括两大类：一类是基础护理，包括体温、血压、脉搏的监测，伤口护理和拆线，用药指导，导管护理，个人卫生及饮食指导，抽取血液标本，康复运动指导等；另一类是专科护理，如各种造口的护理，连续性腹膜透析护理等。近年来，在国家政策的支持下，我国社区护理服务取得了较大的发展，但还存在社区护理服务普及率较低、社区居民对社区护理认识不足、社区护理服务范围局限、社区护理管理体制不健全、社区护士数量不足及专业素质有待提高等问题。

三、社区护理发展趋势

随着社会的进步、科学的发展、健康观念的更新及分级诊疗体系的逐步完善，生命全周期、健康全过程的健康促进与健康管理将逐步成为社区护理的重点，社区护士的角色和功能将进一步拓展。因此，社区护士应明确社区护理的发展趋势，从而为公众提供更好的社区护理服务。

1. 社区护理的服务范围逐渐拓展 随着各国医疗保障制度改革的不断深化及完善、卫生资源的重新配置及调整，许多慢性病病人、康复期病人将回到家中进行康复；同时，由于全球人口老龄化的不断加剧，老年人的家庭护理也成为护理重点。健康需求的变化拓展了社区护理服务的广度、深度和宽度，为社区护理的发展带来巨大挑战。能够服务于人的生命全周期及健康全过程、解决社区居民的复杂健康问题、促进疾病预防及人群健康、助力长期照护的高质量发展的社区护理人才成为应对挑战的关键力量。

2. 社区护士的专业化及角色分工越来越细 随着人们生活水平的不断提高，对健康的要求越来越高。社区护士的角色功能范围不断扩大，专业化分工越来越细，独立开业的社区临床护理专家、家庭开业护士、社区开业护士、社区保健护士、高级妇幼保健护士、社区治疗护士等新角色将在社区护理队伍中发挥越来越重要的作用。

3. 社区护理服务网络逐步发展 随着信息技术的飞速发展，社区护理服务网络将实现"家庭－社区－医院－社区－家庭"的无缝式管理，护士能够及时得到或提供服务对象的准确信息，使护理工作更加迅速而高效。同时，家庭远程医疗的实现将提供个人与医疗机构的信息通道，社区护士能够通过设备监测并评估病人，能实现与病人远距离的面对面接触，并提供频繁、迅速的支持和护理指导。虽然远程护理不能代替家庭访视，但它能减少对需要长期护理病人的入户访视次数，而不中断对他们的护理，使全程连续护理成为可能。

4. 社区护士培养及教育体系日趋完善 社区护士的培训及教育采取多渠道、多形式、多层次的方式。一方面，在职社区护士通过继续教育等途径开展系统培训，以适应社区护理发展的需要；另一方面，对社区护士的培养正在逐步形成本科、硕士及博士教育等系列完善的教育体系，为基层医疗卫生机构输送后备专业人才。

5. 社区护理管理逐步科学化、规范化 目前，一些发达国家及地区已经形成了完善的社区护理组织及管理体系，社区护理已成为整个国家或地区卫生保健的重要组成部分。社区护理基本覆盖所有社区人群，且有相应的护理法规、质量控制标准及管理要求，这对社区护理的组织、管理及协调起到了非常重要的作用，同时有利于控制及提高社区护理质量，使社区护士在有效的管理及组织下密切协作、互相交流，以不断推广及完善社区护理工作。

第三节 社区护理管理

社区护理工作涉及的范围非常广泛。为有效地开展这些社区护理工作，需要有目的、有计划、公平合理地开发和配置资源，开展监控和评估等社区护理管理活动，其宗旨是为社区居民和服务对象提供高质量的护理服务。社区护理管理（community nursing management）是以提高社区护理质量和社区护理工作效率为主要目的的管理活动过程，护理管理者对社区护理工作中的诸多要素进行科学的计划、组织、领导、控制和协调，使社区护理工作能够高效、有序地进行，为社区服务对象提供最佳护理服务。计划、组织、人力资源管理、领导和控制是管理的主要职能，在具体的管理实践活动中，往往多项管理职能同时进行，既相互联系、相互影响，又互为条件，共同发挥管理作用。社区护理管理工作主要包括社区护理的组织管理、人才管理、业务管理、质量与安全管理、信息管理和教学科研管理等。

一、组织管理

组织管理是通过建立组织结构，确定职务或职位，明确责权关系，使组织成员互相协作配

笔记栏

合，有效实现组织目标的过程。组织管理是管理活动的一部分。组织管理的实质是确定组织中的工作内容，明确由谁去做、承担什么责任、有什么权力、与组织结构中上下左右的关系如何等。目的是避免由于职责不清造成的执行障碍，促进组织有效运行，实现组织目标。

1. 社区护理组织管理的职能　为使社区卫生服务人员理解组织的理念和目标，有效执行组织的任务，需要进行科学的组织管理。社区护理组织管理的职能主要包括确定社区护理组织目标，对社区护理业务进行分组归类，使之具体化，确定社区护理组织部门/机构的职责范围并赋予相应的权力，明确各部门之间的分工协作关系，建立组织内的信息沟通渠道，并与其他管理职能配合，保证组织内各项活动正常有效运转，提升组织效率。组织工作中应注意遵循目标明确原则，使每个社区护士和护理岗位都有明确的任务和目标；同时，基于管理者时间、精力、能力的有限性，应遵循管理幅度适宜的原则；为使社区护理管理组织有效运转，在不影响工作任务完成的前提下，应遵循最少层次原则；采用公开招标方式，引入竞争机制，遵循公平、择优的原则；遵循社区护士依法准入和依法执业的原则。

2. 社区护理组织管理的工作内容　社区护理组织管理的工作内容包括四个方面：①确定实现社区护理管理目标所需要的各项工作，根据社区护理工作分工原则进行分类，设立相应的护士工作岗位。②根据组织特点、外部环境和目标需要划分社区卫生服务机构的工作部门，设计组织结构。③规定社区护士组织结构中的各种职务或职位，明确各自责任，授予相应权力。④制订规章制度，建立和健全组织结构中纵横各方面的相互关系。社区护理各项制度包括：社区护理常规工作制度、社区护理安全管理制度和社区护理信息资源管理制度等。

二、人才管理

人才管理是指对影响人才发挥作用的内在因素和外在因素进行计划、组织、协调和控制的一系列活动。人才管理工作的核心是保障适合的人，在适合的时间，从事适合的工作并充分发挥其潜能，从而保障组织目标的实现。社区护理人才管理是指社区护理管理者根据社区护理工作的性质和目标，合理调配护理人才资源，完成社区护理工作任务的过程。社区护理人才管理主要包括人才培养、人事管理、社区护士工作环境和健康管理等方面。

1. 人才培养　包括社区护士入职前的岗位培训，入职后的相关进修学习、参加国际或国内学术会议以及终身学习等方面的内容。社区护理管理者应根据社区护理实践要求，制订科学的护士入职前岗位培训大纲，培训内容力求做到适应社区护理工作的目标和要求，以适应社区护理实践和发展的需要。对于已经从事社区护理工作的护士，管理者应根据不同护士的工作内容和工作能力制订相应的进修学习计划，使其业务能力不断得到提升，更好地适应社区护理工作的需要。

2. 人事管理　是指通过科学的方法、正确的用人原则和合理的管理制度，调整人与人、人与事、人与组织的关系，谋求对工作人员的体力、心力和智力最适当、最高效的利用，并保护其合法权益。社区护理人事管理包括社区护士的招聘、任职、晋级、人事调动等方面的工作。社区护理人事管理应协调好以下三个方面的工作：①护士与社区护理岗位的匹配，做到能级对应，充分发挥护士的才干和潜能。②护士间的人力资源调配，使社区护士在年龄结构、职称结构、学历结构等方面实现优势互补，提高社区护士团队的工作效率。③个人需求与工作报酬的匹配，使组织薪酬发挥有效的激励作用，达到护士的最佳工作状态。

3. 社区护士工作环境和健康管理　主要指社区护理管理者为护士营造安全和舒适的工作环境，维护护士身心健康的过程，其宗旨是促进社区护士的职业安全。社区护士职业安全内容主要有针刺伤预防、噪声预防、消毒灭菌制剂损伤预防、化疗药物损伤预防、精神压力缓解等方面。国内有学者将"职业安全健康管理体系"应用于护士工作环境和健康管理领域，取得了一定效果。

三、业务管理

1. 社区健康教育和健康促进管理 社区健康教育与健康促进是建设健康社区的重要策略之一，其工作内容是根据社区健康评估结果制订相应的健康教育和健康促进计划，利用讲座、健康教育专栏、板报或壁报、多媒体、健康知识传单等方式宣传、普及健康知识，提高社区人群对健康知识和危险因素的认识，使社区人群认识到改变生活方式的重要性和必要性，以及疾病危害的严重性，从而增强其健康意识，使其自觉采纳健康的行为和生活方式。社区护理管理的主要职能是协调各种社区资源，并监督社区健康教育和健康促进实施的全过程。

2. 慢性病管理 慢性病管理是社区护士的重点工作内容之一，其核心任务是引导病人强化自我管理、改善生活方式和生活习惯，促进医患间交流协作，加强病情控制，防止病情恶化，并控制整体医疗成本。社区慢性病管理的对象首先是社区内的慢性病病人，目前主要是患高血压和糖尿病的病人。随着我国医疗卫生事业的发展，最终管理对象应是辖区内所有慢性病病人及高危风险人群。社区慢性病管理的内容有：健康体检与健康风险筛查、随访管理、健康教育、心理干预、运动锻炼指导、饮食指导、慢性病病人自我管理支持、慢性病病人家庭成员健康教育等。社区护理管理的主要任务是规范社区护士慢性病管理的工作职责和工作流程，从而促进社区慢性病管理质量的提升。

3. 健康档案管理 社区健康档案包括个人健康档案、家庭健康档案和社区健康档案3个部分。社区护理管理的主要任务包括制订有关健康档案建立、保管、使用、更新和保密的规章制度，维护并保证相关设备的正常运行，配备相应人员保管和维护各类健康档案等工作。

4. 家庭访视管理 家庭访视是社区护士按照社区护理规范，定期对社区内有护理需求的居家病人进行入户随访，完成护理技术项目，进行护理指导，并评估护理效果的过程。在随访过程中护士应密切观察病人病情，如发现异常情况及时处理并决定是否转诊。社区护理管理应针对不同的社区人群建立适宜的家庭访视管理路径，督导家庭访视工作质量。

四、质量与安全管理

1. 社区护理质量管理 社区护理质量管理是通过有效管理和科学调配，充分发挥社区护士工作积极性和主动性，从而提升服务质量，改善和提高社区居民健康水平和生活质量的过程。社区护理质量管理内容主要包括：建立社区护理质量管理体系、开展护理质量教育、制定社区护理质量评估标准、进行全面护理质量控制等。社区护理质量管理一般采用PDCA循环管理模式或QUACERS模式。PDCA循环管理是依据计划（plan）、执行（do）、检查（check）和处理（action）四个阶段进行社区护理质量管理，并循环往复进行的管理工作程序。QUACERS模式（the quality assurance，cost effectiveness，risk management and staff needs）的特征是重视护理质量管理的4个方向并确保其均衡发展，即确保病人照顾质量，有效掌控护理成本效益，做好病人和护士的安全措施，以及满足护士诸如晋升、提薪、学习和职业发展等需求。

2. 社区护理安全管理 社区护理安全管理是指在实施社区护理服务的全过程中，服务对象不发生法律和法定的规章制度允许范围以外的生理、心理或功能上的损害、障碍、缺陷或死亡，包括一切护理缺陷和一切不安全的隐患。社区护理安全管理涉及参与社区护理工作的每个人和每个环节，包括社区护理服务对象的安全管理和社区护士职业防护两个方面。社区护士应采取必要措施，避免或预防服务对象及自身可能出现的不良结果或伤害，同时预防错误、偏差和意外的发生。从管理者的角度，安全管理的重点是通过系统的管理制度和管理行为防范风险事件的发生，并提升护理人员的安全意识和风险防范能力。

五、信息管理

社区护理信息管理是社区卫生服务机构信息管理的重要组成部分。加强社区护理信息管理，

笔记栏

充分发挥信息资源的潜力并卓有成效地加以利用，对提高社区护理管理效能、确保社区护理服务质量、促进社区护理学科发展具有重要意义。社区护理信息管理的内容包括社区常规护理信息管理、居民健康档案信息管理、家庭健康档案信息管理、社区人群健康档案信息管理、常规传染病疫情信息报告等。

六、教学科研管理

随着我国高等护理教育事业的蓬勃发展，护理教育在培养目标、课程设置、培养过程等方面都更加适应我国经济社会的快速发展和人民群众不断增长的健康需求。社区护理学作为护理学专业的主干课程，承担着向学生传授社区护理基础理论、基础知识、基本技能，并介绍学科前沿进展的任务。社区卫生服务机构作为社区护理学课程的实践基地，承担着课程见习、实习的实践教学工作。因此，教学管理是社区护理管理的重要工作之一，内容包括与教学部门合作制订社区护理教学管理制度、选拔并培训社区护理带教教师、制订社区教学计划、监督开展各项教学活动、进行社区护理教学评估等。社区护理科研管理主要指社区护理管理者针对本部门护士科研活动的有效管理，内容包括科研项目申报、科研资金和人员的管理、社区信息资源的合理调配等工作。

第四节　社区护理政策法规与伦理

社区护士熟悉社区卫生服务与社区护理的相关政策与法规，有利于更好地开展社区护理管理和社区护理服务，预防和减少工作中可能出现的法律纠纷，维护护患双方的合法权益。社区护理融科学、伦理与艺术为一体，注重发扬人道主义精神，在社区护理实践中必定离不开伦理道德的思考和实践。社区护士在社区卫生服务中不仅要协调好各方关系，而且还要以护理伦理原则为依据，对所面临的诸多道德难题与困惑进行伦理上的思考，最大限度地维护护理对象、自身及社会公众等各方利益。

一、相关政策法规

（一）社区卫生服务相关政策

自 20 世纪 90 年代以来，我国社区卫生服务发展经历了酝酿试点、框架建设和完善建设三个阶段，国家相继出台了许多相关政策文件，对社区卫生服务起到了巨大的推动作用，促进了社区卫生服务的发展和完善。

1. 社区卫生服务酝酿试点阶段（1990—1999 年）　1997 年，中共中央、国务院在《关于卫生改革与发展的决定》中提出，在全国实施社区卫生服务，并指出要 "改革城市卫生服务体系，积极发展社区卫生服务，逐步形成功能合理、方便群众的卫生服务网络"。1998 年，《国务院关于建立城镇职工基本医疗保险制度的决定》中指出，"要合理调整医疗机构布局，优化医疗卫生资源配置，积极发展社区卫生服务，将社区卫生服务中的基本医疗服务项目纳入基本医疗保险范围"。1998 年，全国城镇职工医疗保险制度改革工作会议召开，会议明确指出 "今后我国医疗服务模式的改革方向是小病进社区、大病去医院，建立和发展具有中国特色的社区卫生服务体系"，为我国社区卫生服务工作的发展指明了方向。

2. 社区卫生服务框架建设阶段（1999—2005 年）　1999 年，卫生部、国家发展计划委员会等10 个部委联合颁布了《关于发展城市社区卫生服务的若干意见》，规定了社区卫生服务的总体发展目标、发展原则和措施，为开展城市社区卫生服务提供了具体的政策指导。2000 年，国务院体改办、国家计委等 8 个部门《关于城镇医药卫生体制改革的指导意见》中提出 "建立健全社区卫生服务组织、综合医院和专科医院合理分工的医疗服务体系"，对完善新时期我国的卫生服务体系具有重大意义。2000 年，卫生部颁布了《城市社区卫生服务机构设置原则》《城市社区卫生服务中心设置指导标准》《城市社区卫生服务站设置指导标准》3 个文件，明确了设置、审批社区卫生服务机构须遵循的一些基本原则，从制度上明确了社区卫生服务机构的准入标准。2002 年，卫生部颁布了《社区护理管理的指导意见（试行）》，明确了社区护理的工作任务，并对社区护士的基本条件、社区护理管理的基本要求以及社区护理工作的考核与监督等提供了具体的政策指导。2002 年，卫生部等 11 个部委印发了《关于加快发展城市社区卫生服务的意见》，标志着我国社区卫生服务迈入了改革和加快发展的阶段。

3. 社区卫生服务完善建设阶段（2006 年至今） 2006 年，《国务院关于发展城市社区卫生服务的指导意见》对推进社区卫生服务体系建设提出了国家层面的宏观指导意见。2009 年，《中共中央 国务院关于深化医药卫生体制改革的意见》提出完善以社区卫生服务为基础的新型城市医疗卫生服务体系，加快建设以社区卫生服务中心为主的城市社区卫生服务网络。随后颁布的《医药卫生体制改革近期重点实施方案（2009—2011 年）》，将健全基层医疗卫生服务体系和促进基本公共卫生服务逐步均等化作为两项重点工作。

2011 年，《国务院关于建立全科医生制度的指导意见》提出建立统一规范的全科医生培养模式和首诊在基层的服务模式。随后，《关于推进家庭医生签约服务的指导意见》《关于规范家庭医生签约服务管理的指导意见》《关于推进家庭医生签约服务高质量发展的指导意见》等一系列文件的发布，为进一步促进家庭医生签约服务，推动医疗卫生工作重心下移、资源下沉，实现基层首诊、分级诊疗奠定了基础。

2016 年，《国家卫生计生委关于开展医疗联合体建设试点工作的指导意见》提出一系列以医联体为载体推进分级诊疗的具体举措。2017 年，《国务院办公厅关于推进医疗联合体建设和发展的指导意见》为推进医联体建设和发展，促进医疗卫生工作重心下移和资源下沉提供指导。

2019 年，《国家卫生健康委办公厅关于开展"互联网＋护理服务"试点工作的通知》提出在"互联网＋医疗健康"的背景下探索适合我国国情的"互联网＋护理服务"的管理制度、服务模式、服务规范以及运行机制等。2020 年，《国家卫生健康委办公厅关于进一步推进"互联网＋护理服务"试点工作的通知》就进一步扩大试点范围、规范开展试点工作等方面提出指导建议。

2019 年，国家卫生健康委办公厅印发《社区医院基本标准（试行）》和《社区医院医疗质量安全核心制度要点（试行）》，明确了社区医院是提供常见病、多发病和慢性病的基本医疗服务和基本公共卫生服务的非营利性医疗机构。2021 年，国家卫生健康委办公厅印发《关于加快推进社区医院建设的通知》，对科学规划社区医院布局、突出社区医院服务特色、严格社区医院管理、强化社区医院人才培养培训、加强社区医院建设的政策协同等提出要求。

2022 年，国家卫生健康委印发《乡镇卫生院服务能力标准（2022 版）》和《社区卫生服务中心服务能力标准（2022 版）》，并在此基础上在 2003 年发布《乡镇卫生院服务能力评价指南（2023 版）》和《社区卫生服务中心服务能力评价指南（2023 版）》，为基层医疗卫生机构不断提升服务能力、优化服务模式、改善医疗质量、规范机构管理提供可遵循的工具。

（二）社区卫生服务相关法律法规

1. 我国社区卫生服务与社区护理的立法概况 目前，我国对社区卫生服务工作尚无专门的立法，社区护理工作也没有专门的法律文件加以规范和调整。但从本质上讲，社区卫生服务过程中形成的社会关系是一种服务合同关系，受民法的调整。同时，我国目前诸多的卫生法律、行政法规、部门规章、地方性法规中有关医护行为的规定同样适用于社区卫生服务工作。这些散在于各单项法律文件中的规范性条款构成了调整和规范社区卫生服务的有机整体。

2. 涉及社区卫生服务及社区护理工作的主要法律法规 ①社区卫生服务机构与人员管理，包括医疗机构管理法律规定、医生或护士管理法律规定等。②社区公共卫生服务管理，包括食品卫生管理、公共场所卫生管理、突发公共卫生事件管理、传染病防治、职业病防治、感染及消毒管理、医疗废弃物管理的法律规定等。③社区卫生基本医疗服务管理，包括母婴保健、药品管理、医疗器械管理、血液管理、病历与处方管理、医疗事故处理、健康检查管理的法律规定等。

（三）社区护理中常见的法律纠纷及其防范

1. 社区护理中常见的法律纠纷　社区护理服务具有广泛性、连续性、契约性等性质，服务内容往往超出传统医疗护理的范围，在服务质量、服务项目、服务时间、服务费用等方面容易产生纠纷，存在一定的法律风险。社区护理工作中，居家护理、健康教育、护理记录、执行医嘱等往往是存在风险的高危环节，应加强对这些工作环节风险的识别，制订相应的质量控制标准，规范社区护理行为，加强对风险行为的监管，从而有效地规避风险事件的发生。如在居家护理时，社区护士需要上门开展护理服务，在此过程中可能侵犯护理对象的隐私权，易引起法律纠纷；在居家护理操作过程中，如未严格执行无菌技术操作和消毒隔离规范，违反医疗废弃物管理办法，均可能影响社区居民的健康；与死亡相关的法律问题，如对病人遗嘱处理不当等可能导致法律纠纷；随着信息技术的发展，"互联网＋居家护理"逐步开展，而我国相关法律法规尚不健全，关于服务主体合法性、服务范围界定、信息安全和隐私保护等问题都可能带来相应的法律纠纷。社区护士应熟悉工作领域相关的法律法规，不断提升依法执业的意识和能力，以保障服务对象和自身的权益与安全。另外，社区护理记录包括社区、家庭和个人健康档案，初级诊疗护理病历，家庭护理记录，健康教育记录等，所有文件记录应做到及时、准确、完善、无误。社区护士在执行相关操作前，特别是居家护理时，应与病人或家属签订相关居家护理协议书。

2. 社区护理中法律纠纷的防范　防范法律纠纷，首先要不断提高社区护理服务水平。应注重对护士的岗位培训，不断提高社区护士的素质和专业能力。社区护士贴近百姓，要加强沟通技巧的训练，还要学习心理学、社会学、伦理学、法学等相关学科知识，真正让社区居民感受到社区护理服务的亲切、温馨，与居民建立良好的合作关系。同时，社区护士还要严格遵守职业道德，忠于职守，尽心尽责，以自己的良好品行赢得护理对象的信赖。另外，由于我国社区护理工作起步较晚，许多内容在法律上没有明确，现行的卫生法律、法规和规章与社区护理实践发展不同步，社区护理的规章制度、工作规范等方面也存在不足。因此，为了保障和促进社区护理工作的可持续发展，防范和及时处理社区护理工作中出现的法律纠纷，必须加强社区护理的立法和建章立制工作。

二、社区护理伦理

（一）社区护理中的伦理难题

对于护理工作中涉及的一般伦理问题，护士只要遵循自主、有利、无害、公正和知情同意等护理伦理原则，恪守职业道德要求，即可做出恰当的、符合伦理的决定。但由于现代社会的价值多元化及医学道德关系与现代医学技术的复杂化等原因，社区护士越来越多地遇到一些有争议的伦理问题，使其陷入一种道德选择上的两难境地，即伦理难题，令其难以做出伦理上的决定。社区护理伦理难题是指当面对一个问题时，出现两种或多种相互矛盾的解决方案，而每种解决方案均符合相应的伦理原则，致使社区护士难以做出伦理上抉择，此时的伦理问题称为社区护理伦理难题。社区常见的护理伦理难题可依据其产生原因分为三种类型，即原则间冲突型、效果间冲突型及原则与效果间冲突型。

1. 原则间冲突型伦理难题　护士在工作中需要遵循的伦理原则既包括普遍性的伦理原则，如"诚实""守信"，也包含有职业特质的伦理原则，如"有利""不伤害""公正""尊重与自主"等，每个原则针对某一特定领域发挥作用。例如"公正"原则用以调整医疗资源的合理分配，"尊重与自主"原则用来保证病人了解病情和选择治疗方案等。但在某些特定的情况下，护士如果遵循某一伦理原则采取行动，就会违背另一伦理原则，两个伦理原则间产生冲突，使护士陷于难以决策的境地。例如，社区护士出于"不伤害"的原则对癌症病人隐瞒病情，但却违背了病人的"知情权"，从而导致病人不能对自己剩余的有限时间进行生活规划。此时，护士既有履行"尊重与自主"原则的告知义务，也有对病人"不伤害"的义务，而遵循任何一方原则行事都有可能违反另一方原则。

2. 效果间冲突型伦理难题 效果是指护理实践所带来的实现各种利益的结果，如健康利益、物质利益、精神利益等。这些利益不仅针对服务对象，还包括服务对象亲属的、社会公益的，以及医务人员自身的利益。在社区护理中，效果间冲突所引发的伦理难题更具实质性和复杂性。因为此型伦理难题会使护士感到无论采取何种行动方案，其结果都可能损害病人、亲属、医务人员或社会公益中某一方的利益。例如，一位癌症晚期病人想放弃继续治疗，希望省下积蓄给妻子养老，但妻子坚持为丈夫治疗。这种情况下，如果选择不继续治疗会损害病人的"健康利益"和亲属的"精神利益"，而选择继续治疗又会损害病人的"精神利益"和亲属的"物质利益"。采取何种行动能带来更好的结果，则是护士所面临的伦理难题。

3. 原则与效果间冲突型伦理难题 原则是一种先有的、固定的模式，而遵守该原则所产生的效果，与具体的时间、环境等有密切关系。也就是说，在实际护理工作中，有时会遇到一些特殊的境况，此时如果遵循应当遵守的原则可能不会导致好的结果，而好的结果却可能要求放弃先行确立的道德规范。例如，一位精神病病人在接受社区护士家访时，对护士说他要伤害他的前女友。如果护士将此情况告知病人前女友将损害病人隐私权，而不告知则又有可能造成不良后果，此时即出现了遵循原则与其所导致结果间的矛盾冲突。

上述三种类型的伦理难题只是一种相对性的划分。由于每一个伦理道德行为都要涉及伦理原则和结果，因此，在社区护理实践中可能会遇到上述各种类型伦理难题相互交织的复杂局面。面对纷繁复杂的伦理难题时，社区护士必须经过系统的理性思考，进行全面透彻的伦理分析，才能得出较为合理的伦理决策方案，然后根据方案解决难题。这样才能使社区护士在工作中协调好各方关系，为服务对象作最有益的决策，尽可能避免有害的结果发生。

（二）社区护理伦理决策

解决上述伦理难题的有效方式是有意识地进行伦理决策。护理伦理决策是护理人员依据一定的价值观念，通过分析伦理难题涉及的伦理原则和当事人各方的利益，拟订多个可行的行动方案，然后再对各个方案的结果进行预设，最后从中选出最佳行动方案的过程。对于护理人员而言，这种有意识的伦理决策可操作性强，并可以为其提供一种道德思维模式，理清自己为什么这样做，进而通过这种方式来规范思路，实现最佳的行为效果。

1. 护理伦理决策的类型

（1）按决策的主体性质划分：分为个人决策和团体决策。个人决策是指护理人员自行作出的伦理决定，通常在情况简单或情况紧急时使用。个人决策是护理人员常用的决策，护理人员能够为自己决策的行为进行伦理辩护。团体决策是指由团体（如医学伦理委员会等）共同讨论之后作出决定。当情况复杂，需要各方面专家集思广益时，或牵涉团体的利益时，则应由团体来作决定。

（2）按伦理决策思维过程中道德判断方式划分：包括直觉型伦理决策、推理型伦理决策和商谈型伦理决策。①直觉型伦理决策：是决策主体在短时间内对道德对象整体性价值的一种直接性把握过程，具有整体性、直接性和非逻辑性特征。这里的直觉并不是感性状态的直觉，而是一种具有理性特征的直觉，是在长期的社会和职业伦理观念的影响下，形成的对于道德问题的较为稳定的价值判断方式，可以直接地断定"对"与"错"。直觉型伦理决策适用于以下情况：处于紧急状况时，社区护士具有一定的伦理决策经验时。②推理型伦理决策：是指决策主体在面对伦理难题时，通过理性的思维方式，从价值前提推导出道德结论的过程。③商谈型伦理决策：是指护

笔记栏

17

理人员与护理对象之间就道德难题进行协商，达成共识的过程。不同的护理对象往往持有不同的价值观念，要想达成各方共识，商谈是一个重要方式。商谈型伦理决策一般运用于较复杂的伦理难题，需要保证护理对象完整的自主权利的情况，或护患之间、病人与其亲属之间具有明显价值观分歧的情况。

2. 护理伦理决策过程　护理伦理决策的基本过程包括认知伦理困境、判断道德是非、形成行为意向、评价伦理行为等四个步骤，有三个主要影响因素，即护士的个体因素、护理的团队因素和任务的紧迫因素。

3. 社区护理伦理决策的注意事项　社区护士在工作中如遇到伦理难题，可根据上述护理伦理决策过程来规范自己解决问题的思路，以达到理想的决策结果。在决策过程中还应注意以下几个方面。

（1）尊重科学事实：医学科学是社区护士进行道德判断的基础。无论是护理对象的道德要求，还是护理人员的道德愿望都不能脱离医学科学的实际，任何只为满足道德理想而不顾科学事实的行为最终只会给病人带来更大的危害。

（2）熟悉相关法律、法规和政策：我国颁布了大量医疗卫生相关的法律和法规，制定了很多相关政策和制度，如《护士条例》《医疗机构管理条例》《医疗事故处理条例》《中华人民共和国妇女权益保障法》等，社区护士必须熟悉这些法律、法规和政策，并以此作为护理行为的依据进行护理决策。

（3）努力实现社区护士与护理对象价值观统一：由于医学知识的缺乏以及其他社会性因素，如治疗费用、治疗时间及价值观等的影响，护理对象往往在对待具体预设方案时，与社区护士从科学判断得来的价值观念存在差异。在这种情况下，护士一方面要尊重病人的自主权利，另一方面要在不违反科学事实的情况下，努力与护理对象实现价值观的相互理解和统一，以避免发生纠纷。

（4）理解并合理运用伦理原则：伦理原则是一种抽象的表达，社区护士应深刻理解各项伦理原则的内涵、层次结构及道德要求，当面对具体问题时要灵活运用。同时，应掌握伦理原则体系的层次结构，在面对原则间冲突的伦理难题时，一般情况下应以高层次的伦理原则统领较低层次的伦理原则。另外，在面对新出现的伦理难题时，有能力依据现有原则进行逻辑推导。

（5）以实现社区居民利益最大化为目标寻求最优化预设方案：社区护理的目的主要是通过预防保健与护理，最大限度地实现社区居民的健康与安全。社区护士在各种预设行动方案间进行选择时，一定要选择对护理对象而言最优化的方案。这种最优化方案的标准是以护理对象的健康为核心，综合考虑护理对象其他社会性利益因素，努力实现其利益的最大化。在尊重护理对象利益的基础上，也应当对社会公益、社区利益以及社区护士个人利益等其他利益因素给予充分的考虑，以实现各方利益的平衡。

（6）动态调整社区护理伦理决策方案：社区护理过程是一个复杂多变、动态的过程。经过伦理决策后所采纳的行动方案可能由于突发问题而变得不再适宜。此时，社区护士应及时放弃不适宜的方案。如果新的问题没有造成伦理难题，可以依据护理实践的惯例行动；如果出现新的伦理难题，则应重新进行伦理决策。

（7）强调慎独精神，坚持审慎的理性道德思维方式：社区护理伦理决策是一个复杂的过程，不同的情况可能导致决策的程序和所需时间有差异。有的问题可能在无他人监督的情况下采取直觉型伦理决策瞬间解决，有的问题需要与服务对象或其亲属共同商讨决策，有的问题甚至须提交伦理委员会进行决策。无论何种情况，在进行社区护理伦理决策时，护理人员的慎独精神和审慎的理性道德思维是不可或缺的。只有慎独、理性、审慎的判断才能作出正确的伦理决策。

（8）特殊疑难伦理难题须及时提交医学伦理委员会：医学伦理委员会（medical ethics committee，MEC）是由医学专业人员、法律专家及非医务人员组成的独立组织，其职责是对行业科技发展中有关伦理问题的咨询和审查、重大医学伦理决策问题的论证等。对于社区护理实践中遇到的特殊的、难以决策的、预测将会给护理对象造成重大影响的伦理难题，应及时向医学伦理委员会提出申请，并在伦理委员会的指导下采取行动。

（三）社区文化与跨文化伦理问题

在人类历史的发展过程中，人们因为血缘、地域、时空背景的不同而形成了诸多不同的文化社群与文化传统。这些文化传统各具特色、各有其内在的逻辑，存在着思维方式、价值观念、行为准则、审美心理等方面的文化差异。随着全球化进程的加快，人口的跨区域流动成为常态，不同文化背景的人们接触、互动频繁，不同的文化得以广泛交流，文化多样性已经在很多社区普遍存在。不同文化和平共处、共存共荣的关键，在于能否守护跨文化背景下的伦理精神。尽管伦理问题的判断常因文化差异而变得更加复杂，但是从积极的意义上讲，维护人类的价值与尊严和促进世界的和平与发展应当成为跨文化交流的基本准则。

通常，建立跨文化交流的伦理规范应遵循以下原则：①期待别人怎样尊重自己，自己也要怎样尊重别人。②应当对所感知的事物尽可能准确地予以描述。③鼓励来自不同文化背景的人们表达自己独特的个性，并对文化差异采取宽容态度。④尽力与来自不同文化背景的人们寻求彼此间的认同。⑤认清自己在跨文化关系中的角色，并为个人的行为承担责任。上述原则对于跨文化交流中的伦理实践具有重要的指导和借鉴意义。然而，从跨文化能力的角度，尚须发展关于伦理判断的某些具体策略。第一，可以采用悬置判断的策略。悬置判断并非不作判断，而是指在跨文化语境中面对伦理观念的差异时，暂不依据本文化的评价标准立即进行判断，而是跳出他我矛盾的框架，采取一种类似"第三者"的立场，观察了解不同文化的价值差异，将新信息与既有的评价方式进行比照整合，进而形成新的伦理判断标准。第二，可采用双重标准策略。这里所说的双重标准并不是对普遍伦理和普适性伦理原则的否定，而是在持守本文化核心伦理标准的同时，在不同文化的伦理系统之间划出一块双方都能认可接受的"中间地带"。第三，注意在表述伦理判断时采用适当的方式。由于判断表述涉及阐释评价系统，因此有必要谨慎使用，避免将自己的主观感受强加给对方。

总之，跨文化情境给伦理实践带来了挑战，需要社区护士发展跨文化的伦理判断和行为能力，而该能力的最终形成离不开对伦理价值的独立思考和判断。因此，需要明辨伦理原则的文化普适性及其具体表现方式的文化差异，努力寻求共同的交流空间，发现行为现象背后伦理价值观的共通之处，在相互尊重、平等和谐的基础上探索跨文化交流之道。

（侯淑肖）

小 结

本章的主要内容包括社区卫生服务与社区护理的基本概念，国内外社区护理的发展现状与趋势，社区护理的组织管理、人才管理、业务管理、质量与安全管理、信息管理和教学科研管理等，并结合社区卫生服务研究与热点问题、社区护理相关的政策法规、社区护理中的伦理难题和伦理决策进行了介绍和分析。

思考题

1. 胃癌术后在家疗养的王某近日感到头晕，他来到社区卫生服务中心测血压，郑护士接待了他。在交谈中郑护士得知王某不知道自己的诊断。王某向郑护士询问："医生说我是胃溃疡，

笔记栏

19

ER1-2
本章思考题
解题思路

可手术后给我打的药让我掉头发、食欲不好，我是不是患了癌症？"第二天，社区护士在家庭访视中了解到王某的妻子不想让丈夫知道自己患了癌症。她的理由是丈夫仅 52 岁，性格内向，遇事容易想不开，怕他承受不了这样的打击，因此一直隐瞒病情。而病人却一直怀疑自己得了癌症，曾多次向妻子确认病情。在家庭访视时，王某再次询问护士并请求一定要将真实病情告诉他。请判断这位社区护士是否遇到了伦理难题？属于何种类型？如果你是这位社区护士，你将如何决策？

2. 随着社区卫生服务内涵的拓展和居民健康服务需求的日益增长，社区护士的岗位职能越来越重要。你认为社区护士在"健康中国"和"积极应对人口老龄化"国家战略中可以发挥哪些作用？如果你是护理管理者，可以采取哪些有效措施提升社区护士的服务能力和服务质量？

笔记栏

第二章

社区护理的研究方法与实践

ER2-1
本章教学课件

社区情景

在一项旨在提高社区老年人健康水平的研究项目中，社区护理团队决定应用混合研究方法来评估和优化健康促进干预的效果。该研究首先通过量性方法收集初步数据，使用问卷调查来评估老年人的基本健康状况和生活质量。随后，为了更深入了解数据背后的原因和情境，护理团队采用质性研究方法，包括焦点小组和深入访谈，以收集老年人参与社区健康促进活动的感受和建议。

请思考： 如果社区护理团队仅使用单一的量性或质性研究方式，可能会遗漏哪些关键信息？在应用混合研究方法时，团队应如何确保数据的准确性和参与者的积极性？在处理敏感健康信息时，将面临哪些伦理挑战，应如何妥善处理？

第一节 概 述

一、社区护理研究的概况

社区护理研究是公共卫生和社区护理实践的重要组成部分，旨在探索有效的健康促进和疾病预防策略，提升社区居民的健康水平。近年来，社区护理研究主要围绕儿童、妇女、老年人、病伤残者等社区重点人群健康促进，以及糖尿病、高血压、冠心病等常见慢性病病人的护理与管理展开。社区护理人力资源开发、社区护士岗位胜任力和继续教育等也是当前着重研究的方向。同时，在应对传染病和自然灾害等公共卫生挑战时，社区护理研究也发挥着关键作用。

通过社区护理研究，能更好地理解和满足特定社区居民的健康需求，提升社区慢性病病人的自我管理能力和生活质量，改善健康结果，降低医疗成本；社区护理研究也可为政策制定提供数据支持，帮助制定更加有效的公共健康政策和干预措施，以促进社区整体健康水平的提升；同时，社区护理强调多学科团队的协作和信息共享，有助于不同医疗机构、护理团队和社区资源之间的有效整合，实现社区护理服务的连续性和一体化。总之，社区护理研究为促进健康社区发展，提升护理服务的质量和效率，提高社区居民的健康水平等提供了重要支撑。

（一）社区护理研究的特点

1. 多学科融合 社区护理研究通常涉及多个学科，如临床医学、公共卫生、社会学、心理学等。研究者需要跨学科合作，集合不同领域的理论与方法来探索社区护理的问题与解决方案。

2. 实用性与应用性强 社区护理研究主要关注实际问题的解决，研究成果往往直接应用于改善社区健康服务的设计、实施与评估。这要求研究具有高度的实用性，且具备良好的推广应用前景。

3. 长期跟踪与动态评估 社区护理研究常通过持续的数据收集和动态评估的方法对特定群体或个体进行长期的跟踪研究，以评估研究对象健康状况的变化以及护理干预的效果。

笔记栏

4. 多方法综合应用 社区护理研究常用的方法包括量性研究（如问卷调查、随机对照试验等）和质性研究（如深度访谈、焦点小组访谈等），有效地结合这些方法可以更全面地理解和解决社区护理中的复杂问题。

5. 文化敏感性与多样性 考虑到不同社区的文化背景，社区护理研究需要对不同文化特征有深入的理解和考虑。研究设计须适应多样化的文化背景，确保研究方法和干预措施的文化适宜性。

6. 政策导向性 社区护理研究既是科学探索，也是政策制定的基础。社区护理研究不仅是为了解决当前的健康问题，更是为了通过科学研究推动长远的健康政策改革，提高政策的适应性和灵活性，确保政策能够响应社会和健康需求的变化，构建一个更健康、更和谐的社会，推动社区健康服务的可持续发展，使健康福利惠及社区的每一位成员。

（二）社区护理研究对象的特点

社区护理研究对象是多元化的和复杂的，不仅体现在个体的生理和心理特征方面，还包括了他们所处的社会环境、文化背景以及健康服务的可及性。

1. 研究人群的多样性 社区护理研究的对象涵盖了社区全生命周期人群，涉及不同疾病病人及其家庭成员等。同时，年龄、性别、文化背景、社会经济地位等因素，会影响他们对健康的态度和行为。因此，社区护理研究需要考虑到人群的多样性和文化差异，以制订更具包容性和适应性的护理方案。

2. 以家庭为单位 在社区护理中，家庭是一个重要单元，研究对象通常与家庭紧密相关，需要考虑到家庭的特点、家庭的影响因素以及家庭对照护的需求。

3. 以慢性病病人为重点 慢性病病人在社区护理研究中占据重要地位，如糖尿病、高血压病人等。社区护士需要对这些慢性病病人开展长期的健康管理和医疗监护，以控制疾病的发展并提高其生活质量。

4. 重视老年人群 社区护理研究的对象中，老年人群所占比例较大。随着人口老龄化问题日益突出，对于社区老年人群的研究显得尤为重要。

5. 关注社会弱势群体 如低收入家庭、病伤残者等。由于经济条件限制和社会资源分配不均，他们可能面临健康服务不足、医疗费用负担重、疾病预防和管理困难等问题，因此需要特别关注和支持。

6. 存在地区差异性和社区特异性 社区护理研究对象不仅包括个体，还须考虑整个社区对健康的影响。我国不同区域的社区可能存在着显著的差异，这些差异涉及文化习俗、社会经济、自然环境等多个方面。因此，在进行社区护理研究时，须深入了解社区的特殊情况，以更好地满足居民的健康需求。

（三）社区护理研究的发展趋势

随着社会经济的发展与人口老龄化的加速，社区护理研究的重点人群转向社区老年人和慢性病病人。通过更全面的、动态的健康数据采集和分析，护理人员能够更准确地评估慢性病病人的健康状况，及时调整护理计划。在研究内容方面，多学科融合的个性化健康管理已成为发展趋势，数字化技术的广泛应用也推动了护理模式和技术的创新。在研究方法上，应用大数据分析及人工智能等技术，提高了社区护理服务的可访问性、科学性、有效性和个性化水平。在研究视角上，聚焦于护理服务的可及性与公平性，特别是在健康促进和疾病预防领域，通过普及健康知识和提高居民健康素养，实现更广泛的健康覆盖。同时，社区护理的研究视角也拓展至疾病预测和健康风险评估，帮助提前识别潜在健康问题。

二、社区护理常用的研究方法

社区护理的研究方法可以分为两大类：量性研究方法和质性研究方法。这两类方法各有其独特的优势，适合解决不同类型的研究问题。

（一）量性研究方法

量性研究是在生物医学和护理学领域使用最多的研究方法。它是研究者在已有的理论和认识的基础上，根据研究目的建立研究假设，设计研究方案，通过测量指标获得数据，用科学的方法来验证理论和假设，用数据来描述和说明结果的研究方法。在社区护理研究中，量性研究提供了一种衡量和评估健康干预的效果、疾病发病率、健康行为的普遍性等数据的方式。常用的量性研究设计类型包括随机对照试验、队列研究、横断面研究等方法。

（二）质性研究方法

质性研究是采用参与观察、深度访谈及文本分析等多元方法，系统收集研究对象在自然情境中的质性资料，通过持续比较和归纳分析揭示社会现象深层意义的研究范式。其强调研究者在动态交互中完成意义建构，虽不预设理论框架但可通过扎根编码等规范化程序生成概念模型，最终形成具有解释力的中层理论。质性研究在社区护理研究中常用于探索和理解居民的健康需求、感受以及护理干预的社会文化影响，常用的方法包括现象学研究、扎根理论研究和民族志等。

量性研究和质性研究各有其优势和弱点。前者比较适合在宏观层面对事物进行大规模的调查和预测，对研究变量进行控制、干预来验证已有的理论和假设，找出客观规律；而后者则比较适合在微观层面对个别事物进行细致、动态的描述和分析，适合对特殊现象进行探讨，以求发现问题或提出看问题的新视角。

三、社区护理研究中的常见伦理问题

（一）参与者权利的维护问题

科学研究是改善人类生活的重要途径，但不容回避的是，在对未知领域的探索过程中，科学研究很可能给人类参与者带来风险。忽视参与者权益保护将损害个体与社会群体的权益，这与科学研究造福人类的宗旨背道而驰。在社区护理研究中，维护参与者权利是一个核心的伦理原则，这不仅确保每位参与者的尊严、隐私和福利得到保护，也是贯彻社会主义核心价值观的具体体现。参与者的尊严是研究中不可侵犯的基本权利，对参与者尊严的保护体现了对人的基本尊重和价值的肯定。隐私保护则是对参与者个人信息和生活细节的尊重，确保这些信息不被滥用或泄露，这关系到个体的安全感和信任。维护参与者的权利包括以下几个重要方面。

1. 知情同意 研究参与者必须在完全理解研究的目的、程序、潜在风险和好处后，自愿给予明确的同意。知情同意的过程应确保信息的透明度，且参与者理解他们有权在任何时间退出研究而不会受到任何形式的惩罚或不利影响。

2. 隐私和保密 保护参与者的个人信息安全，确保收集的数据仅用于研究目的，并严格限制数据访问权限。研究中的所有敏感信息都应加以适当的保护，以避免泄露信息可能对参与者造成的任何形式的伤害。

3. 尊重参与者的自主权 研究过程中尊重参与者的意愿和选择，尤其是对于他们是否继续参与研究的决定。这包括对参与者健康决策的尊重，确保他们的抉择是基于充分信息的自由选择。

4. 最小化风险 研究设计必须力求最大程度地减少可能给参与者带来的风险，包括身体、心理和社会经济方面的风险。例如，确保研究中的干预措施不会对参与者造成不必要的不适，或在社会经济层面给参与者带来负担。

5. 公平性 研究在设计时和执行过程中应确保公平性，不应存在基于性别、经济状况或其他社会标签的歧视。每位参与者都应有平等的机会获得研究带来的潜在益处。

6. 受益最大化 研究设计应确保参与者能从研究中获得最大可能的好处，比如改善社区护理实践、提供健康教育或改善社区卫生环境。

通过这些措施，社区护理研究可以在维护参与者权利的同时，促进有效和符合伦理的研究实

笔记栏

践，进而提高研究的整体质量和社会影响力。这不仅是对参与者的尊重，也是提升研究诚信和可信度的重要基础。

（二）双重关系伦理问题

双重关系的伦理问题主要在心理健康、医疗、社会工作、教育等专业领域中出现。这种关系指的是一位专业人员（如心理学家、医生、社会工作者或教师）与他们的服务对象、病人或学生之间，存在超出传统专业角色或界限的额外关系。这种额外的关系可能是社交的、金钱的、个人的或任何可能影响专业判断和客观性的关系。

在社区护理环境中，双重关系的伦理问题尤为突出，因为社区护理工作者经常在较小或紧密的社区环境内工作，他们可能会在工作以外与病人有社交或其他形式的联系。而社区护理的独特之处在于，护理人员与病人的关系往往更加个人化和持续，这增加了出现双重关系的可能性。例如，护理人员可能在社区活动中遇到病人，或者与病人家属有社交关系。这种情形下如何在确保病人获得最佳护理的同时，保持研究数据的完整性和客观性。如果研究中的某些干预措施并不完全符合病人的最佳利益，护理人员需要平衡病人利益和研究要求。由此可见，这样的双重关系可能影响护理实践的客观性和质量，导致利益冲突或者对病人的权利和健康利益造成风险。

当一名社区护理工作者既是居民的健康照护者又参与社区护理研究项目时，需要明确其职业角色与个人生活的界限。在与病人互动时，始终保持专业态度，明确表达何时是在行使职业角色。必要时与病人讨论界限问题，确保他们理解这些界限的重要性。定期对社区护理工作人员进行伦理培训，提供实例和模拟场景训练，帮助其识别并应对可能的双重关系情况，特别是关于如何处理社区中可能出现的双重关系。当涉及病人护理决策或服务分配时，应有明确的记录和透明的流程，以避免偏见和不公。所有护理活动和决策应有记录，以确保每个病人都得到公平对待。处理涉及双重关系的情况时，应有同事、上级或伦理委员会的监督和指导。建立定期的讨论和反思机制，帮助护理人员在遇到伦理困境时寻求支持和建议。一旦发现潜在的冲突或不当关系，应立即采取行动解决，以防问题扩大。

此外，应制定明确的政策和指南，帮助护理人员理解和遵守职业界限。这些政策和指南应包括如何处理个人关系和职业关系的冲突，如何在社区中维护专业性，以及如何应对病人或家属提出的超出护理职责范围的请求。

通过采取这些措施，社区护理工作者可以有效地管理双重关系的伦理问题，确保提供高质量、客观和公正的护理服务，维护病人的权利和健康利益。这不仅有助于提升护理服务的质量，也有助于建立和维护护理人员与病人之间的信任关系。

（三）新兴医疗科技带来的伦理问题

在社区护理研究中，新兴医疗科技的发展带来了许多益处，如提高诊断的准确性、护理的有效性和服务的可及性。其中，远程医疗通过通信技术、计算机及网络技术，使医疗机构能够跨地域为病人提供技术支持。健康监测设备如智能手表和健康追踪器，可以持续监测心率、血糖等生理数据。人工智能与机器学习则通过感知层采集病人信息、传输层传导和储存数据、应用层在云计算平台上处理分析数据，从而提升医疗服务的智能化水平。

随着新兴医疗科技带来诊断和治疗突破的同时，也出现了一系列伦理问题。

1. 隐私和数据安全　远程医疗和穿戴式健康设备，通过收集、存储和传输病人的个人健康信息来提供服务。这些数据可能包括极其敏感的健康记录、生理参数以及个人生活习惯等信息。未经授权的数据访问可能导致敏感信息泄露，这不仅侵犯了个人隐私，还可能引起社会和职业上的歧视。数据在传输或存储过程中也有丢失、被盗或被篡改的风险。

2. 知情同意　在使用人工智能和远程医疗时，病人可能因专业知识限制而无法完全理解技术细节及其潜在影响。并且在某些情况下，病人可能因为依赖医疗服务而感到有压力，同意使用他们不完全理解的程序。

3. 平等性问题　人工智能辅助诊断系统、全基因组测序及可穿戴远程健康监测设备等医疗科技成果，因其成本高昂、操作复杂等特点，可能导致医疗技术可及性不平等问题。

第二节　社区常用的流行病学研究方法

一、社区护理中常用的流行病学方法

（一）描述性研究

描述性研究是流行病学调查的第一步。将已有资料或专项调查所得的资料，按照不同地区、时间及人群分布特征分组，对社区人群的疾病或健康状态分布情况进行简单的描述，在此基础上提出病因假设。描述性研究中应用最广泛的是横断面研究。

横断面研究，又称现况研究，是通过对特定时点（或期间）和特定人群中的疾病或健康状况及有关因素的分布状况的资料进行收集、描述，从而为进一步的研究提供病因线索。横断面研究的优点是调查资料丰富，可以描述疾病或健康状态在某一时点的流行病学分布特点。缺点是不能作出因果判断，也不能确定因果的先后顺序。按照调查范围，横断面研究可分为全面调查和抽样调查。

1. 全面调查　又称普查，是指特定时点或时期内、特定范围内的全部人群（总体）作为研究对象的调查。普查的优点是调查对象为全体目标人群，不存在抽样误差，可同时调查多种疾病或健康状况的分布情况。比如社区可以针对高发的妇科疾病（炎症、宫颈疾病等）开展普查工作，以实现"三早"预防。缺点是所需成本较高、时间较长，因此不适合对患病率低、诊断技术复杂的疾病开展调查。

2. 抽样调查　是指从总体中抽取一定数量的观察单位组成样本，依据样本信息推论总体的特征。抽样调查应根据实际情况选择不同的抽样方法，如非随机抽样和随机抽样。随机抽样的样本获取必须遵循随机化原则，以保证样本对总体的代表性。相较于普查，抽样调查涉及的观察单位较少，具有节省时间、人力和物力资源等优点，利于更加深入细致地开展调查工作，因此，在实际工作中应用广泛。

（二）分析性研究

分析性研究是探索导致疾病或健康问题在人群中分布存在差异的原因或影响因素的方法，可以对描述性研究提出的病因假设进行进一步的验证。分析性研究主要包括队列研究和病例对照研究。

1. 队列研究　是将研究对象按暴露因素的有无或暴露程度分为若干组，追踪观察一定期限，比较各组结局频率的差异，从而判断暴露因素与结局有无因果关联以及关联程度大小的一种观察性研究方法。可分为前瞻性队列研究、历史性队列研究和双向性队列研究。前瞻性队列研究中研究对象的确定和分组是根据研究开始时的状态，研究结局须随访观察一段时间才可得到。如对基线特征相似的人群按照不同的吸烟量分为若干组，追踪观察 1 年、5 年、10 年后，分析该人群的肿瘤、呼吸道疾病等的发病率或死亡率的差异。历史性队列研究的研究对象是在过去某个时点进入队列的，研究对象的确定和分组是根据进入队列时这个时点对某因素的暴露与非暴露情况进行的，研究结局在研究开始时已经发生，即研究的暴露与结局均已发生。双向性队列研究一般是指在历史性队列研究后，继续进行前瞻性队列研究。这种设计适宜于评价对人体健康同时具有短期效应和长期作用的暴露因素。

队列研究是从因到果的研究，故检验病因假说的能力较强，因果联系的说服力强；通过随访，不但可以了解疾病的自然史，还可获得多种预期以外的结局资料。此外，也可以用于疾病预防和控制规划的实施。缺点是不适合用于发病率很低的疾病的病因研究；长期随访耗费的人力、

物力、财力等较大；病例失访率较高。

2. 病例对照研究　是指以当前已确诊为某特定疾病的一组病人为病例组，以不患有该病但具有可比性的一组个体为对照组，比较这两组人群既往某些因素暴露史的差异，从而进行病因推断。

病例对照研究的优点是相对节省时间、人力、财力等，适用于罕见病或潜伏期较长疾病的病因研究。但该类研究是从果到因的研究，且容易产生回忆偏倚等，因此相较于队列研究而言，其因果联系的论证强度较弱。

（三）实验性研究

实验性研究，又称干预研究，主要用于验证研究假设和评价干预措施的效果。首先将研究对象随机分为实验组和对照组，然后对实验组施加某种干预措施，而对照组采用空白对照或给予标准化的干预措施，之后随访比较两组的结局或效应差别，判断干预措施是否有效。一项完全的实验性研究必须具备随机、对照、干预、前瞻四个基本特征，若缺少其中一个或几个特征，则称为类实验研究。类实验研究常用于研究对象数量较大、范围较广，而实际情况不便于对研究对象作随机分组的情况。

根据研究目的和研究对象的不同，通常把实验性研究分为临床试验、现场试验和社区试验三类。

1. 临床试验　以病人为研究对象，通常以某种药物或治疗方法为干预措施，对效果进行检验和评价。临床试验应当遵循随机、对照和盲法的原则。

2. 现场试验　也称人群预防试验，是以尚未患病的人作为研究对象，接受处理或某种预防措施的基本单位是个人，而不是亚人群。多为预防性试验，而且常在高危人群中进行试验。如在母亲乙型肝炎病毒表面抗原阳性的婴儿中进行乙型肝炎疫苗预防乙型肝炎病毒感染的现场试验，效率较高。因为这些婴儿比母亲乙型肝炎病毒表面抗原阴性的婴儿感染乙型肝炎的概率高很多。

3. 社区试验　也称社区干预项目，是以人群为整体进行实验观察，常用于对某种预防措施或方法进行考核或评价。整体可以是一个社区，或某一人群的各个亚人群，如某学校的班级、某工厂的车间和某城市的街道等。

（四）理论性研究

理论流行病学研究，又称数学流行病学研究，是在流行病学调查、分析所得资料的基础上，用数学表达式定量地阐述流行过程的特征，模拟流行过程，并按实际的流行过程进行检验和修正，从而建立流行过程的理论。同时，以正确反映流行过程的数学模型在计算机上预测各种可能发生的流行趋势，提出各种防治措施并加以筛选，从而推进防治理论研究。

二、社区健康水平的测量

（一）社区健康水平测定的资料来源

1. 常规资料　包括各级卫生及行政部门提供的常规报表，如卫生防疫机构提供的儿童基础疫苗接种、传染病发病、疾病监测统计报表，妇幼保健机构提供的婴儿、儿童、孕产妇死亡报表等。除此之外，出生及死亡等记录和每10年进行一次的全国人口普查结果也是重要的资料来源。

2. 工作记录　医院、社区、卫生部门和医疗保险机构的记录可以提供疾病的相关信息。社区人群健康档案是了解社区居民健康状态的最佳素材。有些地方建立的疾病和死亡监测点收纳了该地某种特定疾病的所有病例资料。此外，从厂矿企业的人事部门可以获得职工的职业暴露情况。

3. 流行病学调查　开展流行病学调查，如疾病的普查和筛查、卫生服务调查等，可以分析社区居民的健康状态、行为和疾病等情况。

（二）人群健康的基本测量指标

主要包括社区内人群的基本人口学资料及人群因病导致的患病天数、严重程度（卧床天数）及因病影响工作和学习的时间。

1. **出生率**　指某年某地平均每千人口的活产数，一般用"‰"表示。

2. **年平均人数**　指年初和年底人口数的平均数，也可用年中人口数代替。

3. **人口自然增长率**　年内一定地区的人口自然增加数（出生人数－死亡人数）与同期平均人数之比，或者人口自然增长率＝出生率－死亡率，一般用"‰"表示。

4. **预期寿命**　某年某地区新出生的婴儿预期存活的平均年数，一般用"岁"表示。

5. **每千人患病天数**　调查前两周内病人患病天数之和/调查人数×1 000。

6. **每千人卧床天数**　调查前两周内病人因病卧床天数之和/调查人数×1 000。

7. **每千人休工天数**　调查前两周内病人因病休工天数之和/调查人数×1 000。

8. **每千人休学天数**　调查前两周内学生因病休学天数之和/调查人数×1 000。

（三）疾病频率常用的测量指标

1. 发病指标

（1）发病率：是指一定时期内，特定人群中某病新病例出现的频率。一般以年为时间单位。

$$发病率 = \frac{一定时期内人群中发生某病的新病例数}{同期暴露人数} \times k$$

k=100%，1 000‰ 或 100 000/10 万

1）分子的确定：新病例的确定依据发病时间。但对发病时间不易确定的一些疾病，如恶性肿瘤、高血压、糖尿病和精神病等疾病，一般以初次诊断时间作为发病时间。新病例是指观察期内发生某病的病人，有时一个人在观察期内可能多次发生同种疾病，例如，一个人在一年内可患几次腹泻或几次感冒，可分别计算为几个新病例。

2）分母的确定：分母中所规定的暴露人数，是指在观察期内，观察人群中所有可能发生该病的人。对观察人群中不可能患该病的人，如研究传染病的发病率时，对已获得特异性免疫者，不应包括在分母之中。但是在实际工作中，由于准确的暴露人数往往不易获得，因此，一般多使用年平均人数作为分母。

按疾病种类、年龄、性别、职业、地区等不同特征分别计算的发病率称为发病专率。对主要在一定年龄和性别等特征的人群中发生的疾病，使用发病专率更能反映实际情况。

（2）罹患率：是测量新发病例的频率指标。

$$罹患率 = \frac{观察期内某病新病例数}{同期暴露人群} \times k$$

k=100%，1 000‰

罹患率一般多用于衡量小范围、短时间的发病频率，观察的时间以月、周、日或一个流行期为单位。罹患率的优点是可以根据暴露程度较精确地测量发病频率，多用于描述食物中毒、职业中毒及传染病的暴发及流行。

（3）患病率：是指在特定时期内，一定人群中某病新旧病例数所占的比例。例如，调查某社区 60 岁以上人群中近 5 年高血压的患病率，分子应为该社区 60 岁以上人群中近 5 年高血压病人的人数，分母为近 5 年该社区常住人口数。

$$患病率 = \frac{特定时期内某人群中某病新旧病例数}{同期观察人口数} \times k$$

笔记栏

k=100%，1 000‰，10 000/万或 100 000/10 万

1）患病率与发病率的区别：患病率与发病率是描述社区人群发生疾病状况最常采用的两个指标。其区别在于：①患病率的分子为特定时期内所调查人群中某病新旧病例的总和，而发病率的分子则为一定时期内暴露人群中某病的新发病例数。②患病率是由横断面调查获得的疾病频率，是衡量疾病的存在或流行情况的静态指标，而发病率是由发病报告或队列研究获得的疾病频率，是衡量疾病发生情况的动态指标。

2）用途：患病率对于病程短的疾病价值不大，而对于病程长的一些慢性病，患病率能提供有价值的流行状况信息，可反映某地区人群对某疾病的疾病负担程度。患病率可用于合理规划地方卫生设施、人力、物力等卫生资源，研究疾病流行因素及监测慢性病的控制效果等。

3）在中国卫生健康统计年鉴中常用的患病率指标还包括两周患病率和慢性病患病率。两周患病率即调查前两周内患病人数（或例数）/调查人数 ×1 000‰。慢性病患病率有两种定义：①按人数计算的慢性病患病率，是指调查前半年内慢性病患病人数与调查人数之比。②按例数计算的慢性病患病率，是指调查前半年内慢性病患病例数（含一人多次得病）与调查人数之比。"慢性病患病"是指：①调查前半年内，经过医生诊断明确有慢性病。②半年以前经医生诊断有慢性病，在调查前半年内时有发作，并采取了治疗措施等。二者有其一者，即认为慢性病患病。

（4）感染率：是指在受检查的人群中某病现有感染的人数所占的比例。

$$感染率 = \frac{受检者中阳性人数}{受检人数} \times 100\%$$

感染率的性质与患病率相似。感染率用途广泛，特别是在具有较多隐性感染的传染病和寄生虫病等的调查中，常用它研究疾病的感染状况和防治工作的效果，估计某病的流行态势，也可为制订防治措施提供依据。

（5）续发率：也称二代发病率，指在一定观察期内某种传染病在易感接触者中二代病例的百分率。家庭中第一例病例称为"原发病例"，不计算在续发率的分子和分母中。自原发病例出现后，在该病最短潜伏期至最长潜伏期之间发生的病例称为续发病例，即二代病例。

$$续发率 = \frac{易感接触者中的续发病例数}{易感接触者总数} \times 100\%$$

续发率常用于家庭、集体单位或幼儿园等发生传染病时的流行病学调查。可分析比较不同传染病传染力强弱、流行因素及评价防疫措施等。

2. 死亡指标

（1）死亡率：是指某人群在一定时期内死于所有原因的人数在该人群中所占的比例，常以年为单位。

$$死亡率 = \frac{某人群某年总死亡数}{该人群同年平均人口数} \times k$$

k=1 000‰ 或 100 000/10 万

1）粗死亡率：指死于所有原因的死亡率，是未经过调整的死亡率。粗死亡率反映一个人群的总死亡水平，是衡量人群因病伤死亡危险大小的指标，是一个国家或地区文化、卫生水平的综合反映。

比较不同地区、不同人群死亡率时，因人口的构成不同，不可直接进行比较，而需要对率进行标准化处理后再进行比较。

2）死亡专率：指按疾病的种类或年龄、性别、职业、种族等分类计算的死亡率。疾病死

亡专率可提供某病在时间、地区和人群上的死亡变化情况，常用于探讨疾病的病因和评价防治措施。

计算死亡专率时，分母必须是与分子相对应的人口数。例如计算某地 40 岁以上男性心肌梗死的死亡专率，分母应是该地 40 岁以上的男性人口数。

中国卫生健康统计年鉴中常用的死亡专率指标包括孕产妇死亡率、围生儿死亡率、新生儿死亡率、婴儿死亡率、5 岁以下儿童死亡率等，这些指标均是反映社会经济及卫生状况的敏感指标，不受人口构成的影响，不同的国家或地区之间可直接进行比较。

孕产妇死亡率：指一年内孕产妇死亡人数与当年出生人数之比。孕产妇死亡指从妊娠期至产后 42 天内，由于任何与妊娠有关的原因导致的死亡。

围生儿死亡率：围产期是指胎儿体重达到 1 000g 或孕期满 28 周至出生后 1 周以内的时期。在此期间的死亡称为围生儿死亡，包括死胎和死产。围生儿死亡率的分母为围产期死胎数、死产数与活产数之和，一般以"‰"表示。

新生儿死亡率：指一年内新生儿死亡数与活产数之比，一般以"‰"表示。新生儿死亡指出生至 27 天的婴儿死亡。

婴儿死亡率：指一年内一定地区未满 1 岁婴儿死亡人数与同年出生的活产数之比，一般用"‰"表示。

5 岁以下儿童死亡率：指一年内未满 5 岁儿童死亡人数与活产数之比，一般以"‰"表示。

（2）病死率：一定时期内患某病的全部病人中因该病而死亡的病例。

$$病死率 = \frac{一定时期内因某病死亡人数}{同期确诊的某病病例数} \times 100\%$$

病死率通常用于病程短的急性病，如各种急性传染病、脑卒中、心肌梗死等，以衡量疾病对人类生命威胁的程度。在不同场合下，病死率的分母是不同的，如计算住院病人中某病的病死率，分母为该病病人的住院人数；如计算某种急性传染病的病死率，分母为该病的所有发病病人数。

（3）生存率：是指患某病的人（或接受某种治疗措施的病人）经 n 年的随访，到随访结束时仍存活的病例数占观察病例总数的比例。

$$n 年生存率 = \frac{随访满 n 年尚存活的病例数}{随访满 n 年的病例数} \times 100\%$$

生存率常用于评价某些慢性病如癌症、心血管病等的远期疗效。应用该指标时，应确定随访开始日期和截止日期。开始日期一般为确诊日期、出院日期或手术日期，截止日期通常可为 1 年、3 年、5 年或 10 年，即可计算 1 年、3 年、5 年或 10 年的生存率。

（4）潜在减寿年数（potential years of life lost，PYLL）：是指某病某年龄组人群死亡者的期望寿命与实际死亡年龄之差的总和，即死亡造成的寿命损失。这一指标在考虑死亡数量的基础上，以期望寿命为基础，进一步衡量死亡造成的寿命损失，强调了早死对健康的影响，定量估计了疾病造成早死的程度。

PYLL 是测量人群疾病负担常用的指标。该指标的用途包括：①反映各种死因对人群寿命的危害程度。②有助于确定该地区的重点疾病，并为制订适合该地区的防治措施提供科学依据。③可用于评价疾病防治措施效果。④对疾病连续多年计算潜在减寿年数，可了解疾病的发展趋势。

（5）伤残调整寿命年（disability adjusted life year，DALY）：是指从发病到死亡所损失的全部健康寿命年，包括因早死所致的寿命损失年（years of life lost，YLL）和疾病所致伤残引起的健康寿命损失年（years lived with disability，YLD）两部分。

DALY 的主要用途包括：①有助于从宏观上认识疾病和控制疾病。②有助于确定危害人群健康的主要疾病，以及相应疾病的高危人群和高发地区，为正确制订防治对策与措施提供重要信息和依据。③用于成本 – 效益分析，即以 DALY 的降低作为反映干预措施效益的指标，研究不同病种、不同干预措施挽救一个 DALY 所需的成本，从而确定并采用最佳干预措施来防治重点疾病，使有限的资源发挥最大的效益。

第三节　社区健康风险评估与预警

一、概述

社区健康风险评估是系统地收集和分析社区护理对象的健康资料，以明确其健康状况、所存在的健康问题及其可能的原因，进而作出护理诊断的过程。社区健康风险预警是指在社区健康风险评估的基础上，通过建立预警系统和模型，对未来可能出现的健康风险进行预测和预警。目前，社区健康风险评估与预警已经得到较为广泛的应用。主要应用领域包括：医院、体检中心和社区卫生服务中心。通过健康风险评估，可延伸目前已有的服务内容，开展个体化的健康教育与健康促进以及有针对性的疾病管理等服务，有效地稳定和拓展服务人群。未来，随着人们对健康管理的重视程度不断提高，社区健康风险评估与预警将会更加重要。

（一）社区健康风险评估方法

完整的社区健康风险评估既要进行定性评估，又要进行定量评估，评估时除收集人口统计学数据、流行病学数据等客观数据外，还应兼顾社区居民的主观感受、情感和需求等主观数据。社区健康风险评估通常采用以下方法：

1. 定性评估　定性评估是通过主观的描述、观察和分析来评估个体或群体的健康风险。这种方法通常基于专家经验、医疗记录或问卷调查等，通过描述健康问题的严重程度、频率和相关因素来进行评估，但缺乏具体的量化数据支持。

2. 定量评估　定量评估是通过收集和分析量化的数据来评估健康风险。这种方法通常使用统计学和数学模型来量化健康风险，例如计算患病率、死亡率、患病程度等指标，从而更准确地评估个体或群体的健康状况和风险水平。

3. 综合评估　综合评估将定性评估和定量评估相结合，综合考虑主观描述和客观数据，以全面、多角度地评估健康风险。这种方法可以充分利用各种信息源，提高评估的准确性和全面性，为制订个性化的健康管理方案提供更好的支持。

（二）社区健康风险影响因素

1. 个人因素

（1）人口统计学资料：主要包括年龄、性别、职业、文化程度、婚姻状况等。

（2）疾病因素：主要包括个人患有的某些慢性病或者其他健康问题，例如高血压、糖尿病等。

（3）行为与生活方式因素：主要包括吸烟、酗酒、不合理饮食习惯、缺乏体育锻炼、滥用药物、不良生活方式和习惯等。

（4）心理因素：主要包括个体心理健康状况、应对能力、压力水平等。

（5）生物特征与遗传因素：主要包括性别特征、遗传性疾病等。

2. 社会因素

（1）社会政治制度：包括立法与社会支持系统、全社会资源分配制度、就业和劳动制度、劳动强度等。

（2）社会经济因素：包括工作条件、生活条件、营养条件和卫生保健服务设施。

（3）社会文化系统：包括教育制度、文化素质、家庭和邻里关系等。

（4）社会关系和社会支持：包括个体的社会关系网络、人际关系、情感及物质方面的支持。

（5）医疗卫生服务因素：包括有无医疗保障、就医状况、居民对医疗卫生服务的利用情况等。

3. 环境因素

（1）自然环境：主要包括社区气候特征、动植物分布情况、是否有特殊环境及其对居民生活的影响。

（2）人为环境：主要包括人为环境对社区自然环境的影响，如生活设施的分布及其便利情况、居民居住条件、环境污染情况等。

二、健康风险预测模型

健康风险预测模型是指使用参数、半参数、非参数数学模型来估计受试者当前发生某种事件的概率或未来某段时间内发生某种事件的可能性，事件包括疾病的发生、某种健康结果的实现，或者其他与健康相关的结果。健康风险预测模型多用于疾病严重程度分层、揭示疾病或疾病预后的风险特征、医疗诊断治疗决策、病人预后管理、公共卫生资源配置及医学研究指导等方面。

目前在心血管、癌症、糖尿病等慢性病领域，已开发了越来越多的健康风险预测模型，有的风险预测模型被推荐用于临床风险评估，例如弗雷明汉风险评分、CAIDE 痴呆风险评分。由于现有的预测模型研究存在报告质量差、预测结果不准确、证据相互矛盾，以及临床应用局限等缺点，导致健康风险预测模型存在开发多，应用少的问题。因此，有必要提高健康风险预测模型的研究质量。

（一）健康风险预测模型的构建

健康风险预测模型的构建涉及研究问题、数据集、变量、模型以及结果呈现诸多环节，可归纳总结为七个步骤。

1. 确立研究问题　从统计技术的角度来说，临床预测模型是临床研究中比较高级的研究类型，但并非所有的问题都适合用临床预测模型来回答。临床预测模型适合回答疾病的诊断或预后相关问题，特别是预测因子的组合如何准确地估计患病或事件发生的概率。

2. 选择数据来源　不同的临床预测模型问题适合用不同的研究设计数据来回答。对于诊断类问题，其预测因子与结局均在同一时点或很短的时间内，适合采用横断面研究数据构建诊断模型；对于预后类问题，其预测因子与结局有纵向的时间逻辑，适合采用队列研究数据拟合预后模型。随着计算机信息技术的快速发展，电子病历资料、多模态数据库也成为构建预测模型的重要数据来源。

3. 筛选预测变量　临床预测模型中变量的筛选有三种策略：基于文献报道、基于统计方法和基于医学认识。通常在筛选模型变量时会同时结合这三种策略，或者在不同的筛选阶段应用不同的策略。目前，并无广泛认可的最优统计方法筛选预测因子，常见的预测因子筛选策略有两种：全模型策略或者筛选模型策略。此外，一些新的回归技术，如 LASSO 回归越来越受到研究者的重视。

筛选预测模型的预测因子虽然有各种统计方法，但任何预测模型的变量筛选，都不能完全依赖于统计方法，须结合专业知识以及专业领域的经验。此外，在确定预测模型的预测因子时，一些实际的因素，如指标测量的难易度、测量成本以及应用的难易度等也应考虑在内。

4. 处理预测变量　预测模型中处理变量时首先可能遇到的问题就是缺失值。虽说处理缺失值最好的方法是防止出现缺失值，但缺失值是任何研究都无法回避的问题。当缺失的样本例数多时，直接剔除不仅可能产生选择偏倚，而且导致信息丢失，样本量减少，把握度下降，因此，缺失值插补，特别是多重插补是一个重要的弥补方法。缺失值插补可利用病人未缺失的所有变量信息去估计其缺失变量最有可能的值。此外，不同的变量类型在纳入模型时，也需做不同的处理。例如分类变量的某些类的频数或者比例过低时，应考虑将相近的类合并。

笔记栏

5. 拟合预测模型 选择预测模型时，研究者需考虑结局变量类型及数据来源。二分类变量结局多适于诊断模型或短期的预后模型，常用 Logistic 回归拟合；事件 – 时间变量多见于长期的预后模型，常用 Cox 回归拟合。此外，若结局为事件的发生次数，可用泊松回归拟合；若结局为连续变量，可用线性回归拟合。除了传统的统计方法，基于机器学习的算法，如决策树、随机森林、神经网络等也在模型拟合中得到广泛的应用。

6. 评估预测模型 常用的模型评估指标包括区分度（discrimination）和校准度（calibration）。两个指标并非完全独立，区分度是保证模型表现的基础，是模型拥有良好校准度的前提条件。

区分度或者称判别能力，是指模型区分发生终点事件的个体与未发生终点事件的个体的能力。最常用的衡量区分度的指标是一致性统计量（concordance statistics），也被称为 C 统计量。若终点事件是二分类变量，C 统计量与接受者操作特征曲线下面积（area under curve，AUC）相同。C 统计量的取值范围为 0 ~ 1，C 统计量越接近 1 表示模型区分度越好，C 统计量等于 0.5 时表示模型没有预测能力，C 统计量小于 0.5 表示模型预测与实际结果相反。

校准度则是评估预测的概率与实际观察到的概率的一致性，关注的是模型的绝对风险预测值是否准确。最常见的展示方式是绘制校准度图。即将所有个体首先按模型预测概率从低到高排序，以模型预测概率作为 X 轴，以实际事件发生比例为 Y 轴，绘制散点图。校准度较好的模型，其散点应沿 45° 斜线排列。

7. 呈现预测模型 为方便临床应用，研究者常将不同的预测因子的取值赋予不同的评分，最终的累计得分对应一定的事件概率，此即评分 – 概率对照表，可依据得分高低划分高危、低危人群，以便临床干预治疗。此外，列线图（nomogram）也是一种常见的呈现方式。若预测模型比较复杂，则可以 excel 工具、网页工具或者手机 APP 等电子方式进行展示和应用。

（二）健康风险预测模型的验证

在预测模型建立后，还需要对模型的表现进行评估，以考察其可重复性及外推性，严格的预测模型评估过程包括了内部以及外部验证。

1. 内部验证 内部验证是基于模型开发队列数据进行的验证，通常内部验证也是作为模型开发的一部分，其目的是检验模型开发过程的可重复性，并且防止模型过度拟合导致高估模型的性能。常用的内部验证方法包括随机拆分验证、交叉验证以及自助法重抽样（bootstrap resampling），其中自助法重抽样是最为推崇的内部验证方法。

（1）随机拆分验证：是将模型开发队列随机分为训练集和验证集两部分，通常两者比例为1 : 1 或 2 : 1。以 2 : 1 为例，首先从开发队列中随机抽取 2/3 的数据作为训练集，剩余 1/3 数据作为验证集。通常这一拆分过程仅进行一次，在开发队列样本量较小的情况下，是对开发数据极大的浪费。

（2）交叉验证：又称 K 折检验，是随机拆分验证的改进。以 10 折验证为例：将开发队列随机分为 10 份，每次利用其中 9 份作为训练集，剩余 1 份作为验证集，并重复这一过程。交叉验证对于模型开发数据的使用效率不佳，逐渐被自助法重抽样取代。

（3）自助法重抽样：通过在模型开发队列中进行有放回抽样，构造一个相同样本量大小的自助法重抽样样本，并将此样本作为训练集，将模型开发队列作为验证集评价模型性能，重复此过程 n 次。

2. 外部验证 外部验证是利用模型开发中未使用过的数据来评估模型在新数据中的表现。相对于内部验证，外部验证更关注的是模型的可移植性和可泛化性。根据模型验证队列数据来源的不同，外部验证可分为时段验证、空间验证、领域验证。

（1）时段验证（temporal validation）：指的是利用与模型开发队列来源相同，但时间段不同的数据对模型表现进行验证。最常见的是在模型开发过程中继续收集数据，在模型开发完成后，利用新收集的数据对模型进行外部时段验证。

（2）空间验证（geographical validation）：指的是对模型在其他中心甚至其他国家的数据中的表现进行验证。空间验证比时段验证能更好地检验模型的可转移性和泛化性。

（3）领域验证（domain validation）：是指在不同的临床场景中对模型进行验证，例如模型开发时是基于医院的病人数据，在领域验证时可以利用社区居民数据检验模型在不同人群中的表现。

外部验证最重要的准则，就是需要严格按照待验证的原始模型，计算风险评分（即风险因子乘以回归系数后相加得到的线性预测值）或预测概率，在验证步骤中不得对原模型进行调整，以确保验证结果的客观公正。

（三）社区护理中常见的风险预测模型

社区护理风险预测模型可分为诊断预测模型和预后预测模型。诊断预测模型旨在帮助社区护理人员在早期识别病人潜在的健康风险或疾病发展趋势，以便及时采取干预措施。例如，基于夜间呼吸信号的帕金森病预测模型，通过从受试者佩戴的呼吸带或睡眠状态下身体反弹的无线电信号中提取夜间呼吸信号，采用神经网络处理呼吸信号，以推断研究对象是否患有帕金森病。该模型基于美国几家医院的数据以及多个公共数据构建，使用了来自757名帕金森病受试者和6914名对照者的超过120 000小时的夜间呼吸信号，在内部验证和外部验证中的曲线下面积分别为0.906和0.851。基于夜间呼吸信号的帕金森病预测模型证明了客观、无创、居家评估帕金森病的可行性，有助于临床诊断前的风险评估。

预后预测模型则着重于预测病人的疾病进展、康复情况或生存率，以指导制订更有效的治疗计划和管理策略。这两种类型的模型都在社区护理中扮演着重要的角色，有助于提高个体的健康状况和生活质量。例如：弗雷明汉风险评分，该模型开发于2008年，是目前最常用心血管疾病的预后预测模型之一。该评分系统基于Framingham心脏研究的8 491名研究对象，使用cox比例风险回归，推导了性别特异性的10年心血管风险多变量预后预测模型，包括年龄、总胆固醇和高密度脂蛋白胆固醇、收缩压、高血压治疗、吸烟和糖尿病状况。结果显示该预测模型表现出良好的区分度和校准度，在男性中预测的C统计值为0.763（95%可信区间为0.746~0.780）、女性为0.793（95%可信区间为0.772~0.814）。弗雷明汉风险评分在其他国家和地区的人群中进行外部验证的结果均显示其具有良好的预测性能。弗雷明汉风险评分作为一种简便实用的工具，已被广泛应用于临床实践中。根据计算得出的风险分数，可以将病人分为不同的风险组，从而指导医护人员制订个体化的预防和治疗方案。女性评分细则见（表2-1），男性评分细则见（表2-2），概率换算见（表2-3）。

表2-1 女性弗雷明汉风险评分

得分	年龄/岁	高密度脂蛋白/（mmol·L⁻¹）	总胆固醇/（mmol·L⁻¹）	未治疗的收缩压/mmHg	治疗后的收缩压/mmHg	吸烟	糖尿病
-3				<120			
-2		>1.6					
-1		1.3~1.6			<120		
0	30~34	1.2~<1.3	<4.1	120~129		否	否
1		0.9~<1.2	4.1~<5.2	130~139			
2	35~39	<0.9	5.2~<6.2	140~149	120~129		

续表

得分	年龄/岁	高密度脂蛋白/（mmol·L⁻¹）	总胆固醇/（mmol·L⁻¹）	未治疗的收缩压/mmHg	治疗后的收缩压/mmHg	吸烟	糖尿病
3			6.2 ~ 7.2		130 ~ 139	是	
4	40 ~ 44		>7.2	150 ~ 159			是
5	45 ~ 49			≥160	140 ~ 149		
6					150 ~ 159		
7	50 ~ 54				≥160		
8	55 ~ 59						
9	60 ~ 64						
10	65 ~ 69						
11	70 ~ 74						
12	≥75						

表 2-2 男性弗雷明汉风险评分

得分	年龄/岁	高密度脂蛋白/（mmol·L⁻¹）	总胆固醇/（mmol·L⁻¹）	未治疗的收缩压/mmHg	治疗后的收缩压/mmHg	吸烟	糖尿病
−2		>1.6		<120			
−1		1.3 ~ 1.6					
0	30 ~ 34	1.2 ~ <1.3	<4.1	120 ~ 129	<120	否	否
1		0.9 ~ <1.2	4.1 ~ <5.2	130 ~ 139			
2	35 ~ 39	<0.9	5.2 ~ <6.2	140 ~ 159	120 ~ 129		
3			6.2 ~ 7.2	≥160	130 ~ 139		是
4			>7.2		140 ~ 159	是	
5	40 ~ 44				≥160		
6	45 ~ 49						
7							
8	50 ~ 54						
9							
10	55 ~ 59						
11	60 ~ 64						

笔记栏

得分	年龄/岁	高密度脂蛋白/（mmol·L⁻¹）	总胆固醇/（mmol·L⁻¹）	未治疗的收缩压/mmHg	治疗后的收缩压/mmHg	吸烟	糖尿病
12	65～69						
13							
14	70～74						
15	≥75						

表2-3　弗雷明汉风险评分——概率换算表

总得分	风险（女性）/%	风险（男性）/%
≤-3	<1	<1
≤-2	<1	1.1
-1	1.0	1.4
0	1.2	1.6
1	1.5	1.9
2	1.7	2.3
3	2.0	2.8
4	2.4	3.3
5	2.8	3.9
6	3.3	4.7
7	3.9	5.6
8	4.5	6.7
9	5.3	7.9
10	6.3	9.4
11	7.3	11.2
12	8.6	13.2
13	10.0	15.6
14	11.7	18.4
15	13.7	21.6
16	15.9	25.3

笔记栏

续表

总得分	风险（女性）/%	风险（男性）/%
17	18.5	29.4
18	21.5	>30
19	24.8	>30
20	28.5	>30
≥21	>30	>30

注：根据总分评估 10 年心血管疾病风险：女性概率换算后 1%～8.6% 为低风险，10.0%～18.5% 为中风险，21.5%～>30% 为高风险。男性概率换算后 1%～9.4% 为低风险，11.2%～18.4% 为中风险，21.6%～>30% 为高风险。

三、基因组学在健康风险评估与预警中的应用

基因（遗传因子）是遗传的基本单元，基因是生命延续和与环境相互作用所需信息的物质载体。它们通过转录，再翻译成蛋白质来掌控生命信息，蛋白质则执行各项生命活动。基因的变异可能导致蛋白质变异，进而影响生理功能。基因组指的是细胞中的全部遗传物质。从某种角度来看，这一包含"遗传密码"的神秘图谱与世界上发生的一切事情都息息相关。

（一）基因组变异与健康风险之间的关联

基因组数据与健康风险管理之间的关联体现在多个方面：①健康问题大多是基因与外部环境、生活习惯、生理及社会等因素共同作用的结果，基因的评估对健康管理至关重要。②与健康或疾病相关的一些现象，如患病风险、药物治疗效果以及不良反应等，在个体间存在明显的差异，这些差异主要源自基因组中 0.1% 的差异序列。健康或疾病相关的表型都可以追溯基因表达的变化，从而导致各种不同的表现形式。现代健康管理理念强调疾病预防和全程健康维护，而基因检测能够使得科学预防措施更加提前、有效和完整。③环境因素、饮食和运动等生活习惯通过调节基因表达水平，长期影响健康状态，甚至代代相传。因此，基于基因检测的健康管理已成为预防遗传性疾病和促进健康的重要手段，具有科学性和精准性。

（二）遗传性疾病的发病风险评估

遗传病是由遗传物质改变引起的或受其影响的疾病，具有家族聚集性和垂直传递性。这些疾病通常在胚胎期开始发作，且终身影响，难以根治。人类遗传疾病包括单基因、多基因、染色体和线粒体遗传病，种类繁多，严重威胁健康。近年来，心脑血管疾病和恶性肿瘤等多基因复杂疾病在我国发病率增加，成为导致死亡的主要原因。若不加以有效控制，将严重制约社会和经济的发展。

遗传病风险的评估技术主要建立在生物学理论基础和临床经验数据的基础上。随着基因组测序技术的迅速发展、计算机和人工智能的广泛应用，以及临床数据的不断积累，基因在特定疾病发生和发展过程中的作用受到重视。目前针对遗传病的基因风险评估主要包括染色体病的发病风险评估、单基因遗传病的发病风险评估、线粒体基因病的发病风险评估以及多基因遗传病的发病风险评估。

1. 染色体病的发病风险评估　染色体异常会严重影响胚胎的发育，导致胎儿在子宫内死亡或流产。据统计，约有 2/3 的流产胎儿与染色体畸变有关。即便染色体异常胎儿能够存活至出生，也会表现出严重的症状。染色体畸变可发生在任何染色体上，流产越早，染色体异常率越高。染色体异常是一种重要的遗传疾病，可能导致性发育异常、不孕不育、先天性心脏病等出生

缺陷。染色体异常可分为数目异常、结构异常和成分异常。每条染色体上平均分布着近千条基因，因此染色体异常携带者的疾病风险因涉及的基因数量而异（表 2-4）。大片段染色体异常通常会导致疾病和生育障碍，而微缺失造成的危害更大，通常表现为综合征，且可能以显性遗传方式传递。

表 2-4　染色体异常携带者的发病风险评估

类别	携带者发病风险	后代发病风险
染色体数目异常（单体、三体、三倍体等）	高	高（性染色体除外）
染色体结构异常（倒置、易位等）	低（生殖异常除外）	高
微缺失	高	50%
微重复	低	低
脆性结构	中等	高
成分异常（Angelman 综合征、单亲二体等）	高	无后代

　　2. 单基因遗传病的发病风险评估　单基因遗传病的遗传方式和再发风险基本符合孟德尔遗传定律。目前已识别的常染色体显性遗传病已达 1 700 多种，如家族性多发性结肠息肉、多指、并指等。其遗传系谱特点有以下几点：①只要体内有一个致病基因存在就会发病。②发病与性别无关，男女发病机会均等。③在病人的家族中可连续几代出现类似的病人。但有时因内外环境的改变，致病基因的作用不一定表现（外显不全），一些本应发病的病人可以成为表型正常的致病基因携带者，而他们的子女仍有 1/2 的可能发病，出现隔代遗传。④无病的子女与正常人结婚，其后代一般不再有此病。有时，由于内外环境的影响，携带显性致病基因的杂合子个体并不表现异常，或者临床所观察到的系谱并不完全符合显性遗传的规律。据统计，常染色体显性遗传病的整体外显率为 60% ~ 90%。

　　目前，已确定的常染色体隐性遗传病有 1 200 多种，包括先天性听力障碍、白化病、苯丙酮尿症等。杂合型隐性致病突变的携带者本身并无异常，但可将致病基因传给后代。常染色体隐性遗传病的系谱特点有以下几点：①病人为致病基因的纯合子。其父母不一定发病，但均为致病基因的携带者（杂合子）。②双亲均为携带者时，其子女发病的概率为 25%，男女发病机会均等。③家族中不出现连续几代遗传，病人的双亲、远祖及旁系亲属中一般无同样的病人。④近亲结婚时，子代的发病率明显升高。

　　3. 线粒体基因病（mitochondrial genic disorders）的发病风险评估　线粒体基因组突变引起的一类疾病，其传递和表达方式与核基因突变引起的疾病完全不同，是一种独特的遗传病。目前已知，线粒体基因病通常由于线粒体 DNA 发生重复、缺失或点突变所致，呈母系遗传，而父源性线粒体传递仅是散发性的偶然事件。调查显示，眼肌麻痹、视网膜变性及线粒体心肌病等线粒体基因病家系中，有 94% 的由母亲传递，而仅有 6% 的由父亲传递。此外，线粒体 DNA 基因突变的传递受到细胞质中线粒体 DNA（mtDNA）数量的影响。细胞中可能存在数千个 mtDNA，若细胞内所有 mtDNA 在某一基因座上都是相同的，即全为正常基因或全为突变基因，则该细胞为纯质；若细胞内 mtDNA 同时存在正常基因和突变基因，则为异质。当突变 mtDNA 数量超过一定程度时，会出现临床症状。突变 mtDNA 的比例与症状的严重程度相关。此外，传递突变的母亲可能表现为病人，也可能是表现正常的携带者。

4. 多基因遗传病的发病风险评估　多基因遗传病是指受到两对以上等位基因控制的疾病。除了遗传因素外，这些疾病还受到环境等多种因素的影响，因此也被称为复杂性疾病。常见的多基因遗传病包括消化性溃疡、高血压、冠心病、哮喘、精神分裂症、糖尿病等，以及许多先天性畸形和儿童期疾病。这些疾病通常受到若干主效基因、多个微效基因以及环境因素的共同影响，所以对风险的估计涉及多个因素，主要包括以下几个方面：①对于某种多基因遗传病，如果其群体发病率在 0.1% ~ 1.0%，而遗传度为 70% ~ 80%，那么病人一级亲属的发病率（f）大约等于群体发病率（P）的平方根。这时可以使用 Edward 公式 $f=\sqrt{P}$ 进行粗略计算。例如，唇裂和腭裂的群体发病率为 0.17%，遗传度为 76%，病人一级亲属的发病风险约为 0.04%。②家庭中患病人数的增加会导致发病风险的上升，这是因为多基因遗传病的微效致病基因具有加性效应。举例来说，如果一对夫妇生了一个唇裂患儿，那么再次发生唇裂患儿的风险约为 4%。这表明夫妇双方都携带更多的致病基因，使得他们的易患性接近阈值。因此，如果他们再次生育，第三胎的发病风险将增加 2 ~ 3 倍，约为 10%。③病人病情的严重程度与其一级亲属的患病风险成正比。病情越严重，意味着携带的致病基因数量更多，易患性更接近阈值，因此再次生育时的再发风险也随之增加。以唇裂为例，单侧唇裂不伴腭裂病人的一级亲属复发风险为 2.46%；当病人表现为单侧唇裂合并腭裂时，亲属复发风险升高至 4.21%；若为双侧唇裂合并腭裂病例，亲属复发风险则进一步升至 5.74%。④当一种多基因遗传病在不同性别中的群体发病率存在差异时，表明不同性别的发病阈值也有所不同。群体发病率较高的性别其发病阈值较低，而群体发病率较低的性别其发病阈值较高。高发病率性别的病人，其子女再发风险较低，尤其是异性后代的再发风险更低。相反，低发病率性别的病人必然具有更多的致病基因才能超过阈值而发病，其子女的再发风险相应增高，特别是异性后代的再发风险更高。

四、传染性疾病的风险评估与预警系统的设计与实现

传染病的预防和控制是全球面临的一项重大挑战。及早发现和识别疫情，对于有效控制传染病暴发、新发传染病和不明原因疾病流行至关重要。传染病风险评估和预警技术应运而生，实际上是风险评估和预警两种技术在传染病预防控制领域的结合。风险评估通过有计划地收集、分析传染病相关资料，提供决策价值的信息来帮助疾病防控人员采取应对行动。预警则采用专门的分析技术对监测信息进行分析，及早识别传染病的异常增高。预警与风险评估密切相关，是风险评估的重要应用领域。受益于流行病学、人工智能、微生物学、计算机科学、统计学、系统工程学、医学和兽医学等相关学科理论和技术的发展，评估预警技术得到了快速发展，在传染病控制领域发挥着越来越重要的作用，其应用范围逐渐扩展到非传染病领域乃至整个公共卫生领域。

随着社会的不断发展，传染病的影响因素也日益增多。依赖于专家经验和人力进行复杂数据分析和科学推理的方法，已经无法满足传染病预警的要求。要实现传染病疫情的快速、准确分析和判断，需依托现代信息技术。预警系统的设计与实现是通过对传染病管理信息进行收集、传递、存储和处理，根据预警模型或策略进行计算，并在满足特定阈值和条件之后自动发出预警信号，从而达到早期预警和控制传染病的目的。

传染病评估、预警系统设计主要包括 6 个子系统。

1. 监测信息管理子系统　监测信息系统是信息输入的门户，可以通过系统自带功能直接接受用户信息录入，也可通过接口技术接受其他系统的数据转接，并对数据进行初步整合、存储。

2. 风险信息管理子系统　风险信息系统搜集来自监测系统或与疾病相关的外部环境有关信息，筛选并整合那些与预警密切相关的信息，对必要的数据进行加工、处理。风险信息的筛选质量是正确分析和判断异常事件的前提条件。

3. 预警指标管理子系统　影响传染病发生发展的因素是复杂的，为最大限度地提供准确的预警信息，遵循敏感性、特异性和规范性原则，尽可能对更多指标进行分析，需要建立一个专门

用于管理指标体系的系统。

4. 预警推断管理子系统 预警推断根据预先建立的预警数学模型，由风险信息系统中的动态数据所驱动，通过动态计算出来的具体指标值与预先设定的阈值进行判断，从而判断是否成为预警事件。推断管理系统建设要充分考虑到不同传染病病种和不同地区实际的发病水平和管理要求之间的差别。预警推断会发生过度预警（假阳性）和遗漏预警（假阴性）现象、系统应设计科学的筛查功能。

5. 报警信号管理子系统 报警信号管理系统是建立在预警推断基础上，通过多种形式将预警信号及重要指标信息在第一时间内传递给特定地区和特定的人群。报警形式可以是手机短信、应急专线电话、电子邮件、网页、声音媒体等。

6. 决策应对管理子系统 决策应对处理是预警机制的最后一个阶段，根据报警系统发出的信号，对应相应的预案要求，为决策部门提供一个辅助性应对方案，包括有关部门和机构应采取的办法和措施，以及应急物资的储备状态等，并具备对应的对处理过程中反馈信息进行监控管理和评估的功能。

传染病评估、预警系统为提高传染病预防控制工作的质量和效率提供了重要支撑。国内常用的传染病风险评估与预警系统有：①中国疾病预防控制中心传染病监测系统，中国疾病预防控制中心建立了覆盖全国的传染病监测系统，该系统能够实时收集和分析全国范围内传染病病例数据，为政府和卫生部门提供决策支持。②广东省登革热监测预警平台，广东省政府与医疗机构合作，建立了登革热监测预警平台，该平台通过收集和分析登革热病例数据，及时发布预警信息，有效控制了登革热的传播。③重庆市卫生健康统计信息中心与重庆市疾病预防控制中心，利用人工智能和多源数据进行流感、手足口病以及慢性阻塞性肺疾病的预测和风险筛查，是国内首个上线的实测传染病预测模型。国外的传染病风险评估与预警系统包括有：①美国流感监测系统，是全球最早的流感监测系统，通过实时收集和分析全国范围内的流感样病例数据，及时发现流感疫情，为防控措施的制订提供依据。②新加坡传染病监测系统，新加坡政府通过与医疗机构合作，建立了一套全面的传染病监测系统，实时监测和预警多种传染病，包括登革热、疟疾等。

第四节 社区复杂干预研究

一、概述

（一）定义与基本特征

英国医学研究委员会最早提出了复杂干预（complex intervention，CI）的概念，认为复杂干预由多种成分构成，包括行为及其具体参数（如频率、时间等）、组成方式以及实施方法等（如实践者、环境和地点等）。这些成分既可独立发挥作用又可相互影响，每一个要素对干预的靶效应都有贡献，但要找出复杂干预中具体的有效成分比较困难。社区护理研究中的复杂干预，通常指的是一系列相互关联、相互影响的多元干预成分作用于社区内的个体、家庭、群体或环境，旨在解决社区层面上的健康或社会问题。

美国卫生保健研究与质量机构认为所有的复杂干预都具备两个共同的基本特征：干预措施的复杂性（包括多个组成部分）和作用路径的复杂性（如协同作用和拮抗作用）。另外，也可能同时存在以下三个特点中的一个或多个：①人群的复杂性，即干预针对多个研究对象、群组或组织水平。②实施的复杂性，即干预需要多个层面的采纳、吸收或策略整合。③情境的复杂性，即干预需要在一个动态多维的环境中发挥作用。

总之，目前复杂干预内涵和特征在不断拓展，其与简单干预的界限并不明显甚至很难区分，因为几乎没有干预措施是真正单一的，干预成分的数量与作用范围可能会发生一定改变。

笔记栏

39

📄 学科前沿

干预成分分析法

干预成分分析法（intervention component analysis，ICA）是一种识别不同干预措施之间影响结局变化关键特征的定性分析技术，用于解决有效干预措施关键特征的问题，协助确定影响疗效的干预措施中的重要因素，进而完善干预方案。ICA 包括两个阶段：第 1 阶段了解干预措施之间的差异，第 2 阶段在第 1 阶段的基础上识别干预措施之中哪些因素是影响差异的重要特征。第 1 阶段包含两个步骤，首先通过描述性分析对干预措施的效果进行综合，确定具有临床意义的干预措施；其次，对有临床意义的干预措施的特征进行定性描述。第 2 阶段将以上两个分析结果整合，通过将它们与干预特征进行映射来理解结果。

（二）复杂干预常见的研究设计

鉴于复杂干预的特殊性，经典的随机对照试验存在一定局限，需要针对性地进行改进。目前复杂干预常见的研究设计包括：实用性随机对照试验、整群随机对照试验、阶梯设计试验、病人偏好随机对照试验、单病例随机对照试验、真实世界研究、富集设计试验。

1. 实用性随机对照试验（pragmatic randomized controlled trial）　是在实际情境中探寻最佳的干预方案，更关心在真实条件下该干预措施的作用效果，而非探究干预作用机制。

实用性随机对照试验的优势为：①强调模拟真实环境。鼓励研究对象与研究者充分沟通，将随机试验过程中产生的非控制变量因素也纳入结果的考虑中，在质量把控范围内允许观测其他变量对试验结果的影响。②研究对象纳入标准相对宽松。③干预措施在实施过程中可作调整。④研究结果具有较高的外推性。局限性为：①需要的随访时间相对较长，可能造成研究对象大量脱失。②无法实施盲法试验，增加了偏倚因素。③由于内部真实性较低，需要增大样本量来减少组内差异，研究成本较高。

2. 整群随机对照试验（cluster-randomized controlled trial）　复杂干预研究试验中，研究对象的个体差异常常对群体（整群、组群）的结局指标评价造成影响。2013 年，英国医学研究委员会在更新《复杂干预设计及评价框架》中，推荐采用整群随机对照试验设计作为研究"复杂干预"的一种方法。该研究设计以具有某些共同特征个体构成的整群（如家庭、社区等）而非单一个体为研究对象，采用随机抽样的方法（单纯随机、分层随机等）将整个群体分配到不同处理组的试验，基于整群对研究对象进行干预、随访，比较不同处理组的效应。

整群随机设计的优势为：①可以评价难以落实到个体层面的干预措施，尤其是社区健康教育、政策类、公共卫生措施等效果的评价。②研究对象依从性较好，抽样、随机化分组和组织协调工作都比较方便，研究对象受"沾染"的可能性更小，试验结果更可信，且研究成本较低。③相比于个体随机对照试验，干预措施更接近人们的自然生活状况，在实际工作中更容易被群众所接受，干预措施更容易被推广与应用。局限性为：①整群观察单位较少，并且整群内部的个体之间存在着一定的相似性，干预组和对照组之间的可比性较差。②整群随机对照试验要求抽样得到的整群能够代表总体，整群间与结局高度相关的基线特征（如整群规模大小、社会经济状况、人口学特征如年龄构成等）的差异越小越好，故与个体随机试验相比，整群随机对照试验所需的样本量更大，分析时也更为复杂。

3. 阶梯设计随机对照试验（stepped-wedge randomized controlled trial）　阶梯设计是一种新兴的实用型整群随机对照试验设计，该设计的干预措施是在一定时间内按照顺序实施的，即在每一个时间点均会有新的群组接受干预，不同群组接受干预的顺序是随机分配的，在随机分配结束时所有群组都已经接受干预。阶梯设计试验的基本原理类似于交叉设计，即不同的群组在不同的时间点或阶段，交叉切换处理，但通常只在一个方向上交叉，即从对照状态到干预状态。第一个时间点通常相当于基线测量，在此阶段无群组接受干预措施，在随后的时间点群组逐一开始接受干预，并观测相应的结局指标。在一个时间点上可能有一个或多个群组开始接受干预，但开始干预的时间是随机的。

阶梯设计试验的优势为：①允许干预措施分阶段实施。②所有研究对象均接受干预措施，保证公平。③无须设立专门的对照组。④可控制时间效应，确定干预时间（在早期干预与晚期干预的极端情况下）是否会影响干预效果。局限性为：①试验周期长且测量成本较高。②可能会出现群组内沾染的现象。③在干预实施过程中，研究对象和干预人员均会意识到从无干预到有干预状态的改变，因而不可能对其实施盲法。④与整群随机对照试验类似，阶梯设计试验的数据分析须综合考虑群体水平和个体水平，且须考虑时间效应、群组内相关性和研究对象重复测量的相关性，统计分析方法更为复杂。

4. 病人偏好随机对照试验（patients prefer randomized controlled trial） 在实施传统随机对照试验的过程中，经常出现病人治疗偏好的问题，即有些病人坚决要采用他们偏好的干预方式，不愿意接受随机分配。为了解决病人治疗偏好的问题，研究者们提出了病人偏好随机对照试验，并衍生出多种病人偏好随机对照试验的设计方案，主要包括病人偏好二阶段设计（Wennberg设计、Rücker设计）和全面队列设计（Brewin设计和Olschewski设计）。

病人偏好二阶段设计，包括 Wennberg 设计和 Rücker 设计。Wennberg 病人偏好二阶段设计，简称 Wennberg 设计。该设计方案将研究对象随机分为两组：偏好组和随机组。偏好组的病人按照病人的偏好开展对应的治疗；随机组的病人按照随机分配方案分成两组（A 干预，简称 A；B 干预，简称 B，下同），见图 2-1。Rücker 病人偏好二阶段设计，简称 Rücker 设计。该设计方案将研究对象随机分为两组：偏好组和随机组。随机组的病人随机分成两组。偏好组的病人按照对象的偏好分成偏好人群和无偏好人群，偏好人群按照病人的偏好开展治疗；无偏好人群采取随机分组方法开展治疗（图 2-2）。

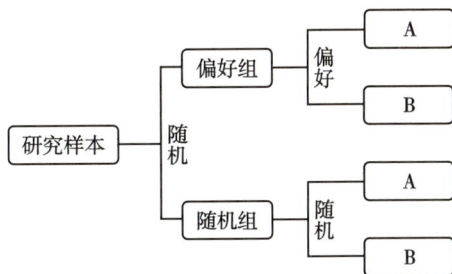

图 2-1 Wennberg 设计

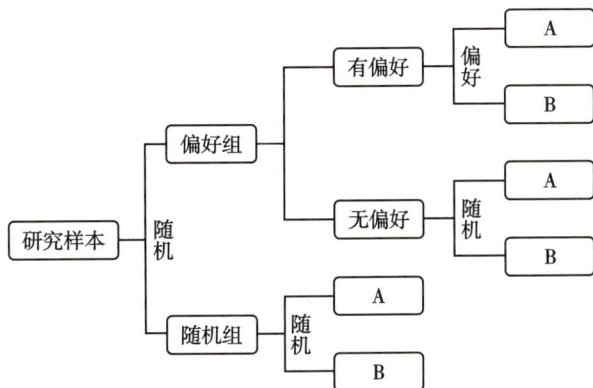

图 2-2 Rücker 设计

笔记栏

41

Wennberg 设计的优势在于可以比较偏好组和随机组的治疗结果是否一致，从而计算偏好效应。局限性为：①有强烈偏好的病人可能会拒绝参与试验、退出试验或报告不准确的结果。②该设计方案只有部分病人接受随机分配，其外部有效性较低。

Rücker 设计的优势在于对无偏好病人开展随机化，可以了解偏好组和随机组病人的治疗结果是否一致。局限性为：①随机组和偏好组的比较容易受到混杂因素的影响。②如果随机组病人存在强烈的偏好，可能不愿意接受随机分配的治疗方法，导致其退出试验，导致该设计的外部有效性降低。③该设计比较复杂，难以实施。

Brewin 等提出全面队列设计，用于处理随机对照试验研究中部分病人的偏好问题：该设计按照病人的意愿将病人分为偏好某种治疗方法的人群（偏好组）和接受随机分配的人群（随机组），研究者给予偏好组病人各自偏好的治疗方法，对随机组病人采取随机分配的方法，所有病人都用相同方法进行随访（图 2-3）。此外，Olschewski 提出类似的部分病人偏好随机对照试验，该设计根据病人是否同意随机分组分为：不同意随机分组的病人和同意随机分组的病人，其他和 Brewin 设计一致（图 2-4）。

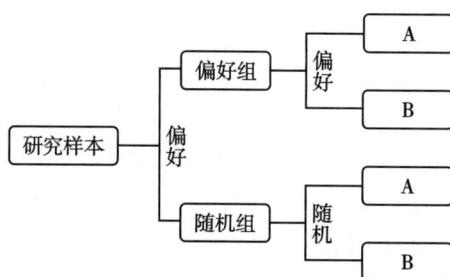

图 2-3　Brewin 设计

图 2-4　Olschewski 设计

全面队列设计的优势为：①可招募到不愿意参加随机试验的病人，几乎所有符合条件的病人都可进入该设计。②可了解偏好病人所占的比例、病人的偏好特征。③操作方便、简单，已被建议代替传统的随机对照试验。局限性为：①任何偏好组的比较都是不可靠的，因为存在未知和不可控制的混杂因素（如随机组和偏好组病人基线资料的不一致）影响研究的内部有效性。②由于医学的专业性，不可能完全让病人决定治疗方法，且病人的偏好随时可能变化，影响其治疗方案的稳定。③如果大量病人存在治疗偏好，研究成本较高。

5. 单病例随机对照试验（number of one randomized controlled trial） 该试验是一种基于单个病例进行双盲、随机、多周期二阶段交叉设计的随机对照试验。它更关注个体化治疗效果，目前在循证医学的证据级别中被认定为最高级别（Ⅰ级证据），是唯一能够以最科学的试验方法切实地为每一个研究对象谋取最大化利益的一种试验研究方法，一般安排两种干预和三个或三个以上周期，每个周期形成一个二阶段交叉设计，随机分配每个周期两个阶段的干预，相邻阶段间有一个洗脱期，相邻周期之间亦安排一个洗脱期。

单病例随机对照试验的优势为：①能够确定病人个性化的"最佳"干预方案。②采用随机双盲对照等方法，可合理分析随机误差，避免偏倚，比较真实反映试验结果，且易于重复。③使用多循环的设计，增加了研究的功效。局限性为：①对疾病和干预措施有较为严格的要求，部分疾病和治疗方法不适于使用该设计。②病人病情的自然变化、治疗指标的趋中现象都会影响结果的可比性。③结果虽然有借鉴作用，但类推到其他病人时需要谨慎。

6. 真实世界研究（real world study）　在真实世界研究中，研究者倾向于在大样本和广泛研究人群的基础上根据研究对象实际情况和意愿来选择干预措施，而不是采用随机方法来分配研究对象，这些特点与真实世界情况相同，较能体现干预措施的实际效果。

真实世界研究的优势为：①研究对象的入选标准可以相对宽泛。②干预措施可以是标准或非标准的，更能够满足真实场景。③干预措施可更加灵活，可设置更多的治疗标准。④对干预措施的评价不仅仅局限于疗效及安全性，可得到更多的试验信息。局限性为：①真实世界数据来源众多，数据质量难以保证。②真实世界研究通常存在较多的偏倚（如选择偏倚、信息偏倚等）和混杂因素的干扰。

7. 富集随机对照试验（enrichment randomized controlled trial）　在某些特殊的患病人群中，一些干预方法可能是有效的，这些特殊的患病人群可能患有某些基础疾病，需要调整常规治疗的剂量或者需要多种不同治疗手段联合干预。这种对同一治疗手段的剂量水平进行调整，或对不同种类干预进行组合检测的过程称为富集过程。在富集过程中，将这些特殊的患病人群随机分配，分别接受有效剂量的干预或安慰剂，这种类型的设计被称为富集设计。

富集设计的优势为：①能够使某种干预措施在特定人群中有效性更容易显现，在相对小的样本量情况下也可提高试验成功的概率，在一定程度上降低临床风险和成本。②富集设计强调个性化干预，避免了研究对象的无效暴露。局限性为：①由于富集设计可能仅限于特定病人亚组，因此试验结果的外推性可能受到限制，难以将结果推广到整个病人群体。②样本选择偏倚：如果富集标准选择不当，可能会导致样本选择偏倚，使得试验结果不够可靠或代表性不足。③在确定哪些病人符合富集标准时可能引发伦理问题，特别是在涉及严重疾病或病人群体情况下。

（三）复杂干预开发与评价框架

复杂干预的设计和研究往往需要综合考虑多个方面，包括干预的有效性、可行性、可持续性，及对目标人群和社区整体的影响等，这无疑给复杂干预的开发和评价带来巨大的挑战。鉴于此，英国医学研究委员会于 2000 年发布了一个关于开发和评价复杂干预的框架，将复杂干预的开发和评价分为 4 个阶段：开发干预方案、可行性评价 / 预试验、正式评价和实施。自 2008 年以来，由于复杂干预在概念、方法和理论上出现了重要进展，英国医学研究委员会于 2021 年再次对该框架进行了更新，2021 版更新框架仍延续了上一版对复杂干预研究四个阶段的划分，并增加了对已有干预的识别，即：开发新的复杂干预或识别已有的复杂干预、可行性评价、正式评价和实施干预，本节重点对英国医学研究委员会提出的 2021 版框架进行详细介绍。

1. 复杂干预开发与评价的四个阶段

（1）开发新的复杂干预或识别已有的复杂干预：开发是指设计和实施干预的全过程，包括从最初的构想到可行性评价、预试验再到正式评价。开发干预措施的途径包括既往经验、现有证据、理论知识、新技术或商业启发。在开发过程中，需要明确研究问题，确定优先解决的问题，思考可能的变革方面；明确新干预措施的必要性、成本和潜在收益；确定所需资源；灵活应用基于证据的最佳方案；最后制订详细的干预开发计划。开发阶段可以总结为三个步骤：确定研究证据、探索相关理论、构建干预模型。关于识别并应用已有的复杂干预方案，则需要基于广泛的文献回顾和实践，且充分考虑该干预方案对于自身研究问题的适用性。

笔记栏

（2）可行性评价：可行性评价主要评估研究设计和干预方案的可行性，包括干预的强度、时间和研究对象的依从性等因素。在试验开始前，需要确定对照组的干预措施，并尽可能进行随机化试点实验，以评估效应的大小，获取研究设计的关键参数，便于计算样本量。结局指标应涵盖疾病相关指标和卫生保健系统相关指标。在研究过程中，可以进行经济建模，以评估干预的成本和预期效益是否合理。根据可行性的研究结果，逐步改进干预措施，并进行后续的干预方案评估。

（3）正式评价：干预方案的评价不仅关心干预的预期结果，还强调干预过程评价，包括确定其他影响，如干预如何起作用，干预如何与实施情境交互作用，理论如何促进系统的变化，以及证据如何支持现实世界中的决策等。自2008年框架指南强调其重要性后，英国医学研究委员会在2015年发布了关于复杂干预研究的"过程评价指南"，主要包括背景、实施及影响机制三个部分：①"背景"是指干预措施之外可能阻碍或促进干预的实施或效果的因素。不同的背景环境会显著影响干预措施的实施和效果，即便是看似简单的干预，其与环境的相互作用也可能变得极为复杂。主要是因为在不同背景环境中，干预措施的实施通常有所不同；同时，即使一项干预措施的实施方式不变，干预效果也可能在不同的背景下不同。因此，深入了解某一研究的实施背景对于解释结果并将其外推至该研究环境范围之外至关重要。②"实施"重点关注干预措施的保真度（即干预措施是否按预期方案执行）、如何实施（实施的培训、资源支持、沟通和组织管理架构）、覆盖情况（预期的受众是否参与干预措施及如何参与），干预对象的接受程度等。评价实施过程可为政策制定者和实施人员提供如何实施复制和复杂干预措施的重要信息。此外，复杂干预措施也可能会在不同的实施环境中有所调整，因此，了解干预措施的实施情况，可使评估人员识别出干预措施为适应不同环境所做的调整。③"影响机制"是指干预措施如何发挥作用，包括参与者对干预措施的反应、中介因素及意外的作用路径和结果等。探究干预措施的影响机制对于理解干预措施如何产生效果，以及类似的干预措施如何在将来的研究中产生同样的效果是至关重要的。

此外，英国医学研究委员会列出了过程评价常用的数据收集和分析方法，比如探究背景方面常用的数据收集方法有：利益相关者访谈、文件资料分析及定性观察等；实施方面包括：结构式观察、实施人员的自我报告和访谈及参与者的访谈等；影响机制的探究则通常须收集定量数据并展开分析，当然也可对参与者和实施者的访谈进行补充。同时，复杂干预的过程评价通常需要定量和定性方法的结合，而它们在过程评价中的相对重要性可能会根据过程评价的阶段而有所不同。例如，在可行性研究和预试验阶段，可将定量数据与深入的定性资料相结合，以详细了解小样本的干预效果；而在评估有效性时，通常主要收集定量的过程指标来检验因果假设的作用路径或背景因素的影响；不过，也建议收集更多的定性资料以理解由小样本可行性研究转向大样本评价时可能涉及实施者、研究环境和参与者更大差异的问题。

（4）实施干预：尽早考虑干预方案的实施，可提升干预方案在真实世界中被广泛持续采用的可能性。因此需要在复杂干预的各个阶段考虑干预方案的实施性，关注干预实施的组成部分，促进或阻碍干预效果的情境因素。在选择和设计研究时，咨询利益相关者的意见，探索不同情境下的应用证据，并考虑经济学指标。在保持核心成分的同时，确保干预措施实施的灵活性，可促进干预措施在不同情境下的可复制性。同时，建立长期跟踪系统，以监测干预措施实施效果和可能面临的挑战。

2. 复杂干预开发与评价的六个核心要素

（1）情境：情境是多维和动态的，其关键维度包括实施干预的医疗卫生系统或公共卫生环境的物理、空间、组织、社会、文化、政治或经济特征。复杂干预的效果往往高度依赖于情境特征，在某些情境中有效的干预在其他地方可能是无效甚至是有害的。一方面，干预可以通过改变实施干预的情境（如家庭经济状况、医疗资源的可及性和社会关系等），从而影响干预的效果。

另一方面，情境也会影响干预的实施，即虽然提供相同的干预方案，但参与方案实施的社区规模、干预措施的实施方式和干预人员方面存在差异，会影响干预措施的实施，进而导致干预产生的效果也有所不同。

（2）项目理论：理论在指导干预措施开发、评估和实施过程中至关重要。利用好理论有助于：①确定干预措施的干预成分和实施特点。②合理选择结果测量工具，理解预期结果是如何实现的，为什么会实现，即干预的作用机制。③体现已证实的干预措施的复制潜力。④阐明实施成功与否的原因。理论还可以解释研究对象在参与干预上表现积极或消极的原因，从而为干预设计和策略选择提供参考，通过增强干预的实施来提高其对目标人群的影响。由此可见，完善的项目理论是开发与评价复杂干预的核心要素之一。

（3）利益相关者：包括被干预者、干预方案研发者、实施者或与该研究有利益关系的人。在社区卫生保健领域，社区公众（包括病人和社区工作人员）均是重要的利益相关者。通过与合适的利益相关者合作，可以确保干预措施的可行性、可接受性和有效性，以满足目标人群的需求和期望，同时为利益相关者提供改善健康相关政策和实践的机会。

（4）关键不确定性因素：由于多种不确定因素的存在，在研究的设计和实施中需要提供一套灵活的紧急应对方案。研究者应该根据构建的理论框架，已有的研究基础、研究团队及利益相关者认为最迫切需要了解的内容，明确尚未解决的不确定因素。对重要不确定因素的识别有利于研究问题的提出，而研究问题的提出又决定了选择何种研究视角。为了使社区和公共卫生情境中的干预研究能够应对更具挑战性的评价问题，应优先使用混合方法、基于理论的评价或对复杂性敏感的系统评价。这些方法强调干预实施、情境和系统适宜性，有助于将证据转化为实践，解决评价问题。

（5）干预优化：在政策或情境允许的范围内，根据收集的数据或发展的项目理论不断优化干预方案，可让潜在的干预措施使用者（研究对象和其他利益相关者）参与进来，提高干预措施的可行性和可接受性。

（6）经济考量：应贯彻复杂干预的每个阶段且属于核心组成部分。研究者需要从成本和效果两方面考虑，确定实施过程中产生的费用和收益范围，利用成本效益分析方法或通过经济建模对实施干预的不同部门的全部费用及效益进行经济学考量，为决策者提供全面、多角度的干预指导。

二、复杂干预研究在社区护理中的应用

复杂干预的研究范围较广，可以围绕不同研究目的、不同对象、不同类型的干预措施展开研究，本节以社区中的妇女儿童和失能老年人群为例，介绍复杂干预研究在社区护理中的应用。

（一）复杂干预研究在社区妇女儿童健康管理中的应用

"保障妇女儿童健康"是我国妇女儿童健康保健工作的首要任务，除降低孕产妇死亡率、婴儿死亡率之外，更重要的是尊重妇女儿童的权利，转变服务理念，为妇女儿童生命的各个阶段提供优质服务。这样的表达更符合实际工作内容和目标。目前关于社区妇女保健的研究涵盖了从青春期、围婚期、孕期、产褥期到围绝经期保健的各个领域，其中促进生殖健康和心理健康是该人群复杂干预的重点问题；此外，儿童保健一直以来也备受社区卫生保健服务研究学者关注，内容涉及从新生儿、婴幼儿、学龄前期、学龄期到青少年的各个年龄阶段，涵盖从生理、心理保健到社会行为适应的各个方面，其中儿童肥胖和心理健康的复杂干预研究应用较为广泛。

1. 复杂干预研究在青少年生殖健康管理中的应用 随着婚恋观、生育观的不断变化，全世界未婚青年婚前性行为、高风险性行为显著增加，意外妊娠及人工流产发生率呈上升趋势，生殖健康的复杂干预性研究越来越多地在青少年中开展。例如，拉丁美洲的"青少年社区嵌入式生殖

笔记栏

45

健康干预研究"开发和评估以改善青少年获得和使用性健康和生殖健康服务的复杂干预措施。首先，研究者在每个研究地点进行了情境因素分析，并采用混合研究方法分析关于青少年性健康和生殖健康的决定因素；采用计划行为理论和社会认知理论作为开发和设计干预策略的框架，并在开发干预过程中，与主要利益相关者进行讨论。基于利益相关者的干预建议、上述理论框架和确定的青少年性健康和生殖健康的决定因素，制订了针对不同目标群体（青少年、父母、政府和社区卫生服务人员）的干预计划；其次，开展预实验，通过深度访谈和参与性观察对项目不断进行优化；最后，采用整群随机对照试验/非随机对照试验评价该项目的效果，并对结局指标和经济成本进行持续监测和评估。国内在该领域的大多数干预研究的干预方式、干预内容仍较为单一，仅有少数研究开展了复杂干预，如国内学者冯宁等人采用类实验研究方法开展的多部门合作促进青少年友好型生殖健康服务利用的干预研究，为建立我国相关长期工作机制提供了可靠依据。

2. 复杂干预研究在妇女心理健康管理中的应用　由于女性受自身的生理特点如月经周期、孕产期、更年期等变化的影响，异常心理（包括焦虑、抑郁）发生率高于男性，特别是孕产期妇女，其心理健康问题（抑郁、焦虑）病因复杂，影响因素较多，应针对不同孕产妇选择个性化的、全面综合的非药物干预手段，可以达到最佳的干预效果。例如，英国 Kerry Evans 等人基于英国医学研究委员会提出的复杂干预的开发与评价框架设计了一种复杂干预项目，以缓解妇女妊娠期的轻、中度焦虑，并运用变革理论确定干预影响机制，呈现了可视化的因果路径，以提高干预的可行性和可接受性。国内关于孕产妇的心理复杂干预相对较多，例如，张爱华等人对有抑郁症状的孕产妇开展心理综合干预（孕期心理保健课程、孕期心理健康团体辅导），通过随机对照试验证实该干预计划能有效改善孕期及产后的抑郁状态，并可能促进自然分娩，提高自然分娩率；苗永中等人同样采取随机对照试验发现，对孕产妇实施健康教育、心理干预、社会支持、家庭访视等综合干预措施能够减少产后抑郁情绪的发生。

📋 知识链接

变革理论在复杂干预中的应用

　　变革理论是项目理论的重要分支，其早期定义是"干预如何以及为何产生作用的理论"，随着理论的发展，概念的界定也逐渐多样化。研究者认为变革理论是一种规划工具，以描述干预的实施路径，也有研究者将变革理论概念化为阐释不同背景下干预措施与预期效果之间因果逻辑的框架。变革理论不仅有利于提高干预方案的适应性和可行性，而且能够更好地监测干预的实施，及时向政策制定者和资助者进行反馈，分析复杂干预的因果机制，促进经验总结和推广。因此，有必要引导更多的卫生政策制定者和研究者掌握和应用变革理论，充分发挥变革理论在指导干预设计、实施和评价方面的优势，更科学、规范地解释和指导卫生政策与体系研究领域的复杂干预过程。

---

3. 复杂干预研究在儿童肥胖管理中的应用　儿童超重和肥胖已成为21世纪最严峻的全球性公共卫生问题之一，一旦其肥胖状态无法有效逆转时，极可能会导致儿童成为成人代谢综合征的高危人群，严重影响儿童的生长发育及长期健康。对此，需要家庭、学校、社区联合实施多组分的复杂干预，多管齐下，形成控制儿童肥胖的有效策略。例如，英国 Miranda Pallan 等人为小学学龄儿童量身定制了肥胖复杂干预计划。该研究基于英国医学研究委员会复杂干预的开发与评价框架的第一阶段（开发干预阶段），通过文献综述、利益相关者焦点小组提取促进和障碍因素，并结合跨专业专家团队意见及当地资源环境分析中获得的相关信息（物理环境、政策环境、社会文化环境和经济环境）制订相关干预策略，以防止英国南亚社区的儿童肥胖，后续研究

则基于上述框架的后续阶段进一步验证了该干预方案的有效性。与之类似的国内研究有北京大学王海俊教授课题组开展的一项针对小学四年级学生的整群随机对照试验，其开发的综合干预内容包括饮食和运动等方面，场所同样涉及学校和家庭，结果证实该干预计划可有效改善儿童肥胖。

4. 复杂干预研究在儿童心理健康管理中的应用 心理健康管理是社区儿童保健与护理的重要研究内容。儿童心理问题包括但不限于孤独症、焦虑、抑郁、创伤后应激障碍，这些问题可能受到多种因素的影响，如遗传因素、神经生物学因素和环境因素等。同时，儿童心理问题的症状和表现也可能因个体差异而有所不同，使其诊断和治疗变得更加复杂。对此，通常需要采用综合的干预措施和多学科的合作，所以复杂干预一直是备受该领域学者青睐的研究方法。例如，英国学者 Crick Lund 等人在哥伦比亚、尼泊尔和南非制订并试点了一项复杂干预计划，将减贫与加强自我调节相结合，以预防贫困青少年的抑郁和焦虑，并采用整群随机对照试验测试了干预措施的可行性、可接受性和成本效益。国内学者刘贵敏等人同样采取整群随机对照试验，探讨了社区综合措施干预（包括为儿童提供心理保健服务，为家长提供心理咨询等）对儿童的心理行为问题和社会生活能力的影响。

（二）复杂干预研究在社区失能老年人康复护理中的应用

失能老年人常有多病共存、多重用药及老年综合征等问题，单一专科难以满足就诊需求，故需要多学科团队进行全周期综合管理，才能有效应对失能老年人的各项健康问题。针对社区失能老年人的康复护理的重点问题包括：运动功能康复护理、认知功能康复护理及心理健康指导等。

1. 复杂干预研究在失能老年人运动功能康复护理中的应用 运动功能是指维持日常生活活动所需要的能力，是躯体平衡、协调、力量等功能的综合反映。为了实现失能老年人运动功能全周期管理，有必要为其实施复杂干预以促进其功能恢复。在复杂干预领域研究中，运动功能障碍老年人主要为脑卒中、颅脑损伤、关节炎及骨折术后等致残的老年人，其中最常见的是脑卒中老年人。例如，英国学者 Euan Sadler 等人基于英国医学研究委员会复杂干预的开发与评价框架的前两个阶段（即开发干预和可行性测试阶段），开发了一个为期 6 周的以小组为基础的同伴支持干预，以促进老年人卒中后的功能状态。研究者首先通过证据总结和相关利益者访谈，探讨在干预实施过程中的相关促进和障碍因素，确定理论框架以制订干预策略，随后在当地社区对 11 名老年卒中后幸存者进行初步评估，证实该干预策略具有可行性和可接受性。国内裴艳娜也针对脑卒中病人开展了社区康复综合干预的随机平行对照研究，结果显示社区康复综合干预（生活技能训练、肢体功能训练、心理干预、音乐疗法等联合）能够有效提高脑卒中病人的运动功能、日常生活活动能力和生活质量。

2. 复杂干预研究在失能老年人认知功能康复护理中的应用 失能老年人是认知功能障碍的高发人群。认知是指大脑接受外界信息，通过加工处理转换成内在的心理活动，从而获取知识或应用知识的过程，包括记忆、语言、视空间、执行、计算和理解判断等，而认知功能障碍是上述任意一项或多项认知功能受损，与一些潜在可改变危险因素具有显著相关性，如血管因素（如高血压、肥胖和血脂异常）、生活方式因素（如低体力活动、吸烟、过度饮酒和不健康饮食等）和心理社会因素（如抑郁和社会孤立）等。研究指出，由于认知功能障碍病因的复杂性、多因素和异质性，同时针对多种危险因素的复杂干预是最佳的干预策略。例如，台湾地区学者 Chih-Kuang Liang 等人针对患有生理认知能力下降综合征的老年人进行的一项为期 12 个月的社区 – 群体的多组分干预，干预措施包括专注于力量、平衡和柔韧性的体能活动训练，认知训练，包括推理和记忆练习，一般营养建议，定期健康教育，结果表明该干预计划显著改善了该人群的认知能力。然而，大陆目前尚未有针对失能老年人认知功能的复杂干预研究结果发表，有待进一步探索。

3. 复杂干预研究在失能老年人心理康复指导中的应用 失能老年人在自我生活照顾、外出活动、健康护理和人际交往等诸多方面不得不依赖他人，这种生活状态和生活方式改变可能会引发老年人产生抑郁、焦虑及悲观等多种心理健康问题。因此，研究者需要通过制订科学、全面的复杂干预，系统地改善失能老年人的心理健康状况，干预策略可包括多组分运动、生活方式干预及联合家庭和社会支持等。国外针对该领域的研究较多，例如，西班牙 Álvaro Casas-Herrero 等人开发了一项名为 Vivifrail 的多组分运动训练计划，包括阻力、平衡、柔韧性和步态练习，并将该计划通过一项多中心随机对照试验应用于患有轻度认知障碍的社区老年人中，结果发现在干预3个月后，该干预计划能够有效缓解老年人的抑郁状态。美国 Kieran F. 等人开展的一项真实世界研究，检验了生活方式干预在患有严重下肢功能受限的社区老年人群中的安全性、可行性和有效性，研究结果表明老年人的抑郁症状得到有效改善。国内关于失能老年人心理干预的研究集中在养老机构，但近年来随着社区失能老年人数量增多，也有学者开始尝试开展社区失能老年人的复杂干预研究。例如，杨巧红等人针对轻度认知障碍人群开发的多组分干预（包括饮食指导、运动训练、认知训练、代谢指标和血管危险因素的管理和监测），通过随机对照试验证实其对该人群的认知功能、抑郁症状和生活质量均有积极影响。

通过对比国内外关于复杂干预在上述领域的应用，发现国外研究大多遵从于复杂干预研究框架，结合混合方法研究设计，以探索干预效果和机制。而国内的研究的方法论和设计也在逐渐发展，多数只对预期结果进行评价，缺少过程评价以及影响机制分析。我国的护理人员应深刻理解复杂干预的内涵、重视可行性研究和过程评价，同时需要考虑核心要素的影响，在复杂干预框架指南的指导下依据实际存在或潜在发生的问题继续探索有针对性的、创新性的复杂干预措施。

第五节 社区实施科学研究

一、概述

（一）实施科学的产生背景及发展现状

1. 实施科学的产生背景 实施科学（implementation science），也称为实施性研究。2006年，英国学者 Martin Eccles 最早在《实施科学》期刊中正式提出实施科学的定义，称"它是系统的研究方法，能够促进研究结果和其他循证实践的证据运用到临床的日常实践中，从而提高卫生服务的质量和有效性"。美国国立卫生研究院将实施科学定义为：促进循证实践在常规医疗卫生保健和公共卫生环境中被采用和整合的科学，更侧重于全球卫生规划和政策制定为全球健康带来的益处，强调科学与实践和政策的整合。

在当前研究利用率低且未来研究资源将会有限的情况下，如何推出一系列有效的"解决方案"，推动和促进"已知明确效果"的干预措施在受众及受益更广的卫生决策中使用，正是实施科学即将解决的问题。实施科学并非建立干预措施的疗效评价，而是找寻影响有效干预措施"实施"的因素，这些因素决定了在特定的医疗保健或公共卫生环境中，采用或不采用具有循证证据支持的干预手段的原因，并利用这些信息制订实施策略并检测效果，以提高证据在实践中转化的速度、规模和质量。因此，实施科学旨在弥合知识与实践之间的鸿沟，促进循证实践的采纳、应用和维持。

2. 实施科学的发展现状 自2006年 Eccles 正式提出实施科学的定义之后，近20年间，欧美国家涌现出大量实施科学的教育和研究机构。此外，实施科学领域也举办了具有全球影响力的学术会议，为学者们开展学术交流和合作提供了重要平台，推动了实施科学的快速发展。目前，国外发表的实施科学研究主要是整合既往相关的行为干预研究和健康教育促进研究，并以此进行理论探讨、模型构建、研究设计等，主要涉及临床，包括高血压、糖尿病、心脑血管疾病等各种慢性病的预防、治疗以及阿片类药物成瘾的相关研究等领域。

实施科学在我国起步较晚，但发展迅速。2017年国家自然科学基金委员会与加拿大卫生研究院设立精神健康与痴呆症实施性合作研究项目，这是我国基金资助史上第一个实施科学研究专项。目前国内开展实施性研究的学术团队呈现多学科特点，涵盖卫生管理、卫生政策、公共卫生、临床医学、临床药学、护理学、循证医学等各领域。在论文发表方面，国内学术期刊也开始关注和介绍实施科学领域的相关知识，并已发表部分原创性文章。但总体而言，我国实施科学领域的原创性研究较少，高质量的实施性研究更少。

（二）实施科学理论和框架

1. 实施科学理论的分类　早在 2003 年，英国学者 Sandra Nutley 曾系统总结了早期的实施概念框架、过程模型和实施策略等。2015 年瑞典学者 Per Nilsen 依据使用目的，系统地提出了"三类五种"分类体系（图 2-5）。其中，第一类为描述与指导研究成果如何转化为实践应用的过程模型；第二类为帮助人们理解与解释影响实施结局的因素的理论与框架（这一类可进一步分为经典理论、决定因素框架和实施理论）；第三类为评估实施结局的框架。Nilsen 的分类体系简捷、易于掌握，也便于研究者使用，因而被实施研究者广为接受。

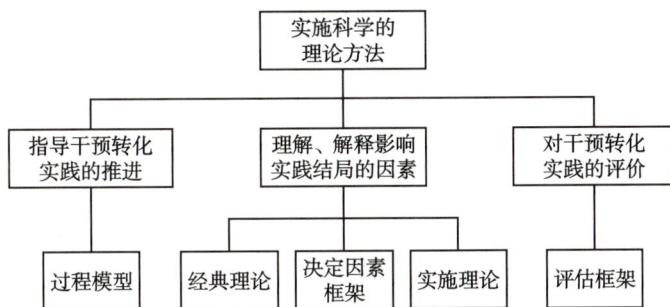

图 2-5　实施科学理论的"三类五种"分类体系

我国学者借鉴 Nilsen 的思路构建了一个优化的实施科学理论分类体系（图 2-6）。在这一分类体系下，经典理论是 20 世纪 50 年代后陆续从认知与行为心理学、社会心理学、管理学等延伸而来解释新技术的若干理论。这些理论是实施科学的前身，具有承前启后的地位，宜单列一类。由其衍生的 4 类实施科学框架模型分别从不同角度讨论了实施问题，包括实施因素框架、实施模型、过程模型和评估模型。

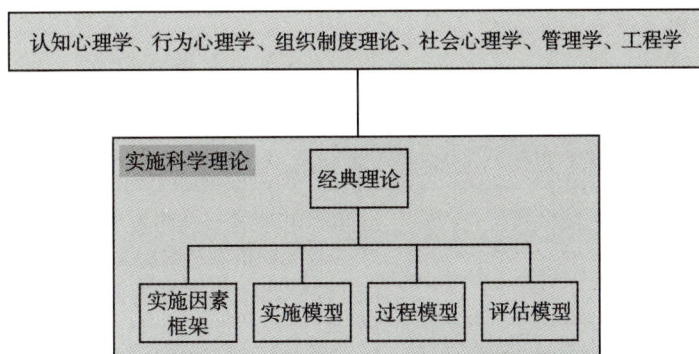

图 2-6　实施科学理论的发展与分类

2. 实施因素框架　实施因素框架是实施的各种促进或阻碍因素的汇总。实施因素框架可指导分析实施所受到的多维度、多层次的影响，从而更有针对性地制订实施策略。这些框架中基本涵盖了经典理论提及的行为改变、认知与决策、环境、组织机构等影响因素。常用的实施因

笔记栏

素框架介绍见表 2-5。其中实施科学整合框架（consolidated framework for implementation research，CFIR）于 2009 年提出，是运用最为广泛的实施因素框架。CFIR 框架的原创团队在 2022 年根据用户反馈对其进行了修订，形成了 CFIR2.0，包括 5 个维度：创新、外部环境因素、内部环境因素、个人特征、实施过程。

表 2-5　常用的实施因素框架介绍

框架名称	主要创建者，机构（创建年份）	概要
实施科学整合框架（CFIR）	Laura Damschroder，美国密歇根州安娜堡市医疗卫生系统（2009年，2022 年更新）	五大类 39 项元素构成的实用性的实施框架，可指导多种研究设计、研究场景中开展的形成性评价，以及实施信息与知识库的搭建
理论模块框架（TDF）	Susan Michie，英国伦敦大学学院（2005 年，2012 年更新）	由 14 个概念模块，共 87 个构件组成，用于分析临床指南的可实施性，并指导改进
慢性病保健的定制式实施项目清单（TICD）	Michel Wensing，荷兰拉德堡德大学（2013 年）	通过制订实施策略使实施的干预措施适合慢性病护理知识实践的决定因素，实施项目设计中存在七大决定因素
健康服务领域研究成果应用的行动促进框架（PARIHS/iPARIHS）	Gill Harvey、Alison Kitson，英国皇家护理学院研究所（1998年，2015 年更新）	成功实施是"共识性实施目标的实现，在接受者所处的环境氛围中，受变革创新的促进引导，实现了实施目标"，成功实施与各元素的函数式为：成功实施 = 促进引导ⁿ（变革创新 + 接受者 + 环境氛围）

注：n 是促进引导的有效性参数，表示其对变革创新、接受者与环境氛围的整合与激活作用强度。

3. 实施模型　实施模型是一类解释性理论，是对实施环境、组织、行为改变、可持续性的分析，用于解释纷繁复杂的实施决定因素间的关系，其能弥补决定因素框架的不足，因而常常和决定因素框架配套使用。该模型与"过程模型"和"评估模型"的区别在于，实施模型未提出过程模型那样直观的流程或可执行的步骤，也未以评估模型的方式列举可评价的结局指标。常用实施模型介绍见表 2-6。

表 2-6　常用实施模型介绍

模型名称	主要创建者，机构（创建年份）	概要
行为改变轮模型	Michie，英国伦敦大学学院（2011 年）	由彼此嵌套、互相影响的三层轮状结构，解释行为改变的机制：内层为行为改变的 3 要素；中层为 9 种行为改变方式；外层为 7 种行为干预措施
实施氛围模型	Katherine Klein、Joann Sorra，美国马里兰大学帕克分校（1996 年）	实施有效性的决定因素包括：组织实施创新的氛围，创新与目标使用者的价值的契合度
组织变革准备度	Bryan Weiner，美国北卡罗来纳大学（2009 年）	组织机构是否准备好开展变革，第一取决于组织成员是否重视这种变革，第二取决于组织成员多大程度认可实施变革的任务需求、资源可获得性、处境因素

模型名称	主要创建者，机构（创建年份）	概要
动态可持续框架	David Chambers，美国国家精神卫生研究所（2013 年）	干预措施、实践环境、生态系统三者之间存在动态交互。干预措施的可持续实施需要反复对后两者进行适应性改造
常态化过程理论	Carl May、Tracy Finch，英国纽卡斯尔大学（2009 年）	常态化指措施的推广与日常化。它可借助 4 种机制：梳理整合、认知性参与、集体行动、反馈性监控。实践的常态化需要代理人通过多种手段持续投入

其中，行为改变轮模型（behavior change wheel，BCW）应用最为广泛，其核心是能力 - 机会 - 动机 - 行为（capability-opportunity-motivation-behaviors，COM-B）模型。COM-B 模型认为个体完成不良行为向健康行为转变的过程中必须具有内在的动机、能力及机会（环境因素）。

4. 过程模型 过程模型探讨的是研究成果一步步走向应用的过程，部分模型具有很高的可操作性，明确规划了如何开展实施科学研究或如何起草实施策略，因而也被称为"行动模型"。过程模型的优点在于它们均以单向线性、步骤式组建，直观地展现了措施实施或实施研究的全过程。实施科学常用过程模型介绍见表 2-7。

表 2-7 实施科学常用过程模型介绍

模型名称	主要创建者，机构（创建年份）	概要
知识到行动框架	Ian Graham，加拿大渥太华大学（2006 年）	知识创造 3 个环节：知识的创造包括知识调查、知识合成与知识工具与产品（如指南）开发。行动循环 7 个环节：识别问题与选择知识、将知识依照当地条件改造、评价知识运用的障碍、选择并定制实施方案、监测知识运用、评价结局、可持续的知识运用
优质实施框架	Duncan Meyers，美国南卡罗来纳州大学（2012 年）	提出实施过程的 4 个阶段：主要场景的最初考虑，创造实施架构，实施开始后的行进架构，优化未来应用，包括 14 个关键步骤
实用稳健可持续实施模型	Adrianne Feldstein、Russell Glasgow，美国凯撒医疗中心（2008 年）	四大影响实施的模块：项目和干预措施、外部环境、实施与可持续性的条件、接受者，下设 6 类 39 小项
探索 - 预备 - 实施 - 持续模型	Gregory Aarons，美国加州大学（2010 年）	第一部分是四步循环：探索临床问题与需求、寻找干预措施与预备实施方案、按计划实施与评价、持续实施与改进；第二部分是影响循环的四个方面：创新性干预措施自身因素、内外环境交互因素、外部环境、内部环境
约翰斯霍普金斯护理实施模型	Deborah Dang、Sandra Dearholt，美国约翰斯·霍普金斯护理研究所（2007 年）	基于护理学三大基石（实操、教育与研究），模型为循证护理研究者提供了包含三大阶段 18 个步骤的循证护理学操作的开发流程

其中，知识到行动（knowledge to action，KTA）框架是一个社会建构主义的计划行动理论，由加拿大学者 Ian Graham 等于 2006 年提出。该框架由两个主要部分构成：知识创造和行动循环。

笔记栏

知识创造是指针对目标问题，对相关证据进行识别与评价，加以精炼后提供给利益相关者的过程。行动循环是指将证据应用于临床实践的一系列活动或行为所构成的闭环。

5. 评估模型　评估模型是为评估实施结局指标而设计的。不同于健康干预研究结局，实施性研究结局不仅包括个体健康结局指标，还包括服务结局和实施结局。常用的实施结局评估模型与工具介绍见表 2-8。其中传播、有效性、采用率、实施、持续性（reach，effectiveness，adoption，implementation，maintenance，RE-AIM）框架的应用最为广泛，用于系统地评价干预实施过程及结果，能更好地确定干预措施对干预场所、干预实践者产生的影响，包括 5 个维度：传播、有效性、采用率、实施、持续性。

表 2-8　常用实施结局评估模型与工具介绍

框架名称	主要创建者，机构（创建年份）	概要
传播、有效性、采用率、实施、持续性（RE-AIM）框架	Russell Glasgow，美国艾滋病恶性肿瘤协会肿瘤研究中心（1999 年）	框架提出从 5 个维度（传播、有效性、采用率、实施、持续性）评价真实世界的实施效果
PRECEDE-PROCEED	Lawrence Green，Marshall Kreuter，美国疾病预防控制中心（1991 年）	总结了教育和行为改变 9 步法。对个体的个体因素（固有因素、增强因素和促进因素）和环境因素（政策、规范和组织机构因素）进行诊断对成功的行为改变很重要
实施结局指标	Enola Proctor，美国华盛顿大学（2011 年）	汇总并定义了 8 个实施评价的指标：接受度、采用率、适当性、可行性、保真度、实施成本、覆盖范围、可持续性，并从术语层面确定了它们的含义与范畴
指南依从障碍识别与改进工具	Ayse Gurses，美国约翰斯·霍普金斯大学（2009 年）	包含 5 大步骤：组建多学科团队；利用工具所提供的障碍清单实地调查收集医护人员指南依从障碍；总结障碍；讨论并对存在障碍依据发生率、严重度排序；制订改进障碍的行动计划

注：PRECEDE：教育 / 环境诊断和评估中的倾向性、加强性和使能性结构（predisposing，reinforcing，and enabling constructs in educational diagnosis and evaluation）；PROCEED：教育和环境发展中的政策、法规和组织结构（policy，regulatory，and organizational constructs in educational and environmental development）。

（三）实施科学一般步骤和常用研究设计

1. 实施科学一般步骤　将实施科学应用于社区护理实践时，可以参考以下基本步骤：①确定要进行实施研究的项目或证据。②在实施前通过实施决定因素框架（如 CFIR）拟定访谈提纲，对访谈内容进行分析，确定证据使用的障碍及促进因素；通过指南重要程度进行优先次序排序，找到最符合实施标准的指南。结合障碍和促进因素、确定的指南，通过实施和过程模型确定实施策略，对实施策略进行优先次序的排序。③按照既定的实施策略进行干预。④在实施结束时检验实施的成果，通过评估模型（如 RE-AIM 框架）从多层面评价实施结果。⑤实施结束后，结合实施结果的评价与反思，构建更加完善的策略，促进实施科学在社区护理实践中应用的可持续性影响。

2. 实施科学的常见研究设计　实施科学发展至今已有了成熟的研究设计方法，如量性研究可以采用多阶段优化策略、多重方案随机序贯试验、阶梯设计（见本章第四节）、中断时间序列设计；质性研究可以运用 CFIR 等理论框架形成访谈提纲进行半结构化访谈；混合研究则是将定性与定量研究设计相结合，如效果－实施混合设计。本节重点介绍多阶段优化策略、多重方案随机序贯试验和效果－实施混合设计。

（1）多阶段优化策略：多阶段优化策略（multiphase optimization strategy，MOST）是在工程学的基础上提出，能系统地开发和测试多组分干预，包括筛选、优化、测试3个部分，适用于多因素、多领域复杂行为干预研究，可优化循证实践。研究者须严格按照操作流程，首先，研究者须具备一定的理论基础，在对干预有一定了解后，利用析因设计，根据研究的具体情况拟定干预方案。其次，确定初步拟定的干预方案中的要素，同时综合考虑成本效益、保真度、有效性等问题，形成最优干预方案。最后，对干预方案进行验证。例如，美国学者 David Wyrick 等的研究描述了如何应用 MOST 优化在线程序 myPlaybook 以预防大学生运动员药物滥用，其初始课程包括1项常规主题（违禁药物测试相关规定）及5项特殊主题（乙醇、烟草、功能性膳食补充剂等），以基于理论的3种风险及保护因素（社会规范、期望水平、自我效能）为中介变量，通过16组对照试验，讨论各干预主题的主要与交互效应及与中介变量的关系，最终形成 myPlaybook 最佳版本。目前，越来越多的干预研究从单因素、单方面走向多因素、多领域，因此 MOST 越来越被重视。但 MOST 涉及析因设计，一定程度上增加了研究实施的难度，建议有专业的统计人员参与。同时，研究人员需对干预措施有一定的了解，需要足够的循证理论支撑，筛选出有效的干预要素。

（2）多重方案随机序贯试验：多重方案随机序贯试验（sequential multiple assignment randomized trial，SMART）是一种适用于比较适应性干预措施的多阶段随机试验设计。在研究中，每个阶段都将所有研究对象随机分配到干预组与对照组。多次分配后，研究对象会随机接受多种干预措施。之后再评估受试者在各个阶段的试验结果，得出最优的干预方案，见图2-7。该设计充分分析干预方案，确保了干预的实施与结果，能很好解决"实施过程中干预措施在受益者中是否发生变化"的问题。例如，美国学者 Sylvie Naar 等为肥胖的非裔美国青少年开发了一组行为干预方案，患有原发性肥胖的青少年及其照护者被随机分配到动机访谈或技能培训组，对第一阶段干预无反应的二元体被重新随机分组，继续接受居家技能或应激技能管理。该研究结果证实了社区护士介导的带有激励机制的家庭服务模式可以成功地向肥胖的非裔美国青少年及其照护者提供行为技能培训。SMART 设计可以优化行为干预的顺序，确定最佳干预策略，最大限度地提高依从性，提升干预的长期效果。且研究者可利用软件计算最小样本量和进行统计分析，大大减少了研究的工作量。然而，现在的研究设计还存在局限性。从研究设计到最后的结果分析，很少有研究考虑到干预在不同阶段之间如何相互作用，因此有必要继续优化试验设计、分析和报告规范。

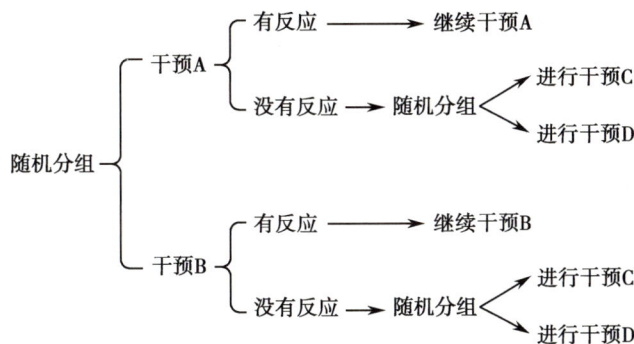

图2-7 多重方案随机序贯试验示意图

（3）效果－实施混合设计：效果－实施混合设计（effectiveness implementation hybrid designs，EIHD）

笔记栏

可以检验干预措施的有效性和实施结果，注重研究效率，可有效解决干预措施本身所带来的障碍，分为Ⅰ型混合设计、Ⅱ型混合设计、Ⅲ型混合设计3种类型。具体特点如表2-9所示。值得注意的是，效果–实施混合设计只是一种研究设计策略或模式，均不制订具体的研究设计方案，定量研究可采用整群随机对照试验、阶梯设计等。

表2-9 效果–实施混合设计分型与特点

研究特点	Ⅰ型设计	Ⅱ型设计	Ⅲ型设计
研究目的	主要目标：测试干预项目本身的有效性；次要目标：观察/收集实施相关信息	共同目标：测试干预项目和实施策略的有效性	主要目标：测试实施策略的有效性；次要目标：观察/收集干预项目和相关结局的信息
研究问题（示例）	主要问题：在当前实施情境下，干预项目本身是否有效；次要问题：实施中存在的障碍/促进因素	主要问题：干预项目是否有效；次要问题：实施策略是否有助于干预项目的实施	主要问题：哪种实施策略更有助于干预项目的实施；次要问题：干预效果是否可接受
项目设计人员	主要由研究团队设计	由研究人员和实施场地负责人协作设计，并适用于实施场地的环境和人群	实施策略可由研究人员设计；或研究人员作为顾问/评估者由实施场地负责人设计
项目实施人员	主要由研究团队负责，并且注重项目的保真度	由项目现场提供，并得到研究团队的支持	由项目现场提供，并得到研究团队的支持
评价方法	主要目标：定量、总结性；次要目标：混合方法、定性、过程评价，也可为主要目标结果的解释提供信息	临床有效性目标：定量、总结性；实施目标：混合方法、定量、定性、形成性和总结性	主要目标：混合方法、定量、定性、形成性和总结性；次要目标：定量、总结性
意义	为未来开展实施性研究提供证据	能够评估干预项目的有效性、可行性和实施策略的潜在影响	能够提供不同环境下最佳实施策略

（四）实施科学研究发展趋势

1. 应用实施科学解决全球健康问题 随着实施科学的发展，发展中国家和地区参与了大量循证实践的应用工作，其机构和人群也从中获益，但实施科学作为一门学科在这些国家和地区的发展存在很多挑战。首先，目前大多数实施科学的理论框架是由发达国家的学者在发达国家的社会背景下研究而成；其次，实施策略研究基本上也是在发达国家的社会环境下提出的，既往研究成果在发展中国家的适用性尚存在疑问；最后，发达国家通常在医疗机构层面开展实施科学，但在发展中国家可能存在更多系统性障碍。因此，全球的实施科学研究人员应加强学术交流与合作，在发展中国家的具体环境中测试和调整实施策略，并从系统和政策层面进行实施性研究和策略设计。

2. 提升实施策略的适应性和可持续性 目前实施性研究较多关注循证实践和实施策略在执行中的保真度，即在实施过程中按计划执行干预的程度。然而，尽管保真度很重要，根据环境对干预措施进行适应性改造也是必要的。因此，在执行过程中应允许一定的弹性，关键在于系统记录和跟踪这些执行过程，为后续的适应性改造提供实证信息。此外，研究结束后，如何保持实施的可持续性也是实施性研究一个重要的研究难题。一旦研究结束或外部支持撤离，循证实践和实施策略能否在目标环境中继续存在并产生效果还有待进一步探索，未来有必要进行可持续性测量工具的开发及验证。

3. 合理应用人工智能技术　实施科学关注实践场所的情境特征，同时考虑其可传播性、可持续性和公平性，可以帮助研究者和决策者将理论转化为实践。虽然现有研究证实了实施科学在知识转化与应用中的强大优势，但仍存在一些局限性和挑战，如情境特征差异大、资源不平衡、可持续性难以测量等。而人工智能技术的应用有望解决这些问题。例如，通过人工智能聊天机器人对利益相关者进行定性访谈、使用自然语言处理加速定性分析、利用人工智能驱动的翻译工具以不同的语言呈现文本并捕捉不同方言和区域差异的细微差别、通过预测性人工智能算法评估持续性。然而，人工智能也可能加剧健康服务的不平等、数据偏见以及算法的"黑箱"问题。因此，研究者在利用人工智能的同时，需要对其潜在的不利影响保持警惕，并采取适当的预防措施。

二、实施科学研究在社区护理中的应用

（一）实施科学在社区健康行为干预中的应用

社区健康行为干预是指针对社区中某一特定群体的健康行为问题，通过有计划的、系统性的干预活动，旨在促进和改善该人群的健康行为、减少不良健康行为、预防疾病发生、提高生活质量，并最终实现社区整体健康水平的提升。下面以增强身体活动、戒烟限酒和促进心理平衡为例说明实施科学在社区健康行为干预中的应用。

1. 增强身体活动　在全球范围内，静坐少动造成的身体活动不足已经成为严重的公共卫生问题。为了更好地开展身体活动促进工作，WHO 推行了 2018—2030 年身体活动全球行动计划（Global action plan on physical activity 2018—2030，GAPPA），旨在通过制定和实施综合性的国家政策来帮助全球各国人口提高身体活动水平。英国学者 Joey Murphy 等对来自 81 个国家的 518 位参与者展开量性和质性调查，旨在了解不同收入水平国家在倡导实施 GAPPA 的支持条件和所面临的挑战，结果显示高收入和中低收入国家的进展不平衡，进一步加剧了健康不平等。澳大利亚学者 Klepac Pogrmilovic 将实施科学中的实用稳健可持续实施模型（PRISM）框架与比例普遍主义原则相结合，以促进身体活动建议、转诊和咨询服务的公平性。这种将普遍性和针对性措施相结合的公共卫生服务供给模式被认为可以改善健康方面的机会不平等，但未来研究还需进一步验证其效果。

此外，实施科学也被应用在特定人群的运动干预中。例如美国学者 Chad Rethorst 等在针对乳腺癌幸存者的研究中采用多阶段优化策略设计，研究对象被随机分配到 16 个干预组，以中重度体力活动为主要结局指标，以干预时间（3 个月或 6 个月）为组内因素，以干预项目（监督随访、器材使用、自我监测及生活咨询）为组间因素，以年龄、体重指数等人口学资料和临床特征为协变量，建立混合效应模型，检验各组合方案的干预效果；美国 Amber Vaughn 团队使用Ⅲ型混合设计比较基础应用与强化应用"儿童营养与身体活动自我评估"的有效性研究；美国学者 Laura Rogers 等为提高项目"战胜癌症，坚持运动"在真实世界的有效性，以 CFIR 为指导识别组织结构相关的实施决定因素。

2. 减少物质成瘾行为　减少物质成瘾行为一直以来都是社区健康行为促进的工作重点，常见的成瘾行为包括吸烟、酗酒、吸毒。其中，对于戒烟治疗，实施性研究发现提高其干预成功率的三个因素包括：①确保病人对戒烟治疗感兴趣，且医生知晓病人的戒烟意愿。②基于证据的戒烟治疗是有效且安全的。③探寻创新的方法，提高戒烟治疗的效果并促进其使用。有研究表明就诊现场的戒烟治疗具有良好的成本效益，可以增加戒烟治疗的覆盖范围和有效性。但有学者强调在实施戒烟治疗时要充分考虑当地社区的情境特征，制订本土化的实施策略。

此外，简短干预作为一种便捷易行的心理干预方式，WHO 推荐其用于针对物质成瘾的早期筛查和干预。近年来，不少学者将其与实施科学的研究方法结合，旨在了解简短干预技术在卫

笔记栏

55

生服务机构的实施决定因素，促进其应用推广。例如，英国学者 Lesley Smith 等利用理论模块框架对助产士在产前检查中提供禁酒指导的执行情况进行评估，研究表明，专业技能、同事和组织的支持有助于促进助产士在每次预约时向孕妇提供禁酒建议，从而改善孕妇健康和生育质量。筛查、简短干预和转诊治疗（screening, brief intervention and referral for treatment，SBIRT）是 WHO 于 1997 年制订的物质滥用障碍早期干预和治疗服务的综合模式。2022 年国内首例在社区开展的 SBIRT 干预随机对照研究表明了其在改善酒精使用的有效性。我国基层医疗卫生机构具有人口基数大、服务便捷、时间灵活、培训资源丰富等优势，是开展简短干预的有利场所。但未来仍需开展更多的实施性研究，优化相关的干预措施和实施策略，以促进其在社区情境下的可持续应用。

学科前沿

简短干预

简短干预源于动机性访谈技术，目的是促进干预对象发生行为方面的改变。简短干预包含 6 个要素，用缩略词 FRAMES 来概括：

①反馈（feedback，F）：根据筛查问卷的结果反馈报告，使病人认识到自身存在的物质使用相关问题。②责任（responsibility，R）：帮助病人认识改变物质滥用行为的动力来自病人自身。③建议（advice，A）：建立减少物质使用和减少伤害之间的连接，明确行为建议。④选择清单（menu of option，M）：设置一个选择清单，当对方想要做出改变时可以从中进行选择。⑤共情（empathy，E）：给予尊重和支持，倾听病人自己的担忧和想法。⑥自我效能（self-efficacy，S）：鼓励其增加自我效能感，相信可以成功改变。该干预技术最早在 1983 年应用于干预酒精依赖的病人，促进其减少乙醇的摄入量。相关研究已证实，该干预技术能够显著提高社区居民戒烟意愿、改善个体的酒精滥用和吸毒行为。

3. 促进心理健康　抑郁症是具有重大公共卫生影响的心理健康问题。发达国家一直在积极推进以证据为本的抑郁干预项目在基层社区的落地实施。其中"积极生活项目"（program to encourage active, rewarding lives，PEARLS）开始于 20 世纪 90 年代后期，主要为社区患有抑郁症的老年人提供服务，旨在培养或提升他们的负面情绪自我管理能力，帮助他们学会排解生活的压力，调节自己的不良情绪，最终改善抑郁症状。随机对照试验研究结果发现，相比对照组，参加 PEARLS 项目者与健康相关的生活质量得到提高，住院次数减少，抑郁症状减少 50% 以上，甚至部分参加者的抑郁症状完全消失。随后，研究者们分别探讨了实施场地的利益相关者对该项目的接受度和其他诉求、如何扩大项目的覆盖面、标准化实施工具的开发和评估等问题。PEARLS 项目已经得到美国疾病预防控制中心等机构的认证，在国家和州层面得到了广泛实施。

（二）实施科学在社区慢性病管理中的应用

1. 实施科学在社区高血压管理中的应用　在社区慢性病管理中，通过利益相关者的参与可以提高干预实施者和病人对干预措施的接受程度，同时进一步提高干预项目的覆盖面和可持续性。基于社区的参与性研究和实施科学的原则，从病人及其家庭成员、卫生保健提供者和社区成员处广泛收集信息，通过对这些信息的系统分析和深入解读，调整高血压自我管理干预措施，从而使干预措施更好地契合社区人群的文化背景，增强干预措施在人群中持续有效的潜力。

我国学者孙英贤等开展了一项由乡村医生主导的中国农村高血压防控项目的整群随机试验，该项目包括家庭访视、居家血压监测等内容，研究表明该项目是一个可行的、有效的和可持续的实施策略，可以在中国农村和其他资源匮乏的地区扩大实施高血压防控。此外，为了改善高血压的转诊管理，有学者使用实施科学的 PRECEDE-PROCEED 框架，开发了一种结合卫生信息技术和同伴支持的干预模式，并通过整群随机对照试验证明了该模式的有效性。

2. 实施科学在社区糖尿病管理中的应用　将糖尿病预防工作从随机对照试验到转化研究，再到在社区中实施，是一项艰巨的任务。以美国疾病预防控制中心制订的糖尿病预防项目（diabetes prevention program，DPP）为例，前期的实证研究表明 DPP 项目可以有效预防或延缓糖尿病的发生，但在真实世界的可推广性有待明确。为此，美国于 2012 年开启一项为期5 年的项目，在 6 个州的社区机构实行标准化、结构化的 DPP，基于 RE-AIM 框架的评估结果显示 DPP 的人群覆盖面广、效果显著且可持续性良好，有望实现进一步推广。此外，实施科学在糖尿病管理中的应用也体现在项目开发和干预措施评估上。例如，澳大利亚 Nina Meloncelli团队利用 i-PARIHS 框架开发、实施和评估由营养师主导的妊娠糖尿病饮食护理，这项自身前后对照试验结果发现饮食计划的依从性从 29% 显著增加到 82%，药物治疗的使用也增加了10%。美国学者 Cari Berget 等发现，1 型糖尿病患儿父母坚持使用血糖管理设备的比例一直很低，所以很难达到较好的血糖控制效果，因此该团队设计了 4 种行为干预措施，其中两种旨在改善血糖控制，两种旨在优化糖尿病设备的使用。该研究结果表明，多重方案随机序贯试验允许对多种干预策略进行测试，这些策略是根据病人个体的结果和研究过程中对先前干预措施的反应而采用的，该方法可测试哪些干预措施最适合解决幼儿父母在使用糖尿病设备和持续血糖管理方面遇到的独特挑战，在提升血糖管理依从性方面表现出巨大潜力。

3. 实施科学在其他慢性病管理中的应用　除高血压、糖尿病外，实施科学也被成功应用在艾滋病、呼吸系统等慢性病的管理中。澳大利亚学者 Barbara Mullan 等发现，采用低成本、最小限度接触的干预措施可以改善动脉粥样硬化性心血管疾病人群的饮食习惯和体力活动，从而减少行为风险因素。澳大利亚学者 Manisha Yapa 等采用阶梯设计试验探究持续质量改进方法对南非农村初级保健诊所艾滋病病人产前护理质量的影响，干预内容包括标准的持续质量改进工具［流程图、鱼骨图、运行图、计划 - 执行 - 研究 - 行动（PDSA）循环和行动学习会议］。结果发现相较于常规干预措施，持续质量改进可以有效地提高农村初级保健的服务质量。在一项改善呼吸窘迫综合征病人俯卧位通气的研究中，作者利用 CFIR 找到影响临床应用俯卧位通气的因素（包括知识、资源、替代疗法、团队文化和病人），然后通过实施变革的专家建议框架制订应对策略（包括教育培训、学习合作、规范工作流程、俯卧位干预和研发电子警报系统），最后在当地医院迅速实施以改善病人的临床结局。

（冯　辉　刘民辉）

小　结

本章首先对社区护理的研究方法与实践进行了概述，介绍了社区护理的研究范围、研究对象以及研究对象的特点，然后详细介绍了社区护理实践中使用的流行病学研究方法和社区健康资料的测量。另外，社区健康风险评估与预警的相关内容介绍了包括社区健康风险的影响因素和预测模型，以及基因组学应用于健康风险评估的新进展。接着，阐述了社区复杂干预研究的方法以及在社区护理中的应用。最后，介绍了实施科学相关内容及其在社区护理领域的应用。

笔记栏

•••• 思考题 ••••

1. 某社区为老年人群引入了一个综合智能健康管理平台，包括可穿戴设备、家庭健康监控设备、智能家居系统和健康管理应用。该平台能够监测老年人的日常活动、健康参数，并在异常情况发生时自动通知护理人员和家属。此外，社区还提供定期的健康评估和多学科团队（包括医生、护士、营养师和心理咨询师）的综合护理服务。

（1）如何评估综合智能健康管理平台在老年人健康管理中的效果，特别是在预防和管理慢性病方面？请讨论平台的技术挑战和伦理考虑。

（2）在实际应用中，如何确保老年人及其家属对智能健康管理平台的接受和适应？请提出具体的教育和支持策略。

2. 某社区常住人口为1.3万，近年来随着经济的发展和人口的流动，该社区的糖尿病病人人数逐渐增多，社区护士决定对社区的糖尿病发病情况进行调查。

（1）若想调查该社区的糖尿病发病率和患病率，护士应收集哪些资料？

（2）该社区计划开展一项运动干预来验证其对糖尿病病人血糖的影响，请你书写一份研究计划书。

3. 在评估复杂干预的效果时，主要面临哪些挑战？请结合本章知识，说明如何利用评估和反馈机制来优化干预措施。

第三章

以社区为中心的健康护理

　　某社区，三年前的社区卫生诊断报告显示，社区环境宜居、社会系统完善；主要卫生问题是以高血压、糖尿病为主的慢性病；影响社区居民健康的前3位危险因素是缺少体育锻炼、高盐饮食、肥胖。据此，社区卫生服务中心确定了优先干预项目并实施，取得了较好的效果。近期，正在建立统一的电子健康档案。社区护士小张发现，本社区高血压病人管理率较高，但管理人群血压控制率较低。进一步调查和访谈发现，健康教育中可操作性的行为改变指导不足；病人的服药依从性不高。小张与社区卫生服务团队就上述问题进行了沟通和探讨后，开始制订进一步的干预计划。

　　社区护士能否独立运用社区健康护理程序，如提出社区健康护理诊断、制订社区健康护理计划、实施计划与评价效果？如何对社区居民的健康档案进行有效管理和利用？如何建立健康信息数据库？如何更好地服务社区卫生诊断，从而更好地促进社区居民的健康？

　　社区健康护理是以社区为单位，以社会学、管理学、预防医学、人际交流与沟通等知识为基础，运用护理程序的方法，对社区的自然环境和社会环境以及社区人群的健康进行管理的过程。在进行社区健康护理的过程中，应将社区作为一个整体，并将护理学、公共卫生学、预防医学、流行病学、社会医学等相关理论和概念相融合，以维持和促进社区健康为目的，运用科学的方法，找到社区健康的问题及影响因素，制订社区健康计划，采用综合、协同的方式进行干预，以达到促进社区整体健康发展的目标。

第一节　概　　述

一、基本概念与内涵

（一）社区健康

　　社区健康（community health）是在限定的区域内，以需求为导向，维持和促进群体和整个社区的健康。"以需求为导向"是指不断地对社区健康的需求作出反应，使社区健康服务的结构更加完善，社区健康促进计划得以实施并不断改进。社区健康是社区发展的一个重要目标和社区综合实力的重要标志，具有相对性和动态性。国外学者提出促进社区健康的6个要素，即健康促进、预防、治疗、康复、评价和研究，它们相互联系、相互结合，以规划和实现社区健康。促进社区健康的6个要素与我国社区卫生服务的功能（预防、治疗、保健、康复、健康教育和计划生育技术指导）既有相似又有区别，对我国社区健康的发展具有一定的借鉴和参考价值。以下是国外促进社区健康6个要素的具体内涵。

　　1. 健康促进　是促使人们提高、维护和改善自身健康的过程，是一切能促使行为和生活条

笔记栏

件向有益于健康改变的教育与环境支持的综合体。其中，教育是指健康教育；环境包括对健康教育能产生有效支持的自然环境、社会环境和政治环境的总和；支持包括政策、立法、财政、组织以及群众等各个系统。社区健康促进的总目标是提高个人、家庭、群体和社区的整体健康水平；服务内容包括疾病预防和疾病照顾两方面；服务对象包括健康人群，但不限于某一特殊年龄段，并扩展到以家庭为单位、以社区为范围，乃至整个社会，也包括病人，但不限于某一疾病。社区健康促进具有正向性、动态性、连续性和宽广性的特点。

2. 预防 是指预料和防止可能发生的健康问题或尽早发现健康问题，以减少可能造成的伤残。社区健康问题的预防有三个层次：一级预防、二级预防和三级预防。一级预防又称病因预防，关键在于无病防病。二级预防又称临床前期预防，关键在于有病早治，即早期发现、早期诊断、早期处理健康问题和及时治疗疾病。三级预防又称临床期预防，关键在于"既病防残"，即把健康问题的严重程度和影响范围降至最低限度，尽可能减少伤残和维持现有功能。

3. 治疗 治疗是促进社区健康的第三个要素，包括医疗、护理和公共卫生措施。该要素把注意力集中在健康 – 疾病连续体的疾病一端，即治疗疾病。包括直接或间接为有健康问题的人服务，制订规范或开展活动处理不健康问题。

4. 康复 社区康复是指病、伤、残者经过临床治疗后，为促进其进一步康复，社区依靠自身的人、财、物和技术资源，采取简单、有效、易行的身心康复措施，继续为其提供医疗保健服务。社区康复的宗旨是充分利用社区资源，使病、伤、残者在社区或家庭，采用医学和社会人文科学等综合措施，尽量使病人的疾病好转或痊愈，生理功能恢复，心理障碍排除，提高生活能力，恢复正常人际交往，平等地享受生活、就业等社会权利和义务，使其回归社会或重新为社会作贡献。

5. 评价 评价的指导思想是分析、判断工作，并根据已定的目标和标准不断提高。社区卫生服务人员对每一项健康服务工作都应该进行评价，通过评价可以了解需求，以需求为导向是成功的决定因素。评价帮助解决目前的问题，提高服务质量，为将来健康服务的改进指明方向。

6. 研究 通过系统调查发现影响社区健康和社区卫生服务的因素，解决这些问题，并探索改进健康服务的方法。流行病学和卫生统计学是社区卫生服务中最重要的健康测量和分析方法。

（二）社区健康护理

社区健康护理（community health nursing）也称为"以社区为单位的护理"或"以社区为中心的护理"，具有以下特点：①侧重于社区的环境和群体的健康。②需要政府相关部门参与。③运用护理程序，作出社区健康诊断。④充分利用社区内外一切可以利用的资源。⑤从行政角度制订社区健康护理计划。⑥一般以年度为单位，进行社区健康的评估、诊断、计划、实施和评价。社区健康护理程序分为5个步骤：进行社区健康评估、确定社区健康诊断、制订社区健康干预计划、实施社区健康干预计划、评价社区健康干预计划实施效果。

1. 进行社区健康评估 社区健康评估是系统地收集和分析社区健康状况的信息，是发现社区中现存和潜在问题的过程。其目的是为社区健康护理诊断提供依据，保证社区健康计划能真正符合社区的需要，提高预防性社区健康计划的质量。评估内容包括社区地理环境、社区人群和社会系统。评估方法包括社区实地考察、重点人物访谈、参与式观察、问卷调查等。

2. 确定社区健康诊断 社区健康诊断是发现和分析社区主要健康问题，并结合可利用资源，确定社区卫生服务重点的过程。社区主要健康问题的确定按普遍性、严重性、紧迫性、可干预性、效益性原则进行。确定社区主要健康问题优先顺序常采用默克尔（Muecke）优先顺序确定法和斯坦诺普与兰开斯特（Stanhope & Lancaster）优先顺序确定法。目前，奥马哈（Omaha）护理诊断系统是国内外公认的专用于社区护理实践的护理诊断系统，该护理诊断系统已在社区护理实践中广泛运用，并取得较好的效果。北美护理诊断协会（NANDA）公布的护理诊断在社区护理实践中运用较少，但有一定的参考价值，可以从社区环境、公共设施、健康需要等几个方面考虑，比如缺乏社区卫生设施、社区应对无效等。

3. **制订社区健康干预计划**　包括确定干预策略重点、制订预期目标、选择将要实施的措施等内容。制订干预计划时要充分了解社区各种资源的分布，在此基础上，考虑社区资源有效利用，衡量资源的可及性、可利用性和可接受性，注意开发社区有形资源，如人力、物力和财力资源；同时也需要开发无形资源，如健康意识、文化规范和社会凝聚力。社区健康干预计划（方案）包含前言、背景、目标、完成目标的策略、进度和经费预算等内容。

4. **实施社区健康干预计划**　按照社区健康干预计划实施社区健康干预。计划实施阶段不仅包括社区护士的行为或护理干预，还包括与社区服务对象和其他社区工作人员之间的合作。社区护士在实施干预计划时需要做到：①具备扎实的知识与熟练的技能。②分工协作或授权执行。③了解措施实施中的障碍。④准备良好的实施环境。⑤对完成的各项护理工作及实施效果及时准确记录。

5. **评价社区健康干预计划实施效果**　实施效果评价是整个社区健康护理程序的最后一步，主要评价干预计划实施的效果。将实施干预的实际效果与预期目标作比较，若目标达到，说明通过干预解决了原来的社区健康问题；若目标未达到，则要对其原因进行分析，并重新进行评估，形成护理程序新循环。社区健康干预计划实施效果的评价包括结构评价、过程评价和结果评价。在评价效果时，社区护士或其他工作人员可采用询问的思维模式，如：是否成功地执行措施？是否达到目标？社区问题是否解决？是否发现其他问题？新发现的问题是否解决？

国外社区护士专科化程度较高，社区护士有明确的职责分工，社区健康护理程序在社区护理的实际工作中应用较多，发展较成熟。我国于20世纪80年代引入国外的社区健康护理程序，起步较晚，缺乏社区健康护理的高级护理实践人才，其发展存在困难与不足，目前仍处于实践探索阶段。

二、影响社区健康的相关因素

影响社区健康的因素是多方面的、复杂的，可归为三类，即自然因素，社会因素和个人因素。

（一）自然因素

1. **物理因素**　包括气候和天气、噪声和紫外线辐射等。例如热浪、寒潮、风暴和洪水等极端天气事件可能直接对社区居民的健康造成威胁，热浪可能导致中暑和脱水，而极端低温则可能增加社区居民心脑血管疾病的发病率；长时间的噪声暴露会导致听力损失、睡眠障碍、心血管疾病，以及焦虑和抑郁等心理健康问题；过度的紫外线辐射可能导致白内障等眼部疾病、皮肤癌。

2. **化学因素**　包括空气污染、水污染和土壤污染等。例如空气中一氧化碳、二氧化硫、颗粒物等污染物可能导致呼吸系统和心血管疾病；受污染的饮用水中含有的重金属汞等，可能导致水俣病等的发生；土壤中的化学物质，如农药残留，可能通过食物链进入人体，导致社区健康问题。

3. **生物因素**　包括病原体、生物多样性和导致过敏反应的植物等因素。自然环境中的病原体，如细菌、病毒和寄生虫，可能通过水源、食物或昆虫叮咬传播，导致社区传染病的暴发和流行；生物多样性的减少可能削弱生态系统的稳定性，减少对病原体的自然控制；某些植物的花粉可能导致过敏反应，如季节性变应性鼻炎和哮喘。

（二）社会因素

1. **社会经济因素**　包括经济政策、社区经济水平、就业和居住条件等。例如，政府的经济政策通过影响卫生健康和公共卫生的支出影响人群的健康水平；社区经济水平对社区人群健康有着重要影响，贫困可能导致较差的住房条件、不足的营养摄入、有限的医疗保健资源，以及较高的心理压力水平，这些都可能损害健康；不稳定的就业和恶劣的居住条件（如长时间工作、高压力、暴露于有害物质）可能导致慢性压力和职业病，从而影响健康。

笔记栏

2. 社会文化因素 当人们的经济生活水平达到或超过基本的需求，有条件决定生活资料的使用方式，文化因素对健康的作用变得逐渐重要。社区文化是指区域性的社会文化，是社区人群在长期互动中形成的，主要包括环境文化、行为文化、制度文化和精神文化四个方面的内容，在某种程度上影响着社区人群对健康的认识，对健康维护及促进的态度，也影响人群的生活习惯、行为方式等。精神文化是社区文化的核心，是社区独具特征的意识形态和文化观念，包括社区精神、社区道德、价值观念、社区理想、行为准则等，它是社区成员价值观、道德观生成的主要途径。社区文化通过对社区成员的思想和行为进行引导，从而使之符合社区整体的理想和目标。一个社区的社区文化一旦形成，它就会建立起自身系统的价值和规范标准，形成某一种共同的"社区精神"。

3. 社区卫生服务水平 卫生服务机构是否健全、卫生服务网络是否完善、卫生资源配置的情况和卫生服务水平的高低影响社区健康及质量水平。社区卫生服务机构布局是否合理，群众就医是否方便、及时，医疗技术水平的高低等都会影响社区人群的健康和疾病的转归。良好的社区卫生服务能够提供有效的疾病预防措施，如疫苗接种、健康教育和疾病筛查，从而减少疾病的传播和发病率；通过健康教育和促进活动，提高社区成员的健康意识，鼓励健康生活方式，预防疾病；通过对突发公共卫生事件的及时响应，可减少传染病暴发、自然灾害等对社区健康的影响；通过健康监测和数据收集，能够及时发现健康问题的趋势和模式，为政策制定和资源分配提供依据。

（三）个人因素

1. 遗传和生物学因素 个人的遗传背景可能使他们更容易或更不容易受到某些健康问题的影响。个人的生物特征，如年龄、性别、体质等，也会影响个人的健康状况和社区健康。例如，某些疾病可能有遗传倾向；随着年龄的增长，某些疾病的风险会增加等。

2. 个人信念、传统观念和行为 社区成员的个人信念、传统观念能够影响社区健康，例如对于社区相关政策的制定者而言，其对身体锻炼和吸烟等影响健康行为的观念，会影响他们是否愿意动用资源（时间、精力等）去购买用于锻炼的设备或者制定禁止吸烟的条例。特定民族群体的传统观念会影响其生活习惯及社区的服务提供。社区成员的个人行为也可对整个社区健康产生影响，包括个人饮食习惯、运动习惯、睡眠模式、是否吸烟和饮酒等。

3. 文化和受教育程度 个人的文化背景会影响他们的健康观念和行为，不同的文化背景可能有不同的健康习俗和信仰，文化的差异可导致居民在获取健康信息、选择与健康有关的生活方式、理解健康与疾病的关系等方面表现出不同。受教育程度影响个人获取、理解、评估和应用健康信息的能力，受教育程度与健康意识、对健康服务资源的更合理使用及更健康的生活方式呈正相关关系。

三、社区卫生诊断

（一）社区卫生诊断的概念

社区卫生诊断（community health diagnosis）是运用社会学、人类学和流行病学的研究方法，对一定时期内社区或地区的主要健康问题及其影响因素、社区卫生服务的供给与利用，以及社区或地区的综合资源环境进行客观、科学的确定和评价，发现和分析问题，提出优先干预项目，并针对性地制订社区卫生服务工作规划；从而充分利用现有卫生资源，提高社区卫生服务质量和效率，满足社区居民基本卫生服务需求；动员社区参与，实施社区干预，逐步解决社区主要卫生问题，不断提高居民健康水平和生活质量。

社区卫生诊断由社区领导、相关领域专家、社区医生、社区护士等组成的社区卫生诊断团队实施。在收集健康资料、资料核实与录入、分析相关数据以及制订社区卫生服务工作规划等社区卫生诊断的工作步骤中，社区护士是重要的参与者。同时，对于社区卫生诊断结果中与护理相关的社区卫生问题，社区护士是解决问题的主要执行者。社区卫生诊断结果报告的使用者既包括政府、卫生行政部门和卫生专业机构等的领导者、社区卫生服务的组织管理和技术指导者，同时也包括街道和社区卫生服务机构等社区的领导者和社区卫生服务的具体执行者。

（二）社区卫生诊断的内容

1. 社区基本情况及人口学诊断　包括社区特点（类型、地理和自然资源等）、经济状况（收入和消费支出的构成）、人口学特征（人口的数量、年龄、性别、文化程度、民族、职业和就业情况）等。

2. 流行病学诊断　包括社区特殊健康问题（心理健康状况、生活质量和家庭负担状况等）、传染病和慢性病的情况、社区主要健康问题及分布特征、居民疾病现患情况、对社区卫生服务满意度的评价等。

3. 行为与环境诊断　包括自然环境，如地理、气候、生态和自然灾害等；生活环境，如居住条件、卫生设施、工作环境和大气污染等；社区居民对疾病的知识、态度和行为现状；与慢性病有关的危险因素分析，如吸烟、饮酒、不合理膳食结构和生活与工作的紧张度等。

4. 教育与组织诊断　包括卫生服务机构、卫生防疫机构的人员现状、固定资产、经济状况和服务量分析等；社区行政管理组织、机构及分工。

5. 教育与文化环境诊断　包括信仰、传统社会风俗习惯、受教育水平与行为观念等。

6. 管理与政策的诊断　包括宏观社会经济发展政策、卫生事业改革和发展政策、社区发展政策、卫生系统内部的政策和管理问题及目前政策和管理状况所造成的结果（正向和负向两方面），如弱势人群（老人、妇女和儿童）的医疗保障是否充足，城市流动人口的医疗服务需要和需求是否得到重视等。

社区健康护理诊断主要依赖于 Omaha 护理诊断系统，诊断内容包括环境（如社区环境、邻居/工作场所的安全）、心理社会（如与社区资源的联系、社区接触、人际关系）、生理和健康行为四大类。

（三）社区卫生诊断的方法和步骤

1. 社区卫生诊断的方法　进行社区卫生诊断可以选用多种方法，如可以采用调查表的形式进行定量分析，可以采用访谈、讨论的方法进行定性分析，也可综合应用二者。问卷调查法是社区卫生诊断的主要方法，所建立的健康档案是社区卫生诊断资料的重要来源。

2. 社区卫生诊断的步骤　《社区卫生诊断技术手册（试用）》将社区健康评估分为评估准备、资料收集、资料分析和报告撰写四个步骤（图 3-1）。

（1）评估准备：①确定诊断的范围是进行全面还是专题或局部的社区卫生诊断。②确定诊断的时间。③制订实施方案，包括目的、内容、对象、方法、时间进度安排、质量控制方案和经费预算方案等。④组建社区卫生诊断团队，一般应包括社区领导、相关领域专家、社区卫生服务机构等现场工作团，成立社区卫生诊断工作小组，明确开展此次社区诊断的目的，规定需要什么信息、资料。⑤进行人员培训和社区动员。⑥进行物质准备。

（2）资料收集：①社区环境资料，包括自然与生活环境资料，社区经济环境资料，政策环境资料，文化、教育与卫生环境资料等。②社区人群资料，如人口学与死亡资料，居民家庭与成员患病资料，成人行为危险因素资料，成人卫生知识水平资料，15 岁及以上居民体检资料，及老年、儿童与育龄妇女资料等。③社区卫生资源资料，主要包括社区卫生资源概况，社区卫生服务机构资源资料，供给和利用情况，服务对象满意度等。

（3）资料分析：资料审核、整理和录入。重要疾病资料、传染病报告资料需要通过多种途径进行核实；对于问卷调查的结果，通常使用 EpiData 软件建立数据库后双录入并核查，进行计量和计数资料的统计，确定居民健康问题。

（4）报告撰写：综合分析评价，撰写报告。①社区卫生诊断报告：全面的社区卫生诊断报告是社区卫生诊断的产出之一，报告的格式和内容随阅读对象的不同而不同，一般可分为学术论文

第一步 评估准备

组织设计
全区评估计划
确定评估社区
统一安排部署

技术设计
诊断内容方法
样本抽样方法
资料收集方法
统计分析方法
质量控制标准
人力经费预算

制定方案
目的意义
目标对象
实施内容
步骤与进度
组织领导
保障实施

组建队伍
现有资料收集组
居民调查组
质量控制组
统计分析组

人员培训
社区动员
物质准备

组织实施

第二步 资料收集

现有资料收集

质量控制

专项调查

1. 公安部门
2. 社区卫生机构
3. 卫生行政部门
4. 预防保健部门
5. 残联民政部门
6. 街道办事处、居委会
7. 相关统计年鉴
8. 文献

1. 居民卫生调查
2. 居民满意度调查
3. 社区卫生服务机构调查

调查对象
抽样方法
调查方法
质控方法

1. 社区环境资料
2. 社区人群资料
   人口学与死亡资料
   居民家庭及成员患病资料
   居民行为危险因素资料
   居民卫生知识水平资料
   居民体检资料
3. 社区卫生资源资料
   社区卫生资源概况
   社区卫生服务机构资源
   社区卫生服务机构供给
   居民卫生服务利用情况
   服务对象满意度

第三步 资料分析

资料审核整理录入

计量资料统计

计数资料统计

社区概况
1. 自然与生活环境
2. 社区经济环境
3. 文化、教育与卫生环境
4. 政策与其他环境
5. 居民调查样本基本情况

社区卫生资源供给
1. 社区卫生总资源统计
2. 社区卫生服务机构资源统计
3. 社区卫生服务供给与效率统计
4. 居民卫生服务利用统计
5. 居民满意度评价

居民健康问题
1. 人口学统计
2. 死亡统计
3. 疾病统计
4. 健康影响因素统计
5. 卫生知识水平统计
6. 老年生活质量统计
7. 育龄妇女情况统计
8. 少年儿童情况统计

第四步 报告撰写

综合分析评价
1. 主要健康问题与卫生服务需求
2. 卫生资源供给与利用特征
3. 社区环境特征

社区卫生诊断报告

摘要
背景
资料来源与方法
结果
讨论
结论

确定优先干预项目

社区卫生服务工作规划

摘要
背景
目标
策略措施
组织领导
监测评价

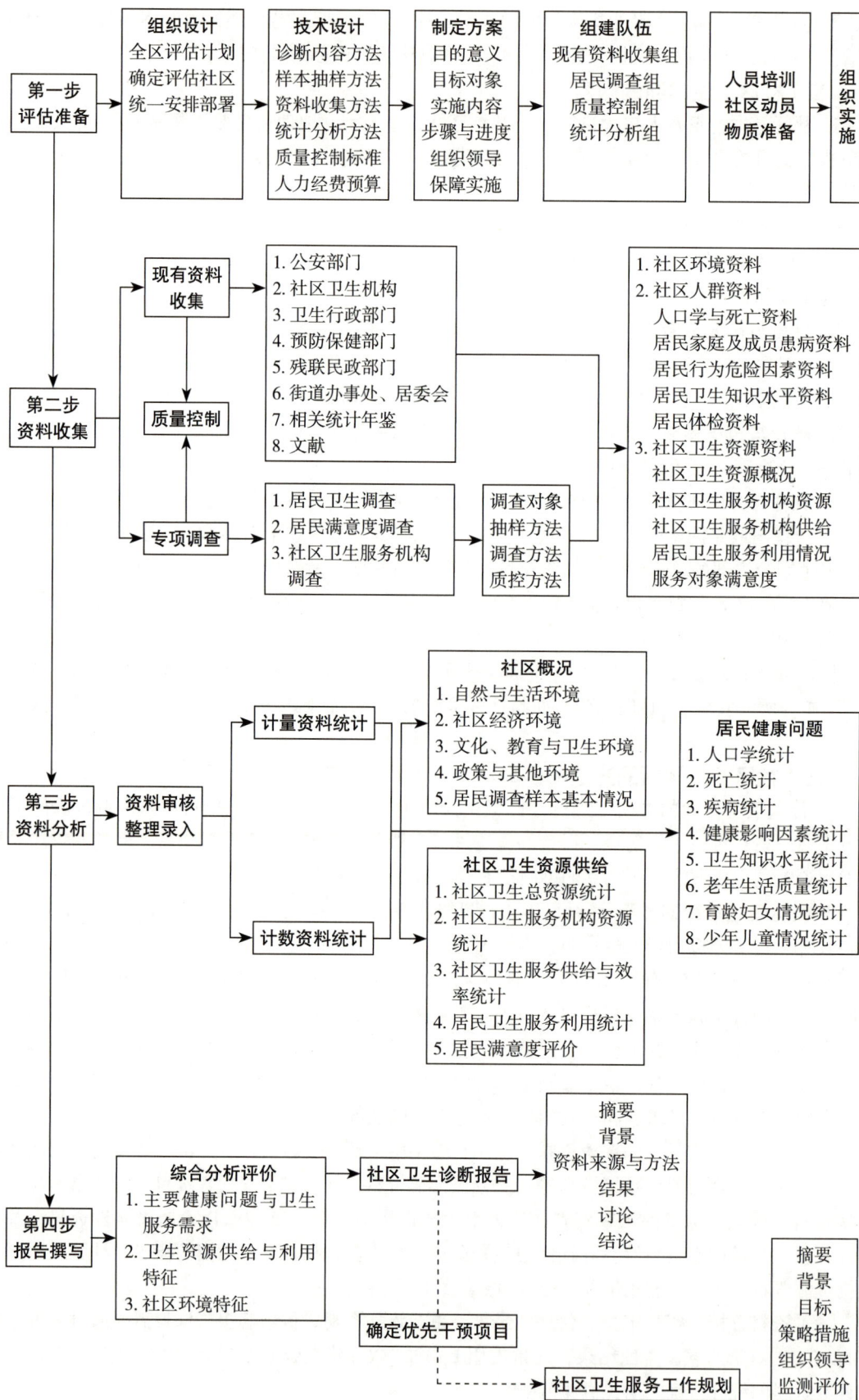

图 3-1 社区卫生诊断的步骤

笔记栏

版和简化版两种。学术论文版诊断报告格式包括首页、目录、摘要、正文和参考文献；正文部分应包括背景、目的、资料与方法、质量控制、技术路线图、结果、讨论、结论、建议、研究的局限性等；其中数据要求准确翔实，讨论合理。简化版的社区诊断报告类似于一篇摘要，目的是向政府相关部门报告或者向社区居民说明时突出重点。②社区卫生服务工作规划：根据前一阶段得到的社区健康相关信息，结合相关评价指标确定主要疾病和优先干预的重点疾病及其危险因素，继而整合社区卫生资源特征和社区环境等，确定优先干预项目，制订社区卫生服务工作规划。社区卫生服务工作规划包括摘要和正文两部分，正文包括规划背景、目标、策略措施、组织保障以及监测评价等内容。

社区健康护理程序和社区卫生诊断虽然均为解决社区健康问题的方法或操作技术，但是两者的实施步骤存在着一定的差异。

（四）社区卫生诊断常用评价指标

社区健康护理的对象是整个社区，因此社区健康的统计指标既包括反映社区人群健康的指标，也涵盖社区健康的经济指标和卫生评价指标。

1. 社区居民健康状况的评价指标

（1）人口统计指标：主要包括人口数量、不同类别人口的构成或分布。其作用在于描述社区人群的特征，间接反映社区人群的健康状况或可能存在的健康问题。

1）社区人口数量：随着时间的推移，社区人口数量随社区居民的出生与死亡、迁入与迁出而不断变化。因此应持续统计社区人口数量，从而确定社区人口的变动情况，并寻找人口变动的健康原因。社区人口数量统计通常以年为期限，可采用每年1月1日零时的人口数和12月31日24时人口数之和的平均数；也可采用一年的中点，即6月30日24时的人口数。统计应包括在规定的标准时间前出生或迁入的居民。根据我国社区卫生服务要求，社区人口数量应统计本社区的常住居民，即居住半年以上的户籍及非户籍居民。

2）社区人口构成：主要包括性别、年龄、种族、民族、收入、职业、文化或教育背景等的构成，其描述指标有构成比和相对比。

①性别与年龄构成：社区人口的性别构成包括性别比和性别比例，还包括出生性别比和婴儿性别比等。年龄构成是指各年龄组人口数量在总人口中的比例关系，如老年人口比例又称老年人口系数，以及不同年龄段人口的相对比，如老少比、人口负担系数。性别和年龄的构成是社区人口统计中最基本的指标，二者联合运用，可绘制社区人口金字塔，反映社区不同性别和不同年龄段人口构成情况。人口金字塔以性别比例为横坐标，年龄段为纵坐标，其左右两侧分别为男性和女性。如某社区某年人口年龄金字塔见图3-2。根据人口金字塔，可确定社区人口类型，即年轻型、成年型和老年型。人口金字塔塔顶尖、塔底宽表明社区人口为年轻型；塔顶、塔底宽度基本一致，在塔尖处才逐渐收缩表明社区人口为成年型；而塔顶宽，塔底窄表明社区人口为老年型。

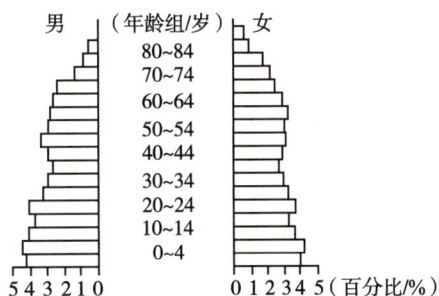

图3-2 某社区某年人口年龄金字塔

②人口文化构成：文化构成是指具有不同文化教育水平的人口数量在总人口中的比例关系。文化构成反映居民文化教育状况，常用指标有成年人文盲率、学龄儿童入学率、成人识字率等。

③人口职业构成：职业构成反映社区居民经济活动或工作性质，通常第三产业从业者或脑力劳动者比例高，社区人口素质较好，健康水平较高，健康需求也较高。

④社会阶层构成：社会阶层综合反映居民社会地位高低和健康状况的好坏。在社会阶层中越是居于上层的居民，其健康状况相对越好，死亡率也相对低。

（2）生育统计指标：是指描述社区居民生育水平、人口再生育情况的指标，在一定程度上反映人口健康水平。常用指标包括出生率、生育率、人口自然增长率、平均世代年数。

1）出生率：也称粗出生率，是指某地一定时期内（通常指1年）的活产婴儿数与同期的平均人口数之比，可粗略反映社区居民的生育水平，其受社区人口年龄、性别、经济、文化、就业及计划生育政策等的影响，特别受育龄妇女生育率和育龄妇女占社区总人口比例的影响。

2）生育率：是反映妇女生育能力的指标，包括总生育率（即1年内每千育龄妇女的活产婴儿数）、年龄别妇女生育率（即1年内一定年龄组中每千妇女的活产婴儿数）、终生生育率（即度过育龄期后一批同龄妇女平均每人生育的孩子数）、总和生育率（是一定时期每岁一组的年龄别生育的总和）、再生育率（即符合再生育条件且生育子女的妇女数与符合再生育条件的妇女总数之比）等。

3）人口自然增长率：是粗出生率与粗死亡率的差。人口自然增长率的改变可反映人群健康水平的变化。

4）平均世代年数：指母亲一代所生的女孩取代母亲执行生育职能所需要的年数，即两代人的间隔年数。间隔年数短，人口繁殖快；间隔年数长，人口发展慢。

（3）死亡统计指标：不仅可以直接反映一个社区居民的健康水平，而且可以间接反映社会、经济、文化及其他生物、物理因素对居民健康的影响。包括反映死亡水平的指标、死因构成和死因顺位。

1）死亡率：是衡量人口健康状况的重要指标，用它评价社区人口健康状况，优于其他指标。常用的死亡率有：粗死亡率、年龄别死亡率、婴儿死亡率、5岁以下儿童死亡率、孕产妇死亡率、围生儿死亡率等。通常社会生产力水平越高，医药卫生条件越好，居民的死亡率越低，相反则越高。

2）死因构成：也称相对死亡比，指死于某类死因的人数占总死亡数的比例。死因顺位是指按各类死因构成比的大小由高到低排列的位次，说明各类死因的相对重要性。两者可以反映某人群的主要死亡原因，从而明确卫生保健的重点方向。

3）平均期望寿命：又称生命期望值（life expectancy）或"平均余命"，指某年龄人群还能继续生存的平均年数，是根据各个年龄死亡率计算出来的评价人群健康水平的重要指标。某年龄人群的平均期望寿命与其实际年龄之和为该年龄人群的期望寿命。如果没有具体说明某年龄，平均期望寿命是指人出生时的平均期望寿命。平均期望寿命的计算较复杂，而且要求人口数量要大，一般要求超过10万，而目前我国的部分社区人口在10万以下，此时也可用平均死亡年龄粗略估计人群健康状况。

（4）疾病统计指标：不仅可以反映人群的健康状况和健康水平，更重要的是为疾病防治、卫生保健计划和决策提供科学依据，同时也是评价卫生工作及卫生措施执行情况的重要依据。以下为常用指标：

1）疾病频度的指标：主要有发病率、罹患率和患病率，用于描述疾病的分布。发病率（incidence rate）是在一定时间内，一定人群中某病新发生的病例出现的频率，是反映某疾病在人群中发生频率大小的指标，即疾病对人群威胁的广度，通常以年为时间计算单位。罹患率（attack rate）是发病率的特殊形式，反映某疾病在短时间内（不足1年）新发病例数与同期平均人口数之比。患病率（prevalence rate）又称现患率，是指某特定时间内总人口中某病新旧病例之和所占的比例（除去治愈的病例数和因该病死亡的人数），可反映某疾病在某期间（如未特别说明，通常为 1 年）在人群中的存在情况；常用于描述病程较长或发病时间较难确定的疾病在人群中的流行程度，也可用于估算医疗设施的需要情况。

2）疾病构成指标：即疾病构成比，指一定时期内某种疾病的病例数在总病例数中的比重，反映某疾病对人群健康的影响大小，从而排出疾病顺位。

3）疾病防治效果的指标：主要有治愈率和有效率，表示接受治疗的病人中治愈或治疗有效的频率，直接反映疾病治疗效果。

4）疾病严重程度指标：主要有疾病死亡专率，即按病种计算的死亡率；疾病病死率，即因某病而死亡的人数与同期患该病的人数之比；此外，还有因病伤休工率、平均缺勤日数、减寿年数等指标。

5）残疾指标：主要有残疾率、残疾构成比、社区儿童残疾率和失能老年人比例等。

6）居民两周患病指标：主要有两周患病率、年龄别两周患病率、疾病别两周患病率等。两周患病指标反映居民的卫生服务需求，通常卫生服务需求越高，健康问题越突出。两周患病率是通过回忆过去两周的患病情况而计算出来的，即调查居民两周内患病人数或人次数与调查总人数之比。在评估某年某人群卫生服务总需求时，为了减少回忆性偏倚，通常采用抽样调查，以 2 周内的患病或就诊人次数乘以 26.06，再乘以总体是调查样本量的倍数，估算某区域全年各种不适、患病、伤害和中毒的实际患病人次数。

7）居民健康状况综合评价指标：主要包括居民自评健康状况、居民幸福感指数、生活满意度、生命质量等。

2. 社区健康的社会经济评价指标　社区的社会经济状况反映居民整体的生活水平并决定居民的行为模式，从而影响社区健康状况。因此，社会经济状况间接反映居民的健康状况。

（1）经济发展指标：反映社会经济发展的主要指标，包括社会总产值、国民收入、国内生产总值、国民总收入。

1）社会总产值：是某国家或地区在一定时期内（通常为 1 年）以货币表现的农业、工业、建筑业、运输邮电业和商业（包括饮食业和物资供销业）五大物质生产部门的总产值之和，即所有新产品的价值。反映一个国家或地区在一定时期内物质生产的总成果。社会总产值包括生产过程中消耗的生产资料价值、劳动者新创造的价值和为社会创造的剩余产品价值。

2）国民收入（national income）：是在社会总产值的基础上扣除当年所消耗的生产资料后剩余的部分，是一种净产值。在进行比较时，通常采用人均国民收入，它能直接反映某国或地区社会生产力发展水平和人民生活水平的综合指标。

3）国内生产总值（gross domestic product，GDP）：是指某国或某地区在一定时期（年或季）内，在其领土范围内，由本国居民和外国居民生产的最终产品和劳务总量的货币表现，是以国家或地区的地理范围计算的，主要是该国或该地区的地理范围内所生产的最终产品和所创造的劳务价值，是衡量国民经济发展情况最重要的一个指标。

4）国民总收入（gross national income，GNI）：是指一个国家所有常住单位在一定时期内收入初次分配的最终结果。一国常住单位从事生产活动所创造的增加值在初次分配中主要分配给该国的常住单位，但也有一部分以生产税（扣除生产补贴）、劳动者报酬和财产收入等形式分配给非常住单位；同时，国外生产所创造的增加值也有一部分以生产税（扣除生产补贴）、劳动者报酬和财产收入等形式分配给该国的常住单位，从而产生了国民总收入的概念。它等于国内生产总值加上来自国外的初次收入分配净额。与国内生产总值不同，国民总收入是个收入概念，而国内生产总值是个生产概念。

（2）生活消费模式指标：居民消费是整个国民经济体系的一个重要组成部分，居民消费与

笔记栏

67

国家消费政策、宏观消费环境和居民收入水平关系密切。其中居民生活消费是衡量居民生活水平的最重要指标。评价居民生活消费模式的指标主要有居民收入、生活消费构成和居民消费水平等。

1）居民收入：居民收入是居民从各种来源所取得的现期收入的总和，可用人均年纯收入、家庭人均纯收入、平均工资等指标来表示。参照相应的标准，如居民最低生活保障标准、国家贫困人口标准等，可确定居民的生活水平或社区居民贫困发生率等。

2）居民生活消费构成：居民生活消费通常包括食品、居住、交通通信、医疗保健、个人用品、衣着、家庭设备及维修服务等内容。测量食品支出总额占个人消费支出总额比重的恩格尔系数是衡量居民生活水平高低的又一重要指标。根据联合国粮食及农业组织提出的标准，恩格尔系数在59%以上为贫困，50%~59%为温饱，40%~50%为小康，30%~40%为富裕，低于30%为最富裕。

3）居民消费水平：指常住居民在一定时期内（通常为一年）为满足生活需要，在国内外市场上购买和使用货物及服务的人均消费支出。它不仅包括物质消费，还涵盖精神文化生活需求的满足程度，是衡量居民生活质量和经济发展水平的重要指标。包括商品性消费，如食品、衣着、居住、生活用品等实物支出；服务性消费，包括教育、医疗、交通通信、文化娱乐等服务支出；虚拟消费，如自有住房服务、金融机构提供的保险服务、单位实物福利等非货币化消费。

（3）文化发展指标：文化影响人们的信仰、价值观和行为习惯，也影响健康保健的服务和接受方式。社区文化发展状况是反映居民健康状况重要的间接指标。反映社区文化发展的指标主要有居民文化教育指标和文化事业发展指标。

1）居民文化教育指标：主要包括人均受教育年限、适龄儿童就学率、每万人大学生数等反映群体智力水平的指标。

2）文化事业发展指标：主要包括文化事业费和文化事业费占财政支出的比重、每万人公共文化设施拥有量，如图书馆、公园、游乐设施等，公共文化活动开展频率与每万人参与情况、人均文化教育娱乐支出等。

（4）社会公平指标：社会公平意味着参与社会合作的每一个人既要承担应有的责任，又能得到相应的利益。它是社会和谐发展的基本要求和目标，也是社会文明进步的标志。社会公平在不同的领域有不同的含义，并非事事都人人平均。如在社会经济活动中，人人机会均等、公平竞争就体现了社会公平；在社会服务领域，保障包括老弱病残等弱势群体在内的所有社会成员的基本生存需求就是社会公平。卫生服务公平是有不同卫生需要的人们都有同等机会享受到相应的基本卫生保健服务。

3. 社区卫生资源与卫生服务的评价指标

（1）社区卫生资源的评价指标：社区卫生资源是指提供卫生服务的人力、财力和物力，具体包括卫生机构、卫生人力资源、病床资源和卫生费用。卫生机构的评价指标有机构数量和等级，居民步行到社区卫生服务机构的时间等；卫生人力资源的评价指标有卫生技术人员总数，不同卫生机构卫生技术人员数，每万居民卫生技术人员数，每千人中医生、护士、药剂师、技师、营养师数，医护比例，卫生技术人员职称、学历构成等；病床资源的评价指标包括卫生机构拥有的病床数、每千人病床比例；卫生费用的评价指标包括卫生经费占国民总收入的比例、人均公共卫生费用投入等。

（2）社区卫生服务的评价指标：根据社区卫生服务内容，其评价指标包括公共卫生服务指标和基本医疗卫生服务指标。

1）公共卫生服务指标

①居民健康档案服务：评价指标包括档案建档率，即建档人数与辖区内常住居民数的比例；

电子健康档案建档率，即建立电子健康档案人数与辖区内常住居民数的比例；健康档案合格率，即填写合格的档案份数与抽查档案总份数之比；健康档案使用率，即动态使用的健康档案数与已建立的健康档案数之比。

②健康教育服务：包括健康教育过程的评价和健康教育效果的评价。根据国家基本公共卫生服务规范，社区健康教育过程的评价有健康教育干预活动的类型、干预次数、每次持续的时间。具体评价指标有健康教育材料拥有率、干预活动覆盖率、干预活动暴露率等。健康教育效果的评价根据干预变化的时效性，可分为近期、中期和远期效果评价。近期效果评价有卫生知识知晓率、卫生知识合格率、健康信念（态度）形成率等。中期效果评价有健康行为形成率、行为改变率。远期效果评价包括目标人群的健康状况、生活质量的变化，如生理指标有血脂、血糖、血压等，疾病与死亡指标包括发病率、患病率、死亡率等，生活质量的指标有生活质量指数。

③预防接种服务：评价指标包括预防接种建证率，即年度辖区内建立预防接种证人数与年度辖区内应建立预防接种证人数之比；免疫规划接种率、单种疫苗接种率，即辖区内某种疫苗年度实际接种人数与某种疫苗年度应接种人数之比。

④重点人群保健服务：包括儿童、孕产妇、老年人保健服务。儿童保健服务的评价指标：0～6岁儿童保健服务的评价指标，包括新生儿访视率，即年度辖区内接受1次及以上访视的新生儿人数与年度辖区内活产数之比；儿童健康管理率，即年度辖区内接受1次及以上随访的0～6岁儿童数与年度辖区内应管理的0～6岁儿童数之比；儿童系统管理率，即年度辖区内按相应频次要求管理的0～6岁儿童数与年度辖区内应管理的0～6岁儿童数之比；此外，还有婴儿母乳喂养率、发育低下儿童的比例等指标。孕产妇保健服务评价指标：早孕建册率，即辖区内孕12周之前建册的人数与该地该时间段内活产数之比；产前健康管理率，即辖区内按照规范要求在孕期接受5次及以上产前随访服务的人数与该地该时间内活产数之比；产后访视率，即辖区内产后28天内接受过产后访视的产妇人数与该地该时间内活产数之比；另外还有高危产妇管理率、住院分娩率等指标。老年人保健服务指标：老年人健康管理率，即年内辖区内65岁以上接受健康管理人数与65岁及以上常住居民数之比；体检表合格率，即抽查的健康体检表中填写完整的健康体检表数与抽查总数之比；老年人年体检率，即年内辖区内65岁及以上接受健康体检的老年人口数与65岁及以上老年人数之比。

⑤慢性病病人保健服务：评价指标包括高血压、糖尿病和重性精神疾病病人的健康管理率。高血压、糖尿病病人的健康管理率即年内已管理高血压或糖尿病病人数与年内辖区内高血压或糖尿病病人总人数之比；规范健康管理率，即按照规范要求进行高血压或糖尿病病人管理的人数与年内管理高血压或糖尿病病人数之比；血糖、血压的控制率，即最近一次随访血压或血糖达标人数与已管理的高血压或糖尿病病人数之比。重性精神疾病病人管理率，即所有登记在册的确诊重性精神疾病病人数与辖区内重性精神疾病病人数（辖区内15岁及以上人口总数 × 患病率）之比；重性精神疾病病人规范管理率，即每年按照规范要求进行管理的确诊重性精神疾病病人数与所有登记在册的确诊为重性精神疾病病人数之比；重性精神疾病病人稳定率，即最近一次随访时分类为病情稳定的病人数与所有登记在册的确诊为重性精神疾病病人数之比；此外，还有重性精神疾病病人年住院次数等指标。

⑥传染病、突发公共卫生事件、卫生监管服务：包括传染病疫情、突发公共卫生事件信息和卫生监督协管信息报告率、报告及时率、报告准确率，以及相应的处理或执行情况。

⑦计划生育指导服务：评价指标包括社区计划生育指导开展情况、适龄妇女生育率等。

⑧中医药服务：包括老年人和0～36个月儿童中医药服务管理服务，评价指标有老年人中医药健康管理率、老年人中医药健康管理记录表完整率、0～36个月儿童中医药健康管理率。

2）基本医疗卫生服务指标：包括医疗工作效率，即一年内诊疗人次数与机构全部在岗工

笔记栏

人员数之比；医疗文书合格率，即书写合格的文书数与抽查文书总数之比；床位使用率、平均住院日；社区康复服务情况，如残疾人普查、功能训练、残疾人建档率等。

（3）社区卫生服务费用与效益指标

1）社区卫生服务费用指标：包括社区门诊诊疗人次平均医疗费用、出院病人人均医疗费用，社区卫生服务机构收入与支出比例等。

2）社区卫生服务效益指标：包括社区卫生服务居民知晓率、社区卫生服务居民覆盖率；居民两周就诊率、两周病人就诊率、两周病人未就诊率；居民对社区卫生服务安全性、经济性、舒适性、方便性、有效性的综合满意率；卫生技术人员流失率；卫生技术人员对其工作环境、机构管理、工资待遇、培训机会、职称晋升和专业发展前景等的综合满意率等指标。

（五）社区卫生诊断的应用及研究现状

社区卫生诊断的研究方法以问卷调查为主；研究对象基本上是按照常住户籍人口进行抽样的全人群，其中老年人、妇女、儿童、慢性病病人是主要的研究对象；研究内容涵盖社区自然和人文环境、人口学特征和趋势、居民健康状况、社区相关资源、健康服务提供和利用、主要健康问题及优先领域、健康干预建议、社区健康诊断总结等八个方面，主要针对高血压、糖尿病、心脑血管疾病、胃及十二指肠疾病、慢性呼吸道疾病、恶性肿瘤等慢性非传染性疾病的现状及原因调查。

虽然社区卫生诊断已在社区应用多年，但在内容选择、资料可靠性、关键信息分析、决策指导意义等方面还存在缺陷，具体表现在：①结构大同小异，内容各有侧重；②依样模仿的多，体现本社区健康特点的少（包括健康问题、健康干预策略）；③普遍的薄弱环节是缺乏对社区居民健康状况、资源利用的全面综合分析，以及在此基础上对优先领域和干预策略的探讨；④对社区卫生服务的指导意义不够，工作汇报、论文发表方面的效用超过社区卫生诊断本身；⑤多数开展了卫生服务调查、体检、血液生化检验等，少数根据日常工作记录、健康档案和生命统计等常规资料作出社区卫生诊断，深入的内容还较少。

2008年以后，有关社区卫生诊断的文献研究逐年减少。2009年，卫生部印发《国家基本公共卫生服务规范（2009年版）》，大力推行城乡居民健康档案、健康教育、预防接种、慢性病管理等基本公共卫生服务项目。此后，国内学者开始从基本公共卫生服务的视角进行相关研究。在此之前，社区卫生诊断工作为基本公共卫生服务项目的开展奠定了一定的基础。居民健康档案的建立与管理的不断完善为社区卫生诊断工作不断发展提供了良好的平台。

四、健康社区

（一）概述

1. 健康城市　健康城市（healthy city）最早是在1964年WHO针对全球城市化迅速发展以及城市卫生状况给人类健康带来的威胁，而提出的一项全球性的行动战略。WHO将其定义为不断创建和改善自然和社会环境，并不断扩大社区资源，创建使人们能够享受生活并充分发挥潜能的城市，其目的是呼吁民众关注城市的健康问题，并通过强化政府职能，协调社会力量，动员市民参与，以此提供有效的环境支持和健康服务，改善城市的人居环境和市民的健康状况。

健康城市具有以下五个特征：①健康城市计划是以行动为基础，以全民健康理念、健康促进原则及38个欧洲国家共同目标为主要架构。②良好的行动方案是依据城市自己的优先次序，其范围可从环境行动到计划设计，进而改变个人生活，而主要原则是促进健康。③监测、研究良好健康城市对城市与健康的影响。④对结盟城市或有兴趣的城市宣传相关想法或经验。⑤城市与乡镇之间能相互支持、合作、学习并进行文化交流。建设健康城市最重要的特征是使政府、群众、志愿者们通力合作，关注城市的健康，并用更多更好的方法处理健康问题。健康城市建设包括健康社会、健康环境、健康服务和健康人群4大类15项指标体系框架，内容涉及政府重视、经济支持、社会保障、社会文明、公共卫生、环境质量、居住条件、食品安全、卫生服务、疾病控制、国民体质、生活满意度等68个子项目。目前，全球有1 500多个城市在开展健康城市创建项目。社区是健康城市的基础，是执行健康城市最理想的场所。健康社区拥有持续发展的社区资源、不断改善的生活环境，由此多个健康社区可形成健康城市。

2. 健康社区 健康社区是近年来经常在国际学术界出现的名词，但关于这一概念，目前尚无统一的认识，不同的学者有不同的观点。按照WHO的解释，健康社区（health community）是有益于社区人与物共同健康并相互促进的社区。有两方面的内涵：一是物的健康，社区建设、管理和服务等能适应居民健康的需求，也就是"社区让居民健康"；二是人的健康，社区健康人群能推动环境和社会的持续改进，也就是"健康让生活更美好"。健康社区是一个拥有持续发展的社区资源，不断改善的生活环境，让社区居民可以互相支持，发挥每个人最大潜能的社区。健康社区建设的基本要素包括社区健康政策、健康管理、健康环境和健康人群。营造健康环境，完善健康设施，参与健康互助，拥有健康人群是健康社区建设的宗旨。建设和推广健康社区的条件是：①当地政府的承诺；②有利于社区发展；③有社区人员和多部门参与；④具备有利于健康的公共政策。我国社区卫生的发展过程中，各地区也开始引入健康社区的概念，逐步制订了健康社区的标准，并将这一标准作为基本条件纳入社区发展建设考核评价中。

健康社区或健康城市并不仅仅包含卫生方面的内容，还涉及环境保护、人文科学、社会学等多个方面的内容，是一个综合性的概念。居民的健康状况很大程度上取决于他们的生活条件和生活方式。生活中明显影响健康的因素叫作"健康决定性因素"，包括水的供给、卫生设施、营养、食品安全、卫生服务、住房条件、工作条件、教育、生活方式、人口的变迁及收入等。健康城市的实现需要环境学、社会学、政治学、生态学、行为学、生物学、医学等一系列学科的共同协作才能实现。健康社区不仅仅是一种结果，更是一个不断发展完善的过程。

创建健康社区项目是一个长期的持续性发展项目，其追求的目标是把健康问题列入决策者的议事日程，在区域水平建立一个强大的公共卫生支持系统，最终目标是提高社区人群的健康水平。21世纪公共卫生策略主要取决于三大因素：政府行为，即政策财政和资源的承诺和投入；居民行为，即居民生活方式、心理行为和习惯；生态环境，即自然生态环境和社会生态环境。健康社区是从新公共卫生的角度，推动健康城市建设的一项重要举措。社区健康系统包含了政府行为、居民行为和生态环境三大因素。

（二）评价指标体系

为了推动健康社区的建设，众多学者对健康社区的评价指标进行了深入研究，提出了一系列评价指标体系，并已经在实践中得到了运用。目前在实践中运用比较多的主要有以下两种评价指标体系。

1. 我国的健康城市评价体系 按照《国务院关于进一步加强新时期爱国卫生工作的意见》和《关于开展健康城市健康村镇建设的指导意见》中提出的"建立适合我国国情的健康城市建设指标和评价体系"的要求，全国爱国卫生运动委员会办公室牵头研究制定了《全国健康城市评价指标体系（2018版）》，指标体系共包括5个一级指标，20个二级指标，42个三级指标（表3-1）。

表3-1　全国健康城市评价指标体系（2018版）

一级指标	二级指标	三级指标
健康环境	1. 空气质量	（1）环境空气质量优良天数占比 （2）重度及以上污染天数

一级指标	二级指标	三级指标
	2. 水质	（3）生活饮用水水质达标率
		（4）集中式饮用水水源地安全保障达标率
	3. 垃圾废物处理	（5）生活垃圾无害化处理率
	4. 其他相关环境	（6）公共厕所设置密度
		（7）无害化卫生厕所普及率（农村）
		（8）人均公园绿地面积
		（9）病媒生物密度控制水平
		（10）国家卫生县城（乡镇）占比
健康社会	5. 社会保障	（11）基本医保住院费用实际报销比
	6. 健身活动	（12）城市人均体育场地面积
		（13）每千人拥有社会体育指导员人数比例
	7. 职业安全	（14）职业健康检查覆盖率
	8. 食品安全	（15）食品抽样检验 3 批次 / 千人
	9. 文化教育	（16）学生体质监测优良率
	10. 养老	（17）每千名老年人口拥有养老床位数
	11. 健康细胞工程	（18）健康社区覆盖率
		（19）健康学校覆盖率
		（20）健康企业覆盖率
健康服务	12. 精神卫生管理	（21）严重精神障碍病人规范管理率
	13. 妇幼卫生服务	（22）儿童健康管理率
		（23）孕产妇系统管理率
	14. 卫生资源	（24）每万人口全科医生数
		（25）每万人口拥有公共卫生人员数
		（26）每千人口医疗卫生机构床位数
		（27）提供中医药服务的基层医疗卫生机构占比
		（28）卫生健康支出占财政支出的比重
健康人群	15. 健康水平	（29）人均预期寿命
		（30）婴儿死亡率
		（31）5 岁以下儿童死亡率
		（32）孕产妇死亡率
		（33）城乡居民达到《国民体质测定标准》合格以上的人数比例
	16. 传染病	（34）甲乙类传染病发病率
	17. 慢性病	（35）重大慢性病过早死亡率
		（36）18～50 岁人群高血压患病率
		（37）肿瘤年龄标化发病率变化幅度
健康文化	18. 健康素养	（38）居民健康素养水平
	19. 健康行为	（39）15 岁以上人群吸烟率
		（40）经常参加体育锻炼人口比例
	20. 健康氛围	（41）媒体健康科普水平
		（42）注册志愿者比例

笔记栏

2. 加拿大的健康城市评价体系　在加拿大，学者们兴起了"推进健康知识发展（knowledge development in health promotion）"的运动，在 20 世纪 70 年代提出了适用于加拿大的健康城市评价指标。研究人员从物质环境、社会环境和个人行为等方面提出了主观与客观的评价指标，该评价指标体系既可运用于健康城市，又可运用于健康社区，在北美地区得到了广泛的认可（表 3-2）。

表 3-2　加拿大的健康社区评价指标

序号	指标
1	无家可归家庭的百分比
2	低于标准住宅水平的住宅百分比
3	失业的百分比
4	贫困人口的百分比
5	每年 NO/SO$_2$ 水平超过 WHO 标准的天数
6	相关的骚扰指标（Max=15）（噪声、清洁、难闻的气味）
7	能在 10min 内步行到公园或公共开敞空间的老人百分比
8	认为凭体力到达当地食品商店"很困难"的人的百分比
9	经常或总是感到"很孤独"的人的百分比
10	每 1 000 人中的暴力犯罪率
11	能够"相当好"或"很好"地控制影响自身健康和家庭成员健康的条件的人口百分比
12	每天都吸烟的人口百分比
13	具有"相当高"或"很高"自尊心的人口百分比
14	因酗酒而造成的交通事故百分比
15	积极从事自我照顾活动的人口百分比
16	禁止吸烟或控制吸烟的场所的百分比
17	是否有跨部门的健康社区战略组织
18	市长或有关部门领导是否有关于健康社区战略或健康社区工程的承诺
19	居民废弃物的循环处理的百分比
20	参与健康组织、社会公平组织或环境保护组织的人口百分比
21	认为健康状况"相当好"或"很好"的人口百分比
22	每人每年行动不便（无法完成日常工作或日常生活）的天数
23	出生时体重在 2 500g 以下的婴儿百分比
24	7 岁儿童对白喉、破伤风、脊髓灰质炎有完全免疫力的百分比

笔记栏

续表

序号	指标
25	1 000 人中每年感染沙门菌属的比例
26	心血管疾病的死亡率
27	感到夜间在邻里间步行有安全感的人口百分比
28	对生活在城市感到"相当好"或"很好"的人口百分比
29	有关部门是否对残疾人有相关的政策
30	每天感到焦虑、失望、悲伤或极度疲劳的人口百分比
31	每 1 000 名居民（1～70 岁）的生命潜在损失年份
32	交通事故的死亡率

（三）现状与发展趋势

1. 国外健康社区的现状与发展趋势 WHO 已在欧洲地区、美国和加拿大等地区 / 国家成功地推进健康城市项目的发展。国外的健康社区活动大多是以项目的形式出现的，例如社区控烟项目、社区艾滋病预防项目等。这些地区 / 国家的社区志愿者系统较为健全，社区人群在经济、文化、社会信念等方面都具有一定的归属感和认同感。国外健康社区或健康城市发展为我国健康社区的发展提供借鉴。

知识链接

美国疾病预防控制中心健康社区项目

美国疾病预防控制中心（CDC）健康社区项目于 2003 年启动，原名为阶梯社区，2009 年 1 月更名为美国 CDC 健康社区项目。该项目建立全国网络，发动社区开展慢性病预防控制工作，通过改变与居民日常生活密切相关的场所与组织——学校、工作场所、卫生服务场所及其他社区组织，以阻止慢性病持续流行的趋势。健康社区项目的实施与培训机构通过电话会议和其他技术服务，为社区在卫生政策、体制与环境改变策略领域的行动提供了一个平台。社区卫生资源库、社区卫生评估与小组评估工具（Community Health Assessment and Group Evaluation，CHANGE）、行动指南等工具帮助社区更有效地改善社区健康。

---

2. 国内健康社区的现状与发展趋势 我国健康社区或健康城市的建设始于 20 世纪 90 年代中期，WHO 在北京、上海开展了"健康城市"规划研究试点工作。随后，海口、大连、苏州、日照等城市也先后加入"健康城市"的创建行列。虽然我国健康城市或健康社区的建设已取得了丰硕的成果，但尚有不足，表现在建设内容较为局限，仅停留在医、食、住、行等方面，社会保障、环境质量、市政管理、居住条件、公共卫生等方面还没有纳入健康城市或健康社区工作范畴；政府虽然重视，但社会非政府组织及市民认同度、参与程度还相对较低；另外，资源整合问题也是目前存在的重要问题。国内社区人群的经济状况、社会价值观念等有时存在较大的差距，

在社区协调一致性方面往往存在一定的难度，因此我国开展健康社区与国外存在一定的差别。我国的优势在于各级政府在社会事务管理中处于主导地位，在健康社区的建设中可以充分发挥地方政府的作用。

五、研究与热点问题

（一）社区健康促进

社区健康是社区发展的重要目标之一。社区有着相对独立的社会管理体系和服务设施，社区居民健康问题和社区公共卫生问题通过有效的社区行动可以得到解决。开展社区健康促进干预项目，加强社区行动，开发社区资源，动员人人参与，是当今世界健康教育与健康促进发展的重要策略之一。

1. 概述 社区健康促进（community health promotion）是指通过健康教育和环境支持改变人们的行为、生活方式和社会影响，以提高居民健康水平和生活质量。它包括健康教育以及能够促使行为、环境改变的组织、政策、经济支持等各项策略。社区健康促进从整体上对社区居民的健康相关行为和生活方式进行干预。其范围和内容极为广泛，涉及个人、家庭、群体身心健康，贯穿社区医疗保健服务的各个方面，它既适用于急、慢性疾病的防治，又适用于社区生态和社会环境的改善；既可促进社区居民对社区医疗保健服务的利用，又可促进社区医疗保健服务质量的提高，为社区人民创造健康的社区环境。社区健康促进作为干预社区居民健康相关行为和生活方式，改善社区生态和社会环境的主要手段，在社区工作特别是社区卫生工作中发挥着越来越重要的作用。社区健康促进涉及的领域非常广泛，包括医学、社会学、政治学、管理学、行为科学、人文科学等，其中与预防医学、社会医学、教育学、健康传播学、健康心理学、健康行为学、卫生经济学等的关系最为密切。

2. 策略 社区健康促进不仅涉及健康行为而且关系到与行为和生活方式有关的广泛领域——生活条件与环境条件，如住房、饮食、娱乐、工作等，超出了卫生的界限。改善环境和改变根植于社会的生活方式，只有联合社会各部门，争取各种社会力量的支持，才能发挥作用。中华人民共和国成立以来，我国推行的爱国卫生运动、计划生育、母婴保健、九亿农民健康教育行动等，都是以社区为落脚点并取得成功的典型社区健康促进活动。

（1）社区动员与社区健康教育：社区动员与社区健康教育是社区健康促进的基础工作，其目标是建立健康促进的组织管理体系、培训骨干、明确干预重点、动员资源、创造健康的文化环境，提高健康意识和处理健康决定因素的能力，为采取健康促进干预策略提供基本条件。

1）社区动员：①目的是让社区和社区人群积极参与社区健康促进的整个管理过程，包括评估、计划、实施和评价；社区动员应从社区健康需求评估开始。②方法：应用社会市场学和传播学原理与技术提高社区动员的效果。③层次：开发领导层，建立和加强多部门的合作，特别是加强与媒体的合作；动员专业技术人员参与，通过培训、提供工作机会，给予政策倾斜；动员社区家庭和个人参与，通过社区人群健康教育和社区卫生服务工作；发挥非政府组织的作用，如妇女联合会、老龄工作委员会、关怀下一代工作委员会等。

2）社区健康教育：社区健康教育是社区动员的重要组成部分。①目的：通过社区健康教育提高社区居民的健康意识和技能，促进健康相关行为的改变，影响社区的文化和准则。②人员培训：是社区健康教育的重要组成部分，旨在强化各类人员包括专业与非专业人员的有关知识和技能，提高健康促进能力。对各类人员，包括卫生专业人员（如健康促进项目管理人员以及组织结构与政策改革、传播、干预、监测等人员）及非专业人员（如社区与有关组织领导）的培训是保证社区健康促进项目顺利发展和工作质量的关键之一。

（2）建立健康的公共政策：健康公共政策是国家或政府为控制对社区健康有明显影响的经济社会因素而采纳的政令、法令、法规和准则。由单位或部门制订的制度、规定、计划、条例或协

笔记栏

议是健康公共政策的具体化，使政策具有可行性和可操作性，如建立慢性病防治组织、规定医疗保险范围、制订控烟政策、建立监督考核奖惩制度等。通过建立健康的公共政策可明确维护健康的社会责任，为发展部门合作提供基础，是保证和发展健康社区的前提条件，也是创造社区健康支持性环境的关键。

步骤与方法：①需求评估，确定制定政策的必要性（相关健康问题的严重性）和可能性（出台政策的困难和问题，所要采取的对策）。②开发领导层（主管部门的领导者），寻求各有关方面的支持。③寻找契机，将因缺乏政策而造成的有关事件提上议程。④制定政策，正式发布，实施政策，强化监督管理。⑤监测与评价，包括实施政策单位和公众知晓情况、赞成支持情况，宣传力度和频度，相应制度和措施落实情况，监督检查频度与效果，相关单位和公众健康行为改变情况，资源投入与产出。

（3）创建健康的支持性环境：健康的支持性环境指有利于人类健康和社区可持续发展的物质和社会环境。在慢性病防治中，如建立无烟单位、无烟街道和无烟城市，提供体育活动场所和设备，建立免费测血压站点，提供健康营养食品等。建立健康的支持性环境可为选择和促进健康的生活方式和行为提供客观条件，是健康促进的重要目标之一。

步骤与方法：①策略分析与制订计划。②建立政策改变的科学基础。③与有关部门建立广泛深入的合作联盟。④游说领导，直接倡导。⑤通过多种媒介渠道倡导，间接倡导，使公众理解、支持与参与。⑥增强教育与授权，即在知识方面，教育公众选择健康的知识；在环境方面，提供选择健康环境的客观条件；在政策方面，给予自由做出健康选择的权利。

（4）大力发展社区卫生服务：根据健康促进的要求调整社区卫生服务的方向，增加健康促进内容。在社区积极参与支持下，开展社区卫生诊断，明确社区居民的意愿和需求、主要的健康决定因素，确定重点，有计划地开展工作；加强社区卫生服务人员的培训，提高其健康促进的知识和技能；开展社区动员和社区健康教育，加强预防工作和高危人群的干预。

（5）与其他场所的健康促进相结合：社区居民由不同年龄、性别、职业、民族等的人组成，其生活和工作环境有差异。居民除居家社区外，还在其他场所生活、学习和工作，如居家社区以外的学校、工作单位、交通场所、文化娱乐场所、医疗单位等。因此，居家社区的健康促进应与其他场所的健康促进相结合，使整个社区和人群更健康。

3. 现状与发展趋势 目前，我国开展社区健康促进具有十分有利的条件。国家正在积极推行医疗卫生体制改革，大力发展社区卫生服务，社区卫生服务机构不断建立健全，其预防保健、健康教育的功能不断加强。同时，为增进社区重点人群的健康，国家先后推出系列计划，如针对学生的营养问题，实施了国家大豆行动计划、中小学生豆奶计划、国家学生饮用奶计划和学生营养餐计划等，并提出"政府主导、企业参与、学校组织、家长自愿"的原则；为降低婴幼儿死亡率而推行爱婴行动、新生儿窒息复苏培训项目和消除新生儿破伤风项目等。这些计划和项目本身就是健康促进活动，计划在社区内的实施，是很好的健康促进范例。社区健康促进工作者要抓住机遇，积极参与，在实践中增长才干。

随着经济社会的发展，城市化、工业化、人口老龄化和流动人口增加带来新的健康问题，如高血压、糖尿病等慢性非传染性疾病和艾滋病、乙型肝炎、结核病等慢性传染性疾病，心理疾病和意外伤害以及职业性危害等健康问题都会严重损害居民身体健康，影响其生命和生存质量。通过健康促进项目的实施，可以有效地解决这些问题。广泛开展爱国卫生运动是我国卫生工作的一大创造，结合爱国卫生运动开展健康促进具有十分明显的优势，如改水、改厕、除害、灭病、控烟等方面的项目可以争取到有力的支持。健康促进作为当代卫生政策的核心功能，社区健康促进已经成为新时期卫生体制改革的主题之一。

（二）卫生监督协管服务

卫生监督协管服务作为国家基本公共卫生服务项目，是贯彻落实医药卫生体制改革"保基本、强基层、建机制"的重要内容，是实现基本公共卫生服务逐步均等化的重要举措，是国家关爱民生、彰显政府责任的重要体现。

1. 概述 卫生监督协管服务（health inspection and coordinating management service）是我国政府免费提供的公共卫生产品，主要任务是由各城乡基层医疗卫生机构协助基层卫生监督机构开展食品安全、职业卫生、饮用水卫生、学校卫生、非法行医和非法采供血等方面的巡查、信息收集、信息报告并协助调查。目标是在基层医疗卫生机构开展卫生监督协管服务，充分利用三级公共卫生网络和基层医疗卫生机构的前哨作用，解决基层卫生监督相对薄弱的问题，从而进一步建成横向到边、纵向到底，覆盖城乡的卫生监督网络体系，及时发现违反卫生法律、法规的行为，保障广大群众公共卫生安全。同时，通过对广大居民的宣传、教育，不断提高城乡基层群众健康知识和卫生法律政策的知晓率，提升人民群众食品安全风险和疾病防控意识，切实为广大群众提供卫生健康保障。

基层卫生服务机构按照《国家基本公共卫生服务规范（第三版）》的要求，其卫生监督协管服务的服务对象是辖区内的所有居民。服务内容主要有四个方面：①食源性疾病及相关信息报告。发现或怀疑有食源性疾病、食品污染等对人体健康造成或可能造成危害的线索或事件，及时报告。②饮用水卫生安全巡查。协助卫生监督执法机构对农村集中式供水、城市二次供水和学校供水进行巡查，协助开展饮用水水质抽检服务，发现异常情况及时报告；协助有关专业机构对供水单位从业人员开展业务培训。③学校卫生服务。协助卫生监督执法机构定期对学校传染病防控开展巡访，发现问题隐患及时报告；指导学校设立卫生宣传栏，协助开展学生健康教育；协助有关专业机构对校医（保健教师）开展业务培训。④非法行医和非法采供血信息报告。协助定期对辖区内非法行医、非法采供血开展巡访，发现相关信息及时向卫生监督执法机构报告。⑤计划生育相关信息报告。协助卫生监督执法机构定期对辖区内计划生育机构计划生育工作进行巡查，协助对辖区内与计划生育相关的活动开展巡访，发现相关信息及时报告。《国家基本公共卫生服务规范（第三版）》提出卫生监督协管服务的服务流程见图3-3。

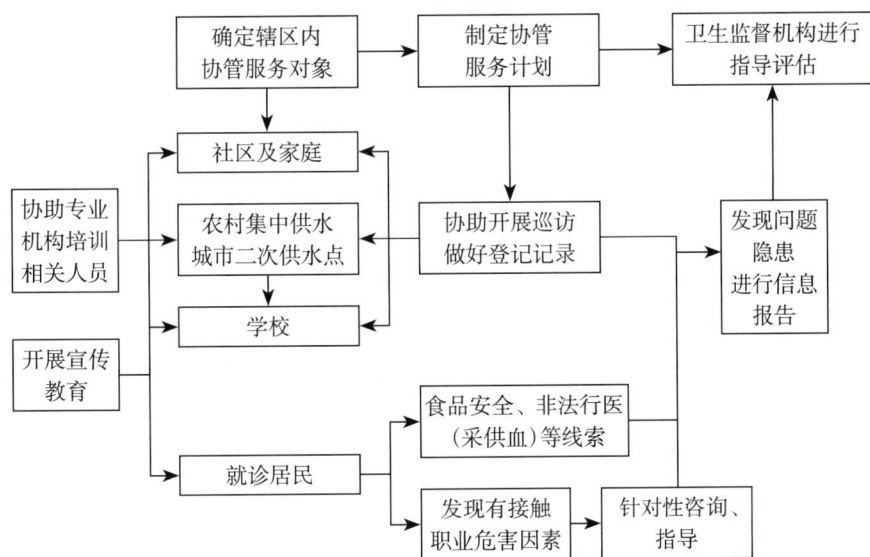

图 3-3 卫生监督协管服务流程

2. 食品安全 食品安全（food safety）指食品无毒、无害，符合应当有的营养要求，对人体健康不造成任何急性、亚急性或者慢性危害。根据 WHO 的定义，食品安全是"食物中有毒、有害物质对人体健康影响的公共卫生问题"。依照我国《食品工业基本术语》（GB 15091—94）食品安全的定义是：为防止食品在生产、收获、加工、运输、贮藏、销售等各个环节被有害物质（包括物理、化学、微生物等方面）污染，使食品有益于人体健康、质地良好所采取的各项措施。食品安全也是专门探讨在食品加工、存储、销售等过程中确保食品卫生及食用安全，降低疾病隐患，防范食物中毒的一个跨学科领域。

（1）食品安全的内涵：从目前的研究情况来看，在食品安全概念的理解上，国际社会已经基本形成共识。①食品安全是个综合概念。作为一个综合概念，食品安全包括食品卫生、食品质量、食品营养等相关方面的内容和食品（食物）种植、养殖、加工、包装、贮藏、运输、销售、消费等环节。而作为从属概念的食品卫生、食品质量、食品营养等，均无法涵盖上述全部内容和全部环节。食品卫生、食品质量、食品营养等在内涵和外延上存在许多交叉，由此造成食品安全的重复监管。②食品安全是个社会概念。与卫生学、营养学、质量学等学科概念不同，不同国家以及不同时期，食品安全所面临的突出问题和治理要求有所不同。③食品安全是个政治概念。无论是发达国家，还是发展中国家，食品安全都是政府和企业对社会最基本的责任和必须作出的承诺。食品安全与生存权紧密相连，具有唯一性和强制性，通常属于政府保障或者政府强制的范畴。而食品质量等往往与发展权有关，具有层次性和选择性，通常属于商业选择或者政府倡导的范畴。④食品安全是个法律概念。自20世纪80年代以来，一些国家以及有关国际组织从社会系统工程建设的角度出发，逐步以食品安全的综合立法替代食品卫生、质量、营养等要素立法。1990年，英国颁布了《食品安全法》；2000年，欧盟发表了具有指导意义的《食品安全白皮书》；2003年，日本制定了《食品安全基本法》；部分发展中国家也制定了《食品安全法》。我国于2015年10月1日起施行《中华人民共和国食品安全法》。综合型的《中华人民共和国食品安全法》逐步替代要素型的《中华人民共和国食品卫生法》，反映了时代发展的要求。

（2）食品安全标准：①食品相关产品的致病性微生物、农药残留、兽药残留、重金属、污染物质以及其他危害人体健康物质的限量规定。②食品添加剂的品种、使用范围、用量。③专供婴幼儿的主辅食品的营养成分要求。④对与食品安全、营养有关的标签、标识、说明书的要求。⑤与食品安全有关的质量要求。⑥食品检验方法与规程。⑦其他需要制定为食品安全标准的内容。⑧食品中所有的添加剂必须详细列出。

（3）食品安全的构成要素：①建立完善的食品安全应急体系，整合食品卫生监督、质检、工商为主的政府职能部门资源，使各有关部门的监管工作有机衔接，让市场监管到位；同时以食品行业协会为主导，带领企业坚定不移地执行与参与政府发布的各种类型保障食品安全的法律、法规及活动。②提高相关企业的质量控制意识，建立以食品安全回溯体系为标准的行业准入机制，从源头上杜绝不安全的食品入市。③初步建立食品安全宣传教育体系，对消费者进行食品科普教育；加大舆论宣传力度，提高消费者的食品安全意识，使有害食品人人避之。

（4）食品安全的影响因素：主要包括三个因素，即物理因素、化学因素和生物因素。物理因素可以是生产过程中带进去的杂质，也可以是人为加入的，还有一些环境中的放射性污染物。化学因素，如食品添加剂，或食品生产过程中产生的化学物质。生物因素，如细菌、病毒、寄生虫等。

（5）食品安全对策：解决食品安全问题，一要立法，尽快形成与法律、法规、规章、规划和标准相配套的食品安全法制体系，对于违反食品安全法律的单位或个人要予以严惩。二要管理，建立健全食品市场认证体系，制订完善安全检测监督抽查以及市场准入制度，加强食品安全职能管理部门的建设。重点应建立以预防手段为基础的食品安全体系，探索制订市场分级管理办法。三要规范，建立健全食品安全社会信用体系，运用信息技术建立食品安全信用档案，对食品质量、安全、卫生情况进行跟踪监测，逐步形成优胜劣汰的机制，将没有安全保证的企业清出市场。四要公开，建立食品安全信息公示制度，定期向社会发布。

笔记栏

3. 现状与发展趋势 为深入贯彻《国务院办公厅关于印发医药卫生体制五项重点改革 2011 年度主要工作安排的通知》的精神，进一步落实原卫生部、财政部《关于做好 2011 年基本公共卫生服务项目工作的通知》的要求，努力实现基本公共卫生服务均等化的目标，有效维护广大人民群众的健康权益，2011 年 11 月 2 日《卫生部关于做好卫生监督协管服务工作的指导意见》就开展卫生监督协管服务工作提出要求。要求各地充分认识开展卫生监督协管服务的重要意义，紧紧围绕群众关心、反映强烈的食品安全、职业病危害、饮用水卫生安全等突出问题，借助开展卫生监督协管服务的契机，利用现有卫生资源，充分发挥社区卫生服务中心（站）、乡镇卫生院、村卫生室等基层医疗卫生机构公共卫生职能作用，通过深入推进项目实施，使广大人民群众真正感受到卫生监督协管服务，享受到医药卫生体制改革的成果，逐步建立和完善卫生监督协管服务的工作机制。

根据《国家基本公共卫生服务规范（第三版）》的要求，各省级卫生行政部门制订本辖区卫生监督协管服务的实施规范和培训计划，尽快建立健全卫生监督协管服务工作制度和管理规定。基层医疗卫生机构要落实卫生监督协管服务的各项制度，明确责任分工，指定专职或兼职的卫生监督协管人员负责按照国家法律法规及相应的工作规范开展卫生监督协管服务工作，及时做好信息收集、信息报告等工作。暂时不具备条件在基层医疗卫生机构开展卫生监督协管服务的地区，可由卫生监督机构聘用符合任职条件的人员或在街道、乡镇、社区中设置人员承担相应职能。各省级卫生行政部门要加强统一领导，结合《国家基本公共卫生服务规范（第三版）》要求认真落实有关工作，并把卫生监督协管服务纳入本地区重点卫生工作年度目标考核内容。

2012 年，卫生部发布《"健康中国 2020"战略研究报告》，食品安全行动计划是 21 项行动计划中的一项，旨在加强食源性疾病监测、溯源、预警和控制，健全食品污染物监测体系，加强食品安全风险识别、评估能力，构建国家权威的食品安全信息收集、整理、分析和风险预警交流平台，强化食品安全标准建设和突发性食品安全事件应急处理。党的十八大以来，习近平总书记对食品安全工作作出一系列重要论述，强调保障食品安全的极端重要性，确立了新时代食品安全工作的思想基础、理论指导、制度框架和实践方法。

第二节 相关理论及应用

社区健康护理模式可评估、分析社区健康问题，指导社区护士制订和实施护理计划，为社区健康护理实践提供概念性框架。目前，最常用的社区健康护理模式为安德逊的"社区作为服务对象"模式，其次是怀特的"公共卫生护理"概念框架模式、斯坦诺普与兰开斯特的"以社区为焦点的护理程序"模式。

一、社区作为服务对象模式

（一）理论产生背景

1986 年，安德逊（Anderson）、麦克法林（Mcfarlane）与赫尔登（Helto）根据纽曼的系统模式，将压力源、压力反应、护理措施以及一级、二级和三级预防概念纳入护理过程中，提出了"以社区为伙伴（community as partner model）"的概念架构，即社区作为服务对象的模式（community as client）。该模式将社区作为一个整体，包括社区核心系统（社区的历史、地理、民族、价值和信仰）和 8 个子系统（社区环境、卫生保健与社会服务、经济、交通与安全、政治与政府、信息传递、教育和社区娱乐）。8 个子系统会受到社区其他部分的影响，同时也受到社区压力源的影响。该模式有两个核心内容，一是社区健康受多方面因素的影响；二是社区健康护理活动须应用护理程序这一科学方法。关键内容涵盖以下四个方面：①护理目标是维持平衡健康的社

笔记栏

区，包括维护和促进社区的健康。②主要对象为社区人群，包括家庭和个人。③护士的角色功能为协调和控制不利因素（压力源）对社区人群健康的影响。④护理实施重点为调整实际或潜在的社区系统不平衡状况，通过三级预防措施，提升社区对不良因素的防御和抵抗能力，以减少其对社区人群健康的影响（表 3-3）。

表 3-3　社区作为服务对象模式的关键内容

项目	关键内容
护理目标	维持平衡健康的社区
主要对象	社区人群，包括家庭和个人
护士角色功能	协调和控制对人群健康不利因素
护理实施重点	调整社区系统不平衡状况，提升社区对不良因素的防御抵抗能力

（二）理论的主要内容与观点

"社区作为服务对象模式"将压力、压力源所产生的反应、护理措施以及三级预防的概念纳入护理程序中，强调了在社区护理中应注意社区压力源的评估。该模式的主要特点有：①此种模式比较适合社区护士对重点人群，如老年人、妇女、儿童等的护理保健应用。②将三级预防的概念纳入护理程序之中，要求社区与个人的积极参与。③在护理程序中，将服务对象看作生理、心理、社会完整的人，更注重心理与社会方面的护理，充分体现了生理－心理－社会医学模式的要求。④此种社区护理模式将压力源的评估引入整个护理程序的始末，包括疾病的预防、初始诊断、治疗、照护、痊愈等整个过程。

按照护理程序的步骤，社区作为服务对象模式分为五个步骤。

第一步：评估社区健康。指收集、记录、核实、分析、整理有关护理对象（个人、家庭、社区）健康状况资料的过程。根据该模式，可以从核心子系统（包括社区的历史、地理、民族、价值和信仰）和 8 个子系统（包括社区环境、卫生保健与社会服务、经济、交通与安全、政治与政府、信息传递、教育、社区娱乐）入手收集资料，对社区健康进行评估。资料包括护理对象的主观和客观资料，社区人口特征（包括构成、健康状况等），社区环境（包括物理环境以及社会环境），社区内健康资源的状况（包括医疗机构的数量、分布、服务质量等），以及社区居民对这些健康资源的实际利用情况（包括就诊率、预防保健服务的参与率等）。

第二步：确定护理诊断。依据以上收集的资料分析社区现状，找出压力源并推断压力反应的程度，确定护理诊断。目的是对个人、家庭或社区现有的或潜在的健康问题进行判断。在这一步中，社区护理人员需要了解护理对象的主观压力，并从照顾者的观点评估客观压力，然后对比两种压力，以了解护理对象的真实状况，最终将形成压力的内在、外在或个人因素，从生理、心理、社会文化及发展等方面加以归类，当护理对象健康时，社区护士也可以作出积极的健康诊断。

第三步：制订护理计划。遵循三级预防的原理制订社区健康护理计划，其中一级预防（促进健康）是作用于最外层的弹性防御线，目的是强化弹性防御线和预防压力源，如通过各种健康活动增强弹性防御线的作用等；二级预防（早期发现和早期治疗）是作用于中间层的正常防御线，是在压力源已超出防御线并刺激社区的情况下，把压力源控制到最小限度，也就是社区健康状态及社区对健康问题的正常反应；三级预防（并发症和残疾预防）是作用于最里层的抵抗线，其目的是改善现存的不均衡状态，预防不均衡状态再次发生，抵抗线的强弱主要取决于影响社区健康的因素。

第四步：执行护理计划。调整已存在的或潜在的社区系统不平衡。执行包含三级预防措施，通过三级预防提高社区对不良因素的防御和抵抗能力，减少对社区健康的影响，并需要社区和居民的主动参与，充分利用各种资源。

第五步：评价护理效果。评价是社区护理程序的最后一步，也是非常重要的一步，决定护理措施是否终止或需修改。

图 3-4 展示了一个强调社区护士与个案互动及共同合作解决问题的工作模式，即社区作为服务对象的模式，这个模式表明了以社区为对象的护理活动的特点。

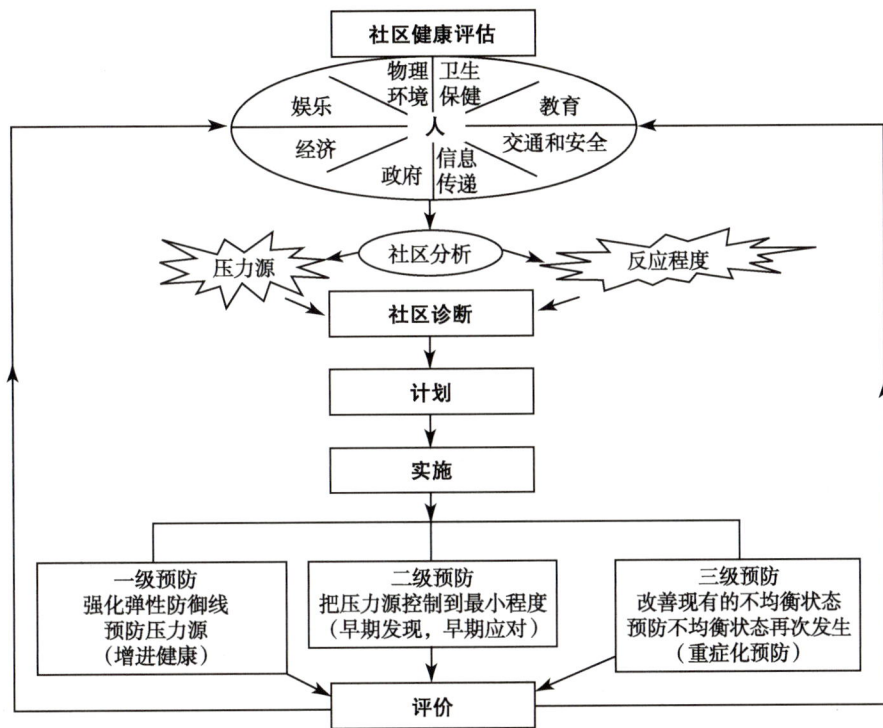

图 3-4　社区作为服务对象模式示意图

（三）理论的应用

社区作为服务对象模式已较多地应用于社区健康护理。现阶段，社区健康护理程序在实际运用中较少，文献研究较多。在我国，社区护士参与的社区卫生诊断团队进行的社区卫生诊断恰好是"以社区作为服务对象"的具体体现。在社区健康护理实践中，社区作为服务对象模式作为评估社区健康的理论框架，用于指导社区护士评估、诊断、计划、实施和评价健康问题。

理论的局限性：①不适合因意外伤害、意外中毒等原因造成病痛的护理对象，因为这类疾病的原因主要是外在的，不涉及压力源的评估问题，且在护理中，无法体现三级预防的原则。②不能体现社区护理与各科协同工作的重要思想，因为在社区护理的每一个领域都各有其他专业参与。如临终关怀是一个集体性合作的护理过程，由各种人员参与，如社区护士、全科医生、心理咨询师、营养师、志愿者、社会工作者和其他专业人员等。他们的工作在某些范畴颇为相似，而又有不同之处，以社区作为服务对象模式并不能体现这个重要特点。

二、"公共卫生护理"概念框架模式

（一）理论产生背景

怀特（Marlas White）于 1982 年提出了社区护理的明尼苏达模式（Minnesota model），有学者

笔记栏

81

称之为"公共卫生护理"概念框架模式。此模式整合了护理程序的步骤、公共卫生护理的范畴与优先次序及影响健康的因素，将护理程序的概念应用于维护、促进人类健康的实际工作当中，而在实际工作中注意考虑优先次序以及根据实际情况运用不同的措施，形成"公共卫生护理"概念框架模式。

（二）理论的主要内容与观点

"公共卫生护理"概念框架模式首先强调社区护士在进行社区护理时必须了解影响个案或群体健康的因素，包括人类－生物的决定因素、环境的决定因素、医学技术／医疗机构的决定因素。其次，护理人员应按照预防、促进和保护的优先次序制订计划。最后，在执行护理措施时，怀特提出了公共卫生护理常用的三种措施：教育、工程、强制。①教育：提供个案卫生咨询，使个案能够主动且正向地改变其态度与行为。②工程：以应用科学技术的方法控制危险因子，避免大众受到危害。③强制：以强制的法律规定迫使大众施行，以达到有益健康的结果。

（三）理论的应用

在此模式应用过程中，要求社区护士应从疾病预防、维护和促进健康的公共卫生角度，对社区群体、家庭、个案进行评估、诊断、计划、执行和评价。这一模式高度契合社区的工作实际，在开展流行病学调查、健康教育、健康促进等工作时应用，能显著提升社区护理工作的科学性和有效性。我国自 2009 年开始大力推行的基本公共卫生服务项目，就是"公共卫生护理"概念框架模式在实际工作中的具体体现，社区护士在建立城乡居民健康档案、健康教育、预防接种、慢性病病人管理等服务中发挥着重要的作用。

三、"以社区为焦点的护理程序"模式

（一）理论产生背景

斯坦诺普（Stanhope）和兰开斯特（Lancaster）在拉菲利（Laffery）的健康促进概念的基础上发展了"以社区为焦点的护理程序"模式，即社区健康促进模式（model of community health promotion）。

（二）理论的主要观点

"以社区为焦点的护理程序"模式认为社区护理程序包括 6 个阶段：第 1 阶段，即开展护理程序之前，必须与服务对象建立"契约式的合作关系"，使社区居民了解社区护士的角色功能与护理目标；第 2～6 阶段与护理程序的 5 个步骤基本相同，即第 2 阶段应评估社区人口特征、物理环境、社会系统等；第 3 阶段找出社区压力源和压力反应，确定护理诊断；第 4 阶段在制订护理计划时应遵循三级预防护理措施；第 5 阶段在执行时，需社区和居民的主动参与；第 6 阶段进行评价。此模式强调社区护理程序的流程与评价的步骤，这几个步骤的评价过程也涵盖了护理工作的落实情况、目标的实现情况和社区新问题的发现。

（三）理论的应用

"以社区为焦点的护理程序"模式强调社区护理程序，是我国社区护士比较熟悉的整体护理模式。这个模式的第一项工作是与居民建立"契约式的合作关系"，让社区居民了解社区护士的角色功能与护理目标，这种模式较适应我国社区护理的开展。在社区护理工作中可以运用此模式，可与社区居民建立"契约式的服务关系"，如定期上门体检、电话咨询、24 小时随时上门服务等，使社区民众逐渐了解社区护理的工作内容，这对社区护理工作的开展非常重要。实际上，现阶段在我国的社区卫生服务工作中已体现出"契约式的合作关系"，如实行家庭医生签约服务或家庭医生团队签约服务。家庭医生团队主要由家庭医生、社区护士、公共卫生医师（含助理公共卫生医师）等组成。

以上三种模式，在国外发展较成熟，在社区护理实践中运用较多，在国内社区护理实践中虽然运用较少，但模式的核心内容已经在社区卫生服务工作（如社区卫生诊断、基本公共卫生服务

项目、家庭医生签约服务）中有所体现。我国目前正在深入开展社区卫生服务，社区护理可结合这些工作的全面推进，加强相关理论研究，探索适合我国国情的社区护理工作模式。

第三节 社区居民健康档案

社区居民健康档案是个体、家庭和社区健康相关的系统化文件记录，以社区居民健康为核心，涵盖各种健康相关因素，包括基本信息、健康检查记录、重点人群健康管理记录及其他医疗卫生服务记录等。它既是收集、记录社区居民健康信息的重要工具，也是评价社区健康的基础数据。

一、概述

（一）基本概念和类型

1. 基本概念 社区居民健康档案是基层医疗机构为城乡居民提供医疗卫生服务过程中的规范记录，是以个人健康为核心，贯穿整个生命过程，涵盖各种健康相关因素，满足居民自我保健和健康管理、健康决策需要的系统化信息资源。

社区居民健康档案根据记录和储存的形式不同分为纸质版和电子版健康档案。纸质健康档案将日常采集的居民基本信息、患病及治疗情况、疾病危险因素以及主要卫生服务利用等信息进行登记，记录在统一规范的纸张上，是使用最早、最广泛的健康档案记录和储存形式。纸质健康档案具有直观、稳定、不易丢失等优点，但相对不易保存，占用空间大，使用不方便。社区居民电子健康档案将日常采集的居民基本信息、患病及治疗情况、疾病危险因素以及主要卫生服务利用等信息进行登记，录入信息平台，形成电子健康档案。社区居民电子健康档案是社区健康相关活动中直接形成的具有保存及备查价值的电子化历史记录，是记录生命全周期健康状况的数字化档案，具有易保存、占用空间小、便于携带和信息提取、使用方便等优点，还具有可通过信息交流平台共享信息、远程会诊讨论等优势，已受到重视和推广。不足之处是易受网络限制，数据易受到病毒破坏而丢失。

2. 社区居民健康档案的类型 根据服务对象不同分为居民个人健康档案、家庭健康档案和社区健康档案三种。

（1）个人健康档案：是记录个人从出生到死亡的整个过程中，其健康状况及影响因素的发展变化情况以及所接受的各项卫生保健服务记录的总和。个人健康档案由居民的静态健康档案和动态健康档案两部分组成，是维护社区居民健康、加强医疗服务与社区居民关系的重要媒介。

（2）家庭健康档案：是以家庭为单位，记录家庭成员和整个家庭在医疗保健活动中的基本状况、疾病动态、预防保健服务利用情况等信息的资料。家庭健康档案在世界各国的建立和使用形式各不相同，但所有国家的全科医疗实践都执行以家庭为单位的照护这一家庭医学服务原则。我国社区卫生服务的指导思想是以"健康为中心，家庭为单位，需求为导向，社区为范围"维护和促进社区人群健康，国家卫生健康委员会也明确指出：以家庭为单位统一建立个人健康档案，在建立个人健康档案的同时，获得并记录家庭结构、人员组成、居住环境等家庭健康信息。

（3）社区健康档案：是以社区为范围，记录和反映社区主要卫生特征、环境特点、资源与利用状况，以及在系统分析基础上提出社区健康问题（社区诊断）的信息资料。社区健康档案在国外全科医疗服务中没有更多的统一要求，部分国家住院医生的培训涵盖其中部分内容，用以考核医生对其所在社区的居民健康状况与社区资源状况的了解程度，考查全科医生在病人照顾中的群体观念。我国社区卫生服务要求收集并分析、利用辖区内居民的基本信息、健康状况及卫生服务相关信息，作出社区卫生诊断，形成社区卫生诊断报告。报告要求包含针对社区居民主要健康问

笔记栏

题及危险因素制订和实施的社区健康教育与健康促进计划。目前，我国的部分省市已将社区健康档案作为社区基本公共卫生服务考核内容之一，要求社区卫生服务机构必须对社区进行评估、分析并作出社区卫生诊断，并制订相应的社区健康教育和健康促进计划，形成社区健康档案。

（二）建立社区居民健康档案的重要性

1. 建立健康档案的目的　系统、科学、完整的健康档案是卫生保健工作中不可缺少的工作。通过社区居民健康档案的建立与管理，有利于社区卫生工作者全面认识和评估居民健康需求，为筛选高危人群、开展疾病治理、采取针对性预防措施奠定基础；也为医学教育科研机构开展研究工作和医疗卫生政策的修订提供基本依据。社区居民电子健康档案的建立，是医疗机构间信息互联、健康信息共享的基本保障。因此，加强居民健康档案的建立和管理是我国基本公共卫生服务的重要内容。

2. 建立健康档案的作用　建立健全社区居民健康档案，对于落实社区卫生服务发挥着重要作用。

（1）为全科医疗和社区护理服务：通过了解和掌握社区居民的健康信息，可以发现个人、家庭、社区存在的健康问题，并为分析社区居民的健康需求提供支持。

（2）作为社区医护人员提供服务的依据：社区医护人员通过充分了解健康档案可以快速、全面、系统地了解居民的健康问题、健康需求及其发生和发展的相关背景，为社区居民提供综合性、连续性、高质量的医疗保健服务。

（3）保证社区卫生服务机构的服务质量：社区居民健康档案为评价社区卫生服务质量和技术水平提供线索，是社区医护人员、社区卫生服务机构服务评价或绩效考核的数据来源，也有利于考核社区医护人员处理各种问题的医疗质量和技术水平。

（4）为医疗卫生部门制定政策提供参考：社区居民健康档案可向基层社区卫生服务机构和上级行政管理部门提供居民对各种卫生服务的利用信息，以分析居民健康需求的满足情况，为政府对公共卫生的投入和社区卫生政策方针的制定提供参考。

（5）提供医学教育和科研素材：社区居民健康档案为全科医学和社区护理学的教学和科研工作，以及社区卫生工作者继续教育等相关培训提供良好素材。

（6）其他作用：社区居民健康档案的原始记录具有公正、客观、系统和完整等特点。当遇到医疗纠纷或有关案件，需要提供当事人在社区卫生服务中的原始信息时，社区居民健康档案可成为处理法律纠纷的有效证据资料。

（三）相关政策

健全的制度是社区居民健康档案能够系统、有效反映个人、家庭和社区健康状况的重要保障。1997 年我国启动了社区卫生服务，社区卫生服务机构开始为慢性病病人、老年人等社区重点人群建立健康档案。我国先后出台了多个文件，明确了社区卫生服务发展的内容和目标，对居民健康档案的建立和管理提出了相应的要求。2009 年，《中共中央　国务院关于深化医药卫生体制改革的意见》和国务院《医药卫生体制改革近期重点实施方案（2009—2011 年）》将建立居民健康档案作为卫生服务的一项重要内容，纳入国家基本公共卫生服务项目，要求从 2009 年开始，逐步在全国统一建立居民健康档案，并实施规范管理。

为全面推进居民健康档案建立工作，我国采取了一系列举措。首先，2009 年，卫生部发布了《卫生部关于规范城乡居民健康档案管理的指导意见》等文件，保障居民健康档案建立工作的顺利开展；2014 年，发布《基于居民健康档案的区域卫生信息平台技术规范》，对健康档案整合、存储、管理、调阅及区域医疗卫生业务协同服务、安全与隐私服务、相关术语等都作了明确的界定，使健康档案的管理更规范、使用更高效。其次，我国加大了卫生信息化工程的建设，建立规范的居民健康档案工作已在我国社区卫生服务机构深入开展，2017 年《国家基本公共卫生服务规范（第三版）》已对居民健康档案类型及内容做了修改和完善，社区居民健康档案以个人健康档

笔记栏

案为主，实施计算机网络化管理，为家庭健康档案和部分社区健康档案提供数据，充分体现健康档案的应用价值。2023年，国家卫生健康委员会《关于做好2023年基本公共卫生服务工作的通知》中提到要提高电子健康档案利用效率和质量。2024年，为推进电子健康档案务实应用，规范居民电子健康档案首页，国家卫生健康委办公厅会同国家中医药局综合司、国家疾控局综合司印发《居民电子健康档案首页基本内容（试行）》。

二、社区居民健康档案存在的问题和对策

（一）社区居民健康档案存在的问题

2021年4月，《全民健康信息化调查报告——区域卫生信息化与医院信息化（2021）》调查结果显示，44.8%的省级平台建档率达90%以上，39.2%的市级平台建档率达90%以上，40.0%的县级平台建档率达90%以上。但仍存在以下问题：

1. 居民建档意识仍有待提高　部分居民对建立健康档案积极性不高，特别在入户调查时，对建档工作不配合。主要原因包括：部分居民健康意识不强，认为不需要体检和建立健康档案；有些居民担心家庭和个人隐私泄露，多采用回避方式或提供虚假信息；部分居民不认可社区医疗技术，不愿在社区卫生服务机构建档。

2. 已建立的部分健康档案质量不高　受社区卫生服务机构条件限制的影响，一些地区未能按照国家卫生健康委员会统一的规范和要求建立健康档案，部分档案存在漏项、重要信息缺失等问题，个别未进行健康体检，甚至出现伪造档案内容的现象，影响了健康档案的质量。另外，辖区内人员流动性大，存在所建档案人户分离或漏建档案现象。

3. 健康档案的管理欠规范，使用效率较低　目前，健康档案保管比较分散，存在管理欠规范的问题。部分社区卫生服务机构的纸质健康档案放置随意，居民就诊时难以及时将档案取出，影响居民健康档案的使用。没有及时填写病历记录，某些高血压、糖尿病、冠心病等慢性病病人所做的一些检查，如血压、心电图、血脂、血糖、B超等资料，没有被及时归入个人健康档案。因管理不善，还存在居民健康信息泄露等安全问题。很多社区卫生服务机构的健康档案建立工作与所开展的社区卫生服务工作脱节，在日常诊疗工作中及开展社区卫生服务时不使用、不更新健康档案内容，导致"死档"问题比较突出，健康档案使用率不高。

4. 以电子健康档案为基础的区域信息化进程有待提高　受社区卫生服务机构基础设施薄弱、人力资源不足的影响，部分地区尚未建立电子健康档案信息系统。居民电子健康档案管理软件开发滞后，还不能很好地满足实际工作需要。部分社区卫生服务机构因新旧电子健康档案管理软件兼容性不好，导致原有健康档案导入新系统时出现信息遗漏或误读等问题，增加工作量和工作难度。另外，各医疗机构的电子健康档案管理软件系统兼容性差，居民的健康档案信息难以共享，区域信息化进程有待提高。

5. 专业人才缺乏　社区卫生服务机构承担着医疗、预防、保健、康复、健康教育、计划生育技术指导等方面的工作，任务繁重。但社区卫生服务工作人员普遍学历不高，专业技能不强，难以承担健康档案信息化建设的工作，且接受健康档案规范化管理培训有一定难度。同时，在人员编制不足的情况下，部分社区卫生服务机构聘请退休人员或编制外人员建档。

（二）加强社区居民健康档案管理的对策

1. 政府主导，部门联动　健康档案的建立应由政府发文、卫生管理部门牵头，多部门共同参与。各级医疗卫生服务机构的职责主要是建立健康档案，提供疾病防治、健康教育、健康促进和体检等医疗服务，宣传发动工作须发挥当地各级政府和居委会/村委会的作用。财政部门要不断提高公共卫生经费投入，保障居民健康档案建立的顺利开展。

2. 加强宣传，增强社区居民对健康档案重要性的认识　加强居民健康档案宣传工作，是提高居民建档率的重要手段。虽然建立健康档案已按国家卫生健康委员会制订的计划和规范完成，

笔记栏

但仍需要通过电视、广播、板报、手册、专题讲座等传统方式宣传，同时也可借助新媒体加强宣教，普及健康档案的作用和意义，使社区居民主动积极参与建档并有意识利用健康档案。

3. 加强健康档案管理专业人才培养　人才队伍建设是做好居民健康档案管理的关键，可通过以下三方面进行人才培养：一是加强医务人员继续教育、全科医生岗位培训和规范化培训，提高其业务知识、岗位技能和诊疗水平；二是加强医务人员关于居民健康档案、档案法、档案管理制度等培训，提高其对健康档案的管理和利用能力；三是对其进行计算机应用和健康信息处理能力的培训，提高其对电子健康档案的管理和健康信息资源的利用能力，条件允许可引进档案管理和计算机方面的专门人才。

4. 加强居民健康档案管理，提高健康档案使用率　健全、完善居民健康档案管理制度是做好健康档案管理的首要条件。要依据《中华人民共和国档案法》《中华人民共和国医师法》《乡村医生从业管理条例》等有关法律法规，制定工作人员职责及档案整理归档、保密、统计、调取、查阅、保管存放等制度，明确责任人，保护居民健康档案信息安全。建档过程中严把质量关，将健康档案建立的数量和质量情况作为重要的绩效考核依据。健康档案应在各级社区卫生服务机构集中保管，居民就诊时凭健康档案信息卡调取健康档案，医护人员根据就诊情况和诊治结果及时记录、更新健康档案的有关内容，整理健康档案并放回原处。随访医护人员对健康档案中发现的高血压、糖尿病等慢性病病人应定期随访咨询，指导合理用药和日常护理，并进行效果追踪。对孕产妇、儿童及接种疫苗的人群，提供电话咨询、提醒等个性化服务。居民健康档案尽量实行电子化管理，并加强各医疗机构之间的协作和信息化建设，便于居民健康档案的管理和使用。

5. 建立统一的区域卫生信息平台　基于居民健康档案的区域卫生信息平台（HER-based regional health information platform）是以区域内健康档案信息的采集、存储为基础，能够自动产生、分发、推送工作任务清单，为区域内各类卫生机构开展医疗卫生服务活动提供支撑的卫生信息平台。统一的区域卫生信息平台是实现医疗资源合理配置，提高医疗服务质量，降低医疗成本和医疗风险的有效途径。表现在以下几个方面：建立全民健康档案并实行一卡通，居民凭一卡通到区域内各级医疗机构就诊时，可共享就诊信息和检查资料，实行双向转诊和远程会诊，避免重复检查和过度医疗，降低医疗费用；提高社区卫生服务机构诊疗水平，同时改善三甲医院人满为患的现象；实现医疗机构与妇幼保健、疾病控制、免疫接种等公共卫生机构信息共享，提高公共卫生应急处理能力，同时保证公共卫生绩效考核的准确性和科学性。2014年国家卫生和计划生育委员会发布《基于居民健康档案的区域卫生信息平台技术规范》（WS/T 448—2014），强调建立区域卫生信息平台的重要性，对医疗机构健康档案信息平台建设的规范性作出要求，促进我国居民健康档案区域信息化建设的发展。

📝 知识拓展

基于居民健康档案的区域卫生信息平台

基于居民健康档案的区域卫生信息平台总体框架包括基础设施、信息资源中心、区域卫生信息平台服务、基于区域卫生信息平台的应用、标准规范、信息安全六个部分，采用面向服务体系结构的技术路线。区域卫生信息平台提供健康档案整合服务、存储服务、管理服务、调阅服务和区域医疗卫生业务协同服务。使用者必须通过注册，签署并遵守相关协议，保证居民健康信息的安全。个人注册和身份认证后，可查阅本人的健康档案；医务人员注册认证后，可调阅居民健康档案、完成居民健康档案协同服务。

第四节 以社区为中心的健康护理循证实践

一、循证问题

循证实践是以可获得的最佳证据为基础，改善实践，既适用于个体水平，也同样适用于社区层面。2022 年，全球有 25 亿成年人超重，其中超过 8.9 亿人患有肥胖症。预计到 2035 年，超重和肥胖人数将超过 33 亿，约占全球人口的 54%。肥胖既是独立的疾病，又会增加高血压、糖尿病、冠心病、卒中等多种慢性病及部分肿瘤的风险，还可导致社会和心理等问题，增加居民卫生保健服务成本，造成医疗卫生体系负担加重，已成为全球重大公共卫生问题。为社区肥胖和超重人群提供有效的减重方案已刻不容缓。随着社会经济的快速发展，居民生活方式和膳食结构发生了显著变化，过去 30 年间，我国居民超重和肥胖比例快速增长，我国成年人超重和肥胖比例已经超过 50%。最新发表的研究预测，至 2030 年，中国成人超重和肥胖比例将达到 65.3%，中国归因于超重/肥胖的医疗费用将达 4 180 亿元人民币，约占全国医疗总费用的 21.5%。中国不同地区和人群间的患病率及危险因素存在较大差异，社区超重和肥胖防控问题愈加凸显，基于循证的社区干预显得尤为重要。

超重和肥胖是由于能量摄入超过消耗，导致体内脂肪总量过多和/或局部脂肪含量增多及分布不均。增加身体活动和限制能量摄入，保持能量负平衡状态，是减重和减脂的基本指导原则。达到理想体重后，还需要维持能量摄入与消耗之间的平衡，避免反弹。定期运动不仅能够增加能量消耗，还可以通过提高肌肉比例来提升身体的基础代谢率，从而促进减重的效果及其持久性。因此，运动是减重和维持健康体重的重要手段之一，在社区践行健康生活方式，推广有效、安全、可持续的运动减重方案，有助于促进社区居民的健康，推进健康中国建设。本次以社区为中心的健康护理循证实践，聚焦于如何通过社区干预促进成年人的运动减重，有效预防和控制社区居民的超重和肥胖。

采用复旦大学循证护理合作中心的问题开发工具——PIPOST 确定本循证实践的基本问题。证据应用目标人群（population，P）：适合在社区进行干预的一般成年人群。干预措施（intervention，I）：社区超重和肥胖人群的运动减重策略。应用证据的专业人员（professional，P）：涉及多学科团队，包括社区医生、社区护士、社区管理人员、运动指导师、营养师、心理专家等。结局（outcome，O）：社区超重或肥胖发生率、运动情况、膳食结构、肥胖相关慢性病发生率等。证据应用场所（setting，S）：社区。证据类型（type of evidence，T）：指南、系统评价、专家共识、队列研究、随机对照试验、横断面研究。

二、证据检索

以"超重""肥胖""体重""减重""运动""体脂""预防""控制""策略""社区干预"等中文关键词，以"overweight""obesity""BMI""prevention""control""community intervention"等英文关键词，检索国内外权威数据库。文献的纳入标准：①目标群体为在社区居住的人群。②内容涉及运动减重方式、运动量、运动安全、促进运动的综合策略等。③主要结局指标为超重或肥胖发生率、运动时间、膳食结构、肥胖相关慢性病发生率等。④证据类型包括指南、系统评价、Meta 分析、专家共识以及与本研究内容密切相关的原始研究。⑤语种为中英文。文献的排除标准：①文献质量评价为不合格或信息不全。②文献类型为研究计划书或会议记录等。首先采用关键词检索法找出有关文献；再仔细阅读全文，总结梳理高级别证据，重点查看研究方法和结论。

三、证据内容

1. 运动方式 现有的运动方式包括有氧运动、抗阻训练、有氧加抗阻综合训练、间歇运动、混合运动等。多种运动方式都有助于减重，有氧加抗阻综合训练效果更佳，间歇运动和混合运动

笔记栏

运动时间更短，可提高运动依从性。不同类型的运动干预效果可能存在性别差异。

2. 运动时间和运动量 对于一般人群，建议每周进行150～300分钟中等强度或75～150分钟高强度有氧运动，或等量的中等强度和高强度有氧运动组合；每周至少进行2次肌肉力量练习。此外，在无运动禁忌证且体能允许范围内，成年人可以将每周中等强度有氧运动增加到300分钟以上；或进行150分钟以上的高强度有氧运动；或等量的中等强度和高强度组合运动，可获得额外健康收益。

3. 运动安全 尽管运动对健康有诸多益处，但运动不当可能带来安全风险，特别是心血管事件。因此，在开始一项新的运动前，心血管安全性评估十分重要。疲劳、酒后、失眠后心血管负担会增加，不宜开展跑步等中等强度以上的运动。运动不当还可能会造成急性或慢性运动损伤，如急性肌肉损伤、关节劳损等。可通过身体活动能力、运动量、运动强度评估，制订个性化运动处方，保证运动的安全性并提高运动效益。

4. 运动减重相关的社区综合策略

（1）身体素养：指重视并承担终身参与身体活动责任所需要的动机、信心、身体能力、知识与理解，强调个体在情感、身体和认知等多维度上的关联，从个体水平激发身体活动动机，形成主动健康理念，培养运动能力，开发生命潜能，以促成终身参与并维持身体活动的行为，从而提高生命质量。身体素养对提高人群身体活动水平，形成有益于健康的身体活动模式，具备终身参与身体活动的能力与自我效能具有关键作用。

（2）行为改变：有效的行为干预计划应包括合理的目标设置、行为改变的障碍与益处分析、有效的行为改变策略和行为回退预防策略，如采用"SMART"原则制订锻炼计划。减重是一个长期的过程，需要有足够的耐心和毅力，建议寻求家人和朋友的支持，或者加入减重小组，与其他正在努力减重的人一起分享经验和互相鼓励。可穿戴设备和运动记录可视化工具能够帮助用户跟踪自己的运动目标进展，识别和克服行为改变的障碍，并提醒用户持续进行身体活动，从而提高运动依从性；借助心率监测器、计步器或智能手表等可穿戴设备，个体能够实时观察和记录自己的运动数据，实现自我监测的目的。

四、实践建议

为了推动上述证据的应用转化，社区可加强相关人员的培训，将上述证据转化为培训内容，建议从以下几方面着手：①定期身体活动或运动不仅可减重、减脂和增肌，还可获得额外健康收益，包括心血管功能、消化系统功能的改善，以及生活质量的提高。推荐超重者和肥胖病人根据自身健康状况和运动能力，由经过运动处方培训的社区专业人员制订运动计划，根据个性化原则和循序渐进原则，采用有氧运动结合抗阻运动，还可在安全的前提下，通过变换运动方式或采用高强度间歇运动，获得更好的运动效益。②"动则有益、多动更好、适度量力、贵在坚持"概括了通过身体活动促进健康的总体理念和基本原则。为了达到运动减重的效果，建议超重者和肥胖病人每周至少进行150分钟中等强度的运动；如须达到≥5%减重的效果，每周运动时间应达到300分钟，强度应为中-高强度或运动能量消耗≥2 000kcal/周（1kcal=4.18kJ）。对于运动依从性较差的个体，可利用零散时间进行多次短时运动，在相同运动量的情况下，零散时间累积减重效果优于一次连续长时间运动的效果。③推荐通过全面评估运动能力、制订个性化的精准运动处方，降低运动风险和提升运动效率。④除了运动干预，在社区开展健康生活方式综合管理策略是成功减重的最佳措施，也是健康减重的重要基础。运动减重需要与保持规律作息、保障合理睡眠、保持健康合理的饮食等其他措施相结合，适合多数超重者和肥胖病人进行和长期坚持。推荐通过提升身体素养，提高社区、家庭支持，应用智能运动可穿戴设备等提高运动减重的效果。

笔记栏

综上，应在循证的基础上，推动运动减重证据的社区应用转化，改善导致肥胖的环境，促进健康的生活方式，促进社区人群科学地运动，有效开展肥胖及相关慢性病防控，助力"健康中国"建设。

（李　强　吴异兰）

小　结

社区健康护理是社区卫生服务的重要组成部分，其特点是将社区看作一个整体，以社区为单位，运用护理程序的方法，对社区的自然环境、社会环境及社区人群的健康进行管理。本章重点介绍了社区健康护理的基本概念及内涵、影响社区健康的相关因素、社区卫生诊断、健康社区的基本概念、社区健康护理模式理论及应用、社区居民健康档案的建立与管理等内容，并就当前社区健康护理相关的热点问题，如社区健康促进、卫生监督协管服务等专题进行探讨，旨在拓展学生思维的广度与深度，能在以后的实际工作中，结合各地社会、经济实况开展创新性的、以社区为中心的健康护理实践和研究工作，不断丰富和完善社区健康护理的内涵和研究成果，推动我国社区护理的发展。然而，现阶段本章节关于社区健康护理的许多工作，社区护士尚不能单独开展。护士在以社区为中心的健康护理中，主要参与社区卫生诊断、城乡居民健康档案建立等工作。随着社区健康护理需求的增加，护士的角色也需要不断扩展和深化。

思考题

ER3-2
本章思考题
解题思路

1. 某社区环境宜居、社会系统完善。研究生毕业的社区护士小张发现，本社区主要问题是近年来以高血压为主的慢性病发病率升高。社区护士如何运用社区健康护理程序改善此问题？

2. 某社区，三年前的社区卫生诊断报告显示，社区环境宜居、社会系统完善；影响社区居民健康的前3位危险因素是缺少体育锻炼、高盐饮食、肥胖。据此，社区卫生服务中心确定了将缺乏体育锻炼作为社区健康促进的优先干预项目。作为一名社区护士，请为该社区制订详细的干预计划。

笔记栏

第四章

以家庭为中心的健康护理

社区情景

某社区护士在家访时，遇到家庭成员患脑卒中的两个核心家庭。

第一个家庭，夫妻平时感情很好，妻子是一名护士。丈夫在度过急性期后，马上进入早期康复锻炼，出院后也一直坚持做康复锻炼。丈夫的母亲已经退休，身体健康，住在附近，经常帮助照顾。在家庭成员和亲属的共同努力下，病人已经能自理日常生活。

第二个家庭，丈夫从事土木建设工作，家里的大事都由丈夫做主。由于丈夫嗜好饮酒和赌博，家里的积蓄并不多，妻子也经常为此与丈夫发生口角。丈夫患病后赋闲家中，经济收入减少。丈夫的母亲在另一个城市照顾丈夫生病的父亲。最近病人情绪不好，经常埋怨妻子对他照顾不好。妻子感到很委屈，出现头疼、失眠等症状。病人在 1 年内，脑梗死复发，再次住院治疗，目前生活仍然不能自理。

1. 为什么相同疾病的病人在不同的家庭会有不同的康复效果？
2. 家庭健康在病人疾病康复中起到什么作用？
3. 第二个家庭存在哪些主要的健康问题？
4. 社区护士应如何帮助家庭走出困境？

家庭健康护理的对象是家庭，其探讨的是家庭整体的健康问题。社会学、精神心理学和护理学从不同角度对家庭健康问题进行了研究，由于研究领域的不同，其关注点各有差异。护理学关注的是家庭成员患病或家庭发展各阶段出现变化时的家庭健康状况。当家庭出现变化时，健康家庭能很好地应对，并进行角色的相应调整，充分利用各种资源，努力恢复家庭的稳定和健康；然而，对于家庭功能、家庭内在结构或家庭应对能力等薄弱的家庭，家庭变化会威胁家庭的健康。往往是不健康的家庭导致了家庭成员患病或家庭发展阶段问题的出现，这些情况的出现是家庭问题的外在反映。因此，社区护士不仅要关注病人，更应关注其家庭的整体健康状况。

第一节 概　述

一、家庭的基础知识

（一）家庭的内涵与特征

家庭是个人生活的场所，是其成长的摇篮，家庭与个人及子代或代际的物质生活和精神生活以及身心健康有着密切的联系。家庭又是构成社会的基本单位，家庭的健康对社会的稳定和健康起到积极的作用。由于社会对家庭的认同差异，家庭具有多种定义。现代家庭是指由一个或多个人员组成，具有血缘、婚姻、供养与情感承诺的永久关系，是家庭成员共同生活和彼此依赖的场所，家庭成员共同努力以达到生活目标与需要。家庭的定义随着社会的发展和时代的变迁而发生着变化。早期对家庭的界定是传统式的婚姻家庭，随着社会的发展，逐渐出现一些特殊类型的家庭，如同居家庭、丁克家庭、空巢家庭等。

家庭具有 5 个特征：①养育和教育子女社会化、保护和照顾家庭成员。②家庭作为社会的最小单位与社会保持着密切的关系，并随着社会的发展而变化。③家庭成员承担各自的角色与责任，并在不断相互作用中培养良好的互动关系。④不论是婚姻、血缘还是同居家庭，家庭成员都认同家庭是其生活的港湾。⑤家庭易出现健康问题，是社区护士主要的护理对象。

（二）健康家庭的特征与条件

1. 健康家庭 理论家和学者从各自理论的角度去认识健康家庭。临床模式认为健康家庭是家庭成员没有生理、心理和社会疾病，家庭没有功能失调或衰竭的表现；角色执行模式认为健康家庭能够有效地执行家庭功能并完成家庭发展任务；适应模式认为健康家庭能够有效、灵活地与环境相互作用，完成家庭的发展，适应家庭的变化；幸福论模式认为健康家庭能够持续地为家庭成员提供资源、指导和支持，以保持最佳的健康状况和发挥最大的健康潜能。护理学者从护理的角度认识家庭，玛丽莲·弗里德曼（Marilyn M. Friedman）认为健康家庭是家庭运作有效，家庭的存在、变化、团结和个性化处于动态平衡状态；贝蒂·纽曼（Betty Neuman）认为，健康家庭是家庭系统在生理、心理、社会文化、发展及精神方面一种完好的、动态的稳定状态。

2. 健康家庭的特征 健康家庭一般具有 6 个共性特征：①家庭成员健康，包括生理、心理、社会文化、发展及精神等各个方面的健康。②家庭功能健全。③家庭内在结构健全。④家庭发展任务完成良好。⑤家庭与环境相互作用良好。⑥家庭有适应变化的能力。

健康家庭内部结构的具体体现：①家庭成员精神健全，相互间有承诺、有感情，并互相欣赏，积极交流，共享时光。②父母关系比较亲密，与子女关系同等重要，建立了父母和子女间平等对话和交流的平台，家庭成员关心家庭的共同目标，有很多共同行动的机会。③家庭成员各自具有自己的奋斗目标和理想，彼此相互尊重，家庭与社会保持适度的交往。④家庭有能力应对压力和处理危机，家庭成员在家庭出现变化时角色调整和适应能力较强，能充分地利用各种资源。

3. 健康家庭具备的条件 ①良好的交流氛围：家庭成员能彼此分享感受，运用有效的沟通方式达到相互理解，并能化解冲突。②促进家庭成员的发展：家庭给予成员足够的自由空间和情感支持，使成员有成长机会，能够随着家庭的改变而调整角色和职务分配。③积极地面对问题并解决问题：家庭成员对家庭负责，并积极解决问题，遇到难以解决的问题，不回避矛盾并主动寻求外援。④健康的居住环境及生活方式：能认识到家庭的安全、营养、运动、闲暇等对每位成员的重要性。⑤与社区保持联系：不脱离社会，充分运用社会网络，利用社区资源满足家庭成员的需要。

（三）家庭资源

在生活中，家庭与家庭成员会遇到各种困难和压力，严重时可出现家庭危机。为维持家庭基本功能，应对紧急事件和危机，家庭需要物质和精神上的支持，称之为家庭资源，包括家庭内部资源和家庭外部资源。社区护士的重要职责之一是帮助家庭发现和获得可利用的资源，向家庭提供相关信息，进行相应的联络和协调。

1. 家庭内部资源 主要包括：①经济支持，即保证家庭成员的基本生活、医疗、教育、文化、娱乐等所需的经济来源。②维护支持，即维护家庭成员的名誉、地位、权利和健康。③健康照顾，即提供及安排医疗照顾。④情感支持，即关怀及精神支持家庭成员，满足他们的情感需求。⑤信息和教育，即为家庭成员提供专业的咨询与建议，并开展家庭内部的健康教育。⑥结构支持，即对家庭住所或设施进行改造，使其适配家庭成员的需求，例如实施家庭适老化改造。

2. 家庭外部资源 主要包括：①社会资源，即亲朋好友及社会团体的关怀与支持。②文化资源，即文化、传统、习俗等方面的支持。③经济资源，即家庭外的赞助、收入、保险、福利等。④教育资源，即教育制度、方式、水平等。⑤环境资源，即居住环境、社区设施、公共环境等。⑥医疗资源，即医疗保健机构、卫生保健制度及卫生服务的可获得性。

二、家庭健康护理的基础知识

家庭健康护理是以家庭为服务对象，以家庭理论为指导思想，以护理程序为工作方法，护士与家庭共同参与，确保家庭健康的一系列护理活动。社区护士在家庭健康护理中将有健康问题的家庭视为"护理对象"，运用护理学、初级卫生保健、家庭学、家庭治疗和行为健康学等基础理论和技术，为家庭整体提供健康服务。其目的是发挥家庭最大的健康潜能，促进和维护家庭健康，维持家庭稳定，预防家庭成员发生疾病或帮助家庭成员治疗、护理和适应疾病。

（一）家庭健康护理的视角

护理理论家对家庭健康护理有不同的阐释，如美国护理理论家多萝西亚·E.奥瑞姆（Dorothea Elizabeth Orem）从"家庭中个人护理"的角度看待家庭健康护理，认为每个家庭成员的自护能力得到提高，家庭的自护能力也将随之提高。伊莫詹妮·M.金（Imogene M. King）认为家庭是相互作用的单位，家庭健康护理的目的是帮助家庭成员改善其相互作用。玛莎·E.罗杰斯（Martha Elizabeth Rogers）将家庭视作一个单位，强调家庭与环境的交互作用。汉森（Hanson）从四个角度较全面地阐述了家庭健康护理，反映了家庭健康护理的发展过程（图4-1）。2005年，汉森从以家庭患病成员为中心、以家庭各个成员为中心、以家庭系统为中心、将家庭视作社会要素这四个视角诠释家庭健康护理，其分别代表妇幼护理、初级护理保健、精神/心理健康护理、社区健康护理四个领域。下面详细介绍汉森的家庭健康护理视角。

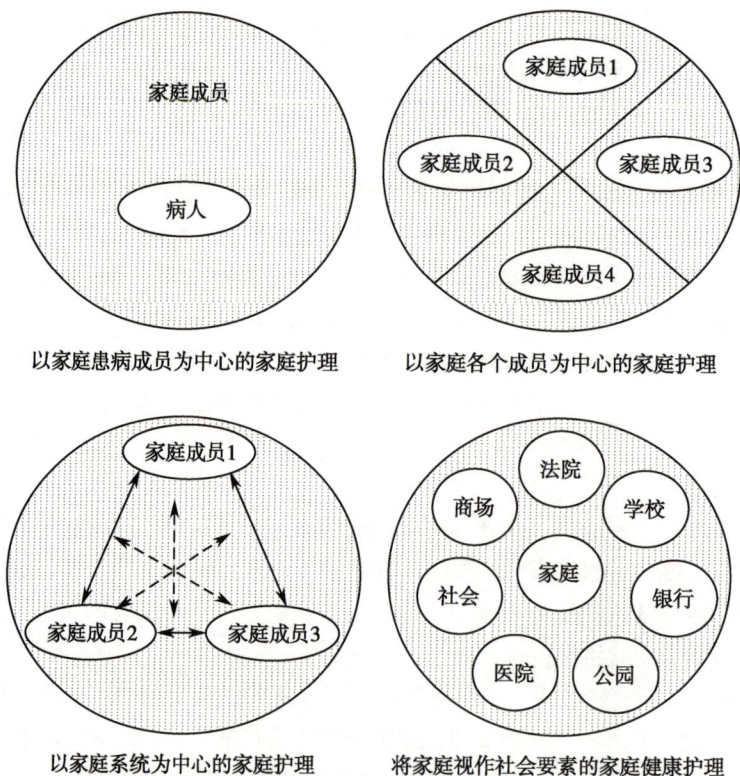

图 4-1　汉森（Hanson）的家庭健康护理内涵诠释图

1. 以家庭患病成员为中心的家庭健康护理　也称以个体为中心的家庭健康护理，主要针对患病成员个体的评估和护理，该护理方法是以个人健康问题为中心，家庭成员为背景并作为健康问题者的个人资源。提倡为了家庭中的患病成员，亲属应做些什么。家庭成员背景对于个人的健康或疾病来说可能是财富也可能是压力源。这种观点根植于专业的妇幼护理，并成为产科和儿科医疗保健的哲学基础。护士经常这样问诊病人："你的家人谁会在夜间提醒你吃药""做了背部手术后你将如何照顾你的孩子""你患有糖尿病，你的妻子为了适合你的饮食需求制订了哪些饮食计划"等。

2. 以家庭各成员为中心的家庭健康护理　也被称作以家庭为中心的健康护理。该模式着重对家庭中的每一位成员开展全面评估与针对性护理服务，特点是将家庭整体视为家庭各个成员的总和，重点集中在每个个体上，强调家庭所有成员均应得到关注，且成员之间存在着紧密的相互联系。该护理视角常用于家庭和家庭成员间关系出现问题而导致家庭出现健康问题时。社区护士常常会向新患病的家庭成员提出一系列问题，诸如"你被诊断为青少年糖尿病，这是否会对家庭其他成员产生影响""你每晚须按时服药，是否会给家庭其他成员带来困扰""确诊后，哪位家庭成员会陪伴你度过最艰难的时期""你的家人如何适应你的新药治疗方案"等。在社区护理实践中，社区护士通常会采用这种视角，为家庭的全体成员提供系统、全面的护理。

3. 以家庭系统为中心的家庭健康护理　主要针对家庭整体，以家庭成员间的相互作用关系为焦点进行评估和护理。强调家庭整体的力量大于家庭各个成员力量之和，并将家庭视作家庭成员相互关联的一个体系，解决家庭健康问题，即将家庭成员的相互影响作为护理干预的目标，并将家庭作为一个整体不断地对其进行评估。这种视角重点关注家庭成员的交互作用，认为当系统的一部分出现问题时，系统的其他部分均会受到影响，如果一个家庭成员患病，他会影响到家庭其他成员。护士常常提出问题，如"你的孩子被确诊为糖尿病后，你和你的配偶在生活上会发生什么改变""青少年糖尿病这个诊断是如何影响到你的家庭功能和家庭成员之间的正常相处"等。

4. 将家庭视作社会要素的家庭健康护理　其特点是将家庭作为构成社会的要素之一，即将家庭看作是一个独立的团体，作为健康、教育、经济等社会要素之一，家庭与社会的其他组织进行信息的接收、交换、沟通等。社区护理也因此强调家庭与社区之间的交互作用，如护士提及的问题"你是否考虑过加入患乳腺癌母亲的家庭支持小组？其他家庭发现这是一个很好的资源，是减轻压力的一个途径"等。

（二）家庭健康护理的对象

家庭健康护理的对象是家庭，主要针对有患病成员或在家庭生命周期的特定阶段出现健康问题的家庭。

1. 有患病成员且家庭功能薄弱或家庭内在结构不健全的家庭　家庭出现患病成员时，家庭功能薄弱或家庭内在结构不健全易导致家庭出现健康问题，这不仅直接影响患病成员的康复和生活质量，还可导致家庭其他成员出现健康问题，需要社区护士的关注和护理。家庭功能是指家庭本身所固有的性能和功用，家庭功能决定家庭能否满足家庭成员在生理、心理及社会各方面、各层次的需求。家庭主要有五种功能，即情感功能、社会化功能、生殖功能、经济功能、健康照顾功能。家庭内部结构指家庭内部成员之间重复出现的一种固定化了的互动关系模式。它由家庭成员在日常生活过程中逐渐形成，并通过家庭成员之间的一些角色行为和互动规则表现出来，包括家庭角色、家庭权利、沟通方式和价值系统四个方面。当家庭功能薄弱的家庭出现患病成员时，家庭成员间克服和战胜困难的潜能低下，家庭成员关系容易出现问题，此时的援助重点应放在家庭内部结构的调整上。

2. 家庭生命周期某个阶段调适不良而出现健康问题的家庭　家庭生命周期是指家庭由诞生到成熟乃至最终衰老死亡和新的家庭诞生的周期性循环。在家庭发展的不同阶段，家庭会出现相应的常规变化，如形成期家庭出现结婚和妻子受孕，扩张期家庭出现子女的出生，收缩期家庭出现子女独立，衰弱期家庭出现退休和配偶去世等。家庭在各个发展阶段都面临着普遍存在的、正常变化所致的与家庭健康有关的事件，称其为家庭发展任务。当家庭在某一发展阶段出现调适不良时，家庭将很难完成此阶段的发展任务，从而出现家庭健康问题。

笔记栏

家庭的调适不良与家庭的外部结构（即家庭类型）有直接关系。家庭类型即家庭的人口结构，是指家庭的分类，它影响着家庭能否完成各发展阶段的任务。家庭一般分为三种类型，即婚姻家庭、单亲家庭和非婚姻家庭。①婚姻家庭是指被法律承认的家庭，从社会学角度又将其分为核心家庭、主干家庭和联合家庭；从护理学角度将其分为双职工家庭、夫妻分居家庭、丈夫或妻子离家家庭、继父母家庭、领养或抚养家庭、丁克家庭。②单亲家庭，包括父母离异后一方抚养孩子的家庭、自愿单身领养孩子的家庭等。③非婚姻家庭，包括同居家庭、享用同一居室的人组成的家庭等。

（三）家庭健康护理的目的

1. 促进家庭不同阶段发展任务的完成 家庭是不断变化的，从新婚期一对夫妇组成家庭到老年期配偶相继离世的家庭凋亡，家庭在每个发展阶段都有其各自的发展任务，如新婚生活的计划与适应、父母角色的获得、子女的独立与社会适应、成人期自我健康管理、退休生活的适应等。护理的主要目的是挖掘家庭的潜能，协助家庭修复其原本具有的完成发展任务的能力。

2. 促进家庭健康生活方式的获得 家庭的卫生习惯，膳食、运动等生活习惯以及压力应对方式会影响每位家庭成员的健康，家庭的生活方式不仅影响其家庭的子女，还影响子女结婚后的新家庭。高脂血症、脑卒中、糖尿病等成年人易患的慢性病与家庭的生活方式有着密切的联系。因此，社区护士应从家庭的角度促使家庭全体成员一起改变不良的生活方式。这种以家庭为对象的健康教育远比仅指导个人所取得的效果好。

3. 促进家庭提高早期发现、应对及适应问题的能力 当家庭成员出现脑卒中后遗症、癌症、残障、老年期痴呆、精神障碍或严重外伤时，会使家庭受到威胁，进而出现家庭危机。社区护士不但要关注病人个体，也应将家庭健康纳入护理，其护理目的有以下三方面。

（1）从预防的角度早期发现家庭健康问题：既往家庭护理的侧重点是家庭中的个体，如病人和照护者个人的健康状况，但如果没有家庭成员的整体参与，有时很难改变现状。例如，当家庭出现需要照顾的病人时，护士只考虑如何提高病人亲属的病情观察和护理能力，如何减轻亲属的照顾负担等，而不去考虑和判断此时的病人家庭是否出现了健康问题、家庭成员是否共同面对并解决家庭问题，病人及其亲属的个人健康问题是难以解决的。

（2）提高家庭寻求医务工作者帮助的能力：居家疗养的病人需要亲属的长期照顾，但当遇到病情进展或病人突发紧急情况时，亲属很难做出专业判断和及时有效的处置。社区护士应指导病人及其亲属何种情况下需要就医、如何选择就医的医院等，以确保家庭护理的有效性。

（3）提高家庭对整体状况做出综合决策的能力：实际上很多家庭具备这种潜能，但有些家庭不能很好地发挥，此时需要护士分析家庭成员对该事件的判断力，并给予家庭援助，提高家庭对整体状况做出决策的能力。

4. 促进家庭成员间关系融洽 家庭成员间的关系直接影响家庭的健康，其护理主要包括：①促进家庭成员间相互理解。例如，一位妻子为了训练处于脑卒中恢复期丈夫的自理能力，让其自行穿衣、如厕等，这种行为激怒了丈夫，此时应引导家庭成员站在对方的立场考虑和处理问题，以促进家庭成员间的相互理解。②促进和调整家庭的情感功能。例如，一位6个月婴儿的母亲不满其丈夫总不回家，护士家访时发现妻子将全部精力放在照顾孩子上，忽视丈夫的情感需要，此时应指导夫妇互相关心，满足对方正常的情感需求，以此促进夫妻的感情。③促进家庭自行调整其内部角色。例如，当护士发现一位慢性病病人长期由1名亲属照护，而这位亲属已经出现腰痛等疲劳症状时，应了解并在适当的时机协调其他家庭成员或亲属轮换护理病人，争取多人合力护理病人，通过家庭内部角色调整来预防和应对家庭健康问题。

5. 促进家庭内外部资源的利用 解决家庭健康问题时经常面临需要家庭做出重要决策的情况，例如出院后的老人在哪里生活等。此时需要护士利用家庭内部资源，促进家庭在协商的基础上达成共识，做出决策。护士要促进家庭调整社会资源，向家庭提供可利用的社会资源，如社区家庭护理团队、家庭服务和育婴服务机构、当地的老人院、社区卫生服务中心（站）或卫生院（卫生室）等。帮助家庭调整生活环境和邻里关系，如建议有条件的家庭安装某些便利设施，以使有身体障碍的家庭成员更容易利用。

（四）家庭健康护理的内容

家庭健康护理是社区护理工作的重要内容之一。社区护士将家庭作为一个有机的整体系统，通过以下五个方面进行健康护理，以维持家庭的平衡和健康发展。

1. 家庭成员之间的相互作用 包括家庭成员间的交流、养育、关爱及支持等。家庭成员之间的有效沟通是维持家庭稳定的重要基础，成员间的关爱与支持使家庭成员获得归属感与安全感。社区护士深入家庭，应先充分了解家庭的内在结构，剖析家庭问题，引导家庭成员之间形成良性互动，倡导家庭成员相互关爱与支持，营造良好的家庭氛围。

2. 应对家庭内外压力 包括对家庭资源的管理、对家庭应激源和危机的适应、对家庭健康问题的解决等。家庭在发展过程中，可能面临着各种压力，一旦压力事件（应激源）超过家庭适应能力或所能承受的压力，就会产生家庭危机。此时，社区护士不仅要评估家庭所面临的压力本身特性、家庭成员对压力事件的认知，还要了解家庭的内外部资源，协助家庭利用资源应对危机，促进家庭的健康发展。

3. 维护家庭健康 包括家庭的健康信仰，家庭成员的健康状态、健康反应与实践、生活方式和健康照顾等。家庭作为个体生活的主要场所，家庭健康观、生活习惯、家庭氛围等影响着每一位家庭成员的健康。因此，社区护士首先要引导家庭树立主动健康的生活理念，帮助家庭建立健康的生活方式，通过健康教育提升家庭健康素养和健康促进技能，并为家庭成员提供必要的医疗及护理服务。

4. 促进家庭的发展转变 包括家庭及个人的发展。家庭发展是一个动态变化的过程，不同的发展阶段面临不同的发展任务，家庭及个人应自我调整，以适应家庭发展中的变化。社区护士则应帮助家庭确认目前发展阶段所面临的发展任务，协助家庭成员提高心理和社会适应能力，顺利完成发展任务，促进家庭的发展转变。

5. 保持家庭完整性 包括家庭史的评估、弹性的家庭界限的维持、家庭资源的共享、家庭价值观和信仰的建立等。社区护士通过对家庭史的评估，了解家庭成员的基本信息、家庭内部结构、家族文化、家族行为和家庭价值观等，有助于协调家庭关系，增强家庭凝聚力，解决家庭健康问题。社区护士应帮助家庭建立和维持弹性的家庭界限，弹性的家庭界限可以使家庭成员有自主性，互相尊重、包容彼此在各自事务上独立的看法、立场、选择；而在需要支持的时候，成员间又能互相关心和支持。这种开放、包容性的边界有利于维持家庭的完整性。社区护士还应促进家庭内部的物质、信息、人力等资源的共享，不仅提高资源利用效率，还能增强家庭成员之间的联系和互动，增进成员间的情感交流。此外，帮助家庭建立共同的价值观和信仰，也有利于家庭的完整性。

三、家庭健康护理发展史

（一）家庭健康护理的产生与发展

自古以来，家庭就具有照顾的功能，如孕产妇、儿童和高龄老年人都需要其家庭成员的照顾；另外，当家庭出现患病成员时，家庭会自动肩负起照顾的责任。护理学始终将"家庭"作为病人的重要资源，动员亲属支持病人，教育和帮助亲属掌握相关的疾病护理知识和技术，以此加快病人的康复或提高病人的生活质量，维持病人健康水平，伴随病人度过疾病期或生命终末期。可见，早期的家庭健康护理是以家庭患病成员为中心的，亲属作为患病者的资源，起到照顾和帮助病人康复的作用。

20世纪70年代初期，以北美为中心，出现了以家庭作为护理对象的"家庭健康护理"。20

笔记栏

95

世纪 80 年代初在美国和加拿大，专注于家庭护理研究的学者对家庭健康护理的内涵进行研讨，界定其实践范围，逐步形成家庭健康护理知识体系。21 世纪，家庭健康护理已经延伸到各专科护理领域，尤其在妇产科护理学、儿科护理学、精神护理学和社区护理学中，以家庭整体作为护理对象的家庭健康护理取得了一定的成效。

各国学者对家庭健康护理不断深入地研究和探索，他们通过著书、组织国家和国际性的家庭健康护理会议、开展关于问题家庭和幸福家庭的研究，形成了家庭健康护理理论，发表了关于家庭健康护理研究成果的论文，开发了家庭健康护理技术，逐步形成了家庭健康护理的理论知识体系。以 1988 年在加拿大发起的"国际家庭护理会议"和 1995 年 2 月美国创刊的《家庭护理杂志》为标志，推动了家庭健康护理的全球化发展。

📄 知识拓展

国际家庭护理协会

1988 年在加拿大阿尔伯塔省卡尔加里大学护理学院首次举行国际家庭护理会议（Family Care International Meeting），以后每隔 3 年举办一次，2003 年起改为每 2 年一次。会议的主要宗旨是讨论家庭健康护理相关问题，进行家庭健康护理相关研究成果的发表，表彰在家庭健康护理方面作出卓越贡献者等。2005 年第七次国际家庭护理会议后，协调委员会开始筹办国际家庭护理协会，于 2009 年召开的第九次国际家庭护理会议上诞生了"国际家庭护理协会"。

国际家庭护理协会（International Family Nursing Association，IFNA）每 2 年举办一次学术年会，为全球护理工作者提供一个分享家庭健康护理前沿研究成果的交流合作平台，旨在促进家庭护理在健康和疾病方面的照护，促进家庭护理研究人员、教育工作者和从业者之间的网络联系，建立传播有关家庭护理研究、教育和实践的信息机制，促进护理研究成果的利用，以改善家庭照护。

📄 知识拓展

家庭健康对话

家庭健康对话（family health conversation）是一种通过识别、利用家庭的优势和资源，为家庭提供支持的干预方法，由护士主导实施。家庭健康对话的结构包括 3 次对话和 1 封结束信。3 次 60～90 分钟的面对面对话，内容主要为家庭发现的问题，每次间隔 1～2 周，最后一次对话后的 2～3 周发送结束信。信中提供护士基于 3 次对话的思考，承认家属的痛苦，肯定其日常生活管理，强调家庭的力量和资源。家庭健康对话旨在使家庭建立对现有信念的认识，为家庭健康相关问题创造可改变的环境，创造新的信念、新的意义和新的可能性。

（二）我国家庭健康护理现状

家庭健康护理是我国社区护理工作的主要内容之一。家庭访视与居家护理是家庭健康护理的基本方法，如新生儿和产妇家庭访视，慢性病病人及严重精神障碍者的定期随访、居家护理等，都渗透着家庭健康护理的理念。但目前，在实际的社区护理工作中，家庭健康护理还只停留在将亲属作为病人的资源阶段，尚未全面开展以家庭为单位的健康护理服务项目。

随着我国人口老龄化，失能及慢性病人口数量不断增加，家庭护理需求量也日益增大。2016年国务院医改办等七部委发布了《关于推进家庭医生签约服务的指导意见》，在社区范围内推行家庭医生签约服务，由家庭医生团队为签约家庭及个人提供综合性、连续性、个性化的医疗卫生和健康管理服务。2022年，国家卫生健康委等发布的《关于推进家庭医生签约服务高质量发展的指导意见》强调，在确保服务质量和签约居民获得感、满意度的前提下，扩大签约服务覆盖率，逐步建成以家庭医生为健康守门人的家庭医生制度。到2035年，签约服务覆盖率达到75%以上，基本实现家庭全覆盖，进一步推进以家庭为单位的健康管理服务。此外，随着信息技术与健康管理的深度融合，互联网+护理服务可以为有健康需求的家庭提供健康咨询、慢病随访、护理上门服务等。

四、研究与热点问题

随着我国人口老龄化、慢性病负担日益严峻以及妇幼保健等需求持续增加，与家庭健康护理相关的研究越来越受到关注。家庭健康护理主要聚焦于家庭整体的健康、家庭成员间的关系，以及家庭与社会间关系的研究，如家庭功能的评估、家庭健康护理干预方法等研究。下面介绍常用的家庭护理实践理论模型及其相关研究。

（一）卡尔加里家庭评估和家庭干预模式及其相关研究

卡尔加里家庭评估模式（Calgary family assessment model，CFAM）和卡尔加里家庭干预模式（Calgary family intervention model，CFIM）由加拿大学者莱特（Lorraine M. Wright）和利希（Maureen Lechey）开发。CFAM是一个综合性、多维的框架，由3个类别组成，包括结构、发展和功能。在评估一个家庭时，护士首先需要评估其家庭结构，即家庭成员都有谁，家庭成员与家庭外成员之间的联系，以及家庭背景；其次，护士还需要了解每个家庭的发展生命周期，家庭每一个发展阶段都有特定的发展任务，家庭成员要为此做出调整和适应；最后，护士对家庭功能进行评估，以了解家庭满足各种需求以及实现目标的程度。CFAM在家庭护理实践中应用广泛，基于该模式框架对家庭进行评估，可以发现被评估家庭在家的结构、发展和功能方面的弱点和潜力，以帮助家庭解决与健康有关的问题。主要研究对象为老年暴力受害者、有自杀行为的病人、性别不一致的青少年、肿瘤病人、抑郁症病人等。如，基于CFAM对老年暴力受害者进行家庭评估，了解老年暴力受害者家庭的结构、发展和功能的缺陷及维护健康的潜力，以寻求对老年暴力受害者家庭实施精准干预的措施。

CFIM是护理领域出现的第一个家庭干预模式，越来越多的证据表明护理干预对家庭的重要性。CFAM和CFIM的应用通常是相伴而行，从基于缺陷和功能障碍的家庭评估转向加强基于复原力的家庭干预措施。CFIM是一个组织框架，是概念化家庭功能的特定领域（即认知、情感、行为）与卫生保健专业人员（如护士）提供的特定干预之间的交集。CFIM的要素包括干预措施、家庭功能的领域、契合度（即有效性）3个部分；它是一种基于优势和复原力的家庭干预模式，关注促进、改善或维持家庭的认知、情感和行为功能，通过一系列干预措施使家庭向解决影响健康问题的方向发展。干预内容主要包括社会支持网络构建、教育与培训、心理支持。干预效果的评价指标主要有病人的机体功能、自我护理能力、生活质量、家庭功能等。

（二）以家庭为中心的赋权模式及其相关研究

以家庭为中心的赋权模式（family-centered empowerment model，FCEM）由伊朗学者 Fatemah Ahlani 开发，是一种以家庭为中心"能力建设"的慢性病管理模式。该模式有四个步骤：确定感知到的威胁（小组讨论法）、自我效能感（解决问题法）、提高自尊（教育参与法）、过程和结果评估。通过赋予病人家庭参与治疗和护理决策的权利，提升家庭照顾者的照顾技能和水平，以提高家庭应对疾病的能力、提升病人的生活质量等。目前该模式已被国外学者运用于慢性病领域，有效改善了病人的生活质量。如以家庭为中心的赋权模式干预对慢性阻塞性肺疾病病人自我管理

笔记栏

能力和生活质量的影响；以家庭为中心的赋权模式干预对心肌梗死病人心理改善的有效性；以家庭为中心的赋权模式的支持对多发性硬化症病人家庭照顾者照护负担的影响等。干预效果的评价指标主要有生活质量、照顾者负担、心理健康等。

> ### 知识拓展
>
> #### 全面开展健康家庭建设
>
> 　　2024 年 1 月国家卫生健康委员会联合多部门下发《关于全面开展健康家庭建设的通知》。该通知强调要发挥健康家庭在推进健康中国建设、深化爱国卫生运动、促进人口高质量发展中的关键性作用，深入推进家庭健康促进行动，采取有效措施，高质量推进健康家庭建设。健康家庭是指家庭成员履行自身健康第一责任，掌握必备的健康知识和技能，践行文明健康绿色环保生活方式，传承优良家风家教，家庭环境卫生健康，家庭成员身体、心理和社会生活处于良好状态的家庭。
>
> 　　健康家庭建设的主要目标：①提升居民健康素养，到 2030 年，全国居民健康素养水平不低于 30%。②培育优良家庭文化，到 2030 年，注重健康的生活理念深入人心，新型婚育文化蔚然成风，生育友好的社会环境逐步形成。③培养家庭健康指导员，每个村（社区）配备 1~2 名家庭健康指导员，到 2030 年末，覆盖 100% 的村（社区）。④建成家庭健康服务阵地，到 2030 年末，家庭健康指导服务机构覆盖 90% 的村（社区）。⑤培树健康家庭典型，到 2030 年末，100% 的村民小组（网格）至少有一个健康家庭典型。
>
> 　　健康家庭建设的重点任务：提升家庭健康素养；营造健康家庭环境；培育优良家庭文化；健全健康家庭工作机制。

第二节　家庭健康护理的相关理论与应用

　　家庭健康护理相关理论的基础框架主要来源于社会学理论、家庭治疗理论和护理理论。常见的家庭健康护理相关理论有家庭生命周期理论、家庭压力应对理论和家庭抗逆力理论、家庭系统理论、家庭功能理论、家庭评估干预模式等。其中家庭生命周期理论、家庭压力应对理论以及家庭抗逆力理论在家庭健康护理实践中应用较为广泛，本节将从理论产生的背景、主要观点以及应用等方面进行详细的阐述。

一、家庭生命周期理论

（一）理论产生背景与主要观点

　　20 世纪 30 年代，社会学家希尔（Reuben Hill）提出了家庭生命周期理论（family life cycle theory），他认为家庭和人一样，也具有生命周期。20 世纪 50 年代，家庭生命周期理论被运用于家庭工作中。20 世纪 70 年代，家庭生命周期理论达到兴盛期，此期的代表人物杜瓦尔（Evelyn M. Duvall）提出了家庭生命周期概念，将家庭发展分为八个阶段。杜瓦尔认为家庭如同人的生命也有生命周期和不同发展阶段的需求，包括生理需求、文化规范以及人的愿望和价值观。家庭的发展任务可成功地满足家庭成员成长的需要，否则将导致家庭生活中的不愉快，并给家庭自身发展带来困难。杜瓦尔强调，家庭如同一个不断成长的整体，在家庭进入下一发展阶段前，家庭和家庭成员必须完成本阶段的发展任务，只有这样家庭才有能力完成以后各阶段的发展任务。

　　进入 20 世纪 90 年代，家庭治疗学发展了家庭生命周期理论。家庭治疗师卡特（Betty Carter）

笔记栏

和麦戈德里克（Monica McGoldrick）将家庭生命周期理论融入新元素，形成了个体、家庭和社会取向家庭治疗。她们将艾里克森（Erikson）的个体生命周期理论、杜瓦尔的家庭发展概念、催眠大师艾里克森（Milton H. Erickson）和结构派家庭治疗创始人米纽秦（Salvador Minuchin）的临床发现以及女权主义心理治疗的多种观点整合起来，形成一种新的观点。该观点认为家庭生命周期这一概念为人们提供了一个有用的框架，用来预见家庭经历的发展阶段。他们不是从病理或缺陷的角度看待家庭，而是主张从"问题出在以往的经历，现在试图去处理的任务，将来发展的方向"的角度认识家庭。卡特和麦戈德里克认为家庭在每一发展阶段都有一个情感过程的转变，同时必须经历一个次级变化，才能使家庭成员向健康方向发展。次级变化强调从行为、认知、情绪和关系等方面重新定义家庭系统，同时他们还强调家庭在保持其稳定性和连续性的同时，应完善并改变其结构。

沃尔思（Froma Walsh）和麦戈德里克发现，当家庭的两个非常重要的生命周期事件在时间上非常相近时，家庭成员出现健康问题的可能性会增大。例如，当一个家庭中同时出现祖父（母）去世和孩子出生，家庭的这两个生命周期事件相隔太近时，会加大家庭焦虑程度，处理不好则容易出现家庭健康问题。如果家庭在横向（家庭发展周期维度上的）和纵向（跨时代的，家庭历史中延续至今的各种关系、家庭历来的应对方式）的轴面上有足够的压力源，任何一个家庭都会表现出严重的功能障碍。如果家庭的纵轴上已经存在重大的压力源，横轴哪怕是非常微小的压力源，也会给家庭带来很大的破坏。家庭能否妥善处理生命周期转换阶段的决定因素有：产生的焦虑在纵轴和横轴上何处积聚、家庭如何与各种系统产生互动、家庭成员如何相互支持或互为障碍。

（二）家庭发展阶段的划分

学者们一致认为家庭与人的生命周期一样也存在周期性，而且有多个发展阶段。但是由于学者的专业背景不同，促使他们从各自专业的角度（如社会学、家庭社会学、家庭治疗学等）划分家庭发展阶段（family developing stage）。

1. 杜瓦尔的家庭发展八个阶段 家庭社会学者杜瓦尔将家庭发展分为八个阶段，提出了各阶段家庭需要完成的发展任务以及社区护士的保健工作，强调如果家庭没有完成某一阶段的发展任务，必定影响以后各阶段的发展（表 4-1）。

表 4-1 杜瓦尔家庭发展八个阶段

发展阶段	定义	发展任务	保健项目
新家庭	男女结婚建立的家庭	1. 发展夫妇间亲密关系 2. 适应新的人际关系 3. 分享价值观、承诺及忠诚 4. 夫妇生活方式的适应 5. 生育孩子的决定和准备	1. 性生活指导 2. 计划生育指导 3. 心理沟通指导 4. 人际关系指导
孩子诞生家庭	最大孩子从出生至30个月的家庭	1. 父母角色的适应 2. 婴幼儿的养育 3. 产后恢复 4. 稳定婚姻关系的维持	1. 围生期保健指导 2. 新生儿和婴幼儿营养指导 3. 预防接种指导 4. 哺乳期性生活指导 5. 压力应对指导
学龄前儿童家庭	最大孩子介于2岁半至6岁的家庭	1. 儿童意外事故和传染病预防 2. 儿童身心健康发育的促进 3. 美满婚姻的维持	1. 儿童意外事故防范的宣传 2. 儿童传染病的预防 3. 儿童生长发育的监测 4. 儿童良好习惯的培养

笔记栏

续表

发展阶段	定义	发展任务	保健项目
学龄期儿童家庭	最大孩子介于6岁至13岁的家庭	1. 儿童学习生活适应的帮助 2. 意外事故的预防 3. 良好婚姻的维持	1. 引导儿童正确应对学习压力，社会化合理指导 2. 儿童安全教育 3. 养育子女与工作间平衡维持的指导
青少年家庭	最大孩子介于13岁至18岁的家庭	1. 开放性母子和父子关系的维持 2. 孩子的性教育 3. 孩子的自由与责任平衡教育 4. 孩子婚姻生活责任感的教育	1. 亲子代沟所致的沟通问题指导 2. 青春期教育及性教育 3. 自由与责任之间平衡的督导与训练
孩子创业家庭	最大孩子离家至最小孩子离家的家庭	1. 鼓励认同孩子的独立 2. 重新适应婚姻关系 3. 照顾关心高龄父母	1. 亲子沟通指导 2. 婚姻再适应指导 3. 高龄老年人的保健指导
空巢家庭	所有孩子离家至家长退休的家庭	1. 巩固婚姻关系 2. 与新家庭成员建立关系 3. 应对更年期问题 4. 慢性病防治 5. 做好退休准备	1. 更年期保健 2. 定期体检 3. 心理咨询
老年家庭	退休至夫妇逝世的家庭	1. 退休后生活的适应 2. 经济收入变化的应对 3. 维持配偶及个人的功能 4. 面对配偶及亲友的死亡	1. 生活方式指导 2. 慢性病防治 3. 自理能力及社交能力指导 4. 孤独心理辅导 5. 临终关怀

2. 卡特和麦戈德里克的家庭发展六个阶段　家庭治疗学者卡特和麦戈德里克将家庭发展分为六个阶段，主要从家庭婚姻的角度阐述了家庭各发展阶段中家庭成员的情感变化及主要原则，以及家庭成员在各个发展阶段应注意的问题（表 4-2）。

表 4-2　卡特和麦戈德里克家庭发展六个阶段

家庭发展阶段	家庭转变阶段的情感过程与主要原则	与发展相对应的家庭状态的次级改变
离家（独身的年轻人）	接受自我在情感和经济上的责任	1. 自我与原生家庭的分离 2. 发展与同龄人之间的关系 3. 在工作和经济独立方面确立自我
新婚的家庭（新婚夫妇）	对新系统（新家庭）的承诺	1. 婚姻关系的建立 2. 与延伸家庭、朋友重新组合人际关系，以接纳新的夫妻关系
有年幼孩子的家庭	接受新成员进入家庭	1. 调整婚姻关系，为孩子留出空间 2. 共同承担养育孩子的任务、支撑家庭经济和做家务 3. 与延伸家庭关系的重新调整，以接纳为人父母和祖父母的角色

续表

家庭发展阶段	家庭转变阶段的情感过程与主要原则	与发展相对应的家庭状态的次级改变
有青春期孩子的家庭	增加家庭界限的灵活性，以允许孩子的独立，接纳祖父母的衰老	1. 调整亲子关系，使青春期孩子能够自由进出家庭系统 2. 重新聚焦婚姻和职业问题 3. 开始照顾老一代人
孩子离家生活	接受家庭系统的大量分离和加入	1. 重新审视二人世界的婚姻系统 2. 与成年子女和父母之间发展成年人对成年人的关系 3. 调整关系以融入和适应子女的配偶、孙辈与姻亲等角色 4. 处理父母（祖父母）的衰老和死亡
生命晚期家庭	接纳代际角色的变化	1. 面对生理上的衰老，维持自己和伴侣的功能和兴趣 2. 为扮演更为核心角色的中年一代提供支持 3. 在家庭系统中为年长一代的智慧和经验留出空间，支持年长一代，但不包办代替 4. 应对失去配偶、亲属及朋友的痛苦，为自己的死亡做准备

3. 金川克子的家庭发展四个阶段　日本护理学者金川克子将家庭分为四个发展阶段，并从护理的角度归纳了各发展阶段的家庭常规变化和家庭变化中常规出现的发展任务（表4-3）。

表4-3　金川克子家庭发展四个阶段

家庭发展阶段	家庭出现的常规变化	家庭面临的发展任务
形成期	结婚、妻子妊娠	1. 新婚生活的计划与适应 2. 性生活的适应与计划生育 3. 经济基础的确立 4. 健康保持与家务活的适应 5. 妊娠与生产的准备
扩张期	子女的出生	1. 保持正常的家庭生活 2. 经济基础的维持与强化 3. 养育子女社会化 4. 建立健康的父子或母子关系 5. 夫妻情感的维持 6. 减轻母亲育婴负担
收缩期	子女独立	1. 家庭生活的重新计划和适应 2. 独立或结婚的孩子与父母关系 3. 中年夫妻关系 4. 中年期的健康管理
衰弱期	退休、夫妻一方去世	1. 退休生活的适应 2. 经济变化的应对 3. 生活范围缩小所致社会孤立感的应对 4. 家庭角色变化的应对

（三）理论的应用

家庭各发展阶段有其相应的发展任务，在多元文化的社会，家庭有各自不同的特点，作为社

笔记栏

101

区护士应了解和掌握这些内容，进行个性化和有针对性的家庭健康护理。护士要综合各种理论关于家庭发展不同阶段家庭存在的发展任务，进行相应的护理和保健指导。

1. 结婚或妻子妊娠的形成期家庭 其重点保健指导内容包括婚前健康检查、性生活指导、计划生育指导、新婚期和孕期保健指导、心理咨询等。

2. 子女出生的扩张期家庭 其重点保健指导内容包括母乳和人工喂养、婴幼儿营养监测以及促进生长发育、良好习惯形成、意外事故防范、哺乳期性指导、预防接种、健康生活指导、正确应对学习压力与合理社会化的指导、青春期教育及性教育等。

3. 子女独立的收缩期家庭 其重点保健指导内容包括定期体检、围绝经期保健、消除孤独感、心理咨询等。

4. 退休或老夫妇一方去世的衰弱期家庭 其重点保健指导内容包括改变不良生活方式、防治慢性病、防止药物成瘾、意外事故防范、孤独心理照顾、提高生活自理能力及社会生活能力、丧偶期照顾、临终关怀等。

二、家庭压力应对理论

（一）理论产生背景与主要观点

家庭面临各种各样的压力，家庭压力应对理论（family stress coping theory）阐明了家庭如何应对这些压力。该理论最初的研究者是美国的家庭社会学者希尔。第二次世界大战时，美国部分家庭中的丈夫或父亲出征，导致其家庭面临生活上的困难以及战后军人复员家庭重新组合的状况。希尔跟踪调查了有出征人员的 135 个家庭，研究了这些家庭面临的危机以及应对危机的过程，于 1949 年发表了著作 *Families Under Stress: Adjustment to the Crises of War Separation and Reunion*。希尔通过研究提出了过山车模式和 abcX 模式。此后，也有许多社会学者对家庭压力进行研究，取得了一些成果，其中最有代表性的是美国的麦卡宾（Hamilton I. McCubbin）。他从更加长远的角度分析了家庭压力，得出双重 ABCX 模式，此后的研究又追加了家庭压力下的调整和适应性反应模式，并提出了家庭应对的概念，解释了家庭适应。

1. 过山车模式 该模式用于描述家庭发生危机直至恢复的过程。图 4-2 的横轴表示时间，纵轴表示家庭重组水平。通过家庭危机、解体期、恢复期和再重组表示家庭面临危机的解体恢复过程。

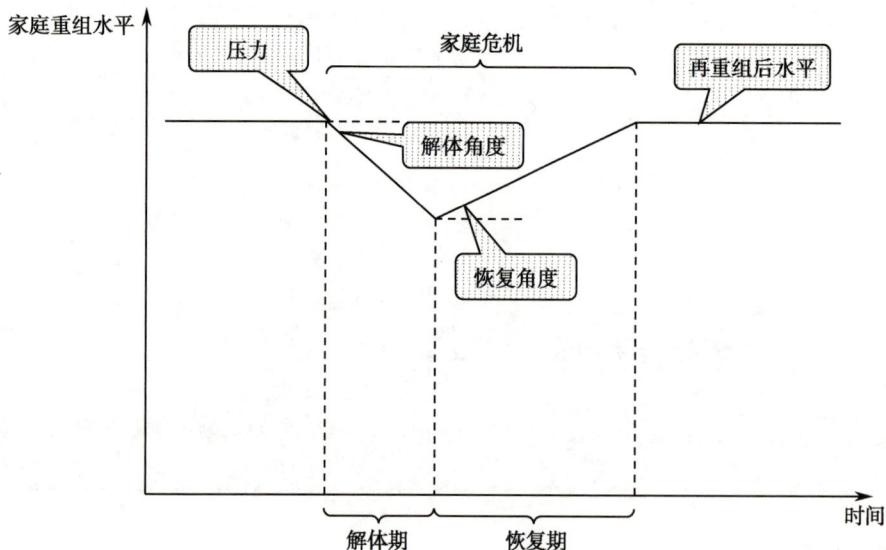

图 4-2 过山车模式

2. abcX 模式 a 表示压力源事件，即可能改变个人及家庭系统积极或消极状态的事件，可以是单一事件（如家庭成员的死亡），也可以是持续的挑战（如经济困难）；b 表示家庭应对危机所具有的资源，这些资源可有效帮助家庭整体及内部成员缓解困境、解决问题，增强家庭的应对策略，包括家庭内部整体资源，即家庭沟通能力、家庭功能，以及外部资源如社会支持等；c 表示家庭对事件的认识，对压力源事件的认知与评价；X 表示家庭危机。该模式诠释了家庭发生危机的过程，即 a 和 b、c 的相互作用，产生 X。该模式强调家庭产生压力或发生危机取决于两个变量，即家庭资源和家庭成员对事件的认识，并不是某些事件直接导致的结果。

3. 双重 ABCX 模式 图 4-3 的横轴表示时间，分为前危机阶段和后危机阶段。前危机阶段保留了 abcX 模式。后危机阶段显示的是应对危机的一个适应过程，其中 aA 表示压力源积累，bB 表示已存在或新增的家庭应对行为，cC 表示开始的认知、附加压力源以及新旧资源和恢复平衡的因素，xX 表示家庭适应的结果。该模式的宗旨是用"适应"这一概念说明希尔的重组化过程。与希尔理论相比，该模式引入了时间序列概念，同时考虑到危机前以及危机后的相关因素，并聚焦在压力累积所产生的各种可能效应，能解释家庭长期压力的影响。

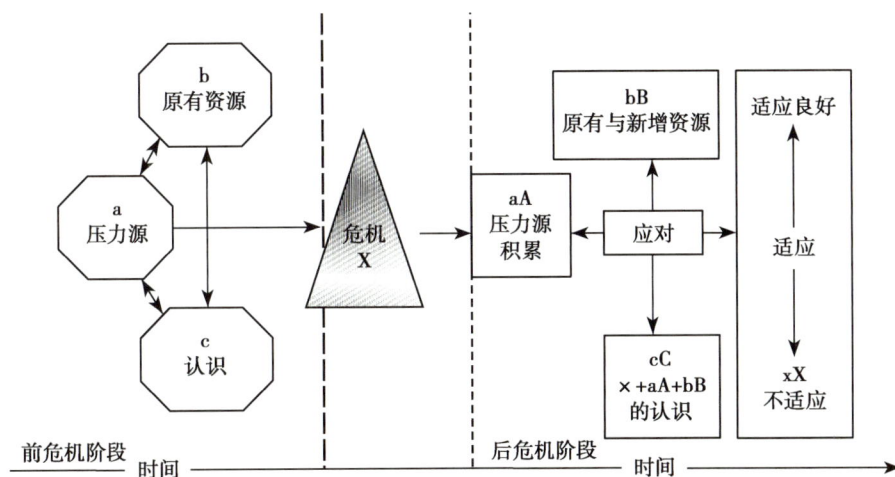

图 4-3 双重 ABCX 模式

4. 家庭应对与家庭适应 家庭应对（family coping）是指每个家庭成员或家庭整体所做出的行动反应，即通过认识、资源和应对行动的相互作用，保持处于危机状态下家庭功能的平衡。例如家庭通过获得或开发社会、心理和物资等资源，解除压力源，处理困难状况，解决家庭内部纠纷，缓解家庭紧张和促进家庭适应。家庭适应（family adaptation）是指家庭为了维持家庭成员与家庭、家庭与社区这种双重功能平衡而做出的努力。家庭适应行动的目标有五方面，即避免或解除家庭压力源和紧张、困难状况的管理、家庭系统的整合、家庭动力的维持、调整后家庭结构变化的适应。

（二）理论的应用

当家庭处于危机（压力）状态时，需要护士的援助。护士可运用家庭压力应对理论的相关知识，采用全面的视角，对家庭所面临压力的种类、性质、发生和发生后的过程、结果以及所拥有的资源进行动态评估，进而采取有针对性的家庭健康护理措施。此外，家庭压力应对理论还可以帮助护士判断家庭危机的发展阶段，以利于护理该阶段家庭成员，提高其应对问题的能力，增强其生活能力。理论的应用也能帮助社区护士选择适当的援助方法，挖掘成员促进家庭健康的各种潜力，促进其发挥作用。在家庭健康护理实践中，该理论被广泛应用于临床护理、护理管理、慢性病管理等领域。

笔记栏

三、家庭抗逆力理论

（一）理论产生背景与主要观点

抗逆力（resilience），国内学者一般将其译为"心理弹性""心理韧性""复原力"或"韧力"。抗逆力最初是指个体面对逆境时克服困境、适应良好的能力，也指调适逆境的过程、能力和结果的综合。但是，有关个体抗逆力的研究最初只是把家庭视为个人抗逆力形成的背景性环境因素，并未关注家庭本身。20世纪60年代后期，抗逆力理论在家庭治疗领域受到重视。20世纪80年代，麦卡宾（McCubbin）夫妇等学者提出，家庭是一个复杂的组织体系，不应被简化为个体抗逆力的因子之一。抗逆力的研究应超越个体观点，把家庭视为一个整体单位，从家庭的各个重要层面研究家庭抗逆力的特性。20世纪90年代，抗逆力的概念被家庭压力与应对的研究者所接受，逐渐成为家庭层面的概念。

麦卡宾等人提出的"家庭调整与适应的抗逆力模型（简称家庭抗逆力模型）"，是在双重ABCX模型、家庭优势研究以及家庭抗逆力模型前身的积累基础上，经过两次修订，于1996年形成最终版本。麦卡宾认为，家庭抗逆力是家庭功能的自我调节过程，是家庭成员在面临压力情境时，采取积极行为模式和应对策略，使家庭功能作为一个整体，尽可能地恢复生机，确保和恢复家庭成员幸福的复原能力。家庭抗逆力的框架是以家庭系统理论为基础的，家庭功能与更广泛的社会文化背景、家庭生命周期息息相关，而风险和抗逆力也受到个人、家庭以及更大社会系统与文化等因素的影响。

家庭抗逆力模型包括了调整阶段与适应阶段，家庭生活中出现的大部分压力源，家庭只需要对其进行简单调整，就能够重新回到平衡和谐的状态，因此，家庭只需要经历调整阶段。但当家庭面临重大创伤性或灾难性的压力事件或同时面临多个压力事件时，家庭需要经历家庭适应阶段，使家庭从根本上发生改变，才能促使家庭重新适应此变化。

1. 家庭调整阶段 调整阶段包括了家庭压力源、家庭脆弱性、已建立家庭运作模式、家庭资源、家庭对压力源的评估、家庭解决问题与应对、家庭调整结果。在家庭抗逆力模型的调整阶段，家庭压力源、家庭脆弱性与已建立家庭运作模式相互影响，进而共同与家庭资源、家庭对压力源的评估以及家庭解决问题与应对相互作用，所有的这些因素通过相互作用决定了家庭的调整结果。

2. 家庭适应阶段 家庭适应阶段是家庭抗逆力模型的重点，它包括了多个家庭危机后促进适应的家庭特征和相互作用过程。当家庭面对压力性情境时，不适当的家庭运作模式会导致家庭进入危机状态，家庭的这种状态会被同时存在的累积的要求所激化，推动家庭整体及其成员经历一系列的变革，从而通过努力达到一个和谐与平衡的适应水平。在麦卡宾的家庭抗逆力模型中，家庭特征包括新建立的运作模式、复原的和保留的运作模式、家庭自身的内部资源、支持系统、家庭情境评价、认知系统、解决问题与应对能力。随着时间的推移，家庭会一直调整自身的家庭抗逆力，表现为家庭抗逆力模型中特征的动态变化以及特征彼此之间的相互作用。如果调整过程中家庭依旧处于不适应的状态，调整过程会一直循环往复，直到家庭达到适应状态，即实现家庭内部人际关系的和谐、家庭结构与功能的平衡、成员健康与家庭发展的协调、家庭与社区以及自然环境之间的共生。

（二）理论的应用

家庭抗逆力在临床医疗与社会服务领域具有较高的应用价值，被广泛用于解决各种家庭问题，包括突发危机、创伤、药物滥用以及慢性非传染性疾病带来的持续性多重压力症状等。家庭抗逆力框架适用的人群、家庭包括单亲家庭、丧失亲人的家庭、慢性病病人家庭、罕见疾病病人家庭、遭受重大灾难的家庭、城乡流动人口家庭等。家庭抗逆力理论的适用范围广泛，对于不管是个人危机还是环境因素所导致的家庭困境，都有积极的调整、疗愈和促进发展的作用。家庭抗

笔记栏

逆力的评估可以在家庭层面和其他家庭成员交互作用的环境中进行，一个家庭能够实现教育、社会化、经济支持、保护脆弱成员等关键功能的程度可用来衡量其抗逆力。

家庭抗逆力的发展是动态变化的，必须考虑家庭随着时间的推移，其运行方式、生活的复杂背景、风险和保护机制之间的微妙平衡。此外，家庭抗逆力是多系统的，受到多维因素的影响，可在临床与社区实践中制订关键策略以提高家庭抗逆力。如鼓励家人和社区成员相互帮助与支持，在解决当下问题的同时，强化人际关系并加强相互合作，获得更多资源，共同参与问题的界定、发展认知、设定目标等。家庭、同辈群体、社区资源、学校或工作环境以及其他社会系统被视为培育和维持抗逆力的嵌套背景。在这些系统中，社区是家庭赖以生存的基本单位，也是帮助家庭应对压力的资源，尤其是对于遭遇创伤事件、公共灾害等困境的家庭。所以，加强以社区为基础的多系统介入，采取社区层面的干预，提供针对性的服务，帮助家庭和社区恢复需求与能力的平衡，从而让困境家庭从中受益。

第三节　居 家 护 理

随着人口老龄化和慢性病的增多，以医院为中心的医疗卫生服务模式已难以满足病人长期、连续的健康照顾需求。居家护理作为医疗机构服务的延伸，可以为有照护需求的病人提供专业、便利的护理服务。居家护理是在有医嘱的前提下，由社区护士为社区中有疾病的个体在其家庭中提供保健、康复与治疗等服务的一种护理模式。也是对有后续护理需求的个体及其家庭，在居家环境中，对其提供定期性的专业护理服务，并达到健康促进、健康维护与疾病预防的目标。

一、居家护理的目的与意义

居家护理主要有两种形式，即家庭病床和家庭护理服务中心。国外多设立专业的居家护理机构为家庭中需要护理服务的人提供护理，护理费用从医疗保险中支付，如美国的家庭服务中心、日本的家庭访问护理中心。我国目前居家护理多数以家庭病床的形式存在，主要由社区卫生服务中心组成服务团队开展家庭病床工作，其相关费用多数地区尚未纳入医疗保险。

居家护理是适应社会需求的一种主要的社区护理工作方法，是医院住院服务的院外补充形式。护理人员应用护理程序对居家个案进行管理，其目的是为病人提供连续性治疗与护理，使其出院后仍能得到专业支持和全面照顾；缩短病人住院日，提高病床利用率，减少医疗费用支出；提高家属照顾病人的意识，使之学会相关护理知识与技能；降低出院病人再住院率及急诊的就诊率，减少家庭经济负担；同时，扩展护理专业领域，促进护理专业的发展。

二、居家护理程序

（一）居家护理评估

居家护理评估一般从病人建立家庭病床或得到居家护理中心批准的服务开始，并在实施护理的过程中不断完善。主要评估内容如下：

1. 病史　现病史、既往史、预防接种史、用药情况以及申请居家护理的主要原因；主要临床症状和体征；实验室检查结果；并发症；有无感、知觉障碍等。

2. 日常生活情况及心理社会史　生活习惯，如饮食、睡眠、运动、嗜好及每日时间安排等；日常生活能力，如更衣、清洁、排泄、活动及各种用具的使用能力等；性格、兴趣、爱好等；个人信仰；认知及判断能力；工作性质及内容；疾病对工作的影响程度。

3. 家庭环境情况　家庭成员的构成和数量、姓名、年龄、性别、健康状况、成员间的关系等；家庭成员的护理能力，承担病人护理的主要家庭成员的意愿、理解力、判断力、掌握护理知识的程度和护理能力；如为单身居住者，有无其他的支持系统；病人的居住条件及居住环境，如有无医疗护理设备的空间，有无卫生间及浴室，家庭环境中有无进一步危害病人身心健康的因素等。

4. 社会经济情况 所在社区的医疗卫生组织情况，对病人的医疗护理服务是否完善；病人家庭是否有经济困难，能否继续接受居家护理服务等；利用社会福利资源的情况。

5. 资源使用情况 家庭资源，如经济支持、精神支持、医疗处置、信息或教育的支持；社区资源，如公共设施、医疗卫生、人力、文化、教育等资源。

（二）居家护理诊断

根据居家护理评估结果确定病人存在或潜在的健康问题，护理诊断名称参照北美护理诊断协会（North American Nursing Diagnosis Association，NANDA）护理诊断一览表（2021—2023），包括健康促进、营养、排泄/交换、活动/休息、感知/认知、自我感知、角色关系、性、应对/压力耐受性、人生准则、安全/保护、舒适、生长/发展共13个领域的护理诊断。较为常见的护理诊断包括健康自我管理无效、尿失禁、便秘、躯体移动障碍、有失用综合征的危险、有跌倒的危险、有压力性损伤的危险、皮肤完整性受损、慢性疼痛等。

（三）居家护理计划

居家护理计划包括决定居家护理活动的先后顺序、制订预期目标、选择恰当的护理措施等。

1. 决定居家护理活动的先后顺序 居家病人可能有多种护理需求，但在具体实施护理的过程中往往不能在同一时间满足病人的全部需要。因此，护士应根据病人的具体情况及意愿，按照人的基本需要理论，优先解决病人最紧急、最重要的健康问题。

2. 制订预期目标 护理目标是对希望达到的护理效果的准确描述。目标的设定应以服务对象的功能、行为改变、知识增加、情感的稳定为中心，并且是可测量的。居家护理目标分为近期（短期）目标和远期（长期）目标。近期目标是针对某一护理诊断，病人分阶段所能达成的目标，是一系列护理活动所引起的病人行为的具体改变。远期目标是对某一护理诊断，病人所能达成的最佳护理效果的描述，是各个分阶段的近期目标达成后的最终结果。对于居家病人，在设定护理目标时要注意近期目标与远期目标的结合，这样不仅能保证护理目标明确，而且增加了病人达到目标的信心，有利于病人的康复。

3. 选择适当的护理措施 护理措施是护士为帮助护理对象达到预期目标所采取的具体方法。护理措施要具体可行、有针对性和指导性。在制订护理计划阶段，应充分评估病人及其家庭情况，鼓励病人及家属参与拟定计划，以确保护理计划顺利实施。

（四）居家护理实施

1. 非治疗性护理

（1）家庭环境适应性改变的指导：护士应指导家属根据居家病人的病情或机体功能状态以及家庭居住条件的现状，对家庭的自然环境，如卧室、卫生间、厨房等和社会环境进行适应性改变，以符合病人的需要。如病人下蹲困难，把蹲式便器改为坐式便器。家庭社会环境的改变主要包括家庭氛围、角色等调整，如一位患糖尿病伴有严重并发症的母亲生活不能自理，其原有的妻子、母亲的角色会逐渐退化，护士可指导其家庭成员承担相应的职责。

（2）生活护理与指导：对生活自理障碍者，居家护理人员要督促、协助、料理病人的生活，包括饮食、睡眠、环境、卫生等。①饮食方面：在烹调食物时，应注意结合病人的口味、习惯及牙齿状况，安排适宜的进餐时间及环境，鼓励病人自行进餐。②睡眠方面：对存在睡眠障碍者，应指导照护者合理安排病人的日间活动，晚上则调暗灯光，去除噪声，适当采用药物治疗。③环境方面：保持室内的温度、湿度适宜，经常通风换气，保持空气新鲜，减少周围环境的噪声。④卫生方面：应帮助病人做好口腔、头发、皮肤、会阴以及衣服、被褥等的清洁卫生工作，保持病人的清洁与舒适。⑤体位方面：对于活动受限的病人，应协助病人保持良好的体位与姿势，维持关节的功能，可通过主动及被动运动维持肌肉的张力，防止肌肉萎缩。

（3）居家康复指导：根据病人的情况对病人进行有针对性的康复锻炼指导，防止畸形或残障进一步加重，预防并发症的发生，尽可能地让病人保持或恢复自理能力。对生活不能自理的病人，应进行生活自理能力的训练，可选择与日常生活密切相关的活动，如进食、穿衣、洗漱、做家务等进行训练。康复也包括身体各主要系统及器官的功能恢复，如慢性阻塞性肺疾病的病人进行缩唇呼吸、腹式呼吸功能锻炼和咳嗽排痰训练，大小便异常的病人进行排泄功能的训练等。

2. 治疗性护理

（1）伤口护理：如糖尿病足、肠造口、压力性损伤、外伤及其他原因所致的伤口换药，指导病人及家属对创面进行观察和护理。

（2）管道护理：如鼻胃管、导尿管、造瘘管、气管切开套管和 PICC 导管等，应教会病人及家属对导管的日常护理，以及出现问题时应对的方法，遇到困难时的联络方式和联系人。

（3）用药护理：指导和督促病人按医嘱定时服药，并确保用药安全。

（4）其他护理：如灌肠疗法、吸氧、吸痰、会阴冲洗、雾化吸入疗法、体位引流、膀胱训练、腹膜透析等的护理。

ER4-2
社区医院 PICC
新技术及带管注
意事项

（5）采集标本并送检：在有医嘱的前提下进行，如采集血液、尿液、痰及粪便等标本，及时送检。

（6）疾病危象或急性发作的预防：根据病人的发病史、慢性病急性发作的特点以及可能发生的危象，对病人采取相应的预防性措施。如糖尿病病人低血糖和酮症酸中毒的预防、冠心病病人心绞痛的预防等。

（7）指导病人及家属正确使用医疗护理器械：若病人病情需要使用医疗护理器械，应向病人及家属详细介绍器械的使用方法、注意事项、发生紧急情况时的应急措施及器械的消毒等。居家护理人员要定期检查器械的完好性，评估器械的使用效果。

3. 心理护理与情感支持 居家护理人员应给予服务对象特别的关心，经常主动与之沟通，若发现心理问题，应有针对性地提供专业支持，改善病人的情绪与心境。同时可鼓励病人积极参加一些力所能及的家庭或社区活动。

4. 应急救护指导 向病人及家属介绍居家护理的局限性，介绍病人的病情、可能发生的紧急情况及发生紧急情况前可能出现的先兆等。指导病人如何进行自救及求救。

5. 为照护者提供支持 照护者由于长期照顾病人，他们的心理及生理健康会受到不同程度的影响。社区护士应给予照护者多层次、多方面的支持与服务，缓解照护者生理、心理上的负担，提高其照护技巧，从而提高日常照护质量。

6. 各类型病人居家护理的重点

（1）慢性病和出院后需要恢复的病人：预防和减少身体残疾的发生，维持机体或器官的功能，促进病人保持正常生活及社会功能。

（2）残疾人：借助各种康复辅助用具进行功能训练、相应的护理及康复训练，以达到生活自理的目的。

（3）临终病人：控制疼痛，对其他症状进行相应的护理，提高病人的舒适度和生命质量，做好各种基础护理，尊重病人的权利，维护其尊严。

（4）长期卧床病人：积极努力帮助病人预防因卧床而引起的各种并发症，减少伤、病、残者的身心和社会功能障碍。

（五）居家护理评价

1. 评价的方法与内容

（1）随时评价：随时评价是每次进行居家护理时的评价。重点是测量日常护理活动和功能，强调及时收集和分析资料，可随时发现问题，及时调整护理计划，不断完善护理活动。

（2）定期随访性评价：定期随访性评价是每隔 1～2 个月对接受居家护理的病人进行一次全面的评价，以评价每个病人接受居家护理后有无改善。评价内容包括：①主观资料，病人的主

笔记栏

诉、自理能力及日常生活能力等。②客观资料，病人的生命体征、体重、机体的功能状态、行为、康复治疗评定、实验室检查、医师会诊报告等。根据所收集的资料重新评估病人的情况，包括之前的护理措施是否有效、病情的稳定情况、对治疗的反应情况、药物治疗的效果、是否出现新问题等，根据评价的结果修订护理计划。

（3）年度总结性评价：对长期接受居家护理的病人，至少每年要进行一次回顾性总结评价，即年度总结性评价。评价的内容包括：①病人病情的总结性评价，包括对一年内病人病程的描述、症状及体征的评价、化验结果的分析、治疗措施及效果的总结、健康教育效果的评价等。②病人身心的全面回顾与总结，包括对病人各功能、生活能力、饮食与营养、自护能力等方面的总结，对病人康复能力的总结及评价，对社交情况、家庭情况、家庭支持方面的回顾及总结。③对其他情况的总结评价，包括评价病人是否需要持续性的居家护理，是否需要转诊服务，是否需要经济援助等。

2. 评价的注意事项 居家病人的护理评价应贯穿在整个家庭护理过程中。①在评估阶段，评价所收集的资料是否全面完整、是否有利于确定病人的主要健康问题。②在计划阶段，评价护理计划的制订是否考虑到家庭的资源优势、家庭成员是否配合。③在实施过程中，运用评价标准评价护理措施。还应评价居家护理进行的是否顺利、阻碍居家护理执行的因素是什么、如何克服这些阻碍因素。此外，社区护士也应对自己的工作进行评价。

3. 评价结果 有三种评价结果：①修改计划，旧的问题解决后又出现新的问题时，或者以前的护理诊断存在问题时，均应重新修改计划；护理计划中的任何一部分都有可能根据评价结果进行修改。②继续执行计划，如果护理评价的结果是没有实现预期的目标，继续收集的资料仍然支持已经作出的护理诊断/问题时，需要继续执行计划。③结束计划，居家护理病人的预期目标已经达到，其需求得到满足且不再需要护理干预时，终止居家护理计划，结束居家护理服务。

三、居家护理问题与规范化管理

（一）居家护理问题

目前，我国居家护理尚处于初步探索阶段，仍存在一些问题，主要包括以下四点。①政策、资源不足：居家护理服务项目未完全纳入医保，在一定程度上制约了居家护理的发展和普及；社区卫生对居家护理投入少、居家护理人员相对不足。②服务质量管理体系不完善；居家护理服务项目内容、服务流程、操作规范、服务质量评价等缺乏统一的标准。③护士安全保障机制缺乏：居家护理环境存在特殊性，多数情况护士要独自家访，在服务过程中以及家访交通安全等方面存在一些安全隐患。④服务安全风险管理不足：缺乏风险管理机制和风险防范相关培训，包括护士在服务过程中的安全风险管理和病人接受居家医疗护理服务过程中出现不良反应或突发事件的应急预案制订。

（二）居家护理规范化管理

由于居家护理的服务内容、服务流程、服务要求以及服务保障等相关内容尚缺乏统一标准，使得居家护理长期以来难以规范化管理。为使居家护理工作正常运行，使病人得到高质量的居家护理服务，须建立一套完善的居家护理服务规范和质量管理体系。2020年，深圳市发布了《居家护理服务规范》地方标准，明确了居家护理的内涵、服务原则、服务内容、服务要求、服务流程以及服务保障等。2023年9月，针对居家养老上门服务的首个国家标准《居家养老上门服务基本规范》（GB/T 43153—2023）正式发布，该标准对居家养老上门服务的组织机构及服务人员要求、服务内容、服务流程、服务评价等内容进行界定，这对于推动居家养老服务标准化、规范化、专业化发展具有现实意义。

1. 家庭病床建立与管理 在家庭提出申请的前提下，社区医生和护士查阅居民和家庭健康的档案以及问诊、查体和家庭观察记录，对居家病人进行全面评估，判断是否符合居家护理条件、是否有助于改善病人的生活质量，确定是否建立家庭病床。建立家庭病床时，首先与病人及家庭签订居家护理服务协议书，明确护患双方的责任与义务，然后根据评估资料与病人及家属一起制订居家护理计划。根据病人病情确定医护人员随访间隔时间。首次家访时需要对家庭中病人疾病情况、自理能力、生活习惯、居家环境等进行全面评估，填写居家护理首次护理评估单，以后的随访和护理根据医嘱进行，如发现病情特殊变化，需要访视护士及时与医生联系进行家访。每次随访时都要对居家病人进行评估，判断原有健康问题的解决情况以及是否有新出现的健康问题，评价居家病人接受居家护理后有无改善，并针对问题提出相应的解决办法，做好护理记录。如居家病人病情变化需要转诊，则根据转诊制度进行办理。

2. 居家护理环境管理 社区护士督促并指导家属针对病人情况进行家庭环境的适应性改变。病人及家人努力做到居室整洁、安静、舒适、安全，为病人提供良好的休养环境。

3. 居家护理操作管理 社区应建立居家护理操作规程，护士应熟练掌握各项操作技术，严格按操作规程完成各项护理操作。居家护理操作规程应重点注意家庭护理时的无菌观念，严格执行无菌技术操作，妥善处理操作后的物品。目前我国的家庭护理操作规范及质量评价体系有待建立和完善。

4. 居家护理安全管理 包括护理安全和病人安全。在接受居家护理前，机构应先对服务过程中居家护理团队可能面临的风险进行评估，包括服务环境、服务对象情绪、服务对象的社交支援、有无传染性疾病等，根据风险评估结果确定单人家访、双人家访或转介其他服务机构。护士家访路途中应注意交通安全。病人安全管理的范围有：①居家环境的安全管理，如防滑地板、墙壁扶手等。②医疗器械及设备的安全使用，如雾化器、轮椅等的安全使用。③操作的安全管理，如严格执行查对制度、无菌操作规程、医疗废物分类处置、无菌物品及一次性医疗物品的安全管理等；对传染性疾病病人护理时，执行消毒隔离制度，对房间空气、污染的物品表面、餐具等进行严格消毒。④药品安全管理，慢性病病人可能长期服用某些药物，应检查药品的种类、数量，有无过期变质现象及药物储存方法是否正确等。

5. 居家护理的考核与监督管理 定期调查居家病人及其家属对护理服务的满意度，调查居家护理服务质量及差错和事故的发生率，调查疾病的控制率、复发率和再住院率等。

第四节　家庭健康护理循证实践

目前，国内外学者开展了多种类型的家庭健康护理循证实践研究。本节以脑卒中病人家庭健康护理循证实践案例为切入点，阐释循证护理实践过程。

一、循证问题

脑卒中是一种急性起病的脑血管疾病，具有高发病率、高致残率、高死亡率、高复发率、高经济负担五大特点。脑卒中影响着全球 6 200 万人，是全球第二大死亡原因，也是全球第三大致残原因。脑卒中是我国成人致死、致残的首位病因，现患人数居世界首位。在中国，40~74 岁居民首次脑卒中标准化发病率平均每年增长 8.3%，且发病平均年龄为 66.4 岁，比欧洲人的发病平均年龄小了近 10 岁。《中国脑卒中防治报告（2023）》指出，我国 40 岁及以上脑卒中人群现患人数达 1 242 万，且发病人群呈现年轻化趋势。全球疾病负担研究显示，我国总体脑卒中终生发病风险为 39.9%，3 个月缺血性脑卒中复发率为 6.8%。大多数脑卒中病人出院后返回家中很长时间内仍然需要医疗保健，且超过 65% 的病人需要家庭护理服务。

近年来，为满足病人家庭护理的需求和减少再入院造成的医疗资源浪费，家庭护理逐渐受到重视。2018 年 6 月国家卫生健康委印发的《关于促进护理服务业改革与发展的指导意见》以及

笔记栏

2023 年 6 月《进一步改善护理服务行动计划（2023—2025 年）》鼓励拓展护理服务领域，将护理服务延续至家庭，建立专业医务人员和家庭的联系，通过护理随访、居家护理指导等提供持续、有效的延续性护理服务。但如何开展家庭护理服务，如何提高服务的有效性，仍需进一步探讨。因此，将最佳科研结论和证据应用于脑卒中病人家庭护理，构建科学、规范的脑卒中病人家庭护理实践方案是亟须解决的问题，以利于为临床护理随访提供综合指导方案。

首先通过检索国内外数据库获取脑卒中病人家庭管理最佳证据并形成推荐意见，拟定脑卒中病人家庭护理循证实践方案初稿；其次采用德尔菲法进行专家咨询，修改并确定最终方案。

采用复旦大学循证护理中心提出的循证问题开发工具——PIPOST，形成循证护理的初始问题。P：居家脑卒中病人。I：家庭护理的评估、管理等。P：临床护士。O：护士家庭护理评估能力、病人自我管理能力、社会支持系统状况等。S：社区脑卒中病人家庭。T：指南、专家共识、系统评价、临床决策、推荐实践、最佳实践信息册等。

二、证据检索

按照 "6S" 证据模型，以 "脑卒中" "脑血管病" "家庭护理" "延续护理" 等为中文关键词，以 "stroke*/cerebrovasc*/CVA*" "home nursing" "follow-up care*" 等为英文关键词，检索国内外循证资源和数据库。

文献的纳入标准：①研究主题涉及脑卒中病人家庭护理评估、管理等相关内容。②研究对象为居家脑卒中病人，文献类型包括指南、专家共识、系统评价、临床决策、推荐实践、最佳实践信息册等，对于同一协会或机构出版的不同主题的指南均纳入，相同主题的指南保留最新版。③语言类型为英文或中文文献。文献的排除标准：①重复收录的指南。②新闻、评论、社论、会议摘要、指南解读等。③无法获得全文的文献。

三、证据内容

（一）组织管理

1. 建立脑卒中支持系统，成立多学科团队，包括神经内科医生、社区全科医生、营养师、康复治疗师和社区慢性病管理人员，明确团队成员角色、职责。

2. 团队成员参加循证相关知识培训，以循证护理为依据，制订家庭护理培训计划和随访工作制度。

（二）护理评估

1. **评估的时间** 脑卒中病人出院后 2 ~ 4 周进行初级护理评估，存在功能障碍的病人在出院后 72 小时内进行评估，在脑卒中后 6 个月及以后每年评估健康需求、社会需求、护理需求。同时，当病人健康状况发生变化时，需要重新评估。评估结果异常，应促进转诊。

2. **评估内容**

（1）病人生理 - 心理 - 社会评估：①痉挛状态评估，使用阿什沃思量表（Ashworth scale）和改良阿什沃思量表（modified Ashworth scale）评估痉挛状态。②日常生活能力评估，使用巴塞尔指数评估脑卒中病人日常生活能力。③语言评估，使用西方失语症成套测验（WAB）和中国康复研究中心汉语标准失语症检查（CRRCAE）评估构音障碍，包括访谈、对话、观察、标准化测试、言语评估、语言使用和阅读。④认知功能评估，使用简易精神状态检查量表（MMSE）和蒙特利尔认知评估量表（MoCA）评估认知障碍。⑤吞咽功能评估，使用进食评估问卷调查工具 -10（EAT-10）、标准化吞咽评估（SSA）等评估吞咽困难。⑥卒中后抑郁评估，使用结构性抑郁量表，如病人健康问卷 -2 进行脑卒中后抑郁评估。⑦复发风险评估，采用 Essen 卒中风险评分量表或卒中预测工具 - Ⅱ（SPI-Ⅱ）评估脑卒中病人长期复发的风险。⑧重返社会需求评估，采用半结构式访谈了解脑卒中病人重返工作岗位的影响因素和需求。

笔记栏

110

（2）家庭相关评估：①家庭环境评估，确定家庭环境安全、无障碍。②家庭成员需求和能力评估，评估脑卒中病人照顾者的需求、准备度、身心健康状况、护理能力和经验等。③家庭资源评估，评估其他家庭成员、亲属和社交网络对病人的支持能力。

（三）设定目标

1. 设定目标策略，在每个阶段应设定远期目标与近期目标。

2. 每次设定目标应包含以下内容：明确目标、制订行动计划、形成可能出现阻碍的相关应对计划、评估完成计划的信心等。

（四）家庭管理

1. **提高脑卒中病人自我管理能力** 提高其康复的主动性和服药依从性，鼓励病人参与工作、娱乐等重返社会相关的活动。

2. **以家庭为单位的健康教育** 以多种方式对脑卒中病人、照顾者和家庭成员提供交互性、实时性、持续性、重复性的个性化教育，例如：采用书面、口头、团体咨询等方法。健康教育的内容主要包括脑卒中复发快速识别、康复指导、用药指导、日常生活护理等。如脑卒中复发快速识别健康教育，向脑卒中病人、照顾者和家庭成员教授如何快速识别脑卒中症状、"Fast 口诀"，包括观察是否有口角歪斜，是否出现肢体无力，是否有言语不清或听不懂他人言语，如有上述异常，抓紧时间拨打急救电话，最大限度地提前到医院就诊。"中风120"三步识别法包括：1看，一张脸不对称，口角歪；2查，两只手臂，单侧无力，不能抬；0（聆）听，说话口齿不清，不明白。

（五）个性化护理服务

1. **个体健康风险因素控制** 对脑卒中病人进行健康风险筛查与评估、访谈，确定个体健康风险因素，开展个性化教育，控制脑卒中风险因素。

2. **吞咽障碍的护理** 吞咽障碍病人 2～3 周喂养途径选择鼻胃管，长期喂养选择经皮内镜下胃造口术。在喂养过程中指导食物营养和性状，并将床头抬高 20°～45°，以减少因体位不当引起的反流性误吸。

3. **语言障碍康复训练** 根据脑卒中病人语言障碍的类型和严重程度，开展有针对性的语言康复训练。如对失语症病人开展认知语言治疗，加强其对语义、语音、句子的理解，恢复其受损的语言功能；进行会话疗法，结合家庭真实环境，通过手势、交流工具的应用等改善其沟通技能，促进家庭内部沟通；亦可进行五元素音乐疗法促进语言障碍康复效果。

4. **肢体功能锻炼指导** 对于偏瘫病人，指导病人和照顾者肢体功能位摆放，进行体位转移训练、上下楼梯训练等。增加病人体力活动，减少久坐行为，强调低至中等强度的有氧活动、肌肉强化活动，如核心稳定训练、运动想象疗法、水中运动、太极拳和八段锦等。建议每周至少 5 天，每次至少 45 分钟。

5. **卒中后抑郁治疗与指导** 抑郁症应接受抗抑郁治疗，特别是选择性 5- 羟色胺再摄取抑制药。对卒中后抑郁可采用正念减压疗法和正念认知疗法，建议增加病人认知活动的参与度。

（六）远程服务

1. 在考虑成本效益的前提下，居住在城市且具有较好设备支持的病人可使用远程护理服务，对于居住在农村或偏远地区的人群，建议面对面随访。

2. 应建立实时双向视频通信，运动监测、运动强度调整、失语症言语康复训练等可使用远程护理服务。

四、实践建议

脑卒中病人出院后居家护理对预防并发症的发生、减少再入院的风险非常重要。为了推动上述证据的应用转化，建议从以下几方面着手：①以脑卒中家庭护理问题评估清单为引导，科学评估居家问题；选择评估工具时，要着重考虑评估的目的、对象和所处的环境，客观、清晰、全面

笔记栏

地评估和收集病人问题。②强调对病人从医院到家庭的持续、动态和全面的评估，通过脑卒中后常见问题评估表，完整了解病人病情，保障方案全方位适应病人需求。③在目标设定时，除了医务人员的专业判断，病人及其家庭也参与整个目标设定的过程，以提高病人及其家庭的参与度、积极性和自主性；此外，对病人和家庭进行疾病复发症状的健康教育。④跨学科团队合作是脑卒中护理服务质量的关键因素；定期随访和监测，能保证护理的连续性和协作性；同时，须制订工作流程，确保及时有效地传输病人的相关信息，使病人在医疗保健系统中"无缝"过渡；还需要考虑家庭成员的需求，提供专门的健康指导与照护技能培训。⑤建立远程护理服务系统，提供个性化服务，为病人提供最佳家庭支持。

（杨　丽　李玉红）

小　结

　　本章首先介绍了家庭和家庭健康护理的基础知识，从"以家庭患病成员为中心""以家庭各个成员为中心""以家庭系统为中心""将家庭视作社会要素"4个视角阐述了家庭健康护理的发展过程，总结了家庭健康护理的研究与热点问题。其次介绍了家庭健康护理的相关理论，即家庭生命周期理论、家庭压力应对理论以及家庭抗逆力理论。然后介绍了居家护理程序和居家护理管理。最后以一个循证实践案例为切入点，介绍了家庭健康护理循证实践应用。

ER4-3
本章思考题
解题思路

• • • •　思考题　• • • •

　　王某，男，75岁，脑卒中出院3个月，偏瘫，生活不能自理。王某与老伴李某（72岁）属于空巢老人。他们有两个儿子，均在外地工作。大儿子（51岁）是公务员，儿媳（50岁）是小学教师，孙子（26岁）大学毕业已经工作2年。小儿子（48岁）是大学教师，小儿媳是公司职员（47岁），孙女（18岁）是高三学生。

　　王某住院期间，两个儿子和儿媳都赶了回来，出院时两个儿子都劝父母到自己家中疗养，但是两位老人因生活不习惯、不方便，坚持住在自己家里。出院后的3个月，王某病情稳定，右侧肢体瘫痪，由老伴照顾。近日王某出现咳嗽、痰多，痰液黏稠不易咳出，体温37.5~38.0℃，骶尾部和髋部皮肤发红，分别有直径0.5cm和1cm的水疱。老伴也因劳累主诉腰痛，全身无力，疲劳。前几天老伴搀扶王某向椅子移动时，不小心扭伤腰部，现在不敢用力，一用力腰就痛，对照顾王某感到心有余而力不足，很为难。她不想让儿子知道其身体状况，怕儿子知道后担心，影响其工作。

讨论问题：
（1）该家庭处于哪一个发展阶段？
（2）根据以上资料判断其护理诊断/问题，并按其主次进行排列。
（3）请提出还应收集哪些资料，才能进一步确定相关的健康问题？
　　进一步对病人进行评估，收集的资料如下：
　　王某话语清晰，意识清醒，但进餐时有呛咳、流涎和吞咽困难等表现。大便能自己控制，小便经常失禁，老伴怕弄脏被褥，使用了尿不湿。老伴说："换尿布和更换内衣非常困难，移动就更不用说了，每次都要费很大的力气"。王某身高175cm，体重70kg，右侧肢体瘫痪，在床上能利用左侧健肢自行翻身，但社区护士发现在换尿布和向椅子移动时，王某全部依靠老伴一人的力

笔记栏

量。家里是老式住房，有门槛，使用轮椅困难；卫生间和浴室地面很滑，无扶手。老伴一人无法给王某洗澡，王某出院至今一直没有洗澡，只用毛巾在床上擦过身体。王某每天按照医嘱按时服药。除护理王某外，老伴还要买菜、做饭、料理家务等，每天从早忙到晚，感觉很累。她说："年轻时，老王对我很好，什么都帮我干，现在他病了，我得好好照顾他，可现在自己的身体又这样，真是力不从心……两个儿子都在外地工作，很担心他们父亲，经常来电话询问病情，并劝我们雇个保姆，每月还寄钱给我们。但是，我们觉得花钱雇保姆不值得，我自己再坚持坚持吧，过几天我的腰疼就会好的。我也不想让孩子们耽误工作回来护理他们爸爸。现在，我每天只能扶老王在床上坐一坐，也就1小时左右，好不容易扶起来，就多坐一会儿。以前是移到椅子上坐坐，近1周来我腰痛，也只能让他在床上坐坐了。"

讨论问题：

（4）请根据进一步评估的资料，补充护理诊断/问题。

（5）请结合该案例提出的护理诊断/问题，制订相应的护理计划。

第五章

社区妇女儿童保健与护理

> **社区情景**
>
> 　　张女士，35岁，某教学医院主管护师，丈夫38岁，某中学教导主任。张女士有个弟弟，丈夫为独生子。两人结婚8年，儿子5岁，乖巧听话，由姥姥和奶奶先后照顾，两年前姥姥全力照顾张女士弟弟的孩子后，奶奶成为照顾张女士儿子的主力，近年来爷爷奶奶已表现出不想再长时间带孩子。随着国家两孩、三孩政策的实施和家庭收入的持续稳定，夫妻俩反复商讨、综合考虑后准备生二孩。两周前张女士自觉乏力、胃部不适，持续无好转，到社区卫生服务中心就诊，确诊为早孕，停经42天。他们面临的主要困难是：如何做好儿子及二孩的培养，平衡照顾好两个孩子？如何兼顾工作和家庭？
>
> 　　作为社区护士，如何运用社区护理理论为张女士提供有效的支持和健康指导？如何为张女士的儿子提供有效的健康管理？

　　妇女是人类的母亲，儿童是世界的未来，妇女儿童健康是全民健康的基础，是衡量社会进步的标尺，是中华民族永续发展的前提，也是实现健康中国建设目标的重要支撑。妇女、儿童作为社区卫生服务的重点人群，加强社区妇女儿童保健与护理工作势在必行。

第一节　概　　述

一、相关概念与内涵

　　1. 社区妇女儿童保健　社区妇女儿童保健是针对社区妇女儿童不同阶段的生理、心理特点及影响因素，以预防保健为中心，以群体为对象，综合运用临床医学、护理学、保健医学、预防医学、卫生管理学等多学科的知识和技术，采取维护妇女儿童身心健康的策略和措施，为其提供良好的健康教育和健康服务，以达到保护和促进妇女儿童身心健康的目的。

　　2. 生殖健康　WHO 在 20 世纪 90 年代提出了生殖健康（reproductive health）的概念，指在生命所有阶段的生殖功能和生殖过程中，个体的生理、心理和社会适应状态良好，没有疾病和虚弱。生殖健康的内涵是人们能够进行负责、满意和安全的性生活，不担心传染疾病和意外妊娠；能生育，并有权决定是否生育和生育的时间；能安全妊娠和分娩，保障婴儿存活并健康成长；能知情选择和获得安全、有效、可接受的节育措施。由此可见，生殖健康涵盖了母亲安全、计划生育、性健康、儿童生存与发展等多个方面，强调维护妇女儿童的合法权利和地位，赋予妇幼保健更深刻的含义和更广阔的范围。

二、社区妇女儿童保健的重要性

（一）社区妇女儿童保健的作用

妇女儿童的健康状况不仅直接影响到家庭及社会的健康水平，而且决定了一个国家未来的综合素质，妇幼卫生状况和水平是反映一个国家或地区发展程度最基本、最重要的指标。

1. 妇女儿童是社会关照的特殊群体 妇女在历时 30 年左右的生育期中，要经历妊娠、分娩、产褥、哺乳及避孕等生理过程，而儿童则要经历新生儿期、婴幼儿期、学龄前期、学龄期及青春期的生长发育过程才能进入成年阶段。处于不同时期的妇女和儿童，从生理特点、健康状况到生存方式，都有与其他成人不同的健康需求，他们是一个脆弱的群体，需要社会特殊的关照，因此妇女儿童保健成为社区卫生服务的重要内容之一。

2. 妇女儿童健康关系到综合国力的提高 妇女的健康直接关系到子代的健康和出生人口的素质，而儿童的健康则直接影响到一个国家的未来。因此，加强妇女儿童保健是对发展生产力最重要的投资，并关系到综合国力的提高。

3. 妇女儿童健康是衡量卫生系统绩效的重要指标 妇女儿童的健康水平是反映医疗卫生综合效果的重要指标。WHO 将孕产妇死亡率和婴儿死亡率作为评价卫生系统绩效的指标，旨在强调大力发展社区卫生服务，促进母婴安全，提高妇女儿童的健康水平。

（二）社区妇女儿童保健的意义

社区妇女儿童保健工作承担着保护妇女儿童健康，降低孕产妇和婴儿死亡率，提高人均期望寿命和出生人口素质的重大责任。推进社区妇女儿童保健事业发展，对提高全民健康素质、构建和谐社会、全面建成社会主义现代化强国具有全局性和战略性意义。党的二十大以来，各级基层卫生部门深入贯彻党中央、国务院决策部署，全面加强妇幼保健工作，全国妇女儿童健康状况持续改善，为如期实现《中国妇女发展纲要（2021—2030 年）》和《中国儿童发展纲要（2021—2030 年）》的健康目标奠定了重要基础。

三、妇女儿童保健的基本法律保障与政策体系

我国妇女儿童保健法治建设得到了党和国家的一贯重视。1949 年第一届政治协商会议通过的《中国人民政治协商会议共同纲领》第四十八条规定："推广卫生医药事业，并注意保护母亲、婴儿和儿童的健康"。在十一届三中全会后，妇女儿童保健法治建设更是得到了迅速发展，在政策的引导下，各地建立健全了三级妇幼保健网，完善了分级分工和逐级转诊等制度，促进了我国妇女儿童保健事业的发展。

（一）妇女儿童保健的基本法律保障

《中华人民共和国母婴保健法》是保护妇女儿童健康的基本法，与《中华人民共和国人口与计划生育法》《中华人民共和国妇女权益保障法》《中华人民共和国未成年人保护法》等共同为保护妇女儿童健康提供了基本法律保障。

1.《中华人民共和国母婴保健法》 1994 年第八届全国人民代表大会常务委员会第十次会议通过了《中华人民共和国母婴保健法》，1995 年正式实施。2017 年，第十二届全国人民代表大会常务委员会第三十次会议通过第二次修正。该法律的颁布旨在保障母亲和婴儿健康，提高出生人口素质，是保护妇女儿童健康的基本法，贯彻以母婴保健为中心、以保障生殖健康为目的，实行保健和临床相结合、面向群众、面向基层和预防为主的工作方针，系统规定了婚前保健服务、孕产期保健服务及新生儿期保健服务的具体内容，规定了各级医疗机构的职责，并对边远贫困地区妇女儿童的保健服务给予了法律保障，标志着我国母婴保健工作由行政管理步入法制管理的轨道。

2.《中华人民共和国人口与计划生育法》《中华人民共和国人口与计划生育法》于 2001 年第

笔记栏

115

九届全国人民代表大会常务委员会第二十五次会议通过，自 2002 年起施行。2015 年第十二届全国人民代表大会常务委员会第十八次会议对其进行了第一次修改，实施全面两孩政策。2021 年第十三届全国人民代表大会常务委员会第三十次会议表决通过了关于《中华人民共和国人口与计划生育法》的修改决定，国家提倡适龄婚育、优生优育，一对夫妻可以生育三个子女。《中华人民共和国人口与计划生育法》是为了实现人口与经济、社会、资源、环境的协调发展，推行计划生育，维护公民的合法权益，促进家庭幸福、民族繁荣与社会进步，根据宪法制定的法律。该法律指出应当积极开展以人为本的计划生育优质服务，保障妇女享有计划生育权利；国家建立婚前保健、孕产期保健制度，防止或者减少出生缺陷，提高出生婴儿健康水平。其自施行以来，适应我国人口与社会经济发展新形势，对落实计划生育基本国策，促进人口与经济、社会、资源、环境协调发展，发挥了重要作用。

（二）妇女儿童保健的政策体系

2021 年，国务院发布《中国妇女发展纲要（2021—2030 年）》和《中国儿童发展纲要（2021—2030 年）》，为我国妇女儿童卫生保健工作明确了目标。为更好贯彻落实《中华人民共和国母婴保健法》，《孕产期保健工作管理办法》《国家卫生计生委关于切实做好高龄孕产妇管理服务和临床救治的意见》《产前诊断技术管理办法》《母婴保健专项技术服务许可及人员资格管理办法》《国家卫生健康委关于贯彻 2021—2030 年中国妇女儿童发展纲要的实施方案》等一系列配套规章和文件相继颁布，妇女儿童保健服务在行政管理、监督检查和技术规范等各个环节基本实现了有法可依。2020 年实施的《中华人民共和国基本医疗卫生与健康促进法》，对妇女儿童保健服务工作做了更新和补充，进一步促进妇女儿童保健工作的开展。

1.《中国妇女发展纲要（2021—2030 年）》 确定了妇女与健康、妇女与教育、妇女与经济、妇女参与决策和管理、妇女与社会保障、妇女与家庭建设、妇女与环境、妇女与法律八个发展领域的主要目标和策略措施。该纲要将妇女与健康作为最重要的发展领域，以保障妇女平等享有基本医疗卫生服务，提高妇女的生命质量和健康水平。纲要指出，健全以妇幼保健机构为核心、以基层医疗卫生机构为基础、以大中型医院和教学科研机构为支撑的妇幼健康服务网络，提升妇幼健康服务供给能力和水平，使妇女健康水平不断提高。《中国妇女发展纲要（2021—2030 年）》的制定与实施将促进我国妇女在政治、经济、教育、健康等领域取得全面进步。

2.《中国儿童发展纲要（2021—2030 年）》 从儿童与健康、儿童与安全、儿童与教育、儿童与福利、儿童与家庭、儿童与环境、儿童与法律保护七个领域提出了儿童发展的主要目标和策略措施。该纲要的总目标是保障儿童权利的法律法规政策体系更加健全，促进儿童发展的工作机制更加完善，儿童优先的社会风尚普遍形成，城乡、区域、群体之间的儿童发展差距明显缩小；儿童享有更加均等和可及的基本公共服务，享有更加普惠和优越的福利保障，享有更加和谐友好的家庭和社会环境；儿童在健康、安全、教育、福利、家庭、环境、法律保护等领域的权利进一步实现，思想道德素养和全面发展水平显著提升，获得感、幸福感、安全感明显增强。《中国儿童发展纲要（2021—2030 年）》的制定与实施为儿童健康成长创造了更加有利的社会环境，将为促进人的全面发展，提高中华民族整体素质奠定更加坚实的基础。

四、社区妇女儿童保健的现状及展望

妇女和儿童作为家庭和社会的核心组成部分，其健康水平和健康意识对国家的公民素质和卫生水平产生直接影响。进入新发展阶段，妇女儿童的整体健康及生存状况近年来虽然有所提高，但仍然面临着诸多问题与挑战，妇女儿童依然是社会的脆弱人群，这使得妇女儿童对健康促进有着持久的需求，对公共卫生服务的需求较大。妇女儿童的健康主题已经从生命安全守底线扩展到全面健康促发展，对健康多元化需求更旺盛，对美好生活向往更强烈，对妇幼健康服务能力、服务模式、服务理念都提出了新的、更高的要求。受社会经济发展水平制约，我国妇幼健康工作仍面临发展不平衡、服务不充分等诸多挑战，服务资源总量不足，分布不均，优质资源短缺。特别是生育政策调整以来，高龄、多产次产妇比例增加，妊娠期并发症、合并症和出生缺陷发生风险增大，新生儿安全和儿童保健需求进一步增加，妇幼健康工作面临新的挑战，妇幼健康事业发展任重道远。

未来，"儿童优先、母亲安全"仍是我国妇女儿童保健工作的首要任务，除降低孕产妇死亡率、婴儿死亡率外，更重要的是尊重妇女儿童的权利，转变服务理念，为妇女儿童生命的各个阶段提供优质服务。继续完善和提高以生殖健康为核心的围生期保健、青春期保健和围绝经期保健，加强妇女精神卫生保健、劳动环境保护及传染性疾病的防治仍然是未来社区妇女保健的重要内容。继续加强出生缺陷和先天性畸形的防治，加强传染性疾病和非传染性疾病的防治，重视儿童精神卫生和心理发育，预防环境对儿童的不良影响，促进儿童的全面发展是未来社区儿童保健的重要内容。

五、研究与热点问题

社区妇女保健与护理研究涵盖了从青春期、围婚期、孕期、产褥期到围绝经期保健等各个领域；在社区儿童保健与护理研究方面，研究者们围绕新生儿期、婴幼儿期、学龄前期、学龄期及青少年期各个阶段的生理与心理健康也开展了大量的研究工作。

1. 生育意愿　生育意愿是指人们对生育子女的期望和愿望。生育意愿下降已经成为全球普遍关注的社会问题，它将导致生育年龄推迟、生育数量减少、生育间隔延长等现象，从而降低出生率。在我国，随着社会经济的发展和人们生活方式的变化，出生率和生育意愿的下降已成为当今社会面临的一个严峻挑战，它不仅影响着国家的人口结构，还对经济、社会、文化等多个方面产生深远影响。加强社区妇女儿童保健和护理，直接影响生育健康的同时，对提高生育意愿和维持稳定的生育率也具有积极作用。当前的研究热点集中在生育意愿的影响因素、政策效果评估及生育意愿的干预策略上。

（1）生育意愿的影响因素：导致出生率和生育意愿下降的主要影响因素包括家庭环境、教育水平、就业类型和城镇化水平等，其涉及的社会、经济原因是多方面的。部分社区护理学者利用大数据和统计模型，从经济、社会、文化、政策等多个维度全面分析影响生育意愿的因素，并探讨这些复杂因素之间的相互作用机制；基于不同地区和文化背景开展比较研究，以期为制定有效的生育政策提供更为精准的依据。

（2）生育意愿的政策效果评估：评估现有生育政策的执行效果，通过实地调研和数据分析，了解政策在实际推行中遇到的问题和挑战，并对比分析其他国家的生育政策及效果，借鉴成功经验，为政策调整提供科学依据。这些研究不仅为政策制定者提供了重要的决策支持，也为社会各界提供了应对出生率下降问题的思路和方法。

（3）生育意愿的干预研究：在社区妇幼保健和护理方面，促进优生优育和提高生育意愿是一项系统工程，这需要从多个方面入手。此部分干预策略研究包括：优化优生优育全程服务、提高社区儿童健康服务质量、加强社区健康教育和推进家庭支持计划等，这些方法不仅能够保障妇女儿童健康，还能为家庭提供必要的支持和激励，从而降低生育的门槛和成本，有效提高人口质量，促进优生优育，提高生育意愿。

2. 生殖健康

（1）生殖健康的调查研究：该领域研究采用横断面研究方法，调查对象主要涉及青少年及育龄期妇女。主要内容有：青少年性与生殖健康认知状况，妇女生殖健康现况，已婚妇女生殖健康"知、信、行"及服务需求，社区妇女生殖健康服务状况等。改革开放以来，商品经济的快速发展推动了劳动力的流动，国内流动人口中女性及农村留守妇女的生殖健康也逐渐受到研究者们的关注。

笔记栏

（2）生殖健康的干预研究：该类研究多采用实验性或类实验性研究设计，研究对象大多集中于育龄期妇女。但近年来，随着婚恋观、生育观的显著改变，全球未婚青年的婚前性行为、高风险性行为日益普遍，意外妊娠及人工流产发生率呈上升趋势，因而生殖健康干预研究范围扩大到青少年及学生群体。

干预内容包括生殖健康与避孕节育知识、态度及相关行为。干预方法有社区健康教育干预、家庭教育干预、同伴教育干预、团队干预、网络途径干预等。此外，众多研究者从不同角度、在不同地区的不同年龄层妇女中进行生殖健康干预研究，并取得了一定效果和进展。虽然，众多的干预研究对预防生殖道感染及性传播疾病、避免高危性行为、安全妊娠、促进妇女生殖健康起到了积极作用，但该类研究在干预方式、干预内容等方面仍可进一步挖掘。

3. 儿童生长发育

（1）儿童生长发育的调查研究：在该领域研究中，调查法是采用较多的研究方法，如不同学者对北京 0~4 岁、苏州城区 6~12 岁、太原市城区 0~6 岁儿童发育状况进行调查，了解上述地区儿童发育状况，分析其影响因素，为社区儿童保健服务与健康管理提供客观依据。另有学者针对环境因素对儿童发育的影响进行研究，如"锡、铅暴露对妊娠结局和儿童发育的影响""重金属污染对学龄儿童体格发育的影响""学龄前儿童发育性协调障碍危险因素分析""农村学龄前留守儿童发育迟缓现状及影响因素分析"等。

（2）儿童生长发育的干预研究：在社区儿童生长发育研究中，干预性研究也占较大比例。如有研究者通过对 6 个月胎龄的胎儿进行胎教至出生，再在出生后进行早教至 1 岁，探讨该干预对儿童发育和行为的影响。此外，与儿童发育测量的相关工具如儿童发育量表、儿童发育行为心理评定量表、儿童发育性协调障碍问卷等量表的编制、翻译、信度和效度检测也是该研究领域的重要方向。

4. 孤独症

全称为孤独症谱系障碍（autism spectrum disorder，ASD），是一种在儿童早期发病的神经发育障碍疾病，以社会交流交往障碍和重复刻板行为为主要临床特征。全球的 ASD 发病率约为 1%，2020 年我国首次全国性、多中心孤独症研究对 8 个城市 14 万 6~12 岁儿童进行调查显示：我国儿童 ASD 患病率为 0.7%。随着 ASD 筛查体系的完善、诊断水平的提高，该病发病率呈逐年上升趋势。我国人口基数大，ASD 患病人数多，对患儿家庭、整个社会造成沉重的负担。

（1）孤独症的影响因素：孤独症儿童的各项能力指标落后常人，其中社会适应能力、社交及生活自理能力受损明显，且此类损害大多不可逆，至成人仍非常难适应和融入社会，给孤独症患儿的身心健康及生活质量造成极大的困扰。通过深入研究 ASD 的影响因素，可以更好地预防和早期识别孤独症。孤独症的发病原因尚未完全阐明，目前倾向认为是多种生物学因素引起的广泛发育障碍的异常行为综合征，与遗传、出生缺陷、先天性神经异常、出生前后的不利因素等有关。遗传因素在孤独症发病中起着重要作用，研究发现，有孤独症家族史的孩子患病风险更高。环境因素也可能影响孤独症的发生，如孕期暴露于某些环境污染物等。此外，孤独症儿童的大脑结构和功能可能存在异常，如神经元连接过多或过少，神经递质水平异常等。

（2）孤独症的干预研究：对于孤独症儿童的干预，目前主要采用行为治疗和药物治疗。行为治疗主要包括应用行为分析、社交技能训练、语言和沟通训练等，旨在改善儿童的社交互动、沟通能力和日常生活技能。药物治疗主要用于控制孤独症儿童的某些症状，如焦虑、抑郁、多动等，但并不能治愈孤独症。此外，家庭支持和教育也是非常重要的干预措施，家长需要了解孤独症的特点，学习如何与孩子有效沟通，提供适当的教育和训练。通过探索有效的干预措施，提高孤独症儿童的生活质量和社会适应能力。同时，社区还可通过提供更多的支持和服务，帮助孤独症儿童及其家庭应对挑战，实现更好地融入社会。

笔记栏

📑 **知识拓展**

应用行为分析法

应用行为分析法（applied behavior analysis，ABA）又称行为激活，是一种被用来对有发育障碍的儿童进行早期行为干预与训练的方法体系。ABA是将目标任务（即教学的知识、技能、行为、习惯等）按照一定的方式和顺序分解成一系列较小的或相对独立的步骤，采用适当的强化方法，按照任务分解确定的顺序逐步训练每一步骤，直到儿童掌握所有步骤，最终独立完成任务，并且在其他场合下能够应用其所学会的知识、技能。ABA的基本原理包括行为改变原理、刺激－反应理论和操作性条件反射论。

第二节　社区妇女儿童保健的相关理论与应用

社区妇女儿童保健相关的理论有很多，本章选择弗洛伊德的性心理发展理论、埃瑞克森的心理社会发展理论、皮亚杰的认知发展理论进行理论应用分析介绍。

一、弗洛伊德的性心理发展理论

（一）理论产生背景

西格蒙德·弗洛伊德（Sigmund Freud）是奥地利精神病学家、心理学家、精神分析学派创始人，被誉为"现代心理学之父"。弗洛伊德在长期的学习和临床实践中，分析研究了大量的病例，1905年，他通过精神分析法观察人的行为，创建了性心理发展理论。该理论注重儿童性心理发展，认为性本能是个性发展过程中具有重要意义的因素，儿童对自己身体的关注建立于与他人关系基础之上。

（二）理论的主要内容和观点

弗洛伊德将人的性心理发展划分为五个阶段：口唇期、肛门期、生殖器期、潜伏期、生殖期，他认为人从出生到成年要经历这五个发展阶段。在这些阶段获得的经验决定了儿童成年后的人格特征，而前三个阶段是人格发展的重要阶段，为成人后的人格模式奠定了基础。因此，父母一定要关注前三个阶段孩子的发展和教育，重视对孩子的早期引导。

1. 口唇期（oral stage）　又称"口腔期"，指从出生到1岁，婴儿期所有的愉悦之源来自口腔的活动，婴儿通过吸吮、咬、咀嚼、吞咽等活动获得快乐与安全感，获得满足将有助于婴儿情绪及人格的正常发展。

2. 肛门期（anal stage）　指1~3岁，随着肛门括约肌的发育和排便控制能力的形成，儿童愉悦中心转移到排泄所带来的快乐及自己对排泄控制的满足感，这段时期排便环境和氛围对儿童的个性产生深远的影响。

3. 生殖器期（phallic stage）　指3~6岁，该期儿童对性器官开始产生兴趣，他们察知两性的区别并感到好奇。这段时期女孩容易对父亲产生依恋，男孩则容易对母亲产生依恋，健康的发展在于与同性别的父亲或母亲建立起性别认同感。

4. 潜伏期（latent stage）　指6~12岁，该期儿童早期的性欲冲动被压抑到潜意识领域，兴趣不再局限于自己的身体，转而注意周围环境事物，精力和能量都放在知识的获取和玩耍上，比如学校的功课学习、良好的习惯形成等。因此，该期儿童的愉悦感主要来自对外界环境的体验和对知识的获取，这对以后的人际交流、行为习惯和学习能力产生重要影响。

5. 生殖期（genital stage）　指12岁以上，随着青春期的到来，儿童生殖系统逐渐成熟，开始

笔记栏

分泌性激素，第二性征逐渐发育明显，潜意识中的性欲冲动开始涌现，生殖器官成为关注的中心和愉悦的源泉，注意力转移到异性上，但他们同样会将能量放在寻求友谊、获取知识和自我发展上。

（三）理论的应用

1. 理论的应用价值 性心理发展理论的主要贡献在于发现了人的性心理发展规律及其对后期个性和行为习惯发展所产生的影响。性心理发展理论有助于社区护士正确理解和评估不同年龄阶段儿童外在的焦虑、紧张、恐惧等不良情绪和反常行为所折射出的内心需求，以便采取针对性措施。例如，在口唇期，应促进母乳喂养；在肛门期，应指导家长培养儿童良好的排便习惯；在生殖器期，鼓励家长参与照护过程，指导家长鼓励儿童对性别的认同；在潜伏期，指导家长注意保护儿童的隐私，同时引导儿童将精力投入学习和运动中去；在生殖期，提供必要的性知识教育，对女孩进行经期卫生指导等。根据不同年龄阶段的心理发展特点提供有效的护理措施，促进儿童的健康发展。

2. 理论的社区实践 本章"社区情景"中，张女士夫妻俩已育有一个儿子，5岁，目前正处于性心理发展的第三个时期——生殖器期，这是儿童最重要的性心理发展阶段。这一阶段的儿童出于本能，发现通过刺激性器官可获得愉悦感，对性器官和两性差别充满好奇心，表现为展示自己的性器官或窥视异性性器官的顽皮行为，同时对异性父母产生兴趣和依恋。对于此阶段的儿童，父母应关注孩子的行为，并主动带领孩子正确认识自己的身体结构和两性之间的差别，促进孩子的性别认同。对于孩子出现玩弄自己性器官的行为，不要表现出惊恐或给予过于严厉的处罚，应采取健康、正面的态度引导孩子，采取做游戏或孩子感兴趣的其他事情来分散孩子的注意力，同时注重培养和鼓励孩子坚持运动锻炼、阅读等良好习惯。否则可能会造成孩子心灵创伤，对性产生罪恶感或恐惧感，影响其成年后的人际交往和婚恋观念等。

作为社区护士，需要维护和促进辖区内所有居民的健康，特别是妇女、儿童、老年人等特殊人群的健康，社区护理服务对象既包括个人，也包括家庭和整个社区。因此，社区护士在充分评估张女士的健康问题和相关因素，为其提供个人健康管理的基础上，还需要特别关注其儿子的健康成长。社区护士应与张女士夫妻共同制订其儿子的健康管理计划。首先需要评估儿子的身心发育情况，从案例介绍中可知，张女士的儿子从小生活在一个大家庭中，享受着来自父母、爷爷奶奶及姥姥姥爷的爱和呵护，在全家人的关爱中长大，乖巧听话。社区护士还需要充分了解其儿子的日常生活习惯、精神行为表现、心理情绪等，了解有无处于生殖器期儿童的表现以及张女士夫妻和家人对此的反应，从而评估张女士及家人对孩子教育引导的知识和技巧，进而为张女士及家人提供正确育儿的建议和指导，提高他们教育引导孩子健康成长的能力，最终促进其儿子的身心健康发展。

二、埃瑞克森的心理社会发展理论

（一）理论产生背景

爱利克·H.埃瑞克森（Erik H. Erikson）是美国精神病学家、心理学家、精神分析学家。该理论以弗洛伊德的性心理发展理论为基础，按"渐成说"原理提出一生中的人格发展理论，用"关键时期"和"后生性"来描述个体发展各阶段的关键问题，强调文化和社会环境对人发展的影响，认为生命的历程就是个人不断达到心理社会平衡的过程。

（二）理论的主要内容和观点

埃瑞克森将人的一生分为八个心理社会发展阶段，每个阶段都有一些由生理成熟与社会文化环境、社会期望间的冲突和矛盾所产生的关键问题，每一阶段的关键问题得到顺利解决就能形成积极的品质，增强自我和适应环境；反之则形成消极的品质，削弱自我和阻碍适应环境，并影响下一阶段关键问题的解决，最终影响个体健康人格的形成和发展。

1. 婴儿期（0～1岁） "信任与不信任"是该期心理社会发展的关键问题。健康人格首要的特征是建立一种基础信任感，信任感的形成标志儿童完成了婴儿期最重要的任务，也是儿童在此期最满意的体验。与弗洛伊德性心理发展理论中的口唇期相对应，这段时期是婴儿对各种感官刺激的感受期，婴儿不仅用口，还用眼、手等感官来认识外界事物，感受周围环境。刚出生的婴儿首先接触到的是母亲和家人的呵护，感受到母亲温暖的怀抱，吸吮到母亲的乳汁，体验到安全和愉悦，有利于其信任感的建立；反之，当出生后的婴儿感受到饥饿、寒冷、恐惧，缺乏信任体验或基本需求没有满足时，则会产生不安全、不信任的体验感，并把这种体验和感受带入后期的发展阶段。因此，这一阶段的照护者提供安全舒适的照顾和持续的关爱至关重要。母乳喂养既可以为婴儿提供安全丰富的营养，又可以让婴儿感受到母亲温暖的怀抱，同时加强母亲对孩子的感情，通过母乳喂养和家人的用心照护，有助于儿童安全感、信任感的建立和健全人格的发展。在这一阶段，使婴儿对环境和未来保持乐观和产生信心是最理想的发展结果。

2. 幼儿期（1～3岁） "自主与羞怯或怀疑"是该期心理社会发展的关键问题。随着幼儿对自己身体和周围环境的认识不断加深，对自己身体、行为和环境的控制能力不断加强，他们希望实践新获得的动作技能，例如爬、走、跳，并按自己的思考和判断来作出决定和选择，逐渐建立自主感。此期与弗洛伊德的性心理发展理论的"肛门期"相对应，自主感的建立以肛门括约肌自主控制能力的形成为标志。此期儿童开始独立地探索，通过模仿他人的动作和行为进行学习，当这种自主行为受到他人嘲笑或羞辱，或当他们在本来有能力自理的领域被强迫依赖他人时，消极的怀疑和羞怯感就会形成。此期因尚未形成社会规范的概念，儿童的任性行为达到高峰，喜欢说"不"来满足独立自主的需要。因此，该阶段理想的发展结果是自我控制。

3. 学龄前期（3～6岁） "主动与罪恶感"是该期心理社会发展的关键问题。该阶段与弗洛伊德性心理发展理论的"生殖器期"相对应，主要特征是活跃的、入侵性行为。此期儿童具有丰富的想象力和强烈的好奇心，随着身体活动能力和语言的发展，他们开始主动探索周围的世界，包括自己和外界事物，并逐渐产生自我意识，不再只听从他人的指示。他们乐于自己创造游戏活动，有时会违背父母和他人的意愿行事，同时又会因其行为或想象被指责而容易产生罪恶感。此期给予儿童积极鼓励和正确引导，避免粗暴责骂和惩罚孩子，有助于其自主性的发展。此期积极的结果是建立儿童的方向感和目标感。

4. 学龄期（6～12岁） "勤奋与自卑"是该期心理社会发展的关键问题。此期是儿童成长过程中的决定性阶段，在此阶段中，儿童将学习大量的文化知识和技能，并在完成学习任务中获得乐趣。该期相当于弗洛伊德性心理发展理论的"潜伏期"，是儿童心理社会关系形成的关键阶段，在该期将通过刻苦学习、不断努力而获取知识和技能，同时学会和他人竞争、合作。当在实践中出色完成任务并受到鼓励时，儿童可获得自我价值感和勤奋感，但如果对他们的期望过高，或当他们认为自己不能达到他人为自己设立的标准时，就会产生一种挫败感和自卑感。此期顺利发展的结果是学会与他人竞争，求得创造与自我发展。

5. 青春期（12～18岁） "自我认同与角色混淆"是该期心理社会发展的关键问题。此期与弗洛伊德性心理发展理论的"生殖期"相对应，青少年关注自我，开始建立自我认同。此期由于体格生长发育迅速，青少年开始关注自己在他人眼中的形象，将其自我观念和价值标准与社会观念整合，并开始为自己作职业规划。随着自我认同的建立，他们不再依赖父母和同伴的看法，真正开始独立思考和行动。此期如果不能很好解决关键问题，则会导致角色混淆。该期理想的结果是奉献和忠诚他人，并实现自身价值和理想。

6. 成年早期（18～25岁） "亲密与孤独"是该阶段的关键问题，只有建立了自我认同的青年人，才有信心和勇气与他人建立亲密关系，敢于做出自我牺牲或损失，与他人交往，也才能在相互交往中建立良好的人际关系（包括朋友关系和恋人关系），从而获得亲密感、归属感、认同感，否则将会产生孤独感、社交恐惧、婚恋恐惧等问题。

7. 成年期（25～65岁） "生育与自我专注"成为此阶段的关键问题。这是个体对下一代的关心和创造力最旺盛的时期，个体既要独立承担社会工作，又要肩负生儿育女的重任，是个体获得关心他人和创造力品质的时期。当一个人顺利地度过成年早期，与他人建立良好的人际关系，

笔记栏

形成健全的人格和正确的婚恋观，将同时承担起社会工作和家庭的双重责任，工作中积极进取，生活中尊老爱幼，同时也收获付出后得到的物质和精神回报。此期如适应不良，则表现为只关注自我，凡事只考虑自己的需要和利益，进而影响个人的事业发展或产生不婚不育的婚恋观。

8. 成熟期（65岁以上） "自我调整与绝望"成为此阶段的关键问题。在此阶段，个体衰老导致的体力、能力、健康水平等逐渐下降，出现相应的身心问题，必须做出相应的调整和适应。当进入老年期时，可能会怀着充实的感情和平静的心态对待衰老带来的变化和即将面临的死亡，也可能会充满愤怒、遗憾、不甘和绝望。自我调整是一种接受自我、承认现实、平静面对名利得失和生老病死的应对策略，是一种智慧的选择。如果一个人的自我调整适应良好，他将获得高品质的晚年生活，圆满地度过其人生的最后一个阶段。

（三）理论的应用

1. 理论的应用价值　心理社会发展理论有助于护理人员认识儿童发展过程中所面临的问题或矛盾，认识到疾病或其他事件可能会导致这些矛盾的激化并影响儿童心理的正常发展，结合儿童心理社会发展理论各阶段的发展规律和关键问题，指导和协助儿童的父母及家人，采取有效的应对策略，引导和帮助儿童更好地适应各阶段的心理社会发展，促进儿童形成健全的人格。在婴儿期，指导父母为婴儿提供安全、舒适的环境，多陪伴婴儿和保持良好互动，避免引起婴儿饥饿、紧张和恐惧等；在幼儿期，指导父母鼓励幼儿自己动手完成吃饭、穿衣、刷牙等活动，促进其自主感的发展；在学龄前期，鼓励儿童表达自己的感受，尊重儿童做出的决定；在学龄期和青春期，指导儿童积极应对学习压力，正确对待两性关系，建立积极正确的婚恋观，同时引导其形成正确的人生观和价值观；在成年期，指导其平衡好生活、工作节奏，做好心理情绪调节，保证个人的生活、工作顺利发展；在成熟期，指导其及早调整个人心态，转移关注点和生活重心，培养个人兴趣爱好，丰富老年生活，促进健康老龄化。

2. 理论的社区实践　针对本章"社区情景"，作为社区护士，需要维护和促进个人及家庭的健康，运用护理程序的理论和方法对张女士及其家人进行评估，找出现存的或潜在的健康问题，和他们共同分析健康问题及其影响因素，制订有效、可行的健康干预方案；指导张女士主动沟通，有效寻求帮助，平衡好工作与生活，做好心理情绪调节，保持身心健康；持续跟进健康干预实施情况，阶段性评价干预效果，针对问题再次进行干预指导，提供全程、全面、连续、可及的社区护理。张女士5岁的儿子，从小在姥姥和奶奶的照顾下三代同堂生活，在两代人给予的关爱中成长，乖巧听话。按照埃瑞克森的心理社会发展理论，其儿子正处于学龄前期，此阶段的儿童身体活动能力和语言发展迅速，具有丰富的想象力和强烈的好奇心，主动探索和认识周围事物，并逐渐产生自我意识，常常表现为好动、调皮，不再只听从大人的指示，有时会违背父母或家人的意愿行事，并可能因此被责罚而容易变得胆小怕事或产生羞耻感、罪恶感等。社区护士应该在建立良好信任关系的基础上，深入了解张女士夫妻及家人对儿子的教育理念及方式方法，评估其科学教育孩子的能力和技巧，评估张女士儿子的心理和行为情况，与张女士夫妻及家人一起分享良好的亲子关系和家庭教育对孩子身心健康的影响，探讨埃瑞克森的心理行为发展理论，特别是儿童心理行为发展阶段的关键问题和最佳应对。社区护士应采用合适的方式与张女士夫妻共同分析其儿子现存的和潜在的健康问题，指导和鼓励他们采取科学合理的育儿理念和方式教育引导儿子，鼓励儿子树立远大理想，可以通过陪伴儿子一起做游戏的方式，引导儿子建立积极合理的目标，形成勇于探索、不怕困难、朝着既定目标持续努力的性格。指导张女士夫妻在儿子成长过程中充分尊重孩子的选择，与家人一起达成共识，尽量让儿子自己做力所能及的事情，在保证安全的情况下，鼓励儿子积极探索和敢于挑战，培养其责任、担当、勇敢、坚毅的品格。当孩子出现偏离社会常规和习俗的问题时，应耐心引导，避免粗暴干涉甚至责骂孩子的探索性行为，以免打击孩子的自信心或毁灭孩子的创造力，影响孩子方向感和目标感的建立，形成胆小怕事、谨小慎微或自责自罪的个性心理特征。

三、皮亚杰的认知发展理论

（一）理论产生背景

让·皮亚杰（Jean Piaget）是瑞士著名的儿童心理学家，他通过对儿童行为的长期观察，提出了儿童认知发展理论。该理论认为儿童的智力起源于他们的动作和行为，儿童对经常变化的外部环境不断做出新反应，促进了智力的发展。

（二）理论的主要内容和观点

皮亚杰认为逻辑思维能力的发展有四个主要阶段，每个阶段的出现都有一定的顺序性和连续性，必须建立在前一阶段认知发育的基础上。思维智力的发展过程是逐渐成熟的、程序化的，经历以下四个主要阶段。

1. **感觉运动阶段（sensorimotor stage）** 指 0～2 岁，该阶段个体受感官活动指导，形成简单的学习过程，其间经历六个亚阶段，儿童从吸吮、吞咽、握持等反射性动作逐渐发展到模仿别人做过的行为，形成简单、重复的行为。本阶段的主要特征是形成自主协调运动，能够将自己同环境区分开来，形成自我观念的雏形。在感觉运动阶段的后期，儿童开始运用语言和象征性思维。

2. **前运算阶段（preoperational stage）** 指 2～7 岁，该阶段儿童能用语言、符号、象征性游戏等来表达外部事物，主要的认知发育特征是以自我为中心，此期的儿童只能够站在自身的角度看待事物，其行为往往没有明确的理由。该阶段儿童的思维是具体的、有形的，儿童会根据事物与自己的联系或其用途来解释事物。

3. **具体运算阶段（concrete operational stage）** 指 7～11 岁，在该年龄阶段，儿童的思维逐步变得有逻辑性，能够对事物进行分类、整理、排序和组织，但尚不能进行抽象思维。此期儿童不再以自我为中心，而是能够考虑他人的利益，即开始有了社会化的概念。

4. **形式运算阶段（formal operational stage）** 指 11～15 岁，该阶段个体以适应性和灵活性为特征，青少年可运用抽象符号进行抽象思维，能通过系列观察和推理得出逻辑性的结论。尽管他们有时会将理想和现实混淆，但仍然能够处理和解决一些现实的矛盾。

（三）理论的应用

1. **理论的应用价值** 皮亚杰的认知发展理论将个体的认知发展过程进行了科学、系统的划分，虽然过于强调人类发展的生物学因素，忽视导致个体差异和认知发育差异的因素，但该理论为了解儿童的智力思维发展提供了框架。认知发展理论可帮助护理人员了解不同发展阶段儿童的思维和行为方式，根据儿童的认知发展特点，指导其父母和家人采取合适的语言和方式与其沟通，设计合适的活动及有激发性的健康教育方案。

2. **理论的社区实践** 社区护士应根据个体认知发展不同阶段的认知和思维特点，指导儿童的父母及家人运用不同的沟通技巧和应对方式，维护和促进儿童的身心健康。对 0～2 岁的婴幼儿，采取以非语言沟通为主的方式，如注意观察其面色、精神状态、身体活动方式，及时去除哭闹原因的同时，经常轻拍、抚摸、搂抱婴幼儿，用柔和的语调与其沟通。对 2～7 岁的儿童，针对其具有开始运用语言符号、词汇有限、思维多"以自我为中心"等特点，护理人员通过观察，读懂他们的特殊语言、动作、表情及反应，从而满足其合理需求；通过合理运用语言，鼓励他们接受治疗；以色彩鲜艳的卡通装饰胸卡转移他们的注意力，并通过游戏降低其恐惧感。对 7～11 岁的儿童，因其思维逐渐成熟，转变了"以自我为中心"的思维方式，开始具有逻辑思维能力，但思维及概念的形成仍依靠周围具体事物的帮助，所以在护理过程中，应鼓励儿童参与疾病的治疗及护理，同时借助合适的材料，教他们掌握基本的健康知识和保健技能。对 11～15 岁的儿童或青少年，因其思维能力虽已接近成人水平，具有综合思维、逻辑推理及决策能力，但心理发展速度相对滞后，使其面临许多矛盾和心理危机，家长及护理人员应充分理解、接受并尊重此阶段儿童，针对青少年儿童常见问题做好健康教育和心理行为辅导。

　　本章"社区情景"中，张女士5岁的儿子正处于认知发展理论中的前运算阶段，表现为乖巧听话，与此阶段儿童"以自我为中心"的表现不一致。作为社区护士应在积极做好张女士孕期健康管理的同时，指导并协助张女士夫妻做好儿子的教育引导：增加陪伴儿子的时间，鼓励并引导孩子观察和认识周围事物；合理运用语言和非语言沟通技巧，鼓励儿子勇敢表达内心情感和合理需求；注意儿子的特殊语言、动作、表情及反应，了解其合理需求并及时给予满足，促进其儿子的智力思维发展和身心健康。

第三节　社区妇女儿童的健康管理

　　根据2017年2月国家卫生计生委颁布的《国家基本公共卫生服务规范（第三版）》，妇女儿童保健是公共卫生服务的重要内容之一，为社区妇女儿童提供系统的健康管理有利于改善妇女儿童的健康状况。

一、社区妇女健康管理

（一）围婚期健康管理

　　围婚期是从确定婚配对象到婚后受孕为止的一段时期，包括婚前、新婚及孕前三个阶段。社区卫生服务机构或医疗保健机构应为围婚期妇女及其配偶提供健康教育与咨询、健康状况评估及健康指导等保健服务，从而保障婚配双方及其子代的健康。

1. 婚前期健康管理

　　（1）婚前卫生咨询：通过询问了解婚配双方的患病史、既往婚育史、女方月经史、男方遗精史、家族近亲婚配史、家族遗传病史、精神病史等，针对精神病发作期、传染病传染期、重要脏器功能不全、生殖器官发育障碍或畸形等情况，建议暂缓结婚并在专科医师的指导下接受治疗和随访。

　　（2）婚前医学检查：指针对准备结婚的双方进行的有关遗传性疾病、传染病、精神病等方面的检查。检查项目包括询问病史、体格检查、常规辅助检查和其他特殊检查。通过婚前医学检查能够对遗传性疾病进行有效筛查与干预，优生优育，提高人口素质；同时，有助于及时发现传染性疾病如乙型肝炎、性传播疾病；此外，婚前医学检查还能对生殖系统疾病进行精准检测，为新婚夫妇的生殖健康提供保障，从而促进婚姻生活的美满与和谐。

2. 新婚期健康管理

　　（1）性卫生指导：指导新婚夫妇掌握科学的性知识和性技巧，营造良好的性生活氛围，做好新婚期性保健，促进新婚期和谐性生活。

　　（2）生殖健康管理：通过健康教育，保障妇女了解并享有避孕节育知情选择权，同时向育龄人群提供安全、有效、适宜的避孕节育服务，倡导科学避孕。开展社区避孕服务，预防非意愿妊娠。普及不孕不育防治基本知识，提高公众对早期识别和干预的重要性认识。向生育困难的夫妇提供包括药物治疗和中医药调理等不孕不育症社区支持。

3. 孕前期健康管理

　　（1）健康教育与咨询：通过询问、讲座及健康资料的发放等，向计划妊娠的夫妇讲解孕前保健的重要性，介绍孕前保健服务内容及流程，提供健康教育服务。提倡科学备孕和适龄妊娠，保持适宜生育间隔，积极倡导自然分娩。

　　（2）健康状况检查：通过询问既往疾病史、孕育史、家族史、营养状况、职业、生活方式、运动情况及社会心理等了解准备妊娠夫妇的一般情况；在知情选择的基础上进行孕前医学检查，主要包括体格检查，实验室检查如血常规、尿常规、肝功能、阴道分泌物检查，以及辅助检查，如心电图、B超检查等，必要时进行激素和精液检查。同时，对可能影响生育的疾病进行专项检查，包括严重的遗传性疾病如地中海贫血；可能引起胎儿感染的传染病及性传播疾病，如乙型肝炎、结核病、弓形体感染、风疹病毒感染、巨细胞病毒感染、单纯疱疹病毒感染、梅毒螺旋体感染及人类免疫缺陷病毒感染等；精神疾病；其他影响妊娠的疾病，如高血压和心脏病、糖尿病及甲状腺疾病等。

（3）健康指导：遵循普遍性指导和个性化指导相结合的原则，对计划妊娠的夫妇进行孕前、孕早期及预防出生缺陷的指导，选择最佳生育年龄和最佳受孕时期，避免备孕期接触风疹病毒、烟、酒等有害因素。

（二）孕期健康管理

目前我国已建立孕产妇系统保健管理三级网络，实行孕产期系统保健的三级管理。在城市，开展医院三级分工和妇幼保健机构三级分工，实行孕产妇划片分级分工，并健全转诊制度。在农村开展由县医院和县妇幼保健站、乡卫生院、村妇幼保健人员组成的三级分工。通过三级分工，一级机构为孕产妇提供定期检查，一旦发现异常，及早将高危孕妇转诊至上级医院进行监护处理。

1. 孕早期健康管理　孕 13 周前，孕妇居住地的乡镇卫生院、社区卫生服务中心为孕妇建立《母子健康手册》，并进行第 1 次产前检查，根据检查结果填写第 1 次产前检查服务记录表。

（1）孕妇健康状况评估：询问既往史、家族史和个人史等，观察体态、精神状况和面色等，并进行一般体检、妇科检查，及血常规、尿常规、血型、肝功能、肾功能和乙型肝炎等检查，有条件的地区建议进行阴道分泌物、梅毒螺旋体抗原血清试验、HIV 抗体检测等实验室检查。

（2）孕早期保健指导：开展孕早期营养、运动等生活方式及心理健康教育和保健指导，要特别强调避免致畸因素和疾病对胚胎的不良影响，同时进行产前筛查和产前诊断的宣传告知。

（3）高危孕妇筛查：对孕妇进行高危因素筛查，对具有妊娠危险因素和可能有妊娠禁忌证或严重并发症的孕妇，及时转诊到上级医疗卫生机构，并在 2 周内随访转诊结果。

2. 孕中期健康管理

（1）孕妇健康状况评估：孕 16～20 周、21～24 周各进行 1 次产前检查。通过询问、观察、一般体格检查、产科检查、实验室检查等，对孕妇健康和胎儿的生长发育状况进行评估，识别需要做产前诊断和需要转诊的高危孕妇。

（2）孕中期保健指导：除进行孕中期心理、运动及营养指导外，还应进行预防出生缺陷的产前筛查和产前诊断的宣传告知。

（3）高危孕妇筛查：对孕妇进行高危因素筛查，发现有异常的孕妇，要及时转至上级医疗卫生机构。出现危急征象的孕妇，要立即转上级医疗卫生机构，并在 2 周内随访转诊结果。

3. 孕晚期健康管理

（1）孕妇健康状况评估：孕 28 周以后每 2～4 周检查一次，孕 36 周以后每周检查一次，有高危因素者根据病情酌情增加检查次数。通过询问病史、观察体征、一般体格检查、产科检查、实验室检查等，综合评估孕妇健康状况和胎儿的生长发育情况。

（2）孕晚期保健指导：孕 28～36 周、37～40 周各进行一次自我监护、促进自然分娩、母乳喂养等方法以及孕期并发症和合并症防治的健康教育和指导。

（3）高危孕妇筛查：对随访中发现的高危孕妇应根据就诊医疗卫生机构的建议督促其酌情增加随访次数。随访中若发现有意外情况，建议其及时转诊。

（三）产后健康管理

1. 产后家庭访视　乡镇卫生院、村卫生室和社区卫生服务中心（站）在收到分娩医院转来的产妇分娩信息后，应于产妇出院后 1 周内到产妇家中，通过产后家庭访视，进行产褥期健康管理，加强母乳喂养和新生儿护理指导。

（1）产妇健康状况评估：通过观察、询问和检查，了解产妇一般情况，检查乳房、子宫、恶露、会阴及腹部伤口恢复等情况。

（2）产褥期保健指导：进行个人卫生、心理、营养、运动、康复及新生儿照护等指导。

（3）异常情况处理：对母乳喂养困难、产后便秘、痔疮、会阴或腹部伤口等问题进行处理。发现有产褥感染、产后出血、子宫复旧不佳、妊娠合并症未恢复及产后抑郁等问题的产妇，应及时转至上级医疗卫生机构进一步检查、诊断和治疗。

2. 产后 42 天健康检查　产后 42 ~ 56 天，正常产妇在乡镇卫生院、社区卫生服务中心做产后健康检查，异常产妇到原分娩医疗卫生机构检查。

（1）产妇健康状况评估：通过询问、一般体检和妇科检查，必要时进行辅助检查对产褥期基本情况、子宫复旧及伤口愈合等情况进行评估。

（2）产后保健指导：进行性保健、避孕、预防生殖道感染、婴幼儿营养等方面的指导。

（四）围绝经期健康管理

社区卫生服务机构应为本社区的围绝经期妇女建立健康档案，定期进行妇科疾病的普查，并针对围绝经期妇女的生理和心理改变提供保健指导。

1. 建立健康档案　建立围绝经期妇女健康档案，根据围绝经期妇女健康危险因素，设计定期体检表，为妇女提供定期体检，以及早发现妇女的健康问题，提出针对性的防治措施。

2. 加强妇科疾病的普查　定期为围绝经期妇女提供妇科疾病的普查，每年一次宫颈细胞学检查、B 超检查、血常规检查、尿常规检查等。

3. 围绝经期保健指导　为围绝经期妇女提供关于运动、自我监测、心理调适等方面的保健指导。

📝 **知识拓展**

女性全生命周期健康管理模式

女性全生命周期健康管理模式围绕女性不同生理阶段健康需求，提供涵盖生理、心理和社会适应的整合型健康管理，为女性提供宣传教育、咨询指导、筛查评估、综合干预和疾病诊治等全方位社区卫生健康服务。女性全生命周期健康管理的内容除了围婚期、孕产期、围绝经期外，还包括但不限于以下内容：将女职工劳动保护纳入全生命周期健康管理范围，鼓励有条件的地方和单位为女职工建立社区健康档案。推动妇女宫颈癌、乳腺癌等重大疾病的社区防治，鼓励有条件地区在社区逐步开展适龄女性 HPV 疫苗免费接种，不断扩大"两癌"社区筛查实施范围。推进传染性疾病的社区规范管理，以保障感染者的合法权益，规范提供传染性疾病检测、治疗、安全助产、随访管理等连续性综合社区卫生服务。

二、社区儿童健康管理

（一）新生儿健康管理

1. 新生儿家庭访视　新生儿出院后 1 周内，医务人员应到新生儿家中进行新生儿家庭访视，同时进行产后访视。

（1）新生儿健康状况评估：了解孕期情况、出生情况、预防接种情况，了解新生儿疾病筛查情况（在开展新生儿疾病筛查的地区）等。观察家居环境，重点询问喂养、睡眠、大小便情况。观察精神、面色、呼吸、皮肤、五官、黄疸、脐部情况、外生殖器、臀部等。进行体格检查，为新生儿测量体温、身长、体重等。

（2）建立《母子健康手册》：记录儿童从出生至 6 岁的生长发育情况和各种健康状况，包括体格发育、智力发育、牙齿发育、喂养情况、听力、视力、疾病的转归等。该手册是以健康检查为基础的动态记录，为医生对儿童的健康管理服务提供依据。

（3）提供保健指导：根据新生儿的具体情况，有针对性地对家长进行母乳喂养、沐浴、脐部护理、预防接种、儿童安全和常见疾病预防的指导。

（4）异常新生儿的管理：对于低出生体重、早产、双/多胎或有出生缺陷的新生儿根据实际情况增加访视次数。发现体温≥37.5℃或≤35.5℃、反应差伴面色发灰、吸吮无力、呼吸频率<20次/min或>60次/min、呼吸困难、呼吸暂停伴发绀、心率<100次/min或>160次/min、有明显心律不齐、皮肤严重黄染等情况应立即转诊；发现有喂养困难、躯干或四肢皮肤明显黄染、单眼或双眼溢泪等情况则建议转诊。

2. 新生儿满月健康管理　新生儿出生后28～30天，指导家长利用接种第二针乙肝疫苗的时机，带新生儿在乡镇卫生院、社区卫生服务中心进行随访。重点询问和观察新生儿的喂养、睡眠、大小便、黄疸等情况，对其进行体重、身长测量、体格检查和发育评估，对家长进行喂养、发育、防病指导。

（二）婴幼儿健康管理

婴幼儿的健康管理均应在乡镇卫生院、社区卫生服务中心进行，偏远地区可在村卫生室、社区卫生服务站进行，时间分别在3个月、6个月、8个月、1岁、1岁半、2岁、2岁半、3岁时，共8次。有条件的地区，建议结合儿童预防接种时间增加随访次数。

1. 婴幼儿健康状况评估　询问上次随访到本次随访期间的婴幼儿喂养、患病等情况，定期进行体格检查，测量身高、体重、胸围、头围等，以评估婴幼儿生长发育和心理行为发育状况。

2. 婴幼儿生长发育监测

（1）生长发育评价指标

1）体重：体重是衡量儿童营养状况和生长发育的重要指标。儿童的体重可根据以下公式粗略计算：

$$1～6个月婴儿的体重（kg）=出生体重+月龄×0.7$$
$$7～12个月婴儿的体重（kg）=6+月龄×0.25$$
$$2～12岁儿童的体重（kg）=年龄×2+8$$

2）身高（身长）：儿童出生时身长平均为50cm，出生后前半年平均每月增长2.5cm，后半年平均每月增长1.25cm，至6个月时身长平均65cm，1岁时身高平均75cm。2岁以后每年增长5～7cm。婴儿期身长的增长以躯干为主，幼儿期开始以下肢为主。至青春期，进入生长发育的第二个高峰，体格迅速增长。2～12岁儿童的身高可根据以下公式粗略计算：

$$身高（cm）=年龄×7+70$$

3）头围：头围的大小反映了大脑和颅骨的发育。出生时头围为33～34cm，前半年每月大约增加1.5cm，后半年每月增加0.5cm。6个月时平均头围43cm，1岁时46cm，2岁时达48cm。

4）胸围：胸围反映了肺与胸廓的发育。出生时婴儿的胸围为32cm，比头围小1～2cm，1岁时胸围约等于头围，以后胸围超过头围。

5）头颅：头颅由6块扁骨组成，骨与骨之间形成囟门。前囟是一菱形间隙，出生时大小为1.5～2cm（对边中点的连线长度），1岁半前闭合。后囟呈三角形间隙，在出生后6～8个月闭合。

6）牙齿：儿童在4～10个月开始出牙，1岁尚未出牙视为异常，2～2.5岁出齐，乳牙共20颗。6岁左右开始出第一磨牙，7～8岁乳牙按萌出顺序开始脱落代以恒牙。

（2）生长发育评价的统计学方法

1）标准差法：又称均值离差法，是我国评价儿童体格生长状况最常用的方法。标准差法是以体格生长指标（按年龄）的均值为基准值，以标准差为离散度，划分评价等级，一般认为均值

±2个标准差（包含95%的总体）范围内的被检儿童为正常儿童。

2）百分位法：是世界各国常用的评估儿童体格生长的方法。百分位法是以体格生长指标（按年龄）的中位数（即第50百分位）为基准值，一般认为第3~97百分位（包含95%的总体）范围内的被检儿童为正常儿童。

3）曲线图法：即生长发育图法。根据儿童体格生长指标（按年龄）参考值的均值±2个标准差（或第3及第97百分位的数值），绘制两条标准生长曲线。将被检儿童的体格测量数值按年龄标识，连成一条曲线，与标准生长曲线进行比较，以评价个体儿童的生长发育状况及群体儿童的生长趋势。

4）指数法：是对两项指标的相互比较，综合评价儿童的体格生长、营养状况和体型。儿童常用的指数是Kaup指数。Kaup指数表示单位面积的体重数，<12为营养不良，12~13.4为偏瘦，13.5~18为正常，19~20为营养优良，>20为肥胖。计算公式如下：

$$Kaup\ 指数 = \frac{体重（kg）}{[身长（cm）]^2} \times 10^4$$

3. 婴幼儿保健指导 对家长进行母乳喂养、辅食添加、心理行为发育、意外伤害预防、口腔保健、常见疾病防治等健康指导。

4. 贫血及听力筛查 在婴幼儿6~8月龄、18月龄、30月龄时分别进行血常规检测。在6月龄、12月龄、24月龄、36月龄时使用听力行为观察法进行听力筛查。

5. 定期预防接种 在每次进行预防接种前均要检查有无禁忌证，若无，体检结束后接受疫苗接种。我国免疫规划疫苗包括乙肝疫苗、卡介苗、脊髓灰质炎疫苗、百白破混合疫苗、麻疹疫苗和白破疫苗6种。2008年卫生部发布扩大免疫规划，在以上6种规划疫苗的基础上，将甲型肝炎疫苗、流行性脑脊髓膜炎疫苗、乙型脑炎疫苗及麻疹、腮腺炎和风疹联合疫苗也纳入国家免疫规划，要求对适龄儿童进行常规接种。

（三）学龄前儿童健康管理

社区卫生服务机构为4~6岁儿童每年提供一次健康管理服务。散居儿童的健康管理服务应在乡镇卫生院、社区卫生服务中心进行，集体儿童可在托幼机构进行。

1. 学龄前儿童健康状况评估 询问上次随访到本次随访期间的膳食、患病等情况，进行体格检查，测量身高、体重等，进行血常规检测和视力筛查，评估儿童生长发育和心理行为发育状况。

2. 学龄前儿童保健指导 对家长进行合理膳食、心理行为发育、意外伤害预防、口腔保健、常见疾病防治等健康指导。

3. 健康问题处理 对健康管理中发现的有营养不良、贫血、单纯性肥胖等情况的儿童应当分析其原因，给出指导或转诊的建议。对口腔发育异常（唇腭裂、高腭弓、胎生牙）、龋齿、视力异常或听力异常儿童应及时转诊。

（四）学龄期儿童及青少年健康管理

社区卫生服务机构为学龄期儿童及青少年每年提供一次健康管理服务，包括健康状况的评估、保健指导及健康问题处理。

1. 儿童及青少年健康状况评估 询问上次随访到本次随访期间的营养、患病等情况，进行体格检查，测量身高、体重等，进行血常规检测、口腔检查及视力筛查，评估儿童及青少年生长发育和心理行为发育状况。

2. 儿童及青少年保健指导 对儿童及青少年进行合理膳食、心理行为发育、口腔保健、常见疾病防治、性知识教育等健康指导。

3. 健康问题处理 对健康管理中发现的有骨骼畸形、贫血、单纯性肥胖、性发育异常、学习困难等情况的儿童及青少年应当分析其原因，给出指导或转诊建议。

第四节 社区妇女儿童保健循证护理实践

一、社区妇女保健循证护理实践

（一）循证问题

抑郁症又称抑郁障碍，主要特征是显著而持久的情绪低落，严重时可出现自伤、自杀行为，可伴有妄想、幻觉等精神病性症状，根据严重程度分为轻度、中度和重度。抑郁症可发生于各个年龄段人群，如发生在老年、儿童、产妇群体，分别称为老年抑郁症、儿童抑郁症、产后抑郁症。产后抑郁（postpartum depression，PPD）是产妇在分娩后发生的抑郁症，以情绪持续低落为基本特征，主要表现为焦虑、情绪低落、易怒、易激动、睡眠障碍、自我保健能力与育婴护理能力不足等。产后抑郁大多数发生于分娩后 4 周内，是产妇围产期常见的一类精神疾病，其发生率因诊断标准、人种的不同而存在较大差异。全球产后抑郁患病率为 17.7%，我国产后抑郁的发生率为 5.5% ~ 23.1%，且近年来呈上升趋势，严重影响产妇的产后恢复和身心健康，同时也影响婴幼儿的生长发育。

围产期妇女健康直接影响妇女及儿童的身心健康，是我国社区卫生保健的重点人群。随着人口老龄化等社会问题的加剧，我国实施二孩、三孩政策，妊娠期和围产期妇女的身心健康日益得到关注，产后抑郁的预防、识别和控制成为研究的热点。社区护士在为妊娠妇女实施健康管理时，通过建档、随访和健康教育，加强对产后抑郁的知识普及，激发产妇家庭支持功能，指导妊娠妇女及家人互相理解和支持，加强对妊娠妇女特别是围产期妇女的关心、呵护和尊重。同时，对重点产妇（曾经发生过抑郁等）加强筛查和识别，及早发现并及时处理。社区护士通过查找、总结证据，采用最佳证据，为产妇提供高质量的社区护理，有效地预防和治疗产后抑郁，维护和促进产妇及婴幼儿的身心健康。

本次循证护理实践中，社区卫生服务中心防保科的护士王某，负责对产后第 9 天的李女士进行家庭访视。访视前王某查阅了健康档案，了解到李女士 29 岁，孕 39^{+6} 周经剖宫产于 9 天前娩出一女婴，为第一胎、第一产，手术顺利，女婴健康，产后第 6 天出院。家访时，护士王某了解到：李女士出院后的 3 天日夜不能入睡，过分关注婴儿，担心婴儿受凉或挨饿，诉伤口疼痛、头痛，心情沮丧、烦躁，不爱说话，食欲下降，家人说她近两天经常哭泣。查体：伤口愈合良好。产后抑郁量表评分 14 分。专科检查：神志清楚，接触被动，声音较低。谈话时一直哽咽，问其原因，产妇回答："先生工作很忙，不能陪我，婆婆虽然一直在，但并不关心我。"问及以后的生活安排，产妇表示："孩子出生后压力很大，要照顾孩子，产假结束后还要上班，真不知如何应付。"请精神科医生会诊，诊断为产后抑郁。

应用 PIPOST 确定本次社区循证护理实践基本问题。P：社区分娩后妇女。I：预防、识别、处理产后抑郁症的措施。P：社区护士、全科医生、产妇的家人。O：产后抑郁症的转归。S：社区家庭。T：指南、系统评价、专家共识、队列研究、随机对照试验、横断面研究。

（二）证据检索

以"产妇""抑郁""预防"等为中文检索词，以"puerperant""depression""prevention"等为英文检索词，在国内外权威数据库全面、系统地检索和收集文献，获得临床证据。通常，证据检索主要包括三大来源：①综合性文献数据库资源，如 MEDLINE（医学多用 PubMed）、Embase等。②专业数据库，如卫生保健及护理学数据库（CINAHL）等。③其他数据库，如人工检索杂志、灰色文献，或与通信作者联系等。数据库选择的准确与否将直接影响检索效果的好坏，因此，检索前需要对所有的数据库的专业范围、收录文献类型、时间跨度、检索方法等基本情况进行了解。文献的纳入标准：①目标群体为社区分娩妇女。②内容涉及产后抑郁症的预防、识别、处理措施等。③主要结局指标为产后抑郁症的转归。④证据类型包括临床指南、系统评价、Meta分析、随机对照试验、专家共识、队列研究及其他产后抑郁相关研究。⑤语种为中英文。文献的排除标准：①文献质量评价为不合格或信息不全。②文献类型为研究计划书或会议记录等。

笔记栏

（三）证据内容

1. 产后抑郁的预防　目前的研究主要关注孕期干预、产后家庭访视及服用抗抑郁药物。

（1）孕期干预：目前，多项研究探索孕期的干预是否能有效预防产后抑郁的发生，主要方法包括由临床心理医生、精神科护士、产科医生或助产士提供多次产前会谈和心理教育，内容主要关注为高危孕妇提供多方面的支持和帮助。但系统评价结果表明，对高危孕妇的产前集体干预未能有效预防产后抑郁，从孕期至产后的持续干预也未能起到很好的预防，这可能与高危孕妇的定义不清晰、样本不同质、抑郁的筛查工具问题、样本量小及较高的退出率有关。因此，对于孕期干预是否能有效预防产后抑郁的发生尚需更多研究支持，而孕期干预的对象、干预方法及干预内容也需要进一步研究。

（2）产后家庭访视：产后访视中，护士通过与家庭建立信任关系，提供与婴儿照护和成长有关的指导，如指导产妇及家属在婴儿哭闹、睡眠行为改变时如何应对等，促进儿童的预防保健，鼓励利用社区资源，可促进家庭角色模式的转变和适应，提高父母的自尊和自信，有利于促进产妇良好的心理调适，预防产后抑郁的发生。

产后 2 周内产妇的心境是产后抑郁的显著预测因子，产后心情低落可能导致产后抑郁。社区护士应在产后早期通过家庭访视对产妇进行评估，对产后心情低落的产妇提供预防性干预措施。

（3）产后预防性用药：对严重产后抑郁的产妇，雌激素治疗能够显著改善其抑郁评分。但系统评价结果显示，尚缺乏足够的证据支持抗抑郁药物对产后抑郁的预防作用，并且，抗抑郁药物的不良反应、对胎儿的影响及母亲对使用该药物的态度也缺乏研究。

（4）产后抑郁的常规筛查：将产后抑郁的筛查作为一项常规服务提供给所有孕妇的效果尚缺乏研究证据支持。产前心理评估能提高医务人员对产妇心理风险的判断，但由于现有的研究样本量较小，产前的常规评估能否改善产后心理健康尚缺乏证据支持。

2. 产后抑郁的识别　及早识别和干预产后抑郁，有效促进产妇及婴幼儿健康。

（1）抑郁症状的评估：目前，识别产后抑郁症状最为成熟的自陈测量工具是爱丁堡产后抑郁量表（Edinburgh postnatal depression scale，EPDS），该量表包含 10 个条目，简单、易掌握，已在临床广泛应用并证实其有效性。运用爱丁堡产后抑郁量表及时识别产后妇女的抑郁症状，以便及早采取干预措施防止抑郁程度的加重。在进行抑郁症状的评估时，护士可采取面对面或者电话采访的形式，鼓励产妇独自使用爱丁堡产后抑郁量表进行评估。若产妇存在语言理解困难，护士可通过解释协助其完成评估。

产后抑郁大多发生于产后数周或数月，但仍有 25% 的产妇抑郁症状首次发生于产后 6～12 个月。因此，建议在产后 12 个月内都可进行抑郁症状的评估或重复测定。关于产后使用爱丁堡产后抑郁量表评估的理想时间和次数尚缺乏研究支持，重复测量是否会影响爱丁堡产后抑郁量表的信度和效度，也需要进一步研究探讨。

爱丁堡产后抑郁量表评估结果分界值因不同语种人群而异，英语语言国家的爱丁堡产后抑郁量表评分大于 12 分说明存在抑郁症状，非英语语言国家如法国、瑞典较适宜的分界值为 11 分或 12 分，中国适宜分界值为 9 分或 10 分，日本的分界值为 8 分或 9 分，可能与亚洲妇女不太愿意表达自己的内心感受有关。因此，对不同文化背景的产妇，须慎重判断和解释。爱丁堡产后抑郁量表评估结果只能说明存在抑郁症状，但无法判断其抑郁程度，不能作为产后抑郁的诊断工具。

（2）自杀意念的评估：抑郁是自杀的重要危险因子。调查发现，4.3%～6.3% 的抑郁产妇有自杀意念。爱丁堡产后抑郁量表评估显示孕妇有自我伤害的意念时，应密切关注产妇言行，采取危机干预。

3. 产后抑郁的处理

（1）心理咨询与治疗：心理干预可有效减轻产后抑郁的症状。对已确诊为产后抑郁者，由经过专业培训的干预人员每周提供支持性的互动和持续的评估，包括人际心理治疗、认知行为治疗或非特异性心理咨询。

非特异性心理咨询可由护士或助产士提供，内容包括陪伴在产妇身旁、鼓励产妇倾诉、不加是非判断的态度、为产妇提供安全的环境、鼓励其探索内心的感受、寻求可能的解决办法。心理咨询一般持续 6~8 周，每周 1 次 0.5~1 小时的家庭访视。严重的产后抑郁及既往有过抑郁病史的产妇，应尽早接受更专业治疗。

（2）家庭成员支持：家庭成员包括丈夫、父母、孩子、兄弟姐妹、其他亲属等，丈夫及其他家庭成员是产妇最有力的支持，也是早期发现产后抑郁症状的人选。护士应加强产妇家庭成员的心理教育，指导家庭成员加强对产妇的支持，减少产妇的抑郁症状，同时也能改善家庭成员自身的精神状况。

（3）同伴支持：来自相同背景的同伴支持可显著减少产妇的抑郁症状。护士应结合社区具体情况和资源，促进建立同伴团体，由社区内具有相同经历的母亲通过电话或其他方式，为产后抑郁高危产妇提供同伴支持，能有效预防和减轻产后抑郁症状。

（4）产妇的自我照顾：自我照顾被视为健康促进的三大法宝之一，主要包括锻炼、睡眠、卫生、营养、遵从治疗、参加支持性组织等。提高产妇的自我照护能力，鼓励产妇从事自我照顾活动，如推着婴儿车散步，可减轻其产后抑郁症状。护士在提高产妇的自我照顾活动时需考虑文化因素，提出有益的建议。

（5）抗抑郁药物：目前抗抑郁药物对产后抑郁的治疗效果及不良反应的研究较少，尚需要进行大样本、长时间随访的研究支持。母亲服药后药物对婴儿发育的影响等也须进一步研究。社区护士应科学循证，结合全科医生的诊疗方案，提供服药指导。

（6）其他措施：医务人员应掌握产后抑郁的相关知识，对社区和家庭进行健康教育，促进人群掌握产后抑郁的症状和体征，以便及早识别。以讨论方式开展产前健康教育，提高产妇对产后抑郁的知晓率等。

4. 加强专业人员的教育与培训　产后随访社区护士和其他医务人员均须接受产后抑郁的相关教育，掌握识别、评估和干预产后抑郁的知识和技能，为产妇及家庭提供有效的支持。

（四）实践建议

本循证实践案例中，产妇在医生、社区护士及其丈夫、家人的共同支持下，6 周后症状明显缓解，EPDS 评分为 7 分。李女士表示现在丈夫很关心自己和孩子，婆婆对自己也很好，偶尔感觉照顾孩子很吃力，但是看到孩子对自己笑很开心。偶尔会担心丈夫以后没时间照顾家庭。社区护士继续随访，持续为产妇及家人提供支持和帮助。

近年来，产后抑郁的发病率较高，给产妇、婴儿及家庭带来了严重不良影响，因此，应该采取措施预防产后抑郁的发生，在出现抑郁症状时，应尽早识别，并采取有效的处理措施。在产后早期，社区护士应进行家庭访视，在对产妇评估的基础上，提供预防性措施，给予个性化、支持性的产后访视。爱丁堡产后抑郁量表可在产后 12 个月内使用，根据评分结合临床判断，及早识别产后抑郁症状，该量表的使用需要考虑不同的文化背景。此外，当量表中第 10 条阳性时，须进一步评估产妇的自杀意念及行为。对已经出现抑郁症状的产妇，应由专业人员提供心理治疗，社区护士可提供非特异性心理咨询，为产妇提供同伴和社会支持，鼓励丈夫及家庭成员共同参与，并对家庭成员进行关于产后抑郁的健康教育，促进产妇的自我照顾活动。提供这些支持和教育的社区护士应当接受相关教育与培训，确保为产妇提供的支持是持续有效的，并定期对产妇进行评估，以促进产妇及婴幼儿的身心健康。

二、社区儿童保健循证护理实践

（一）循证问题

近视（myopia）是导致全球视力障碍的主要眼部疾病之一。根据我国眼科流行病学联盟

131

（China Eye Epidemiology Consortium，CEEC）所发布的最新数据，我国城市地区的学生近视患病率如下：1～3年级27.3%，4～6年级55.8%，7～9年级66.5%，10～12年级80.8%；农村地区的患病率则为：1～3年级18.8%，4～6年级48.6%，7～9年级59.3%，10～12年级76.0%。到2050年，16～18岁青少年高度近视的患病率将上升至22.1%，造成相关并发症的发生率增加。一项为期22年的队列研究发现，发生近视时年龄越小，后期出现高度近视的可能性越大。近视会引起一系列并发症，如视网膜脱离、视网膜新生血管形成、近视黄斑变性、早期白内障和青光眼，而近视黄斑变性已成为失明的主要原因之一。近视影响儿童的生活和学习，同时影响其全生命周期的身心健康和生活质量。

"少年强则国强"，少年儿童的健康关系着国家和民族的未来和希望。少年儿童正处于生命周期中生长发育最旺盛的时期，是良好行为习惯和健康生活方式养成的关键时期，也是引导塑造积极向上的人生观和价值观的有利时期。习近平总书记指出，儿童健康事关家庭幸福和民族未来。他强调要重视少年儿童健康，多次作出重要指示要做好青少年儿童近视和肥胖防控、心理健康服务等健康保健。

本次循证实践聚焦于社区青少年儿童近视防控和眼保健干预，采用PIPOST模式确定基本问题。P：近视儿童或儿童人群。I：户外运动、睡眠、饮食、坐姿、近距离工作时间、视屏时间等系列干预措施。P：近视儿童的照顾者、老师和医务人员。O：近视患病率、近视发病率、眼轴长度、等效球镜度数等。S：家庭、学校、医院或社区。T：指南、专家共识、系统评价、随机对照试验等。

（二）证据检索

以"近视""坐姿""视屏时间"等为中文检索词，以"myopia*""sitting posture""screen time"等为英文检索词，检索国内外权威数据库。文献纳入标准：①目标群体为近视儿童或儿童群体。②内容涉及儿童近视的预防、控制措施及策略。③主要结局指标为近视患病率、近视发病率、眼轴长度、等效球镜度数等。④证据类型包括指南、专家共识、系统评价以及与近视相关的原始研究。⑤语种为中英文。文献排除标准：①文献质量评价为不合格或信息不全。②文献类型为研究计划书或会议记录等。

（三）证据内容

1. 近视的环境因素及预防

（1）近距离用眼：近距离用眼是近视发生发展的重要危险因素，持续时间长（>45分钟）和阅读距离近（<33cm）都可能影响近视的发生发展。家长可以采取科学的手段监督和培养儿童青少年养成良好的近距离用眼习惯。

（2）户外活动：户外活动时间是近视发生发展的重要保护因素。家长应增加学龄前儿童户外活动时间，每天至少2小时。学校应多支持学生课间进行户外活动，放学后和周末家长应鼓励、支持孩子到户外活动。

（3）读写习惯：不良读写习惯是近视发生发展的危险因素。应培养良好的读写习惯，保持读写时坐姿端正，胸部离桌子一拳（6～7cm），书本离眼33cm，握笔的指尖离笔尖3.3cm。不在行走、坐车或躺卧时阅读。

（4）采光照明：保持采光良好、照明充足，不在光线过暗或过强的环境下看书写字，以避免眩光和视疲劳等。

（5）眼保健操：眼保健操可以缓解眼睛的疲劳症状，应养成每日进行眼保健操的习惯。

（6）其他：过多和不科学使用电子产品、睡眠时间不足、昼夜节律紊乱、营养不均衡等也是近视发生发展的危险因素，应加以避免。

2. 采取综合措施，提高近视儿童对近视严重性和易感性的认识

（1）建立信任合作的良好护患关系：社区护士通过有效沟通，与近视儿童及其家长建立良好

合作关系。

（2）强化儿童的"公民是自己健康的第一责任人"意识：帮助近视儿童了解近视的危害、不良用眼行为、视力保健措施等，激励儿童采取视力保健行为，增强儿童维护自我健康的能力和责任感。

（3）充分发挥和利用家庭支持功能，做好儿童、青少年近视防控：为近视儿童及其家长介绍家庭支持的方法及重要性；鼓励家长激发近视儿童的主观能动性，鼓励近视儿童家长表达近视相关认知与想法，分享情感、体验和目前所采取的管理近视的行为及方法；耐心倾听近视儿童及家长的反馈，认真解答他们的提问。

（4）发挥同伴的积极影响：指导建立儿童青少年近视防控交流平台，鼓励家长相互讨论，引导分享近视防控的有效方法和成功案例，激励儿童青少年及家长持续做好近视防控。

（5）采用信息化、智能化的健康教育策略：通过健康教育精准连接系统（health education accurately linking system，HEALS）登记近视儿童及其家长的姓名、联系方式等信息，以图文形式通过 HEALS 推送"近视是什么？""为什么会出现近视？""患了近视有什么不好？"等，督促家长引导近视儿童学习。护士借助 HEALS 的医患沟通渠道至少沟通 3 次，动态评估近视儿童及家长面临的问题及原因，针对性地给予帮助，指导家庭帮助近视儿童建立保护性行为。

3. 降低近视儿童的内部奖励和外部奖励 基于保护动机理论的家庭支持教育模式，通过降低儿童不良用眼行为带来的自身获益感（内部奖励）、减少儿童不良用眼行为的外界因素（外部奖励），促进儿童采取良好用眼和眼保健行为。社区护士通过随访，指导家长有策略地支持和鼓励近视儿童改正不良行为习惯及错误认知，以身作则，认真学习眼健康知识，坚持良好的用眼护眼行为和习惯。评估近视儿童及家长可能存在的问题，如用眼距离、饮食、户外活动、视屏时间等，纠正近视儿童及家长的错误观念，并给予针对性的健康教育和指导。鼓励家长表达困惑，及时为家长答疑解惑，协同和指导家长做好近视儿童的眼保健管理。在实施基于保护动机理论的家庭支持教育模式过程中，注意采取综合干预措施和策略，同时降低近视儿童的内部奖励和外部奖励。

4. 提高近视儿童的自我效能和反应效能

（1）智慧化平台管理：借助智慧化平台推送眼保健相关知识，评估近视儿童对眼保健知识的掌握情况和保护性用眼行为的执行情况，针对问题给予相应指导。配合家长的督促、指导、支持和鼓励，让近视儿童认识到健康行为习惯对防控近视的作用，提高近视儿童改变不良用眼行为的意识和自我效能。

（2）饮食指导：建议家长为儿童提供营养丰富的食物，同时适当补充微量元素、鱼油等，少吃甜食和油炸食品，多吃蔬菜水果，引导儿童养成进食均衡营养的饮食习惯。

（3）保证睡眠：鼓励家长为儿童营造安静温馨的睡眠环境，保证儿童得到充足的睡眠。

（4）儿童、青少年及家长掌握科学用眼和眼保健知识：近距离学习持续时间应≤45 分钟，如需长时间学习，每隔 45 分钟应休息 10~15 分钟；指导家长严格控制孩子的电子产品视屏时间及观看距离；坐姿端正；光线适宜，宜选用暖白光 LED 灯；光线应从写字手对侧射入，避免阳光直射；避免在睡觉前及各种昏暗、动态的视觉环境观看电子产品等；眼保健操 2~3 次 /d；家长陪伴儿童每天进行 80~120 分钟的户外活动；指导家长鼓励支持近视儿童分享保护性用眼行为的体验及感受，形成积极的正反馈，增强近视儿童的自我效能。

5. 降低近视儿童的反应代价 通过随访和健康管理干预平台，及时解决近视儿童在执行健康用眼行为过程中遇到的问题，同时传递健康教育知识，发布科学防控近视视频，强化眼保健相关知识和技巧，加强近视儿童对健康用眼知识的记忆、理解和应用；指导家长在督促近视儿童健康用眼的同时，关注和满足其心理和情感需求，降低近视儿童因改变不良用眼行为习惯所付出的心理、社会等代价（反应代价）。

（四）实践建议

儿童青少年近视防控和眼保健具有重要的意义和作用，应充分发挥个人、家庭和社会力量，采取综合防控措施。由全球近视管理权威专家组成的国际近视研究学会（the International Myopia Institute，IMI）在全球范围内推进近视的研究、教育和管理，旨在减少与近视相关的眼病和失明。IMI指出，教育强度和学习时间的增加与近视患病率和近视程度显著相关；减少近距离工作时间、增加户外活动时间等可有效减缓近视的发生和发展。国家卫生健康委员会2019年发布并于2021年更新的《儿童青少年近视防控适宜技术指南》指出，个人、家庭和学校应积极培养"每个人都是自身健康第一责任人"的意识，主动学习掌握眼健康知识和技能。家长在儿童的生长过程中发挥着至关重要的作用，《儿童青少年近视防控健康教育核心信息》指出家长应发挥榜样的力量，引导鼓励儿童养成健康用眼行为习惯，有效预防和延缓儿童近视的发生和发展。学校和家庭共同引导儿童形成正确的健康观念，养成健康的生活方式和行为习惯，积极主动地学习眼保健知识和技能等。

家庭、学校、医疗卫生机构等都要主动参与儿童青少年的近视防控，采取建立视力健康档案、培养健康用眼行为、建设视觉友好环境等适宜技术，共同促进儿童青少年眼健康。医疗卫生机构应为儿童制订跟踪干预措施，提供个性化的近视防控宣教，积极推广相关健康知识宣教，不断提高眼健康管理服务能力，及时发现并控制近视的发生发展。

（李　芸　吴异兰）

小　结

本章介绍了社区妇女儿童保健的概念与内涵、重要性、基本法律保障与政策体系；对社区妇女儿童保健研究现状及发展需求进行了分析和展望；对生育意愿、生殖健康、儿童生长发育、儿童孤独症等热点问题进行了探讨。同时，介绍了弗洛伊德的性心理发展理论、埃瑞克森的心理社会发展理论和皮亚杰的认知发展理论及其在社区妇女儿童保健中的应用；阐述了围婚期、孕产期、围绝经期、新生儿期、婴幼儿期、学龄前期、学龄期与青少年期的健康管理；分析了社区妇女儿童保健的循证护理实践。

思考题

ER5-2 本章思考题解题思路

1. 余某，女，45岁，大专学历，小学教师，体健，月经规律，丈夫48岁，商人。余某夫妇已结婚20年，育有二女，分别为21岁和19岁，都为大学生。随着国家三孩政策的实行，余某夫妇计划生育三孩，但对该年龄是否适合妊娠、对母亲和胎儿有无风险等有顾虑。作为社区护士，你将为余某提供哪些建议？

2. 潘某，女，10岁，小学三年级，性格内向，不爱说话，父母长年在外经商，从小与爷爷奶奶一起生活。3个月前奶奶意外过世，考虑爷爷身体欠佳，父母遂将其寄养在姑妈家中。近期姑妈反映潘某多次逃学，夜间经常无法入睡或入睡后出现尖叫、惊醒等情况。学校老师亦反映潘某成绩急剧下降，上课时常坐立不安、手足无措，性情大变，容易和同学甚至老师发生冲突。作为社区护士，你将为潘某提供哪些帮助？

第六章

社区老年人保健与护理

近日，某社区卫生服务中心按照国家基本公共卫生服务的要求，对社区内 65 岁及以上常住居民开展每年一次的免费体检工作，旨在提高老年人对自身健康的认知，并做到"早发现、早诊断、早治疗"，提高晚年生活质量。在体检接近尾声时，社区护士发现张某（男，69 岁）迟迟未到社区卫生服务中心进行体检，遂打电话询问原因。经了解后得知，张某一年前随儿子从老家搬至此社区生活，平时与其他社区居民来往不多，基本不参加社区活动，身体不适时也很少去医院检查，对免费体检服务知之甚少；张某既往有高血压病史，平时降压药物服用不规律，血压控制不佳，喜食荤菜，不爱运动。

请思考： 张某现存及潜在的健康问题有哪些？他未参加社区健康体检的原因是什么？社区护士针对这种情况应如何进行处理？

随着科学技术和医疗卫生事业的迅猛发展，人类寿命不断延长，人口老龄化也日益加重。人口的快速老龄化，对社会养老保障及老年人的医疗、长期照护等都提出了严峻的挑战。如何维持和促进老年人健康，尽可能地提高老年人的生活质量，促进社会和谐发展，是社区护理面临的重大课题。

第一节 概 述

一、社区老年人保健与护理的基础知识

（一）基本概念

1. 老年人与人口老龄化

（1）老年人：世界卫生组织（WHO）规定发达国家 65 岁及以上，发展中国家 60 岁及以上的人群称为老年人（the elderly）。由于人的老化受遗传、环境和社会生活等多方面的影响而有较大差异，从生理、心理和社会全方位确切定义老年人比较困难，目前最常用的老年人划分方法是以固定的日历年龄（chronological age，CA）为界定标准。

60 岁或 65 岁到死亡这段时间称为老年期，是生命周期中的最后一个阶段。随着人类生活水平的提高，平均寿命的不断延长，老年期成为一段较长的时期。鉴于这一时期的老年人在生理、心理和社会功能方面的差异较大，因此通常又将老年期划分为不同阶段。WHO 将老年期划分为：60～74 岁为年轻老年人，75～89 岁为老年人，90 岁以上为长寿老年人。我国中华医学会老年医学学会对此的划分标准为：60～89 岁为老年期（老年人），90 岁以上为长寿期（长寿老人）。

（2）老年人口系数：老年人口系数（coefficient of aged population）是指在社会人口年龄结构中，老年人口在总人口中所占的百分比，即：

$$老年人口系数 = \frac{60\ 或\ 65\ 岁以上人口数}{总人口数} \times 100\%$$

老年人口系数是判断是否老龄化和老龄化严重程度的重要指标。就一个国家或地区而言，老年人口系数越大，则老年人口越多，老龄化程度越深。但就世界范围或各地区横向比较来说，由于人口基数的不同，老年人口系数与老年人口的绝对数并不平衡。我国作为世界第二人口大国，与其他发达国家相比，虽然老年人口系数值相对较低，但由于人口基数庞大，是世界上老年人口绝对数量最多的国家，在应对老龄化问题上面临更加严峻的挑战。

（3）人口老龄化：老年人口占社会总人口的比例不断上升的一种动态过程，称为人口老龄化（population aging）或人口老化。WHO 规定当老年人口系数达到或超过一定的水平，即发达国家7% 以上，发展中国家 10% 以上时，社会人口年龄结构就达到了老龄化的标准，称为老龄化社会或老龄化国家。根据老年人口系数的大小，社会人口发展可分为几个不同的阶段（表 6-1）。

表 6-1　社会人口发展阶段的划分标准（老年人口系数）

社会发展阶段 （老年人年龄界限）	发达国家 （65 岁及以上）/%	发展中国家 （60 岁及以上）/%
青年型社会	<4	<8
成年型社会	4～<7	8～<10
老年型社会	≥7	≥10

（4）老年人口负担系数：老年人口负担系数（burden coefficient of aged population）是指老年人口数量占劳动人口总数的比例，即：

$$老年人口负担系数 = \frac{60\ 岁及以上人数}{15 \sim 59\ 岁人数} （或\ \frac{65\ 岁及以上人数}{15 \sim 64\ 岁人数}） \times 100\%$$

目前国际通用的劳动人口总数的计算方式为 15～59 岁或 15～64 岁的人口总数。老年人口负担系数客观反映了老年人在劳动人口中的比重，是用来反映社会负担情况的一个重要指标，也是计算和预测老年人经济负担和老年社会保障负担系数的基本指标。

（5）健康老龄化：健康老龄化（healthy aging）是指老年人在晚年能够保持健康的躯体、心理和社会功能，将疾病和生活不能自理推迟到生命的最后阶段。2015 年 WHO 在《关于老龄化与健康的全球报告》中，将健康老龄化进一步定义为：发展和维护老年健康生活所需的功能和功能发挥过程。该定义一方面提示在老化过程中要维持和发展老年人正常的日常生活活动能力、认知功能、心理功能等内在能力，另一方面强调维持和发展老年人功能与周围环境相互作用的重要性。

（6）积极老龄化：积极老龄化（active aging）是指老年个体为了提高自身生活质量，使健康、参与和保障的机会尽可能发挥最大效应的过程。即在整个生命周期中，老年人不仅在躯体、心理和社会方面保持良好状态，而且积极面对晚年生活，作为家庭和社会的重要资源，继续为社会作出有益贡献。WHO 于 2002 年在《积极老龄化：一个政策框架》中正式阐述了积极老龄化的含义，包含健康、参与和保障三大支柱，改变了以往将老年人当作社会负担的传统观点，强调老年人是不可忽视的社会资源，是社会财富的创造者和社会发展的积极贡献者。

（7）成功老龄化：成功老龄化（successful aging）概念的提出最早可追溯至 20 世纪 50 年代，目前尚无统一的概念。生物医学模式认为成功老龄化是指在老化过程中，外在因素抵消内在老化

笔记栏

的过程，使老年人各方面的生理功能没有下降或很少下降。美国学者 John Rowe 和 Robert Kahn 是此模式的典型代表，认为成功老龄化应包含三个要素：避免疾病和功能丧失；维持良好的生理和心理功能；持续的社会参与。相对于生物医学模式将成功老龄化视为一种结果，心理和社会学者倾向于将其视为一种过程，包含对生活的控制感、自我效能感和主观幸福感等。个体在拥有这些能力的前提下，可以在健康和功能衰减的情况下实现成功老龄化。目前许多研究者认为应将上述两种模式相结合，从生物－心理－社会医学模式的视角才能全面阐释成功老龄化的内涵。

2. 失能与长期照护

（1）失能与日常生活活动能力：失能（disability）是指各种原因导致的个体完全或部分丧失生活自理能力的情况。在我国老龄相关政策中，常将丧失独立生活自理能力的老年人称为失能老人。生活自理能力又称日常生活活动（activities of daily living，ADL）能力，是指为满足日常生活活动所需要的一种最基本、最具共同性的生活能力。ADL 量表是最常用的自理能力评估工具，分为工具性日常生活活动能力（使用交通工具、购物、做家务、洗衣、做饭、打电话、处理钱物、服药）和基础性日常生活活动能力（行走、洗澡、如厕、穿衣、梳洗、进食），其中基础性日常生活活动能力更能反映老年人的自理情况。此外，评估自理能力的常用工具还包括巴塞尔指数（Barthel index）、Katz 指数、功能活动问卷等，量表评估内容各有侧重，测评结果需结合老年人生理、心理和社会功能状态进行全面考虑，慎重判断。老年人自理能力也是养老机构入住评估、分级护理、居家养老服务补贴发放等的重要依据之一，可根据实际服务提供情况和环境设施条件等来选择适当的量表作为评估的工具。

（2）长期照护：长期照护（long term care，LTC）是指为完全或部分失能、失智的老年人，依据其功能和自我照护能力，在较长时期内提供不同程度的照护措施，使其保持自尊、自主并享有品质生活。长期照护既包括普通的日常生活照顾，也包括专业的保健护理服务，具有专业性、长期性和连续性的特点。长期照护是团队提供的整合性服务，需要专业的护理人员、其他医疗保健专业人员、社会工作者和家庭等共同参与，以帮助照护对象及其家庭维持和应对生活中的问题。长期照护服务的场所可以是医院、护理院、康复中心、临终关怀机构、养老机构、社区日托机构及家庭等。

（3）正式照护与非正式照护：根据老年照护提供主体和专业化水平的不同，照护方式可以分为正式照护（formal care）和非正式照护（informal care）。正式照护主要是指由护士、养老护理员或其他通过正规培训、持有相应上岗证书的专业人员提供的专业照护服务。正式照护人员均接受过不同时间的专业培训和教育，可提供安全有效的专业性服务。由于正式照护人员的教育类型不同，其服务内容亦不同，如养老护理员主要提供以日常生活照料为主的各类养老护理服务，不能进行医疗护理服务如注射、导尿等。非正式照护主要是指由家庭成员、亲属、朋友、邻居、保姆等提供的照顾服务。非正式照护者通常没有经过专门的训练，主要协助日常生活照料。家庭成员为主的非正式照护队伍是老年人长期照护的主要力量，承担了大部分繁重的日常照顾工作。一些国家（如美国、澳大利亚、荷兰等）为减轻家庭照护者负担，促进照护者身心健康发展，开展喘息服务（respite care），目的是间歇性地为家庭照护者提供临时性援助。

📃 **知识链接**

喘息服务

喘息服务是指任何可提供给照护者短时间离开照护对象，从而获得放松、休息的服务。喘息服务是长期照护服务体系的重要组成部分，目前在发达国家和地区的发展相对成熟，主要包括提供照护服务、照护者支持、提供相关信息、照护津贴、优化照护环境等多种形式。现有研究表明，喘息服务对照护者的态度、技能等均能产生影响，可以有效降低照护者的生理和心理负担，改善照护者与被照护者的关系，同时还能促进老年人的社会化，提高老年人的生活质量。另有研究显示照护者的年龄、受教育程度等诸多因素会影响其对喘息服务的理解、使用意愿及使用效果。

（二）社区老年人保健与护理的目标

1. 增强老年人自我照护能力　增强老年人的自我照护能力是社区老年护理始终贯彻的理念，也是提高老年人生活质量的保证。社区卫生服务人员通过开展健康教育和指导，提高老年人自护和互助的能力，引导老年人通过坚持正确的身体活动、合理的营养等以延缓衰老，尽可能维持生活自理能力；伤残老年人则可以通过适当的康复训练、借助辅助设备，最大程度地恢复身体功能。

2. 延缓衰退和恶化　社区卫生服务人员通过三级预防策略，对老年人进行健康教育及健康管理，培养健康的行为和生活方式，减少和避免健康相关危险因素，做到早发现、早诊断和早治疗，防止疾病恶化，维持和促进老年人的功能发挥。

3. 提高生活质量　协助老年人参与各种社区活动，并提供必要的帮助，满足老年人在社交、娱乐等各方面的需求，以提高老年人的生活质量。

4. 提供临终支持　社区卫生服务人员应对临终老年人和家属进行综合评估、分析、识别并满足其生理、心理和社会方面的需求，让临终老年人能有尊严、无痛苦、舒适地度过生命的最后时光，同时让家属感到慰藉。

（三）社区护士在社区老年保健与护理中的作用

社区护士是社区老年保健的主要力量，负责组织并实施社区老年人健康教育计划、开展老年病人的护理服务、培训老年照护人员、参与社区老年保健的总体规划等工作。在不同场合、不同时间及不同情景下，扮演着护理服务、咨询、教育、组织、管理、协作、研究等不同的角色，承担各种角色赋予的责任。

1. 社区老年人健康教育　社区护士与其他工作人员合作，了解社区老年人口的组成特点、患病情况、生活习俗，以及社区经济、文化环境和社区卫生资源等，确定优先干预的健康问题并制订健康教育计划。根据实际情况，采用专题讲座、板报、印刷资料、录像、示范、操作练习、个别指导、咨询、正反案例的现身教育等各种形式实施健康教育计划，向社区人群传播健康知识和技能；同时对健康教育过程和结果进行恰当的评价和反馈，提高健康教育的成效。通过健康教育，使老年人树立健康意识，获得疾病预防、治疗及康复知识，改变不良行为，减少危险因素，促进老年人健康。

2. 社区老年病人护理　社区护士在社区卫生服务机构、家庭、养老或托老机构中为老年人提供各种专业护理服务，如注射、换药、给氧、鼻饲、导尿、灌肠、压力性损伤护理等。同时，在紧急情况下如老年人突然昏迷、骨折、脑血管意外等，社区护士还应做好院前急救工作，这对维持病人生命、减少病情恶化以及后续治疗、改善预后有着积极的意义。

3. 安宁疗护　许多老年人都希望能在自己熟悉的居住环境中，在亲人陪伴下度过生命最后的时间。社区是开展安宁疗护、满足老年人临终需求的重要场所。社区护士可以通过开展死亡教育，为临终老年人提供疼痛护理、症状护理和心理护理等服务，全方面满足临终老年人的需求，尽可能使老年人处于舒适状态，维护老年人尊严、让老年人安详地离开人世，并对家属提供哀伤护理和支持。

4. 指导培训　随着年龄的增长，老年人生理、心理和社会功能都会发生不同程度的变化，了解这些变化是正确评估老年人需求并提供照护的基础。社区护士通过对家庭照护者、社会工作者、养老服务人员等进行相关知识和技能的培训，能更好地帮助非正式照护者理解老年人容易发生的健康问题，并进行针对性的护理，从而有效维护和促进老年人的健康。

5. 组织协调　社区老年保健需要协调多部门开展工作，社区护士在社区老年保健工作中扮演组织管理的角色。包括协调老年人之间、老年人与家庭之间、社区不同机构、不同组织、不同部门之间以及各种专业人员之间的关系，还要与社区其他工作人员合作，以及对老年保健工作中的人员、物资及各种活动进行指导、安排等。

6. 科学研究　社区护士须具有敏锐的观察力，及时发现社区老年人疾病的早期表现、心理变化、社区中的环境问题以及威胁老年人健康的各种危险因素等，并积极开展相关研究工作，以促进老年人群健康。

二、人口老龄化现状与面临的社会问题

（一）人口老龄化现状

1. 世界人口老龄化现状　世界人口发展普遍呈现从高出生率、高死亡率向低出生率、低死亡率的过渡，其结果是全球人口老龄化趋势日益显著。WHO公布的数据显示，从2020年到2030年，预计60岁以上人口将从10亿增加到14亿，全世界60岁以上人口占比将达1/6；至2050年，全世界60岁以上人口将增至21亿人。2021年全球65岁及以上人口为7.61亿，到2050年预计将增加到16亿。80岁及以上的老年人口增长速度更快，2020年至2050年，预计80岁以上人口数将增加两倍，达到4.26亿人。为减轻老龄化带来的巨大社会经济压力，各国主要采取以下三方面的政策：①增加劳动力总量。鼓励更多女性参加工作，提高法定退休年龄，不提倡甚至不允许提前退休，60%的发达国家将男性退休年龄提高到65岁以上。据经济合作与发展组织（Organization for Economic Co-operation and Development，OECD）的数据，截至2017年，有28个国家已经或正在制订延迟退休计划。②减轻社会福利系统压力。建立更全面的强制性参保制度，提高享受社会福利的门槛，收紧保障范围。有40%的国家将女性能够享受老龄人口福利的年龄标准提高到65岁以上。③鼓励生育。俄罗斯、法国、德国等国家提高对婴幼儿的补贴标准，使年轻父母能够将养育子女与维持或提高生活水准相结合。根据《中共中央　国务院关于优化生育政策促进人口长期均衡发展的决定》，我国于2021年实施了"三孩"生育政策。上述各种生育政策主要都是通过提高生育率、降低老年人口负担系数，达到减缓人口老龄化进程的目的。

人口老龄化是社会进步的表现，是社会经济不断发展、医疗卫生条件不断改善、人口平均预期寿命不断延长的结果。然而，老年人口的增多，必然会对社会经济发展产生巨大的影响。国际经验表明，随着老龄化的进展，养老金支出、医疗保险金支出增加，社会矛盾全面显现，社会负担显著增加。由于未富先老，发展中国家所面对的老龄化问题将更为严峻。

2. 我国人口老龄化现状　2020年第七次人口普查显示，我国60岁及以上老年人口数量已达2.64亿，占总人口的18.7%（较2010年第六次普查上升5.44个百分点）；其中65岁及以上老年人口为1.91亿，占总人口13.5%（比2010年普查上升4.63个百分点）。从历次人口普查来看，我国正处在老龄化逐步加快的阶段。与世界人口老龄化相比，我国人口老龄化有以下特点：

（1）老年人口数量多：虽然我国老年人口系数低于某些发达国家，但人口的庞大基数决定了我国拥有世界上最多的老年人口数量。《中国人口老龄化发展趋势预测研究报告》指出，至2050年我国老年人口将超过4亿；2051年至2100年进入稳定的重度老龄化阶段，老年人口规模将稳定在3亿至4亿。我国面临着人口老龄化与老年人口数量过多的双重压力。

（2）人口老化速度快：随着我国计划生育政策效果的凸显以及老年人口平均预期寿命的延长，人口老龄化速度不断加快。据1998年联合国卫生组织人口资料显示：世界范围内65岁以上人口比例从7%上升到14%，法国用时127年，瑞典用时85年，美国用时72年，日本用时24

年。而《中国发展报告 2020：中国人口老龄化的发展趋势和政策》指出，中国将仅用 23 年完成这个历程，成为世界上人口老化速度最快的国家之一。

（3）地区之间老化程度不平衡：我国地域广大，各地区经济发展不平衡，人口老龄化程度差异较大，其中东部和中部地区形势相对严峻。上海于 1982 年老年人口系数即达 11.5%，已进入老龄化社会；而青海在 1990 年仍属青年型社会，老年人口系数仅为 5.13%。此外，我国作为农业大国，农村人口数量多，但随着人口迁移，农村劳动人口向城市迁移，农村老龄化程度加重，高于城市老龄化水平。据第七次全国人口普查，2020 年全国共有 65 岁及以上的老年人口 1.91 亿人，城乡分别为 7 360 万人和 11 740 万人，分别占比为 11.11% 和 17.72%。与城市相比，农村老年人社会保障水平相对不足，农村老龄化问题更应引起重视。

（4）未富先老：我国人口老龄化超前于经济社会的现代化，在人均收入水平较低、综合国力有限、社会保障体系不健全的条件下提前进入老龄化社会，与发达工业化国家形成明显的反差。我国现有经济发展水平尚不能适应如此迅速的人口结构变化，老年人的全面保障仍面临诸多问题和挑战。

（5）其他：我国老年人口文化素质较低，文盲与半文盲比例高。受传统观念影响，女性老年人受教育程度和经济独立性均低于男性老年人。

（二）我国人口老龄化面临的社会问题

社会人口老龄化所带来的问题，不仅是老年人自身的问题，还涉及政治、经济、文化和社会发展诸方面的问题。"未富先老"、人口的快速老龄化和庞大的老年人口数量对中国的社会关系、经济发展、文化传统、价值观念、道德规范等各方面都带来了冲击。

1. 社会负担加重　随着老年人口数量的增加，我国老年人口负担系数逐渐增大。2020 年，我国老年人口负担系数为 29.59%，2035 年将达到 54.45%，即需要两个左右的劳动人口供养一位老年人。随着我国老龄化程度的加深，该数值还会继续增长，至 21 世纪末我国将成为老年抚养负担最重的国家之一。

2. 家庭养老功能减弱　持续下降的生育率使家庭规模不断缩小，家庭趋于小型化、核心化。第六次人口普查显示，我国内地平均每个家庭户的人口为 3.10 人，比 2000 年人口普查减少 0.34 人。而 2020 年第七次人口普查显示，全国平均每个家庭人口为 2.62 人，比 2010 年普查减少 0.48 人。家庭小型化使家庭养老能力下降，很难承担照顾老年人的全部责任，尤其是失能老年人，单纯依靠家庭成员无法满足老年人日常生活照料的需求，养老将越来越多依赖于社会。

3. 社会文化福利事业不能满足老年人需求　我国社会福利及社会保障体系尚不能满足老年人日益增长的需求。首先，人口快速老龄化对养老保险和医疗保险基金支出影响巨大，现有的养老保障体系中，养老保险资金主要来源于基本养老保险、企业年金和个人储蓄。我国现有养老保险制度尚不完善，存在养老资金来源单一、个人社会保障账户不充实、转制成本高、隐性债务及基金缺口等问题。此外，老有所养、老有所医、老有所为、老有所学、老有所乐的社区福利文化事业也亟待建设和完善。

4. 医疗保健与护理需求加剧　随着老年人口增加和平均预期寿命延长，因疾病、伤残、衰老而失去活动能力的老年人显著增多。目前我国约有 1.9 亿老年人患有慢性病，4 000 万老年人失能，在医疗设施、医护人员、医疗保健和卫生资源方面的需求急剧增大。但我国从事老年医疗保健、护理的专业人员相对不足，老年服务项目少，服务范围窄，医疗保健、护理资源不足，尚不能全面满足老年人的需求。

三、老年人社会保障制度

我国老年人社会保障制度主要包括养老保险制度、社会救济制度和社会福利制度。近年来，针对失能、失智老年群体还建立了长期护理保险制度。目前，为更好地满足老年人的需求和促进社会的和谐发展，我国已经初步建立了多元化、多层次的保障体系，且在不断发展和完善之中。

（一）养老保险制度

养老保险（endowment insurance）是社会保障制度的主要组成部分，是老年人社会保障的核心内容。养老保险是为保障老年人生活而建立的社会保险制度，其核心为向老年人支付养老金（pension），养老金是养老保险的产物，是在政府立法规定的范围内，依法征缴的用于支付劳动者退休、丧失劳动能力与生活能力时维持生活、代替工资的延期支付资金，是养老保障得以建立并正常运行的物质基础和前提保证。

我国从 20 世纪 80 年代开始实行养老保险制度，经历了从无到有、逐步改革并完善的过程。目前我国多层次的养老保险体系由"三大支柱"构成。第一支柱为实行社会统筹与个人账户相结合的基本养老保险，包括城镇职工基本养老保险和城乡居民基本养老保险，覆盖范围最广。截至 2021 年 3 月末，我国基本养老参保人数已超 10 亿。但基本养老保险主要依靠国家财政，仅能满足老年人最基本的生活保障，为进一步提升老年人生活品质，需要第二支柱（企业年金和职业年金）及第三支柱（个人储蓄型养老保险金和商业养老保险）的支持。目前我国"三大支柱"内部结构尚不平衡，第二、三支柱发展相对滞后。为提升养老保险体系的保障能力，我国需要在稳固第一支柱的同时，扩充第二支柱，加快发展第三支柱，促进"三大支柱"协同协调发展。

（二）社会救济与社会福利制度

1. 社会救济　是国家对无劳动能力和生活来源以及自然灾害或其他经济社会等原因导致生活困难者，给予临时或长期物质帮助的一种社会保障制度，主要包括自然灾害救济、失业救济、孤寡病残救济和城乡困难户救济等救助方式。社会救济是社会保障体系的组成部分，是社会成员享有的基本权利。为进一步完善社会救助制度，2020 年民政部印发《民政部办公厅关于开展社会救助改革创新试点工作的通知》，组织全国 54 个地区开展为期两年的社会救助改革创新试点，取得了显著成效。以上海市徐汇区为例，其利用城市数字转型的契机，推动社会救助领域的数字赋能，线上对接民政、医保、人社、教育、残联等跨部门数据，构建精准帮扶信息系统，线下依托专业社区救助顾问，通过实地走访调研、入户调查等方式发现困难人群，形成分层分类、综合高效的社会救助格局。

2. 社会福利　老年人的社会福利主要是指政府出资为生活困难、无依靠或残疾等特殊老年群体提供生活保障而建立的制度，内容涉及医疗护理、娱乐健身、生活照顾、社区服务等。国家颁布的《中华人民共和国老年人权益保障法》（1996 年）和《农村五保供养工作条例》（2006 年）等有关法律法规规定：对城市孤寡老人、符合供养条件的残疾人实行集中供养，对农村孤寡老人、符合供养条件的残疾人实行集中供养与分散供养相结合，其中集中供养一般通过社会福利院、敬老院、疗养院等福利机构实行。近年来，我国社会福利制度不断改革，积极推进社会福利社会化，开展基本养老服务体系建设。此外，部分省市建立了高龄老人生活补贴制度，以保障老年人的基本生活。

（三）长期护理保险制度

长期护理保险（简称长护险）制度是积极应对人口老龄化，改善失能失智老年人生活质量的重要举措。基于我国失能失智老年人数量多、费用高的实际情况，仅依靠老年人养老金收入不足以支付其失能时的长期照护费用，需要探索建立多元主体共同分担成本、多渠道筹资的长期护理互助保险制度。2016 年，人力资源和社会保障部印发《人力资源社会保障部办公厅关于开展长期护理保险制度试点的指导意见》，在全国 15 个城市开展长护险制度试点任务，要求试点城市探索建立为长期失能人员的基本生活照料和与基本生活密切相关的医疗护理提供资金或服务保障的社会保险制度。自长护险开始试点以来，截至 2023 年，已有包括青岛、成都、南通、苏州、上海、北京等在内的 49 个城市，先后针对长护险制度的内容、模式及管理方法等方面进行积极探索，并取得初步成效（表 6-2）。但是多数试点地区在长护险实施过程中仍面临包括筹资渠道单

笔记栏

一、未惠及农村老年群体、失能失智人群覆盖范围过窄、医疗保健护理服务供需不平衡等问题。今后还需要在参考国内外优秀试点地区的先进经验的基础上，结合本地区实际情况，探索适宜本地区的长护险制度，保障失能失智老年人的长期护理权利。

表6-2　5个试点地区长期护理保险制度概况

试点地区	参保范围	资金筹集	保障对象	服务形式
青岛	城镇职工、城乡居民基本医疗保险	城镇职工：个人＋医保划转＋财政补贴 城乡居民：医保划转＋财政补贴	重度失能、重度失智	机构照护＋居家照护＋日间照护
成都	城镇职工、城乡居民基本医疗保险	城镇职工：个人＋医保划转＋财政补贴 城乡居民：个人＋财政补贴	重度失能、重度失智	机构照护＋居家照护
南通	城镇职工、城乡居民基本医疗保险	个人＋医保划转＋财政补贴＋社会捐助	中重度失能、重度失智	机构照护＋居家照护
上海	城镇职工、城乡居民基本医疗保险（60周岁及以上参保人群）	城镇职工：个人＋医保划转 城乡居民：个人＋财政补贴	轻中重度失能、失智	机构照护＋居家照护＋日间照护
苏州	城镇职工、城乡居民基本医疗保险	城镇职工：个人＋医保划转 城乡居民：医保划转	中重度失能	机构照护＋居家照护

四、研究与热点问题

（一）老年主动健康

主动健康是我国老龄化健康保障体系的重要举措，代表健康医学未来发展的新模式。在社区老年人健康管理中积极融入"主动健康"的理念，以政府为主导、依托新型信息技术和多方资源的有效整合，通过精准识别健康风险、提早干预危险因素，建立支持性的健康维护环境等，为老年人提供更全面、个性化的健康服务，这对于实施积极老龄化战略具有重大意义。

1. **概述**　主动健康这一术语最早于2015年由我国学者提出。2018年科技部启动了"主动健康与老龄化科技应对"重点专项，提出通过科技手段实现个体健康状态的动态监测、风险评估和主动干预。随后，2019年《国务院关于实施健康中国行动的意见》（国发〔2019〕13号）进一步明确了"以人民健康为中心"的理念，呼吁全社会落实预防为主的方针，以提升全民健康水平。这标志着医疗模式由传统的"被动医疗"向"主动健康"转变，主动健康已成为我国健康保障体系的重要组成部分。尽管主动健康的概念尚未形成统一共识，但其核心理念是以整体医学观和中医治未病为理论指导，借助现代信息技术为支撑，坚持政府主导，动员社会和个人的积极主动性，通过提升健康素养、开展健康监测和干预、塑造健康行为、创造健康环境等多种方式，实现更高水平的全民健康。因此，主动健康不仅是一种实践活动，更是一种医学模式的创新，有望为老年护理提供新的理论和实践支持。

2. **基本特征**　老年主动健康强调每个人都是自己健康的首要责任人，应主动参与个体的功能维护、危险因素控制和健康行为干预，以实现个体的主动健康并推动全民健康。老年主动健康具有以下四个基本特征：

（1）自我管理：老年人作为主动健康的实施主体，应当承担起自己健康的主体责任。这意味着老年人需要激发自身的主观能动性，提升健康素养，防范各种不利健康的因素，并通过持续的自我健康行动来增强个人的健康管理能力，从而达到预防疾病、保持健康的目的。

（2）多方参与：老年主动健康需要管、供、需三方共同发力，包括政府、社会、医疗卫生机构和市场健康资源等多元主体。这种参与应当以老年人的多元健康需求为导向，通过各方的协同合作，共同推进健康服务供给和健康环境建设，以满足老年人全面的健康需求。

（3）早期预防：老年主动健康强调将健康的关口前移至患病之前，侧重于早期预防。这意味着在全生命周期内，需要连续、动态地采集健康信息，精准评估和量化健康风险，以便主动发现和积极关注亚健康或疾病初期的病人，并通过推行健康生活方式来减少生命早年经历造成的健康劣势，降低疾病的发生率。

（4）主动干预：老年主动健康强调零级预防和一级预防，通过全面实施早期健康干预，尤其是非药物干预，将危险因素和大部分医疗成本控制在疾病发展的早期阶段，从而降低因重大慢性病导致的死亡率，使居民主要健康指标水平逐渐提升，基本实现健康公平。

3. 社区老年人主动健康促进策略

（1）构建相关政策环境，引导老年主动健康提质增效：政策是行动的纲领，是指导社区推进老年主动健康的指南。国家"十四五"规划纲要提及要强化健康教育，提高老年人主动健康的能力。但各地区在推广老年人主动健康方面仍存在不规范、不统一的现象。同时，资金和人力资源投入不足，缺乏针对性的配套政策法规和行业标准，未明确社区老年主动健康服务的资质、新技术项目准入门槛、健康数据安全和隐私保护规则等，导致服务尚未规范化。

为解决这些问题，第一，国家层面应进一步推进老年主动健康政策法规的顶层设计和系统性安排，形成系统性的老年主动健康相关法律制度，以确保老年主动健康有法可依、有章可循。第二，建立健全老年主动健康服务的行业标准，明确服务内容和项目的规范和范围，建立社区老年主动健康评价机制，加强产品和服务质量监管，规范市场准入和退出机制，确保市场秩序良好。第三，加强健康数据安全和隐私保护的法律法规，确保个人隐私得到有效保护。第四，建立稳定可持续的资金投入机制，为社区医疗机构的信息技术和设备建设提供资金保障。除此之外，充分发挥政策的"指挥棒"作用，将老年主动健康建设纳入老年友好社区和健康城市测评体系，推动各领域、各行业在老年健康管理和服务方面的适老化转型升级，推进主动健康提质增效，实现健康服务的全面提升。

（2）强化主动健康理念，提升老年人主动健康素养：当前，老年人的主动健康意识普遍不强，健康素养有待提升，这影响了他们参与健康促进活动的积极性，阻碍了老年人的主动健康管理。其次，卫生服务的可及性有限，影响老年人获得必要的医疗资源和准确的健康信息。这些问题的存在，对个人健康和生活质量，乃至社会整体健康水平均构成挑战。

提升老年人的健康素养是实现主动健康目标的关键。首先，社区卫生服务机构应加大对健康教育和健康促进活动的投入，定制化地开展健康教育，包括营养膳食、心理健康、运动健身、疾病预防等，提高老年人获取、理解和运用健康信息的能力。此外，要优化卫生服务架构，利用现代信息技术建立健康信息平台，以确保老年人能方便获取准确、权威的健康信息，从而激发老年人参与主动健康管理的热情，缓解供需矛盾。

（3）优化社区主动健康模式，全方位科技赋能健康管理：随着老年人群主要健康问题和疾病谱的转变，需要将老年群体的健康管理从单一的、被动的依赖医药治疗转变为全过程、全周期、全生态的健康服务。在这一过程中，应该将科技全方位赋能到健康管理的各阶段，通过实时监测、预警和干预，构建整合型主动健康管理生态系统，提供精准化、个性化的健康服务。

通过借助现代信息技术和智能化手段，如移动互联网、人工智能、可穿戴设备等，构建面向全体老年人的健康数据收集与监测系统，实现对老年人生理、心理和行为生活方式等信息的连续、动态、精准评估，捕捉健康状态的微小变化，为主动健康管理提供全面的数据支持。同时，

笔记栏

依托大数据、云计算等技术对多源异构的健康医疗大数据进行融合、深度挖掘与分析，精准实现健康风险的量化分层，根据老年人的需求和不同个体特征进行提前分类干预，以减少健康风险，促进老年人整体健康水平的提升。此外，还应加强社区中医药服务能力，推广适宜的中医药技术、产品和服务，以优化老年人的健康管理和生活质量。

（二）老年友好社区建设

推进老年友好社区建设是我国积极应对人口老龄化的重要环节。老年友好社区建设不仅关系到我国 2.6 亿老年人的生活质量，也关系着我国经济的持续发展与社会的和谐稳定。老年友好社区的创建，可以更好地满足老年人在居住环境、日常出行、健康服务、养老服务、社会参与及精神文化生活等方面的需要，使老年人生活更舒适、更安全、更有品质，切实增强老年人的获得感、幸福感、安全感。本部分旨在从理论和实践两个角度，探讨如何构建支持老年人全面发展和提升其生活质量的老年友好环境。

1. 概述　在全球人口老龄化和城市化加速的背景下，社区设施、服务及社会参与等方面迎来了新的需求与挑战。为了应对这些挑战，WHO 于 2007 年发布《全球老年友好城市建设指南》，倡议各国关注并加强老年友好型宜居城市与社区的建设。当前，老年友好社区成为全球范围内应对老龄化挑战的研究热点和关注焦点，根据 WHO 的定义，老年友好社区致力于提供健康护理、社会参与和安全服务来提高老年人生活质量，并促进积极老龄化。这一理念是基于对老年人权利和尊严的尊重，旨在通过提高社区服务的能力和水平，为老年人创造一个符合其生理、心理、社会和文化需求的适宜居住和生活的环境。老年友好社区的建设不仅是对人口结构变化的积极响应，也体现了社会对老年人的关怀与尊重。基于此，2020 年我国国家卫生健康委员会与全国老龄工作委员会办公室共同发布了《关于开展示范性全国老年友好型社区创建工作的通知》，启动全国示范性老年友好社区创建工作，目标是到 2035 年实现全国范围内老年友好社区的全面覆盖，以更好地满足老年人在居住环境、日常出行及健康服务等方面的需求，实现国家治理体系和治理能力现代化。

2. 评价指标体系　我国老年友好社区的一般性建设目标和标准起源于《全球老年友好城市建设指南》。该指南提出老年友好城市的建设涵盖户外空间和建筑、交通、住房、社会参与、尊重与社会包容、市民参与和就业、交流和信息、社区支持和卫生保健服务八个领域。以指南为基础，结合城乡二元体制发展现状，我国于 2020 年发布了《关于开展示范性全国老年友好型社区创建工作的通知》，通知中包含《全国示范性城乡老年友好型社区标准（试行）》。该标准通过明确老年友好社区的基本要求和服务标准，为各地区落实推进老年友好社区建设提供了一个具体、明确的框架，也为我国老年友好社区的高质量建设提供了可行、有效的范式（表 6-3）。

表 6-3　全国示范性城乡老年友好型社区评分细则（试行）（指标部分）

指标	城镇社区		乡村社区	
	项数	分值 / 分	项数	分值 / 分
1. 居住环境安全整洁	5	15	6	19
2. 出行设施完善便捷	8	18	3	9
3. 社区服务便利可及	13	29	9	33
4. 社会参与广泛充分	4	11	5	17
5. 孝亲敬老氛围浓厚	4	10	2	6
6. 科技助老智慧创新	3	8	2	7

续表

指标	城镇社区		乡村社区	
	项数	分值／分	项数	分值／分
7. 管理保障到位有力	3	9	3	9
8. 特色亮点	不限	5	不限	5
总计	40	100+5	30	100+5

3. 现状与发展趋势

（1）国外老年友好社区现状与发展趋势：自 WHO 于 2007 年发布《全球老年友好城市建设指南》以来，加拿大、新加坡等老龄化问题较为严重的国家在建设老年友好社区方面进行了许多富有成效的尝试。这些国家的实践显示，老年友好型城市的建设不仅仅侧重于物质环境的改善或建设指标的完成，还更多关注于对老年人的社会尊重与包容、增加社会参与及就业机会、促进信息交流等主观层面的改善，旨在从老年人的需求出发，致力于提高他们的幸福感、满意度和自我实现能力。

加拿大作为全球最先开始老年友好社区建设的国家之一，已经开展了多个典型的老年友好项目，包括"老年友好农村／偏远社区倡议"和"老年人友好马尼托巴行动计划（AFMI）"。这些计划的实施，不仅提高了老年人的生活质量，也增强了社区的整体凝聚力和包容性。鉴于农村和偏远地区往往缺乏针对老年人的资源和服务，"老年友好农村／偏远社区倡议"强调需要在这些区域通过政策与服务改进、物质环境设计和社会环境建设等一系列的策略和措施，为老年人创造一个更加安全、健康和高参与度的生活环境。为此，倡议制订了《加拿大老年友好农村和偏远社区指南》，为地方政府、社区组织和个人提供实施指导和建议。另一方面，AFMI 专注于创建一个更加包容和支持老年人的社区环境。该计划鼓励社区实施具体的改善措施和策略，如改善公共空间和交通、提升无障碍设施、增加健康保健服务的可及性、提供更多休闲和文化活动机会以及终身学习的机会。AFMI 特别强调社区参与和跨代共生的重要性，倡导政府、私营部门和非营利组织之间的合作，共同努力打造一个全老龄友好的宜居环境。该计划在马尼托巴省多个社区已成功实施，并通过建立持续监督机制，展现了其在增进老年人福祉和增强社区凝聚力方面的显著成效。

新加坡的老年友好社区模式是一个全面且多维度的社会构建实践，通过政府主导和多部门合作，旨在构建一个既关注老年人物理空间和心理需求，又能够促进社区凝聚力和代际融合的生活环境，充分体现了对老年人友好的社会态度和政策导向。在空间维度，新加坡政府通过建屋发展局提供多样化的住房选择，从一居室公寓到多代优先计划，满足了不同老年人的居住需求；实施居家适老化改造项目，包括"房屋升级项目""家居装修计划""电梯升级计划""邻里更新计划"以及"乐龄易计划"等，增强住宅的安全性和舒适度。在关系维度，新加坡政府着重社区关系的构建，通过实施"邻里重建计划"和推广种族融合政策，强化居民间的相互理解与交流，促进社区和谐；代际互动也被视为重要的组成部分，通过将养老和育幼设施并置以及组织代际交流活动，加深老年人与年轻一代之间的联系。在行动维度，新加坡推动了自上而下和自下而上相结合的社区参与机制，鼓励居民积极参与社区活动，如园艺种植和社区管理，以促进社区的共同营造；"锦簇社区计划"作为社区园艺的典型例子，旨在通过园艺活动促进居民参与，加强社交网络，提升邻里间的互动和关系。

（2）我国老年友好社区现状与发展趋势：我国老年友好社区的建设是一个多层次、多维度的过程，其核心目标是营造一个支持性的社区环境，以满足老年人的需求，提升其生活质量，并有效应对老龄化社会的挑战。国家高度重视老龄问题和老年友好社区建设，大力推进老年友

笔记栏

好社区融入国家发展战略。随着"十三五"和"十四五"规划的实施，老年友好社区建设被正式纳入国家发展计划，体现了党和政府将老年人养老问题置于国民经济和社会发展计划的优先位置，凸显了对老年人生活质量提升的重视。特别是自 2020 年起，国家卫生健康委员会发布的《关于开展示范性全国老年友好型社区创建工作的通知》提出，到 2025 年要在全国建成 5 000 个示范性城乡老年友好型社区。截至 2023 年底，我国已成功建立了 2 993 个示范性老年友好社区，这些社区在工作机制、标准体系、宣传发动上取得了良好的示范效应，提供了宝贵的经验和模式，具体如下：

第一，面向老年人多维需求，着力打造舒适、适宜的居住环境。这一策略不仅满足了老年人的基本生活需求，如改善居住条件、提高出行便利性和加强医疗保障，还特别重视老年人对精神和文化生活的需求，如开展老年文化和体育活动、建立社区老年教育学习点、支持老年人参与志愿服务及提供心理健康辅导等，全方位满足老年人对生活质量提升的需求。

第二，技术创新被视为推动老年友好社区高质量发展的引擎。利用区块链、云计算、物联网等新一代信息技术，开发智慧化居家社区生活空间，既减少人力资源消耗，又提高服务质量。同时，注重通过技术创新实现更深层次的人文关怀，确保老年人能够跨越数字鸿沟，享受科技带来的便利。

第三，搭建多元主体参与的共建共享平台是实现老年友好社区建设目标的关键。这不仅需要政府的规划和推动，也需要社区和老年人自身的积极参与。通过整合政策制定者、环境规划者、地方政府、慈善组织和投资者等多方资源，基于共同价值和目标，建立有效的合作机制和沟通渠道，共同打造"原居安老"的生活家园和精神家园。

第四，建立长期动态的评估机制，确保老年友好社区建设的长效运行和持续改进。通过独创的评价机制（例如设置评分机制）进行定期跟踪调研和评估，不仅可以全面了解建设进展和成效，还能及时发现并解决问题、持续优化。另外，政府通过委托第三方机构进行客观科学的评价，保证评价的透明性和公正性，为老年友好社区的科学发展提供有力支持。

在人口老龄化快速发展的形势下，我国老年友好社区建设取得了显著进展，但与发达国家相比，我国老年友好社区建设任务尤为艰巨，并存在一些突出问题亟须改进。首先，人口老龄化速度快且城乡发展不均衡，城市化进程中老年人居住环境需求与建设实践之间存在差异。特别是在农村地区，基础设施陈旧、公共服务设施不足，与老年人居住需求之间的差距显著。其次，社区适老宜居水平普遍不高，老旧小区适老改造、社区服务设施配套不足是普遍问题。最后，老年友好环境建设的共建、共享机制尚未形成，部门间协调配合不到位，社会参与度不高，老年人的真实需求难以得到充分响应和满足。上述问题还需在实践中进一步完善和解决。

（三）痴呆照护者支持

痴呆病人需要长期的康复和护理，且由于照护的复杂性及特殊性，家庭照护者常常面临诸多照护问题，亟须在日常生活照护、精神行为症状应对、安全风险防范及自身心理调适等方面获得支持，从而提高病人及照护者的生活质量。

1. 概述　痴呆（dementia）是指由于神经退行性变、脑血管病变、感染、外伤、肿瘤、营养代谢障碍等多种原因引起的一种获得性综合征，临床特征为两个或两个以上认知功能领域受损，并可伴有人格改变、精神行为症状等。痴呆不仅影响病人的认知功能、精神行为等，还会导致日常生活自理能力下降，对他人的依赖性不断增强，严重者甚至生活完全不能自理，需要照护者付出大量的时间和精力进行全方位的照料。我国失智老年人主要由家庭照护者进行居家照护，而家庭照护者缺乏专业的照护知识和技能，且由于长期承担着繁重的照护任务，面临沉重的照护负担。WHO 于 2017 年在《公共卫生领域应对痴呆全球行动计划（2017—2025）》中提出"应大力促进科普教育，提高对痴呆的认识，加强对痴呆病人照护者的支持，至 2025 年至少要有 75% 的国家为痴呆病人的照护人员和家庭提供支持和培训规划"。为满足照护者的多样化需求，提供具体的、精细化的指导意见，WHO基于循证方法对现有证据进行总结、评价与推荐，形成了一套高质量的照护者支持指导资源，并搭建了在线学习和支持平台——iSupport，以提升照护者照护能力，帮助照护者应对在照护过程中可能面临的挑战。

2. 基本内容 iSupport的内容以Kitwood模型为基础，认为照护是依据个人的需求、个性与能力进行的互动过程，主张实施"以人为中心（person-centered）"的照护，旨在为承受照护压力和/或轻中度抑郁焦虑症状的痴呆照护者提供线上自我指导的教育、技能培训和社会支持，以提升照护者的照护技能，减轻照护负担。平台共包含五大主题（表6-4），基本内容如下：

表6-4 WHO痴呆照护者培训和支持手册主要内容

主题	基本内容
痴呆简介	（1）痴呆的概念及病因 （2）痴呆不同阶段的表现
如何做好一名照护者	（1）相伴之旅 （2）促进沟通 （3）共同决策 （4）寻求他人帮助
关心照护者	（1）舒缓日常生活压力 （2）为愉悦身心的活动寻找时间 （3）不同的思维方式
日常生活护理	（1）饮食护理 （2）预防健康问题 （3）如厕和失禁的护理 （4）个人护理 （5）愉快生活
应对行为改变	（1）行为改变简介 （2）记忆丧失 （3）攻击行为 （4）抑郁和焦虑 （5）睡眠障碍 （6）妄想和幻觉 （7）重复行为 （8）游走和走失 （9）判断力下降或缺乏

（1）痴呆简介：详细介绍了什么是痴呆，痴呆病人的症状表现以及当怀疑家人或朋友患有痴呆的正确做法等。此模块的主要目的是让照护者了解痴呆的基础知识，强调痴呆并不是正常老化的一部分，消除对痴呆病人常见的认知误区，让照护者更好地承担照护角色。

（2）如何做好一名照护者：痴呆是一种慢性、渐进性疾病，病人和照护者将共同经历这段"旅程"。双方在此过程中应保持沟通，及时讨论疾病目前的变化，照护者要与病人共同规划未来的照护计划，并充分尊重病人的自主权。随着疾病的进展恶化，病人对照护者的依赖程度逐渐增加，照护者需要提供越来越多的帮助，有可能产生照护压力。因此，照护者需要为自己设计一些愉悦身心的活动与放松训练，降低照护压力对自身健康带来的不良影响；同时还要意识到照护任务具有艰巨性，必要时可寻求他人帮助。iSupport手册针对上述内容均提供了相应的技巧指导，如照护者与痴呆病人沟通时，应注意保持周围环境的安静，聚焦一个谈话主题且使用简单化的语言与病人进行交流，必要时也可将开放性问题转变成只能用"是"或"否"回答的封闭性问题。

（3）关心照护者：iSupport强调照护者在护理病人的过程中，同样需要照顾好自己。长期的照护任务会使照护者产生压力，放松练习可减轻照护者压力，恢复精力。iSupport为照护者提供了包括基础呼吸、正念呼吸、颈部运动和数数字等多种不同的放松技巧与活动，并进行了详细指导。照护者可根据指导意见，结合自身情况选择合适的放松方式与时间。此外，照护者也可与病人共同进行愉悦身心的活动，如一起散步等。iSupport同时鼓励照护者以不同的思维方式进行思考，将消极无益的想法变为积极有益的想法，保持愉快的心情，从而以更有效的方式处理问题。

（4）日常生活护理：痴呆病人日常生活能力明显下降，根据痴呆的不同发展阶段，最初病人可能表现为不能独立理财、购物，而后可能无法完成已熟知的日常活动，如穿衣、刷牙、洗澡等。由于家庭照护者缺乏专业的照护知识与技能，在照护过程中常常面临一系列难题。iSupport陈述了饮食护理、如厕和失禁护理以及个人护理等方面常见的问题，并提供具体的解决方案。如病人因手部功能障碍无法使用常规餐具进食时，可购买相应的辅助进食餐具；病人因记忆受损而导致饮食不规律时，照护者可与病人共同进食；病人因遗忘卫生间位置而随地便溺时，可提供卫生间的方向引导，并在门外张贴标识；使用图片或文字标注常用物名称或放置的位置，以方便病人寻找等。在为病人提供所需帮助的同时，iSupport强调营造支持性环境的重要性，在照护过程中须尽可能维持病人的日常活动，帮助病人最大限度地发挥现有功能，提高自我价值感，并根据病人能力的变化适时调整照护内容。

（5）应对行为改变：行为改变是痴呆病人常见的表现，给家庭照护者的照护任务造成困扰。iSupport指导照护者正确认识病人的行为问题，并提供多种方式应对行为改变。如当病人存在近期记忆减退问题时，可借助记忆辅助工具如待办事项列表或闹铃提醒病人完成日常行为任务，必要时照护者可通过打电话进一步监督病人的行为；为预防病人走失，照护者可以帮助他们维持规律的日常生活习惯，在其最可能游走的时间安排活动，如一起去公园散步，同时让病人随身携带表明身份和联系方式的卡片等。针对病人表现的不同异常行为，照护者可结合自身情况寻求最佳的应对方式，以最大程度减轻照护压力，必要时可向家人、朋友、专业组织或服务机构寻求帮助。

3. 在线学习和支持平台的实践与应用

（1）国外在线学习和支持平台应用现状：WHO iSupport内容为通用版本，各国在应用iSupport方案前须进行文化调试，以保证其在具体情境下的有效性。目前，已有30多个国家参与iSupport在全球范围内的实施，以葡萄牙一项试点试验为例，针对干预方案进行详细介绍：iSupport葡萄牙语版本共5个主题，23个学习单元，可为葡萄牙痴呆病人照护者提供在线的学习、技能培训等。此项研究共招募到42名符合纳入标准的痴呆病人非正式照护者，随机平均分配至对照组和干预组。干预实施过程中，干预组的照护者线上学习iSupport相关内容，自主决定学习计划，干预时长为3个月。为促进照护者的参与，iSupport葡萄牙语版本的内容中包括具体的照护情景、互动性的技能训练练习等；同时，研究小组成员每周向参与者发送电子邮件提醒其进行线上学习。最终干预结果显示，iSupport方案显著改善了干预组痴呆病人照护者的焦虑水平和生活质量评分，干预组受访者自我报告显示iSupport有助于提升其知识水平和积极的情绪体验。

（2）我国在线学习和支持平台应用现状：为加强对社区痴呆病人居家照护的支持，满足痴呆病人家庭照护者多方面的需求，我国同样对世界卫生组织iSupport内容进行翻译和文化调试，形成iSupport中文版本，并与澳大利亚学者合作提出了一项多中心随机对照研究的实验方案，探究iSupport在线干预方案的有效性。针对既往研究中发现的痴呆照护者在线学习人员流失率较高的问题，该研究基于班杜拉自我效能理论，分析其原因可能是照护者缺乏参与动机，而支持性环境能促进照护者认知、动机、情感和行为的发展。因此，该研究构建的干预方案包括两大部分：一是要求照护者在规定时间内完成 iSupport 在线内容的学习；二是通过建立与护士和同伴互动的支持性环境，如成立照护者支持小组，提升照护者的自我效能感和动机水平，从而促进照护者完成在线内容的学习。该研究目前尚在进行中，其研究结果将对加强 iSupport 在线支持系统的效果，以及实践中降低痴呆照护者照护负担、提升照护能力等具有重要的意义。

痴呆病人家庭照护者的照护技能在很大程度上决定了痴呆病人的生活质量。通过以照护者需求为导向、以研究证据为依托的教育培训，加强对痴呆病人家庭照护者的支持、提高其照护能力，对于减轻照护者照护负担，提高双方生活质量具有非常重要的意义。未来须结合我国不同地区的情况，进一步探索 iSupport 提供的循证方案在我国实施的可行性及有效性，以切实解决痴呆病人照护者在照护过程中面临的问题。

第二节 老化的相关理论与应用

老化的生物学理论对衰老机制的阐述有遗传学说、免疫学说、自由基学说、神经 – 内分泌学说、体细胞突变论、差错灾难论、应激论等，这些已在老年护理学等相应课程中学习。老化的社会学理论如角色理论、撤退理论、活跃理论、社会情绪选择理论等，对于老年人保健的科学研究与老年人福利政策的制定、老年人健康教育与服务提供有着重要的影响。

一、角色理论

（一）理论产生的背景

角色理论（role theory）最早由美国社会学家米德（Mead）提出，是就个体在老化过程中如何对角色转变做出调整的社会学理论之一。角色理论的核心概念为"社会角色"，最初来源于戏剧舞台的专业用语，后被用来解释社会关系如何影响人的社会行为。社会学中将社会角色定义为：与人们某种社会地位、身份相一致的一整套权利、义务规范与行为模式，是对具有特定身份的人的行为期望。

（二）理论的主要内容与观点

1. 人在不同阶段扮演不同的角色 人在生命历程中需要扮演各种角色，如孩子的角色、学生的角色、职工和领导的角色等，人们依据不同的角色、在不同的情境中、以适当的行为方式与他人进行交往。随着年龄的不断增长，个体人格和行为模式会因角色功能转变而发生相应的改变。老年人退休前主要承担着功能性角色，如教师、职员等，此时社会期望比较重视个人的工作能力与责任，行为表现倾向于积极进取的模式。而退休后，之前的角色丧失或中断，社会角色发生转变，情感性角色逐渐取代功能性角色，老年人行为表现的模式就变得保守谦和。老年人如果能够从原有的社会角色中接受角色转变的过程与结果，将有助于其适应老年生活。

2. 老年期角色退出具有不可逆转性 "角色退出"可用来描述老年期多种丧失事件及其对老年人的影响。与中年期不同，老年期的角色退出常常是一种不可逆转的角色丧失和中断，例如退休和丧偶，即为人生中两个主要社会角色（工作和婚姻）的中断。此时老年人若不能正确认识自身角色的转变，协调好自身与他人的关系，社会角色便会发生矛盾与冲突，出现离退休综合征等，不利于身心健康，对老年人的生活质量产生影响。

（三）理论的应用

1. 指导老年人正确认识角色变换的客观必然性 进入老年阶段后，个体需要不断面对退休、丧偶、朋友去世等带来的角色变化，角色的中断或丧失可能会导致老年人产生焦虑或抑郁的消极情绪。比如，老年人退休前在家庭和社会中往往扮演着重要的、不可或缺的角色；退休后家庭话

笔记栏

语权的丢失、社会经济地位的下降等会使老年人的权利、能力及重要性等受到挑战，致使老年人产生自我认知偏差、自我价值感缺失，从而陷入"工作者—退休者"这一角色转变的困境，影响身心状态。因此，老年人是否能够成功转换社会角色会影响其晚年生活质量。社区护士应在角色理论的指导下，帮助老年人正确认识社会角色转换的客观性和必然性，指导老年人根据生活情境的变化，及时、恰当地调整心态，适应角色转变。

2. 鼓励老年人积极参与社会，寻求新的社会角色　老年相关社会角色是社会对老年人的行为期望，找到和适应新的角色是衡量老年人是否成功老化的判断标准之一。依据角色理论，老年人积极进行社会参与可以产生许多益处，一是帮助老年人摆脱角色丧失和角色退出带来的消极情绪；二是在参加各项社会活动时，老年人可依据自身能力、兴趣爱好等培养并适应新的角色；三是在社会参与过程中进行新一轮角色扮演，感受新角色给自己带来的快乐体验，以充实老年生活。因此，社区护士应据此进行健康教育，鼓励并协助老年人积极参与活动，培养兴趣爱好，以提升老年人精神生活满意度。

二、撤退理论和活跃理论

（一）理论产生的背景

撤退理论（disengagement theory）最早由美国社会学家卡明（Cumming）和亨利（Henry）于1961年在《变老》一书中提出，后经其他社会学家、老年学家不断发展完善，成为具有一定影响力的老年社会学理论之一。撤退理论认为，老年人脱离社会是社会发展的客观规律，是不可避免的过程，既有利于老年人晚年生活，又有利于社会发展。但撤退理论的提出也遭到了许多学者的批评，批评者认为该理论没有考虑到老年人的社会参与意愿存在个体和群体文化的差异，且忽视了老年群体独有的社会价值。

美国心理学家赫威斯特（Havighurst）于1963年提出了活跃理论（activity theory），该理论与撤退理论相反，强调社会活动对于维持老年人生命活力的重要性，老年人若要获得使他们感到满意的老年生活，就必须维持足够的社会互动。许多调查结果也表明，多数人在老年期，并不是完全从社会角色中撤离，而是继续在中年期就已建立的社会职务与角色，倾向于维持原先的生活方式和生活习惯。

（二）理论的主要内容与观点

撤退理论与活跃理论在多个观点上相斥，集中体现在以下两个方面：

1. 老年人社会参与和活动的维持　撤退理论认为随着年龄的增长，社会与个人之间的往来关系将不可避免地减少。撤退的主要形式包括两个方面：①来自社会方面的撤退，即社会通过一定的退休制度，使老年人口退出原来从事的工作岗位，达到撤退的目的。②来自个人的撤退，即在进入老年期后，个体在成年期形成的各种社会关系，因为社会工作的撤退而减弱，逐渐从原有的社会角色中撤退，以适应老年期的社会生活。只有个人撤退与社会撤退同步，才能使个人与社会处于一种和谐状态，老年人安享晚年生活，社会代际交替和谐发展。而当个人和社会撤离不同步，则会发生社会角色的冲突，甚至影响老年人的身心健康。

活跃理论则认为社会与个人的关系在中年期和老年期并没有截然的不同，老年期同样有活动的愿望，个体在社会中的角色并不因年龄的增长而减少，大部分老年人仍然积极地维持或开展适当的体力、智力和社会活动，从而促进心身健康与生活满足。同时老年人积极参与社会，用新的角色取代因丧偶或退休而失去的角色，通过新的参与和角色替代能改善老年人因社会角色中断所引发的情绪低落，将自身与社会的距离缩小到最低限度。因此，老年人应尽可能地保持中年时期的生活方式，积极参与力所能及的一切社会活动，保持活力、赢得社会的尊重。

2. 原有社会角色撤退过程　撤退理论认为伴随老化，老年人体力、智力衰退，记忆能力、创造性思维能力及参与社会的活动能力都会下降，保持原有社会地位的动机也逐渐减弱，再加上社会对老年人角色期待的影响，老年人自身接受撤退或按撤退规则来指导自己的行为规范是必然的。

而活跃理论认为一个人只要在生理和心理上有足够的能力，就可以继续扮演其角色、履行其义务。老年人的活动水平、参与活动的次数下降与否，还会受过去生活方式和社会经济状况的影响，并不是一个不可避免的、内在的必然过程。例如一个经常被动、退缩的人，不会因为退休而变得活跃；一个经常参加社会活动的人，同样不会因为退休后或移居他地时就停止活动。

综上所述，两大理论都可用来指导老年人适应老年期角色，但两大理论也存在不足之处。撤退理论未重视老年人的社会价值，忽略了老年人存在的个体差异；活跃理论同样未考虑老年人的实际年龄、健康状况等因素也会影响活动的维持。因此在实际应用中，需要根据具体情境和问题选择合适的理论进行分析和指导。

（三）理论的应用

1. 引导个人角色撤退，协助开创其他补偿性角色　社会角色的转换是一个自然的过程。一定社会制度下，个人社会角色的撤退是可期待的，如退休年龄，就是一个普遍、明确的撤退时间。在此期间，社区护士可利用撤退理论，帮助老年人提前做好撤退准备，以适应社会角色变迁，避免离退休综合征的发生。此外，除离退休这样一个跨度较大的角色变迁外，老年期还将面临其他角色的变换，如丧偶、患病、失能等情况，老年人需要不断从原有角色中撤退。此时，补偿性的活动能促进老年人在社会及心理上的适应。这种情况下活跃理论就可以帮助社区护士更好地理解、尊重社区老年人在社区生活中的各种表现，并且有针对性地指导老年人参与社区活动，如参与公益活动、上老年大学、参加志愿者组织活动等，寻找新的角色进行补偿。

2. 根据个人角色撤退现状改善社会功能　由于身体、心理、文化和专业的不同，个人从社会角色中撤退的愿望和社会对自身的期望有个体差异。退休后仍有部分老年人选择继续工作、参与社会活动等，或者虽然离开工作岗位，但希望有一定的空间发挥自身社会价值。因此，社区可以创造一定的社会活动条件，培育老年人组织，如老年人志愿服务组织、老年人书画协会等，社区护士可以根据老年人的身心状况，协助老年人参与社会活动，满足老年人的社会心理需要。

3. 尽可能长地维持老年人的活动能力　活动是保证老年人生活质量的基础，要通过社区保健和康复服务，尽可能长地维持老年人的身体功能，并提供必要的辅助工具和设施，帮助老年人参与社区活动，维持老年人健康。另外，对于"活动"的理解，并不仅仅指躯体的行为活动，也包括心理活动和心灵的领悟。社区护士应充分调动老年人的主观能动性，即使对于完全失能的老年人，也应该从心理的角度，促进老年人保持积极的态度，以获得良好的生活满足感。

第三节　社区老年人的健康管理

为深化医药体制改革，促进基本公共卫生服务均等化，我国自 2009 年启动国家基本公共卫生服务项目，面向全体居民免费提供基本公共卫生服务。2017 年，为进一步规范国家基本公共卫生服务项目实施，国家卫生计生委对《国家基本公共卫生服务规范（2011 年版）》进行了修订，完善了有关内容，精简了部分工作指标，形成《国家基本公共卫生服务规范（第三版）》。第三版规范共包括 12 项内容，社区老年人健康管理是其中重要的组成部分。本节主要介绍第三版规范中社区老年人健康管理的服务对象、内容、流程、要求及考核指标，梳理当前社区老年人健康管理现状，并对未来社区老年人健康管理的发展趋势进行探讨。

一、社区老年人健康管理服务规范

（一）服务对象

辖区内 60 岁及以上常住居民。

笔记栏

（二）服务内容

每年为老年人提供1次健康管理服务，包括生活方式和健康状况评估、体格检查、辅助检查和健康指导。

1. 生活方式和健康状况评估　通过问诊及健康状态自评，了解老年人的基本健康状况、体育锻炼、饮食、吸烟、饮酒、慢性病常见症状、既往所患疾病、治疗、目前用药和生活自理能力等情况。重点要询问一个月内老年人常见疾病的典型症状。

2. 体格检查　包括体温、脉搏、呼吸、血压、身高、体重、腰围、皮肤、浅表淋巴结、肺部、心脏、腹部等常规体格检查，并对口腔、视力、听力和运动功能等进行粗测判断。粗筛老年人的认知功能有无异常，自我生活能力是否下降。女性除了上述内容之外，还需要完成乳腺及相关妇科检查内容。

3. 辅助检查　包括血常规、尿常规、肝功能（血清谷草转氨酶、血清谷丙转氨酶和总胆红素）、肾功能（血清肌酐和血尿素氮）、空腹血糖、血脂（总胆固醇、甘油三酯、低密度脂蛋白胆固醇、高密度脂蛋白胆固醇）、心电图和腹部B超（肝、胆、胰、脾）检查。如果本机构没有相应检查条件，应建议老年人到上级医院检查。根据基层医疗卫生机构自身条件，建议老年人完成以下辅助检查：粪便潜血检查、乙肝表面抗原检查、眼底检查、胸部X线检查等。

4. 健康指导　根据体检情况，告知评价结果并进行相应健康指导。主要有：①对发现已确诊的原发性高血压和2型糖尿病等病人开展相应的慢性病病人健康管理。②对患有其他疾病的病人（非高血压和糖尿病），应及时治疗或转诊。③对发现有异常的老年人建议定期复查或向上级医疗机构转诊。④进行健康生活方式、疫苗接种、骨质疏松预防、防跌倒措施、意外伤害预防和自救、认知和情感等健康指导。⑤告知或预约下一次健康管理服务的时间。

（三）服务流程

社区老年人健康管理服务的流程示意见图6-1。

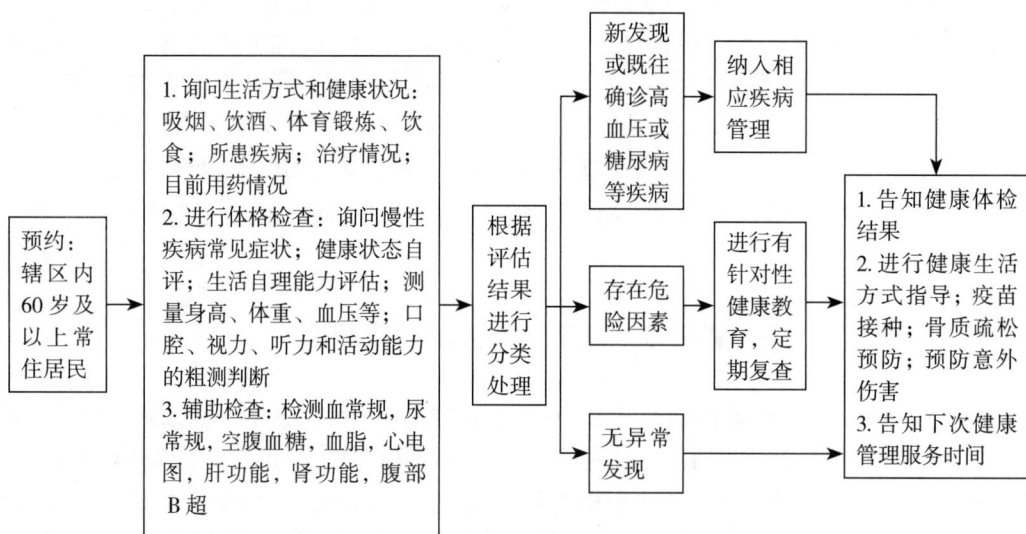

图6-1　社区老年人健康管理服务的流程

（四）服务要求

1. 开展老年人健康管理服务的乡镇卫生院和社区卫生服务中心应当具备服务内容所需的基本设备和条件。

2. 加强与村（居）委会、派出所等相关部门的联系，掌握辖区内老年人口的信息变化。加强宣传，告知服务内容，使更多的老年人愿意接受服务。

3. 每次健康检查后及时将相关信息记入健康档案。具体内容详见《居民健康档案管理服务规范》健康体检表。对于已纳入相应慢性病健康管理的老年人，本次健康管理服务可作为一次随访服务。

4. 积极应用中医药方法为老年人提供养生保健、疾病防治等健康指导。

（五）工作指标

$$老年人口健康管理率 = \frac{年内接受健康管理人数}{辖区内\ 60\ 岁以上常住居民数} \times 100\%$$

注：接受健康管理是指建立了健康档案，接受了健康体检、健康指导，健康体检表填写完整。

二、社区老年人健康管理现状与展望

针对社区老年人群，健康管理的核心内容包括对老年人群的健康信息进行收集和评估，识别高危人群并进行分类管理，进而通过有针对性的健康处方改善健康结局。

（一）社区老年人健康管理的现状

1. 老年人健康信息收集和管理　随着国家公共卫生服务均等化政策的实施，各地全面启动了老年人健康体检工作。通过健康体检，社区卫生服务中心全面掌握了老年人的健康信息，个人健康档案也得到持续更新和完善。以此为基础，对社区老年人定期开展老年健康知识、慢性病防治讲座、相关技能培训等，通过一系列的健康教育增强了老年人进行健康管理的意识，实现了提高健康水平、改善老年人生活质量的目标。另外，多地区都已建立有关慢性病管理、健康档案管理的信息化管理平台，借助信息化手段，提高健康管理的质量和效率。

2. 提高社区诊疗能力　逐步推进分级诊疗制度，分级诊疗是我国深化医药卫生体制改革的重要内容之一，通过推进分级诊疗实现慢性病、常见病和多发病的社区首诊和双向转诊，构建更加科学的医疗服务格局。同时，借助分级诊疗制度，社区医院能够获得上级医院在人才队伍建设、仪器设备共享及业务技术培训等方面的帮助，社区诊疗能力不断提高。部分社区医院还通过同上级医院协同建设老年病房、康复病房等开展延续护理，并通过制订适应个体健康状况和实际医疗需求的个性化慢性病管理方案，不断满足老年人群多层次、多元化的健康需求。

3. 开展网格化慢性病管理服务　社区家庭医生团队开展网格化慢性病管理服务，每个团队都由全科医生、公共卫生医师及护士三部分组成，通过家庭医生签约的形式为社区老年人群提供慢性病诊疗、双向转诊、健康体检、健康评估、家庭病床等基本医疗卫生服务。同时通过对老年人家庭成员进行健康知识教育，提高老年人群医疗服务和健康管理的连续性。

（二）社区老年人健康管理的展望

1. 完善老年人群健康风险评估体系的建设　现有的社区老年人群健康管理服务多是以基本体检项目为基础开展的，虽然能够对身体的基本健康状况和功能进行评估，但却缺乏对老年综合征以及相关风险因素的全面评估。例如衰弱、轻度认知功能障碍、营养不良、肌少症等，这一类健康问题早期不易识别且发展缓慢，通过社区人群筛查，早发现、早干预是最有效的防治手段，因此还需在现有体检的基础上，增加内在能力评估和老年人综合评估等内容，不断完善健康风险评估体系。

WHO 先后发布了《老年整合照护指南》和《老年整合照护工作手册——基层保健中以人为本的评估及干预路径指南》，强调了内在能力评估和整合照护的重要性，旨在建立一个以人为本且贯穿整个生命历程的健康服务体系。指南认为内在能力包括运动、认知、感觉（如视力和听力）、活力状态和精神心理等方面，且这些能力可以通过多模式体育锻炼、营养补充、认知训练等恢复。因此，工作手册为基层卫生保健人员提供了老年人内在能力评估和干预的实用工具，从而有效维护和增强老年人内在能力，提高生活质量，延缓衰老进程。

笔记栏

2. 提升社区老年人群智慧化健康管理服务　随着互联网、云计算、大数据等先进技术的发展，健康管理逐渐向智能化、网络化、便捷化方向发展。目前，全国已开始建设智能社区居家养老服务平台，试行智慧化健康管理服务。未来，将持续建设和完善老年人健康信息数据库，依托智能居家养老管理软件、智能可穿戴设备和社交媒体等，在提供紧急救援、疾病管理、健康监测、生活照料、精神关怀等方面，为老年人提供更人性化、智能化的社区居家养老服务。

3. 促进老年健康管理产业持续发展　随着我国社会经济的发展，消费结构升级催生了民众对健康服务的多元化需求。近年来各地医疗条件的不断完善和健康产业的发展，对老年健康管理的理念也从早期的集中筛查、集体体检逐渐转变为"个体化精准管理的防治管融合"。未来越来越多的企业或机构可借助高科技智能设备，开展健康信息收集和处理、健康监测及健康风险评估等业务。通过健康咨询、体质测定、体育健身、中医保健等多形式的健康管理服务，有效监测社区老年人健康状况，满足其个性化健康需求，并促进其行为改变与健康状况改善。

第四节　社区老年人常见健康问题与护理

伴随各系统器官功能老化，老年人身体、心理及社会活动功能逐渐减退，由此可能带来各种健康问题，影响老年人的生活质量。衰弱、跌倒、尿失禁、骨质疏松等常见健康问题的预防和护理是社区老年保健的重要内容。

一、老年人衰弱的社区护理策略

衰弱（frailty）是与年龄相关的多系统功能衰退累积而导致的以生理储备功能下降、应激能力减退为特征的老年综合征。其核心是老年人生理储备减少，外界较小的刺激即可引起负性临床事件的发生，如跌倒、失能、住院和死亡等。在全球范围，社区居住的老年人中衰弱的发生率为12.7%。随着全球人口老龄化和预期寿命的延长，未来几十年内，衰弱的发生率预计将显著增加。衰弱严重威胁老年人的生活质量和功能独立性，同时也使得家庭、社会以及公共卫生保健系统的负担加重。

（一）临床特征

衰弱是由多系统失调导致的老年综合征。由于衰弱涉及的系统较多，所以临床上可能会出现多种特征。在生理层面，可表现为力量、耐力减弱，生理功能降低，常常感到疲倦乏力，体力下降；在认知层面，由于身体虚弱可能会导致记忆力减退等认知障碍，但这一改变有可能是可逆的；在社会心理层面，会出现社会关系和社会支持的下降，心理脆弱，情绪不稳定；在营养层面，可表现为体重突然大幅度下降，肌肉质量和力量下降，容易跌倒，甚至出现失能。整体来说，衰弱是一个缓慢、动态、可逆的过程，涉及多系统的病理生理改变和精神心理变化，能够导致老年人机体退行性改变、易损性增加、抗应激能力减退。

（二）相关因素

1. 遗传因素　基因多态性可能影响衰弱的临床表型，不同的基因型表达主要通过炎症反应、线粒体和细胞凋亡、钙稳态、纤维化、神经肌肉接头和神经元、细胞骨架、激素等影响个体衰弱的易感性。

2. 性别　女性是衰弱的易感人群，主要原因可能是绝经后妇女雌激素水平迅速下降，对肌肉力量、神经肌肉功能和姿势稳定性等产生了负面影响，导致老年女性衰弱的发病率升高。

3. 不良生活方式　睡眠不足、口腔健康状况不佳、吸烟、饮酒、长时间卧床、久坐行为、缺乏运动锻炼等不良的生活方式都会导致老年人体质下降，影响肌肉质量，加剧衰弱风险及严重程度。

4. 营养不良和营养素摄入不足　营养不良是衰弱发生和发展的重要生物学机制。营养评分较差和日常摄入营养素缺乏、能量摄入不足的老年人易发生衰弱，而衰弱老年人出现食欲下降、进食和吞咽问题的可能性也更大。衰弱与营养不良相互影响、相互促进，形成恶性循环。

5. 多病共存和多重用药　老年人一般患有多种慢性病，如心血管系统疾病、糖尿病、慢性阻塞性肺疾病、慢性肾衰竭、关节炎等，甚至恶性肿瘤，这些都是导致衰弱的重要危险因素。老年人不合理的多重用药也可增加衰弱的发生。研究证实，抗胆碱能药和抗精神病药与衰弱有关，过度使用质子泵抑制剂可引起维生素 B_{12} 缺乏、减少钙吸收，增加衰弱的发生率。

6. 精神心理因素　焦虑、抑郁、睡眠障碍等是老年人常见的心理状态，严重影响老年人生活质量，在一定程度上可增加衰弱的发生率。也有研究表明，低责任心和高神经质与衰弱程度的增加有关。

（三）社区护理措施

随着社区老年人衰弱的发生率逐步上升，越来越多的国内外研究人员注意到对社区老年人衰弱进行干预的重要性。社区护理人员若能早期识别衰弱的老年人，积极预防并尽早给予干预，则可有效地延缓或减少社区老年人衰弱的发生。

1. 社区人群筛查　社区老年人衰弱的影响因素有许多，其中营养状况、多重用药以及抑郁、焦虑情绪等均可通过筛查与家庭访视而尽早识别。进行社区人群的衰弱筛查不仅可针对个体量身定制干预措施，防止病情恶化，甚至有可能逆转衰弱。此外，了解老年人群中衰弱的发生率可以为社区管理和干预措施的制订、实施和评价提供信息。目前应用最广泛的衰弱测量工具是衰弱表型（frailty phenotype，FP）和衰弱指数（frailty index，FI）。

2. 营养补充　营养不良是社区老年人发生衰弱的一个重要因素，多数研究表明，改善老年人的营养状况、增加营养补充能有效减少老年人衰弱的发生。研究表明，单纯补充蛋白质的效果远远小于补充蛋白质与抗阻训练相结合的效果，所以将两者结合能更有效地改善衰弱。同时，加强营养健康知识的宣传与普及也是社区卫生建设的重要内容，做好合理进食的健康教育，提高社区老年人改善膳食的依从性。

3. 运动干预　运动干预被认为是预防和改善衰弱最重要的手段，并得到多个指南及共识的广泛推荐，其干预模式也呈现多样化。近年来，运动干预多采用包含有氧运动训练、抗阻训练、平衡与柔韧性训练的多元化运动方式。国际衰弱与肌少症研究协会发布的最新指南中也建议对衰弱老年人进行多元化运动方案干预。一项研究显示，锻炼的经济成本与健康促进和社会保健服务成本相一致，并不会加重经济负担。在老年人运动锻炼过程中，社区护理人员应首先对老年人进行运动功能的评估，根据老年人身体状况给予针对性的运动指导，同时还要全程监护，随时观察老年人的身心状态，以防跌倒或受伤。

4. 认知训练　定期对 60 岁及以上老年人进行基本的认知功能筛查，对初筛阳性的老年人给予就医指导并加强随访，鼓励其进行认知训练，包括手工制作、数字迷宫任务、情景记忆训练、推理训练、经颅电磁刺激等，在一定程度上可以延缓衰弱的发展，保持或改善基本生活能力。

5. 中医干预　针对老年人衰弱，中医干预原则主要为"未病先防、补脾益胃、固肾保精"。按照"治未病"的原则，可从调节情志、中药食疗、中医适宜技术、中医传统养生功法、辨证施药等方面进行干预，对老年人衰弱具有一定的改善效果。

6. 整合护理　与单项干预措施相比，整合多种成分的复杂干预措施可能更有效。这一整体观念启发社区护士可以与老年科医生、康复师、营养师等其他专业人员合作，组建跨学科的医疗护理团队，并制订多学科联合的护理计划。

二、老年人跌倒的社区护理策略

跌倒（fall）是指突发的、不自主的、非故意的体位改变，倒在地上或者更低的平面上。根

笔记栏

据国际疾病分类（ICD-11）将跌倒分为三类：①在同一平面意外跌倒或在低于 1m 的高处意外跌落。②从 1m 及以上的高处意外跌落。③从未特指的高度意外跌倒。跌倒是老年人面临的重要健康威胁之一。中国社区老年人群跌倒的发生率约为 19.3%，相对较高。跌倒后常可发生骨折，甚至因残疾而失去独立性，给老年人、家庭和社会带来了沉重的经济负担，严重阻碍了健康老龄化进程。然而，跌倒是可以通过预防和控制减少的。因此，对老年人群进行跌倒预防和管理已成为全球公共卫生的重要议题。

（一）临床特征

老年人跌倒的临床特征包括躯体损伤和心理损伤。

1. 躯体损伤 跌倒后容易出现疼痛、骨折、颅脑损伤、软组织损伤、内脏损伤等诸多症状。①骨折容易发生在髋部、腕部、脊柱等部位，表现为剧烈疼痛、无法站立或活动受限。②头部撞击后可能出现头痛、意识模糊、呕吐或昏迷等颅脑损伤症状。③胸部或腹部受冲击则可能导致肋骨骨折、气胸、脾破裂等，表现为胸痛、呼吸困难、腹痛或休克。

2. 心理损伤 约 50% 的老年人在跌倒后会产生对再次跌倒的恐惧，导致活动减少、肌力下降，形成"跌倒 – 衰弱 – 更易跌倒"的恶性循环。

尽管跌倒频繁发生且可能带来严重后果，但往往被人们忽视。研究显示，如果医生不主动询问，仅不到三分之一的老年男性会主动向医生报告跌倒事件。因此，在社区健康护理中，护士须对跌倒的临床特征保持高度警觉，及时识别并干预，从而减少跌倒对老年人健康的负面影响。

（二）相关因素

老年人跌倒涉及多方面因素，既有内在危险因素，也有外在危险因素，二者相互作用会导致跌倒的风险进一步增加。

1. 内在危险因素 老年人跌倒的内在危险因素涉及生物学因素、疾病因素、功能水平和行为等多个方面。①身体功能：随着年龄增长，老年人的身体功能逐渐衰退，包括肌肉力量、步行能力、平衡能力以及感觉器官等，这些变化显著增加了跌倒的风险。特别是患有神经系统疾病、骨骼肌肉系统疾病、心血管疾病以及影响视力的眼部疾病的老年人，其平衡和协调功能往往受到严重的影响，从而更容易发生跌倒。②认知和心理功能：认知功能下降和心理功能障碍，如焦虑、抑郁或跌倒恐惧，同样会影响老年人对环境的感知和反应能力，增加跌倒的风险。③药物因素：药物的使用也是内在风险因素之一。多重用药及其副作用，如头晕、视觉模糊、步态及平衡受损等，均可显著增加老年人跌倒的风险。药物与老年人跌倒的关联程度见表 6-5。④生活方式：随着年龄增长，老年人常倾向于静态生活方式，缺乏适度的身体活动，导致神经和运动系统功能衰退，增加了跌倒风险。此外，酒精摄入会影响认知和平衡能力，增加跌倒风险。不合适的衣着，如裤子过长、鞋子过松或不适当的行走辅助工具，同样与跌倒风险相关。

表 6-5 药物与老年人跌倒的关联程度

关联程度	常见药物
强相关	抗精神病药、苯二氮䓬类药物、抗抑郁药物、抗癫痫药物、袢利尿药物、强心苷类（洋地黄、地高辛）、阿片类药物、多重用药（使用 4 种以上药物）
弱相关	β 受体阻滞剂、血管紧张素转换酶抑制药（ACEI 类）、血管紧张素 II 受体阻滞药（ARB 类）、α 受体阻滞剂、噻嗪类利尿药、抗心律失常药物、血管扩张药、抗帕金森药物、降糖类药物、抗组胺药、氨基糖苷类抗菌药物、胃肠解痉药

2. 外在危险因素 外在危险因素主要包括环境因素和社会经济因素。①环境因素：是导致老年人跌倒的常见诱因，包括但不限于不平整或潮湿的路面，昏暗的照明，不合理的地面铺装设

计，楼梯、走廊、卫生间缺乏扶手，不合适的家具高度和摆放位置等，均可显著增加老年人的跌倒风险。②社会经济因素：是间接影响老年人跌倒的宏观和深层次原因。跌倒相关社会经济危险因素主要包括老年人的社会经济地位、健康保险和医疗服务的可获得性、老年人是否独居、社会交往和联系的程度等。

（三）社区护理措施

1. 预防跌倒

（1）健康教育：加强对社区老年人及其照护者的健康教育，包括识别跌倒危险因素、采取有效的预防措施、紧急处置方法，以及跌倒后的治疗与康复等相关知识和技能，帮助老年人养成科学的防跌倒行为习惯。

（2）运动锻炼：研究表明运动训练可以将老年人跌倒风险降低21%。有规律的平衡、力量和步态训练等能有效提升肌肉力量、步态稳定性和反应速度，延缓衰老对身体功能的影响。但运动种类不同，运动效果也存在差异。一项纳入25个国家108篇随机对照试验共包括23 407名受试者的系统综述结果显示，平衡训练可将跌倒发生率降低24%；我国传统运动方式太极拳可将跌倒发生率降低19%，而包含平衡及抗阻运动的综合训练可将跌倒风险降低34%。

（3）积极治疗相关疾病：积极治疗帕金森病、老年期痴呆、脑卒中等神经或精神性疾病，可有效降低跌倒风险；对罹患高血压、糖尿病等慢性病的老年人，除治疗基础疾病外，还应密切关注直立性低血压、低血糖等伴发症状。此外，对关节疼痛、畸形、躯体移动障碍的老年人，需要指导病人及其照护者选择正规的专科医院进行规范治疗及康复锻炼。

（4）管理用药：专业人员应定期评估老年人的用药方案，及时调整可能增加跌倒风险的药物，并开展防跌倒用药教育，减少药物相关的不良反应。

（5）适老化环境改造：在建筑设计阶段应考虑老年人防跌倒需求，提升环境安全性。对于现有建筑，应根据安全需求进行必要的改造，如确保充足柔和的照明、地面平整防滑、无障碍设计，并在必要区域增设扶手和防滑设施。

（6）做好心理护理：老年人常有不服老和不愿麻烦别人的心理，有时会尝试超出自己能力范围的活动，如爬高或搬重物，从而增加跌倒的风险。因此，护理人员应进行心理疏导，帮助老年人正确评估自身健康状况和能力，避免不必要的风险。

2. 跌倒应急处理

（1）不急于搬动老年人：老年人跌倒不要急于扶起，以免不当措施导致二次损伤。

（2）迅速检查伤情：检查意识是否清醒，询问跌倒过程、受伤部位，观察是否有口角歪斜、偏瘫等；检查局部组织是否有淤血、出血、肿胀、压痛、畸形；检查肢体活动，注意有无骨折和脊柱受伤；检查有无头痛、胸痛、腹痛等。

（3）求救并保持呼吸道通畅：有意识不清或疑有骨折、内脏损伤等情况，应迅速拨打急救电话。对意识不清的老年人，注意清理其口腔的分泌物、呕吐物，头侧转，敞开衣服领口，保持呼吸道通畅。对心跳、呼吸停止者应迅速进行心肺复苏。

（4）正确处理局部伤情：有骨折者予以固定；出血者予以止血；扭伤、挫伤者局部制动、冷敷；脊柱有压痛疑有骨折者，避免搬运时脊柱扭曲。经初步的处理后，迅速送往医院处理。

（5）深入分析跌倒原因，并采取改进措施。

三、老年人尿失禁的社区护理策略

尿失禁（urinary incontinence，UI）是指尿液不受主观控制而自行从膀胱内流出的状态，是老年人群中常见的健康问题。研究显示，我国老年人群中尿失禁患病率为15.0%~41.1%，老年女性尿失禁患病率为21.0%~73.9%。常见的类型包括急迫性尿失禁、压力性尿失禁和混合性尿失禁。尿失禁造成的身体异味、反复尿路感染及皮肤糜烂等，是导致老年人发生抑郁等心理问题的

笔记栏

157

原因之一。另外，尿失禁也会给病人及其家庭、卫生保健系统以及社会带来沉重的经济负担，严重影响老年病人及其照顾者的生活质量。

（一）临床特征

1. 压力性尿失禁 压力性尿失禁（stress urinary incontinence，SUI）又名真性尿失禁、张力性尿失禁，是指在没有膀胱逼尿肌收缩的情况下，当腹压增加时发生尿液不自主从尿道流出。此时膀胱逼尿肌功能正常，而尿道括约肌或盆底及尿道周围的肌肉松弛，尿道压力降低。其临床特点为咳嗽、打喷嚏、大笑或负重等腹压增加时发生不自主漏尿，常不伴尿意，80%病人可合并有盆腔脏器脱垂。

2. 急迫性尿失禁 急迫性尿失禁（urge urinary incontinence，UUI）是指在突然和强烈的排尿感后发生漏尿。根据膀胱逼尿肌的收缩情况，又分为感觉性急迫性尿失禁和运动性急迫性尿失禁。感觉性急迫性尿失禁是由于尿道或者膀胱过于敏感，在尿量不多时即产生强烈的尿意，有时还会有持续的排尿感。运动性急迫性尿失禁则是由膀胱逼尿肌不自主收缩引起的，其症状与前者相似。本病共同的特征为尿急、尿频、不能自主控制排尿和夜尿，正常饮水下排尿间隔少于2小时。

3. 混合性尿失禁 混合性尿失禁（mixed urinary incontinence，MUI）是指既可以由尿急引起，又可以由用力、打喷嚏或咳嗽等引起的不自主漏尿。其临床特点为同时合并存在压力性和急迫性尿失禁的临床症状，常以某一种类型为主，症状间具有相互影响、相互加重的倾向。

4. 其他 还有一些类型不能单纯归结为压力性尿失禁或急迫性尿失禁，但可以由类似的情况引起，包括：①无意识性尿失禁，是指不伴有压力性或急迫性成分的尿液不自主漏出。②持续性尿失禁，是指持续性不自主漏尿。③夜间遗尿，是指睡眠当中尿液不自主流出。④排尿后滴沥，是指紧随排尿后出现尿液不自主流出。⑤充溢性尿失禁，又称溢出性尿失禁、假性尿失禁，指少量尿液从充盈的膀胱中不自主地流出，并非指一个症状或状态，更多地被用来描述与尿潴留有关的不自主漏尿，见于各种原因引起的慢性尿潴留，膀胱内压超过尿道阻力时，尿液持续或间断溢出。⑥尿道外尿失禁，是指尿液从尿道以外的通道漏出（例如尿瘘或异位输尿管）。

（二）相关因素

年龄、性别、妊娠及产次、体重指数、疾病、药物、手术等一种或多种原因引起的膀胱逼尿肌痉挛（或膀胱不自主收缩）、膀胱逼尿肌松弛、尿道口关闭不全、下尿路梗阻等均可引起老年人尿失禁。识别尿失禁老年人须特别注意以下相关因素：

1. 盆底肌肉松弛 老年人容易发生盆底肌肉松弛，在咳嗽、大笑、打喷嚏、弯腰等情况下发生尿失禁。老年女性由于多次分娩容易导致盆底肌损伤，引起尿道口关闭不全，发生尿失禁的风险高于男性。

2. 尿路梗阻 尿路结石、尿道黏膜脱垂、男性老年人前列腺增生等引起下尿路梗阻，可导致充盈性尿失禁。

3. 尿路感染 老年人尿路感染可无典型的尿急、尿痛症状，特别是对于一些认知损害的老年病人，尿失禁有时是尿路感染的唯一症状。

4. 活动受限 老年人常可因为体弱、活动不便、认知受损或因活动受限、如厕不便等原因不能及时如厕，发生功能性的尿失禁。老年人突然站立时直立性低血压也有可能引起短暂尿失禁。

5. 疾病和药物因素 在脑卒中、帕金森病、阿尔茨海默病的病人中，膀胱逼尿肌痉挛引起的急迫性尿失禁较多见。神经系统疾病、前列腺或妇产科手术、慢性咳嗽，以及应用利尿剂、抗抑郁药、镇静催眠药、钙通道阻滞剂等也可引起尿失禁。

（三）社区护理措施

老年人尿失禁的治疗和护理要根据主要致病原因，采用多种治疗技术相结合的方法，改善症状和提高生活质量。

1. 心理护理 尿失禁老年人因衣被常尿湿而有臭味，自卑心理较重。护士应尊重和理解老年人，维护老年人尊严，避免在人前谈论，更不能有嘲笑厌恶的情绪表现。同时转变老年人的观念，使其认识到尿失禁是伴随机体器官生理性老化的病理现象，不是难以启齿和令人羞愧的事，以此解除老人的心理压力。同时帮老年人建立信心，使其积极配合治疗。

2. 排尿功能锻炼　根据老年人尿失禁的类型，开展有针对性的排尿功能训练。常用方法包括盆底肌肉锻炼、重复排尿训练及膀胱训练等。

（1）盆底肌肉锻炼（pelvic floor muscle training）：指盆底肌肉收缩练习，即紧缩肛门的运动（提肛运动）。方法：选择平卧位或坐位，在不收缩下肢、腹部及臀部肌肉的情况下自主收缩耻骨、尾骨周围的肌肉，即收缩会阴和肛门，尽量收紧提起盆底肌肉并维持10秒，然后放松休息10秒，收缩和放松为1次，如此反复进行20~30次为1组，每天做3~4组。盆底肌肉锻炼能使尿道外括约肌、肛提肌等盆底肌肉都得到锻炼，对于压力性尿失禁及混合性尿失禁病人均有良好的疗效。

（2）重复排尿训练（double voiding）：即排尿结束后，暂等几分钟，再做一次排尿动作，尽量排尽尿液，减少残余尿量，对于充盈性尿失禁病人有一定的作用。

（3）膀胱训练（bladder training）：对于急迫性尿失禁病人，如果病人每3小时失禁1次，就应当接受训练。根据尿失禁时间长短确定如厕时间，如3小时失禁一次，则可让病人每2小时排尿1次，缓解尿急症状，然后逐步延长排尿间隔，反复训练，可改善尿失禁症状。

3. 认知干预　帮助老年人了解发病原因和高危因素，认识尿失禁的临床表现，指导其通过主动控制手段，降低尿失禁发生频率。同时提高重视程度，告知必要的注意事项，如不能过度弯腰和过度咳嗽，防止因大笑等原因而诱发尿失禁。

4. 祛除诱因　积极治疗慢性咳嗽、尿路感染，穿宽松衣裤，裤腰处最好用松紧带，以方便排尿。对于认知损害的老年人，应定时督促、协助如厕。同时避免饮用刺激性饮料如咖啡、浓茶、碳酸饮料等。另外，还需要提供良好、方便的如厕设施。

5. 改变饮水习惯　白天多饮水，晚间控制饮水。由于尿失禁，尿道失去正常的冲洗自净功能，再加上会阴部常处在尿湿的环境中，感染机会增加。同时老年人常会担心尿失禁而控制饮水，更增加了泌尿道感染的危险。因此要解除老年人的顾虑，在白天喝足量的水，晚间适当控制饮水量，以免影响睡眠。但如果老年人有血栓形成的风险，则不应控制饮水量。

6. 协助做好排尿日记　为评估尿失禁的原因、程度及治疗效果，协助老年人记录每次排尿的时间、排尿量、排尿的伴随症状，同时还要记录好每次饮水的时间和饮水量等相关内容。

7. 保持会阴部皮肤清洁干燥　及时更换衣裤，勤洗会阴部，必要时使用尿垫。同时，协助做好生活护理，准备足够的衣被和烘干设施。

四、老年人骨质疏松的社区护理策略

老年性骨质疏松症（senile osteoporosis，SOP）又称退行性骨质疏松症，是生物衰老在骨骼方面的特殊表现。1993年WHO提出了骨质疏松症的诊断标准和明确的定义，即骨质疏松症是一种以骨量减少、骨组织微结构破坏为特征，导致骨脆性增加，易于骨折的全身性骨代谢疾病。2001年美国国立卫生研究院（NIH）提出本病是以骨强度下降、骨折风险增加为特点的骨骼疾病。女性在40岁以后，男性在50岁以后都有不同程度的骨质丢失。

（一）临床特征

据估计，全球有2亿人患骨质疏松症，女性发病率高于男性。骨质疏松症主要有三个特征：①以骨单位或骨量丢失为主造成的低骨量。②骨组织结构破坏，骨小梁断裂消失。③骨折发生率高，通常伴有一处以上骨折。

骨质疏松症分为原发性和继发性两大类。老年性骨质疏松症属于原发性骨质疏松症，主要表现为骨痛、骨折、身高缩短。腰背疼痛是出现较早的症状，也是临床常见主诉，成为许多病人就

笔记栏

159

诊的直接原因。身高缩短和驼背也是老年性骨质疏松症的重要临床表现。此外，骨质疏松的老年人易发生骨折，常见的骨折部位为椎体、股骨、前臂等，其中椎骨骨折最为常见，髋部骨折的后果最为严重，一旦发生髋部骨折，有 15% 的老年人可能会在一年内死亡，余者约有 50% 发生残疾。女性骨折的发生率高于男性，髋骨骨折中超过 70% 的病人为老年女性。

（二）相关因素

老年性骨质疏松症的发生与生理及环境因素密切相关，是多种因素作用的结果，主要包括以下因素：

1. 性激素水平下降　雌激素分别通过成骨和破骨细胞上的膜受体调节骨形成和骨吸收，对女性和男性的骨骼均有重要的保护作用。由于男性体内的雌激素绝大部分是雄激素通过芳香化而来，另外雄激素还可通过成骨细胞上的受体直接调节骨细胞分化，因此雄激素在骨代谢中也发挥一定的作用。相对于老年女性雌激素水平断崖式下降，老年男性雄激素水平的下降呈渐进式，因此老年男性骨丢失的量与速度要低于老年女性。

2. 低负荷体力活动　伴随着衰老，体力活动的减少，骨骼的应力刺激也相应地减少。当骨组织长期处于低应变状态，骨重建激活率升高而出现骨质的高转换，导致骨量减少。

3. 日光照射不足　老年人室外活动减少，特别是一些行动不便或长期卧床的老年人，由于接受阳光照射不足，使老年人皮肤内 7- 脱氢胆固醇转变为维生素 D_3 的量减少，维生素 D 缺乏，引起钙代谢障碍，导致骨质疏松。

4. 钙代谢障碍　尽管钙摄入量与骨折发生率之间的关系尚不清楚，但钙摄入量与骨含量有直接关系。老年人饮食中长期缺乏钙质，例如饮食缺乏奶类、豆制品，或不良的饮食习惯，如餐后饮浓茶、咖啡等都会影响钙的摄入和吸收。同时消化道的老化、维生素 D 的缺乏或体内激素水平变化等，也会引起代谢异常而影响钙的吸收。

5. 其他生活方式　吸烟可直接抑制成骨细胞的功能，女性吸烟者可能比非吸烟者提前进入绝经期，加速雌激素水平的下降引起骨质疏松。此外，饮酒过量可对蛋白质和钙的代谢、性腺和成骨细胞功能产生不利影响。

6. 药物因素　肾上腺糖皮质激素可减少成骨细胞形成，降低胃肠道钙吸收、肾小管钙重吸收，同时增加钙的排泄，常规剂量的类固醇激素在最初治疗的 6 个月内，即可导致脊柱骨密度降低。另外抗惊厥药物、肝素等也可引起骨质疏松。

（三）社区护理措施

老年性骨质疏松症的防治是一个长期的过程，须采取调整生活方式和药物治疗等综合措施，预防和减缓骨质丢失，增加骨密度，降低骨折风险。同时，还须加强肌肉锻炼，提高肌肉协调性，从而达到"预防疾病、控制进展、缓解症状、恢复健康"的目标。

1. 适宜的运动　体力负荷和骨骼的机械应激已被证实能够增加骨质密度。运动时的"张力"和"压力"可对骨骼形成一种良好的刺激，增强肌肉的张力和骨密度。建议老年人每周至少进行 150～300 分钟中等强度运动，或者每周 75～150 分钟高强度有氧运动。根据老年人心血管功能现状，选择适宜的有氧运动方式，既要有一定的运动强度，使心肺功能、骨骼得到锻炼，同时也要预防心脑血管事件的发生。对于卧床或瘫痪的老年人，则要在环境、设施上创造条件，帮助其进行被动活动或辅助主动活动。对于严重骨质疏松的老人，则要在医嘱下进行锻炼，循序渐进，预防活动中发生骨折。另外，运动还能增加老年人的平衡能力和灵活性，减少跌倒的发生。

2. 补充钙剂　老年骨质疏松症病人普遍存在钙与维生素 D 不足或缺乏的情况。联合补充钙与维生素 D 可以增加腰椎和股骨颈的骨密度，小幅降低髋部骨折风险。老年骨质疏松每日摄入钙元素的总量为 1 000～1 200mg，可耐受最高量为 2 000mg，除饮食补充外，每日尚需补充钙元素500～600mg，钙剂选择需要考虑钙含量、安全性、有效性和依从性。例如枸橼酸钙的含钙量较低，但水溶性较好，胃肠道不良反应小，且枸橼酸可减少肾结石的发生，适用于胃酸缺乏和存在肾结石风险的病人。同时社区医护人员应建议老年人多晒太阳，促进维生素 D 的形成，进而促进肠道内的钙吸收。

3. 预防跌倒　对于患有老年性骨质疏松症的高危人群，社区护理人员应建议家属增强防护意识，进行生活环境的适老化改造，必要时使用拐杖或助行器，既可减轻部分关节负重，同时可维持平衡，避免摔倒导致的骨质疏松性骨折。对于骨质疏松且跌倒风险较大的老年人，在治疗的过程中使用髋关节保护装置，可作为一种临时的预防股骨颈骨折的措施。

4. 雌激素替代治疗　必要时采用雌激素替代治疗，防止骨质流失。雌激素补充疗法是一种有效的治疗绝经后骨质疏松的方法，不但可以防止骨质流失，而且可以减少绝经后血脂代谢异常，降低心血管病的患病率，但要在医生指导下服用。

5. 减少不良影响因素　适度饮酒，戒烟，少食精制糖类食物及食盐，少喝咖啡、浓茶及碳酸饮料，尤其是不宜在餐后立即饮用，以免影响钙的吸收。此外，食物中草酸盐会与钙结合，降低钙的生物利用度，因此应避免食用草酸含量高的食物，如菠菜、芥菜、香椿等，或在食用前通过焯水处理降低草酸含量。

6. 健康教育　在社区中建立管理网络，采取健康教育大课堂、一对一教育咨询、发放防治骨质疏松宣传手册等方式进行干预，促使老年人个体的知识、态度发生转变，进而改善其行为。

第五节　社区老年人的保健与护理循证实践

一、循证问题

杨某，81 岁，既往有高血压病史，遵医嘱每天口服普萘洛尔（12.5mg/ 次，2 次 /d）、苯磺酸氨氯地平（5mg/ 次，1 次 /d），现退休在家，与老伴同住。最近，杨某来到社区卫生中心接受常规健康检查。在检查过程中，社区卫生中心的护士注意到杨某的年龄和高血压病史，以及他正在服用的药物可能会增加跌倒的风险。

针对本次实践，采用 PIPOST 模式确定基本问题。P：社区老年人。I：识别、评估、预防、干预、管理社区老年人跌倒的措施。P：社区医务人员、社区工作者。O：跌倒发生率的降低。S：家或社区。T：临床实践指南、系统评价、证据总结等。

护理问题：

1. 如何对社区老年人的跌倒风险进行筛查与评估？

2. 社区护士如何对有跌倒风险的老年人进行干预及有效管理，从而防止不良健康结局出现？

二、证据检索

根据 PIPOST 确定明确的检索词，制订合适的检索策略，进行全面、系统检索并收集文献，获得最佳实践证据。以"跌倒""识别""评估""预防""干预""管理"等为中文关键词，以"fall*""recognition""assess/assessment""prevent/prevention""intervention""management"等为英文关键词，从循证资源库中查找临床实践指南、系统评价、证据总结等二次研究资源，若无则查找原始研究数据库。同时，依据科学、规范的评价标准，对于获得的证据严格进行评价。评价证据可以根据不同的研究类型，采用不同的评价方法。在循证医学中，常从有效性、安全性、经济性、适用性、可靠性和有意义等方面对证据进行评价，继而选择目前最佳的护理证据。

三、证据内容

针对本节实践案例，社区老年人跌倒识别、管理及干预的证据包括：

笔记栏

（一）跌倒风险筛查

1. 筛查时机 医护工作者应在提供日常医疗保健服务时至少一年一次主动询问老年人的跌倒情况（1A级证据）

2. 筛查问题 对于因任何原因就诊的老年人，可以通过单一问题询问其在过去12个月内是否有过1次或多次跌倒（E级证据）。单一问题筛查操作简便，在预测老年人未来1年跌倒风险方面有较高特异度，但灵敏度较低。如果有时间和资源，建议采用3个关键问题（3 key questions，3KQ）提高对于跌倒预测的灵敏度，包括"过去1年是否发生跌倒""在站立或行走时是否感觉不稳定""是否对跌倒感到担忧"（E级证据）。

当上述跌倒风险筛查为阳性时，建议进行步速评估，以划分跌倒风险等级（1A级证据）。起立-行走测试（timed up and go test，TUG）可作为替代方案（1B级证据）。

3. 跌倒相关诊疗 因跌倒前往急诊、社区卫生中心或因急性疾病导致跌倒的老年人，在未来1年发生跌倒的风险高达70%。因此，医务工作者要关注该群体，询问老年人或照护者跌倒事件的详细过程，是否存在短暂性意识丧失、行动障碍或跌倒担忧等（E级证据）。

（二）跌倒风险评估

跌倒风险评估指在初筛后，根据老年人的跌倒严重程度和步态平衡受损情况，判断其跌倒风险等级，进一步明确跌倒风险因素，从而针对不同的跌倒风险等级制订个性化跌倒管理方案。

1. 跌倒风险分级 社区老年人跌倒风险等级分为3级。当老年人无跌倒史或者3KQ为阴性时，则判定为低跌倒风险。有过1次非严重跌倒，并存在步态和/或平衡问题的老年人应被视为中等跌倒风险。若存在以下5种情况中任何一种即可被判定为高跌倒风险：①跌倒损伤且需就医；②过去1年的跌倒次数≥2次；③衰弱；④在无人帮助的情况下，跌倒后至少持续1小时无能力站起；⑤伴随短暂意识丧失或疑似晕厥。

2. 跌倒多因素风险评估 针对跌倒风险较高的老年人群，应开展多学科、多因素跌倒风险评估，以制订个体化干预方案（1B级证据）。多因素跌倒风险评估内容不仅考虑步态与平衡能力、认知状况、视力和听力情况、心血管情况、头晕和前庭神经疾病情况、用药情况、环境等客观跌倒风险因素，还考虑老年人的观点，如对跌倒的担忧程度、对跌倒原因的认识、对跌倒预防知识的了解等主观跌倒风险因素。多因素跌倒风险评估见表6-6。

表6-6 多因素跌倒风险评估

评估模块	推荐意见	证据等级
步态与平衡能力评估	将步态和平衡能力纳入多因素跌倒风险评估	1B
认知评估	将认知状况纳入多因素跌倒风险评估	1B
视力和听力评估	询问是否有视力障碍，测视力和必要时测量其他视力问题（如偏盲）	E
	询问是否有听力障碍，测听力和必要时咨询专家	E
心血管评估	评估心血管状况（包括心脏病史，听诊，卧位和站位血压，12导联体表心电图）	1A
	若首次心血管评估正常，则无须进一步的心血管评估，除非怀疑晕厥（如反复出现原因不明的跌倒）	E
头晕和前庭神经疾病评估	定期询问老年人头晕症状，必要时对其进行随访评估以明确心血管和/或前庭神经系统的病因	E

笔记栏

162

评估模块	推荐意见	证据等级
疼痛评估	将疼痛情况纳入多因素跌倒风险评估，必要时可进行全面的疼痛评估	E
跌倒担忧评估	将跌倒担忧纳入多因素跌倒风险评估	1B
	采用标准化的工具评估社区老年人的跌倒担忧，如国际跌倒效能量表（FES-Ⅰ）或简明国际跌倒效能量表（简版 FES-Ⅰ）	1A
药物评估	加强药物管理，为老年人开增加跌倒风险药物（FRIDs）处方之前，应评估其跌倒史和跌倒风险	1B
	进行药物审查或针对老年人跌倒预防的药物审查时，可使用标准化的筛查工具来确定 FRIDs	1C
环境评估	由经过培训的医护工作者评估老年人居住环境中的跌倒风险因素及老年人处理和应对该环境危险因素的相应行为和能力	1B
尿路症状评估	将尿路症状纳入多因素跌倒风险评估	E
抑郁评估	将抑郁纳入多因素跌倒风险评估，必要时进一步评估精神状态，如有需要请相关专家介入	E
营养评估（包括维生素 D）	评估营养状况（包括维生素 D 的摄入量），必要时适当补充营养	E
老年人跌倒观点评估	将老年人对跌倒原因、风险和预防的看法纳入多因素跌倒风险评估	1B

注：该指南的证据等级采用修订版推荐等级的评估、制订与评价（GRADE）系统描述，其中数字代表推荐强度（1 代表强推荐，即证据带来的利大于弊；2 代表弱推荐或有条件时推荐，即证据质量低或者带来的利弊对等），字母代表证据质量（A 代表高质量，即未来研究不可能影响证据的可信度；B 代表中质量，即未来研究可能影响证据的可信度，并可能改变证据；C 代表低质量，即未来研究非常可能影响证据的可信度，并很有可能改变证据。此外，E 代表建议是专家共识，目前尚无符合质量标准的研究证据佐证）。

（三）个体层面跌倒的防控实践

1. 低跌倒风险老年人 建议在考虑老年人健康状况、优先事项、偏好和可用资源的基础上，为其提供个性化的身体活动和锻炼，以及与降低跌倒和骨折风险相关的健康教育（E 级证据）。身体活动和锻炼对降低跌倒风险的效果已得到研究证实，在安全可行的情况下，老年人应规律运动，每周确保 150～300 分钟的中等强度身体活动，或 75～150 分钟的高强度身体活动，以预防和改善衰弱、肌少症和心血管疾病，进而间接降低跌倒风险。同时，WHO 和英国体育活动指南认为单一的步行对于防止跌倒没有效果，建议进行高挑战性的平衡训练，包括每周两次抗阻训练。

2. 中等跌倒风险老年人 根据个人评估，提供相适宜的运动干预（E 级证据），主要针对平衡和力量训练。运动干预应聚焦加强老年人的日常生活活动能力，如坐立、深蹲、站立、在狭窄的支撑物上站立，以及向不同的方向、以不同速度、在不同环境中行走并同时进行双重任务等，并在安全的基础上增加负重或提高动作难度。同时，对于中等跌倒风险个体须每年评估跌倒风险等级并及时调整干预方案。

3. 高跌倒风险老年人 通过多学科、多因素的跌倒风险评估，为社区老年人提供多因素干预，同时在制订跌倒预防和管理计划时要综合考虑老年人自己的观点（1B 级证据）；对于同时存在认知障碍的老年人，制订跌倒预防和管理计划时，应纳入老年人及其照护者的观点（1C 级证

笔记栏

据）；老年人的健康状况易快速恶化，医护工作者需在 30~90 天密切随访，注意跌倒风险和健康状况，及时调整预防和治疗性措施。

跌倒多因素干预推荐意见见表 6-7。

表6-7 跌倒多因素干预推荐意见

干预模块	推荐意见	证据等级
运动干预	所有社区老年人进行预防跌倒的运动计划，运动类型包括平衡功能锻炼（如坐立训练、踏步走）等，频率为每周≥3次，持续时间超过12周，以取得较好的长期效应	1A
	在可行的情况下，加入太极拳和额外的渐进性抗阻力量训练	1B
药物干预	将药物审查和适当减少 FRIDs 纳入多因素跌倒预防干预措施	1B
心血管干预	将直立性低血压的管理纳入多因素跌倒预防干预措施	1A
远程医疗和技术干预	在可行的情况下，将远程医疗、智能家庭系统联合运动训练作为社区老年人跌倒预防干预的一部分	E
	目前研究证据尚不足以证明使用可穿戴设备可预防跌倒，但可能会增加老年人的依从性	1C
生活环境干预	根据老年人能力及行为，经过训练的临床医生应对其家庭环境中可导致老年人有跌倒危险的部分提出调整建议	1B
针对前庭神经疾病、疼痛和视力的干预	将前庭神经疾病管理、疼痛治疗和视力障碍管理纳入多因素风险管理	E
对跌倒担忧的干预	为老年人提供运动锻炼方案、认知行为疗法、职业疗法以缓解其跌倒担忧	1B

（四）社区人群层面跌倒的防控实践

人群层面跌倒防控实践的显著特征是面向社区全体人群实施的，并非仅针对已有跌倒史或者高风险的个体，旨在通过规划和政策去改变可能导致跌倒的社区危险因素，包括社会、文化或环境状况等。社区人群层面可能的跌倒防控措施包括营养补充计划和多组分干预。

1. 营养补充计划 向社区居民免费提供钙和维生素 D 补充剂。

2. 多组分干预 包含多个不同元素或策略的综合性干预计划，通常涉及以下几个方面：

（1）运动和体力活动：包括力量训练、平衡训练和一般的体力活动，如社区健身课程或免费健身房会员资格，以增强老年人的力量和平衡能力。

（2）家庭和社区安全评估：由专业人员对老年人的居住环境进行评估，识别和纠正可能导致跌倒的风险因素。

（3）环境改造：对家庭和社区环境进行改变，以减少跌倒风险，例如改善人行道和街道照明、安装扶手或防滑垫。

（4）教育和知识普及：通过传单、媒体宣传、讲座或研讨会等形式提供有关跌倒风险因素、预防措施等方面的信息和教育。

（5）员工培训：培训社区工作人员和医疗保健提供者，提高他们对跌倒预防的认识，以及预防跌倒的能力。

（6）心理健康支持：提供认知行为疗法等干预措施，以减少跌倒后的恐惧和焦虑。

笔记栏

但目前基于人群的跌倒防控研究有限，并且证据等级比较低，尚无法确定基于人群的多组分干预或营养补充计划是否能有效减少老年人的跌倒和相关损害。未来需要进行高质量的整群随机对照试验进行更加深入的研究。

四、实践建议

针对本节实践案例，根据社区中老年人跌倒风险筛查与评估，可判断杨某为中等跌倒风险。根据对相关证据的检索，对该老年人采取以下措施：

1. 药物管理和评估 医生定期审查杨某的药物，可视情况逐渐调整或替换与跌倒相关的药物，以减少药物的不良反应。

2. 运动锻炼 鼓励杨某规律参加适合老年人的体育活动，如太极拳、瑜伽或平衡以及力量训练课程，以增强其肌肉力量和平衡能力。

3. 健康教育与支持 采用演示、个体咨询、讨论等多种形式对杨某及家属提供预防跌倒的健康教育，包括提供有关跌倒危险因素和预防的信息和技能，并确保使用的语言要适当。

4. 环境安全 由专业人员进行家庭安全检查，识别和改变居家环境中可能导致跌倒的设施和结构。

5. 紧急应对措施 考虑为杨某配备紧急呼叫设备，如穿戴式紧急按钮，以便在跌倒或其他紧急情况时快速获得帮助。

6. 定期随访 每年定期评估跌倒风险等级并及时调整干预方案。

随着老年人口的显著增长，跌倒及其相关损害不容忽视。跌倒不仅严重影响老年人的生活质量，还可能导致其行动能力下降，进而增加对医疗照护的需求，加重社会保障系统的负担。因此，科学地预防和管理跌倒，将跌倒相关的最佳循证实践应用于老年人的日常生活及卫生服务中，是减少跌倒对老年人生活质量和医疗服务系统造成影响的有效策略。

（李　明）

小　结

人口老龄化是我国今后较长时期内要面临的基本国情。本章在介绍老年、老龄化等基本概念以及老化相关理论的基础上，结合目前我国与老年人相关的保障制度和政策，分析了人口老龄化现状、面临的挑战以及社区老年护理研究热点问题。为帮助学习者使用循证理念解决实践中的问题，本章在详细阐述社区老年人常见健康问题及护理的基础上，以社区老年人跌倒防控为例，介绍了循证护理在社区护理实践中的应用。通过本章内容，帮助学习者认识社区在应对老龄化工作中发挥的重要作用，掌握社区老年人健康保健与护理的工作内容、工作范围和工作开展形式，从而能结合社区实际情况开展护理实践，维护和促进社区老年人的健康。

思考题

1. 某市 A 社区，是一个典型的老旧社区，始建于 20 世纪 60 年代。社区东北两侧为铁路，西侧紧邻社区主干道，道路多处坑洼，南侧靠近桥洞，无防护设施。居民楼以五层红砖楼为主，无电梯；社区内道路坡度较大、路面不平；社区中心有一个小型的健身场，器材老化，部分器材出现破损。社区内 60 岁及以上老年人口占常住人口的 27%，半数以上同成年子女共同居住。健

ER6-2
本章思考题
解题思路

笔记栏

康体检显示高血压、糖尿病患病率较高，老年人身体活动量明显不足。

请问：A社区环境存在哪些问题？可能会对老年人的健康造成什么影响？请从健康老龄化的角度提出解决思路。

2. 邓某，女，78岁。患有高血压、糖尿病、骨质疏松，目前口服降血压、降血糖药物。丈夫5年前病逝，现同儿子和儿媳居住在一起。邓某平日经常感觉头晕、头痛，因害怕发生跌倒，基本不进行锻炼，同时减少外出次数，不主动参加社区举办的各种活动，很少同小区内其他居民沟通和交流。儿子和儿媳平时忙于工作，早出晚归，无法经常陪伴，邓某经常感到孤独与悲伤。

根据以上资料，请回答以下问题：

（1）邓某存在哪些问题？

（2）社区护士小李为邓某进行评估后发现邓某处于衰弱前期，小李应如何基于循证为邓某设计一套科学合理的防止衰弱继续发展的护理方案。

第七章

社区慢性病病人的护理与管理

ER7-1
本章教学课件

社区情景

病人，男，52岁，某高校教师，因"反复头晕、头痛半年余，伴心悸、胸闷、心前区不适2个月"，入院。该病人长期从事脑力劳动，体型肥胖，体重指数（BMI）26.29kg/m²，有长期吸烟史；有高血压家族史，其父亲死于高血压脑出血。查体：BP 170/100mmHg，心尖区抬举样搏动，心音有力，主动脉瓣区第二心音亢进。临床诊断：高血压2级。经两周的住院治疗，病人血压维持在130/85mmHg左右，现该病人已出院回到家中休养。医生给予病人的出院处方之一是改变生活方式：减轻体重，增加体育锻炼，如每日坚持有氧运动30分钟（快走或慢跑），使BMI下降至正常范围；减少钠盐摄入，最好每日食盐摄入量不超过6g，多食富含钾和钙的食物，减少脂肪摄入；戒烟、限酒。

作为社区护士，你将如何帮助该病人制订切实可行的计划以达到维持理想血压的目标？如何增强病人的自我管理能力以提高病人的生活质量？

我国慢性非传染性疾病患病率呈快速上升趋势，其相关危险因素日益严重。慢性病导致的死亡人数占我国总死亡人数的85%～89%，前三位死因分别为心脑血管疾病、癌症、慢性呼吸系统疾病。慢性病治疗费用占全国卫生总费用的70%以上。慢性病患病率和死亡率的迅速上升给人民健康和社会经济发展带来严重影响。慢性病的发生发展与不良生活习惯以及生活环境有关，是多因素长期作用的结果，患病后无法彻底治愈。国内外研究结果显示：改变不良生活方式可有效预防和控制慢性病的发生和发展。社区护士在慢性病管理中担任重要角色，一方面通过预防疾病和促进健康的干预措施来改变人们的不良行为方式以减少慢性病的发生；另一方面为慢性病病人提供健康教育、康复锻炼指导，提高病人的自我管理能力和慢性病的控制率，最终达到降低致残率和死亡率，改善病人生活质量的目的。

第一节 概　　述

现代医学模式的转变，使人们认识到疾病的发生不仅仅由病原体引起，还与许多社会环境因素、个人生活方式等有关。慢性病为多因素长期影响所致，其危害主要是造成脑、心、肝、肾等重要脏器的损害，易造成伤残，影响劳动能力和生活质量，且医疗费用较高，增加社会和家庭的经济负担。因此，慢性病的防治显得尤为重要。

一、慢性病的基础知识

（一）慢性病的概念及分类

慢性病（chronic disease）是慢性非传染性疾病（noninfectious chronic disease，NCD）的简称，

笔记栏

是对一类起病隐匿、病程长且病情迁延不愈、非传染性、病因复杂或病因未完全确认的疾病的概括性总称。依据发病急缓、病程的分期以及疾病对病人的影响程度和造成的损伤等不同，将慢性病分为不同类型。如根据慢性病影响的严重程度，将慢性病分为三类：①致命性慢性病，包括肺癌、胃癌等各种恶性肿瘤，骨髓衰竭等；②可能威胁生命的慢性病，如慢性阻塞性肺疾病、心肌梗死、老年期痴呆、脑卒中等；③非致命性慢性病，如痛风、慢性支气管炎、胆结石、类风湿关节炎等。

（二）慢性病的特征及危险因素

慢性病没有明确的病因，早期没有明显症状，在目前的医疗条件下难以治愈，主要有五个特征：①发病隐匿缓慢、潜伏期长；②发病初期的症状和体征不明显；③病因复杂、病程长；④可预防、可控制；⑤需要长期的治疗和护理。慢性病的主要危险因素可分为生活方式因素、精神心理因素、环境因素和个体固有因素四大类，上述危险因素中，除个体固有因素（遗传和家族倾向）外，其他因素均可通过干预和个人努力进行控制。

（三）慢性病管理的概念

慢性病管理（chronic disease management，CDM）是指组织相关专业医护人员为慢性病病人提供全面、连续、主动的管理，以达到促进健康、延缓疾病进程、减少并发症、降低伤残率、延长寿命、提高生活质量并降低医药费用的一种科学管理模式。慢性病管理的主旨是将健康管理的思想运用到慢性病的预防和控制中，其特点是以人群为基础，以维护和促进健康为出发点，把消除危险因素作为管理的首要任务，同时重视疾病的临床治疗、康复锻炼、并发症的预防及治疗，全面评估病人存在的健康问题，全方位、多视角为慢性病病人提供管理服务。

二、我国慢性病管理的现状与问题

（一）我国慢性病的流行病学现状

随着医学科学的发展、社会文明的进步、环境及饮食卫生的改善、平均期望寿命的延长、老龄人口的增加，以及工业化、郊区及农村城市化进程的加速等，导致人们生活方式改变，疾病谱发生变化。急性传染性疾病和肺炎等感染性疾病的发病率和死亡率逐渐降低，而慢性病的发病率和死亡率呈上升趋势，慢性病已成为全球首要的死亡原因，其影响力还在不断扩大。我国正面临慢性病带来的严峻挑战。《中国居民营养与慢性病状况报告（2020年）》指出，2019年我国因慢性病导致的死亡人数占总死亡人数的88.5%，其中，心脑血管疾病、癌症和慢性呼吸系统疾病为主要死亡原因，占总死亡人数的80.7%。

我国对高死亡率、死亡率上升幅度大、资源消耗大的五种慢性病提出了重点防治措施，这五种慢性病分别是肿瘤、脑血管病（脑卒中）、心脏病（冠心病）、高血压和糖尿病。

（二）我国慢性病管理的政策发展

为应对慢性病的挑战，中国疾病预防控制中心于2002年成立，内设慢性非传染性疾病预防控制中心，以组织和开展全国慢性病的防治工作。自1997年，卫生部先后组织专家制订并发布了一系列指南、纲要，以指导和促进全国各地慢性病管理的科学化和规范化，如《中国癌症预防与控制规划纲要（2004—2010）》等；2011年卫生部颁发了《国家基本公共卫生服务规范（2011年版）》，将高血压、糖尿病纳入公共卫生服务范畴，依托基层卫生服务机构开展对这两种主要慢性病的规范管理。2012年卫生部等15个部委联合下发了《中国慢性病防治工作规划（2012—2015年）》，这是慢性病防治工作的首个国家级中长期规划。2013年国家卫生和计划生育委员会（简称国家卫生计生委）及国家中医药管理局颁发了《中医药健康管理服务规范》《中国2型糖尿病防治指南（2013年版）》等。2015年国家卫生计生委颁发了《结核病患者健康管理服务规范》，将结核病病人纳入管理范畴。同年12月，国家卫生计生委印发《中国公民健康素养——基本知识与技能（2015年版）》，以推动提高全民健康素养水平。2017年，国家卫生计生委又在2011年版的基础上，组织专家根据服务内容重新修订，出台了《国家基本公共卫生服务规范（第三版）》。《"健康中国2030"规划纲要》《中国防治慢性病中长期规划（2017—2025年）》《国务院关于实施健康中国行动的意见》《健康中国行动组织实施和考核方案》《健康中国行动（2019—2030年）》等政策文件则标志着我国全面开启慢性病管理模式，加强对慢性病的防控管理。2024年1月，国家卫生健康委印发《健康家庭建设指南（试行）》，以全面提高居民健康素质，促进人口高质量发展。

（三）社区慢性病防治、管理和护理中的问题

由于慢性病病人不可能长期住院接受治疗和护理，更多时间是生活在社区和家庭，如何使慢性病病人在社区、家庭也能接受高质量的防治、管理和护理服务，维持病情稳定，提高生活质量，已成为社区护理工作的重要组成部分。社区在慢性病防治、管理和护理中存在的问题主要有以下几个方面：

1. 社区慢性病管理的双向转诊制度尚不完善 双向转诊是根据病情和不同等级医疗机构的功能定位，对病人进行上下级医院间、综合医院间或专科医院间的转院诊治过程。慢性病病人的双向转诊是合理利用卫生资源、为社区居民提供连续服务的重要形式。应在提高社区医疗质量的基础上建立统一的社区医生首诊制，加强社区医生"健康守门人"作用，使双向转诊制度化。目前慢性病病人的诊疗具有趋高性，即倾向于大型、高级别医疗机构，基层首诊率、下转率、对基层医疗技术的认同度均较低。

2. 基层人才资源不足与慢性病管理技能缺乏 人才资源在慢性病防治中发挥着重要作用，是有效开展慢性病防控工作的前提和基础。乡镇/社区医疗卫生机构防治人员数量不足、素质偏低、结构不合理、培训力度不足等不同程度地阻碍了慢性病防治工作的有效开展。因此，一方面应建立完善的绩效工资分配制度，吸引慢性病管理专业人才，调动基层医疗卫生机构人员工作的积极性；另一方面应加强高质量的慢性病管理专业人才培养，同时也要加强基层医护人员慢性病相关知识和技能方面的培训，安排医护人员定期进修，以提高诊疗技术和慢性病预防控制能力，才能积极主动地针对慢性病提供专业化、个体化、特色化的服务以满足社区群众需求。

3. 社区慢性病防治经费不足，服务功能不健全 基层医疗机构经费不足、专项经费配置不足及资金缺乏管理等问题是制约各地慢性病防治工作深入开展的重要原因。优质医疗资源主要集中在大医院，社区居民对基层医疗质量不够信任，基层医疗机构普遍存在医疗水平较低、更新诊疗设备不及时、药品配备不齐全，慢性病管理服务功能不健全，社区发展动力受限。

4. 信息平台建设不规范，实践存在地区壁垒 目前，以5G、人工智能、互联网、物联网为代表的新型基础设施迅速发展，促使我国已基本完成信息电子化管理。但各级医院的信息化建设多为各自独立的系统，暂时无法做到有效的上下联动，健康档案的完整性也因就诊机构的不同而中断。由于当前没有覆盖全国的慢性病信息管理平台，各地区信息系统建设尚无统一规范，签约慢性病病人跨地区就诊时信息不能及时有效更新，转诊时信息流通受限。有效的信息共享能在一定程度上提高诊疗效率，降低成本。

5. 居民疾病认知不足与健康意识缺乏 我国慢性病防治工作取得了很大的进步，但防治形势依旧严峻。目前我国居民对慢性病的认知程度偏低、健康意识不强、依从性不高，病人往往拖延至症状影响基本生活时才就诊，因而较难做到疾病的早预防、早诊断、早治疗。基层医疗卫生机构组织的各类健康教育宣传活动吸引力不够，在开展慢性病防治工作时，须将宣传、干预融入法律、法规及各项有关政策中，利用新闻网站、各基层医疗卫生机构家庭医生沟通平台等向居民推送健康知识、慢性病防治及卫生计生政策法规等相关内容，形成政府主导、多部门合作、全社会共同参与的宣传模式，使更多的社区居民能够通过多种方式、途径提高健康素养。

三、研究与热点问题

为了应对慢性病对人类健康、卫生保健和社会资源的严峻挑战，世界各国都在积极寻求解决

笔记栏

方案。社区护理研究主要集中在慢性病管理模式，常见慢性病的危险因素防控，病人的自我管理、家庭及社会支持，长期照护等方面。

（一）慢性病创新照护框架

慢性病创新照护框架（innovative care for chronic conditions framework，ICCC），是 WHO 于 2002 年结合发展中国家及地区的卫生体系发展和人群健康状况，在对慢性病保健模型（chronic care model，CCM）的某些要素进行调整的基础上提出的。ICCC 框架更加具体，操作性更强，更适合中低收入国家。该框架或框架中的某些要素在南非、秘鲁、巴西、芬兰等不同卫生系统和社会经济环境的国家得以应用。ICCC 框架包含宏观、中观和微观三个层面。宏观层面主要指积极的政策环境，包括加强领导宣传、综合政策、资金保障、人才培养和激励、立法支持、加强伙伴关系；中观层面主要指社区资源和卫生保健组织，社区资源强调提高认识、通过领导的支持和鼓励获得更好的结果、筹集和协调资源以及提供补充服务等，卫生保健组织强调促进保健的协调性和持续性，通过领导鼓励提高质量、组织和装备卫生保健工作团队、支持自我管理和预防以及使用信息系统；微观层面指病人及其家属、社区伙伴以及卫生保健工作团队，强调三方的知情、积极主动和有准备（图 7-1）。

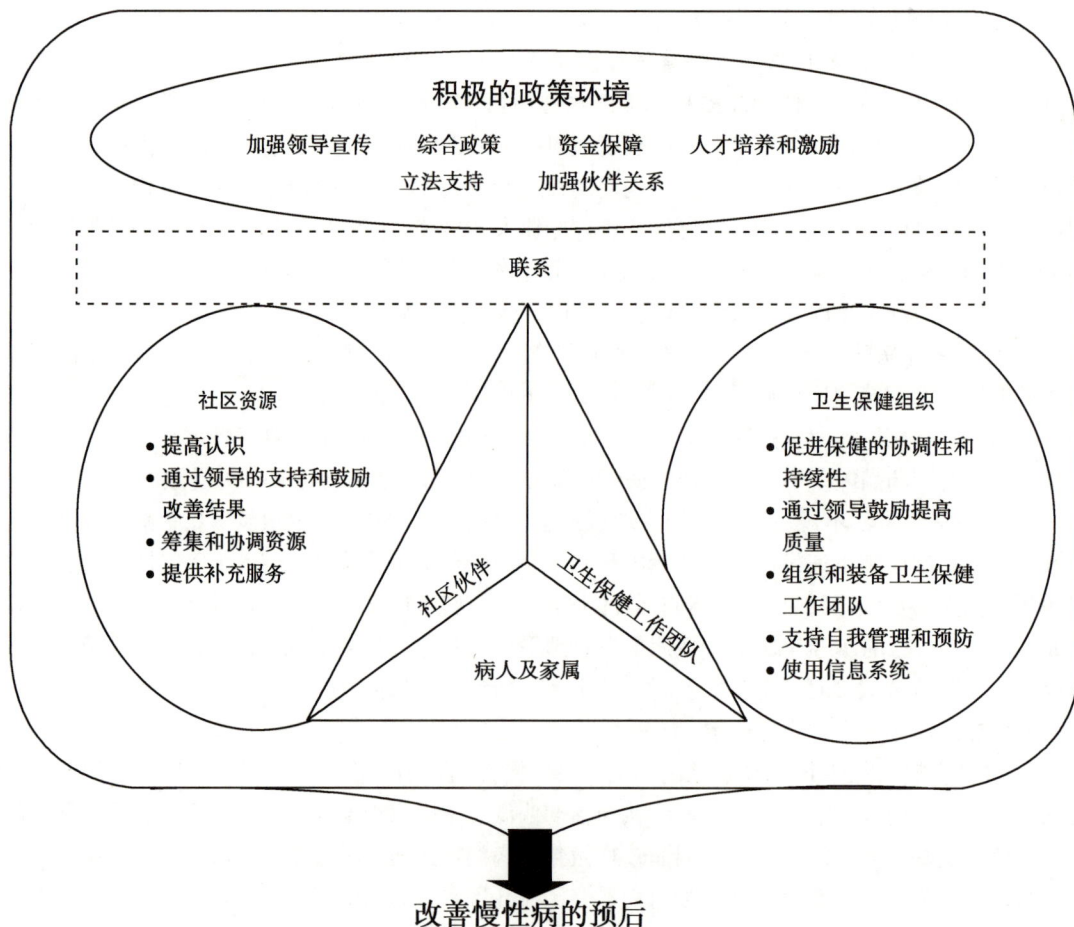

图 7-1 慢性病创新照护框架

ICCC 框架从宏观、中观和微观三个层面纳入了很多慢性病防治相关的基础要素，构建了适应慢性病防治的卫生保健系统。ICCC 强调政府参与、政策支持及卫生系统内外各部门的协作、协调筹资，增加慢性病管理经费来源，规范培养全科医生。开展签约服务，主要以慢性病管理为切入点，以病人为重点签约对象并辐射至其家庭成员，以社区为单元，对签约病人及家庭成员提供基本诊疗服务、相关随访、健康教育等。将慢性病随访、健康教育、康复指导等基本公共卫生服务落到实处，调动病人积极性，加强自主监测意识，使病人熟知自身疾病病程、可能出现的并发症及管理策略，同时开展慢性病病人的健康分享会，加强同伴间互帮互助及经验分享，提高病人的自我管理能力。另外，通过不同级别的医疗卫生机构分工合作，建立双向转诊平台，转诊同时将病人相关信息转至相应机构，节省病人等待时间，保障慢性病管理的连续性及协调性。这种模式以预防为重点，为病人提供一体化、综合性的管理，增强自主管理意识及自我管理技能，从根本上实现初级卫生保健工作的目标。慢性病创新照护框架符合我国国情，从医院、社区、家庭三个层面出发，覆盖病人的范围更广，可以更全面地为我国慢性病病人提供医疗服务。慢性病创新照护框架的现有研究虽然证明了各个层面对慢性病管理的有效性，但尚未明确评估其在卫生系统层面综合实施的效果。

（二）"互联网＋"慢性病管理模式

"互联网＋"慢性病管理模式是以互联网为载体，以移动通信、物联网、云计算和大数据等信息通信技术为手段，与传统慢性病健康管理深度融合而形成的新型医疗健康服务。该模式基于国家政策的支持以及互联网在医疗领域的广泛应用，依托互联网建立居民健康档案，收集和监测电子健康数据，在传统疾病管理模式基础上增加了移动医疗、大数据等内容，并通过数据分析、云计算等技术进行个体化治疗和实时监测。该模式通过线上线下结合对慢性病人群有效干预，具有便捷、智能、高效等优势，可以改善病人的症状，提高病人满意度和自我管理能力，有效预防和延缓并发症的发生与发展，提高病人的生活质量，是目前社区较为适合的慢性病管理模式。

当前我国"互联网＋"慢性病管理模式的研究热点主要集中在慢性病的信息化管理、医养结合、延续护理、医联体等方面。"互联网＋"慢性病管理平台的搭建，促进了传统慢性病管理模式的转变，打破了慢性病管理在时间、空间上的局限性。将"互联网＋"慢性病管理模式与医养结合相融合，开展老年慢性病病人家庭病床、居家护理等服务。国际上"互联网＋"慢性病管理的热点问题主要聚焦于远程医疗、远程护理及数字健康，研究重点是采用移动健康技术进行慢性病干预，利用数字技术为慢性病病人提供远程健康综合服务。

远程医疗的概念已从相对狭义的诊疗服务转向了健康的范畴，包含远程诊断、远程会诊及护理、远程教育、远程医疗信息服务等诸多医学活动。随着远程医疗概念的普及，家庭远程护理于2009年被正式提出并被应用，应用形式包括远程监护、远程培训、远程指导与咨询及远程家庭护理等。远程监护适用于出门不便或处于偏远地区的慢性病病人，可远程实时监测病人生命体征、血糖等状况。在全球老龄化背景下，远程监护关注点逐渐从医院监护转向家庭监护，通过家庭监护系统的设计、开发和模式创新，实现病人高质量的健康管理。

移动健康技术在慢性病管理中的应用包括短信服务、移动应用程序和可穿戴电子设备或便携式检测设备三种方式。短信服务被认为是一种节省慢性病健康服务成本的方法，在中低收入国家被大量推广和应用。随着手机和平板电脑的流行，移动应用程序也被广泛应用于慢性病病人的日常健康管理，其自由性、便携性、收集和分析数据的实时响应性为病人和医疗保健服务方提供了巨大帮助。可穿戴电子设备成为标准医疗干预措施的工具，可促进病人锻炼等健康行为，帮助病人降低心血管疾病和糖尿病等慢性病发生风险。随着互联网、大数据和人工智能等数字技术的快速发展，数字健康在慢性病管理中的应用引起了学术界的关注。WHO发布的《数字健康全球战略（2020—2025）》指出，数字健康被理解为"开发和使用数字技术改善健康相关的知识和实践领域"，包括更广泛的智能设备，使用智能连接设备的数字消费者，与物联网、人工智能、大数据和机器人技术相结合的健康服务等内容。从实践角度，数字健康是数字技术与医疗健康内容相结合的实践形式，如利用信息系统建立电子病历，运用大数据挖掘消除健康风险，借助互联网开展远程诊疗等。数字健康基于物联网、健康大数据和智能机器人等新技术，通过资源整合和应用

笔记栏

创新，能够实现病人自我管理、心理健康和生命质量的改善和提升。

移动技术与数字健康具有广阔的发展前景，但也存在一定阻碍和限制。在社区医疗和护理实践中，仍须解决安全和隐私保护、行业标准缺乏及各种技术瓶颈等问题；老年慢性病病人对于移动技术或数字健康的参与度、接受性及长期坚持度普遍较差，存在利用率不足的问题。在未来的研究中，移动技术和数字健康在慢性病管理中的应用将持续成为热点，而个性化干预管理、数字信息安全，以及数字健康的相关理论、关键技术等仍是未来须探讨的重要研究方向。

（三）健康生活方式干预促进慢性病综合防控

心脑血管疾病、癌症、糖尿病等慢性病已经成为威胁居民健康的首要公共卫生问题，吸烟、过量饮酒、身体活动不足、不健康膳食、超重、肥胖等均是常见的可干预危险因素。既往大量的研究证实健康生活方式有助于控制高血压、糖尿病等常见慢性病。复杂的慢性病共病致病机制及临床表现，决定了预防及临床干预无法采取单一的措施。从疾病危险因素的角度出发，很多慢性病均与不良的生活方式存在强关联性。评估健康生活方式水平推荐采用综合指标，包括不吸烟、无有害饮酒、健康膳食、身体活动充分、正常体重等，消除了单独分析吸烟、有害饮酒、膳食和身体活动的局限性。

健康生活方式是健康促进的重要内容，也是预防慢性病的有效手段。《"健康中国 2030"规划纲要》中提到："到 2030 年，促进全民健康的制度体系更加完善，健康领域发展更加协调，健康生活方式得到普及"。生活方式是公认的影响健康的首要因素，目前我国居民健康意识逐步增强，但不健康的生活方式仍然普遍存在；成年居民整体健康素养水平有所提升，但慢性病防治素养较为薄弱。针对个体和人群展开的健康生活方式研究是我国目前的热点研究问题。通过对健康生活方式在不同地区成年居民中的分布情况、影响因素及健康收益进行调查，聚焦健康生活方式，为健康促进提供重点方向，并针对不同的危险因素采取针对性措施，以取得更好的防控效果。慢性病综合防控的研究重点包括政策开发、健康环境建设、健康教育和健康促进、慢性病管理、慢性病监测等内容。通过出台并落实控烟政策、推进减盐减油、倡导合理膳食、促进全民健身等系列政策和措施，有利于居民健康生活方式的养成。

第二节　社区慢性病病人护理的相关理论与应用

在社区慢性病管理的护理实践中，需要理论指导实践，以提高实践的科学性、可行性和有效性。本节主要介绍在慢性病管理中常用的理论和应用。

一、社会认知理论

（一）理论产生的背景

早在 20 世纪 60 年代，美国著名心理学家班杜拉（Bandura）提出了社会认知理论（social cognitive theory），主要用于帮助解释人类复杂行为的获得过程。班杜拉认为，人们对其能力的判断在其自我调节系统中起主要作用，并由此于 1977 年首次提出自我效能感（perceived self-efficacy）的概念。班杜拉在总结前人的研究时发现，过去的理论和研究把主要注意力集中于人们知识获取或行为的反应类型方面，而忽视了支配这些知识和行为之间的相互作用过程。

（二）理论的主要内容与观点

班杜拉提出的社会认知理论认为，通过操控个体的个人因素、行为归因以及环境因素来影响行为本身的变化，其核心思想是强调人类的行为是个体与环境交互作用的产物。可归纳为以下四个观点：

1. 观察学习　班杜拉认为来源于直接经验的一切学习现象都可以依赖观察学习而发生。在观察学习的过程中，人们获得了示范活动的象征性表象，并引导适当的操作。他把观察学习分为注意、保持、动作再现、动机四个过程。①注意过程：注意是观察学习的起始环节，也是学习者在观察时将心理资源开通的环节。在该过程，学习者集中注意观察所要模仿的行为示范。在注意过程中，示范者的行动特征、观察者本人的认知特征以及观察者和示范者之间的关系等诸多因素影响着学习的效果。②保持过程：保持是把观察到的信息进行编码，即把示范行为以符号的形式表象化并保存在长时记忆中。在该过程，示范者虽然不再出现，但其示范行为仍能给观察者带来影响。③动作再现过程：再现是指观察者把符号表象转换为适当行为，即再现以前所观察到的示范行为。④动机过程：即有目的地模仿，在适当的时候（如有奖励时）将行为表现出来。动机过程影响和制约前三个过程。班杜拉认为，外部强化、自我强化和替代性强化是学习者再现示范行为的动机力量。

2. 自我效能感　是指人们关于自己是否有能力控制影响其生活的环境事件的信念，即个体对自己能否在一定水平上完成某一活动所具有的能力判断、信念或主体自我把握与感受。自我效能感是社会认知理论的核心内容。该理论认为，从个体的认知到行为的转变主要取决于自我效能感和预期结果。预期结果是指对采纳健康行为的益处的感知。自我效能感对行为的形成、改变极为重要，自我效能感越强，行为形成、改变的可能性就越大。

班杜拉认为影响自我效能感的形成和改变有四个方面的因素。①个体的行为结果：以往的成功经验能够提升个人的自我效能感，而多次的失败会使之降低。②模仿或替代：在社会生活中，许多知识经验不是通过亲身实践获得，而是通过观察与模仿他人行为而习得。榜样的行为和成就给观察者展示了达到成功所需要采取的策略，并为观察者提供了比较与判断自己能力的标准。看到与自己接近的人成功能促进自我效能感的提高，增加实现同样目标的信心。③他人评价及言语劝说：在直接经验或替代经验的基础上进行劝说和鼓励的效果最好，而缺乏事实依据的言语劝告对形成自我效能感效果不明显。④身心状态：个体对生理、心理状态的主观知觉影响着自我效能感的判断。疲劳或疼痛、焦虑、害怕或紧张等易降低个体的自我效能感，其他如个人的性格、意志力等对自我效能感也有影响。

3. 交互决定论　根据社会认知理论的观点，个体的行为既不是单由内部因素驱动，也不是单由外部刺激控制，而是由行为、个人、环境三者之间交互作用所决定的，因此社会认知理论又被称作交互决定论。班杜拉指出，人既不是完全受环境控制的被动反应者，也不是可以为所欲为的完全自由的个体，行为、环境与个体的认知之间的影响是相互的，不能把某一个因素放在比其他因素重要的位置，尽管在有些情境中，某一个因素可能起支配作用。

4. 自我调节理论　班杜拉认为自我调节是个体通过将自己对行为的计划和预期与行为的现实成果加以对比和评价，来调节自己行为的过程，是个人的内在强化过程，即人能依照自我确立的内部标准来调节自己的行为，具备提供参照机制的认知框架和知觉、评价及调节行为等能力。人的行为既受外在因素的影响，也受内在因素的调节。个体经过自我观察、自我判断和自我反应三个过程完成内在因素对行为的调节。

（三）理论的应用

社会认知理论阐述了健康行为改变的社会心理学机制及促进其行为改变的方法，从理论上解释了人类复杂的行为，强调了认知性因素在行为改变中的作用。该理论作为一种实用的理论框架，广泛应用于解释健康行为的发生及影响因素，以及设计、实施健康行为改变的干预项目。该理论已被广泛应用于戒烟、成瘾行为控制、体育锻炼、疾病预防和康复等各行为干预领域。例如，某社区护士想帮助一组肥胖妇女减肥，护士指导她们要减少食物的摄入量、选择健康食品、加强体育锻炼。通过介绍有关均衡饮食和积极锻炼方面的可靠信息，一起分享真实的案例和成功减肥前后的照片对比，帮助她们形成减少食物摄取量和增加运动量能够达到减肥的预期结果，并维持其动机水平，以促成她们的目标行为。

笔记栏

自我效能感的提高广泛应用于关节炎、糖尿病、心脑血管疾病、高血压、终末期肾病、癌症、精神疾病等慢性病的康复治疗和护理中。目前国内外许多学者认为在自我效能感的基础上，进行慢性病病人的自我管理很重要，包括发展基础练习、认知训练、解决问题能力、思想交流能力等各个方面。如对慢性病病人进行健康教育时，以自我效能感理论为依据，帮助病人学习自我管理知识、技能和提高自信心，以及针对病人自我效能感水平和活动表现来制订个体化的护理干预措施等。

从班杜拉对自我效能感的定义可以看出，自我效能感可通过特定的任务、活动或具体的情境测量。以自我效能感理论为框架编制的一般自我效能感量表（general self-efficacy scale，GSES）是应用最为广泛的测量工具。该量表由德国临床和健康心理学家拉尔夫·施瓦泽（Ralf Schwarzer）和他的同事最早于 1981 年编制的，共 20 道测试题，后经修改缩减为 10 道测试题，现已被译为 25 种文字并得到广泛使用，已被证实有较高的信度和效度，在不同的文化背景中具有普遍性。

二、行为改变的相关理论

随着健康心理学领域对疾病的关注点从治疗和干预转向对疾病的预防，以及全球性和区域性健康促进战略的全面制订和实施，健康行为以及行为改变理论越来越受到护理学、心理学、公共卫生学、社会学等多学科研究者的重视。健康行为指个体为了预防疾病、保持自身健康所采取的行为，包括改变健康危险行为（如吸烟、酗酒、不良饮食以及无保护性行为等）、采取积极的健康行为（如经常锻炼、定期体检等）以及遵医行为。行为改变理论可指导行为干预和健康教育，逐步改变人们的不良行为，建立健康的行为习惯，最终达到促进健康的目的。从心理社会角度构建的健康行为改变理论对健康行为的预测、预防和干预起到极其重要的作用，而有效的行为干预必须建立在相应的理论基础之上。自 20 世纪 50 年代研究者建立健康信念模式以来，健康行为改变理论经历了蓬勃发展的时期，经过专家学者们的不断探索和扩展，先后提出了多种理论或模式，有代表性的健康行为改变理论有理性行动理论/计划行为理论、健康信念模式、健康促进模式和跨理论模式，目前广泛应用于各个领域之中。下面以理性行动理论/计划行为理论为例进行介绍。

（一）理论产生的背景

理性行动理论（theory of reasoned action）/计划行为理论（theory of planned behavior）的理论源头可以追溯到菲什拜因（Fishbein）的多属性态度理论（theory of multiattribute attitude）。该理论认为行为态度决定行为意向，预期的行为结果及结果评估又决定行为态度。后来，美国学者菲什拜因和阿耶兹（Ajzen）发展了多属性态度理论，于 1975 年提出了理性行动理论。理性行动理论认为行为意向是决定行为的直接因素，它受行为态度和主观规范的影响。由于理性行动理论假定个体行为受意志控制，严重制约了理论的广泛应用，因此为扩大理论的适用范围，阿耶兹于 1985 年在理性行动理论的基础上，增加了知觉行为控制变量，初步提出计划行为理论。阿耶兹于 1991 年发表了《计划行为理论》一文，标志着计划行为理论的成熟。理性行动理论/计划行为理论的理论模型见图 7-2。

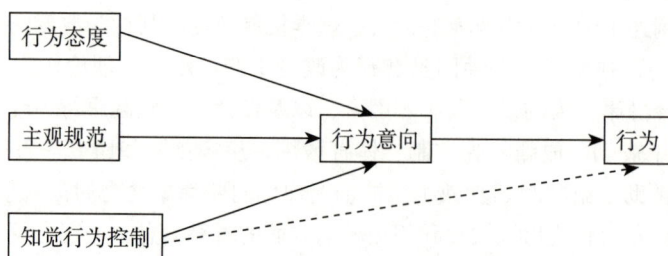

图 7-2　理性行动理论/计划行为理论的理论模型

（二）理论的主要内容与观点

理性行动理论/计划行为理论有以下几个主要观点：①非个人意志完全控制的行为不仅受行为意向的影响，还受执行行为的个人能力、机会以及资源等实际控制条件的制约，在实际控制条件充分的情况下，行为意向直接决定行为。②准确的知觉行为控制反映了实际控制条件的状况，因此它可作为实际控制条件的替代测量指标，直接预测行为发生的可能性，预测的准确性依赖于知觉行为控制的真实程度。③行为态度、主观规范和知觉行为控制是决定行为意向的三个主要变量，态度越积极、重要他人（如配偶、家人、朋友等）支持越大、知觉行为控制越强，行为意向就越大，反之就越小。④个体拥有大量有关行为的信念，但在特定的时间和环境下只有相当少量的行为信念能被获取，这些可获取的信念也叫突显信念，它们是行为态度、主观规范和知觉行为控制的认知与情绪基础。⑤个人以及社会文化等因素（如人格、智力、经验、年龄、性别、文化背景等）通过影响行为信念间接影响行为态度、主观规范和知觉行为控制，并最终影响行为意向和行为。⑥行为态度、主观规范和知觉行为控制从概念上可完全区分开，但有时它们可能拥有共同的信念基础，因此它们既彼此独立，又两两相关。下面具体解释理论中三个主要变量的含义，以进一步阐明其内涵。

1. 行为态度　是指个体对执行某特定行为喜爱或不喜爱程度的评估。依据菲什拜因和阿耶兹的态度期望价值理论，个体拥有大量有关行为可能结果的信念，称为行为信念。行为信念包括两部分，一是行为结果发生的可能性，即行为信念的强度；另一个是行为结果的评估。行为信念的强度和行为结果评估共同决定行为态度。

2. 主观规范　是指个体在决策是否执行某特定行为时感知到的社会压力，它反映的是重要他人或团体对个体行为决策的影响。与态度的期望价值理论类似，主观规范受规范信念和顺从动机的影响。规范信念是指个体感觉到的重要他人或团体对其是否应该执行某特定行为的期望；顺从动机是指个体顺从重要他人或团体对其所抱期望的意向。

3. 知觉行为控制　是指个体感知到执行某特定行为容易或困难的程度，它反映的是个体对促进或阻碍执行行为因素的知觉。它不但影响行为意向，也直接影响行为本身。知觉行为控制的组成成分也可用态度的期望价值理论类推，它包括控制信念和知觉强度。控制信念是指个体感觉到的可能促进或阻碍执行行为的因素，知觉强度则是指个体感觉到这些因素对行为的影响程度。

（三）理论的应用

理性行动理论主要用于分析态度如何有意识地影响个体行为，关注基于认知信息的态度形成过程，其基本假设认为人是理性的，在做出某一行为前将综合各种信息来考虑自身行为的意义和后果。例如，某糖尿病病人如果认为她的丈夫或子女希望她进行体育锻炼，而她又有遵从他们意愿的动机，使她坚信体育锻炼对控制自身的病情有积极的效果，她就会每日从繁忙的日程安排中抽出时间锻炼。计划行为理论不仅可以用来解释和预测行为，还可以用来干预行为。在应用计划行为理论的研究中发现，行为态度、主观规范和知觉行为控制对行为意向的预测率保持在40%～50%，行为意向和知觉行为控制对健康行为改变的贡献率为20%～40%。该理论已经在饮食、锻炼、吸烟、饮酒等健康相关行为的研究中得到了广泛的应用，并成功地预测了佩戴汽车安全带、定期体检和自我检查乳腺等健康行为的发生。

行为改变理论存在广泛的适用领域，在解释和预测行为方面有非常重要的指导作用。但是，每种理论都只是从某一角度来阐明行为改变的规律，不可能解决行为干预的所有问题，行为改变理论在行为预测和预防干预上均存在着一定的不足和局限。现在越来越多的研究已经尝试将两种或者多种理论结合，并开始逐步应用于行为改变上。如有研究提出，综合运用健康信念模式和理性行动理论解释结核病筛查行为。因此，在进行行为干预时应先分析可能影响目标行为的因素，找出能更好解释这一行为的一种或几种理论模型，从而在这些理论模型的指导原则下进行行为干预，以取得更有效的干预结果。此外，各种行为是受社会、文化、经济等诸多因素影响的，理论在实践中应用时，需要充分考虑各种影响因素的差异，制订适合我国或当地情况的理论框架。

笔记栏

175

三、慢性病保健模型

（一）模型产生的背景

慢性病保健模型（chronic care model，CCM）是由美国学者瓦格纳（Wagner）及其团队于1998 年在社会生态学理论基础上建立起来的一套慢性病管理方法，2002 年进行了修订，以改善慢性病的管理质量。20 世纪 90 年代，美国的多数初级卫生保健机构主要解决病人急性疾病诊疗需求，如缓解症状和躯体的不适，而对于慢性病的管理却不足。这主要是因为随着慢性病患病率的提高，病人对医疗护理需求增加，而现行的医疗服务系统由于医疗机构服务水平较低和对现代信息技术的利用不足，不能满足病人对健康教育、行为改变以及心理的需求。CCM 是在社会生态学理论基础上建立起来的一套慢性病管理方法，通过改变医疗服务系统可以缓解当时慢性病管理现状。

（二）模型的主要内容与观点

CCM 模型包含卫生系统、服务提供系统、决策支持、临床信息系统、自我管理支持及社区资源和政策等六大基本要素，这六大要素要共同发展，提倡在病人和医生团队之间建立更高效的互动关系，最终目的是改善病人的健康结局。该模式成功的关键在于需要"知情、主动参与的病人"和"有充分准备、主动服务的团队"之间的"有效互动"，通过接受适当的培训和临床健康团队的支持，多数病人能够成为疾病良好的管理者（图 7-3）。

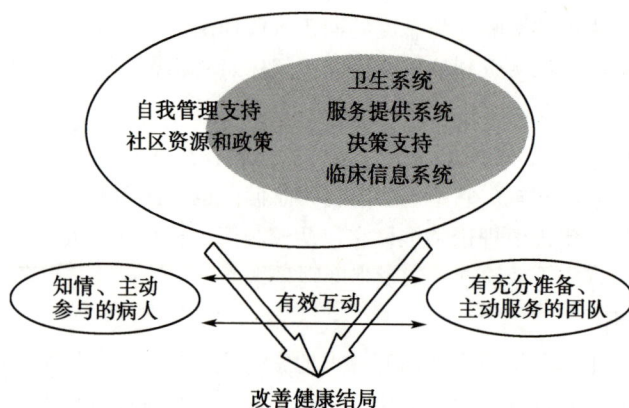

图 7-3　慢性病保健模型

1. 卫生系统　良好的卫生系统旨在建立一个促进提供安全和高质量的慢性病管理服务的文化体系、组织体系和运行机制体系。这一要求的实现，需要从上层领导者开始，在慢性病管理组织的各个水平上提供明确的支持，并为全面和系统的改革制订有效的策略。对服务质量上做出的改进提供激励措施，以维持持续改进的动力。建立组织内和跨组织的合作来促进不同组织机构间的协作。

2. 服务提供系统　在提供卫生服务的过程中，确保所提供服务的效果和效率，并提供强有力的自我管理支持。明确规范慢性病管理团队成员的角色、功能及任务，提供个案管理和跨文化照护，有计划、有规律地对慢性病病人进行随访，提供可以被他们理解并接受的慢性病管理服务。

3. 决策支持　确保提供的临床服务符合循证依据和病人的偏好。服务机构应当针对临床实践制订循证治疗方案。在对病人进行诊疗过程中，耐心与其沟通交流讲解这一治疗方案，帮助他们获得基本的知识和技能，树立战胜自身疾病的信心，并鼓励他们积极地参与。对病人治疗的决定需要基于由临床研究证实的、明确有效的指导方针。

4. 临床信息系统　通过建立并合理利用病人和人口数据来促进快速高效的服务。临床信息系统应当能够为卫生服务提供者和病人提供及时的提醒，确定需要提供前瞻性服务的相关人群，促进制订和实施个性化的病人服务计划，在病人和医生之间分享信息以促进医患之间的相互配合，及时反馈信息，监测慢性病管理团队的工作质量。

5. 自我管理支持　授权病人进行自我管理，并通过健康教育，让病人具备管理自己健康和卫生服务的能力。卫生保健人员通过帮助其设立目标、制订行动计划、解决问题和随访来支持病人的自我管理。同时利用卫生组织内部资源和社区资源为病人提供持续的自我管理支持。

6. 社区资源和政策　该因素强调充分调动社区的资源来满足病人的需要。鼓励病人参加有意义的社区活动。卫生组织应当与社区形成有效的合作伙伴关系，支持和开发干预措施以补充所需服务项目的缺口。同时倡议并促进社区制订能够为病人提供服务的社区政策。

（三）模型的应用

CCM 为分析慢性病防治提供了很好的参考标准，获得较多认可与应用。美国是最早研究并初步应用 CCM 的国家，动员政府、医护人员、病人均参与到管理活动中。政府在政策上支持，将慢性病管理工作作为公共卫生服务重点投入的项目。此模式覆盖面广，调动了个人、集体、社会的积极性，增强了全民健康意识，强调医疗资源的优化配置，满足了慢性病病人的健康需求，从根本上延缓并发症的发生、发展，降低了医疗费用，提高了美国整体的健康水平。CCM 最初是基于初级卫生保健机构提出的，随着发展和推广，CCM 已被应用于不同的医疗机构，并且应用于改善慢性病的管理，尤其在糖尿病、高血压、哮喘等疾病管理中应用较多。基于 CCM 的健康管理对社区慢性病病人具有良好的效益，有助于提高病人自我管理能力与生活质量。

第三节　社区慢性病病人的健康管理

健康管理（health management）是运用医学和管理学的理论、方法和技术，对个体或群体的健康进行全面监测、分析和评估，以提供健康咨询和指导，并对健康风险因素进行全程监测、干预、管理的动态过程。其实质是发现和排查个人和群体存在的健康危险因素，提出有针对性的个体或群体健康处方，帮助其保持或恢复健康。实践证明，开展社区健康管理有利于对社区慢性病重点人群的监控，有利于开展慢性病的分级诊疗和双向转诊服务，从而调整基层卫生服务模式，真正落实三级预防措施。

一、社区慢性病病人健康风险评估

健康风险评估作为健康管理的核心环节，是对个人的健康状况及未来患病和/或死亡危险性的量化评估。

（一）确定危险因素

慢性病的发生和发展往往是由一个或多个危险因素长期累积、共同作用的结果，确定危险因素已成为预防与控制慢性病的核心问题。

1. 生活方式因素　生活方式与慢性病之间关系密切，如高盐、高脂肪、高热量食物的摄入，低膳食纤维饮食；吸烟、酗酒、滥用药物等不良嗜好；久坐、缺乏体育锻炼的生活方式；精神和情绪紧张且应变能力差，心情孤僻和心理适应能力差等。

2. 生物遗传因素　包括病毒或细菌长期感染、家族遗传史、个体体质等。

3. 生态环境因素　包括生物以外的物理、化学、社会、经济、文化等因素，如社会环境因素包括社会经济发展水平、城市化、工业化、人口老龄化、社区居住条件、居民社会地位、文化水平、食品和环境卫生等；自然环境因素包括水质、大气污染等。

4. 慢性病之间互为危险因素　大量前瞻性研究结果表明，多种慢性病之间互为危险因素，如

笔记栏

177

高血压与糖尿病、肥胖与胰岛素抵抗、胰岛素抵抗与糖尿病和心血管疾病等可以互为危险因素。

（二）危险因素的分布水平

慢性病的危险因素分布常随人群的不同特征如职业、年龄、性别、种族等不同而有差异，这些因素也称为不可控因素。因素中有些特征是固有的，如性别、种族等；有些可随时间、环境的变化而变化，如年龄、职业等。研究慢性病的危险因素在各人群中的分布水平，有助于确定危险人群。

1. 职业　慢性病的分布存在职业间差异，这与职业性有害因素接触、工作强度及工作方式有关。如从事脑力劳动或精神高度紧张的职业人群，心血管疾病发病率高于其他职业人群。

2. 年龄　随着年龄的增长，大多数慢性病的发病率、患病率与死亡率明显上升，如高血压、冠心病、脑卒中、肿瘤等。但一些疾病也有其特定的发病年龄段，如支气管哮喘儿童期发病率高；乳腺癌好发于 40 ~ 60 岁女性。

3. 性别　多数慢性病存在性别上的差异，如子宫肌瘤、卵巢癌等是女性特有的疾病，而消化道肿瘤、肺癌和膀胱癌等的发病率则男性高于女性。

4. 种族　不同国家、地区与民族间慢性病的发病率、患病率和死亡率有所差异，提示种族遗传与地理环境在慢性病发病中起到一定作用。如鼻咽癌多见于广东本地人群。

二、社区慢性病病人健康管理的方法

根据《国家基本公共卫生服务规范（第三版）》的要求，社区慢性病病人健康管理的方法包括：筛查、随访评估、分类干预和健康体检四项内容。

（一）筛查

1. 筛查的定义　筛查（screening）是运用快速简便的实验室检查方法或其他手段，主动地自表面健康的人群中发现无症状病人的措施。其目的主要包括：①发现某病的可疑病人，并进一步进行确诊，达到早期治疗的目的，以此延缓疾病的发展，改善预后，降低死亡率。②确定高危人群，并从病因学的角度采取措施，延缓疾病的发生，实现一级预防。③了解疾病的自然史，开展疾病流行病学监测。

2. 筛查的分类

（1）按照筛查对象的范围：分为整群筛查和选择性筛查。群体筛查（mass screening）是指在疾病患病率很高的情况下，对一定范围内人群的全体对象进行普遍筛查，也称普查。选择性筛查（selective screening）是根据流行病学特征选择高危人群进行筛查，如对矿工进行硅肺筛查。

（2）按照筛查项目的数量：分为单项筛查和多项筛查。单项筛查（single screening）即用一种筛查方法检查某一疾病；多项筛查（multiple screening）即同时使用多项筛查方法筛查多个疾病。

3. 筛查的实施原则　1968 年，威尔瑟（Wilse）和荣格（Junger）提出了实施筛查计划的 10 条标准。概括起来包含三个方面，即合适的疾病、合适的筛查试验与合适的筛查计划。具体如下：①所筛查疾病或状态应是该地区当前重大的公共卫生问题。②所筛查疾病或状态经确诊后有可行的治疗方法。③所筛查疾病或状态应有可识别的早期临床症状和体征。④对所筛查疾病的自然史，从潜伏期到临床期的全部过程有比较清楚的了解。⑤用于筛查的试验必须具备特异性和灵敏性较高的特点。⑥所用筛查技术快速、经济、有效、完全或相对无痛，应易于被群众接受。⑦对筛查试验阳性者，保证能提供进一步的诊断和治疗。⑧对病人的筛查标准应有统一规定。⑨必须考虑整个筛查、诊断与治疗的成本与效益问题。⑩筛查计划是一个连续过程，应定期进行。最基本的条件是适当的筛查方法、确诊方法和有效的治疗手段，三者缺一不可。

4. 筛查的伦理学问题　实施筛查时，必须遵守尊重个人意愿、有益无害、公正等一般伦理学原则。①尊重个人意愿原则：作为计划的受试者，有权利对将要参与计划所涉及的问题"知情"，并且研究人员也有义务向受试者提供足够的信息。②有益无害原则：如筛查试验必须安全可靠，易于被群众接受，不会给被检者带来身体和精神上的伤害。③公正原则：要求公平、合理地对待每一个社会成员，使利益分配更合理，更符合大多数人的利益。

（二）随访评估

1. 随访的定义　随访（follow-up）是医院或社区卫生服务中心等医疗机构对曾在本机构就诊的病人在一定时间范围内的追踪观察，以便及时了解其病情的变化，合理调整治疗方案，提高社区慢性病病人的治疗依从性。

2. 随访的方式

（1）门诊随访（outpatient follow-up）：是病人在病情稳定出院后的规定时间内回到医院或社区卫生服务中心进行专科复查，以观察疾病预后专项指标。通过定期的门诊复查，及时评估发现早期并发症，了解实验室检查数据的变化，重新审视治疗方案是否合理。一旦发现问题可以及时处理，减少并发症的发生并将其损害控制在最低限度。

（2）入户随访（home visit）：属于家庭访视的一种类型，为了进一步加强社区慢性病的管理，社区医护人员进入病人家中，为居民讲解慢性病的日常保健，进行心理疏导，增强病人的服药依从性，减少并发症的发生，让病人足不出户就能享受安全、有效、个性化的健康管理服务。

（3）远程随访（remote follow-up）：是指医护人员以电话、信函、网络等方式与出院后的社区病人进行沟通，根据病人在其他医院做的检查结果在治疗方案及生活方式上给予指导，同时收集术后信息。这种方式适用于在外省市或省内偏远地区常住的病人。常用的远程随访方法有电话随访、信函调查、电子邮件等，但因各自的局限性只能作为前两种方法的补充。

3. 随访的步骤

（1）建立随访卡：病人的基本信息如姓名、性别、年龄、出生日期、居住地址、联系方式、疾病诊断、诊断日期、诊断单位、诊断依据、诊断分期、组织（细胞）学类型、入院日期、出院日期、治疗方案、随访结果等。

（2）评估病人：①身体方面，包括专科生化指标、饮食情况、用药情况、疾病危险因素、日常生活自理能力、个人生活方式等方面的评估。②心理方面，病人是否存在控制感消失、自尊心受伤害、负罪感等情况，是否有不良情绪反应（焦虑、抑郁、易怒等）。③社会方面，疾病对病人家庭造成的影响，如经济负担；对照顾者的躯体影响，因照顾与被照顾关系而产生的情感矛盾；病人因病被迫休息或能力下降，参与工作和社会活动减少，对事业的影响等。

（3）评估医疗服务可及性：包括本地医疗保险覆盖率、儿童计划免疫接种率、政府预算卫生费用等。

（4）计算发病率或患病率：包括社区慢性病病人患病率、社区慢性病病人疾病控制率和社区慢性病病人健康管理率等。

（5）评估环境：包括空气质量达到二级以上的天数、生活饮用水抽样检测合格率、食品卫生抽样检测合格率、人均受教育程度、生活环境绿化率及人均住房面积等。

（三）分类干预

做好卫生资源的信息收集，疾病监测及健康指导，危险因素控制、高危人群早期发现和管理，针对高血压、糖尿病等慢性病进行分类干预。包括用药、控烟、限酒、加强体育锻炼、合理膳食及保持适宜的体重等，从而降低患病率、提高知晓率，加强疾病的控制。同时，进行社会不良卫生行为调查，为卫生行政部门提供决策依据。以高血压病人的分类干预为例，包括以下四部分内容：

1. 预约　对血压控制满意（收缩压<140mmHg 且舒张压<90mmHg），无药物不良反应，无新发并发症或原有并发症无加重的病人，预约下一次随访时间。

2. 随访　对第一次出现血压控制不满意，即收缩压≥140mmHg 和 / 或舒张压≥90mmHg，或出现药物不良反应的病人，结合其服药依从性，必要时增加现用药物剂量、更换或增加不同类型

笔记栏

的抗高血压药，2周内随访。

3. 转诊　对连续两次出现血压控制不满意或药物不良反应难以控制，以及出现新的并发症或原有并发症加重的病人，建议其转诊上级医院，2周内主动随访转诊情况。

4. 健康教育　对所有高血压病人进行有针对性的健康教育，与病人一起制订生活方式改进目标并在下一次随访时评估进展，指导病人出现哪些异常时应立即就诊。

（四）健康体检

1. 健康体检的定义　健康体检是在现有的检查手段下开展的对主动体检人群所做的系统全面检查，是健康人群和亚健康人群采取个体预防措施的重要手段。健康体检是以人群的健康需求为基础，基于早发现、早干预的原则设计体检项目，并可根据个体年龄段、性别、工作特点、已存在和可能存在的健康问题而进行调整。其目的包括：①早期发现潜在的致病因子，及时有效地治疗。②观察身体各项功能反应，予以适时调整改善。③加强对自我身体功能的了解，改变不良的生活方式，避免危险因子的产生，达到预防保健和养生的目的。

2. 健康体检的内容　主要包括体温、脉搏、呼吸、血压、空腹血糖、身高、体重、腰围、皮肤、浅表淋巴结、心脏、肺部、腹部等常规体格检查，并对口腔、视力、听力和运动功能等进行判断。

第四节　社区慢性病病人的自我管理

慢性病自我管理（chronic disease self-management）是指病人学会管理自身所患疾病必需的一些技能之后，在卫生保健专业人员的支持下，承担一些管理慢性病的医疗性和预防性的卫生保健活动。慢性病自我管理的主要内容包括：①医疗和行为管理，如按时服药、加强锻炼、按时就诊、改变不良饮食习惯。②角色管理，即病人应维持日常的角色，承担工作、家务，并进行一定的社会交往等。③情绪管理，即病人应掌握如何控制自己的情绪等心理方面的知识。有效的自我管理，能够使病人积极主动地参与到自己的健康管理中，借助互动式的帮助使病人成功树立管理自我健康和维持生活能力的信心，在卫生保健专业人员的协助下，依靠自己解决慢性病给日常生活带来的各种躯体和情绪方面的问题，从而改善病人的生活质量并提高他们的独立生活能力，以达到促进人群健康的目的。

一、社区慢性病病人自我管理的实施

在自我管理过程中，护士的责任是指导病人进行自我管理，并监督病人在自我管理过程中对疾病的系统观察、反应处理和疗效评价等。另外护理人员还应激发病人自我管理的动机和积极性。自我管理方法的实施者是病人，所涉及的有关知识和技能需要护士进行讲授、训练和反复强化。

（一）社区慢性病病人的自我管理内容

1. 社区慢性病病人疾病自我监测与就医指导　慢性病的治疗是一个长期、连续和动态的过程。为了提高病人的自我管理能力，社区护士应指导他们主动与医务人员配合做好自身所患疾病的监测，合理安排日常生活，并依病情变化及时就诊。

（1）用药的监测：慢性病病人通常需要长期服用某些药物，社区护士应指导病人将用药的时间、药名、剂量、效果等情况记录下来。因为病人即使严格遵医嘱服药，长期服药产生的耐药性或抗药性个体差异也会很大。如果病人能够通过自己长期而细心的监测，记录服药情况并提供给医务人员，就可获得更有针对性的专业指导，从而达到安全用药和提高疗效的目的。

（2）临床表现和体检结果的监测：指导病人监测慢性病的临床表现，如糖尿病的"三多一少"、全身乏力、低血糖症状等。许多慢性病的症状和体征都会表现在生理方面，它是医生对症

治疗的重要依据。在家庭环境中，病人自己可以监测部分生理项目，如心率、体温、排便与排尿等。有些项目需要通过医院的技术与设备才能获得监测结果，如定期到医院做心电图、肝功能、血常规、尿常规等检查。这些资料积累起来，就是非常详细的有依据的病史。正确地向医生提供病情监测资料，对医生的诊断和治疗有很大帮助。

（3）生活方式的监测：指导病人每天记录饮食量、工作量、活动量等，特别是身体活动水平、睡眠、运动时间、久坐时间等，对一些反常气候引起的身体不适，也应记录在案。病人通过对生活内容的监测，可以及时判断自己的身体状况和病情，以便医生采取相应的治疗措施。

（4）慢性病病人就诊时的注意事项：①要留取一份当地各医院相关科室预约挂号电话、专家门诊时间表，以及相关网上信息资料，以了解各医院专家出诊的时间，有目的地进行咨询、电话预约及网上预约等。②病人病情一般比较稳定，可以自主选择就诊时间，且没有必要一定选择专家门诊，除非病情出现大的变化。③如果病人初诊时已在权威医院诊断明确，可以带上病历选择社区医院继续诊治、检查、复查。④在诊疗过程中，向医生汇报自己的健康情况，如疾病诊断、药物使用剂量和效果、饮食习惯等，使医生对自己病因、病情充分了解，以得到他们及时、准确的指导和帮助。

2. 社区慢性病病人的用药指导　社区护士在指导病人进行服药自我管理时，重点要帮助病人理解服药的种类越多其副作用和危险性越大，告知病人切记遵医嘱服药，不能擅自停药。嘱病人服药时应记住所服用药物的名称，包括商品名称和化学名称，了解服用药物的作用机制和副作用，正确进行自我服药管理。

（1）慢性病病人服药的特点：病人往往服用多种药物，而且服药的时间较长，容易出现药物副作用及药物中毒等不良反应。病人难以坚持连续服药，常出现漏服、自主停药以及不按医嘱规定的时间间隔、剂量、用药方案服用药物等现象。此外，慢性病病程长，用药时间久，如果凭个人经验自行购买药物，较少关注药物标签及说明书，很有可能导致重复用药，使累计用药量增大，这样会产生更严重的副作用，降低生活质量，增加死亡风险。总之，社区护士要评估病人存在的服药问题，帮助病人认识这些问题，以提高病人用药的依从性和安全性。

（2）慢性病病人服药的注意事项：①服药与饮水，任何口服药物，包括片剂、胶囊、丸剂等，都要溶解于水中才易于吸收和产生药效。特别是长期卧床的病人和老年人，应指导其在服药时和服药后多饮水（不少于100ml），以防止药物在胃内形成高浓度药液而刺激胃黏膜。有的病人行动不便，服药时干吞或喝水很少，如入睡前或深夜采用这种方法服药则更危险，因为药物会黏附在食管壁上或滞留在食管的生理狭窄处，而食管内的黏液可使药物部分溶解，导致药物在某一局部的浓度过高，有些药物在高浓度时对黏膜有很大的刺激和腐蚀作用。慢性病病人常用的药物，如阿司匹林、维生素C、碳酸氢钠等，如果黏附于食管壁的时间过长，轻者刺激黏膜，重者可导致局部溃疡。②抗酸药与某些药物的相互作用，胃酸分泌过多者常服用的抗酸类药物，如复方氢氧化铝片、碳酸氢钠等，不能与氨基糖苷类抗生素、四环素族、多酶片、乳酶生、泼尼松、地高辛、普萘洛尔、维生素C、地西泮、铁剂等合用，因为合用后有的可使药物疗效降低甚至丧失药效，有的会增强药物的毒性作用。③服药间隔，服药时间间隔不合理也会对疗效产生不良影响，要做到延长药效，保证药物在体内维持时间的连续性和有效的血药浓度，必须注意合理的用药间隔时间。尤其是抗生素类药物，如每日口服3次或4次，应均匀安排在全天，以8小时给药1次为例，可将用药时间定在7:00、15:00及23:00（或睡前）。④口服药物与食物的关系，部分食物中的某些成分能与药物发生反应，会影响药物的吸收和利用，如补充钙剂时不宜同时食用菠菜，因菠菜中含有大量草酸，后者与钙剂结合成草酸钙影响钙的吸收，使药物疗效降低。

3. 社区慢性病病人的运动指导　规律的运动可增强心肺功能，抑制血栓形成，促进骨骼健康，加快脂肪代谢，缓解紧张、焦虑和抑郁等不良情绪，并增强机体抵抗力。国内外多项研究表明，积极的运动对健康具有诸多益处，包括减少过早死亡的危险，降低各类慢性病的患病风险，

笔记栏

如心血管疾病、脑卒中、2型糖尿病、高血压、癌症（如结肠癌、乳腺癌）、骨质疏松症、关节炎、肥胖、抑郁等。因此，加强体育锻炼，提高人群健康水平，也是病人自我健康管理的重要内容。

（1）选择适合慢性病病人的运动项目：社区护士应指导病人依据个人年龄、身体状况、爱好、经济文化背景等选择适宜的有氧运动项目，如散步、慢跑、骑自行车、游泳、跳健身操、打太极拳、跳交谊舞、扭秧歌等。下面介绍几种常见的运动项目：①散步是一种既简便易行又非常有效的有氧运动。散步的动作柔和，不易受伤，非常适合慢性病病人，一般速度应控制在80～100m/min。②慢跑适合于有运动基础者。一般慢跑的速度为100m/min比较适宜，锻炼时步幅要小，要放松，尽量采用使全身肌肉及皮下组织放松的方式跑步，不主张做紧张剧烈的快跑。运动时间在30分钟以上，跑步和走路可以交替进行。③太极拳是一种符合生理规律，轻松柔和的健身运动。练习太极拳除活动全身各个肌肉群和关节外，还要配合均匀的呼吸，以及横膈运动。在打太极拳时还要求尽量做到心静，精力集中，这样可对中枢神经系统起到放松作用，同时有些比较复杂的动作可训练平衡能力，降低跌倒损伤的风险。慢性病病人可依据自身的具体情况选择拳术动作的快慢和重心的高低。

（2）慢性病病人参加体育锻炼应掌握的原则：①在参加体育锻炼前，要进行体格检查，以了解身体发育和健康情况，尤其是心血管系统和呼吸系统功能状况。②在制订体育锻炼计划时，要根据自己的年龄、性别、身体健康状况、兴趣爱好、体检结果、锻炼基础以及气候条件等选择适宜的运动种类、运动方式和运动量，有条件时请专业人员帮助设计。③必须遵守循序渐进的原则，体育锻炼的运动量要由小到大，动作由易到难，使身体逐渐适应。运动量应在自己的承受能力范围之内，运动结束后，有轻松爽快的感觉。如果突然进行大运动量的活动，容易损害病人的身体功能，甚至加重病情。④坚持锻炼，建立良好的锻炼习惯，规律进行，长期坚持，才能获得持续的健康益处。⑤慢性病病人应当按照运动处方锻炼或在医务人员的监督指导下进行锻炼；在锻炼时要特别注意自身疾病征象的变化，发现不良反应，应立即停止运动，并及时咨询医务人员改变锻炼方法或调整运动量；还要接受定期检查，以了解和评定治疗效果。

（3）慢性病病人运动锻炼的要求：①自由选择有氧运动，有效且简便易行的运动方式有步行、慢跑、骑自行车、打太极拳等；身体活动量的调整应循序渐进，逐渐增加活动量，如每两周增加一定的活动量；定期检查身体，以观察锻炼的效果或是否有不良影响。②运动场地应平坦，运动环境应保持一定的空气流动，一般选择在室外；避免在过冷或过热环境运动，注意补充水分；一般选择在进餐后30～60分钟进行运动，避免饥饿或饱餐后运动。③运动前热身，做5～10分钟的准备活动，运动结束时至少进行5～10分钟的放松运动；运动时要穿合身的运动服，选择适合步行、慢跑的运动鞋。④运动持续时间可自10分钟开始，逐步延长至30～40分钟；运动频率和时间为每周至少150分钟，如1周运动5天，每天30分钟，心率保持在110～130次/min；运动过程中如果感到身体不适，应立即停止运动。参与某项运动时，遵守该运动的基本规则，掌握运动的基本技术，如出现运动损伤，应及时处理。

研究成果

中国传统文化瑰宝——太极拳，对慢性病防治的贡献

太极拳是我国的一项传统健身运动，深受广大人民群众的喜爱，且世界上已经有越来越多的国家和地区的人们加入了太极拳锻炼的队伍。太极拳运动注重内外兼修，身体和心理的锻炼相结合，具有生理和心理双重治疗价值。长期坚持练习太极拳能够强身健体，修身养性，延缓衰老。太极拳在运动的同时还强调意识与动作的协调与融合，使精神从浮躁、散乱转化为耐心与专注，从而促进身心健康。国内外期刊上发表了大量关于太极拳运动与

高血压、糖尿病、哮喘、慢性疼痛、帕金森病、骨质疏松症、抑郁症、免疫系统疾病及抗衰老方面的最新医学研究进展，国内外学者的研究结果为太极拳对慢性病的治疗和太极拳作为一项我国传统体育运动在全球的推广提供了有力的科学证据。

4. 社区慢性病病人的饮食指导　合理的膳食和营养是预防和治疗慢性病的重要手段之一。社区护士应指导慢性病病人科学地调配饮食，帮助他们依个人的疾病情况、饮食习惯、经济状况等制订合理的膳食计划。

（1）甲状腺功能减退病人的饮食指导：①补充适量碘，食用碘盐，一般采用每 2 ~ 10kg 盐加 1g 碘化钾的浓度用以防治甲状腺肿大，可以使发病率明显下降，适用于地方性甲状腺肿流行区。此外，对生育妇女更要注意碘盐的补充，防止因母体缺碘而导致子代患克汀病。②供给足量蛋白质，保证充足的蛋白质摄入量，才能维持机体蛋白质平衡。氨基酸是组成蛋白质的基本成分，甲状腺功能减退的病人消化吸收功能下降，酶活力下降，故应补充必需氨基酸、供给足量蛋白质，改善病情。③膳食调配合理，食用适量海带、紫菜，选用碘盐、加碘酱油。炒菜时要注意碘盐不宜放入沸油中，以免碘挥发而影响碘摄入。蛋白质补充可选用动物蛋白如蛋类、乳类、肉类、鱼类；优质植物蛋白，如各种豆制品等。摄入新鲜蔬菜及水果补充维生素。贫血者应摄入富含铁的食物，如动物肝脏、瘦肉、绿色蔬菜等，补充维生素 B_{12}，必要时遵医嘱补充叶酸等。④限制和忌食部分食物，甲状腺功能减退病人常伴有高脂血症，故应限制脂肪摄入，每日脂肪供给量占总热量20%左右；并限制富含胆固醇的饮食，如动物内脏、鱼子、蛋黄、肥肉等；忌食可引起甲状腺肿的食物，如卷心菜、白菜、油菜、木薯、核桃等。

（2）痛风病人的饮食指导：①限制嘌呤类食物的摄取。禁食高嘌呤食物，每100g食物含嘌呤 100 ~ 1 000mg 的高嘌呤食物有肝、肾、心、脑、胰等动物内脏，肉馅、肉汤，鱼类如沙丁鱼、金枪鱼、鲥鱼、秋刀鱼等；限用含中等量嘌呤的食物，每100g食物含嘌呤 90 ~ 100mg 的中等量嘌呤食物，如牛肉、猪肉、羊肉、菠菜、豌豆、蘑菇、扁豆、芦笋、花生、豆制品等。②鼓励摄入碱性食物。增加碱性食品摄取，可以降低血清尿酸的浓度，甚至使尿液呈碱性，从而增加尿酸在尿中的可溶性，促进尿酸的排出。应鼓励病人多摄入蔬菜和水果等碱性食物，既能促进排出尿酸又能供给丰富的维生素和无机盐，以利于痛风的恢复。③避免烟酒及刺激性食物。酒精可刺激嘌呤合成增加，升高血清和尿液中的尿酸水平。辣椒、咖喱、胡椒、芥末、生姜等食品调料，浓茶、咖啡等饮料均能兴奋自主神经，诱使痛风急性发作，应尽量避免食用。④摄入充足水分，保持足够尿量。如病人心、肾功能正常，应维持尿量在每天 2 000ml 左右，以促进尿酸排泄。伴肾结石者最好能达到每天尿量 3 000ml，痛风性肾病致肾功能不全时应适当控制水分。因此，一般病人每日液体摄入总量应为 2 000 ~ 3 000ml。液体应以温开水、茶水、矿泉水和果汁为宜。

（3）慢性肾脏病病人的饮食指导：①控制蛋白质的摄入。慢性肾脏病病人应根据其肾小球滤过率调整蛋白质的摄入量及来源。所有慢性肾脏病病人都应该避免高蛋白饮食［高于1.3g/（kg·d）］，对于肾小球滤过率<30ml/（min·1.73m²）者，蛋白质摄入应低于 0.8g/（kg·d）。此外，要保证摄入足够的热量和优质蛋白质，如鸡蛋、牛奶、鱼及精肉等，以满足机体能量需要。②限制盐和脂肪的摄入。摄入盐过多会使血压增高，而高血压是慢性肾脏病及肾功能不全进展的主要原因。有高血压或水肿的病人应限制盐的摄入，建议低于 2g/d，特别注意含盐调味品的摄入，少食腌制食品及各类咸菜。高脂血症是促进肾脏病变加重的独立危险因素，慢性肾脏病易出现脂质代谢紊乱，因此应限制脂肪摄入，尤其应限制含有大量饱和脂肪酸的肥肉、蛋黄等摄入。③适当补充维生素及叶酸。补充维生素尤其是 B 族维生素、维生素 C 以及叶酸等，每日饮食中摄入足够的新鲜蔬菜和水果等。

（4）骨质疏松症病人的饮食指导：①补充钙质。指导病人从膳食中补充钙，每日摄取钙不少于850mg，以满足机体骨骼中钙的正常代谢需求。含钙丰富的食物有牛奶、酸奶及其他奶制品，牛奶不但钙含量丰富、吸收率高，而且还可提供蛋白质、磷等营养成分，是一种良好的补钙食品。牛奶最好选择脱脂奶或低脂肪奶，因为饮食中热量和脂肪过量会干扰钙的吸收。其次，排骨、软骨、豆类、虾米、芝麻酱、海藻类、深绿色蔬菜等也是钙的良好来源。②饮食结构合理，以荤素搭配、低盐为宜。蛋白质是组成骨基质的原料，可增加钙的吸收和贮存，应摄入足够的蛋白质如肉、蛋、乳及豆类等。多食碱性食物，如蔬菜、水果，保持人体弱碱性环境可预防和控制骨质疏松症。不吸烟、不饮酒，少饮咖啡、浓茶，不随意用药，均可避免影响机体对钙的吸收。补充维生素D，维生素D能促进食物中钙、磷的吸收，促进骨骼的钙化。含维生素D较高的食物有鱼肝油、海鱼、动物肝脏、蛋黄、奶油等。

5. 社区慢性病病人压力应对的指导 由于社会竞争的日趋激烈，生活节奏的不断加快，人们受到的心理、社会因素的挑战也明显增加，各种类型的压力对慢性病的发生、发展及控制过程具有重要的影响。压力一方面可能导致病人的心理痛苦，另一方面通过影响神经内分泌的调节和免疫系统的功能等，可能使机体产生器官结构改变或功能障碍。社区护士应帮助病人正确认识压力并应对压力，以维护和促进其心理健康。

（1）慢性病病人常见的压力源种类：一切使机体产生压力反应的因素均称为压力源，包括生理、心理、环境和社会文化因素等多方面。慢性病病人常见的压力源有三类，其一是与生活环境改变相关的压力源，如患病打乱了家庭正常的生活节奏、患病不得不改变饮食习惯等；其二是与医护行为相关的压力源，如不清楚治疗的目的和效果而对预后的担心、侵入性操作带来的恐惧以及对医务人员过高的期待等；其三是与疾病相关的压力源，如长期用药、需要经常监测病情、医疗费用使家庭支出增加、不清楚疾病的预后、疾病致自我概念变化与紊乱等。

（2）压力对慢性病病人的影响：包括生理影响和心理影响。①生理影响：由于压力的影响，慢性病病人机体产生一系列的生理变化，肾上腺释放大量的肾上腺素进入血液，表现为心率加快、血压升高、呼吸加快、血糖增加、胃肠蠕动减慢、肌张力增加、敏感性增强等。如机体持久或重复地面对压力，又不能很好地适应，导致器官功能紊乱加剧，机体抵抗力进一步下降，加重原有疾病或产生新的不适或疾病。②心理影响：由于个体的遗传、个性特征、年龄、文化水平、健康状况和情绪的不同，其对压力产生的心理反应和应对也不同，大致可分为两类。一类病人具有坚定的意志品质，能够面对现实，采取适当对策，改变对压力的认识，稳定自己的情绪，从而较快适应病人角色，并积极配合治疗。另一类病人出现消极的心理反应，表现为焦虑、震惊、否认、怀疑、依赖、自卑、孤独、羞耻、恐惧、愤怒等，常采取无效的应对行动。由于神经-体液调节的作用，生理反应必然影响情绪，而人的情绪又影响生理反应，生理反应所引起的躯体症状反过来又加重情绪的恶化，两者互为因果并形成恶性循环，导致疾病更加复杂。

（3）帮助慢性病病人正确应对压力的指导策略：社区护士首先应评估慢性病病人所承受压力的程度、持续时间、过去承受压力的经验以及可以得到的社会支持等，协助其找出具体的压力源，然后指导其采取有效的应对措施。具体措施如下：①协助适应病人角色。社区护士应向病人详细介绍病情，设法了解病人的真实感受，倾听他们的诉说，并给予适当的解释、诱导和安慰。通过心理疏导，启发病人接受现实，找出对自己有利的方面，劝导病人以积极的态度和行为面对疾病，还可以介绍成功战胜疾病的真实案例，以促进病人积极主动地进行自我健康管理。当病人理解并积极去做时，其焦虑程度会减轻、自信心也会逐渐提升，并由依赖向独立转变。②协助病人保持良好的自我形象。慢性病病人经常处于不舒适的状态，其穿着、饮食、活动等受到一定限制，由于疾病影响不能自我照料时，会使病人感到失去自我而自卑。社区护士应尊重病人，主动真诚地与病人交谈，了解他们的需求，帮助病人改善自我形象。如协助病人保持整洁的外表，适当照顾病人原来的生活习惯和爱好，使病人身心得到一定的满足，从而使病人提升自尊和自信。③尊重病人的选择。慢性病病人在患病过程中，总会面临各种问题和困境，在应对各种压力因素的活动中，每个人都有自己的经验和教训。当病人再次面临疾病所带来的压力时，他们会针对自己的身心状态和环境条件做出选择。社区护士有责任评估病人采取措施的有效性，并尊重病人的选择，还应帮助病人在成功应对压力的过程中积累经验，进而增强自身的压力管理能力。④指导病人采用积极的应对方式。病人所采取的措施有积极和消极两种，乐观、积极面对、寻求支持、依赖自我等都是积极的应对方式，而逃避、听天由命、掩饰等都是消极的应对方式。社区护士应指导和帮助病人充分认识自身的状况，提供治疗、护理、疾病预后等方面的相关信息，增强病人的自我控制感。同时，帮助病人保持乐观的心态，采取积极的应对方式，以获得更大的应对有效性。

（二）社区慢性病病人的自我管理过程

1. 评估阶段

（1）健康体检：定期健康体检可以全面了解各器官功能，为早期健康行为干预提供科学依据。体检的次数和项目根据个人的身体状况和医疗条件决定。自我管理要求慢性病病人通过阅读体检报告了解自己哪项检查结果正常，哪项检查结果处于边缘状态，哪项检查结果不正常；通过与社区卫生服务人员沟通，了解自己的患病情况，目前存在的危险因素等。此外，应指导慢性病病人对自身所患疾病的自我监测方法，如糖尿病病人自测血糖、高血压病人自我监测血压等，以提高病人对自我健康管理的信心。

（2）健康危险因素评估：评估自身存在哪些慢性病危险因素，包括生活方式因素、环境因素、精神心理因素和个体固有因素等。

2. 制订计划阶段

（1）制订计划的方法：社区护士首先应指导慢性病病人通过健康评估，了解自己的身体状况，根据疾病严重程度，明确哪些问题是最先需要解决的，哪些问题是最容易解决的，哪些问题是需要观察的。然后按照优先次序进行排序。如果护士发现病人对自己的能力持怀疑态度，应指导其将最容易解决的问题放在前面，通过对问题的解决过程来提高病人自我管理的信心；如果发现病人自我管理能力较强，就将最迫切需要解决的问题放在首位。此外，可将健康问题分类，如营养、运动、心理等，找出生活中需要改变的不利于健康的行为，根据掌握的预防保健知识，结合个人的饮食习惯、生活方式和健康意愿，制订适合病人的健康计划。

（2）制订计划的原则：①切合实际原则。在制订计划时，社区护士要指导病人结合自身情况，确定通过努力可以实现的目标，避免制订脱离实际、无法做到的计划。如让每天吸一盒烟的病人突然完全戒烟，多数人很难做到，其戒烟计划应为逐渐减少每天吸烟量，直到彻底戒除。②循序渐进原则。改变多年的不良生活习惯不是一蹴而就的，如平时不喜欢运动的病人，应逐渐增加运动量，最终达到应有的主动运动标准。③持之以恒原则。开始自我管理慢性病时会遇到一些困难，社区护士应帮助病人认识到实施健康计划是贯穿一生的行为，只有坚持下去形成习惯，才能达到促进健康和提高生活质量的目的。④相互支持原则。社区护士应指导慢性病病人的家庭成员，在病人改变不良生活习惯的过程中，及时给予支持和鼓励，切忌责怪抱怨。如对正在戒烟的病人，不宜责备其"你怎么还吸烟？"而应鼓励病人"你这阶段吸烟量减少了，下一步的计划一定能顺利完成。"有了家庭的支持和帮助，自我管理计划才能圆满完成。

3. 实施阶段

（1）社区动员：与街道、社区卫生服务中心有关领导面谈或会议讨论，以获得街道、社区卫生服务中心的参与和支持。可聘请有关专家对街道工作人员和社区卫生服务人员培训有关慢性病病人自我管理的内容，使他们对这部分工作内容深入了解，并能积极参与和支持病人的自我管理活动。动员活动包括人际口头宣传、街道工作人员和社区卫生服务人员对慢性病病人的动员，以及发放病人自我管理宣传单等。

笔记栏

（2）开展培训和授课：对社区慢性病病人进行自我管理知识和技能的培训和指导。授课内容包括如何进行自我管理，指导慢性病病人完成自我管理的任务（按时服药、加强锻炼、按时就诊、改变饮食习惯）、完成自己的日常活动（做家务、工作、社会交往等）、管理自己因患病所致的情绪变化等。

4. 效果评价阶段　自我管理是一个漫长的过程，社区护士应指导慢性病病人通过写日记的方式，把自己日常生活中已经改变的行为、有待改变的行为分别记录下来，以督促自己按计划完成。每次查体后进行小结，重新修订其自我管理计划，对目前的自我管理效果进行评价。国内外研究将效果评价分为病人疾病控制和医疗服务利用两个方面，因疾病不同往往采用其中一种或多种评价指标。

（1）病人疾病控制的评价指标：包括临床和实验室评价（如糖化血红蛋白检测、肺功能测定等）、自觉症状评价（如疼痛、呼吸困难等）、自我功能评价（如健康评估、日常活动能力评估等）、心理状态评价（如抑郁、焦虑等）、生活质量和行为评价（如锻炼、饮食、预防措施等）。

（2）医疗服务利用的评价指标：主要指是否减少卫生资源的利用，如病人急诊就诊次数减少、住院时间缩短、住院次数减少等。

二、社区慢性病病人的自我管理支持

慢性病病人自我管理支持是指医护人员、照顾者和卫生保健系统为了帮助病人管理慢性病所提供的支持服务。自我管理支持帮助病人掌握自我护理所需的知识、决策和技能，改善预后结局并降低成本。慢性病病人的自我管理支持是一项长期工作，需要社区卫生服务人员、同伴和非专业保健人员（家属、社会工作者、家政服务人员等）协调合作，在慢性病的综合管理中提供持续支持作用，才能有效提高病人的自我管理能力，改善病人的生活质量。

（一）自我管理支持模式

目前国际上采取的自我管理支持的方法和策略很多，引起广泛关注的有：斯坦福模式、弗林德斯模式、5A 模式、动机谈话和健康教练等。

1. 斯坦福模式　斯坦福模式（the Stanford course），也称斯坦福大学模式，是由美国斯坦福大学凯特·洛里格（Kate Lorig）博士及其同事发展形成的，以同伴引导、小组为基础的模式，通常有 10～15 位参与者参加结构化的项目，持续时间为 6 周。该模式需要一名医护人员和一名同伴作为项目的指导者，事先对指导者进行培训，使其能教给参与者常用的技能，包括：①解决问题的能力；②制订行动计划；③设立目标；④应对不良情绪；⑤保持健康的生活方式；⑥药物治疗和症状管理；⑦沟通能力；⑧与医护人员以伙伴的关系开展工作等。

同伴支持模式作为一种基于共患病经历的心理干预方式，在慢性病管理领域逐渐成为研究热点。该模式通过具有相似疾病经历的健康同伴，运用自身康复经验为病人提供情感支持、认知重塑及自我管理指导，形成独特的疾病应对经验传递机制。该模式的优点主要有：①整个过程是同伴引导，多数与病人的生活体验有关，主要是以病人的观点而不是以医护人员的看法来设定目标和解决问题，因此病人自我管理的动机会更高。②以小组的形式开展工作，可减少隔离感，提升病人的自我效能。③缓解紧张压力，对于不愿意接受医护人员专业服务的病人，或者对医护照顾不信任的病人可能会感到这种方式没有威胁感，更容易接受这种支持方式。该模式的缺点主要有：①这种结构化的形式和内容，使病人的个体学习需要、学习方式和学习速度受到影响，降低解决个性化问题的能力。②对个人隐私和保密性的担忧，并不是每个人都愿意在小组氛围下分享他们的健康问题。③一些病人在小组环境中会感到受挫，因为小组环境需要一定程度的社交技能、自尊、自信和认知能力才能自如地参与进去。

2. 弗林德斯模式　弗林德斯模式（the Flinders program）也称弗林德斯大学模式，是由澳大利亚弗林德斯大学巴特斯比（Battersby）教授及其同事发展形成的。该模式是使用各种不同的评估工具对病人进行个体化的、以病人为中心的评估并制订照护计划，以促进病人行为改变的模式。该模式要求进行详尽的一对一的评估，以及使用标准的表格和工具制订照护计划；要求医护人员完成相应的培训，并上交三份个案研究报告作为该项目的后期培训。该模式的主要组成部分包括：①病人能力的自我评估；②病人和医护人员采用动机谈话讨论病人的自我管理能力；③基于认知行为治疗原则，确定病人优先解决的问题；④制订病人的自我管理照护计划。

该模式适用范围广泛，可用于各种慢性病病人和高危人群。主要优点有：①个体化的、以病人为中心的互动是该模式的重点，关注的是病人被激励去做什么，而不必是医护人员认为更重要的。②该模式将急性、慢性照护做了区分，通过促进组织内系统变化，改善慢性病照护和自我管理支持能力。③该模式很适合患多种慢性病的病人，在访谈和制订照护计划时关注健康问题的相互依赖和复杂性。④该模式形成的测量工具意味着病人行为的改变和进步能被客观地评价。主要缺点有：①该模式的实施需要较长时间，难度大，对医护人员的培训要求高。②该模式不适合严重认知障碍的病人，如阿尔茨海默病病人。

3. 5A 模式　5A 模式（the 5A model）是最初由美国卫生部研发用于吸烟干预项目的一种国际通用的方法，在社区卫生服务实践中，可用于监测、评估和管理吸烟、营养、饮酒和运动等的危险因素。5A 模式包括：①评估（assess），询问相关行为；②建议（advise），给予明确的鼓励行为改变的信息；③同意（agree），在准备改变的基础上设定目标；④帮助（assist），使病人获得知识、技能、信心和支持；⑤安排（arrange），安排随访或转诊。

5A 模式常规用于初级卫生保健服务领域，提供一种促进医护人员和病人之间互动的模式。该模式的优点有：①简便易行，适合在繁忙的工作环境下应用。②与目前医护人员给予病人的支持相似，便于病人理解和接受，如提供建议、转诊等。③承认病人的慢性病专业知识，能满足病人的需求。该模式的缺点有：①比较适合简短的干预，对于健康状况和社会心理问题复杂的病人不一定适用。②不能保证对病人进步和支持的有效性进行评价。③在实施过程中，可能没有确保以病人为中心，而是由医护人员提供了直接的照护。

4. 动机谈话　动机谈话（motivational interviewing）是由美国学者米勒（Miller）及其同事研发的一种指导性的、以服务对象为中心的咨询方式，通过帮助服务对象暴露和解决其内心矛盾，来激发其行为改变。动机谈话的原则有：①表达感同身受，引起共鸣；②产生矛盾；③避免辩论；④带着阻力迂回曲折地改变；⑤支持自我效能。动机谈话要求以一种非判断的、合作的态度，建立相互的信任，倾听对方内心的感受并表达同理心，暴露矛盾和探索矛盾，降低改变的阻力，做好改变的准备，引出能产生改变的谈话并增加自我效能感。

动机谈话在过去几十年的临床实践中用于不同的人群，均收到明显的成效。其优点主要有：①非常灵活，可用于多种卫生保健服务场所，包含在多种健康照护模式中，适合多种慢性病的管理。②咨询时间不受限制，时间长短均可。③适用于持续的慢性病管理和行为改变的支持。动机谈话的缺点有：①动机谈话缺乏正式的结构。②动机谈话的有效性受培训质量和持续监督管理的影响。③医护人员可能低估动机谈话的复杂性，而进行肤浅的培训。

5. 健康教练　健康教练（health coaching）是健康心理学领域开发的，其定义为由同伴或医护人员承担一个互动角色，用于支持病人积极地参与自我管理。电话教练也包括在内。经过培训的健康教练，使用动机谈话和其他认知行为方法，与慢性病病人进行沟通。

健康教练方法的优点有：①健康教练，特别是电话教练，能促进卫生服务经费和时间的有效利用。②非常灵活，可以使用各种不同的技巧，增强和病人之间的互动。③健康教练的培训可以满足个体和机构的不同需求。其缺点有：①该方法还相对比较新，缺少大量临床实践证据的支持。②这种方法高度依赖一对一的卫生工作者的支持，包括他们的技能和经验，工作质量和责任心尤为重要。

笔记栏

187

以上介绍的几种模式和方法，是从不同角度考虑慢性病病人的自我管理支持，每种模式或方法都有其优势和缺点。选择哪种或哪几种模式或方法，取决于一系列因素，如被服务人群及他们的期望、服务场所、服务人员组成、组织结构等。病人需要持续的支持，以及以病人为中心的方法，培养病人更多地关注自我管理，促进病人和医护人员的伙伴关系，以及与健康照顾者的合作。无论使用哪种自我管理支持的模式或方法，关键是社区医务人员需共同努力为病人提供支持。

（二）自我管理支持的内容与实施

1. 自我管理支持的内容 目前国内外慢性病病人自我管理支持的内容主要包括教育支持、社会心理支持、行为支持及临床支持四个方面。

（1）教育支持：慢性病教育包括专题讲座教育、小组教育、一对一教育等方式。其中专题讲座教育以科普知识为主，后两者是有针对性地指导病人并解决个体化问题，从而促进病人行为改变。以自我效能为重点的结构化教育能更有效地提升慢性病病人自我管理的效果，内容包含健康饮食、规律运动、自我监测、正确用药、保证睡眠、保持良好心态等。

（2）社会心理支持：旨在更多地为病人提供如心理、行为等方面的支持。社会心理干预是整个慢性病管理过程中必不可少的环节。社会心理支持的内容包括讨论近期自我管理遇到的挑战、分享自身慢性病和其他方面的感受、参与小组解答慢性病治疗相关问题、设定自我管理目标等方面。

（3）行为支持：行为支持常贯穿教育支持及社会心理支持等过程中，国内外多采用短信或应用程序（APP）支持的形式促进病人的自我管理行为。通过监测病人的自我管理行为给予病人相应的支持，支持内容主要包括病情监测和行为指导，如提醒糖尿病病人监测血糖，根据血糖结果及拍照上传的饮食照片由管理师及教育者发起线上对话或病人发起问询，给予病人合理指导。

（4）临床支持：临床支持是在慢性病病人自我管理支持团队的指导下，对病人自我管理进行综合调整，其内容主要包括疾病早期筛查及诊断、病情监测、治疗方案调整、并发症预防、饮食指导以及健康咨询等。临床支持能够为病人全面了解并有效实施自我管理提供长期、持续的专业帮助，同时也为医务人员制订干预措施提供依据。

2. 自我管理支持的实施

（1）自我管理支持的实施者：自我管理支持的实施者不局限于专业人员，还应有其他人员参与。慢性病病人自我管理支持可分为工具性支持、社会心理支持与关系支持三个方面。工具性支持与疾病有关，侧重于疾病管理，需要专业人员支持；社会心理支持主要关注病人的情感心理变化，除专业人员的支持外，还需要亲友的积极参与；关系支持是指与他人的有益互动，专业人员及同伴的鼓励起着重要作用。其中关系支持是需求的核心，推动所有其他支持。

专业人员能以循证为基础，以结构化的方式支持病人自我管理，从而改善病人临床症状，提高其自我管理能力。此外，健康教育者、营养师、心理咨询师、经过培训的社区工作人员等介入的支持均能促进病人行为的改变。医护人员能从专业角度为病人提供指导和帮助，侧重医疗管理，以健康教育及临床支持为主，兼顾社会心理支持及行为支持。此外，国内外学者证实了同伴、其他有经验的志愿者及亲友的支持能有效改善病人的结局。同伴、亲友等主要从社会心理支持及关系支持层面为病人提供帮助。同伴与病人有相似背景经历，易与病人产生共鸣，病人更愿意接受其建议及指导，同伴之间可以相互督促，可为病人提供社会和情感方面的支持；亲友与病人长期相处，可了解并监督病人，同时鼓励病人，加强病人的自我效能，进一步促进病人自我管理行为。不论是专业的医护人员，还是非专业的家人、同伴，都可从不同层面为病人提供不同程度的支持，并有效改善病人的结局。

（2）自我管理支持的实施方式：所采取的实施方式可分为两类，其一是借助互联网、远程医疗、信息技术等进行的线上支持；其二是依托社区、同伴等进行的线下支持，可根据病人需求选择不同的方式进行干预。①线上支持：信息技术的发展使互联网、手机等迅速应用到自我管理支持中。基于"互联网＋"的自我管理支持是当今发展最快的模式。互联网、手机 APP、远程医疗等线上支持模式可提高病人自我管理知识，改善临床结果。使用电话、短信等为病人提供支持，可使病人的治疗依从性、抑郁和情绪困扰等得到改善。线上支持的方法克服了远距离沟通障碍的问题，减少了病人去医院的次数，更加方便、快捷，但该方式适用于对互联网、智能系统等熟悉的病人。②线下支持：在医护人员及同伴的帮助和支持下，进行线下授课培训和讲座提高病人的自我管理能力，为病人提供教育手册、传单、相关健康教育视频等进行线下支持，通过面对面交流，直观地了解病人的实际情况。适用于对智能系统、电子设备等不熟悉的老年人以及时间充裕的病人，但线下支持材料应简洁、通俗易懂，增加趣味性，可采用图片等形式制作手册。

（三）开展自我管理支持的核心能力

慢性病病人自我管理支持者是来自不同社会背景和教育背景的专业人员和非专业人员，遵循以病人为中心的理念，通过个人或小组形式促进病人赋能以完成自主制订的健康目标。在病人自我管理项目中，主要由社区护士、全科医生、营养学家、心理学专家等专业人员担当支持者，也可由病人的同伴、家属和社区工作者等非专业人员担当支持者。研究表明，成功的自我管理支持者能运用清晰的知识和娴熟的技巧，激发病人内在的动力，并充分利用外在资源，从而促进可持续的行为改变。因此，自我管理支持者的能力至关重要。综合多项研究成果，自我管理支持者应具备以下核心能力。

1. 慢性病健康管理能力　慢性病健康管理能力指为病人进行评估与风险预测，制订个性化健康管理计划并实施，定期评价实施的效果并修订计划的能力，是为病人提供支持的保证。其包括危险因素干预及并发症预防能力、多种慢性病综合管理能力、慢性病相关的伦理决策能力等；同时，应具有责任心、同理心及职业素养，才能满足病人对健康管理的需求。

2. 健康教育与咨询能力　健康教育与咨询能力是指为病人提供教育，并能针对病人的疑问提供咨询的能力。只有具备良好的健康教育与咨询能力，才能指导病人提高自我管理能力。比如定期对糖尿病病人宣教和咨询，让他们了解自身疾病，知晓如何饮食和运动，掌握居家血糖监测、胰岛素注射的技巧等。

3. 沟通协调能力　自我管理支持者只有具备良好的沟通协调能力，才能指导病人更好地依从诊疗方案，才能更好地处理与其他卫生保健专业人员的关系，共同做好病人自我管理支持。因为病人的文化水平、专业不同，对疾病的认识也不同，这需要自我管理支持者善于沟通，协调好和病人的关系，才能取得病人的信任以更有效地开展工作。

4. 促进行为改变的能力　自我管理支持者应具备以下 6 种技能：①能运用反馈性的倾听。②能根据病人想要改变自身健康行为的准备程度，评估和制订干预措施。③能使用决策平衡提高病人改变的准备度。④能帮助病人制订一个具体的、可测量的、可完成的、实际的和以时间为导向的目标和行动计划。⑤能帮助病人识别困难、寻找问题解决方法和使用获取成功的策略。⑥能鼓励、激发病人，并帮助其逐渐增强信心。通过分析病人健康行为缺失的危险性，化解负性情绪，唤醒病人的自我效能，促进其行为方式改变。

5. 获取和利用资源的能力　能够指导病人从医疗机构或社区卫生服务机构、图书馆、互联网、家人或朋友等渠道，获取和利用有助于自我管理的支持和帮助。如需协助病人获取准确和有价值的信息，包括信息检索、信息选择、信息处理、信息利用等多个方面。对于慢性病病人来说，自我管理支持是一个长期持续的过程，需要医院、社区、病人、社会公众的积极参与，应依据病人不同时期自我管理行为的改善机制，分阶段开展自我管理支持干预，让更多的人参与到自我管理支持体系之中，从而提高病人的生活质量。

笔记栏

第五节　社区慢性病护理与管理的循证实践

一、循证问题

2 型糖尿病是一种与高血糖水平相关的慢性代谢性疾病，涉及微血管和大血管并发症，占全球糖尿病病例的 90%～95%。2 型糖尿病病人患心脏病或脑卒中的可能性增加 2～3 倍，患足部溃疡、感染和截肢的风险也增加。国际糖尿病联盟（The International Diabetes Federation，IDF）数据显示，2024 年全球约有 5.89 亿 20～79 岁的成年人患有糖尿病，预计到 2030 年将增至 6.43 亿人，到 2045 年将增至 7.83 亿人。到 2030 年，糖尿病的医疗费用预计将超过 1.7 万亿美元，其中高收入国家为 9 000 亿美元，低收入和中等收入国家为 8 000 亿美元。

随着 2 型糖尿病患病率的持续上升，医疗保健专业人员和决策者寻求干预措施，以降低其发病率、死亡率，控制不断上升的治疗费用，减少并发症。多数 2 型糖尿病病例是由可改变的危险因素引起的，可通过个人、卫生保健专业人员和政府的协调努力加以缓解。支持性的家庭和社会网络是维持生活方式调整的关键因素。通过建立平等的伙伴关系，专业人员提供有关糖尿病及其治疗的知识，帮助 2 型糖尿病病人掌握自我管理的专业知识，使 2 型糖尿病病人成为积极的自我管理者，其家庭作为支持和关怀的动态合作者。

通过有效的自我管理，2 型糖尿病病人可以保持健康，并学会应对糖尿病的复杂性。糖尿病护理与教育专家强调了可以改善健康结局的七种关键的糖尿病自我护理实践，包括健康饮食、保持身体活动、定期监测血糖水平、坚持药物治疗方案、保持良好的心理健康状态、采取减少风险行为（如戒烟）以及相关的免疫接种。然而，这些活动需要明显的行为改变，并需要严格遵守复杂的干预方案。而且，家庭、照顾者或配偶提供的支持可能增强自我管理依从性。因此，为家庭成员提供更多的支持，并将其纳入糖尿病管理过程，不仅可以改善 2 型糖尿病病人的健康状况，还可以改善其家庭成员的健康状况。

采用复旦大学循证护理合作中心的问题开发工具——PIPOST，确定本循证实践的基本问题。P：2 型糖尿病病人及其家庭。I：支持 2 型糖尿病病人自我管理实践的家庭干预措施。P：家庭成员。O：2 型糖尿病病人对其家庭在糖尿病病人自我管理实践中作用的体验和看法；家庭行为、支持、参与等；影响家庭作用的因素；2 型糖尿病基于家庭的干预措施。S：家庭、社区、社区卫生服务机构和医院。T：指南、系统评价、专家共识、队列研究、随机对照试验、横断面研究。

循证问题如下：

1. 从 2 型糖尿病病人及其家庭的角度来看，家庭在支持糖尿病病人自我管理实践中的作用是什么？

2. 从生物、行为和社会心理层面，家庭在支持糖尿病病人自我管理实践方面有什么影响？

3. 哪些因素可能影响 2 型糖尿病病人的家庭支持作用？

二、证据检索

总括性综述是一种将各种综述的证据汇编成单一信息报告的综述，优先考虑系统评价或综合证据，而不是原创研究。文献综述的标准：2 型糖尿病病人及其家庭对所有糖尿病自我保健管理实践（diabetes self-care management practices，DSMP）或至少一个方面的依从性；这些研究是在初级保健中心、糖尿病诊所和有 2 型糖尿病病人的家庭等场所进行的；以系统综述、荟萃分析、元人种志（元人种志是一种综合集成的研究方法，它将不同来源的原始研究聚集起来，予以分析、比较、解释、综合，形成新的集成式研究成果）、综合研究和总括性综述的形式报道，并以英文发表。如果综述只包括 1 型糖尿病、妊娠糖尿病和 2 型糖尿病以外的其他类型的糖尿病病人，仅涉及与成年人不同的年龄组，例如儿童或青少年，则排除该综述。以英语以外的任何语言发表的综述或非系统评价也被排除在外。

三、证据内容

家庭在支持 2 型糖尿病家庭成员方面是必不可少的。然而，多种因素会影响家庭的作用。

（一）家庭互动与糖尿病病人自我管理

家庭成员之间的互动对于维持推荐的 2 型糖尿病病人的生活方式改变和增强糖尿病病人自我管理的依从性至关重要。

1. 促进糖尿病病人自我管理的家庭行为　鼓励 2 型糖尿病病人坚持推荐的 DSMP，并与家人合作设定一个共同的目标，以保持自己的身心健康，如一起积极参与日常活动，主要是与食物和身体活动有关的方面：保持健康的饮食，烹饪，超市购物，协调用餐时间与服药计划和锻炼。情感上的互动也应同样重要，比如表现出对彼此感受的理解，公开交流他们的需求，并为改变提供动力等。

2. 妨碍糖尿病病人自我管理的家庭行为　也称为非支持性或阻碍性行为，是管理糖尿病的严重阻碍，表现为家庭支持或参与的能力有限，如缺乏家庭内部一致性和凝聚力，婚姻不满和无效沟通等。此外，妨碍 2 型糖尿病病人的自主性和独立性，会在家庭中造成人际沟通障碍，如对膳食计划和烹饪不能有效控制。

（二）家庭支持作为非正式的社会支持

社会支持是与他人的正式和非正式关系的多维体验。正式的社会支持与医疗团队、糖尿病教育计划和其他支持团体的支持作用有关。而非正式的社会支持是由社会网络或家庭成员提供的，是免费的、随时可用的、有针对性的。当个人开始或维持新的健康行为并需要做出知情的健康决定时，家庭支持是必不可少的。2 型糖尿病病人所处的社会网络可能会影响他们的自我管理，他们不应该被责备或单独负责管理 2 型糖尿病。

1. 家庭支持的影响　家庭支持对 2 型糖尿病病人有积极的影响。家庭支持与降低糖化血红蛋白水平独立相关。当家庭成员准备糖尿病饮食时，饮食相关的临床化验结果（低密度脂蛋白、总胆固醇、甘油三酯和糖化血红蛋白）有所改善。家庭支持改善了血糖监测、饮食和锻炼的依从性以及自我保健实践。情感性家庭支持有助于膳食准备和持续血糖监测，并有助于改善自我保健。2 型糖尿病病人认为家庭支持有助于他们应对日常生活的挑战。

2. 性别差异　男性和女性在寻求支持方面存在差异，因为男性更倾向于依靠他们的配偶、亲密的家庭成员或朋友的帮助；而女性更倾向于依赖家庭以外的援助。另外，配偶参与糖尿病干预的效果是矛盾的，如在配偶参与的减肥项目中，女性的糖尿病控制效果良好，而男性的结果则相反。

（三）影响家庭作用的因素

研究显示有多种因素影响家庭的作用，包括教育因素、情感因素、身体护理因素、经济因素和文化因素等。

1. 教育因素　家庭希望了解有关糖尿病的一般信息，并发症的预警信号，糖尿病管理，饮食限制，当地服务，预期资源，糖尿病进展，处理未来危机以及如何应对长期护理的责任。

2. 情感因素　家庭关心的是如何有效地应对 2 型糖尿病病人的复杂心理，包括不确定感、抑郁、恐惧、愤怒、沮丧或因成为家庭负担而感到内疚。当他们缺乏处理这些症状的策略时，依从 DSMP 的可能性降低。

3. 身体护理因素　当 2 型糖尿病病人的血糖水平在高值和低值之间波动时，家庭在准备膳食、运动、药物和血糖测量方面能给予很大的帮助。

4. 经济因素　家庭成员可能对医疗费用、购买营养食品和临时护理有经济上的担忧。由于照顾家人的责任，家属很难集中精力工作。他们担心会失去工作，也可能因为要利用假期照顾孩子而感到力不从心；或者到了退休年龄后还需要继续工作，以履行家庭的经济责任。

5. 文化因素　为了照顾患有糖尿病的家庭成员，照顾者自己的生活质量受到影响，不能很好履行社会功能，很少参加社交活动。在一定的文化背景下，多代同堂家庭很常见，这种家庭把全家的需要

笔记栏

置于个人的需要之上，如果离开患病的家庭成员就会感到很内疚，使得他们自身的需要似乎被忽视了。

（四）基于文化背景下的家庭干预措施

随着认识到家庭对 2 型糖尿病病人健康行为的影响，发生了从个人干预到家庭干预的转变。以家庭为基础的、文化上可接受的和资源适宜的干预措施能有助于认识到不同家庭面临的困难；如果设计得当，这些干预措施可有助于持续改变 2 型糖尿病病人的健康习惯，提高糖尿病护理的质量，并增强家庭成员的健康和幸福。

1. 家庭干预的作用　家庭能帮助缓解压力，优化环境条件，提供信息，促进适应，提醒、激励和陪伴来达成行为改变和完成任务。干预措施主要包括教育性措施和提供情感支持，以及教授家庭成员社交技能，如沟通、解决问题、克服挑战和识别阻碍行为的策略等。一些干预措施则侧重于讨论支持 2 型糖尿病病人及其家庭可利用的社会资源和活动。研究人员对 2 型糖尿病病人及其家人进行了面对面、电话和网络随访，测量干预措施有效性的时间从 3 周到 12 个月不等。

2. 干预措施的有效性　家庭成员积极参与以家庭为基础的干预，能增强家庭支持和改善社会支持，从而增强糖尿病病人的自我管理行为，最终改善生物、心理社会行为，提高自我效能、感知社会支持和临床结果。

总之，当家庭积极参与糖尿病病人自我管理过程时，能促进 2 型糖尿病病人进行 DSMP 的依从性。同样，当 2 型糖尿病病人及其家人运用文化背景相当的以家庭为基础的干预措施时，有助于更好地理解 2 型糖尿病病人的需求，并促进依从 DSMP 的家庭行为。

四、实践建议

糖尿病是全球最严重的慢性病之一，需要复杂的管理，包括自我保健。由于 DSMP 发生在家庭环境中，家庭支持能创造一个合适的媒介来采纳自我保健实践。为了进一步理解家庭在支持 DSMP 方面的作用，推动上述证据的应用转化，建议从以下几方面着手改善 2 型糖尿病病人及其家庭的体验。①充分理解家的文化背景：DSMP 受 2 型糖尿病病人及其家庭文化背景的影响较大。不同文化背景下的 2 型糖尿病病人对家庭参与的程度、家庭行为对他们有帮助或没有帮助以及他们需要什么样的支持都有不同的看法。②充分理解性别的差异：男性和女性在提供和接受支持的能力上存在差异。理解性别角色认同及其相关的人格品质可显著影响社会支持关系的发展、维持和感知。强调对糖尿病管理中的性别角色和社会支持的理解，有助于制订更有效的干预策略。③强调社会支持和资源的获取：个人、家庭和社会层面的多种因素影响了 2 型糖尿病病人的经历，包括在日常生活中采用 DSMP 面临的挑战，面临资源（如收入、就业、医疗资源等）有限的困境，对 2 型糖尿病和医疗保健动态的了解以及对家庭和社区支持的需求等。④精心规划可持续的家庭干预措施：为了提高 DSMP 可持续性，建议在开始任何干预之前，与 2 型糖尿病病人及其家庭成员一起全方位地规划劳动力、时间和花费；使用适当的随访方法建立和调整目标及行动计划。基于家庭的干预措施应该考虑对 2 型糖尿病病人及其家庭的各种需求进行全面的评估，包括他们的健康、教育、社会心理和经济需求。

（王　健）

小　结

作为社区卫生服务的重要组成部分的社区护理，在慢性病管理中起到了至关重要的作用。社区护士必须掌握慢性病护理的相关理论知识和实践技能，通过对社区人群采取推广健康生活方式、定期检测、尽早干预等防治措施，以及为病人进行有效的自我管理提供支持，达到最大限度地控制慢性病、提高病人的健康水平和生活质量的目标。

笔记栏

ER7-2
本章思考题
解题思路

•••• 思考题 ••••

1. 病人，男，44 岁，于 2023 年 10 月体检时发现空腹血糖 14.1mmol/L，无多饮、多尿、多食、体重减轻等，经医生检查后诊断为 2 型糖尿病，给予口服降血糖药治疗后，空腹血糖控制在 6 ~ 7mmol/L，餐后 2 小时血糖控制在 8 ~ 9mmol/L。昨日复查空腹血糖 6.84mmol/L，糖化血红蛋白 7.0%。病人体重指数 25.0kg/m^2。作为社区护士，如何帮助该 2 型糖尿病病人增强自我管理能力？

2. 某社区护士在与一位高血压病人交谈时发现，病人已有 10 年的吸烟史，每日吸烟量为 15 ~ 20 支。该病人也知道吸烟的危害并愿意戒烟，但先后尝试过多次戒烟均未成功。请应用本章学习的理论或模式，帮助这位病人制订一套戒烟的有效方法。

3. 王某，女，67 岁，高血压病史 7 年，一直服用卡托普利片控制血压，每次口服 50mg，每日 2 次。近 1 个月来，头痛、头晕、乏力、视物模糊，自行将卡托普利片增加至每日 3 次，仍不见好转，来社区卫生服务中心就诊。查体：身高 160cm，体重 65kg，血压 150/90mmHg（服药后）；心、肺检查未见异常，眼底检查显示视网膜动脉变细，血脂略高，血糖正常。社区护士应如何帮助王某制订合理的健康管理计划？

第八章

社区康复护理

　　徐某，男性，55 岁，已婚，1 个月前因突发"脑出血"入院，收住于神经内科。经 3 周的积极治疗和精心护理，病情控制后转入康复科进行偏瘫肢体综合训练、针灸、理疗、高压氧等康复治疗，12 天后出院，继续家庭康复训练。目前，病人有偏瘫及感觉功能减退等症状，在接受社区护士家访时，口齿稍含糊，但沟通无障碍，左侧上下肢活动障碍。徐某现与妻子共同居住，有一儿子在外地工作。其妻 53 岁，教师。

　　作为一名社区护士，康复护理时你应该：

　　1. 如何对病人进行功能评定并制订康复训练计划？

　　2. 如何指导病人进行功能训练？在功能训练指导时应注意哪些问题？

　　3. 如何指导家属提高病人生活质量？

　　4. 如何利用社区资源为病人提供康复服务和帮助？

　　随着我国经济的迅速发展和人民生活水平的逐步提高，残疾、慢性病、失能等功能障碍者受到社会越来越多的关注。国家统计局数据显示，截至 2023 年，我国残疾人总数达 8 591.4 万人。由于人口老龄化、慢性病和意外伤害增加等因素，我国残疾人已进入规模增大、结构变动加快、致残风险提高的关键时期，这对我国公共卫生体系、残疾人的康复服务体系、社会和医疗保障体系形成了严峻的挑战。因此，大力发展残疾预防事业，为残疾人提供良好的社区康复护理服务，是新时期提高我国人口素质的重要举措，对我国乃至世界经济、社会可持续发展具有重要意义。

第一节　概　述

　　康复（rehabilitation）一词产生于 19 世纪，原意是指"复原""恢复"。医学领域的康复通常指机体功能的复原，包括身体、心理、社会等功能方面的复原。全面康复则包括医学康复、教育康复、职业康复和社会康复。社区康复护理是社区护理学的重要组成部分，也是社区康复医学的重要组成部分。社区康复护理工作开展规模和实施质量直接影响社区残疾人的康复水平和生活质量。

一、社区康复护理的基本概念

　　康复是综合协调应用各种措施，最大限度地恢复和发展与病、伤、残者的身体、心理、社会、职业、娱乐、教育和周围环境相适应的潜能，以减少病、伤、残者身体、心理和社会的障碍，使其重返社会，提高生活质量。2004 年，WHO 在《社区康复联合意见书》中对社区康复（community-based rehabilitation，CBR）的界定为："社区康复是为社区内所有残疾人的康复、机会均等及社会包容的一种社区整体发展战略。其目的是使所有残疾人享有康复服务，实现机会均等、充分参与的目标。"

社区康复护理是将现代整体护理融入社区康复,在康复医师的指导下,在社区层次上,以家庭为单位,以健康为中心,以人的生命为全过程,社区护士依靠社区内的各种力量,即家属、医务工作者和所在社区的卫生、教育、劳动就业和社会服务等部门的合作,对社区的伤残者进行的护理。

二、社区康复护理的工作内容和特点

(一)社区康复护理的工作内容

1. 信息管理 依靠社区各方面的力量,开展社区病、伤、残者普查,了解病、伤、残者的人数、程度、分布等。有条件的社区可对残疾人实行网络管理,即建立有效的信息报告、康复转介和信息管理网络。利用全国残疾人基本服务状况和需求信息数据,依据残疾人实名制信息,面向残疾人基本公共服务需求开展"一人一案"服务,同时利用数据分析与可视化平台,实现残疾人信息及时处理、深入挖掘,为改善残疾人服务提供数据支持。

2. 定期随访 推进残疾人家庭医生签约服务,支持并保障签约医生为残疾人提供基本医疗、公共卫生和健康管理等个性化服务。随访可采用预约残疾人到门诊就诊、电话追踪和家庭访视等方式。随着信息技术不断发展,"互联网+专科医生"的社区康复护理模式逐步建立,有助于提高病人随访管理的依从性。

3. 社区康复护理指导 社区康复中心应至少配置2名康复医师、2名中医类医师、4名康复治疗师(士)和4名康复护师(士),社区康复护士配合康复医师、康复治疗师对转入社区及家庭的功能障碍者提供转诊后连续的康复训练指导及教育康复、职业康复、社会康复及独立生活等方面的指导。

4. 辅助器具适配 为有康复需求的残疾人提供生活自助具、护理器具、助视器、助听器等辅助器具适配及使用指导。辅助器具适配服务不仅涉及辅助器具的选择和使用,还包括根据残疾人身体结构和功能情况,以及对使用环境的科学评估,以实现个性化、精准化适配,确保辅助器具能够最大限度地满足残疾人的特定需求,提升辅助器具使用率,提高残疾人生活质量。

5. 社区康复转介服务 帮助有需求的残疾人到专业康复机构接受服务。我国将逐步建立全国统一的精神障碍社区康复服务国家转介信息平台,细化转介服务流程,强化全过程监督评价。社区康复转介服务主要包括提出申请、初核登记、康复转介、综合评估、服务提供、阶段性评估、结案与回访等程序。

6. 支持性服务 为有康复需求的残疾人提供心理疏导、康复咨询、居家照料、知识普及等服务。可通过举办宣传教育讲座、提供咨询、发放康复资料、传授康复器具使用知识及心理疏导等,加强残疾预防与残疾康复知识的宣传,增进社会对残疾人康复工作的认识,提高全民对残疾人康复的知晓率,营造全社会关心、支持残疾人康复的良好氛围。

(二)社区康复护理的特点

1. 坚持全面康复 依据整体护理从心理、生理、社会、职业和教育上对康复对象实施全面的、整体的康复护理。

2. 提倡早期介入 社区康复护理不仅强调全面康复,而且提倡功能训练的早期介入。早期介入功能训练不仅能改善病人的肢体运动功能,预防残疾的发生、发展以及继发性残疾,还能减少伤病后的抑郁发生。

3. 强调自我护理 康复护理对象常因功能障碍出现不同程度的自理能力下降,严重者自理能力下降问题将终身存在。因此,应指导他们学会并掌握在功能障碍情况下发挥残余功能和潜在功能,实现自我护理。自我护理不但能提高康复护理对象生活质量、增强其自信心和独立性、减轻他人的照顾负担,而且对其融入社会具有积极的促进作用。

笔记栏

4. 提供持续干预 社区康复护理对象分散在各个家庭，病因不同、病情复杂，大多需要长期的康复和护理。社区护士应提供有针对性的、连续的健康宣教、康复训练指导以及专业护理。

5. 减少就医成本 社区康复护理能够整合家庭、社区卫生服务中心以及社会资源，使大多数康复护理对象享有灵活、便捷的康复服务。相较于综合医院或专门康复机构，社区康复护理能够就近利用医疗资源，减少康复护理对象时间花费、交通费用、照顾负担等就医成本。社区护士通过定期家庭访视、健康监测和康复指导，能够及时发现并处理病人的潜在问题，减少并发症和紧急就诊的情况，提高医疗资源利用效率，间接减轻服务对象经济负担。

三、社区康复护理的相关政策

残疾与康复是社会发展的重大问题，国际、国内均对残疾与康复给予高度关注。为此，相关机构和部门制定了一系列有关残疾康复的决议、纲领、法律、法规和政策性文件等（表 8-1、表 8-2）。这些相关文件为保障残疾人权利以及促进社会融合提供了依据，也使社区康复护理工作的开展有章可循。

表 8-1 国际上与社区康复护理相关的决议、纲领和公约

决议、纲领或公约	颁布时间	颁布单位	内容
《残疾人权利宣言》	1975 年 12 月	联合国	所有残疾人都应享有本宣言所列举的人格尊严、公民权利和政治权利等一切权利
《残疾人机会均等标准规则》	1993 年 12 月	联合国	宗旨是确保残疾男女和儿童，作为所在社会的公民，可行使与享有和其他人同样的权利与义务
《残疾人权利公约》	2006 年 12 月	联合国	旨在促进、保护和确保所有残疾人充分和平等地享有一切人权和基本自由，并促进对残疾人固有尊严的尊重
《世卫组织 2014—2021 年全球残疾问题行动计划：增进所有残疾人的健康》	2014 年 5 月	世界卫生组织	该行动计划将残疾问题不仅作为人权问题和发展重点，也将残疾问题作为全球公共卫生问题，侧重于改善残疾人的健康、功能和福祉
《全球残障人士健康平等报告》	2022 年 12 月	世界卫生组织	报告分析了残障人士面临的健康不平等及其成因，概述了可促进残障人士健康平等的行动，并建议了一些实施原则

表 8-2 国内与社区康复护理相关的法律、法规或文件

法律、法规或文件	颁布／修订时间	颁布单位	内容
《残疾人教育条例》	1994 年 8 月颁布 2017 年 1 月修订	国务院	是我国第一部有关残疾人教育的专项法规，为全面提高残疾人素质，平等地参与社会生活创造了条件
《残疾人就业条例》	2007 年 2 月颁布	国务院	目的是促进残疾人就业，保障残疾人的劳动权利
《中华人民共和国残疾人保障法》	1990 年 12 月颁布 2018 年 10 月修订	全国人民代表大会常务委员会	维护残疾人合法权益，发展残疾人事业，保障残疾人平等充分参与社会生活，共享社会物质文化成果

法律、法规或文件	颁布 / 修订时间	颁布单位	内容
《无障碍环境建设条例》	2012 年 6 月	国务院	创造无障碍环境，保障残疾人等社会成员平等参与社会生活
《残疾预防和残疾人康复条例》	2017 年 2 月颁布 2018 年 9 月修正	国务院	减少、控制残疾的发生，帮助残疾人恢复、补偿功能，促进残疾人平等、充分参与社会生活
《"十四五"残疾人保障和发展规划》	2021 年 7 月	国务院	贯彻落实习近平总书记关于残疾人事业的重要指示批示精神和党中央、国务院决策部署，进一步保障残疾人民生、促进残疾人发展
《促进残疾人就业三年行动方案（2022—2024 年）》	2022 年 3 月	国务院	对当前和今后一个时期加快推进残疾人就业工作，实现"十四五"时期残疾人较为充分且较高质量就业目标做出部署
《残疾人自助互助康复服务推广实施方案》	2023 年 11 月	中国残联	依托残疾人自助互助康复服务基地，面向视力、听力、肢体、智力、精神等残疾人，普遍开展中途失明者、中途失聪者、脊髓损伤者、成年智力障碍者、稳定期精神障碍者等自助互助康复培训、咨询、辅助器具适配及综合性支持等服务

四、研究与热点问题

随着社会经济的发展，人们对健康服务的关注度和需求不断增加，社区康复护理作为一种新型的康复模式得到了广泛认可和推广。在移动技术、信息技术、智能技术等科学技术不断发展的背景下，如何借助新的技术手段构建智慧模式优化社区康复护理服务，充分利用移动技术支持社区特别是农村等偏远地区康复护理服务，并重视社区重点人群的个性化服务需求等成为社区康复护理研究的关注重点。

1. 基于移动技术的远程康复护理模式研究 康复护理服务的可及性与康复护理水平直接影响病人的功能恢复程度，也决定了病人预后生活质量。远程康复护理属于远程医疗领域，利用信息通信技术提供远距离康复护理服务，通过电话、视频会议、可穿戴设备和虚拟现实程序等实现沟通，克服了地域、时间、社会和财务方面的障碍，为病人提供了在家中接受康复护理服务的机会。目前，移动技术主要通过手机、电脑实现，用于远程和居家康复锻炼监测，可实现信息的快速传递。现有研究也探讨了利用互联网、手机短信进行社区康复护理指导的效果，但现有远程康复相关应用程序主要针对专业医护人员，面向病人的应用程序较少，未来应开发以病人为中心、个体化、实用性强且接受度高的应用程序。物联网技术使从智能穿戴设备到智能家居设备的数据系统收集成为可能。全方位健康监测并在此基础上持续收集和分析病人的康复数据，以数据驱动的方式不断优化康复护理服务也是远程康复护理研究值得关注的问题。

2. 智能技术手段在康复训练中的应用研究 智能技术如康复机器人、可穿戴设备、传感器和虚拟现实技术等，实现了康复医护人员和病人的远程视、听、触觉等方面的交互；基于游戏的康复训练进一步丰富了康复训练的形式，提高了病人的参与度。虽然智能技术与移动技术相结合，实现了远程康复锻炼的动态反馈与实时交互，但是目前基于移动技术与智能技术的康复训练不论在技术手段还是在实现形式上，大部分处于试验阶段，如何确保锻炼的安全性、监测的有效

笔记栏

性及操作的简易性仍需要进一步研究。此外，此类研究缺乏经济成本分析，而设备与技术的成本可能是影响病人接受度的关键因素。因此，进行成本－效益分析的同时，探讨减少设备更新及技术优化仍是应用智能技术的康复训练模式研究的重要内容。

3. 精神障碍病人的社区康复护理服务研究　精神卫生既是全球性重大公共卫生问题，也是影响社会稳定和人民福祉的重大社会问题。社区康复护理服务是改善和提高精神障碍病人生活自理能力、社会适应与参与能力和就业能力，促进其回归和融入社会的重要途径。

针对精神障碍病人社区康复护理相关研究也是近年研究热点，主要包括：①社区康复护理服务模式的研究。以社区融合、家庭服务、居家照料为核心的精神障碍病人社区康复护理服务模式、服务体系的建设，特别是适合农村地区的精神障碍病人社区康复护理服务模式的建设。②关注全面康复需求的全人康复服务内容研究。如针对儿童、青少年、老年人等不同年龄段康复对象的特殊需求和特点设计的专门的服药训练、生活技能训练、社交技能训练、职业能力及居家康复指导等基础康复服务内容研究，同时探索5G、智能机器人、虚拟现实等信息技术手段在精神障碍病人社区康复护理中的应用。③精神障碍病人社区康复服务形式的研究。根据康复对象个性需求和实际情况，针对性地提供日间训练、过渡性住宿服务、居家支持和家庭支持、同伴支持、病人家属专家交流互助等多种形式的社区康复服务形式研究。

📑 相关政策

老年听力健康促进行动

由于人口老化，65岁以上老年人听力障碍患病率可达1/3以上，听力损失成为老年人第三大常见慢性病。听力损失不仅直接导致沟通交流障碍，影响生活质量和社会参与，还会提高心理疾病和老年期痴呆的患病风险。为预防和减缓老年听力损失的发生，切实增加老年人的健康获得感，促进健康老龄化，2024年《国家卫生健康委办公厅关于开展老年听力健康促进行动（2024—2027年）的通知》发布，通知包括"行动目标""行动内容"和"工作要求"三个部分。其中"行动内容"包括：

1. 加强老年听力健康科普宣传。
2. 开展老年听力筛查与干预。
3. 强化老年听力损失防控专项培训与队伍建设。
4. 支持老年听力健康公益活动。

第二节　社区康复护理的相关理论与应用

一、社区残疾人康复护理相关理论概述

社区残疾人康复护理不仅需要相应的法律法规作为行为准则和依据，还需要相关的理论来指导工作实践。成熟的理论不仅为社区护士在康复护理情境中采取适当的应答和行动提供理论依据，也为社区护士解决目前康复护理工作中的热点问题提供相应的解决办法，并在康复护理实践和研究的深入开展中起着积极的推动作用。常用的社区残疾人康复护理理论包括罗伊适应模式、King达标互动理论、功能重组理论。

（一）罗伊适应模式

1. 主要观点　罗伊适应模式提出护理的服务对象可以是个体、家庭、群体或社区，不管其规模如何，都应将其作为一个有适应能力的系统看待。该模式主要论述了人与环境互动，强调人

是一个具有适应能力的复杂生命系统，为了维持自身的完整性，机体不断与周围环境相互作用，持续地适应环境变化。当人不能适应内外环境的变化时，就会产生护理的需求。在罗伊适应模式中，所有的护理活动都是通过促进个体与环境的互动，处理压力所致的适应问题，以增进适应反应、减少或消除无效反应，提高个体对疾病的适应性。

2. 在康复护理中的应用　在康复护理过程中，社区护士可通过观察、交谈和检查等方法收集康复护理对象与生理功能、自我概念、角色功能和相互依赖这四种适应模式有关的输出性行为资料。

（1）康复护理评估：在评估过程中，社区护士应分析判断这些输出行为能否促进社区或个体的完整性，是否有助于社区健康。明确康复护理对象有无分泌物增多、缺氧、休克、恶心、呕吐、失眠、营养不良、压力性损伤、弃用性萎缩等生理功能方面的无效反应；有无性概念紊乱、自卑、自责等自我概念方面的无效反应；有无角色转换、角色冲突、角色差距、角色失败等角色功能方面的无效反应；有无分离性焦虑、孤独、无助等相互依赖方面的无效反应；有无需要社区护士帮助的适应性反应。同时要对影响行为的主要刺激、相关刺激和固有刺激进行评估与分析，以识别造成无效反应的刺激因素。

（2）康复护理目标和计划制订：应在尊重康复护理对象个人权利及利益的基础上，尽可能与康复护理对象及家属共同商定，且所制订的目标应在家庭护理中具有可行性。短期目标应陈述生理调节和心理调节的应对效果以及控制主要、相关和固有刺激后康复的预期行为；长期目标则应反映康复护理对象适应问题的解决和利用自身及社区、家庭的力量达到生存、成长和自我实现的情况。

（3）康复护理实施：主要是通过控制或改变各种刺激、扩大康复护理对象的适应范围，促进康复护理对象生理功能、自我概念、角色功能和相互依赖的适应性反应和适应水平，改变或避免无效反应，提高其应对能力及治疗依从性，从而促进其功能恢复，维护其健康水平。

（二）King 达标互动理论

1. 主要观点　King 达标互动理论认为人是一个开放系统，机体内各器官能量的改变导致其行为的反应。该理论着重于阐述发生在人与人之间，特别是护士与护理对象之间的相互作用，认为护士与护理对象是一种相互作用的人际系统，护士和护理对象通过相互作用确定问题，共同制订目标，并探求实现目标的方法，良好的护患关系是制订目标和寻找达到目标方法的基础。在护理过程中，护士和护理对象分别通过感知、判断和行动等过程，相互做出反应、产生互动、达到交流，并通过反馈产生相互作用的结果（图 8-1）。若双方能达到准确的感知上的统一并能消除阻碍因素，互动就会出现，交流就会发生，从而促进目标的实现；在交流的过程中，若感知、判断不断反复，就会促进互动、增进交流，进一步形成共同的目标，从而实现目标。

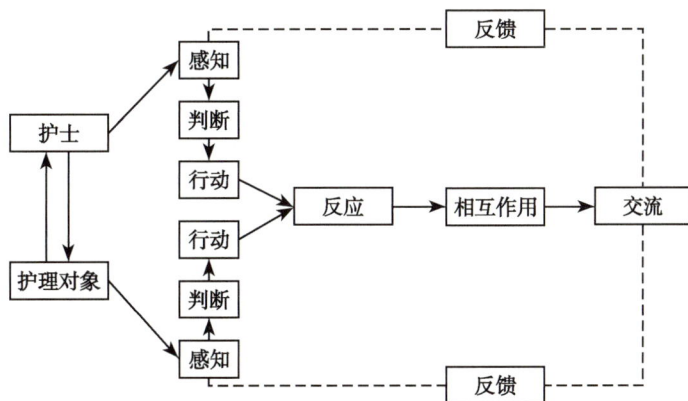

图 8-1　King 达标互动理论模型图

2. 在康复护理中的应用　在社区康复护理中，护士与康复护理对象分别作为个体系统，对对方进行感知、判断，构成人际系统，彼此相互影响，通过促进护士和康复护理对象之间的互动，以及他们与环境之间的互动，进行相互沟通和交流。

（1）康复护理评估：在护士与康复护理对象的互动中，护士用观察、会谈等交流技巧收集康复护理对象的一般资料、健康史、目前健康功能状态（包括诊断和治疗）、家庭内外部资源及利用状况（包括家庭成员对病人健康的关心和照顾等）。通过分析、评估收集的资料，护士和康复护理对象分享信息，同时建立护士与康复护理对象之间的相互信任关系，发现并确定康复护理对象存在的健康问题，使护士与康复护理对象的认知达到一致高度，共同制订针对健康问题的切实可行的护理目标，并对目标进行决策。

（2）康复护理目标、计划制订及实施：为了实现护患双方共同制订的目标，护士和康复护理对象之间相互作用以开展促进达到目标的护理计划或行动。当康复护理对象不能参与目标制订时，护士与其家庭成员相互作用，并不断地应对各种应激，使康复护理对象获得最大限度的日常生活潜能，帮助其恢复健康，使其在社会中能发挥正常的角色功能，并享受生活的美好。

如在对类风湿关节炎病人的康复护理中，社区护士要用自己丰富的康复知识和康复技术、良好的沟通技巧，和病人及家属产生互动，与病人及家属交流对疾病的认知、疾病目前控制的情况、康复训练的状况、护士对病人疾病的看法及一些康复训练的技巧等，取得病人及家属的信任；与病人及家属共同制订康复护理计划，指导病人及家属实施康复训练；在康复训练实施过程中不断发现问题，不断修订计划，同时鼓励病人树立战胜疾病的信心，坚定积极康复的信念，保持积极乐观的心态，使病人最大限度地恢复各种身体功能，达到生活自理，并最终提高生活质量。

（三）功能重组理论

1. 主要观点　功能重组理论认为损伤后脑的残留部分通过系统内和系统间的功能上的重组，可以以新的方式恢复已经丧失的功能，并认为在此过程中，特定的康复训练是必需的。其中，系统内功能重组是指在功能相近的系统内，通过重新组织原来的系统或损伤部分以外的系统，以承担因病损而丧失的功能；系统间功能重组是指损伤系统的功能由另一在功能上不完全相同的系统来承担。该理论是康复护理的重要理论。功能恢复训练是通过重新学习以恢复功能的过程，也可认为是通过与他人和环境相互作用，练习在接受刺激时及时和适当地做出反应，适应环境和重新学习生活、工作所需的技能的过程。

2. 在康复护理中的应用　在康复护理过程中，可根据疾病发展的阶段、病人的具体情况，适时地对病人进行相应的功能训练，促使系统内及系统间功能重组的发生，使病人功能恢复尽可能地达到最大范围的程度。

如脑卒中病人功能恢复主要依靠脑的功能重组，实现重组的主要方法就是练习特殊的活动，如坐位平衡训练、站立训练、上肢功能训练、步行训练、感知觉功能训练、日常生活活动功能训练等，练习越多，重组就更自动和更容易。早期练习有关的运动动作对促进脑的功能重组有好处，而缺少有关练习可能产生继发性神经萎缩或形成不正常的神经突触。此外，环境和社会因素对中枢神经系统的功能重组同样有重要的影响。在护理过程中，应对社区居民及病人家庭成员进行健康教育，让大家都关心病人，给病人以积极的支持和帮助，使病人以积极乐观的心态去正视现实、面对现实，在和谐的社区及温馨的家庭氛围中积极锻炼，促使病人功能重组，尽可能地恢复功能，降低残疾发生率，提高病人的生活质量。

二、国际功能、残疾和健康分类

2001 年第 54 届世界卫生大会，WHO 公布了《国际功能、残疾和健康分类》（*International Classification of Functioning, Disability and Health*，ICF）。ICF 为综合分析身体、心理、社会和环

境因素提供了一个有效的系统性工具，为卫生信息系统提供了一种系统化的编码方案，被应用于保健、保险、社会保障、就业、人权、科学研究、制订计划和政策、教育和训练以及经济和人类发展的各个领域。

1. 产生背景 1980 年，WHO 制订并公布第 1 版《国际残损、残疾和残障分类》（*International Classification of Impairment, Disability and Handicaps*，ICIDH），它是一种对疾病所造成的健康结果进行分类的分类体系。ICIDH 中有关残损、残疾与残障的分类，使医疗、康复工作者能更好地分析病人由于身体疾病而造成的可能的日常和社会生活上的障碍，在医疗、康复及其他领域发挥了重要的作用。然而，随着医疗技术的发展及国际残疾人活动的开展，人们对残损以及由此产生的社会生活变化有了新的认识，ICIDH 中原有的"残损"引起"残疾"再导致"残障"单向发展已不符合卫生与康复发展的实际情况，还存在缺乏"功能"和"残疾"的相关说明、未涉及"健康成分"等问题。1996 年，WHO 制订了新的《国际残损、活动和参与分类》，为了保持与《国际残损、残疾和残障分类》的连续性，将其简称为 ICIDH-2。2001 年，第 54 届世界卫生大会通过了将 ICIDH-2 更名为 ICF 的决议，ICF 成为 WHO 建立的国际分类家族中的核心分类标准之一。

2. 主要观点 ICF 的理论架构建立在生物 – 心理 – 社会医学模式下，从生物、个人和社会等不同角度提供了一种协调一致的健康观点，评价人类所共有的特征而非残疾人的特性，完整地说明了"功能"与"残疾"问题，实现了从强调人们的残疾到关注健康水平的根本性转变。国际疾病分类（international classification of disease，ICD）是根据疾病的解剖、病因、病理和临床表现等特征对疾病进行分类。因此，健康状态可以用 ICD 进行分类，而健康状态的结果可以用 ICF 进行分类，两者相互补充、相互交叉，如有必要，可以同时使用这两种分类。ICF 提供了一种新的理论与应用模式，将功能概念化为"一个人的健康状况、环境因素和个人因素之间的动态互动"，为残疾的定义和测量提供了标准语言和概念基础，并提供了分类和代码，成为全球人类功能和残疾各方面数据标准化的重要基础，广泛应用于评估、处理慢性病和残疾问题的医疗卫生机构，如康复中心、疗养院和社区卫生服务机构等（图 8-2）。

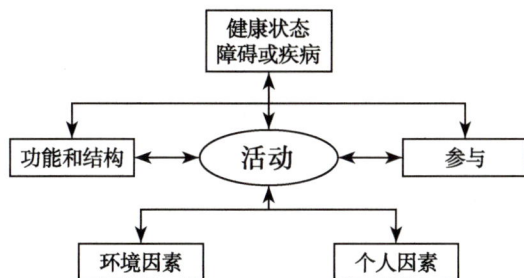

图 8-2 ICF 新模式示意图

（1）ICF 的基本内容：ICF 分为功能和残疾、背景因素两个部分。功能是身体功能和身体结构、活动和参与的总称；残疾是指功能受损、活动受限、参与受限的总称；背景因素包括环境因素和个人因素。"身体功能"是身体各系统的生理功能（包括心理功能）；"身体结构"是身体的解剖部位，如器官、肢体及其组成部分；"损伤"是身体功能或结构出现问题，如精神功能、语言功能、研究功能等或各器官系统的形态、结构的显著的变异或缺失；"活动"是由个体执行的任务或行动；"参与"是投入生活场景中；"活动限制"是个体在完成活动时可能遇到的困难，指个体整体水平的功能障碍（如学习和应用知识能力、完成一般任务和要求的能力、生活自理能力等）；"参与局限性"是个体投入社区情境中可能经历的问题，指病人的社会功能障碍（如接受教育和工作等主要生活领域，参与社会、社区和公民生活的能力等）。与以上概念有相互作用的因素称为背景因素，即某人的健康（疾病、障碍、损伤等），或者说功能和残疾情况，实际上是与背景

笔记栏

因素构成了人们生活和指导人们生活的自然、社会和态度环境，包括环境因素和个人因素。"环境因素"包括某些产品、工具和辅助技术；其他人的支持和帮助；社会、经济和政策的支持力度。有障碍或者缺乏有利因素的环境将限制个体的活动表现，反之则可以提高其活动表现。"个人因素"包括性别、年龄、健康情况、生活方式等。ICF 使处于不同文化背景下的不同使用者能在各个领域中个体功能、残疾和健康情况分类记录方面有一个共同工具。ICF 模式将健康情况、功能和残疾情况及背景因素表述为一种可以双向互动的统一体系。

（2）ICF 的使用：通过选择适当的类别及其相应的代码，加上数字或限定词，即可记录个人的功能和残疾情况。数字或限定词说明该类别中的功能或残疾程度，或某一环境因素是促进因素还是障碍因素。如"b2.1"中，"b"代表 ICF 中的身体功能部分，该部分共包括 8 个章节；"2"即代表其中的第二章节"感觉功能和疼痛"；小数点后的数字可分为 0～4、8、9，其中"1"代表轻度。ICF 可在临床实践中为不同学科提供共同语言，评估健康和功能、评估治疗结果等，还被运用于人口统计、教育、制定与残疾和健康相关的政策等领域。ICF 为共同语言和高水平的分类结构提供了平台，为细节进行具体的描述和量化，为统计信息提供了基石。

3. 在康复护理中的应用　ICF 不仅可以对疾病进行诊断，注意健康状态的结果，还建立了一套国际性的术语系统，为残疾问题的跨学科研究提供一个框架或结构，使研究成果具有可比性，有助于科学研究中使残疾人成为卫生工作者的合作者，并在制定相关社会政策中发挥作用。

我国有关 ICF 的研究主要集中在四个领域：ICF 在人口水平的应用（残疾调查与统计领域）、ICF 在临床和服务水平的应用（功能和残疾评估、服务需求与服务绩效评估领域）、ICF 在管理和临床信息水平的应用（功能和残疾统计与服务管理领域）和 ICF 在社会政策水平的应用（残疾与服务政策领域）。在康复护理工作中，护理人员可以借助 ICF 进行整体性评估，包括活动水平、参与社会生活基本领域和角色的总体水平等，在了解病人疾病的同时，从病人的社会背景和心理变化出发，对病人所患疾病进行全面分析和诊断，制订有效的综合护理方案，提高对病人心理社会因素作用的观察和分析能力，最终提高康复护理效果。ICF 把个体功能表现与社会、自然等环境因素融合起来，确定康复需求和综合性健康干预目标，为以综合功能康复为目标的重度残疾人居家康复锻炼方案提供新的思路。护理人员可以利用 ICF 确定病人身体、个人和社会层面的功能水平以及促进或妨碍病人参与社区康复及其他活动的因素，制订不同残疾程度康复锻炼计划。此外，ICF 可结合"互联网 +"或大数据平台建设综合性健康信息系统，采集功能和康复数据，强化康复科学研究，实现全民健康覆盖。

第三节　常见功能障碍的社区康复管理

一、呼吸功能障碍的社区康复管理

（一）常见呼吸功能障碍及康复护理评估

1. 常见呼吸功能障碍　①有效呼吸降低：肺气肿基础上的长期慢性炎症使气管黏膜充血和水肿、分泌物增加而导致换气功能障碍。②病理性呼吸模式：肺气肿的病理变化限制了膈肌的活动范围，使肺通气量减少，为弥补呼吸量不足，改为以胸式呼吸为主，甚至动用辅助呼吸肌，形成病理性呼吸模式，导致腹式呼吸模式无法建立，肺通气和换气功能障碍加重最终导致呼吸衰竭。③呼吸肌无力：病理性呼吸模式下，呼吸困难导致活动量减少、运动能力降低，进而使呼吸肌运动功能减退，最终导致呼吸肌无力。

2. 康复护理评估

（1）一般评估：主要评估病人一般情况，如有无吸烟史和慢性咳嗽、咳痰史；发病是否与寒冷等气候变化、职业性质和工作环境中接触粉尘和化学物质有关；有无反复的感染史；有无大气污染、变态反应因素的慢性刺激。

（2）肺容量测试：肺容量指肺内气体的含量，即呼吸道和肺泡的总气体容量，是肺通气和换气功能的基础，包括潮气容积、补吸气容积、补呼气容积和残气容积4个基础肺容积，以及深吸气量、功能残气量、肺活量和肺总量4个基础肺容量。除功能残气量和肺总量须通过标记气体分析或体积描记法等方法间接换算，其余指标可用肺量计直接测定。

（3）肺通气功能测试：肺通气指在单位时间内随呼吸运动进出肺的气量和流速，又称动态肺容积。凡能影响呼吸频率和呼吸幅度的生理、病理因素，均可影响通气量。肺通气功能可以通过潮气呼吸测试、肺量计检查、支气管舒张试验、呼出气一氧化氮检测等方法测定。通过对比正常值和病人实际测定值，判断肺通气功能是否存在异常，并评估异常程度。单位时间内随呼吸运动进出肺的气量越少和/或流速越慢，则代表肺通气功能越差。

（4）肺换气功能测试：肺换气是指通过外呼吸进入肺泡的氧气通过肺泡毛细血管进入血液循环的过程，与肺通气一起组成外呼吸。有效的肺换气与血流量、通气量、吸入气体的分布和通气/血流比值以及气体的弥散有密切关系。吸入气体的分布测试可发现不均匀的气流阻力和肺顺应性。

（5）小气道功能检查：小气道指吸气状态下内径≤2mm的细支气管，包括细支气管和终末细支气管，是慢性阻塞性肺疾病等慢性肺病最先累及的部位。闭合容积指平静呼气至残气位时肺下垂部位小气道开始闭合时所能继续呼出的气体量。闭合容积/肺活量的正常值随年龄增加而增加，高于正常值常见于小气道阻塞性病变，可使用标记气体分析方法测定。

（6）6分钟步行试验：用于评估病人心肺功能。该试验要求病人在平直走廊里尽可能快地行走，测定6分钟的步行距离。病人步行>450m表示轻度心肺功能不全；150~450m表示中度心肺功能不全；<150m表示重度心肺功能不全。

（二）社区康复护理

1. 痰液分泌过多的护理

（1）病情观察：密切观察咳嗽、咳痰的情况，能否有效咳出痰液，详细记录痰液的颜色、性质、气味和量等。

（2）环境与休息：指导病人及其家属布置安静、舒适的休息环境，保持室内空气清新、洁净，注意通风。维持适宜的室内温度（18~20℃）和湿度（50%~60%），以充分发挥呼吸道的自然防御功能。病人保持舒适体位，宜采取坐位或半坐卧位，以利于改善呼吸和咳嗽排痰。

（3）饮食护理：慢性咳嗽会增加机体能量消耗，应给予足够热量的饮食，适当增加蛋白质和膳食纤维摄入。

（4）促进有效排痰：包括有效咳嗽、气道湿化、胸部叩击、体位引流和机械吸痰等措施。①有效咳嗽：适用于神志清楚、一般状况良好、能够配合的病人。将病人安置于舒适、放松的位置；指导其先缓慢深吸气，吸气后稍屏气片刻，快速打开声门，用力收腹将气体迅速排出，引起咳嗽。一次吸气，可连续咳嗽3次，之后停止咳嗽，并缩唇将余气尽量呼尽。之后平静呼吸片刻，准备再次咳嗽。如深吸气诱发咳嗽，可尝试断续分次吸气，争取使肺泡充分膨胀，增加咳嗽排痰效率。训练一般不宜长时间进行，可在早晨起床后、晚上睡觉前或餐前半小时进行。②气道湿化：适用于痰液黏稠不易咳出者，包括湿化治疗和雾化治疗两种方法。③胸部叩击：通过叩击所产生的振动和重力作用，使滞留在气道内的分泌物松动，并通过咳嗽的方式排出体外。④体位引流：适用于肺脓肿、支气管扩张症等有大量痰液的病人。通过适当的体位摆放，使病人受累肺段的支气管尽可能垂直于地面，利用重力的作用使支气管内的分泌物流向气管，再以咳嗽等方式排出体外。禁用于有明显呼吸困难和发绀、心肌梗死、心功能不全等严重心血管疾病，出血性疾病，肺水肿，肺栓塞，急性胸部损伤及年老体弱不能耐受的病人。⑤机械吸痰：适用于痰液黏稠无力咳出、意识不清或建立人工气道的病人。可经口、鼻腔及气管插管或气管切开处进行负压吸痰。

（5）用药护理：遵医嘱使用抗生素、止咳及祛痰药物。用药期间注意观察药物疗效及不良反应。

2. 呼吸困难的护理

（1）氧疗及机械通气的护理：根据呼吸困难类型、严重程度的不同，采取合理的氧疗或机械通气治疗，以缓解呼吸困难症状。

（2）用药护理：遵医嘱使用支气管舒张药、糖皮质激素、抗生素等药物治疗，观察药物疗效和不良反应。

（3）心理护理：呼吸困难病人常出现烦躁不安、焦虑甚至恐惧等不良情绪而使呼吸困难程度加重，长期慢性呼吸困难还可能对病人及其家庭日常生活造成影响。医护人员应注意安慰病人，并指导家属在病人呼叫时及时出现在病人身边，给予心理支持以增强病人安全感，保持病人情绪稳定。

3. 呼吸肌锻炼

（1）缩唇呼吸：通过缩唇形成的微弱阻力延长呼气时间，增加呼气时的气道阻力，延缓小气道的闭陷。方法为用鼻吸气，缩唇（吹口哨样），用口缓慢呼气，同时配合腹式呼吸。吸气与呼气时间比为 1∶2 或 1∶3；缩唇程度以呼气时能使距口唇 15～25cm 处的蜡烛的火焰倾斜但不熄灭为宜。

（2）腹式呼吸：病人取立位、平卧位或半坐卧位，用手、小枕或书本置于上腹部以观察腹部运动，配合缩唇呼吸进行。用鼻吸气时，使膈肌最大程度下降，腹肌松弛、鼓起；用口缓慢呼气时，腹肌收缩，膈肌松弛，因腹腔内压力增高而使膈肌上抬，促使气体排出，腹部下陷。缩唇呼吸和腹式呼吸每天训练 3～4 次，每次重复 8～10 遍。

二、心功能障碍的社区康复管理

（一）常见心功能障碍及康复护理评估

1. 常见心功能障碍 ①循环功能障碍：病人往往因减少或缺乏体力活动而导致心血管系统适应性降低。②呼吸功能障碍：心血管功能障碍可导致肺循环功能障碍，影响肺部血管和肺泡气体的交换，致使其摄氧能力下降，诱发或加重缺氧症状。③全身运动耐力减退：因疾病和缺乏体力导致机体摄氧能力下降、肌肉萎缩、氧代谢能力下降，从而限制了全身运动耐力。

2. 康复护理评估

（1）一般评估：①患病及诊治经过，疾病起始情况和时间，有无明显诱因，主要症状及其特点。②相关病史，病人有无心血管病相关疾病。③心理－社会状况，病人对疾病的性质、过程、预后及防治知识的了解程度；有无焦虑、抑郁、恐惧等心理反应及其严重程度；是否容易出现情绪激动，精神紧张；家庭成员组成，家庭经济状况，文化、教育背景，家庭成员对病人所患疾病的认识、关心和支持程度。④生活史，包括个人史和生活方式，如有无烟酒嗜好，吸烟、饮酒的量及持续年限。

（2）心电图运动试验：是一种简便、实用、可靠的诊断性检查方法。试验方法为逐步增加运动负荷，以心电图为主要检测手段，通过试验前、中、后的心电图、症状以及身体的反应来判断心肺功能。

（3）心功能分级：美国纽约心脏病协会心功能分级（New York Heart Association functional classification）根据诱发心力衰竭症状的活动等级对心功能分级。该分级操作简单，临床使用广泛，其中代谢当量量化的心功能将活动水平客观化，利于活动处方的指导。

（4）血液检查：如血常规、电解质、血脂、血糖、脑钠肽、心肌坏死标志物、肝功能、肾功能、血培养、动脉血气分析等检查。相关检查不仅有利于了解循环系统疾病的危险因素、协助病因诊断，还有助于判断病情严重程度和病程演变、了解治疗效果。

（5）心电图检查：包括常规心电图、动态心电图、遥测心电图、食管心电图、起搏电生理、心室晚电位和心率变异性分析等，是循环系统疾病病人最常用的无创性检查之一，是诊断心律失常和急性心肌梗死的重要手段，还可用于电解质紊乱、房室肥大的判断。

（6）6分钟步行试验：详见本节"一、呼吸功能障碍的社区康复管理"相关内容。

（7）其他评估：临床工作中常采用通用或专科的风险评估工具和量表对病人进行全面评估，以保障病人安全并采取预见性护理。如跌倒评分、压力性损伤风险评分、血栓风险评估、营养筛查及评估、焦虑抑郁评分、心房颤动病人血栓风险及抗凝出血评分等。

（二）社区康复护理

1. 呼吸功能障碍的护理 详见本节"一、呼吸功能障碍的社区康复管理"相关内容。

2. 活动耐力不足

（1）活动耐力评估：评估病人心功能状态，判断活动受限程度。了解病人过去和现在的活动型态，确定既往活动的类型、强度、持续时间和耐受力，判断病人恢复以往活动型态的潜力。

（2）制订活动计划：与病人及家属一起确定活动量和持续时间，根据病人身体状况和活动时的反应，确定活动的强度、持续时间和频度。

（3）活动中监测：早期活动应在心电监护下进行，观察增加活动量后病人的反应。在活动过程中，若病人呼吸频率>30次/min，心率>120次/min或基础心率增加20次/min以上，收缩压上升>30mmHg或降低>10mmHg，出现明显心前区不适、呼吸困难加重、头晕眼花、面色苍白、出冷汗、极度疲乏时，应立即停止活动，并以此作为限制最大活动量的指征。若休息3~5分钟后症状仍无缓解，应报告医生并协助处理。

（4）生活指导：根据病人病情及居家生活条件，如居住的楼层、卫生设备条件以及家庭支持能力等，对其进行活动指导；指导病人在工作、家庭、社会关系等方面进行必要的角色调整。

三、运动功能障碍的社区康复管理

（一）常见运动功能障碍及康复护理评估

1. 常见运动功能障碍 ①肌张力异常：是一种因持续的肌肉收缩导致扭曲、重复运动或异常姿势的神经性运动障碍，包括肌张力增高（肌肉痉挛与肌强直）、肌张力减低和肌张力障碍。②肌力异常：包括肌力增高、肌力降低和肌力障碍。③关节活动受限：指人的各个关节因局部损害或各种原因导致的活动无法达到健康时的运动范围、幅度、频率等。④平衡与协调功能异常：平衡功能异常是指人体在静态或动态下，保持身体重心稳定的能力出现障碍；这种异常可能导致个体在行走、站立或进行其他日常活动时失去平衡，从而出现摔倒、摇晃或不稳定等现象。协调功能异常是指人体在运动过程中，不同部位肌肉和关节之间协同工作的能力受损；这种异常可能导致运动不流畅、笨拙或动作分解，进而影响个体完成日常活动和运动技能。

2. 康复护理评估

（1）肌张力异常康复护理评估

1）肌张力的一般评估：①病史，详细询问痉挛发生的频率、受累的肌肉及数目、痉挛的利弊、引起痉挛程度改变的原因等。②视诊，仔细观察病人有无肢体或躯体的异常姿态、刻板样运动模式、自发性运动缺失等。③触诊，通过触摸肌肉的硬度判断肌张力。④反射检查，应特别注意检查病人是否存在腱反射亢进等现象。⑤被动运动检查，可观察肌肉对牵张刺激的反应，通过检查者的手来感觉病人肌肉的抵抗是最常用的检查方法。⑥摆动检查，以一个关节为中心，使远端肢体快速摆动，摆动时主动肌和拮抗肌交互快速收缩，观察其摆动幅度的大小。肌张力减低时，摆动幅度增大；肌张力增高时，摆动幅度缩小。⑦其他检查，如伸展性检查、姿势性肌张力

笔记栏

检查、生物力学评定方法、电生理评定方法等。

2）肌张力增高（痉挛）的评估：痉挛的准确量化评定比较困难，临床上多根据量表进行评定，最常用的评定量表是改良阿什沃思量表（modified Ashworth scale）。

（2）肌力异常康复护理评估

1）徒手肌力评定：根据受检肌肉或肌群的功能，选择不同的受检体位，在减重、抗重力和抗阻力条件下完成指定动作，按动作的活动范围和抗重力或抗阻力的情况进行分级。

2）上肢徒手测定：采用 Lovett 分级法。

3）等长肌力评定：是测定肌肉等长收缩的能力，适用于 3 级以上肌力的检查，可以获得较为准确的定量评定结果。通常采用专门的器械进行测试，常用的方法有握力测试、捏力测试、背肌力测试、四肢肌群肌力测试等。

4）等张肌力评定：是测定肌肉克服阻力收缩做功的能力。测出 1 次全关节活动度运动过程中所抵抗的最大阻力值，称为该被测者该关节运动的最大负荷量，完成 10 次规范的全关节活动范围运动所能抵抗的最大阻力值称为 10RM。

（3）关节活动范围测定：指通过量角器和电子测量仪对病人关节主动与被动活动范围进行测量。测量工具主要有以下几类：①通用量角器，由一个圆形的刻度盘和固定臂、移动臂构成；固定臂与刻度盘相连，不能移动；移动臂的一端与刻度盘的中心相连，另一端可以移动；主要用于四肢关节活动范围的测量。②电子角度计，固定臂和移动臂为 2 个电子压力传感器，刻度盘为液晶显示器；电子量角器测量准确程度优于通用量角器，且重复性好，使用方便。③指关节量角器，是一种小型半圆形量角器，固定臂与半圆形刻度盘连为一体，不能移动；移动臂与半圆形刻度盘相连，但可以移动；适用于手指关节活动范围的测量。④脊柱活动量角器，用于测量脊柱屈、伸的活动度，也可用于脊柱侧弯的测量。

（4）平衡与协调能力评估

1）平衡能力评估：人体平衡可以分为静态平衡、自动态平衡和他动态平衡三类。平衡评定有多种方法，包括简易评定法、功能性评定及平衡测试仪评定三类。①简易评定法：主要为 Romberg 检查法（闭目难立征），受检者双足并拢站立，两手向前平伸；先睁眼，然后闭眼，维持时间为 30 秒；站立不稳或倾倒为异常，平衡功能正常者无倾倒。②功能性评定：即量表评定法，目前临床上常用的平衡量表主要有 Berg 平衡量表、Tinetti 平衡与步态量表、Brunel 平衡量表、简明平衡评价系统测试、Fugl-Meyer 平衡量表等。③平衡测试仪评定：是近年来国际上发展较快的定量评定平衡能力的一种测试方法，包括静态平衡测试和动态平衡测试。

2）协调能力评估：评估方法主要是观察受试者在完成指定动作时是否直接、精确，时间是否正常，在动作的完成过程中有无辨距不良、震颤或僵硬。常用以下几种方法：①指鼻试验，受试者用自己的示指，先接触自己的鼻尖，再去接触检查者的示指；检查者通过改变自己示指的位置，来评定受试者在不同平面内完成该试验的能力。②指对指试验，检查者与受试者相对而坐，将示指放在受试者面前，让其用示指去接触检查者的示指；检查者通过改变示指的位置，来评定受试者对方向、距离改变的应变能力。③轮替试验，受试者双手张开，一手向上，一手向下，交替转动；也可以一侧手在对侧手背上交替转动。

（二）社区康复护理

1. 肌张力异常的康复护理措施

（1）良肢位摆放：是指为防止或对抗痉挛的出现，保护肩关节、防止半脱位，防止骨盆后倾和髋关节外展、外旋，早期诱发分离运动而设计的一种治疗体位。适用于脑损伤病人、脊髓损伤（高位）病人、骨关节疾病病人及各种原因引起的痉挛。

（2）肢体被动运动：是指利用外力使肢体进行运动，主要目的是预防关节活动受限，促进肢体血液循环和增强肢体感官输入，适用于瘫痪者及各种原因引起的关节挛缩。

笔记栏

2. 肌力异常的康复护理措施

（1）物理治疗：是通过功能训练、物理因子和手法治疗，重点改善肢体功能的一种治疗手段，具体包括声、光、电、磁、力（运动、压力）、热、冷等。常用方法有：①全身温热疗法，如湿包裹法、温泉疗法、蒸汽浴、沙浴、泥疗等。②局部温热疗法，如热水袋、温水浴、蜡疗、红外线、高频电疗法，特别是微波，对全身影响较小；同时结合中草药熏洗效果更好。③电热手套，使用电热手套对病人进行热疗；该方法可减轻疼痛，但不能改善晨僵程度，也不能阻止关节破坏。

（2）运动治疗：是一种重要的治疗方法，目的在于增加和保持肌力、耐力，维持关节活动范围，提高日常生活能力，增加骨密度，增强体质。包括：①主动运动训练：指病人主动进行肌肉收缩和伸展的运动，旨在增强肌肉力量和耐力，提高肌肉协调性和灵活性。训练过程中，治疗师会根据病人的具体情况，设计适合其肌力水平的动作和强度，逐步增加训练难度，促进肌肉功能的恢复。②被动运动训练：是由他人或辅助设备协助病人进行肌肉运动的方法。这种方法适用于肌力较弱或无法主动运动的病人。被动运动训练可以帮助保持关节的活动度，防止肌肉萎缩和关节僵硬，同时促进肌肉血液循环和代谢。

（3）手法治疗：按摩有利于改善循环，减轻炎症、肿胀，放松肌肉，缓解疼痛，解除组织粘连，防止肌肉萎缩，提高关节活动能力。

（4）肌力锻炼：包括等长收缩、等张收缩、关节操等。

3. 关节活动范围受限康复护理措施

（1）良肢位摆放、保护肩关节：较好的体位是仰卧位时在患侧肩下放置一薄枕，使肩关节呈水平位，可使肌肉、韧带及关节获得最大限度的放松与休息。在同一体位下，避免长时间患侧肩关节负荷；维持良好姿势，减轻对患肩的挤压；疼痛减轻时，可尽量使用患侧进行 ADL 技能的训练。

（2）关节松动术：主要是用以活动、牵伸关节。治疗时，病人身体完全放松，治疗者抓握和推动关节，切忌手法粗暴，不应引起疼痛。做完后病人应立即进行主动活动，以促进预期效果的达成。

（3）按摩：①松肩。病人坐位，治疗者用拇指推、掌根揉、五指捏等手法，沿各肌群走向按摩 5～10 分钟，手法由轻到重，由浅到深。②通络。取肩井、肩贞、中府等穴，每穴按压 1 分钟，以病人有酸胀感为宜。③弹筋拨络。治疗者以拇指尖端垂直紧贴肱二头肌长头肌腱，并沿肌腱走向横行拨络。再沿喙肱韧带拨络，用拇指、示指和中指相对捏拿肱二头肌短头、肱二头肌长头、胸大肌止点等处，最后用捏揉手法放松局部。④动摇关节。治疗者一手与病人患手相握，边抖边做肩关节展收、屈伸、旋转等各方向的活动；另一手置于病人患侧肩进行揉捏。注意每次应选择其中一两个方位，使摆动幅度超过病人当时的活动范围，在下一次时再选另两个方位。⑤用抖法、搓法结束治疗。按摩治疗每日 1 次，10 次为 1 疗程。

（4）功能锻炼：①下垂摆动练习。躯体前屈位，患臂自然下垂，做前后、内外绕管摆动练习，幅度逐渐增大，直至手指出现发胀、麻木停止，此时记录摆动时间，休息片刻可再做，2 次 /d。②上肢无痛或轻痛范围内的功能练习。粘连组织往往无法单纯依靠摆动得到足够牵张，此时宜在可承受范围内进行牵张练习，包括用体操棒、吊环等，用健侧带动患侧的各轴位练习，每次 10～15 分钟，1～2 次 /d。

4. 步态异常康复护理措施 尽早开始步行训练可防止下肢关节萎缩，降低骨质疏松症发生率，促进血液循环。可佩戴矫形器完成步行训练，训练时，先在平行杠内进行站立训练，然后在平行杠内进行步行训练。可采用二点步、四点步、迈直步与迈越步等方法训练。平稳后移至杠外训练，用双拐来代替平行杠，方法相同。

5. 平衡与协调功能异常康复护理措施

（1）平衡训练：平衡分为三级，一级平衡为静态平衡，二级平衡为自动态平衡，三级平衡为他动态平衡。平衡训练包括左右和前后训练。在静态平衡训练完成后，进行自动态平衡训练，即要求病人的躯干能做前后、左右、上下各方向不同摆幅的摆动运动，最后进行他动态平衡训练，即在他人一定外力推动下仍能保持平衡。

1）坐位平衡训练：病人无支撑静坐位于床边或椅子，髋关节、膝关节和踝关节均屈曲90°，足踏地或踏支撑台，双足分开约一脚宽，双手置于膝上。护士协助病人调整躯干和头至中间位，当感到双手已不再用力时松开双手，此时病人可保持该位置数秒；然后慢慢地倒向一侧，要求病人自己调整身体至原位，必要时给予帮助。静态平衡训练完成后，嘱病人自己双手手指交叉，伸向前、后、左、右、上和下方并有重心相应的移动，此称为自动态平衡训练。病人取静坐位时，治疗师向各个方向推动病人，训练病人通过移动身体重心保持身体平衡，完成他动态平衡训练，之后就可认为已完成坐位平衡训练，此后坐位训练主要是耐力训练。

2）立位训练：主要是为步行训练做准备。病人双足分开约一脚宽，双手手指交叉，上肢伸展向前，双腿均匀持重，慢慢站起，此时护士站在病人面前，用双膝支撑病人的患侧膝部，双手置于病人臀部两侧帮助病人重心前移，伸展髋关节并挺直躯干，坐下时动作相反。要注意防止仅用健腿支撑站起的现象。

3）站位平衡训练：静态站位平衡训练是在病人站起后，让病人松开双手，上肢垂于体侧，护士逐渐去除支撑，病人保持站位。注意站位时不能有膝过伸。病人能独立保持静态站位后，让病人重心逐渐移向患侧，训练患腿的持重能力，同时让病人双手交叉的上肢（或仅用健侧上肢）伸向各个方向，并伴随躯干（重心）的相应摆动，训练自动态站位平衡。如在受到突发外力的推拉时仍能保持平衡，说明已达到他动态站位平衡。

4）患侧下肢支撑训练：当患侧下肢负重能力提高后，就可以开始进行患侧下肢支撑训练。病人站立位，身体重心移向患侧，健手可握住固定扶手以起保护作用，健足放在护士腿上。为避免患侧膝关节过度伸展，用手帮助膝关节保持屈曲1秒左右。随着患侧下肢负重能力的提高，可用另一手握住病人健足，使之向下踩的力量减弱，进而使患侧下肢负重能力逐渐接近单足站立平衡能力。

（2）步行训练：当病人达到自动态平衡后，患腿持重达体重的一半以上，且可向前迈步时才可开始步行训练。

1）步行前准备：先进行扶持站立位练习，接着进行患腿前后摆动、踏步、屈膝、伸展等活动以及患腿负重练习，双腿交替前后迈步和进一步训练患腿平衡。

2）扶持步行：护士站在病人偏瘫侧，一手握住病人患手，护士掌心向前；另一手从病人患侧腋下穿出置于胸前，手背靠在病人胸前处，与病人一起缓慢向前步行。训练时要按照正确的步行动作行走或平行杠内步行，然后到扶杖步行，再到徒手步行。

3）改善步态训练：步行训练早期常有膝过伸或膝突然屈曲的现象，应进行针对性的膝控制训练。如出现患侧骨盆上提的划圈步态，说明膝屈曲和踝背屈曲差，应重点训练。

4）复杂步态训练：如高抬腿步、走直线、绕圈走、转换方向、跨越障碍，各种速度和节律地步行以及训练步行耐力，增加下肢力量（如上斜坡），训练步行稳定性（如在窄步道上步行）和协调性（如踏固定自行车）。

5）上下楼梯训练：上下楼梯训练应遵照健腿先上、患腿先下的原则。上楼梯时，护士站在病人患侧后方一手协助控制患膝关节，另一手扶持健侧腰部，帮助病人将重心转移至患侧，健足先登上一层台阶；健肢支撑稳定后，重心充分前移，护士一手固定病人腰部，另一手协助患腿抬起，膝关节屈曲，将患足置于高一层台阶。如此反复进行，逐渐减少帮助，使病人最终能独立上楼梯。下楼梯时，护士站在病人患侧，协助完成膝关节的屈曲及迈步。病人健手轻扶楼梯以提高稳定性，但不能把整个前臂放在扶手上。

四、神经功能障碍的社区康复管理

（一）常见神经功能障碍及康复护理评估

1. 常见神经功能障碍 ①运动功能障碍：指由神经系统损伤导致的运动系统任何部位受损而引起的骨骼肌活动异常，包括瘫痪、不自主运动及共济失调等。②言语功能障碍：包括失语症和构音障碍。失语症是由于脑损害所致的语言交流能力障碍；构音障碍则是因为神经肌肉的器质性病变，造成发音器官的肌无力及运动不协调所致，表现为发声困难、发音不清但用词正确。③感觉功能障碍：指机体对各种形式的刺激无感知、感知减退或异常的一组综合征。④认知功能障碍：认知功能属于大脑皮质的高级活动范围，包括感觉、知觉、记忆、注意、识别、理解和智能等，主要表现为注意力、定向力、计算力、处理问题能力等水平下降。

2. 康复护理评估

（1）运动功能障碍的康复护理评估：详见本节"三、运动功能障碍的社区康复管理"相关内容。

（2）言语功能障碍的康复护理评估

1）失语症评估：①国际常用方法有 Halstead-Wepman 失语症筛选测验、标记测验、波士顿诊断性失语检查法、西方失语症成套测验（WAB）。②国内常用方法有汉语标准失语症检查、汉语失语症成套测验。

2）构音障碍评估：① Frenchay 评定法。采用五级评分法，每项按损伤严重程度分从 a 至 e 级，a 为正常，e 为严重功能障碍，包括 8 个功能模块，28 项细分指标。②中国康复研究中心构音障碍评定法。主要评定有无构音障碍、构音障碍的种类和程度，推断原发疾病及损伤程度，包括构音器官及构音检查两部分。③客观评估。用精密的仪器设备对构音器官和构音功能进行评估和检查，如喉肌电图、电声门图、语言分析图等，可以更精确地对构音器官的生理和病理状态进行分析。

（3）感觉功能障碍的康复护理评估

1）浅感觉：包括触觉、痛觉、温度觉、压觉。①触觉：嘱病人闭目，评定者用棉签或软毛笔轻触病人的皮肤，让病人回答有无一种轻痒的感觉或让病人数所触次数。②痛觉：取一枚大头针，用针尖先在正常皮肤区域刺激数下，让病人感受正常刺激的感觉，然后进行正式检查；用针尖以均匀的力度轻刺病人需要检查部位的皮肤，嘱病人回答"痛"或"不痛"，与健侧比较，同时嘱其指出受刺激部位。③温度觉：用分别盛有冷水和热水的两支试管，交替、随意地接触皮肤，试管与皮肤的接触时间为 2～3 秒；嘱病人说出"冷"或"热"的感觉。④压觉：用大拇指用力挤压肌肉或肌腱，嘱病人说出感觉。

2）深感觉：包括运动觉、位置觉、振动觉。①运动觉：嘱病人闭目，检查者轻轻握住病人手指或足趾的两侧，上下移动 5cm 左右，嘱病人辨别并说出移动的方向。②位置觉：嘱病人闭目，将其肢体放到一定的位置，嘱病人说出所放的位置。③振动觉：嘱病人闭眼，检查者将每秒振动 256 次的音叉放置于病人身体的骨骼突出部位，询问病人有无振动感和持续时间。

3）复合感觉（皮质感觉）：通过皮肤定位觉、两点辨别觉、实体觉、图形觉和其他大脑皮质感觉进行评估。

（4）认知功能障碍的康复护理评估：常用工具包括简明精神状态检查量表、蒙特利尔认知评估量表等。

（二）社区康复护理

1. 运动功能障碍康复护理 根据康复对象病情和运动功能障碍情况、日常生活活动能力等进行日常护理、制订运动康复计划。

（1）生活护理：可根据巴塞尔指数评分确定病人的日常生活活动能力，并根据自理程度制订日常生活活动能力训练计划。

（2）运动训练：运动训练应考虑病人的年龄、性别、体能、疾病性质及程度，选择合适的运动方式、持续时间、运动频度和进展速度，详见本节"三、运动功能障碍的社区康复管理"相关内容。

2. 言语功能障碍康复护理　根据言语功能障碍的类型采取合适的康复护理措施，最大限度地保持病人的沟通能力，鼓励病人配合语言康复训练，教会其采取有效的方式表达需要。

（1）沟通方法指导：鼓励病人采取任何方式向医护人员或家属表达自己的需要，可借助符号、描画、图片、表情、手势、交流板、交流手册或交流效果促进疗法（promoting aphasics communication effectiveness，PACE）（利用更接近实用交流环境的图片及其不同的表达方式，使病人尽量调动自己的残存能力，以获得实用化的交流技能，是目前国际公认的实用沟通训练法）等提供简单而有效的双向沟通方式。

（2）心理护理：病人常因无法表达自己的需要和感情而烦躁、自卑，社区护士应根据病人的言语功能障碍类型提供及时的心理支持，为病人创造一个和谐、轻松、安静的语言交流环境。

（3）语言康复训练：构音障碍的康复以发音训练为主，遵循由易到难的原则，从单一肌肉群训练—简单音节训练—复杂音节训练—词语训练—句子训练的渐进原则。具体方法如下：①构音器官肌群运动训练，指进行唇、舌、下颌、软腭、咽喉等关键肌群训练，动作主要包括缩唇、咧唇、鼓腮、吹气、伸舌、卷舌、咳嗽、发"啊"音、模拟吞咽动作、张口、闭口、下颌左右平移等训练。②发音训练，由训练张口诱发单一音节的元音（a、o、u）、辅音（b、p、m），到发音节组合（pa、da、ka）；当能够完成音节组合发音后，让病人复诵简单句，如早—早上—早上好。③复述训练，复述单词和词汇，可出示与复述内容一致的图片，让病人每次复述 3~5 遍，轮回训练，巩固效果。④命名训练，让病人指出常用物品的名称或说出家人的姓名等。⑤刺激法训练，采用病人熟悉的、常用的、有意义的内容进行刺激，要求语速、语调和词汇长短调整合适；刺激后应诱导而不是强迫病人应答；多次反复给予刺激，且不宜过早纠正错误；可利用相关刺激和环境刺激法等，如听语指图、指物和指字。

3. 感觉功能障碍康复护理　感觉功能障碍的康复是通过提高个体感知外界刺激的能力，改善病人的生活状况，提高其自我照顾能力。

（1）日常生活和安全指导：保持床单整洁、干燥、无渣屑，防止感觉功能障碍的身体部位受压或机械性刺激。慎用热水袋或冰袋，使用时应防止烫伤、冻伤，感觉过敏者尽量避免不必要的刺激。肢体保暖须用热水袋时，应外包毛巾，水温不宜超过50℃，且每30分钟查看并更换部位一次，避免高温或过冷刺激。

（2）心理护理：感觉功能障碍常使病人缺乏正确的判断而产生紧张、恐惧心理或烦躁情绪，严重影响病人的运动能力和兴趣，应与康复对象建立信任关系，指导其正确面对，积极配合治疗和训练。

（3）感觉训练：感觉训练包括在运动训练中，应建立感觉－运动训练一体化的概念。可进行肢体的拍打、按摩、理疗、针灸、被动运动和各种冷、热、电的刺激。

4. 认知功能障碍康复护理　认知功能障碍的康复是针对认知缺陷的病人，为改善和提高其认知功能和日常生活能力而进行的综合管理。改善注意、记忆、计算、思维、问题解决和执行功能以及知觉障碍的康复治疗，是认知功能障碍康复的主要治疗手段。

（1）改善特殊认知缺陷的治疗：该治疗把继发于脑损伤后的特殊认知缺陷作为治疗目标（如记忆缺损、半侧空间忽略等），分为恢复策略和补偿策略。

1）恢复策略：认知矫正恢复策略是指丧失能力的恢复，或丧失能力通过结合未受损或残余功能重组丧失的功能，主要目的为恢复病人的能力。鼓励病人更加有效地使用其残存的认知功能，通过认知的代偿机制建立认知活动的新模式，可获得功能的进步。

2）补偿策略：补偿策略涉及一套动作整合后的表现，包括功能重组和功能替代。①功能重组：包括增加或改变功能输入、储存或输出，避免病人使用受损的认知功能，利用其未受损的能力换一种方式来完成活动，目的是让病人能够以不正常的方式来进行正常的活动。②功能替代：涉及代替残损功能的全部新技巧的训练，如教会病人使用外部辅助具，通过外在的代偿机制建立功能活动的新模式，从而获得功能的改善。

（2）常用认知功能康复方法

1）记忆障碍康复：①一般策略，包括恢复记忆法、重新组织记忆法、行为补偿法。②特定策略，包括改善编码和巩固损伤的策略、改善提取损伤的策略。

2）注意障碍康复：包括促进觉醒的策略，提高集中注意、降低分散注意的策略，改善持续注意的策略等。

3）知觉障碍康复：①视觉空间认知障碍康复，让病人自己画钟面、房屋等，或在市区路线图上画出回家的路线；让病人按要求用火柴、积木、拼板等构成不同图案等；还可以通过环境、阅读、感觉输入等方法加强忽略侧的刺激及注意力。②失用症的康复，对结构性失用症病人，可让其临摹平面图或用积木排列立体构造，由易到难，可以给予暗示或提醒。

（3）认知功能整体康复方法：脑损伤病人的认知功能整体康复方法采用强调意识、情感上承认残留缺陷、补偿或矫正认知功能障碍的系统治疗。根据计划及病人的情况，治疗的平均时间为3~6个月。对脑损伤的病人提供的认知功能整体康复，在病人社会心理、独立生活、雇用状况、减少卫生保健的费用方面均获得了显著的效果。

五、活动障碍的社区康复管理

（一）常见活动障碍及康复护理评估

1. 常见活动障碍　主要为日常生活活动能力障碍。日常生活活动（ADL）包括运动、自理、交流及家务活动等，可分为：①基本或躯体ADL（basic or physical ADL，BADL或PADL），指每日生活中与穿衣、进食、保持个人卫生等自理活动以及坐、站、行走等身体活动有关的基本活动。②工具性ADL（instrumental ADL，IADL），指人们在社区中独立生活所需的关键性的较高级的技能，如家务杂事、炊事、采购、骑车或驾车、处理个人事务等，大多须借助或大或小的工具进行。活动障碍主要指行以上日常生活活动的个体，由于各种原因所致的高级中枢神经系统的损害（脑卒中、脑外伤、老年期痴呆等）出现上述活动受限。

2. 康复护理评估　ADL反映了人们在家庭或医疗机构内和在社区中的最基本能力，在日常生活活动中最大限度地自理构成了康复工作的一个重要领域。要改善康复对象的自理能力，首先就必须进行ADL的评定。目前部分ADL量表是将基本ADL和工具性ADL相结合进行评定，常用的量表包括巴塞尔指数（Barthel index）、改良巴塞尔指数（modified Barthel index）等。

（二）社区康复护理

进行日常生活活动能力训练应先将日常生活活动动作分解成若干简单运动方式，由易到难，结合护理特点进行床旁训练。包括饮食训练、更衣训练、个人卫生训练和移动训练等。

六、参与障碍的社区康复管理

（一）常见参与障碍及康复护理评估

1. 常见参与障碍　包括参与社会活动的能力障碍，如参与家庭生活、社会角色与交往、就业等的能力障碍。

2. 康复护理评估　参与障碍的评估包括：①家庭生活能力，是社会参与能力的基础，可通过处理日常事务的能力，如购物、学习、处理家务、与家庭成员间关系的处理等能力，以及心理上承受各种压力的能力等进行评估。对家庭生活能力进行评估后，可以依据评估结果，遵循循序渐进的原则，结合个人兴趣等设定一些模拟场景进行训练，逐步提高康复对象的家庭生活能力，

笔记栏

211

以促进社会参与能力的提高。②社会角色与交往，社会角色也称为社会职能，是指一个人作为社会上某一类人物所应有的表现和行为，可通过其个人表现和行为是否符合社会对于这一类人物相应的期望或应有的规范进行评估。社会交往是人与人之间的联系和相互影响的关系，可通过病人与别人接触，参与各种社会活动情况等进行评估。③就业能力，影响就业能力的因素主要有智能、体能和技能因素，可采用功能评定量表（functional assessment inventory，FAI）进行评估；该量表是一个较为全面的功能状态评定表，涵盖视、听、语言、运动、学习等能力的评定。

（二）社区康复护理

1. 家庭干预 是近年来普遍受到重视的一项心理社会干预措施，包括心理教育性家庭干预、危机取向家庭干预、行为训练的家庭干预三种类型。①心理教育性家庭干预：心理教育的最基本要点是解释各种可能的病因和可能进行的各种治疗，为更有效地处理人际问题提供建议。②危机取向家庭干预：是根据危机干预理论而设计的方法，主要是为解决精神疾病急性期的问题而发展的，包括病人及家属定期与医生会见，治疗者帮助家庭成员有效地识别当前存在的和/或将来可能发生的紧张因素，或有潜在破坏倾向的事情，并提供可行的应对手段。③行为训练的家庭干预：应用行为或解决问题的方法，更注重于训练整个家庭成员解决内部问题和相互交往的技能。行为训练的家庭干预的目标是通过定式"解决问题"的作业训练来提高家庭解决问题和交流的技能，以达到改善家庭在保护病人避免应激方面的能力的目的。

2. 社会技能训练 又称为社会生活技能训练，是近20年逐渐发展起来的主要用于慢性精神病的康复手段，也是心理社会干预的主要内容之一。社会技能训练的基本策略是与人类的学习原理相一致的，都是通过矫正错误的假设和消极的动机，建立正性期待。通过联合使用各种信息传递的教学方法及对角色扮演者的某一特异性行为予以鼓励而达到行为改变的目的，也被称为观察性学习。对于病人的某些接近靶行为的适宜行为，要予以正性强化。通过家庭作业及在现实生活中练习的方式，不断使习得的技能能够从一种环境向另一种环境转化或应用；采用故意忽略病人的病态表现或教会病人其他技能等方式，减少或消除其不适当的行为。

七、环境障碍的社区康复管理

（一）常见环境障碍及康复护理评估

1. 常见环境障碍 包括障碍的物质环境、缺乏相关的辅助技术、人们对残疾的消极态度，以及社会现存生活领域中不合理的服务、体制和政策。

2. 环境评定 是指对功能障碍者（含残疾人）活动或参与受限的环境进行评定。目的是在找出环境障碍后，通过增加人造环境辅助器具来创建无障碍环境，以提高功能障碍者的生活质量并发挥积极作用。包括生活环境评定、行动环境评定、交流环境评定、居家环境评定、公共环境评定、环境评定汇总等。

（二）社区康复护理

对于有环境障碍的社区病人，社区康复护理的重点在于及时对病人生活的各个环境进行评估，发现环境中的障碍因素，根据ICF相应代码为病人选择合适的生活辅助用具。

八、心理功能障碍的社区康复管理

（一）常见心理功能障碍及康复护理评估

1. 常见心理功能障碍 ①焦虑：对外部事件或内在感受的一种不愉快体验，包括主观紧张不安的体验、运动性不安以及自主神经唤起症状。②抑郁：是描述情绪低落的一种状态，在这种状态下情绪极度低落、消沉、高兴不起来、愉悦感下降或丧失、对以往感兴趣的活动也兴趣下降甚至失去兴趣，还会出现如思考能力下降、注意力不集中、易走神、记忆力下降、自信心不足、自卑等症状。

2. 康复护理评估

（1）焦虑评估：常用的评估量表包括焦虑自评量表、状态－特质焦虑问卷、利博维茨（Liebowitz）社交焦虑量表和汉密尔顿焦虑量表。

（2）抑郁评估：抑郁的评估较焦虑复杂，抑郁既是一组临床综合征，又是一种具有特定诊断标准的精神障碍。临床上常用的抑郁评估量表包括抑郁自评量表、汉密尔顿抑郁量表、蒙哥马利抑郁量表、医院焦虑抑郁量表等。

（二）社区康复护理

1. 心理健康指导 及时与病人进行沟通、交流，了解病人的心理状况，鼓励病人树立治愈信心、积极调整自身情绪、主动锻炼促进康复，最大限度发挥主观能动性。

2. 健康教育 对病情及治疗手段不了解是病人不良情绪的重要来源，易导致病人过度悲观，在治疗过程中产生较多的应激反应。因此，社区护士可以通过"一对一"沟通的形式，对与疾病相关的疑难问题进行专业解答，消除疑虑，明确治疗达到的目的，帮助病人树立治疗信心。

3. 放松训练 病人出现紧张情绪时，肌肉可呈紧绷状态，除影响血液循环外，还可能导致周围神经传导异常，出现焦虑、抑郁。社区护士可指导病人进行适当的放松训练，消除不良情绪，如听舒缓的音乐、放松所有紧绷的衣服、闭上眼睛、深呼吸或下床走动等，通过调节体液以及神经，促进人体健康相关酶、激素以及乙酰胆碱的分泌，达到改善焦虑、抑郁状态的目的。

4. 家庭支持 家属应该积极参与配合社区护理工作，使病人得到精神支持。创造一个温馨的氛围，发挥家庭成员的主观能动性，让病人感受家的温暖，引导其自觉主动配合社区护士的工作。家属还应多花时间陪伴病人，多鼓励病人，促使病人临床负性情绪向积极面转变。

第四节 社区伤残病人的康复护理循证实践

一、循证问题

2021年全球疾病负担研究数据显示，脑卒中是全球成人第三位死因，伤残调整生命年达1.63亿年，其中早死损失占主导；中国脑卒中发病率居全球首位，新发病例年增速约2%，预计随人口老龄化及代谢性疾病流行，负担将进一步上升。约50%~80%的脑卒中幸存者会有不同程度的残疾，其中40%为重度残疾，中国脑卒中幸存者致残率约为75%，重度残疾比例为40%。脑卒中病人上肢功能障碍的康复措施包括肢体功能训练、针灸按摩等。研究表明，康复措施虽能不同程度改善其日常生活能力、功能独立性和生活质量，但极少数脑卒中病人能在6个月内完全恢复上肢功能。因此，绝大部分脑卒中病人须接受长期的上肢康复干预。受经济条件、医疗资源、康复疗程等因素的影响，居家康复成为目前脑卒中病人长期康复的主要形式，但现有的居家康复存在病人治疗依从性差、病人参与积极性低、缺乏专业人员评估等问题，进而影响康复效果。

本次循证实践聚焦脑卒中病人上肢功能障碍的康复干预。虚拟现实系统（virtual reality systems，VRS）和机器人辅助治疗（robot assisted therapy，RAT）作为人机交互控制的代表技术，具有无疲劳、定量化、个体化的优点，可提供大剂量、高重复的运动训练和客观即时的评估。VRS和RAT主要通过各种设备（如机器人、智能手机、平板电脑、动作捕捉系统等）以严肃游戏的形式应用于各类康复训练。严肃游戏是以教育或康复为主要目标的游戏，兼具娱乐性、参与性、功能性和挑战性，且能满足许多神经康复原则。它能将上肢康复动作融入虚拟游戏中，通过提供重复任务，在增强反馈的同时记录运动学数据，提升病人康复期间的动机、参与度和真实感，现已被广泛应用于脑卒中病人上肢康复领域。

综上，采用复旦大学循证护理合作中心的问题开发工具——PICO，确定本循证实践的基本问题。人群（population，P）：脑卒中后成年人。干预措施（intervention，I）：在各种技术系统上实

笔记栏

施严肃游戏。对照组（comparator，C）：实施上肢常规康复措施。结局（Outcome，O）：脑卒中病人上肢功能、活动恢复情况和病人参与度。

二、证据检索

以 "stroke" "adult" "games" 等英文关键词，检索国外权威数据库。文献的纳入标准：①随机对照试验设计。②研究对象是正在接受脑卒中康复的成人。③干预措施为以神经康复为目的开发的游戏且在以下技术系统中实施：机器人系统、虚拟现实系统、平板电脑、智能手机和运动捕捉系统。④相关结果用于评估参与者上肢功能、活动和参与能力。⑤在 2020 年 5 月 5 日之前，以法语或英语发表的文章。文献的排除标准：使用其他治疗方式（如脑刺激、电刺激或侵入性治疗）。

三、证据内容

（一）游戏开发

1. 无论使用何种技术设备，开发严肃游戏时满足 8 项及以上康复原则对上肢功能、活动恢复有更显著的效果。

2. 在设计严肃游戏时，应保证界面的整洁和高度的沉浸感，提供模拟现实生活环境和活动场景的康复环境，配备病人自我评估模块、基于家庭的技能练习模块和病人反馈模块，以提高病人的参与度和积极性。

3. 设计运动疗法框架时，可考虑将严肃游戏与虚拟现实系统、机器人辅助系统或运动捕捉系统相结合，对脑卒中病人进行伸手、抓握、放置和腕部伸展的训练和监测。

（二）干预方案

1. 个性化、符合神经康复原则的干预方案，有利于促进病人上肢功能的康复。

2. 脑卒中病人每周至少进行康复锻炼 3 天，每天 30~60 分钟，至少持续 4~8 周。

3. 采用严肃游戏进行康复治疗时，通过实施设备记录和量化病人的行为，更精准地评估病人上肢活动情况，并在结束后实时测量并记录病人情况，以提供准确、有效的反馈，为病人制订下一步康复计划和措施提供参考。

4. 运用 Fugl-Meyer 评定量表上肢评定部分、盒块测试、Wolf 运动功能评价量表评估病人的上肢运动功能；借助上肢动作研究量表评估病人的上肢活动；运用脑卒中影响量表评估病人的参与度。

四、实践建议

我国脑卒中发病率较高，约 60% 以上的脑卒中病人进入后遗症期仍存留上肢或手功能障碍，影响其生活自理能力，上肢功能的恢复已成为现代康复医疗的研究热点和难点。传统的上肢康复疗法存在动作练习烦琐、训练过程枯燥无味以及康复费用昂贵等缺点，导致许多病人参与康复训练的积极性较低，康复效果不佳，而基于严肃游戏的上肢康复能在家庭、社区环境中进行，改善脑卒中病人偏瘫上肢活动、运动功能，提高病人参与度。为更好促进脑卒中上肢功能障碍病人参与康复训练，推动上述证据的应用转化，建议在实践中重点考虑：①组建专业团队。加强人员培训，使游戏设计师和社区康复治疗师、护理人员紧密合作，组建实力强、专业精的社区康复护理团队。②设计科学方案。为确保康复效果，社区康复护理团队应遵守神经康复原则、设计反馈机制、适时评估并调整方案，使康复护理方案科学有效。③提升病人参与度、保持率。社区康复护理团队应从多方面入手，充分提高病人的积极性，激励病人持之以恒，以维持康复护理效果。④创新优化康复方式。社区康复护理团队应与时俱进，不断发掘有助于社区伤残病人康复的技术并进行验证，对现有方法进行创新，增强社区伤残病人康复效果。

（庄嘉元）

笔记栏

小　结

本章首先介绍了社区康复护理基本概念、工作内容和相关政策，并在归纳我国社区康复护理主要研究领域成果与存在问题的基础上分析了未来研究的发展趋势和挑战；通过介绍社区康复护理理论及应用，为社区康复护理提供理论指导；通过介绍常见功能障碍的评估及其社区康复护理，为社区康复护理实践提供参考；最后以社区脑卒中病人上肢功能康复的循证实践案例说明社区康复护理研究的设计、实施及意义。

思考题

ER8-2
本章思考题
解题思路

1. 陈某，男，64 岁。2024 年因突发右侧肢体无力被诊断为"急性脑梗死"，经抢救后病情得以控制，但右侧肢体出现明显的活动和感觉异常：右手无法抓握，握不住筷子、勺子，右肩疼痛，右上肢无法上举，右侧肩、肘、腕、髋、膝、踝关节无法自主屈伸，无法翻身、坐起和站立，无法自行穿脱衣物，无法自主如厕和进食。经他人介绍，陈某在家属的陪同下来到社区卫生服务中心康复医学科。

（1）作为一名社区护理人员，你如何通过多学科合作的方式帮助陈某进行康复？

（2）基于案例信息，你将如何对陈某进行康复护理评估并制订社区康复护理目标和康复护理治疗计划？

2. 请查阅文献，了解目前社区康复护理研究中与自己专业相关的领域并思考如何将所学的专业知识应用于社区康复护理，提升社区中功能障碍者的生活质量。

笔记栏

第九章

社区精神障碍病人的护理与管理

🔍 **社区情景**

　　病人为男性，36 岁，中学教师，硕士学位；妻子 35 岁，儿子 7 岁，父母均 66 岁；平时与父母、妻儿一起居住。病人因工作不顺心出现无故发呆、傻笑、骂人、持刀伤人行为，睡眠很少，并认为有人要加害于他。诊断为精神分裂症，住院治疗 6 个月后，带药出院，回家休养。目前病人病情控制基本稳定，但不能胜任工作，不能进行家务劳动，日常生活还需他人照顾。病人所在辖区社区卫生服务中心已将该病人纳入严重精神障碍管理范围。

　　请问： 社区卫生服务中心工作人员应为该病人提供哪些服务？

　　精神障碍是全球常见疾病，是公共卫生中最复杂的问题之一。我国首次全国性精神障碍流行病学调查结果于 2019 年公布，排除痴呆，六大类精神障碍（心境障碍、焦虑障碍、酒精 / 药物使用障碍、精神分裂症及相关精神病性障碍、进食障碍、冲动控制障碍）加权终生患病率为 16.6%。精神障碍给家庭、社会和经济带来沉重负担。现在，精神疾病护理已从传统的生物医学模式转变为生物 – 心理 – 社会医学模式，不仅要关心与解决病人的躯体、心理、社会功能的问题，而且更加关注病人如何真正从医院重返社会。因此，对社区精神障碍病人的护理和对其家属的支持显得尤为重要。

第一节　概　　述

　　20 世纪 50 年代后，一些发达国家进行了扩大社区精神卫生服务的革新，使精神障碍病人尽可能在正常条件下生活，减少封闭式住院治疗。这种改变大大减少了政府对精神障碍病人的生活与医疗保障的经济开支，病人在社区进行康复治疗，促进了其社会功能的恢复，有利于病人重归社会。加大社区精神卫生服务发展的力度，已成为世界各国非常重视的任务。

一、社区精神卫生的基础知识

（一）精神障碍常用概念

　　1. 精神障碍（mental disorder）　指在各种生物学、心理学以及社会环境等因素影响下，大脑功能发生紊乱，导致认知、情感、行为和意志等精神活动不同程度障碍的总称。常见的精神障碍有痴呆、心境障碍、焦虑障碍、酒精 / 药物使用障碍、精神分裂症及相关精神病性障碍、进食障碍、冲动控制障碍等。WHO《国际疾病分类（第 11 版）》（简称 ICD-11）已经将 ICD-10 中"精神和行为障碍"更改为"精神、行为或神经发育障碍"。

　　2. 严重精神障碍（severe mental disorder）　是指精神疾病症状严重，导致病人社会适应等功能严重损害，对客观现实或自身健康状况不能完整认识，或者不能处理自身事务的精神障碍。

主要包括精神分裂症、双相情感障碍、分裂情感障碍、持久性妄想性障碍、癫痫性精神障碍等。严重精神障碍是一个法律概念，不是专业诊断名称。

3. 重性精神疾病（severe mental illness） 又称重性精神病，是一个管理概念，是一组特殊精神障碍的统称，指临床表现有幻觉、妄想、严重思维障碍、行为紊乱等精神病症状，且病人社会生活能力严重受损的一组精神障碍。过去一些文件中曾使用"重性精神疾病"概念，目前均更改为"严重精神障碍"。

4. 疑似精神障碍病人 是指病人本人、家属或有关人员认为其有精神异常，但还没有被专业机构明确诊断的病人。

5. 精神障碍病人 是指已被精神卫生专科医疗机构明确诊断的病人。

6. 住院综合征 是指有些长期住院治疗的精神障碍病人出现明显依赖医院的一组综合症状。由于长时间处于封闭的环境，逐步与社会隔离，习惯于医院内的一切生活管理而不愿离开医院，导致社会功能逐渐衰退，以致最终无法回归社会。其主要表现有：不要求出院、盲目乐观、只顾眼前利益，对一切事物缺乏主动要求，对粗暴行为无怨言、逆来顺受，须督促进食，习惯于医院内的一切生活。

（二）社区精神卫生相关概念

1. 精神卫生（mental health） 又称心理卫生或心理健康或精神健康。精神卫生的定义分为狭义和广义两种。狭义的精神卫生，是指研究精神疾病的预防、治疗和康复，即预防精神疾病的发生，早期发现和早期治疗，促进慢性精神病病人的康复，使其重归社会。广义的精神卫生，是指研究健康者如何增进和提高精神健康、进行精神医学的咨询。从上述精神卫生定义和内容看来，精神卫生的对象、范围和任务，一方面是精神障碍者的预防、治疗和康复，另一方面是健康者精神健康的提高及维护、精神医学咨询。

2. 社区精神卫生（community mental health） 是综合应用社会精神病学、精神卫生学、其他行为科学和预防医学等学科的理论和方法，对一定地域内人口进行精神障碍预防、治疗、康复和社会适应的统筹安排和管理，同时开展科学研究工作的学科。

3. 社区精神卫生服务 又称为社区精神卫生工作，是在政府各级卫生机构和相关部门配合下，以提高社区居民的心理健康水平为目的，以社区为单元，开展精神障碍的预防、治疗和康复等管理工作。2009 年起，严重精神障碍病人的随访管理被正式纳入了国家基本公共卫生服务。

（三）社区精神卫生服务内容

社区精神卫生服务由医疗服务、保健服务、康复服务和社会服务四个部分组成。

1. 社区精神卫生医疗服务 社区精神卫生医疗服务应坚持便利病人、及时诊治、防治结合、持续服务的原则。社区卫生服务中心设立精神卫生门诊，为病程迁延以及呈慢性发展、需要接受终身精神卫生服务的精神障碍病人提供医疗服务。病人从精神卫生专科医院出院以后，需要定期在社区卫生服务中心进行随访，以巩固疗效、防止复发。对拒绝住院或根据病情可在家庭进行治疗的病人，可以设立家庭病床，定期进行家庭访视。病人在家属照顾下，在药物治疗的同时，可以进行力所能及的家务或社会性劳动，对于疾病的康复十分有利。

2. 社区精神卫生保健服务 办好精神障碍病人工疗站，社区精神卫生医师定期到工疗站巡诊，检查病人并指导治疗。此外，还应定期到居委会了解在看护网下的精神障碍病人情况，及时对监护人员进行精神卫生知识的指导。协助及时发现新病人，做到早期发现和早期治疗。如果有条件，还可因地制宜地开展群体心理卫生工作，如深入老年活动中心、敬老院、幼儿园等单位，提供精神卫生保健服务。社区护士应积极创造健康的生活环境，提高个体的心理素质，培养精神障碍病人良好的社会适应能力。

3. 社区精神卫生康复服务 社区精神卫生康复服务内容主要包括服药训练、预防复发训练、躯体管理训练、生活技能训练、社交能力训练、职业康复训练、心理康复、同伴支持、家庭支持等，病人接受康复训练前均须由专业人员进行评估，确保病人适合该项康复服务。开展康复训练前进行环境安全评估，至少配备2名工作人员为宜。训练中坚持正性强化、优势视角原则，激发精神障碍病人康复训练动机。

4. 社区精神卫生社会服务　社区护士要对社区精神障碍病人进行保护和管理，并完善社区精神障碍病人保障体系。护士在社区中要积极普及精神卫生知识，使社区居民正确对待精神疾病，做到对精神障碍病人的早期发现与早期治疗。要利用各种形式，如电视、广播、报纸、网络等，有计划、有组织、系统地在社区进行精神卫生的科普宣传工作。宣传对象应包括病人，病人的亲属、邻居、同事、单位各级领导，社区（村）干部及卫生工作积极分子。根据不同对象，采用不同方式，宣传内容应因人而异。

二、社区精神障碍护理的相关政策

为解决精神疾病救治与管理等方面的难题，使精神障碍病人享有受教育、劳动、医疗和隐私等权利以及从国家和社会获得物质帮助等合法权益，并受法律保护，我国制定了相关的精神卫生政策。其宗旨是保护精神障碍病人的合法权益，使全社会尊重、理解、关爱精神障碍病人，任何组织或个人不得歧视、侮辱、虐待精神障碍病人，不得非法限制精神障碍病人的人身自由。

1.《中华人民共和国精神卫生法》《中华人民共和国精神卫生法》自2013年5月1日起施行，是我国精神卫生第一部法律，是中国精神卫生事业发展史上的一件里程碑式的大事。共七章八十五条，是一部促进精神卫生事业发展、规范精神卫生服务、维护精神障碍病人合法权益的重要法律。其立法宗旨主要包括：一、规范精神卫生服务；二、实行预防为主的方针；三、维护病人的合法权益。

2.《关于加快精神障碍社区康复服务发展的意见》（民发〔2017〕167号）　明确提出，到2025年全国80%以上的县（市、区）广泛开展精神障碍社区康复服务，在开展精神障碍社区康复的县（市、区），60%以上的居家病人接受社区康复服务，基本建立以家庭为基础、以机构为支撑、"社会化、综合性、开放式"的精神障碍社区康复服务体系。

3.《严重精神障碍管理治疗工作规范（2018年版）》　其前身是《重性精神疾病管理治疗工作规范（2012年版）》，该规范与《国家基本公共卫生服务规范（第三版）》的颁发，标志着全国范围内社区精神卫生服务工作的全面开展。

4.《精神障碍社区康复服务工作规范》　为促进精神障碍社区康复服务健康规范发展，民政部、卫生健康委、中国残联联合制定了《精神障碍社区康复服务工作规范》。

综上，精神健康是健康的重要组成部分，直接关系到经济社会发展和人民的健康幸福。党的十八大以来，党中央高度重视精神健康和精神卫生工作，各地区、各部门坚决贯彻落实党中央决策部署，持续深入推进精神健康和精神卫生工作。

三、研究与热点问题

目前精神卫生问题已成为重大的公共卫生问题和突出的社会问题，社区精神卫生服务的发展是当前精神卫生服务发展的重要趋势。而随着精神障碍病人医院－社区－家庭一体化健康管理模式的发展，病人的疾病负担模式也发生了变化。此外，中医药参与社区精神卫生服务在精神卫生服务体系中也具有独特的优势和作用。近年来，精神障碍的健康管理模式、疾病负担以及中医特色的社区精神卫生服务成为社区卫生服务研究的热点问题。

（一）精神障碍的疾病负担

疾病负担是指疾病、伤残和过早死亡对整个社会经济及健康的压力，主要有健康和寿命损失、经济损失以及其他损失。精神障碍是全球最主要的疾病负担之一。WHO的全球疾病负担研究中应用伤残调整生命年对中国精神障碍疾病负担进行评定，1990年中国神经精神障碍疾病负担占疾病总负担的 14.2%，比全球数字高。如果加上自杀 / 自伤，则高达 19.3%。换句话说，疾病总负担的 1/4 是由精神障碍和自杀 / 自伤引起，且自杀大多与精神障碍有关。基于 2019 年全球疾病负担中国研究开放数据的研究表明，1990—2019 年中国精神障碍疾病负担逐渐加重。精神障碍的疾病负担分为经济负担、家庭负担和社会负担。

1. 经济负担 是疾病负担的主要组成部分。由于精神障碍属于慢性非传染性疾病，病程长，症状特殊，治疗较困难，对病人、照顾者和家庭、社会均会带来严重的经济负担。从疾病构成上看，2018 年我国心理与精神障碍疾病治疗费用主要发生在精神分裂症、分裂型和妄想性障碍，占比 44.14%；其次为情感性精神障碍（心境障碍），占比 16.41%；神经症性、应激性和躯体形式障碍治疗费用占比 15.00%。从人群分布上看，2018 年我国心理与精神障碍疾病治疗费用主要发生在 30 ~ 59 岁的人群，治疗费用峰值出现在 45 ~ 54 岁的人群。我国在 2018 年的精神障碍治疗费用主要流向医院，占比 84.51%；其次为基层医疗卫生机构，占比 10.48%。从不同服务类型来看，住院费用与门诊费用机构流向均以医院为主，占比 83.00% 以上。门诊费用中基层医疗卫生机构占比 6.89%，低于住院费用中基层医疗卫生机构的占比。

通过对我国精神障碍疾病负担研究发现：我国心理与精神障碍治疗费用增长迅速，在防控策略上应更加关注重点疾病，如精神分裂症、分裂型和妄想性障碍、焦虑症；我国精神障碍治疗资源配置效率低，须加快提升基层卫生机构精神障碍防控能力；在我国心理与精神障碍治疗费用中，居民个人付费水平较高，筹资政策需要进一步完善及优化。

2. 家庭负担 是指病人因患病给家庭造成的问题、困难和不良影响。精神障碍作为一类特殊疾病，造成的家庭负担往往更重，可能超过高血压、糖尿病、冠心病、癌症等慢性病。主要表现为：对疾病的情感反应、对病人紊乱行为的应激反应、被打乱的家庭日常活动、病耻感和社会活动的限制、经济困难等。为评估精神障碍家庭负担，研究开发家庭负担评估工具显得尤为重要，目前已经开发的评估工具主要有 Zarit 护理负担量表、家庭负担会谈量表、照顾者负担量表、照顾者问卷等。目前，诸多研究对照顾者负担的概念化尚未达成共识，今后研究中还需要进一步完善；且这些评估工具均是由国外学者研究开发的，如何结合我国实际情况，开发本土化精神障碍家庭负担评估工具，还需进一步努力。另外，精神障碍病人照顾者负担的研究仍以负面经历为主，对于正面经历的关注较少，未来需进一步将照顾者负担的研究范围从负面经历扩展到正面经历。

3. 社会负担 由于精神障碍尤其是严重精神障碍是反复发作的慢性病，其直接医疗开支和长期康复治疗，疾病残疾、社会功能缺失和肇事、肇祸等，会造成严重的疾病负担和社会危害。严重精神障碍肇事、肇祸已成为政府关注的重点社会安全问题，其社会危害主要有伤害他人、扰乱社会治安和家庭暴力等。研究表明，因精神障碍病人肇事、肇祸行为导致的人员伤亡及社会财产损失仅次于社会刑事犯罪，居第二位。

如何根据我国精神障碍"三级预防"策略，实施精神障碍的预防、治疗与康复，缓解精神障碍带来的疾病负担是重要研究课题之一。

（二）精神卫生服务模式

通过 20 世纪 60 年代美国等国家兴起的精神卫生服务"去住院化运动"，社区精神卫生服务逐渐完善，更多的精神障碍病人回到社区康复。西方国家在发展社区精神卫生服务的同时，形成了"专科医院 - 社区一体化"的服务模式，整合专科医院和社区服务，凭借一体化、无缝隙的优势，实现社区及专科医院的资源共享。该服务模式包括：专科医院对社区开展精神障碍预防、治疗和康复的指导，迅速提供精神卫生紧急服务；专科医院和社区分级诊疗精神障碍；专科医院和社区提供通畅的双向转诊服务；社区能承接专科医院治疗和康复的延续等。

与此同时，精神卫生服务的理念也开始发生变革，复元理念产生。复元的目的不是返回"正常"，而是更深切、更完全地理解生命。复元与传统的康复不同：传统精神障碍康复重视缺陷，希望能弥补缺陷，恢复功能；而复元既是一个过程，也是一个结果，是一种生命的经历，它不强调缺陷，而重视优势，强调发现个人潜质，接受现实不完美的同时，努力发现生命新的意义，过幸福且有贡献的积极人生。

基于复元理念的精神卫生服务是当代精神医学发展的必然趋势，是精神障碍病人自身需求的体现。并且家庭干预逐渐进入精神障碍病人的复元工作中，精神卫生服务重视整个家庭的参与在西方国家取得了长期积极效果。

随着我国社会经济的发展，我国精神卫生服务体系也在不断完善。为了探求精神卫生医院 - 社区整合服务模式，2004 年 12 月我国开展了"中央补助地方重性精神疾病管理治疗项目"（"686 项目"），通过"686 项目"的开展，在全国每个省（自治区、直辖市）的示范区内，初步建立了专科医院 - 社区一体化的精神卫生服务模式，并已在全国范围内推行。由于我国各地区精神卫生服务资源不平衡，很难做到在全国各地均大力发展社区精神卫生服务。各地在"686 项目"医院 - 社区一体化模式的基础上进行了社区精神卫生服务模式的探索，如会所模式、日间照料中心模式。总之，目前我国专科医院 - 社区一体化不足，专科医院 - 社区分级诊疗仍处在探索阶段。

此外，目前我国精神障碍的复元理念、复元模式及家庭参与仍处于探索阶段。在计划的制订与评估、团队的组织、社区资源的发掘和应用方面尚缺乏成熟的经验。虽然《严重精神障碍管理治疗工作规范（2018 年版）》要求康复的内容包括"服药训练、复发先兆识别、躯体管理训练、生活技能训练、社交能力训练、职业康复训练等"，但这些内容更多体现的是康复而非复元，我国精神卫生服务的理念尚未根本转变；许多临床工作者也在积极探索严重精神障碍病人家庭干预模式，但存在提供的家庭干预形式比较单一的问题，尚未形成"与家庭合作"的工作模式，与发达国家强调的病人和家属共同参与到疾病中来的理念仍有所不同。

因此，我国精神卫生服务未来的发展方向主要有：①继续加强专科医院 - 社区一体化服务建设，在现有三级防治网的基础上，加强专科医院和社区资源共享，畅通医院 - 社区的双向转诊，加强分级诊疗，提高精神疾病的治疗和康复的延续性。②开展体现复元理念的精神卫生服务。在上海等经济发达地区，以复元为目标的精神卫生服务模式已初步具备物质、人力资源条件及工作基础，向病人及家属提供更高质量的精神卫生服务势在必行。③开展基于家庭的精神卫生服务工作。中国文化重视家庭，这与精神卫生服务重视家庭参与的理念契合。我国发展基于家庭的精神卫生服务模式的关键是，使病人和家属共同参与精神疾病的治疗和康复，鼓励家庭在为病人提供支持及培养其独立性之间找到平衡点。

（三）中医特色的社区精神卫生服务

中医对精神障碍的认识历史悠久，中医学把人的喜、怒、忧、思、悲、恐、惊七种情志活动称为七情，七情是人的正常精神活动，七情失去正常节制而发病被称为七情致病。中医的七情致病理论认为：怒伤肝、喜伤心、恐伤肾、思伤脾、忧伤肺。《灵枢·本神》中"心怵惕思虑则伤神，神伤则恐惧自失""肾盛怒而不止则伤志，志伤则喜忘其前言"等的叙述，说明情绪失常造成脏腑功能受损，从而出现疾病。

中医主张辨证施治，根据舌苔脉象与脏腑症状，结合七情致病理论、脏腑辨证理论，将疾病分虚、实进行针对性治疗，其治疗本质与西医治疗精神障碍一致，也强调个体化用药。

中医药在治疗精神障碍、精神障碍伴发其他疾病、抗精神障碍药物副作用等方面有独到优势。运用中医药服务综合防治管理精神障碍，能降低精神障碍的复发率，避免西药的副作用，提高病人的服药依从性，改善病人的社会功能，调整病人的睡眠状况和生活质量，在精神障碍病人的全生命周期，各类精神障碍的预防、治疗、康复等领域发挥重要价值。

目前社区中医药服务的发展取得一定成效，基层中医药服务的供给能力有所提高，但仍存在高质量供给不够、服务设施和设备不完善、精神障碍病人对中医药服务的认知不足等问题。现阶段，中医诊室、针灸室、推拿室、理疗室是基层卫生机构开设较多的中医类科室，康复室和养生保健室的开设率相对较低；精神障碍病人对中医药服务的需求仍以中药、针灸、推拿等传统项目为主，对不熟知或非常规的中医药服务项目如熏洗、药膳、穴位贴敷、按摩、耳穴压豆等接受意愿低；甚至多数精神障碍病人并不知晓已开展中医药服务项目的基层卫生机构开展了哪些服务项目。这些中医药服务在改善药物副作用、提高疾病疗效、提高服药依从性等方面的作用并未在精神卫生服务中得到正确普及和宣传，中医药服务宣传的规范性、易获得和主动推送性还有待加强。

总之，中医药服务在社区精神卫生服务中发展滞后。为提高中医药服务在社区精神卫生服务中的应用，应加强中医药在社区精神卫生服务中的宣传。如何将中医药服务融入社区精神卫生服务体系，根据精神障碍病人需求，筛选适合社区精神卫生服务的中医药适宜技术，形成高效规范的社区中医药服务技术应用体系，推动中医药在社区精神卫生服务中的发展，还有待进一步研究与探索。

第二节　社区精神障碍病人护理的相关理论与应用

护理理论及相关学科的理论是指导护理实践的知识体系，促进了精神科护理学专业化的发展，也对社区精神障碍病人的护理起着指导作用。社区护士在为精神障碍病人进行护理服务时，应用理论作为实践指导，能更好地为病人进行护理干预、治疗及康复服务。

一、精神分析理论

（一）概述

精神分析理论属于心理动力学理论，是奥地利精神科医生西格蒙德·弗洛伊德（Sigmund Freud）于 19 世纪末 20 世纪初创立。精神分析理论是现代心理学的奠基石，它的影响不仅限于临床心理学领域，对于整个心理科学乃至西方人文科学的各个领域均有深远的影响。

弗洛伊德认为，人的本能是追求生存、自卫及享乐，而刺激人活动的原动力是原欲或称为性本能。原欲是人的精神力量，也是性心理发展的基础。人的一切活动为满足性本能，但条件及环境不允许人的欲望任意去满足。因此，人的本能压抑后会以潜意识的方式来表现，从而形成了性压抑后的精神疾患或变态心理。成年期甚至老年期出现的许多严重的心理问题，都可能源于儿童期的人格发展障碍。精神分析理论的主要内容包括精神层次理论、人格结构理论、性本能理论、释梦理论及心理防御机制理论。

1. 精神层次理论　弗洛伊德把人的心理活动分为意识、潜意识和前意识三个层次。①意识指个体直接感知的心理活动部分，是心理活动中与现实联系的部分，如感知觉、情绪、意志和思维等。②潜意识是个人意识不到的心理活动，包含着各种本能冲动和人的原始欲望。这些冲动和欲望因为同法律道德和风俗习惯相抵触，是社会所不能接受的，因而被排斥或压抑到意识的阈限以下。这些无意识的心理活动无时无刻不在影响着人的行为，只是人们没有意识到。③前意识是介于意识和潜意识之间，一般条件下意识不到，但是通过集中注意或回忆、联想能进入意识领域的心理活动。类似"守门人"，不允许潜意识中不为人所接受的本能和欲望随意侵入意识。

2. 人格结构理论　弗洛伊德在分析人的心理活动后，认为人格由三部分组成，即本我、自我和超我。①本我是人格中最基本的部分，指人格中与生俱来的潜意识结构部分，是先天的本能、欲望与冲动，是邪恶的、不道德的；遵循快乐原则行事，要求人们顺从本能的冲动，不考虑现实条件，不顾后果地满足本我。②自我是与现实接触中分化出来的人格结构，目的是使本我能够在现实情境中得到满足；受到本我与超我的共同监管；遵循现实原则行事，克服本能冲动，调节自己的行为，以适应现实生活与超我的要求。③超我是从自我中分化出来的，来监督控制自我，是人格结构中的道德分支和理想的化身，由良心、自我理想构成；遵循至善原则行事，指导与控制人的行为，监督本我、督促自我，使行为符合社会规范与道德理想；如果不遵循社会规范及理想，人们便会体验到内疚和羞愧。本我、自我和超我三者如果彼此相互调节、和谐运作，就会发展成一个有正常及良好适应能力的人；如果失去平衡，就会演变为心理异常。

3. 性本能理论　弗洛伊德认为个体发展的内在动力是"性本能"，又称"原欲"。人格的发展经历五个可重叠的阶段，其中前三个阶段是人格发展的关键期。每个阶段的"原欲"会出现在身体的不同部位，如果需求不能得到满足，则会出现固结，即人格发展出现停滞，可能产生人格障碍或心理问题，并影响下一阶段的发展。

4. 释梦理论　弗洛伊德是一个心理决定论者，他认为人类的心理活动有着严格的因果关系，没有一件事是偶然的，梦也不例外，绝不是偶然形成的联想，而是欲望的满足。在睡眠时，超我的控制松懈，潜意识中的欲望进入意识而形成梦，可见梦是对清醒时被压抑到潜意识中的欲望的一种委婉表达。通过对梦的分析，可以窥视人的内部心理，探究其潜意识中的欲望和冲突。通过释梦可以治疗神经症。

5. 心理防御机制理论　当人们面对压力源时，会采取自我保护心理策略，以减轻焦虑、紧张和痛苦，这种心理策略是无意识和被动的。它包括压抑、否认、投射、退行、隔离、抵消、转化、补偿、合理化、升华、幽默、反向形成等各种形式。人类在正常和病态情况下都在不自觉地运用该策略，运用得当，可减轻痛苦，帮助渡过心理难关，防止精神崩溃；运用过度，就会表现出焦虑、抑郁等病态心理症状。

（二）应用

精神分析理论强调行为的动机源于强大的内驱力和冲动，如性本能和攻击本能，同时认为成人行为的根本原因是童年经历所遗留下来的未解决的心理冲突。该理论广泛应用于心理治疗、社会工作服务过程及临床工作。①心理治疗领域，基于该理论的精神分析治疗是一种直接针对病因的治疗方法，主要用来治疗神经症，如抑郁、焦虑、强迫、恐惧等，也用来改善关系，因此在处理家庭问题、夫妻关系问题、子女教育问题以及人际关系方面都有良好作用。临床常用的精神分析方法有自由联想、释梦、对童年和成长过程的追溯等。②社会工作服务过程领域，精神分析理论可以帮助社会工作者更好地分析个体的心理问题，了解个体内在的欲望、冲突和防御机制等。在社会工作服务过程中，通过精神分析理论的应用，可以帮助个体更好地了解自己，认识自己的内心世界，从而更好地解决心理问题。同时，精神分析理论还可以帮助社工建立有效的工作关系，增强工作的积极性和效果。③临床工作领域，精神分析不仅关注病人与分析师的关系所带来的影响，还强调病人的感受被分析师"镜映"，共情地理解可以部分弥补病人童年经历的缺陷，这些缺陷导致了自体体验中缺乏尊重和幸福。

二、认知和发展理论

（一）概述

心理学中认知与发展理论强调物理环境、家庭关系对人成长的影响。主要有皮亚杰的认知理论、鲍尔比的亲子关系理论、埃瑞克森的心理社会发展理论（又称人生周期理论）。

1. 认知理论　由瑞士儿童心理学家让·皮亚杰（Jean Piaget）提出，被公认为20世纪发展心理学最权威的理论。

皮亚杰在对智力测验的研究过程中发现，所有儿童对世界的了解都遵从同一个发展顺序，在认知过程中都会犯同类的错误。因此，他认为儿童是以完全不同于成人的思维方式进行思考的。为了更好了解儿童的思维，他放弃了标准化测验的研究方法，开始用临床法研究儿童的智力。通过细致的观察和缜密的研究，他得出了关于认知发展的几个重要结论。最重要的是他提出人类发展的本质是对环境的适应，该适应是一个主动的过程。

心理、智力和思维既不是起源于先天的成熟，也不是来源于后天的经验，而是起源于主体的动作。这种动作的本质是主体对客体的适应。主体通过动作来适应客体，才是心理发展的真正原因。从生物学的观点来看，个体的每一个心理反应，不管是指向外部的动作，还是内化了的思维动作，都是一种适应。适应的本质在于获得机体与环境的平衡。

具体而言，儿童在发展中主动寻求了解环境，与环境相互作用，通过同化、顺应和平衡的过程，认知发展逐渐成熟。

（1）同化：是指个体将外界信息纳入已有的认知结构的过程。

（2）顺应：同化而来的有些信息与现存的认知结构不十分吻合，这时个体就要改变认知结构，这个过程即顺应。

（3）平衡：平衡是一种心理状态，当个体已有的认知结构能够轻松地同化环境中的新经验时，就会感到平衡，否则就会失衡。心理状态的失衡会驱使个体采取行动调整或改变现有的认知结构，以达到新的平衡。

（4）认知发展：平衡是一个动态的过程，个体在平衡—失衡—新的平衡中，实现了认知的发展。

2. 亲子关系理论　英国精神病学家约翰·鲍尔比（John Bowlby）通过研究指出，早期的亲子关系对儿童以后的人格发展有着重大影响。20世纪50年代初，他受WHO委托，对在非正常家庭中成长和养育的儿童做了大量调查并提交了报告《母性照看与心理健康》。他发现在孤儿院长大的儿童，经常表现出各种各样的情绪障碍问题，包括不能和别人建立亲密持久的人际关系。

20世纪70年代，鲍尔比注意到可能导致学校恐惧症发生的异常亲子关系包括：①母亲多为慢性焦虑病人，总希望把子女留在家中与自己做伴；②儿童害怕当自己去上学时，父母会遭遇不幸，自己要求留在家中；③儿童担心自己离开家庭时会受到意外伤害，宁愿在家中；④母亲担心儿童去上学会发生不良结果。亲子关系不良可能导致学校恐惧症和儿童离别焦虑障碍。

（1）亲子关系不良表现：一方面对子女态度冷淡、苛责，另一方面又让子女依附于自己，使子女处于一种无所适从的矛盾境地。

（2）正常的亲子关系：父母应给子女以安全而温暖的环境，但又不能使子女依赖这种环境。

（3）心理健康的关键：心理健康的关键是婴儿和年幼儿童应该与母亲建立一种温暖、亲密而持久的关系，在这种关系中婴儿和年幼儿童既能获得满足，也能感到愉悦。

3. 心理社会发展理论　又称为人生周期理论。美国精神分析医生、心理学家埃瑞克森认为，人从出生到死亡是一个持续发展的过程，人格发展贯穿一生，个体出生后在与社会环境互动的过程中，一方面有自我成长的需要，希望能从环境中得到满足；另一方面又不得不受到社会的制约和限制。

埃瑞克森把整个心理发展过程分为八个阶段。这八个阶段的顺序由遗传所决定，每一阶段能否顺利度过却由社会环境所决定，即人的心理发展是先天因素和环境相互作用的结果。其主要内容包括：①在心理发展的每一阶段都存在一种危机，也是一种转机。②顺利度过危机是一种积极的解决，反之是一种消极的解决。③积极的解决有助于自我力量的增强，有利于个人适应环境和形成积极的人格品质，反之，则不利。④前一阶段危机的积极解决会扩大后一阶段危机积极解决的可能性，反之，消极解决则会缩小这种可能性。⑤每一阶段都有相应的至关重要的影响人物。其阶段划分、各阶段面对和处理的主要危机及重要影响人物如下表所示（表9-1）。各阶段主要内容与观点详见第五章第二节。

表9-1　埃瑞克森心理社会发展八阶段一览表

阶段	面对和处理的主要危机	重要影响人物
第一阶段（0~1岁）	信任对不信任	母亲
第二阶段（1~3岁）	自主与羞怯或疑虑	父亲

续表

阶段	面对和处理的主要危机	重要影响人物
第三阶段（3~6岁）	主动与罪恶感	家庭
第四阶段（6~12岁）	勤奋与自卑	邻居、学校、师生
第五阶段（12~18岁）	自我认同与角色混淆	伙伴、小团体
第六阶段（18~25岁）	亲密与孤独	友人、异性、同伴
第七阶段（25~65岁）	生育与自我专注	同事、家属
第八阶段（65岁以上）	自我调整与绝望	人类

（二）应用

在护理领域，认知和发展理论用于解决病人的心理健康问题。在焦虑和抑郁管理中，基于认知和发展理论的认知疗法能帮助病人识别和理解负面的思维模式、焦虑和抑郁相关的不良信念，病人学会更积极、现实地看待问题，减轻负面情绪。在幼儿护理领域，引导父母鼓励孩子积极探索、认识世界；引导父母为孩子提供必要的经验，父母是孩子经验来源的重要组成部分，与孩子相互作用，可以帮助孩子理解所处的世界；引导父母为孩子提供机会，帮助孩子增加直接经验、间接经验；引导孩子感知周围的事物，同时也要尊重孩子的认知发展水平。

> **知识链接**
>
> **认知领悟疗法**
>
> 认知领悟疗法是我国精神病学家钟友彬依据弗洛伊德精神分析理论，结合我国具体情况提出的心理分析疗法。某些心理问题或障碍的根源在于儿童时期遭受的精神创伤，这些创伤引起的恐惧在大脑中留下痕迹，当成年期遇到挫折时就可能再现，影响人的心理，以至于用儿童的态度（幼稚的不成熟的儿童式心理表现）去对待成年人看来不值得恐惧的事物。如果病人能够真正领悟并相信他的症状或病态行为的幼稚性、荒谬性和不符合成人逻辑的特点，症状就会逐渐缓解和消除。治疗者的工作重点是使当事者达到某种程度的领悟，以健康的思维和行为模式代替其儿童式的、荒谬的思维和行为模式，使当事者痛下决心去改变，从而使症状恢复。

三、行为主义理论

（一）概述

行为主义学习理论是指运用行为主义的理论和方法研究学习的心理学流派，是现代心理学的主要流派之一，对西方心理学有着巨大的影响，被称为西方心理学的第一势力。行为主义者认为，学习是刺激与反应之间的联结，他们的基本假设是：行为是学习者对环境刺激所作出的反应。他们把环境看成是刺激，把伴而随之的有机体行为看作是反应，认为所有行为都是习得的。其理论基础主要有经典条件作用理论、操作性条件作用理论和模仿学习理论。

1. 经典条件作用理论　美国心理学家、行为主义心理学创始人约翰·布鲁德斯·华生（John Broadus Watson）明确将条件反射研究纳入了心理学范围。经典条件作用理论已成为行为治疗最基本的理论之一。该理论中有关条件反射的形成、泛化和消退等原理，可以解释人的某些行为是通过学习得来的，一种刺激物或情境也可以泛化到另一种刺激物或情境中去。条件反射形成或消退的规律已成为消除不良行为、塑造健康行为的重要方法。

华生认为人类的行为都是后天习得的，环境决定了一个人的行为模式，无论是正常的行为还是病态的行为都是经过学习而获得的，也可以通过学习而更改、增加或消除；若查明了环境刺激与行为反应之间的规律性关系，就能根据刺激预知反应，或根据反应推断刺激，达到预测并控制动物和人的行为的目的。他认为，行为就是有机体用以适应环境刺激的各种躯体反应的组合，有的表现在外表，有的隐藏在内部，在他眼里人和动物没什么差异，都遵循同样的规律。

2. 操作性条件作用理论 是美国新行为主义心理学家、新行为主义的代表人物伯尔赫斯·弗雷德里克·斯金纳（Burrhus Frederic Skinner），在华生等人的基础上向前迈进了一大步，提出了有别于巴甫洛夫条件反射的另一种条件反射行为——操作性条件反射，并对二者作了区分，在此基础上提出了自己的行为主义理论——操作性条件作用理论。提出了"及时强化"的概念以及强化的时间规律，形成了自己的一套理论。直到今天，他的思想在心理学研究、教育和心理治疗中仍然被广泛应用。

（1）行为分类：斯金纳把人和动物的行为分为应答性行为和操作性行为。应答性行为是由特定刺激所引起的，是不随意的反射性反应；而操作性行为则不与任何特定刺激相联系，是有机体自发作出的随意反应。经典条件作用理论可以解释应答性行为的产生，而操作性条件作用理论可以解释操作性行为的产生。

（2）基本规律：斯金纳提出了强化理论，他认为学习的实质是建立操作和强化物之间的联结，强化可提高反应的概率。正强化指给予愉快刺激，行为频率增加：如学生上课举手发言，老师表扬了他，后来他举手发言的次数增加了，这就是一种正强化。负强化指撤销厌恶刺激，行为频率增加：如放学后小明主动写作业，妈妈就免除了他不喜欢的家务活，他以后放学也会主动写作业，这就是一种负强化。惩罚是当有机体做出某种反应以后，呈现一个厌恶刺激（如体罚、谴责等），以消除或抑制此类反应的过程。如上课时学生有小动作，老师批评了他，以后上课他的小动作变少，此为惩罚。消退指有机体做出以前曾被强化过的反应，如果在这一反应之后不再有强化物相伴，那么，此类反应在将来发生的概率便降低，称为消退。特别强调的是负强化是撤销厌恶刺激，行为频率增加；而惩罚是呈现厌恶刺激，行为频率降低。

斯金纳提出了一套行为矫正术，广泛应用于各种社会机构，特别是学校、精神病院、儿童教养所、工业管理等方面的心理矫治，卓有成效。他认为，包括心理疾病在内的大多数行为都是习得的。因此，心理治疗和咨询要以改变对来访者起作用的强化物的方式来改变其行为，有目的地奖赏需要巩固、保留的有益行为，忽视或惩罚需要去除的不良行为，从而创造一种新的行为模式。

3. 模仿学习理论 20世纪70年代，美国心理学家阿尔伯特·班杜拉（Albert Bandura）通过研究建立了现代社会学习理论，对人的观察行为做出了比较全面而客观的解释。他认为，人的学习活动主要是通过观察他人在特定情境中的行为，审视他人所接受的强化，把他人的示范作为媒介的模仿活动。

模仿学习的过程是观察者以整体知觉的方式观察到示范者在一定情境中对某一刺激物的反应，并以表象的方式在意识中再现，借助语言符号系统的思维表征作用，从而熟练、牢固地掌握特定情境中的特殊反应。在此过程中，强化只是对习得的反应再现起促进作用。研究表明，榜样与观察者的性别、年龄、人格特征等方面越相似，被模仿的可能性越大。同时，班杜拉强调模仿学习中认知过程和自我调节过程的作用。模仿学习超出了对他人行为的简单复制。

（二）应用

行为主义的基本理论为行为疗法提供了治疗原则。应用中需要注意的是，首先，人的行为，不管适应性行为还是非适应性行为，都是经过学习获得的，并由强化得到巩固。一般当某一行为的结果不再具有社会适应性时，该行为就会减弱、消退。但某些行为不一样，丧失了社会适应性

笔记栏

后还不消退，此情况下，需要借助治疗师的帮助来改变。其次，个体可以通过学习消除那些习得的非适应性行为，也可通过学习获得所缺少的适应性行为。

四、佩普洛理论

（一）概述

佩普洛（Peplau）理论是 1952 年美国护理学家佩普洛借用行为科学知识和精神模式发展起来的"护理的人际关系"理论，为精神科护理第一套系统的理论架构。重点描述护患关系的形成与终止过程。其核心内容主要是护患关系的 4 个阶段，即认识期、确认期、开拓期和解决期。

（二）应用

社区精神障碍病人存在严重的心理障碍，其认识、情感、意志、动作行为等有明显异常，难以被一般人理解，病人往往不能正常工作与学习。社区护士可运用佩普洛理论根据不同病人的异常心理和行为，采取有效的措施，促进社区精神障碍病人的康复。具体运用如下：

1. 认识期　该期主要任务是社区护士和精神障碍病人及家属彼此了解。鼓励病人及家属密切合作，了解病人一般情况、既往病史、目前所患疾病的治疗及护理情况、对疾病的认识等。

2. 确认期　该期主要任务是社区护士与病人建立融洽的人际关系。社区护士应该进一步确认病人的症结所在，尽可能消除病人顾虑，帮助病人了解自己的问题，发现自己的长处及优点，逐步恢复自信心。

3. 开拓期　该期是加强护患关系的关键时期。病人会积极主动地向社区护士寻求知识和经验，倾诉其内心烦恼，而且希望从社区护士的言语或表情中得到理解。社区护士应尽量做到让每一位病人都有机会倾诉内心痛苦与烦恼，以减少心理压力。社区护士应耐心倾听，分析病人真实心理，帮助病人弥补缺点，发挥病人潜在能力，鼓励病人认识疾病、正确对待疾病。

4. 解决期　该期是护患关系解除的时期。关键是要做好病人回归家庭的指导工作，如病人回归家庭的饮食、活动、用药及复诊时间等。将联系电话告知病人，以便病人出现意外时能及时寻求救助。

📝 **技术创新**

防咬舌保护装置

某精神科护士团队发明了一种"防咬舌保护装置"，获得国家实用新型专利，并形成实物。

咬舌是某些精神障碍病人的一种自伤方式，临床通常使用毛巾、口咽管、口腔保护器等物品作为压舌器，塞入口腔中以保护舌头。但有的病人牙关紧闭，上述压舌器很难第一时间塞入病人口中；一旦撬开牙齿，压舌器又很难固定妥当，易被吐出；且发生咬舌行为者，常有舌体充血水肿等，影响通气。现有的口腔保护器，仅能避免病人咬舌，没法改善通气。防咬舌保护装置的发明有效解决了这一临床难题。

该发明能在突发情况下有效保护病人，预防舌咬伤，提高护理工作效率。该精神科护士团队的科学思维和解决问题能力值得学习。

第三节　社区精神障碍病人的个案管理

精神障碍病人出院后会回到社区居住，但他们却很难融入社区的生活，为了帮助社区精神障碍病人及其家属，个案管理模式应运而生。个案管理的主要目的是为出院的精神障碍病人提供连续性的护理服务。在个案管理中，每位病人均有一位管理者，负责评估病人的需要，提出护理方案，并实施护理计划等工作。

一、个案管理概述

（一）个案管理的定义

个案管理（case management）是指对已经明确诊断的病人，根据病人的社会状况、经济状况和心理社会功能特点与需求，通过评估病人的功能损害或面临的主要问题，有针对性地为病人制订阶段性治疗方案以及生活职业能力康复措施并实施，以使病人得到持续治疗、生活能力和劳动能力得到恢复，实现帮助病人重返社会生活的目的。例如，某个案管理者可陪同某病人去一所福利机构。如果病人错过一次复诊，个案管理者可上门家访，或者针对病人的服务召集一次不同机构人员参加的会议，共同制订一项有精神科医师参与的完整的治疗方案。因此，个案管理在社区精神卫生中起着重要的作用，它使社区精神卫生服务更具连续性、协调性和高效性。

个案管理的特点是根据每个病人和家属的需求制订治疗、护理、康复计划，并在实际运作过程中不断调整。具体包括以下连续过程：识别个案对象；评估服务需求，包括治疗和护理需求、康复训练等；设计个案管理服务方案；协调与监控服务的内容和质量；评估服务方案实施质量和效益；修改服务方案并重复运行。

（二）个案管理的服务对象

精神健康个案管理的主要服务对象包括经常需要住院服务、社区精神卫生服务、急诊服务及危机处理服务的病人，还包括那些患有严重精神障碍的弱势群体，如无固定住所的病人、高危家庭及儿童病人、有犯罪记录的病人、有超过一种精神病症状的病人及滥用药物的病人等。

（三）个案管理的人员组成

实施病人个案管理的人员应以精神科医师和精神科护士为主，可以吸收经过相关培训并通过考试的社会工作者、心理卫生人员参加。所有人员组成个案管理组，根据各自的专业特长，分工合作对每一名病人实施管理。个案管理组长一般由精神科医师担任，也可以由从事个案管理工作经验丰富的精神科护士担任。

根据情况，个案管理组可以吸收社区卫生服务站、村卫生室经过相关培训并通过考试的执业或助理医师、乡村医师、注册护士参加。经当地街道办事处、乡镇政府同意，可以吸收基层民政、公安、残联等单位或组织的民政干事、民警、助残员等相关人员以及居民委员会、村民委员会的人员参与病人个案管理。

二、个案管理的流程

（一）病人评估

1. **病人需要的评估** 在对病人进行评估时，需要社区医务人员密切合作，同时需要病人自愿且主动地参与。全面评估病人各方面的需要，包括心理、情绪、经济、医疗、教育、工作、社区及居住等。

2. **病人危险性评估** 个案管理员对新进入个案管理的病人，首先应开展危险性评估。个案管理员在每次随访时，都应进行危险性评估，或根据需要随时进行。一旦发现病人出现危害行为（危险性评估为1级或2级）或者出现严重药物不良反应等需要紧急处置的情况，应及时请精神科执业医师会诊，同时向个案管理组长报告，增加随访频次，至少1次/周。发现病人危险性评估在3级以上，应及时请精神科执业医师会诊，同时向个案管理组长报告，实施紧急住院治疗。

3. **个案管理病人的分级** 个案管理的病人分为四级，评估其个案所在级别，可为个案管理提供依据。①一级管理：危险性评估为1~5级，符合下述之一者，6个月内出现过口头威胁、喊叫，但没有打砸行为；6个月内出现过自杀行为或明显自杀企图者；6个月内有影响社会或家庭行为者，指冲动、伤人、毁物行为或倾向、违反《中华人民共和国治安管理处罚法》的其他行为；6个月内有明显幻觉、妄想、行为紊乱者。②二级管理：危险性评估为0级，符合下述之一者，经治疗后，精神病性症状基本得到控制，时间持续6个月以上、2年以内，基本能按照医嘱维持治疗者；曾有轻度自伤行为或企图，或有轻度冲动行为但对社会、家庭影响极小，目前无实施的可能性者；病情基本稳定，时间持续6个月以上、3年以内，虽不能或基本不能按照医嘱维持治疗，但无自杀、自伤行为或企图，无影响社会或家庭的行为者；治疗或者个人生活料理需要他人协助者。③三级管理：危险性评估为0级，符合下述之一者，病情稳定或基本稳定时间在2年以上、5年以内，按照医嘱维持治疗者；病情稳定或基本稳定时间在3年以上、5年以内，虽不能或基本不能按照医嘱维持治疗，但无自杀、自伤行为或企图，无影响社会或家庭的行为者。④四级管理：危险性评估为0级，病情稳定或基本稳定时间在5年以上，同时无自杀、自伤行为或企图，无影响社会或家庭的行为者。

（二）制订个案管理计划

在评估的基础上，根据病人的需要和管理级别制订有效的综合性服务计划。综合性服务计划指导所有个案管理活动，其目标是帮助精神障碍病人成功地投入社区生活。在精神科执业医师指导下，个案管理组负责制订病人个案管理计划，其中用药方案由精神科执业医师制订。

个案管理计划分医疗计划和生活职业能力康复计划两个部分。医疗计划主要包括病史采集、病人精神状况、躯体状况、危险性、服药依从性和药物不良反应检查评估，制订用药方案。生活职业能力康复计划主要包括病人个人日常生活、家务劳动、家庭关系、社会人际交往、社区适应、职业与学习状况、康复依从性与主动性检查评估，提出康复措施等。制订和实施病人个案管理计划首先应当从医疗计划开始。有条件的地方，逐步增加生活职业能力康复计划。

（三）实施个案管理计划

由个案管理员负责指导、督促和帮助病人及家属执行个案管理计划。

1. 随访时间 ①一级管理病人：要求基层医疗卫生机构进行对症治疗后建议转诊至上级医院，2周内随访转诊情况。②二级、三级管理病人：若无其他异常，基层医疗卫生机构的医师可在现用药物基础上，在规定剂量范围内调整剂量，必要时与病人原主管精神科执业医师取得联系。调整过一次剂量后，可连续观察4~6周，若病人症状稳定或比上次已有好转，可维持目前治疗方案，3个月时随访。若仍无效果，转诊至上级医院，2周内随访转诊结果。若同时伴有躯体症状恶化或药物不良反应，要查找原因对症治疗，2周时随访，观察治疗效果。若有必要，转诊至上级医院，2周内随访转诊情况。③四级管理病人：若无其他异常，基层医疗卫生机构继续执行上级医院制订的治疗方案，3个月时随访。

2. 随访内容 包括执行病人基础管理的随访内容和要求；评估病人危险性和各项心理社会功能，提出个案管理计划更改建议；提出管理等级更改建议；如发现病人病情变化或者有发生危险性行为的可能，随时向组长报告，必要时向精神科执业医师报告。

3. 专科医师的指导 精神科执业医师每季度到社区卫生服务中心或乡镇卫生院开展工作。内容包括：检查社区或乡镇管理的疑难病人的精神状况和躯体状况，制订或更改治疗用药方案；指导个案管理组制订或更改个案管理计划；帮助解决基层人员在工作中遇到的疑难问题，指导个案管理计划实施。

（四）监督与评价

个案管理的监督及评价有两个功能：①确保计划达到目标。②提供有用的信息，不断修订服务计划。个案管理者须定期随访以了解各服务机构对病人服务的进展，接触各机构以获得各种有效的资料，从而全面地监督服务计划的实施情况。个案管理组成员每3个月对"病情基本稳定者"进行监督评估，内容包括：根据评估结果，修订个案管理计划；调整病人管理级别；解决诊疗工作中的其他问题；如遇特殊情况，个案管理组要随时会诊讨论，必要时邀请精神科执业医师参加。

第四节 心理咨询与治疗在精神护理中的应用

心理咨询与治疗已广泛应用于精神病学、心理学、临床医学、社区保健、教育学、管理学等多个领域，了解心理咨询与心理治疗的定义、两者之间的异同以及常用心理治疗技术，有助于开展社区精神卫生服务。

一、心理咨询与治疗概述

（一）心理咨询与治疗的定义

1. 心理咨询的定义 心理咨询已有近百年的发展，但对于心理咨询的定义至今仍众说纷纭。朱智贤主编的《心理学大词典》对心理咨询的定义如下："对心理失常的人，通过心理商谈的程序和方法，使其对自己与环境有一个正确的认识，以改变其态度与行为，并对社会生活有良好的适应。心理失常，有轻度的，有重度的；有属于机能性的，有属于机体性的。心理咨询以轻度的、属于机能性的心理失常为范围。心理咨询的目的，就是要纠正心理上的不平衡，使个人对自己与环境重新有一个清楚的认识，改变态度和行为，以达到对社会生活有良好的适应。"其他心理学家也对心理咨询有类似的定义。总体来说，心理咨询有以下核心特征：

（1）心理咨询是一种帮助性人际关系：心理咨询过程中，心理咨询工作者与来访者扮演着不同角色。心理咨询工作者是帮助者的角色，帮助来访者更好地理解自己，更有效地生活；而来访者需要接收新的信息，学习新的行为，学会调整情绪以及解决问题的技能，不能过分依赖心理咨询工作者。

（2）心理咨询的目的是消除心理障碍：心理咨询工作者的职责是帮助人们缓解和消除心理障碍，重回健康的精神家园，享受生活的快乐和幸福。

（3）心理咨询是一种社会服务：通过咨询这个过程，心理咨询工作者可以帮助在各个方面遇到困惑的人们作出决定和解决问题。心理咨询工作者可以在学校、医院、诊所或厂矿企业等提供个别或团体指导和咨询服务，可以帮助人们在多方面（如个人、社会、教育和职业等）达到有效的发展，而不限于某个领域或某些问题。

（4）心理咨询是一种专业服务：心理咨询不同于日常"聊天"或"谈心"。心理咨询工作者是接受过严格的专业训练，拥有这项服务所必需的知识和技能，尤其是具有接受他人的基本态度和理解他人的能力，且得到权威机构认可的专业人员。

2. 心理治疗的定义 与心理咨询一样，心理治疗的定义也众说纷纭。总体来说，心理治疗是指治疗师运用相关心理治疗理论与方法，消除或控制病人的心理问题或心理障碍，改善病人的心理与适应方式，促进病人人格的发展与成熟。心理治疗是一个过程，涉及治疗师与来访者之间的关系。

3. 心理咨询与心理治疗的异同 心理咨询与心理治疗之间既有区别也有联系。两者之间的细微区别是：①心理咨询以发展性咨询为主，心理治疗以障碍性治疗为主。②心理咨询的内容以疑惑、不适为主，心理治疗以障碍、疾病为主。③心理咨询解决轻度的心理问题，心理治疗解决的问题在程度上相对重些。④心理咨询可以在非医疗环境中开展，心理治疗一般在医疗环境中进行。当然，这些区分都是相对的、人为的，实际工作中很难将两者完全区别清楚。

两者之间的相同或相似之处是主要的：①两者都强调在良好的人际关系氛围中，运用心理学方法解决心理或精神方面的问题。两者在咨访关系、解决的问题及从业人员的要求等方面都是一

笔记栏

致的。②两者所依据的理论和方法是一致的。在心理咨询与治疗中，传统的三大理论体系包括精神分析疗法、行为疗法和个人中心疗法。此外，20世纪20年代在日本兴起的森田疗法和20世纪中期美国兴起的理性情绪疗法等在心理咨询和心理治疗中都是通用的。③两者遵循的原则是一致的，在工作中都要遵循理解、尊重、保密、疏导和促进成长的基本原则。此外，从业者的工作态度和职业道德也是一样的。

所以，在用语上，倾向于把心理咨询和心理治疗视为同义，一般心理咨询也涵盖了心理治疗的主要含义。

（二）心理咨询与治疗的对象和范围

人的心理正常与不正常并无明确界线，是一个连续变化的过程，大多数人的心理都落在正常与不正常之间的中间区域。在咨询实践中，并不是所有的对象和问题都能收到理想的效果。

1. 适合的咨询对象　心理咨询与治疗都需要明确能够处理的问题，选择合适的来访者进行咨询和治疗。适合的咨询对象符合下列特征：①具有正常的智力水平，能够叙述自己的问题以及其他相关情况，能理解心理咨询工作者发出的言语和非言语信息的含义，还要有一定的领悟能力等。②具有强烈的求助动机，来访者不仅要体会到自己有心理或行为方面的问题，而且确实因这些问题而感到痛苦，想要解决问题，减轻和消除症状，改善心理和行为。如果发现来访者的动机存在偏差或缺乏，心理咨询工作人员应当运用咨询经验与技巧，建立良好的咨询关系，帮助来访者看到自身问题，激发其改善心理和行为动机。③需要解决的问题应属于心理咨询工作人员擅长的领域，来访者与心理咨询工作人员个性、专长不够匹配会影响咨询的效果。

2. 不适合的咨询对象　对于不适合的来访者，最好转介给其他心理咨询工作人员或咨询机构。主要有以下情况：①咨询内容不合适，每位心理咨询工作人员所擅长或适宜咨询的内容会有所不同；在实际工作中，心理咨询工作人员没有能力解决来访者问题时，最恰当的做法是把来访者转介给其他合适的工作人员。②价值观念不相宜，如果心理咨询工作人员发现自己与来访者在根本的价值观念上有明显分歧或尖锐对立，心理咨询工作人员最好将来访者转介给其他合适的工作人员。③存在私人关系，如来访者是心理咨询工作人员的亲戚、朋友、同事等。一般，应当避免给与自己存在私人关系或利益关系的来访者做心理咨询，而应转介给他人，如果由于各方面原因无法避免或转介，应当慎重，工作中尽量保持客观中立且专业的态度。

（三）心理评估工具

心理评估是应用多种方法获得信息，对个体某一心理现象作全面、系统和深入的客观描述的过程。应用心理评估的目的是单独或辅助作出心理诊断、作为评价心理干预效果的指标。心理评估的种类主要有观察、调查、心理测验和实验等。常用的心理评估工具主要有以下几种：

1. 社会功能缺陷筛查量表　主要用于评定社区精神障碍病人的社会功能缺陷程度，是进行精神医学调查较为常用的评定工具。

2. 康复状态评估量表　社区精神康复工作中常用的评估工具。

3. 症状自评量表　是进行心理健康状况鉴别及团体心理卫生普查时实用、简便且有价值的量表。

4. 抑郁自评量表　使用简便，能相当直观地反映抑郁病人的主观感受。

二、心理治疗技术

心理学存在着不同流派，每个流派具体的心理治疗方法各不相同，但依然存在基础性心理治疗技术。

（一）精神分析疗法

精神分析疗法又称心理分析疗法或分析性心理治疗，是心理治疗中最主要的一种治疗方法。精神分析疗法以精神动力学理论为基础，主张采用耐心、长期的引导，让病人通过内省的方式，以自由联想、精神疏泄和分析解释的方法，把压抑在潜意识当中的某些幼年时期的精神创伤和痛苦体验挖掘出来，从中发现焦虑根源，启发并帮助病人彻底领悟并重新认识它，从而改变原有病理行为模式，重建自己的人格，达到治疗目的。主要由自由联想、梦的分析、移情和解释四部分组成。

1. 自由联想　是精神分析的基本手段。弗洛伊德认为，浮现在脑海中的任何东西都不是无缘无故的，都是具有一定因果关系的，借此可挖掘出潜意识中的症结。自由联想就是让病人自由诉说心中想到的任何东西，鼓励病人尽量回忆童年时期所遭受的精神创伤。精神分析理论认为，通过自由联想，病人潜意识的大门不知不觉地打开了，潜意识的心理冲突可以被带入意识领域，从中找出病人潜意识之中的矛盾冲突，并通过分析促进病人领悟心理障碍的"症结"，从而达到治疗的目的。

2. 梦的分析　弗洛伊德认为"梦乃是做梦者潜意识冲突欲望的象征，做梦的人为了避免被他人察觉，所以用象征性的方式以避免焦虑的产生""分析者对梦的内容加以分析，以期发现这些象征的真谛"。所以，发掘潜意识心理资料的另一技术就是要求病人在会谈中也谈谈他做的梦，并把梦中不同内容自由地加以联想，以便治疗者能理解梦的外显内容（又称显梦，即梦的表面故事）和潜在内容（又称隐梦，即故事的象征意义）。

3. 移情　是病人陷入对往事的回忆中，将童年期对他人的情感转移到治疗者身上。移情有正移情和负移情，正移情是病人将积极的情感转移到治疗者身上，负移情是病人将消极的情感转移到治疗者身上。借助移情，对病人早年形成的病理情结加以重现，重新"经历"往日的情感，进而帮助病人解决这些心理冲突。

4. 解释　在治疗过程中，治疗者的中心工作就是向病人解释病人所说话中的潜意识含义，帮助病人克服抗拒，从而使被压抑的心理资料得以源源不断地通过自由联想和梦的分析暴露出来。解释是逐步深入的，根据每次会谈的内容，用病人所说过的话做依据，用病人能理解的语言告诉其心理症结的所在。解释的程度随着长期的会谈和对病人心理的全面了解而逐步加深和完善，病人也通过长期的会谈在意识中逐渐培养起一个对人对事成熟的心理反应和处理态度。

（二）认知疗法

认知疗法是根据认知过程以及影响情感和行为的理论假设，使用改变认知和行为的技术，来纠正病人的不良认知的一类心理治疗方法的总称。基本观点是：认知过程及其导致的错误观念是行为和情感的中介，适应不良行为和情感与适应不良认知有关。认知疗法常采用认知重建、心理应对、问题解决等技术进行心理辅导和治疗，其中认知重建最为关键。

1. 认知疗法的内容　包括识别自动思维、识别认知性错误、真实性检验、去中心化及抑郁或焦虑水平的监控等。

（1）识别自动思维：由于引发心理障碍的思维方式是自动出现的，已构成来访者思维习惯的一部分，多数来访者并未意识到在不良情绪反应之前会存在着这些思想。因此，在治疗过程中，咨询师首先要帮助来访者学会发现和识别这些自动化的思维过程。咨询师可以采用提问、自我演示或模仿等方法，找出导致不良情绪反应的思想。

（2）识别认知性错误：所谓认知性错误是指来访者在概念和抽象上常犯的错误。这些错误相对于自动思维更难识别，因此，咨询师应听取并记录来访者的自动思维，然后帮助来访者归纳它们的一般规律。

（3）真实性检验：是将来访者的自动思维和错误观念作为一种假设，鼓励其在严格设计的行为模式或情境中对假设进行检验，使之认识到原有观念中不符合实际的地方，并自觉纠正，这是认知疗法的核心。

（4）去中心化：是让来访者意识到自己不是被人注意的中心。很多来访者总感到自己是别人注意的中心，自己的一言一行都会受到他人的评价。为此，病人常常感到自己是无力的和脆弱的。如果来访者认为自己的行为举止稍有改变就会引起周围人的注意和非难，那么咨询师可以让病人不像以前那样去和人交往，即在行为举止上稍有改变，然后要求病人记录别人不良反应的次数；结果病人发现很少有人注意他言行的变化，他自然会认识到自己以往观念中不合理的成分。

（5）抑郁或焦虑水平的监控：多数来访者都认为他们的抑郁或焦虑情绪会一直不变地持续下去，而实际上，这些情绪常常有一个从开始到高峰乃至消退的过程，不会永远持续。让来访者体验这种情绪涨落变化，并相信可以通过自我监控，掌握不良情绪的波动，从而增强改变的决心。

2. 认知疗法的治疗步骤

（1）建立求助的动机：在此过程中，要认识适应不良的认知－情感－行为类型。病人和治疗师对其问题达成认知解释方面意见的统一；对不良表现给予解释并且估计矫正所能达到的预期结果。比如，可让病人自我监测思维、情感和行为，治疗师给予指导、说明和认知示范等。

（2）适应不良认知和行为的矫正：在此过程中，要使病人发展新的认知和行为来替代适应不良认知和行为。比如，治疗师指导病人广泛应用新的认知和行为。

（3）在处理日常生活问题的过程中培养观念的竞争，用新的认知对抗原有认知：在此过程中，要让病人练习将新的认知模式用到社会情境之中，取代原有的认知模式。比如，可使病人先用想象方式来练习处理问题，或模拟一定的情境或在一定条件下让病人以实际经历进行训练。

（4）改变有关自我的认知：在此过程中，作为新认知和训练的结果，要求病人重新评价自我效能以及自我在处理认知和情境中的作用。比如，在练习过程中，让病人自我监察行为和认知。

认知疗法的理论和范围正在不断地补充和扩大，应运而生的有动力认知疗法和认知行为疗法。

（三）行为疗法

行为疗法也称行为治疗或条件反射治疗，是以减轻或改善病人的症状或不良行为为目标的一类心理治疗技术的总称；是以行为主义理论为指导，按一定的治疗程序，来消除或纠正人们的异常或不良行为的一种心理治疗方法。与其他学派相比，行为治疗较少关心治疗过程，其更关心的是设立特定的治疗目标。而特定的治疗目标是治疗者经过对来访者的行为观察和行为功能分析制订的。治疗目标一旦确定，新的条件作用下的学习过程就可以开始进行。

行为疗法的步骤包括：①了解来访者现有问题行为及其原因。②分析、辨别并确定目标行为。③关键的不良行为的构成层次。④在治疗前，观察来访者不良行为发生次数并确定基数。⑤有无有意义行为的不断出现。⑥着眼于调节行为的后果或着眼于教授新的行为。下面介绍3种常用的行为疗法。

1. 系统脱敏法　主要是诱导来访者缓慢地暴露导致神经症焦虑和恐惧的情境，并通过心理的放松状态来对抗这种焦虑和恐惧情绪，从而达到消除焦虑或恐惧的目的。如果一个刺激所引起的焦虑或恐惧状态在来访者所能忍受的范围之内，经过多次反复呈现，他便不再会对该刺激感到焦虑和恐惧，也就达到了治疗目标，这就是系统脱敏法的治疗原理。实施时，首先要深入了解病人的异常行为表现，如焦虑和恐惧是由什么样的刺激情境引起的，把所有焦虑反应由弱到强按次序排列成"焦虑阶层"。然后教会病人一种与焦虑、恐惧相抗衡的反应方式即松弛反应，使病人感到轻松而解除焦虑。进而把松弛反应技术逐步地、有系统地和那些由弱到强的焦虑阶层同时配对出现，形成交互抑制情境，即逐步地使松弛反应抑制那些较弱的焦虑反应，然后抑制那些较强的焦虑反应。这样循序渐进地、有系统地把那些由于不良条件反射（即学习）而形成的、强弱不同的焦虑反应，由弱到强一个一个地予以消除，最后把最强烈的焦虑反应（即我们所要治疗的靶行为）也予以消除（即脱敏）。异常行为被克服了，病人也重新建立了一种习惯于接触有害刺激而不再敏感的正常行为，这就是系统脱敏法。它在临床上多用于治疗恐惧症、强迫性神经症以及某些适应不良性行为。

2. 厌恶疗法　是一种帮助人们将所要戒除的靶行为或症状，同某种使人厌恶的或惩罚性的刺激结合起来，通过厌恶性条件作用，达到戒除或减少靶行为出现的目的，也是行为治疗中最早和最广泛地被应用的方法之一。在临床上多用于戒除吸烟、吸毒、酗酒、各种性行为异常和某些适应不良性行为，也可以用于治疗某些强迫症。厌恶刺激可采用疼痛刺激（如橡皮圈弹痛刺激、电刺激）、催吐剂（如阿扑吗啡）、令人难以忍受的气味或声响刺激等，也可以采取食物剥夺或社会交往剥夺措施等，还可以通过想象作用使人在头脑中出现极端憎厌或无法接受的想象场面，从而达到厌恶刺激强化的目的。

3. 行为塑造法 这是根据斯金纳的操作性条件作用理论设计出来的，目的在于通过强化（即奖励）而塑造某种期望出现的良好行为的一项行为治疗技术。一般采用逐步晋级的作业，并在完成作业时按情况给予奖励（即强化），以促使期望获得的良好行为的次数增加。有人认为，最有效的强化因子（即奖励方法）之一是行为记录表，即要求病人把自己每小时所取得的进展正确记录下来，并画成图表。这样做本身就是对行为改善的一种强大推动力。根据图表所示的进展，治疗者还可应用其他强化因子，如当作业成绩超过一定的指标时即给予表扬或奖励。此外，还可采用让病人得到喜爱的食物或娱乐等办法，来塑造新的行为，以取代旧的、异常的行为。为了使治疗效果得以保持和巩固，在应用这一治疗方法时，需要特别注意如何帮助病人把在特定治疗情境中学会的行为转换到家庭或工作等日常生活的现实环境中来。此法的适用范围包括孤独症儿童说话、改善或消除恐怖症、神经性厌食症、肥胖症及其他神经症的行为；也可以用来改善或促进精神分裂症病人的社交和工作行为；在社会教育中，可用于对低能者的训练以及用于治疗某些性功能障碍等。

（四）正念疗法

"正念"强调有意识、不带评判地觉察当下。多种以正念为基础的心理疗法，被广泛应用于治疗和缓解焦虑、抑郁、强迫、冲动等情绪心理问题以及人格障碍、成瘾、饮食障碍、人际沟通障碍、冲动控制障碍等方面。正念疗法是对以正念为核心的各种心理疗法的统称，较为成熟的正念疗法包括正念减压疗法、正念认知疗法、辩证行为疗法和接纳与承诺疗法。

1. 正念减压疗法 也称正念减压疗程，由美国的乔恩·卡巴金（Jon Kabat-Zinn）博士于1979年创立，并已推广至医学、保健、教育等领域。正念减压疗程是连续8～10周的团体训练课程（最多30人）。病人每周至医院参与一次2.5～3小时的课程，学习并实际练习培育正念的方法，参与如何以"正念"面对、处理生活中的压力与自身疾病的讨论；在8周的课程中，病人被要求每周六和周日，每日至少利用45分钟进行课堂中所学的正念练习；8周的课程还包含一天（通常在第6周）7～8小时的禁语正念练习。具体方法为：①为自己选择一个可以注意的对象，可以是一个声音，或者单词，或者一个短语，或者自己的呼吸、身体感觉、运动感觉。②舒服地坐着，闭上眼睛，进行一个简单的腹式呼吸放松练习（不超过1分钟）。③调整呼吸，将注意力集中于所选择的注意对象。在训练过程中，如果头脑中出现了其他的一些想法、感受或者感情从而使被试的注意力出现转移，没有关系，只需要随时回到原来的注意对象上即可，不用害怕，不用后悔，也不用任何评判。训练10～15分钟之后，静静地休息1～2分钟，然后再从事其他正常的工作活动。

注意事项：①不对自己的情绪、想法、病痛等身心现象作价值判断，只是纯粹地觉察它们。②对自己当下的各种身心状况保持耐心，与其和平共处。③常保"初学者之心"，愿意以赤子之心面对每一个身心事件。④信任自己、相信自己的智慧与能力。⑤不努力强求达到（治疗）目的，只是无为地觉察当下发生的一切身心现象。⑥接受现状，愿意如实地观照当下自己的身心现象。⑦放下种种喜好、厌恶，只是时刻觉察当下发生的身心事件。

2. 正念认知疗法 是由泰斯德（J. Teasdale）等人融合了认知疗法与正念减压疗法而发展的一种主要用以解决长期抑郁症复发问题的心理疗法。

泰斯德在研究中发现，生活压力、烦躁不安的情绪、官能障碍的思维模式与长期易复发的抑郁有很高的相关性。因此，他提出消除抑郁复发的方法，首先要使人们认识到消极思维的出现预示着抑郁的可能复发；然后，通过某种方式使人们从易复发的消极思维中解脱出来。泰斯德和他的同事发展了正念认知疗法来达到上面的目标，正念认知疗法融合了"认知疗法"与"正念减压疗法"来解决抑郁症的问题。正念训练使训练者"面对"而不是"逃避"潜在的困难，参与者被要求培养一种开放的、接受的态度来应对当前出现的想法与情绪。这都是通过打坐、静修或者冥想来完成，其核心技术是集中注意力，觉察自己的身体与情绪状态，顺其自然，不作评判。这种正念练习促使产生一种"能意识到的"觉醒模式，而不是一种习惯化、自动化了的浑然模式。因此，正念训练可以在早期就觉察到能导致抑郁复发的消极思维模式，从而消除抑郁复发。除此之外，还可以采取认知疗法的技术，加强关于抑郁症的思想与症状的心理教育，能够促使病人更早觉察这些体验，及时采取干预措施防止抑郁复发。总之，正念认知疗法提供了一种不同的方式，主张接纳痛苦与紧张的情绪，从而减轻其影响。

3. 辩证行为疗法　是由美国心理学家玛莎·莱茵汉（Marsha M. Linehan）创立的用来治疗边缘型人格障碍的治疗方法。正念是辩证行为疗法的一个重要部分，其原因在于发现了传统认知与行为方法在治疗边缘型人格障碍上的缺陷。莱茵汉认识到传统方法的最大缺陷在于非常强调"改变"，而这在边缘型人格障碍病人身上几乎是无效且不可能的。所以，她尝试改变传统的认知与行为方法，通过强调确认以及接受，而不是改变，来治疗边缘型人格障碍病人。

莱茵汉认为，边缘型人格障碍病人的主要特征是不能容忍生活压力、不会自我接受。因此，治疗的核心便在于使他们能够容忍生活压力以及学会自我接受。辩证行为疗法被设计用来治疗那些有极端行为异常的个体。

4. 接纳与承诺疗法　接纳与承诺疗法是由美国著名心理学家斯蒂文·海斯（Steven C. Hayes）教授及其同事于 20 世纪 90 年代基于行为疗法创立的新的心理治疗方法，是继认知行为疗法后的又一重大的心理治疗理论，是认知行为治疗的最新发展。通过正念、接纳、认知解离、以自我为背景、明确价值和承诺行动等过程以及灵活多样的治疗技术，帮助来访者增强心理灵活性，投入有价值、有意义的生活。其目标是提高心理灵活性，即提高心理改变的能力或坚持功能性行为以达到价值目标的能力；旨在寻求建立更宽广、灵活、有效的应对方式而不仅针对狭窄的心理问题的具体认知内容进行反驳。

（五）暗示疗法

暗示疗法是利用言语、动作或其他方式，也可以结合其他治疗方法，使被治疗者在不知不觉中受到积极暗示的影响，从而不加主观意志地接受心理医师的某种观点、信念、态度或指令，以解除其心理上的压力和负担，实现消除疾病症状或加强某种治疗方法效果的目的。暗示疗法可直接进行，也可在其他治疗过程中结合进行。直接暗示是医师以技巧性的言语或表情，给病人以诱导和暗示。病人接受医师的暗示过程，就是内心的逻辑活动过程，其结果改变了原有的病态感觉和不良态度，达到治疗的目的。暗示疗法的方式一般有以下几种。

1. 言语暗示　通过言语的形式，将暗示的信息传达给受暗示者，从而产生影响作用。如临床工作中医务人员与病人交谈中施加的种种影响。

2. 操作暗示　通过对病人的躯体检查或使用某些仪器，或实施一定的虚拟的简单手术，而引起其心理、行为改变的过程。此时，若再结合言语暗示，效果将更好。

3. 药物暗示　给病人使用某些药物，利用药物作用进行的暗示。如用静脉注射 10% 的葡萄糖酸钙的方法，在病人感到身体发热的同时，结合言语暗示治疗癔症性失语或癔症性瘫痪等。

4. 环境暗示　使病人置身于某些设置好的特殊环境，对其心理和行为产生积极有效的影响，消除不良的心理状态。

5. 自我暗示　即病人自己把某一观念暗示给自己。例如，因过分激动、紧张而失眠者，选择一些能使人放松和安静的词语进行自我暗示，可以产生一定的效果。许多松弛训练方法实际上包含了自我暗示过程。

（六）催眠疗法

催眠疗法是指用催眠的方法使求治者的意识范围变得极度狭窄，借助暗示性语言，以消除病理心理和躯体障碍的一种心理治疗方法。通过催眠方法，将人诱导进入一种特殊的意识状态，将医师的言语或动作整合入病人的思维和情感，从而产生治疗效果。催眠可以很好地推动人潜在的能力，现在常使用催眠来治疗人的一些心理疾病，如强迫症、忧郁症及情绪问题等。

治疗时，房内光线适宜，保持安静，室温适中。让病人坐在舒适的沙发上，先调整呼吸，使病人呼吸平静有规则，进而使全身肌肉处于放松状态。暗示的语言必须坚定有力、简单明确、清晰。

1. 光点刺激法　让被催眠者凝视上方的一个光点或光亮灯罩，或凝视催眠者手持的发光物体，距离 10cm 左右。集中注意力凝视数分钟后，催眠者用单调的暗示性语言引导："你的眼睛开始疲倦起来了……你已经睁不开眼睛了……你全身越来越沉重，头脑越来越模糊了……你就要瞌睡了……睡吧……熟睡吧。"这时病人眼睑闭合，说明催眠成功。

2. 单调音重复法　让被催眠者闭目全身放松，倾听节拍器或感应器发出的单调声音或滴水声，几分钟后给予类似的语言提示，在暗示时还可加上数数，典型语言有："这里没有打扰你的东西""除了我说话的声音和滴水声，你什么也听不见""随着我数数，你会加重瞌睡""一股舒服的暖流流遍你全身""你的头脑模糊不清了""周围安静极了""不能抵制的睡意已经完全笼罩你了""你什么也听不见了"等。

3. 温觉引导法　洗干净手并烘热，用温暖洁净的手轻微接触被催眠者的皮肤表面，从其额部、两颊到双手，按照同一方向反复地、缓慢地、均匀地慢慢移动，同时可使用上述语言暗示。也可以不接触皮肤，只靠手的移动引起的热空气的波动给予刺激。

温觉引导法的适应证主要是神经症和某些心身疾病，如癔症性遗忘、癔症性失音或瘫痪、恐惧症、夜尿症、慢性哮喘、痉挛性结肠炎、痉挛性斜颈、口吃等。消除某些心身障碍和顽固性不良习惯效果更好。

第五节　社区精神障碍病人护理的循证实践

一、循证问题

精神分裂症是一组常见的病因未明的严重精神疾病。多起病于青壮年，常有知觉、思维、情感和行为等方面的障碍，一般无意识及智力障碍。病程多迁延，约占精神科住院病人的一半以上，约一半的精神分裂症病人最终结局为出现精神残疾，给社会及病人和家属带来严重的负担。最新的研究认为该病是脑功能失调的一种神经发育性障碍，复杂的遗传因素、生物及环境因素的相互作用导致了精神分裂症的发生。据 WHO 统计，全球精神分裂症终生患病率为 38‰ ~ 84‰，美国报道的终生患病率为 13‰。中国首次全国性成人精神障碍流行病学调查结果提示，精神分裂症及其他精神病性障碍终生患病率为 0.75%，农村高于城市，且 18 ~ 34 岁年龄组患病率最高。精神分裂症的高住院率与高致残率是直接导致病人贫困和其家庭因病返贫的直接原因。此外，有危害生命与财产行为的精神分裂症病人还会带来社会安全问题。我国精神医学和其他医学学科一样，贯彻执行预防为主的方针，以医院为中心扩大院外社区的防治工作。

为精神分裂症病人提供一个连续的、全面的医疗服务的模式称之为精神分裂症早期、综合与全程治疗和康复模式。服务场所不仅仅是在医院，还包括社区；对象不仅仅是病人，还包括病人家属；方法不仅仅包括药物治疗，还包括指导社会功能和认知功能的康复。其最终目的是让病人更好地回归社会。这一早期、综合与全程治疗和康复模式已经逐步在精神医学界达成共识。

本次循证实践聚焦从精神专科医院返回家庭的精神分裂症病人的家庭干预。有研究发现家庭内部的情感表达是精神分裂症发病和复发的有效预测因子。因此，家庭干预成为精神分裂症治疗

笔记栏

235

的一个重要环节。精神分裂症的家庭干预源自行为和系统的理念，并与精神分裂症病人家庭的需求相结合。家庭干预的目标在于帮助家庭更有效应对病人的问题，为家庭提供支持和教育，降低痛苦水平，改善家庭沟通问题和处理问题的方式，并尽可能预防复发。

综上，使用 PIPOST 确定本循证实践的基本问题。P：精神分裂症病人，年龄≥18 岁。I：精神分裂症病人家庭干预。P：临床医护人员。O：精神分裂症病人的转归。S：精神科、心理卫生中心门诊及住院部。T：指南、最佳实践、证据总结、系统评价、立场声明，以及与本研究相关的原始研究等。

二、证据检索

以"精神分裂症""家庭治疗""家庭干预""家庭护理"等中文关键词，以"schizophrenia""family therapy""family intervention""home care"等英文关键词，检索国内外权威数据库。文献的纳入标准：①目标群体为从精神专科医院返回家庭的精神分裂症病人。②内容为家庭治疗、家庭干预及家庭护理。③主要结局指标为复发率、社会和职业功能、精神分裂症抑郁得分等。④证据类型包括临床指南、系统评价、Meta 分析、专家共识以及与本研究内容密切相关的原始研究。⑤语种为中英文。文献的排除标准：①文献质量评价为不合格或信息不全。②文献类型为研究计划书或会议记录等。

三、证据内容

（一）家庭干预模式

1. 心理教育性家庭干预　传授有关精神疾病的性质、发展过程和治疗等方面的基本知识。

2. 危机取向家庭干预　主要是为了解决精神疾病急性期的问题而发展的，帮助家庭成员有效地识别当前存在的和将来可能发生的紧张因素或有潜在破坏倾向的事情，并提供可行的应对手段。

3. 行为模式的家庭干预　应用行为或解决问题的方法，更注重于训练整个家庭成员解决内部问题和相互交往的技能。包括关于精神分裂症的教育内容；相互交流训练，如角色扮演练习、模仿、强化；问题解决训练：指导家庭成员进行结构性解决问题方法的训练。

4. 降低情感表达的干预　其内容包括：精神病的病因、症状、病程以及管理这类疾病的教育；高低情感表达两种家属在内的小组治疗过程，降低高情感表达的病人家属对病人的指责性评价、敌意和过分介入等，从低情感表达的家属中学习经验；包括病人及家属在内的个别家庭治疗过程，在治疗师的帮助下学会在家庭中实际处理各种问题。

（二）家庭干预内容

提高家庭对疾病的认识；支持、关心家庭中的照顾者；促进家庭中其他成员的成长；教会家庭一些具体的应对措施；促进家庭内部的交流；提高服药的依从性；减少指责和过度保护；建立对未来的自信心；鼓励家庭建立家庭以外的支持网；帮助家庭降低对疾病完全恢复的期望值。

（三）家庭干预效果

通过家庭干预，可改变病人原来不适应的家庭关系，有利于病人有一个良好的居住环境。另外，对病人及家庭成员进行相关知识的健康教育，积极开展家庭干预，能唤起良好的家庭支持与家庭互动，提高家庭的监护质量，而提高病人服药依从性，对巩固疗效，预防复发非常重要。良好的家庭干预，还能给医生及时提供病人在院外的信息，以便及时调整治疗方案，并保证药物维持治疗的有效完成。有效的家庭干预至少需要 6 个月，长期的家庭干预（大于 9 个月）可显示出持久的疗效，可持续 2 年或更长。

四、实践建议

家庭是精神分裂症病人一生中最坚实的支柱。大约 60% 的出院病人要返回家庭中生活。家庭关系与家庭支持的好坏是影响精神分裂症病人康复结局的重要因素。测量家庭态度的指标是情感表达，处在高情感表达环境（对病人经常批评、责骂、显示激动或敌意）和缺乏关爱的家庭，病人复发率较高，病人在这种环境中生活的时间越短，复发的危险性就越小。家庭干预把重点放在改变家庭成员的人际关系上，干预的过程是去发现与个体心理障碍发生、发展有关的家庭内部因素。干预中应考虑整个家庭的喜好，选择单一家庭治疗或多个家庭集体治疗，单个家庭干预比集体家庭干预形式的效果更积极。干预对象不仅限于病人本人，也包括其家庭照顾者。干预方式为在专业人员（如社区精神卫生护士）指导下的病人家庭之间的互帮互助及同伴为主导的互助。

（王爱红）

小　结

本章首先介绍了精神障碍常用概念、社区精神卫生的概念及服务内容、社区精神障碍护理的相关政策、社区精神障碍病人护理的研究与热点问题。然后介绍了社区精神障碍病人护理的相关理论及应用、社区精神障碍病人的个案管理、心理咨询与治疗在社区精神障碍病人护理中的应用，并就社区精神障碍病人的家庭护理进行了循证实践。

思考题

ER9-2
本章思考题
解题思路

1. 小李，男，20岁，在校大一学生。体质瘦弱，平时胆小怕事，见到同学之间闹意见、起冲突就非常害怕。尤其惧怕那些身体特别强壮的学生，怕他们欺负自己，与自己过不去，为此整日忧心忡忡，以致严重影响其日常生活与学习。经询问其成长经历，了解到他2岁时母亲意外去世，3岁时父亲入狱，寄养在叔叔家，叔叔和婶婶经常吵架，在外面他也经常遭到小伙伴的欺侮，从小缺乏安全感。社区护士应如何运用精神分析理论对小李进行护理？

2. 社区护士如何在社区内做好精神障碍病人的个案管理工作？

笔记栏

第十章

社区突发公共卫生事件的预防与护理

社区情景

2023 年秋冬某日，某社区卫生服务中心的老年病房内，早上 5 人出现发热症状，下午 11 人被确诊流行性感冒（流感）。中国国家流感中心数据显示，此轮感染高峰已超过过去 10 年中的 12 次流感浪潮。随后，国家卫生健康委员会举行的新闻发布会上，几位专家提醒，此轮流行的呼吸道疾病会对心血管产生影响，而且不同病原体会同时或者交替感染，可能会加重病情，提醒社区易感人群、脆弱人群加强防范。

社区突发公共卫生事件，比如流感大流行，可能导致社区医疗资源紧张，给社区卫生服务中心带来额外压力。作为社区的护理工作者，在面临突发公共卫生事件时，应如何快速、有效地应对？如何提高社区应对突发公共卫生事件的整体能力和水平？

近年来，全球范围内的突发公共卫生事件频繁发生，给各国政府和卫生部门带来了极大挑战。自然灾害、事故灾难、社会安全事件等，可能导致基础设施破坏、人员伤亡、疾病传播，进而引发突发公共卫生事件，给人民健康带来威胁。社区是抗击突发公共卫生事件的重要阵地之一，承担着常态化防控任务和突发事件出现时的应急处置工作。社区护理人员参与社区突发公共卫生事件的"第一响应"和后续管理，其应急防控与处置能力直接关系到居民健康和社区稳定。因此，学习社区突发公共卫生事件的预防与护理，对社区护理人员有效防控、处理和应对社区突发公共卫生事件，建设和谐社会意义深远。

第一节　概　述

一、社区突发公共卫生事件的基础知识

（一）社区突发公共卫生事件的相关概念

1. 突发事件　指突然发生，造成或者可能造成重大人员伤亡、财产损失、生态环境破坏和严重社会危害，危及公共安全的紧急事件。根据《国家突发事件总体应急预案》，突发事件主要分为自然灾害、事故灾难、公共卫生事件、社会安全事件四类。

2. 突发公共卫生事件　是突发事件中的一大类，指突然发生，造成或者可能造成社会公众健康严重损害的重大传染病疫情、群体性不明原因疾病、群体性中毒、食品安全事故、药品安全事件、动物疫情以及其他严重影响公众生命安全和身体健康的事件。

3. 社区突发公共卫生事件　在社区范围内突然发生的、对公共卫生安全造成严重威胁或影响社会公共利益的事件，如传染病疫情、化学物质泄漏、食品安全事件等。这些事件可能导致传染病的大规模传播，严重危害人民健康和社会安全，需要及时有效地应对和处置。

（二）社区突发公共卫生事件的特征

1. 突发性和意外性　社区突发公共卫生事件通常有高度的不确定性，虽然可能存在发生征兆和预警，但往往难以准确地把握和预测事件的起因、规模、事态变化、发展趋势及影响的深度和广度。然而，若监测系统敏感、健全，则有可能预警，并及时有效地部署和应对。

2. 群体性和公共性　社区突发公共卫生事件常常同时波及多人甚至整个工作或生活的群体，在事件影响范围内的人都有可能受到伤害。尤其对社区儿童、老人、妇女和体弱多病者等特殊人群的影响更为突出，具有公共卫生属性。

3. 广泛性和严重性　社区突发公共卫生事件由于发生突然、波及面广、损害面宽，可对公众健康和生命安全、社会经济发展、生态环境等造成不同程度的危害；这种危害既可以是对社会造成的即时性严重损害，也可以是对社会长远发展造成严重影响的事件。

4. 复杂性和综合性　许多社区突发公共卫生事件不仅仅是公共卫生问题，还是社会问题，需要各有关部门共同努力，甚至全社会都要动员起来参与这项工作。突发公共卫生事件的处置涉及多系统、多部门。因此，只有在政府领导下，全社会才能恰当应对，将其危害降到最低程度。

5. 国际性和透明性　随着经济全球化高度发展，国际交往不断加强，传染性疾病可跨地区、跨国界传播。该类突发公共卫生事件一旦发生，将很快成为媒体及公众关注的焦点，国际社会对整个事件的应急反应与处置都是透明的。

6. 可控性和责任性　对于社区突发公共卫生事件，一般情况下，坚持科学原则，应对措施得当，遵守操作规程和规章制度，可及时发现并有效处置。反之，由于违法违规、责任心不强等渎职行为，导致严重后果者，须追究相应法律责任。

（三）社区突发公共卫生事件的分级

根据突发公共卫生事件的性质、严重程度、可控性和影响范围等因素，可将其分为特别重大（Ⅰ级）、重大（Ⅱ级）、较大（Ⅲ级）和一般（Ⅳ级），见图 10-1。

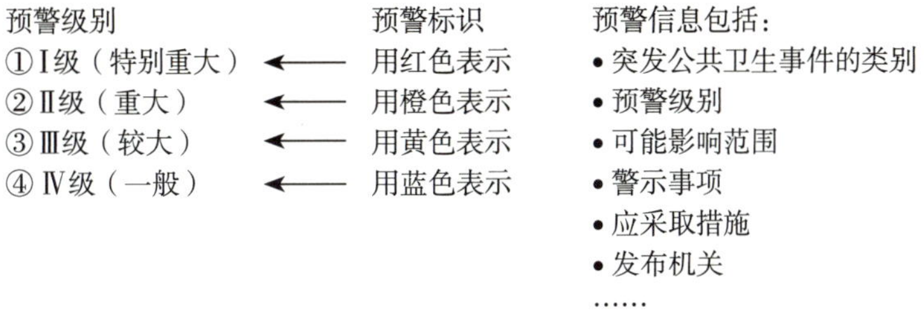

预警级别
①Ⅰ级（特别重大）←　用红色表示
②Ⅱ级（重大）←　用橙色表示
③Ⅲ级（较大）←　用黄色表示
④Ⅳ级（一般）←　用蓝色表示

预警标识

预警信息包括：
- 突发公共卫生事件的类别
- 预警级别
- 可能影响范围
- 警示事项
- 应采取措施
- 发布机关
……

图 10-1　突发公共卫生事件的分级

（四）社区突发公共卫生事件的分类

社区突发公共卫生事件有多种分类方法，目前普遍采用按照事件的原因进行分类。

1. 重大传染病疫情（major infectious disease outbreak）　在一定时间内，某种传染病在特定地区或全球范围内迅速传播，导致大量人群感染并造成严重健康问题和社会经济影响；其特点是在短时间内发生，波及范围广泛，出现大量病人或死亡病例，其发病率远远超过往年的发病水平。

2. 群体性不明原因的疾病　该类疾病是指在一定时间内（通常 2 周内）的某个相对集中的区域（如同一个医疗机构、自然村、社区、建筑工地、学校等集体单位）同时或者相继出现 3 例及以上有相同临床表现，经县级及以上医院组织专家会诊，不能诊断或解释病因，有重症病例或死亡病例发生的疾病。群体性不明原因疾病具有临床表现相似性、发病人群聚集性、流行病学关

笔记栏

239

联性、健康损害严重等特点。这类疾病可能是传染病（包括新发传染病）、中毒或其他未知因素引起的疾病。其中，新发传染性疾病狭义指全球首次发现的传染病；广义指一个国家或地区新发生的、新变异的或新传入的传染病。

3. 食品安全和职业危害（food safety and occupational hazard） 根据世界卫生组织的定义，食品安全问题是"食物中有毒、有害物质对人体健康影响的公共卫生问题"，主要涉及微生物性危害、化学性危害、生物毒素、食品掺假和基因工程食品的安全性问题。职业危害是指从业人员在劳动过程中因接触有毒有害物品和遇到各种不安全因素而出现的有损健康的危害；职业危害因素包括职业活动中存在的各种有害的化学、物理、生物因素以及在作业过程中产生的其他职业性有害因素。

4. 核化事故引发的卫生事件 核事故、放射事故或化学品事故均可能对社区环境和居民健康造成影响，引发突发公共卫生事件。如2014年美国西弗吉尼亚州一家化学品公司的储液罐泄漏，导致埃尔克河水源受到污染，对社区居民健康产生威胁。

5. 群体性预防接种反应和群体性药物反应 在实施疾病预防控制时，出现疫苗接种人群或预防性服药人群的异常反应。这类反应原因较为复杂，可以是心因性的，也可以是其他异常反应。

6. 自然灾害引发的卫生事件 自然灾害（如地震、洪水、飓风、暴雨等）通常会导致大量人员受伤、失踪或死亡，同时也可能造成水源污染、环境破坏、疾病传播等卫生问题。

（五）社区护士在突发公共卫生事件中的作用

1. 应急、协调和现场掌控 社区出现的突发公共卫生事件往往种类多、范围广、情况急、影响面大。社区护士在突发公共卫生事件中，通过独立或与其他医务工作者合作，进行急症处理、现场急救和运用情绪自控、人际沟通等技巧掌控现场。社区护士介于政府机构与社区居民之间，与其他团体合作协调以保证信息畅通，紧急救援时能够及时寻求援助、控制现场局面，在迅速建立院前院内急救一体化程序方面发挥积极的桥梁作用。

2. 妥善处理突发事件 社区护士在妥善处理突发公共卫生事件的多个方面发挥重要作用，既是信息传递者和卫生保障者，也是社区居民心理支持者和社区恢复的助力者。她们的工作以社区居民的健康和福祉为中心，展现了护理专业的综合性和细致性。

（1）及时报告：社区护士对早期发现的潜在隐患以及可能发生的突发公共卫生事件，依照条例规定的报告程序和时限及时报告。认真履行社区护士的护理职责，对公众发出早期警告信号，提供及时、准确、真实的信息，使社区居民对突发公共卫生事件持较为现实的预测并采取理性行为。

（2）现场救援：对受害者进行持续性评估、计划、实施和评价，预防并发症，保护社区易感人群，如老、幼、病、残者，防止急性传染病疫情暴发。

（3）消除社区居民的恐惧心理：社区护士协助政府部门，及时通告疫情的真实信息，及时辟谣，培养和提高居民对突发事件的心理承受力，提高对相关信息的基本辨析和科学辨别能力，明确自我以及对他人和社会的职责，避免产生焦虑和恐慌心理，并对需要者提供适当和及时的心理干预。

（4）帮助恢复社区居民的相关活动：突发公共卫生事件发生后，相关的部门、行业以及个人受到较大的冲击和损失，社区护士能够提供积极援助，帮助社区居民从突发公共卫生事件中恢复，如为社区居民提供心理支持等，帮助人们重新恢复正常生活和生产秩序，身心逐渐得到康复。

3. 参与监测与预防职能 参与社区开展的突发公共卫生事件的日常监测，确保监测与预警系统的正常运行。及时、准确地评估突发公共卫生事件造成的损失和人员伤亡情况。社区护士根据预防在先原则，充分了解社区环境和社区人群特点，能够预见性地发现社区危险因素，积极预防和减少社区急性事件的发生。

4. 发挥健康教育职能　充分利用社区人群的力量，采用多种形式开展防病治病知识的宣教，向社区居民宣传有关传染病的知识和相应法律责任；建立热线咨询和咨询站，与居民保持有效的信息沟通，及时提供突发公共卫生事件相关知识以及专业帮助；将安全防护知识、现场急救基本知识和紧急避险知识、灾难逃生技能普及给每个家庭和社区居民，以提高公众的初步急救技能水平，提升自救互救的能力和效果。

📝 **走近护士**

社区卫生服务中心的护理人员

　　突发传染病流行期间，社区卫生服务中心的护理人员秉承"疫情就是命令、防控就是责任"的理念，带头争做"疫"先锋。

　　她们是核酸采样点可爱的"大白"，从寒风凛冽到烈日酷暑，她们为守护好辖区居民的健康安全，没有丝毫退缩与怨言。她们是流行病学调查员，疫情战线上的"侦察兵"，对重点健康监测人群的行踪及流行病学资料进行询问、登记。她们是疫苗接种的主力军，在接种室，她们变着花样地逗儿童开心，想尽办法减轻扎针时的疼痛。

　　她们始终践行着有温度的护理服务，不仅耐心地帮助行动不便的就诊人员缴费和取药，而且还主动为行动不便的居民提供上门服务，让居民在家中享受优质医疗服务。

二、社区突发公共卫生事件的政策法规和应急预案

（一）社区突发公共卫生事件的法律法规

　　2003年，国务院颁布了《突发公共卫生事件应急条例》。2004年、2013年、2025年，对《中华人民共和国传染病防治法》进行了修订/修正。新防治法和应急条例的颁布和实施，标志着我国应对突发公共卫生事件进一步纳入法治化管理的轨道，也标志着我国突发公共卫生事件应急机制进一步完善。

　　与突发公共卫生事件应急有关的法律法规还有《中华人民共和国职业病防治法》《中华人民共和国食品安全法》《中华人民共和国医师法》《使用有毒物品作业场所劳动保护条例》《危险化学品安全管理条例》《卫生部核事故和辐射事故卫生应急预案》《突发公共卫生事件与传染病疫情监测信息报告管理办法》等，这些法律法规对保障突发公共卫生事件应急处理起到了重要作用。

　　1.《突发公共卫生事件应急条例》　规定将突发公共卫生事件中政府领导和指挥突发公共卫生事件应急处理工作作为政府的法定责任。同时，还确定县级以上人民政府作为突发公共卫生事件的法定报告人。应急工作的责任也定位在政府，包括制订突发公共卫生事件应急预案、应急储备、采取行政控制措施等。

　　2.《中华人民共和国传染病防治法》　规定在中华人民共和国领域内的一切单位和个人，必须接受疾病预防控制机构、医疗机构有关传染病的调查、检验、采集标本、隔离治疗等预防、控制措施，如实提供有关情况。《突发公共卫生事件应急条例》中也规定了公民配合的义务。

　　3.《中华人民共和国医师法》　规定遇有自然灾害、传染病流行、突发重大伤亡事故及其他严重威胁人民生命健康的紧急情况时，医师应当服从县级以上各级人民政府卫生行政部门的调遣。

（二）社区突发公共卫生事件的应急预案

　　1.《全国破坏性地震医疗救护卫生防疫防病应急预案（试行）》　该预案于2000年8月4日由

卫生部下发，旨在积极做好地震灾害前的医学准备，保证地震灾害发生后各项医疗救护与卫生防疫防病应急工作高效、有序地进行，保护人民生命安全，预防和控制传染病的暴发、流行，确保大灾之后无大疫。

2.《应对流感大流行准备计划与应急预案（试行）》　该预案于 2005 年 9 月 28 日由卫生部应急办公室颁布，旨在认真做好应对流感大流行监测、疫苗、药物和公共卫生干预等准备工作，有序高效地落实流感大流行发生时的应急处理工作，最大限度地减少流感大流行对公众健康和社会造成的危害，保障公众身心健康和生命安全，维护社会稳定和经济发展。

3.《国家突发事件总体应急预案》　该预案于 2025 年 2 月由国务院发布，旨在有效防范化解重大安全风险、应对突发事件，保护人民群众生命财产安全，维护国家安全和社会稳定。

4.《国家突发重大动物疫情应急预案》　该预案于 2006 年 2 月 27 日由国务院发布，预案适用于突然发生、造成或者可能造成畜牧业生产严重损失和社会公众健康严重损害的重大动物疫情的应急处理工作。

5.《非职业性一氧化碳中毒事件应急预案》　该预案于 2006 年 8 月 30 日由卫生部、中宣部、教育部、公安部、民政部、建设部、信息产业部、国家环境保护总局、中国气象局和国务院新闻办公室共同制订，旨在有效预防和及时控制非职业性一氧化碳中毒事件，指导和规范非职业性一氧化碳中毒事件的应急处理工作，最大限度地减少中毒事件的发生和造成的危害，保障公众身体健康与生命安全，维护社会稳定。

6.《高温中暑事件卫生应急预案》　该预案于 2007 年 7 月 19 日由卫生部发布，旨在及时有效地预防和处置由高温气象条件引发的中暑事件，指导和规范高温中暑事件的卫生应急工作，保障社会公众的身体健康和生命安全，维护正常社会秩序。

7.《国家鼠疫控制应急预案》　该预案于 2000 年 8 月颁布并于 2007 年 6 月修订，旨在有效预防和快速应对、及时控制鼠疫疫情的暴发和流行，最大限度地减轻鼠疫造成的危害，保障公众身体健康与生命安全，维护社会稳定。

8.《新型冠状病毒感染防控方案》　2020 年 2 月至 2023 年 1 月，国家卫生健康委员会先后颁布了十版《新型冠状病毒感染防控方案》。第十版方案旨在指导做好新型冠状病毒感染实施"乙类乙管"后的疫情防控工作，坚持"预防为主、防治结合、依法科学、分级分类"的原则，坚持常态化防控和疫情流行期间的应急处置，压实"四方责任"，提高监测预警灵敏性，强化重点人群保护，实现"保健康、防重症"的工作目标。具体举措包括倡导疫苗接种和个人防护；明确常态化和应急情况下需要开展的重点监测工作；优化检测策略；调整传染源管理方式；优化重点环节防控；流行期间适时采取紧急防控措施。

三、社区突发公共卫生事件的现状与发展

（一）社区突发公共卫生事件的现状分析

当前，从全球看，社区公共卫生的形势是严峻的。这些突发公共卫生事件不仅造成了重大人员死亡，而且减缓了经济发展，影响了社会秩序稳定，社区突发公共卫生事件越来越受到人们更多的关注。社区在预防控制突发公共卫生事件发生的征程上任重而道远。首先，关于重大传染病，一方面曾被控制的传染病（如结核病、霍乱、白喉、疟疾等）死灰复燃，重新对人类健康和生命造成极大威胁；另一方面，一系列新的传染病相继出现或被发现，其中一些已给人类带来灾难和恐慌，如埃博拉病毒感染。其次，随着全球化和食品供应链的复杂化，食品安全面临着新的挑战，如跨国食品安全协作、食品伪造和食品添加剂滥用等问题不断涌现；随着工业化进程和新兴产业的发展，新型职业危害问题不断涌现，如电子产品制造中的有害物质、办公室工作中的职业疲劳等，应对这些新型职业危害将成为重要挑战。此外，人们还面临着不同于传统灾害的核化事故的威胁，其有害物质不易消除，对居民健康和社区环境可能造成长期威胁，也可能会给居民

带来更大的恐慌和不安，需要长期恢复和重建。总之，开放的世界、经济全球化、大量人员和物资的流动等，对社区突发公共卫生事件的防控提出了新的挑战。

（二）社区突发公共卫生事件防控的发展趋势

面对当前突发公共卫生事件频发现状，各地各部门为有效预防、正确应对、及时控制突发公共卫生事件发生与事态发展，纷纷进一步规范了突发公共卫生事件的应急处置工作，以期最大限度地减少损失、保障人类的身体健康和生命安全。近年来，我国社区预防、控制突发公共卫生事件的能力和水平逐年提高，然而不容忽视的是：①社区公共卫生事件应对能力有待进一步提升。一些社区在面对突发公共卫生事件时存在缺乏应急预案、资源不足、协调机制不畅等问题，导致应对不够及时有效，给居民带来更大的健康风险和影响。②社区居民的公共卫生意识和应对能力有待提升。一些居民对公共卫生事件的认识不足，缺乏防范意识和自我保护能力，容易受到事件影响。因此，加强公共卫生知识宣传教育，提高居民的危机意识和自救能力至关重要。③社区突发公共卫生事件应对机制需要进一步完善。建立健全社区突发公共卫生事件应急预案、加强卫生监测和预警系统、提升应急救援能力、加强社区卫生服务等方面都需要不断加强和改进；信息技术的发展为社区突发公共卫生事件的监测、预警、应急响应提供了更多可能性，大数据分析、人工智能、远程医疗等技术的应用可以提高事件应对的效率和准确性。

四、研究与热点问题

（一）社区突发公共卫生事件的风险评估

风险评估在社区突发公共卫生事件的防控中扮演着至关重要的角色。通过对潜在风险的全面评估和分析，社区可以更好地制订预防措施、应急预案并进行资源调配，提高应对突发公共卫生事件的效率和准确性。当前关于风险评估的研究热点与问题包括：①多维度风险评估。传统的风险评估往往只考虑单一风险因素，而当前的研究趋势是将多个维度的风险因素进行综合评估，包括社会、经济、环境等多方面因素，以更全面地了解潜在风险的复杂性和交互影响。②不确定性和复杂性建模。风险评估中存在着许多不确定性和复杂性因素，如数据不确定性、模型不确定性、决策不确定性等。研究者深入探讨如何有效地建模和处理这些不确定性和复杂性，以提高风险评估的准确性和可靠性。③风险信息传播和风险认知。风险评估不仅仅是一个技术性问题，还涉及风险信息的传播和社会公众对风险的认知和接受程度。当前研究者关注如何有效地进行风险信息传播、提高公众对风险的认知水平，以促进风险管理的有效实施。④风险评估工具和方法。随着科学技术的发展，风险评估工具和方法也在不断创新和完善。当前趋向于如何利用大数据、人工智能、模拟仿真等技术手段，提高风险评估的效率和精度。⑤社会风险治理。风险评估不仅仅是为了了解风险的性质和影响，更重要的是为了采取有效的措施进行风险治理。有研究者结合风险评估结果，制订有效的风险管理策略和措施，提高社会的风险应对能力。

（二）社区突发公共卫生事件的应急能力

社区突发公共卫生事件的应急能力是社区健康管理和公共安全保障的重要组成部分。随着突发公共卫生事件频发，社区应急能力的研究热点和问题也日益凸显：①综合评估指标体系。建立科学合理的社区应急能力评估指标体系，包括从应急预案、物资储备、人员培训、协调机制等多个方面进行评估，全面了解社区应对突发公共卫生事件的准备情况。②社区协同机制。研究如何构建社区内部和社区与外部资源之间的协同机制，实现资源共享、信息互通、协同联动，提高社区应对突发公共卫生事件的整体效能。③社会心理支持。关注社区居民在突发公共卫生事件中的心理健康问题，研究如何提供有效的心理支持和心理干预，增强社区居民的心理韧性和抗压能力。④科技创新应用。探讨如何利用先进的科技手段，如人工智能、大数据分析、智能物联网等技术，提升社区应急管理的效率和精准度。⑤国际合作与经验分享。研究如何加强国际合作与经验分享，借鉴其他国家和地区在应对突发公共卫生事件方面的成功经验和做法，提升社区的国际

笔记栏

化防控水平。⑥其他方面。探讨如何实现资源的合理配置和优化利用；如何建立高效的信息共享机制和沟通渠道，提高信息传递的及时性和准确性；如何提高社区居民的参与度和自我保护意识，增强整个社区的凝聚力和抗风险能力；如何持续开展长期应急能力建设，提高社区的整体风险防控水平。

> ### 研究历史
>
> #### 突发公共卫生事件心理危机干预
>
> 　　心理危机干预最早产生于美国，1942 年波士顿火灾后，对群众开展了有理论指导的心理干预。1978 年，美国颁布了第一部心理援助指南——《灾难援助心理辅助手册》。自此以后，一些发达国家开始重视突发公共事件后的心理干预，并逐渐形成了完整的心理危机干预体系。国内的心理危机干预起步晚，但发展较快。1994 年的新疆克拉玛依大火事件，推动了我国首次心理危机干预的开展。2003 年 SARS 事件及 2008 年汶川地震之后，我国的心理危机干预发展快速。新型冠状病毒感染期间，国家印发了《关于设立应对疫情心理援助热线的通知》和《关于印发新型冠状病毒肺炎疫情防控期间心理援助热线工作指南的通知》，开拓了远程心理疏导服务的新模式。

（三）社区突发公共卫生事件的教育培训

　　社区突发公共卫生事件的教育培训是提升社区医护人员以及公众应急救护能力的重要手段，也是保障社区公共卫生安全的关键环节。当前聚焦社区突发公共卫生事件教育培训的研究热点与问题包括：①教育培训内容设计。研究如何设计符合社区医护人员及公众实际需求的突发公共卫生事件教育培训内容，包括疾病防控知识、应急处理技能、心理健康指导等方面。②教育培训方法创新。探讨采用多种形式和渠道进行教育培训的有效性，如线上线下结合、社区活动融入等方式，提升教育培训的吸引力和参与度。③评估效果和持续改进。研究如何建立科学的评估机制，对教育培训效果进行定量和定性评估，及时发现问题和不足，持续改进教育培训内容和方法，提升教育培训的实效性和可持续性。④社区教育资源整合。研究如何整合社区内外的教育资源，包括学校、社区机构、志愿者团体等，形成教育培训的合力，提高社区医护人员及居民的学习效果和行动能力。⑤社会影响力提升。关注如何通过教育培训提升社会公众对突发公共卫生事件的重视程度，激发社区居民的自我保护意识和责任感，形成社会共识和行动共识。

第二节　社区突发公共卫生事件的相关理论与应用

一、突发事件生命周期理论

（一）理论产生背景

　　生命周期理论的雏形是由美国学者威廉·哈德森（William Haddson）于 1972 年提出的突发事件"三阶段模型"。针对高速公路上频繁发生交通事故，哈德森指出真正的危害在于人员和财产损失，因此最有效的措施是尽量避免事故过程中的人员和财产损失，而不仅是减少事故的发生。据此，哈德森提出了"三阶段模型"，即事故发生前（pre-event phase）、事故中（the event phase）、事故后（post-event phase），根据三个阶段的特征分别制订减少人员和财产损失的应对措施。

笔记栏

（二）理论的主要内容与观点

1986年，美国学者史蒂文·芬克（Steven Fink）将生命周期拓展为"四阶段模型"，即潜伏期、发生期、蔓延期、衰退期。四阶段模型的发展和应用最为广泛，诸多学者在此基础上提出突发事件或危机应对的四大环节。美国学者希思·罗伯特（Heath Robert L.）提出的"4R模式"分别为减轻（reduction）、准备（readiness）、反应（response）、恢复（recovery）；美国学者耶茨（Yates）提出了"PPRR模式"，分为预防（prevention）、准备（preparation）、反应或应对（response）、恢复（recovery）；美国联邦安全管理委员会对"PPRR模式"进行改良，形成"MPRR模式"，即缓和（mitigation）、准备（preparation）、反应或应对（response）、恢复（recovery）。此外，针对不同的突发事件或风险危机，有学者将生命周期划分为五阶段、六阶段，并针对不同阶段的特征分别提出相应的应对策略。

（三）理论应用

该理论主要应用于突发事件相关研究框架的构建。有学者以该理论为指导，开展突发事件知识管理体系构建研究，将生命周期理论引入公共卫生领域，一方面帮助理清获取、组织、存储、利用和更新卫生应急知识的各个环节，另一方面公共卫生类突发事件的应急管理注重应急知识的驱动，亟须决策者提升对卫生应急知识生命周期的管理能力；有学者基于该理论，从护理视角分析我国突发事件法律法规文本，探讨突发事件法律法规弱项，为我国灾害护理实践范畴的界定提供证据；有学者基于MPRR模式，以某个特定的突发事件为典型案例进行剖析，从该事件的缓和、准备、反应和恢复四个阶段对该事件主体、管理措施、风险因素等进行分析，提出加强该类突发事件应急治理的相关策略建议；也有学者在生命周期"四阶段模型"指导下，针对突发食品安全事件，围绕潜伏期、发生期、蔓延期和衰退期4个阶段的重点处置任务，分析各阶段存在的问题及其原因，为突发性食品安全事件的治理提供参考。综上，突发事件生命周期理论在社区突发公共卫生事件的研究中，可为社区有效应对管理体系、机制、模型的构建提供系统性的指导框架和方法论；而且在应用中根据不同事件，可灵活选择"三阶段模型""四阶段模型""4R模式""PPRR模式"或"MPRR模式"，甚至可以发展出更适宜的生命周期划分理论。

二、WHO应对传染病突发事件"行动框架"

（一）理论产生背景

WHO一直致力于建立国际、区域、国家水平的合作机制，以监测传染病突发事件的暴发和传播蔓延，并提升传染病突发事件的应对能力。2009年始于墨西哥的H1N1疫情，迅速蔓延至全球192个国家，最终演变为世界首例国际关注的突发公共卫生事件。西太平洋地区受H1N1疫情影响严重，人群感染率达22%~33%。在之前数次传染病突发事件应对的经验积累上，西太平洋地区此次H1N1疫情的应对有了大幅提升，但仍暴露出一些不足之处。针对这些不足，WHO西太平洋地区办事处对区域所属国展开调查，总结经验教训，构建了应对传染病突发事件的"行动框架"。

（二）理论的主要内容

该"行动框架"（图10-2）旨在阐明一套行之有效的应对系统应当具备的五大要素，各要素的技术职能，以及要素之间的沟通协作。①监测：有效的监测系统在传染病突发事件暴发前和暴发过程中对监测并确定疫情至关重要。随着事件进展，对于不同种类信息的需求不断增加，监测系统必须具备短时间内收集这些信息以满足需求的能力。监测系统还应具备在监控暴发疾病的同时监测其他传染病的能力。②医疗应对：由于传染病的临床属性，传染病突发事件暴发期间对于门诊和住院部急危重症照护的需求急剧增加，快速提供合适的医疗照护可以挽救生命。应当采用家庭照护模式和优先就诊等措施以应对过负荷需求。应对过负荷需求还需要公共卫生领域各部门

笔记栏

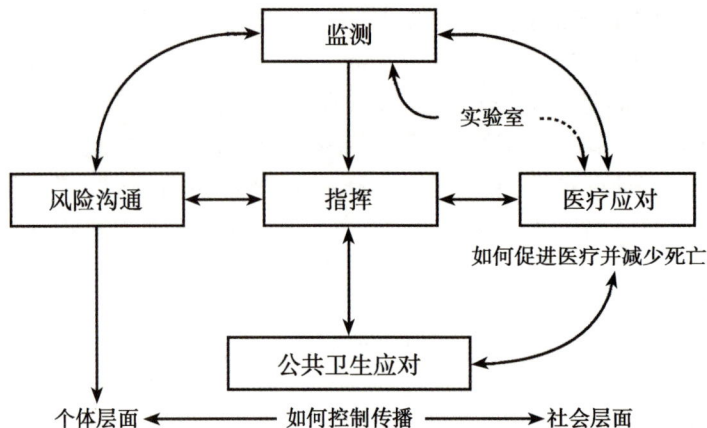

图 10-2 WHO 应对传染病突发事件"行动框架"

间的紧密合作。③公共卫生应对:追踪病例接触者、隔离、检疫等公共卫生应对是控制传染病疫情最立竿见影的要素。事件早期的目标是控制传播,而事件暴发期的目标则是减轻社会影响。因此公共卫生应对必须具备随着疫情进展而及时调整的能力。④风险沟通:沟通是最易被忽略也最易被误解的要素。突发公共卫生事件中,沟通的主要作用是传播卫生信息,鼓励个体遵从卫生保健及社会的应对措施。此外沟通对于促进不同部门之间的信息交流也至关重要。⑤指挥:指挥系统需要其他要素的通力支持以进行准确的事件评估并做出循证决策。

(三)理论的应用

该理论主要应用于突发传染病应急核心能力体系的构建。比如有学者在构建医护人员传染病突发事件应对能力体系时,将该行动框架作为理论指导,拟定一级指标"传染病突发事件救援能力"下属二级条目,包括监测、医疗应对、公共卫生应对、风险沟通;考虑到指挥系统属于应急管理人员的职责,故医护人员未纳入"指挥系统"这个条目;同时考虑到生物恐怖袭击的安全威胁日益增大、自然灾害的灾后恢复阶段通常伴有传染病突发事件,医护人员有必要了解这些特殊情形下的传染病突发事件应对注意事项,故在该一级指标下还新增"特定情形下的传染病突发事件"条目。因此,在利用该理论开展社区突发传染病事件相关研究时,应结合研究情境与研究对象的具体情况,对该"行动框架"的五大要素进行增减或修正,这其实也是在理论应用实践中为拓展新的理论提供参考。

三、社区韧性理论

(一)理论产生背景

韧性是社区韧性的关键问题,起源于拉丁语"resilio",意为"回到原始的状态";其后不断演化为英语"resile",并被广为流传。材料学与物理学领域最早使用韧性一词来描述事物在抵抗外部冲击或在外力作用下变形之后可恢复至原来平衡状态的能力。1973 年加拿大理论生态学家克劳福德·斯坦利·霍林发表《生态系统的韧性与稳定性》(*Resilience and Stability of Ecological Systems*),首次将"韧性"应用到系统生态学研究领域中,描述生态韧性为生态系统吸收外界扰动和变化后维持、恢复到稳定水平的能力。自此韧性理论向不同的研究领域延伸,逐步拓展到工程、社会、经济、制度、心理等,而社区韧性是韧性的概念在社区领域上的拓展。社区韧性研究内容随着研究背景的变化而不断变化,将演变过程按时间顺序大致划分成 4 个时期(表 10-1),学界对社区韧性研究重心从单一扰动向多重扰动、外界环境向内部人文、特定个体向全主体、静态层面向动态过程层面逐步转变。

笔记栏

表 10-1　社区韧性研究演变过程

时间阶段	20 世纪 70 年代	20 世纪 80 年代	20 世纪 90 年代	21 世纪
研究背景	工业化时代导致生态环境恶劣	社会权益运动频发、居民心理问题出现	普遍缺失社区文化与社区意识形态	全球灾害冲击频发，不确定性事件扰乱较多
研究内容	社区环境治理、社区生态环境保护等	社区内性别与种族歧视、居民战后心理恢复、社区居民精神心理状况等	社区稳定、社区意识、社区宗教信仰等	社区自然灾害、事故灾难、公共卫生、社会安全等
研究主体	社区环境状况	社区中的某个特定个体	个别社区中的群体、组织	区域、国家中的社区、群体、组织、个体等

（二）理论的主要内容与观点

由于观察角度和思维方式的不同，国内外学者对社区韧性有不同的定义，但是目前学界对社区韧性的内涵已达成以下共识：社区韧性指在面临自然灾害、事故灾难、公共卫生和社会安全等不确定性突发事件的扰动、冲击状况下，复杂且独特的复合社区系统及其各类子系统能集成并发挥工程、生态、经济、社会、制度韧性等各类构成要素的作用（构成要素可理解为社区在遭遇不确定性突发事件时能调动的应急资源储备），在准备、响应、恢复和减灾周期性连续过程下可积极调配政府、组织、个体、家庭等全主体的参与，通过防御力、抵抗力、恢复力、适应力等能力集合完成自预判、自组织、自恢复、自学习、自适应等过程集合，以达到整个社区系统能够维持原有的稳定状态或转变为其他新的平衡状态的结果，并呈现稳健性、富余性、策略性和及时性等多特征优势。

（三）理论的应用

该理论主要用于应对突发公共卫生事件的社区韧性评估、作用机制与提升策略研究。比如某学者首先基于武汉市 4 个新旧社区的考察，在综合梳理和总结社区韧性相关研究的基础上，从经济韧性、社会韧性、设施韧性、制度韧性、空间韧性和社区生活圈支撑韧性 6 个领域构建应对突发公共卫生事件的社区韧性评估框架。其次，以湖北省武汉市 4 个典型的新旧社区为研究对象，基于实地调研、问卷调查和个别访谈的方法获取相关数据，采用层次分析法、GIS 网络分析法和空间句法等方法量化评估社区韧性水平。最后，根据评估结果，从社区生活圈、社区两个空间层次，新建社区、老旧社区两个社区类型分别提出差异化的提升策略。社区韧性是当前社区突发公共卫生事件的研究热点之一，基于该理论可对社区韧性开展系统评价及系统作用机制研究，建立韧性的概念框架，分析韧性对社区的作用；也可开展基于情境分析的社区韧性研究，社区韧性的维度不断扩展，与其他学科交叉融合，研究不仅涉及个体韧性，关注个体对压力的应对能力、健康以及整体幸福感，还涉及组织与环境韧性，研究个体与组织、组织与组织之间的关系。基于社区韧性理论的研究最终目的是提升社区防灾能力、治理能力和支撑韧性社区建设。

ER10-2
社区韧性理论
（微课）

第三节　社区突发公共卫生事件的预防与应急处理

社区突发公共卫生事件的预防与应急处理应贯彻统一领导、分级负责、快速有效、减少损失、依靠科学、加强合作的原则，采取边调查、边处理、边抢救、边核实的方式，以有效应对措施，控制社区突发公共卫生事件事态的发展。

笔记栏

一、社区突发公共卫生事件的预防与准备

（一）社区突发公共卫生事件的预防

1. 评估社区不安全因素　评估社区环境卫生、安全隐患及易感人群，确定可能存在的危害，如抵抗力低的居民、社区污水排放等。在灾害或突发公共卫生事件发生前，采取有效行动，从而大大减少其破坏和损失。

2. 制订突发公共卫生事件的应急预案　各级人民政府负责突发公共卫生事件应急处理必须统一领导和指挥，各有关部门应按照预案规定，在各自的职责范围内做好突发公共卫生事件应急处理的有关工作。

3. 增强突发公共卫生事件的防范意识和应对能力　对公众开展突发公共卫生事件应急知识的教育，落实各项防范措施，各有关部门和单位要通力合作、资源共享，广泛组织、动员公众参与突发公共卫生事件的应急处理，有效应对突发公共卫生事件。

4. 加强突发事件应急处理相关知识、技能的培训及突发事件应急演练　对专业技术人员开展处理突发公共卫生事件能力的培训和日常演练，打造一支适应新形势的突发公共卫生事件应急队伍。

5. 做好应对突发公共卫生事件的物资储备　社区护士应根据突发事件应急预案的要求，积极投入应急设施、设备、救治药品和医疗器械等物资储备工作中，以备不时之需。

（二）社区突发公共卫生事件的报告

任何单位和个人都有权向国务院卫生行政部门和地方各级人民政府及其有关部门报告突发公共卫生事件及其隐患，也有权向上级政府部门举报不履行或者不按照规定履行突发公共卫生事件应急处理职责的部门、单位及个人。

1. 社区突发公共卫生事件的报告规范　为进一步加强对突发公共卫生事件相关信息报告的管理，依照国务院卫生行政主管部门制定的突发公共卫生事件应急报告规范，各地区有关部门建立紧急事件报告系统，将紧急情况报告电话公布于众，通过社区宣传、广告等形式做到人人皆知。

2. 报告内容　包括突发公共事件发生、发展和控制过程，应遵循及时报告、快速审核和立即处置的原则上报。报告内容分为初步报告、进程报告、结案报告。

（1）初步报告：必须报告的信息有事件名称、发生地点、发生时间、涉及的地域范围、人群和潜在的威胁和影响、报告单位、报告人员和通信方式、填写报告卡（图10-3）等。

（2）进程报告：报告事件的发展与变化、处置进程、事件的诊断和原因或可能因素，同时对初次报告的《突发公共卫生事件报告卡》进行补充和修正。

（3）结案报告：突发公共事件结束后，在确认事件终止后2周内，对事件的发生和处理情况进行总结，分析其原因和影响因素，并提出对今后类似事件的防范和处理建议。

3. 报告方式和程序　获得突发公共卫生事件相关信息的社区卫生服务中心和责任报告人，具备网络直报条件的机构，在2小时内进行突发公共卫生事件相关信息的网络直报；不具备网络直报条件的，按相关要求通过电话、传真等方式按照报告程序进行报告（图10-4）。

（三）社区突发公共卫生事件的处理程序

1. 启动突发公共卫生事件应急预案　设立应急处理指挥部。

2. 应急报告制度与信息发布　按照《突发公共卫生事件应急条例》，国务院卫生行政主管部门制订了突发公共卫生事件应急报告规范，建立重大、紧急疫情信息报告系统。国家卫生健康委员会要求，发现突发公共卫生事件后，应以最快方式报告并在6小时内完成初次报告，任何单位和个人都有权利通过电话报告疫情。对突发公共卫生事件的信息举报制度和信息发布制度也作了相应的规定。

□初步报告　□进程报告（　次）　□结案报告

填报单位(盖章)：_____　　填报日期：_____年____月____日

报告人：_____联系电话：_____

事件名称：_____

信息类别：1. 传染病；2. 食物中毒；3. 职业中毒；4. 其他中毒事件；5. 环境卫生；6. 免疫接种；
　　　　　7. 群体性不明原因疾病；8. 医疗机构内感染；9. 放射性卫生；10. 其他公共卫生

突发事件等级：1. 特别重大；2. 重大；3. 较大；4. 一般；5. 未分级；6. 非突发事件

初步诊断：_____　初步诊断时间：_____年____月____日

订正诊断：_____　订正诊断时间：_____年____月____日

确认分级时间：_____年____月____日　订正分级时间：_____年____月____日

报告地区：_____省_____市_____县(区)

发生地区：_____省_____市_____县(区)_____乡(镇)

详细地点：_____

事件发生场所：1. 学校；2. 医疗卫生机构；3. 家庭；4. 宾馆、饭店、写字楼；5. 餐饮服务单位；6. 交通
　　　　　　　运输工具；7. 菜场、商场或超市；8. 车站、码头或机场；9. 党政机关办公场所；10. 企事
　　　　　　　业单位办公场所；11. 大型厂矿企业生产场所；12. 中小型厂矿企业生产场所；13. 城市
　　　　　　　住宅小区；14. 城市其他公共场所；15. 农村村庄；16. 农村农田野外；17. 其他重要公
　　　　　　　共场所
　　　　　　　如是医疗卫生机构，则：(1)类别：①公办医疗机构；②疾病预防控制机构；③采供血机
　　　　　　　构；④检验检疫机构；⑤其他及私立机构；(2)感染部门：①病房；②手术室；③门诊；
　　　　　　　④化验室；⑤药房；⑥办公室；⑦治疗室；⑧特殊检查室；⑨其他场所
　　　　　　　如是学校，则类别：(1)托幼机构；(2)小学；(3)中学；(4)大、中专院校；(5)综合类学校；
　　　　　　　(6)其他

事件信息来源：1. 属地医疗机构；2. 外地医疗机构；3. 报纸；4. 电视；5. 95120；6. 互联网；7. 市民电话
　　　　　　　报告；8. 上门直接报告；9. 本系统自动预警产生；10. 广播；11. 填报单位人员目睹；
　　　　　　　12. 其他

事件信息来源详细：_____

事件波及的地域范围：_____

新报告病例数：_____　新报告死亡数：_____　排除病例数：_____

累计报告病例数：_____　累计报告死亡数：_____

事件发生时间：_____年_____月_____日_____时_____分

接到报告时间：_____年_____月_____日_____时_____分

首例病人发病时间：_____年_____月_____日_____时_____分

末例病人发病时间：_____年_____月_____日_____时_____分

主要症状：1. 呼吸道症状；2. 胃肠道症状；3. 神经系统症状；4. 皮肤黏膜症状；5. 精神症状；6. 其他
　　　　　(对症状的详细描述可在附表中详填)

主要体征：(对体征的详细描述可在附表中详填)

主要措施与效果：(见附表中的选项)

附表：传染病、食物中毒、职业中毒、农药中毒、其他化学中毒、环境卫生事件、群体性不明原因疾病、免疫接种事件、医疗机构内感染、放射卫生事件、其他公共卫生事件相关信息表。

注：请在相应选项处画"○"。

图10-3　突发公共卫生事件报告卡

笔记栏

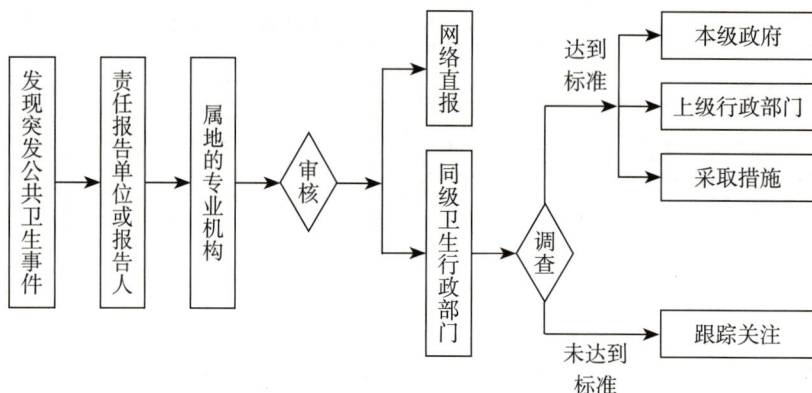

图 10-4　突发公共卫生事件的报告程序

3. 突发公共卫生事件监测　突发公共卫生事件一般是不确定的，须投入大量人力、物力和财力设立监测点，进行常规监测。如果疾病监测点同时或短时间内出现大量相同或相似症状的病人，提示有疾病暴发或中毒等事件发生的可能，要采取必要干预措施加以控制。如果是居民的忽视或无知所导致的不配合甚至拒绝调查、采样、技术分析和检验以及抗拒必要的隔离治疗和医学观察等措施，则可能造成疾病传播或对社区人群健康造成其他严重后果。因此，须广泛开展突发公共卫生事件的监测，商店、街道、交警及社区所有公民都是监测的直接参与者和突发事件的报告者，都应掌握报告途径，以确保在第一时间积极开展救援和应急处理工作。

4. 控制突发公共卫生事件的扩散蔓延　包括处置伤病员、公共卫生管理、稳定群众情绪。

5. 寻求援助与合作　当本地力量和技术有限时，积极争取周边地区和国家援助是十分必要的。

6. 社区突发公共卫生事件平息后的工作　迅速恢复和重建遭受破坏的卫生设施，提供正常的卫生医疗服务；做好受害人群躯体伤害的康复工作，预防和处理受害人群的心理疾患等；各级医疗卫生单位、科研单位和高等院校应联合进行科学研究，确定事件的成因和危险因素，制订有效的控制措施，为日后类似突发公共卫生事件的控制提供科学依据和技术保障。

📖 **知识链接**

突发公共卫生事件防控中的社区网格化管理

社区网格化服务是针对传统社区管理问题提出的新型社会管理服务，在社区大格局不变的基础上，将辖区划分为若干网络，对网络中的成员实施服务，对社会服务进行管理。社区网格化服务中心为辖区内的每个网格配备社区网格员，他们是党和政府联系、服务居民群众的"最后一公里"，在各种突发公共卫生事件防治中发挥着"兜底"功能。社区网格化管理在突发公共卫生事件防控过程中发挥了高效化、精准化、数字化等既定功能优势。

社区网格化服务管理通过在技术、资源及公共服务间建构嵌合关系，依靠"纵向到底、横向到边"的无缝隙管理模式实现管理目标，是政府管理和技术创新相结合的管理流程体系。

二、社区突发公共卫生事件的应急处理

（一）突发传染病事件的应急处理

传染病暴发流行时，可采取的预防控制措施多种多样，主要包括隔离或消除传染源、切断传播途径和保护易感人群三类任务。在疫情的不同阶段，疫情控制措施的侧重点均有不同，初期可

以根据疾病的特征，基于经验或常规知识先提出简单的预防控制措施，随着调查深入和病因逐步清晰，采取更有针对性的对策或措施组合，最终达到控制、终止暴发或流行的目的。原则上呼吸道传染病应以控制传染源、保护易感人群为主，肠道传染病应以切断传播途径为主，虫媒及自然疫源性传染病应以控制传播媒介为主，血液及性传播疾病以推广避孕套、杜绝吸毒和共用注射器等措施为主。

1. 针对传染源的措施

（1）病人：坚持"早发现、早诊断、早报告、早隔离、早治疗"原则，分别对病人和疑似病人隔离治疗，必要时就地设立医疗救治、传染源隔离点。若转运病人，须设固定车辆转运。

1）治疗：事件发生的最初，最紧迫、最重要的任务就是对病人进行及时的诊断和救治，根据事件病人的临床特征，对病人进行隔离治疗。该措施特别适用于宿主较单一、传播途径较难阻断的人传人（或人与动物间传播）传染病，同时感染或疾病状态易于识别、传染期较长，以及其他控制措施效果较差的传染病，例如结核病和获得性免疫缺陷综合征。

2）隔离：将处于传染期的传染病病人、疑似病人安置在指定地点，暂时避免与周围人群接触，便于治疗和管理。决定传染病病人隔离期限的重要依据是传染期，即病人排出病原体的整个时期。隔离措施对人传人疾病（特别是飞沫传播）控制效果较好；尤以隐性感染和轻型病人少、潜伏期没有传染性、没有环境和动物宿主的人传人的传染病，采取隔离病人的措施效果更佳。按照《中华人民共和国传染病防治法》规定，甲类传染病（鼠疫、霍乱）及按照甲类传染病管理的乙类传染病（传染性非典型肺炎、炭疽中的肺炭疽），其病人或疑似病人必须在指定场所（主要是医疗机构）实施隔离治疗，必要时可请公安部门协助。乙类或丙类传染病病人或疑似病人根据病情可在医院或家中隔离。根据传染病传的强度及传播途径的不同，应当采取不同的隔离方法：①严密隔离。适用于甲类或传染性极强的乙类传染病；病人住单间病室，同类病人可同住一室，禁止陪伴和探视；进入病室的医务人员戴口罩、帽子，穿隔离衣，换鞋，注意手清洁与消毒，必要时戴手套；病人分泌物、排泄物、污染物品、敷料等严格消毒；室内采用单向正压通气，室内的空气及地面定期喷洒消毒液或紫外线照射。②呼吸道隔离。适用于流行性感冒、麻疹、白喉、水痘等通过空气飞沫传播的传染病；同类病人可同住一室；室内喷洒消毒液或紫外线照射；病人口鼻、呼吸道分泌物应消毒；进入病室的医务人员戴口罩、帽子，穿隔离衣。③消化道隔离。适用于伤寒、细菌性痢疾、甲型肝炎等通过粪 – 口途径传播的疾病；同类病人可同住一室；接触病人时穿隔离衣、换鞋，手清洁与消毒；病人粪便严格消毒，病人用品、餐具、便器等单独使用并定期消毒，地面喷洒消毒液；室内防杀苍蝇和蟑螂。④接触隔离。适合于狂犬病、破伤风等经皮肤伤口传播的疾病；同类病人可同居一室；医务人员接触病人穿隔离衣、戴口罩；病人用过的物品和敷料等严格消毒。⑤昆虫隔离。适用于通过蚊子、蚤、虱、蜱、恙螨等昆虫叮咬传播的疾病，如疟疾、斑疹伤寒等；病室内有完善防蚊设施，以预防叮咬及杀灭上述病媒昆虫。

（2）隐性感染者、病原携带者：慢性病原携带者常有间歇性排出病原体的现象，因此一般连续 3 次检查阴性时，才能确定病原携带状态解除。伤寒、霍乱、细菌性痢疾等病原携带者，暂时离开饮食服务行业、供水企业、托幼机构等单位工作。获得性免疫缺陷综合征、乙型肝炎、丙型肝炎、疟疾等病原携带者严禁献血。

（3）接触者

1）检疫：对已暴露或有可能暴露处于传染期的病人接触者（健康的人或动物）采取限制活动的措施，以预防其感染后在潜伏期内传播疾病，并及早发现病人，及时治疗。检疫措施适用于潜伏期和前驱期具有传染性，隐性感染少，疾病和暴露易于定义识别的传染病。对暴露者检疫的时间长短取决于疾病的最长潜伏期。

2）应急接种和药物预防：为了减少、降低和减轻易感者暴露于病原体后的感染、发病和疾病严重程度，可以采用接种疫苗、免疫球蛋白和服用药物等对易感者实施保护的医学措施。服用化学药物及抗生素可预防暴露者的感染和发病，或消除病原体携带状态，以预防病原体传播；药物预防不能盲目扩大人群范围，需要根据风险评估结果，对传染源的接触人群或同源暴露人群进行药物预防，如对有可能暴露于人类免疫缺陷病毒污染的血和其他体液的人员、对流行性脑脊髓膜炎的密切接触者，而对细菌性痢疾、大肠埃希菌肠炎的暴露者，不推荐使用抗生素进行预防，某些抗生素甚至可增加出现溶血性尿毒综合征的危险性。对于发生在社区范围或集体单位内的、能引起广泛传播的急性传染病，在较大范围内开展应急接种可以产生人群免疫屏障，阻断传播链，从而加速疫情的控制进程；如流感疫苗难以控制暴发疫情，但在流感流行时，对高危人群及卫生工作人员每年进行免疫接种，能够部分地减轻流感流行对社区高危人群的严重影响。

2. 针对传播途径的措施

（1）污染物及污染环境的清洗和消毒：这是控制传染病暴发流行经常采取的措施。清洗可使用水、肥皂、防腐剂、去污剂擦洗或用真空吸尘器，虽不能杀灭病原体，但可降低病原体数量和传播危险。消毒指用化学、物理、生物等方法消除或杀灭外界环境中致病性微生物的一种措施，包括预防性消毒（在没有发现明确传染源时）和疫源地消毒（现有或曾经有传染源存在时）两大类。其中，疫源地消毒又分为随时消毒，即当传染源还存在于疫源地时所进行的消毒，对传染源的排泄物、分泌物或被污染的物品、场所进行的及时消毒；终末消毒指当传染源痊愈、死亡或离开后对疫源地所进行的彻底消毒，目的是完全消除传染源所播散在外环境中的病原体，只有对外界环境抵抗力较强的病原微生物才需要进行终末消毒，如霍乱、鼠疫、伤寒、病毒性肝炎、结核、炭疽、白喉等。

（2）媒介生物和动物传染源的控制：关于媒介生物控制，在传染病暴发流行时，应当采用应急防治原则，即以化学防治为主，辅以孳生地处理和物理防治措施，迅速降低媒介生物密度，使病原体不能继续传播流行。关于动物传染源的控制，对危害大且经济价值不大的动物传染源应予彻底消灭；对危害大的病畜或野生动物应予捕杀、焚烧或深埋；对危害不大且有经济价值的病畜可予以隔离治疗；此外还要做好家畜和宠物的预防接种和检疫。

3. 针对易感者的措施　在传染病流行前，主要通过预防接种提高机体免疫力，降低人群对传染病的易感性。在传染病流行过程中，通过药物预防、免疫预防和个人防护等保护易感人群免受病原体侵袭和感染。在传染病暴发流行时，当地政府或卫生行政部门可通过风险沟通和健康教育，使公众正确认识传染病流行的风险，掌握相应传染病防治知识，主动改变行为，如养成良好的卫生习惯，饭前便后要洗手，可以预防以直接接触或间接接触传播的传染病；不吃生的食物，食品在吃前要煮熟、煮透，所有烹饪器具和食具使用后应洗涤干净可以预防食源性传染病；保持居室通风良好，减少到人群聚集的地方，必要时佩戴口罩等可以预防呼吸道传染病等；虫媒传染病流行时应使用防护蚊帐、驱避剂等；使用安全套可有效地预防性病和获得性免疫缺陷综合征的传播。

4. 传染病暴发、流行的紧急措施　对于传染力强、传播速度快、危害严重的烈性传染病，在紧急情况下应以最严格的要求采取如下应急处置措施。

（1）工作人员的保护性预防措施：现场处置人员进入疫区时，应先喷洒消毒、杀虫剂，开辟工作人员安全通道。参加事发现场应急处理的所有工作人员必须严格着装，防护服每天使用后应彻底消毒。工作人员每天工作结束后用水彻底清洗身体，并接受医学检诊。

（2）隔离治疗病人：根据疾病的分类，按照相应的呼吸道传染病、肠道传染病和虫媒传染病隔离病房要求，对病人和疑似病人立即就地隔离治疗或送隔离医院治疗。病人治疗前，根据需要采集有关检验标本。在转运中要注意采取有效的防护措施。

（3）病家及密切接触者管理：立即封锁病家，对病家和可能污染区现场采样、现场检测，同时进行彻底的消杀灭。对病人家属和密切接触者进行医学观察，观察期限为一个最长潜伏期。

（4）现场疫区划定：根据流行病学调查结果，初步确定疾病影响的范围和人群。依据《中华人民共和国传染病防治法》第六十六条，必要时可对受影响的相关区域实施封锁。

（5）疫区紧急措施：①对大、小隔离圈内的人群同时进行全面的检诊检疫。发现病人和密切接触者，分别送往隔离医院治疗或隔离场所留验。在检诊检疫的同时，酌情采取化学预防或其他预防措施。②疫区内所有家禽、家畜应一律圈养。如有必要，报经当地政府同意后，对可能染疫的野生动物、家禽家畜进行控制或捕杀。③疫区内重点地区要开展经常性消毒或杀虫。设立的隔离场所必须事先完成消杀灭工作和配置必要的隔离防护设施。对病家小隔离圈和现场的临时隔离场所检测消杀灭的效果。现场处理结束时要对疫源地进行终末消毒，妥善处理医疗废物和临时隔离点的物品。

（6）其他：由卫生、交通、民航、检疫等部门对已离开疫源地的传染源、病原携带者和密切接触者追踪、监测。在确保安全前提下，开展尸检采集相关标本；根据需要捕捉媒介生物和动物传染源，进行标本检测。针对性开展卫生知识宣传，普及防病常识，提高人群自我保护能力。

（二）突发食品安全事故的应急处理

食品安全事故，指食源性疾病（食品中致病因素进入人体引起的感染性、中毒性疾病，包括食物中毒）、食品污染等源于食品，对人体健康有危害或者可能有危害的事故。食品安全事故属于突发公共卫生事件范畴，是一项重大的社会问题，既关系到人民群众的健康水平和生活质量，也关系到经济的发展和社会稳定，日益成为社会普遍关注的焦点问题之一。

1. 应急处理总体原则 一方面，进行食品安全事故调查处理，包括及时准确查清事故性质和原因、认定事故责任、提出整改措施。另一方面，迅速采取有效控制措施防止事件蔓延，各有关部门应当依法先行登记保存或查封、扣押可能导致食品安全突发事件的食品及其原料和食品相关产品；对确认属于被污染的食品及其原料，责令生产经营者按相关法律法规规定停止生产经营和召回；对被污染的食品相关产品，在完成相关调查后，责令生产经营者立即进行清洗消毒等处理；必要时应当标明危害范围，防止危害扩大或证据灭失等；积极救治病人，并在用药前采取采集病人血液、尿液、吐泻物标本送检等常规措施。

2. 常见食物中毒的预防控制与中毒处理

（1）细菌性食物中毒

1）预防控制：①引起中毒的固体剩余食物，要煮沸 15 ~ 30 分钟；液体食物可用漂白粉消毒、消毒后废弃。炊具、食具、抹布和食品容器，加工冷藏设备和工具等可煮沸 15 ~ 30 分钟，也可以用氯制剂等消毒剂消毒；菜板等可用刀刮除面层或沟、缝隙中的污物后，再用消毒剂消毒，以热水清洗干净后再使用。②厨房地面、墙壁应用消毒液消毒。③病人的吐泻物可用 20%石灰乳或漂白粉消毒（1：2 充分混合后放置 2 小时）。④厨房、餐厅及有关场所灭蝇，杀灭蟑螂等有害昆虫和动物。

2）中毒处理：①首先应迅速排出毒物，包括催吐和洗胃。②对症治疗，即治疗腹痛、腹泻、纠正电解质紊乱，抢救循环衰竭、呼吸衰竭。③特殊治疗，比如肉毒中毒早期应用多价抗毒素血清；对于变质甘蔗中毒，在急性期应消除脑水肿，改善脑循环。

（2）化学性食物中毒

1）预防控制：①严格保管和使用化学物质，有害有毒物质不能与食品同店出售、同库存放，防止误食有毒化学物质。②加强农药管理，专库存放，防止污染食品。③不用盛放或接触过有毒有害化学物质的容器来包装或盛放食品。④中毒食品或引起中毒的有毒动植物应全部深埋，不得作其他用。⑤对有毒物质可能污染的食品容器、设备、工具和包装物等要进行彻底清除处理。

2）中毒处理：①急性有机磷农药食物中毒：迅速给予中毒者催吐、洗胃，以排出毒物；轻度中毒者可单独给予阿托品；中度或重度中毒者，需要阿托品和胆碱酯酶复能剂（如解磷定、氯解磷定）两者并用；敌敌畏、乐果等中毒时，由于胆碱酯酶复能剂的疗效差，治疗应以阿托品为

笔记栏

主；急性中毒者临床表现消失后，应继续观察 2 ~ 3 天；乐果、马拉硫磷、久效磷等中毒者，应适当延长观察时间；重度中毒者，应避免过早活动，以防病情突变。②急性亚硝酸盐中毒：高铁血红蛋白症可用亚甲蓝，大剂量维生素 C 也可应用。

（3）有毒动物食物中毒

1）预防控制：①严禁进口、加工、供销剧毒品种。②厨师应是经过专业培训、通过考核取得执照的专门人员。③为保证食用安全性，原料需采用急冻，并维持冷藏、运输时的恒定低温；解冻时宜采用 20 ~ 25℃的流动水快速解冻至 −5℃左右。④采用去毒工艺。活河豚加工时先断头、放血、去内脏、去鱼头、扒皮，肌肉经反复冲洗直至完全洗去血污为止。对于易产生组胺的青皮红肉鱼类，应彻底洗刷鱼体，去除鱼头、内脏和血块，然后将鱼体切成两半后以冷水浸泡，烹调时加入少许醋或山楂。当在有大量海藻存在的海水中捕捞贝壳时，应检测其所含毒素量。

2）中毒处理：①有毒贝类安全事故应尽早采取催吐、洗胃、导泻的方法。②河豚安全事故目前尚无特效解毒剂，多采用输液、利尿等方法，及时去除毒素，同时对症治疗；呼吸衰竭时，给予吸氧、机械通气、糖皮质激素、血浆置换等。③组胺类安全事故，常为富含组氨酸的鲭科鱼类食物在捕捞/加工后冷链中断，细菌脱羧酶将组氨酸分解为组胺所致，可应用抗组胺药盐酸苯海拉明处理。

（4）有毒植物食物中毒

1）预防控制：①严禁采摘和食用未知植物，尤其是在野外环境中。②学习识别有毒植物，以避免误食。③购买植物食材时，选择可靠的来源，确保品质和安全。④充分烹饪食材，可以降低毒性。⑤饮食多样化，可以减少对某种植物食材的过度暴露。⑥及时就医并告知医生误食的植物种类。

2）中毒处理：①除非在禁忌的情况下，均立即采取催吐、导泻、洗胃、灌肠等措施加快毒物排出，使之不再继续侵入和吸收。②早期、足量的原则，应用有效解毒剂。对于不同的毒物采用相应的解毒剂。如毒蕈中毒可用二巯丁二钠等药物解毒，苦杏仁、桃仁、木薯、狗爪豆等含氢氰酸或氰酸化合物中毒应迅速给亚硝酸异戊酯和亚硝酸钠。③尽快促使体内毒物排泄，中断毒物对机体的继续危害，如输液、利尿、换血、透析等。④采取对症治疗，保护重要器官，促进机体功能恢复。

（三）突发化学中毒事故的应急处理

1. 事件现场分区 根据引起突发事件的危害源性质、现场周边环境、气象条件及人口分布等因素，事件现场危险区域一般可分为热区、温区和冷区三类：①热区（红区），紧邻事件现场危害源的地域，一般用红色警示线（热线）将其与外界区域分隔开来，在该区域内从事救援工作的人员必须配备防护装置以免受污染或物理伤害。②温区（黄区），紧接热区外的地域，在该区域工作人员应穿戴适宜的个体防护装置避免二次污染；一般以黄色警示线（温线）将其与外面的地域分隔开来，该警示线也称洗消线，所有离开此区域的人必须在该线处进行洗消处理。③冷区（绿区），洗消线以外的地域；病人的抢救治疗、应急支持、指挥机构设在此区；通常使用绿色警示线（冷线）与其外面的地域分隔开来，在绿线外设置公共聚集区。

2. 人员紧急疏散 在危险化学品泄漏事故中，必须及时做好周围人员及居民的紧急疏散工作。疏散距离分为两种：①紧急隔离带，是以紧急隔离距离为半径的圆，非事故处理人员不得入内。②下风向疏散距离，指必须采取保护措施的范围，即该范围内的居民处于有害接触的危险之中，可以采取撤离、密闭住所窗户等有效措施，并保持通信畅通以听从指挥。

3. 现场应急洗消 洗消是指运用物理和化学的处理方法，减少和防止由涉及危险化学品事件的人员和装备携带的污染物蔓延扩散的过程。洗消场所要密封、热水源充足；一般用大量的、清洁的或加温的热水洗消，有时用加入相应消毒剂的水洗消；有相应的检测人员实施检测；洗消必须彻底；洗消后的废水要收集处理；条件允许时应穿戴必要防护器材，特别是在处理毒性大、腐蚀性强的中毒事故时，洗消人员应佩戴 C 级防护用品；洗消时尽可能避免直接接触污染的物品；洗消者在洗消时应处于被洗消对象的上风向，避免扬起灰尘。工作结束后对使用过的器材应彻底洗消，无用者应焚烧或深埋。

4. 现场急救方法 对急性中毒病人的抢救，应做到"脱离、阻断、救治"。脱离是指使中毒病人迅速脱离事故现场及染毒环境，将病人转移至空气新鲜的上风向处，使毒物不再侵入体内，并加强现场的通风换气。阻断是指应迅速阻止毒物的吸入，对于吸入毒物的病人，应在立即撤离中毒现场的基础上，保持呼吸道通畅、吸氧，必要时可行人工通气。对于皮肤直接接触毒物的病人，应立即脱去污染的衣物，用清水洗净。眼部污染物可用流水反复冲洗。对于口服毒物的病人，要及时进行催吐、洗胃、导泻或灌肠以清除未吸收的毒物。救治是指在现场开展救援工作，对心搏骤停病人及时行心肺复苏术，对病情危重的病人立即给予病情检测并保护重要脏器功能。以下是常见化学中毒急救措施。

（1）氯气：首要措施是迅速将中毒病人移离中毒现场至空气新鲜处，脱去被污染衣服，松开衣领，保持呼吸道通畅，注意保暖。①红标病人（咯大量泡沫样痰、昏迷、窒息和 / 或严重呼吸困难），要立即吸氧，建立静脉通道，可使用地塞米松 10 ~ 20mg 肌肉注射或稀释后静脉注射；窒息者，立即予以开放气道。②黄标病人（眼灼伤和 / 或皮肤灼伤），立即以大量流动清水或生理盐水冲洗灼伤部位 15 分钟以上，密切观察病情变化，有条件可给予吸氧，及时采取对症治疗措施。③绿标病人（流泪、畏光、眼刺痛、流涕、呛咳等），在脱离环境后，暂不予特殊处理，观察病情变化。

（2）一氧化碳：现场医疗救援首要措施是迅速将病人移离中毒现场至空气新鲜处，松开衣领，保持呼吸道通畅，并注意保暖，有条件应尽早给予吸氧。①红标病人（昏迷、呼吸节律改变、休克和 / 或持续抽搐），要保持复苏体位，立即建立静脉通道。②黄标病人（意识模糊、混浊状态和 / 或抽搐），应密切观察病情变化；出现反复抽搐、休克等情况时，及时采取对症支持措施。③绿标病人（头昏、头痛、恶心、心悸、呕吐、乏力等），脱离环境后，暂不予特殊处理，观察病情变化。

（3）氰化物：经呼吸道和皮肤途径的中毒病人应立即移离中毒现场至空气新鲜处，保持呼吸道通畅。皮肤及黏膜污染者迅速脱去污染的衣物，以大量流动清水彻底冲洗污染皮肤或眼睛。经口途径中毒、意识清晰的病人，应立即进行催吐。中毒病人保持安静休息，可间断给予亚硝酸异戊酯吸入，有条件时可给予吸氧治疗。对于出现意识障碍、抽搐、呼吸节律改变和 / 或休克的病人，立即用 3% 亚硝酸钠溶液 10 ~ 15ml（6 ~ 12mg/kg）缓慢静脉注射（2ml/min），随后静脉注射 25% ~ 50% 硫代硫酸钠溶液 20 ~ 50ml，必要时 1 小时后重复注射半量。如无亚硝酸钠也可用亚甲蓝替代，按 5 ~ 10mg/kg 稀释后静脉注射，随后立即给予硫代硫酸钠静脉注射（剂量同上）。出现反复抽搐、休克等情况时，及时采取对症支持措施。对于仅出现头痛、头晕、恶心、呕吐或胸部紧束感的病人，脱离环境后，暂不予特殊处理，观察病情变化。

（四）突发核和辐射事故的应急处理

一般将核和辐射事故分为核事故、辐射事故和核恐怖袭击三种类型。核事故指大型核设施发生的事故或意外事件，这些事故可能造成场内人员受到辐射损伤或放射性污染，严重的核事故会导致放射性物质泄漏到场外，对公众健康造成影响。辐射事故则为由于辐射源丢失、失控或射线装置误操作等原因导致的人员损伤或者对环境造成影响的事故或事件。核恐怖袭击是指通过威慑（恐吓）使用或者实际使用能释放放射性物质的装置（包括简陋的核爆装置），或通过威慑袭击或者实际袭击核设施引起放射性物质的释放，导致显著的人群心理影响、社会影响或者一定数量的人员伤亡，从而破坏国家安全、民众生活、社会安定与经济发展的恐怖事件。

1. 核与辐射事故造成的损伤 主要有非放射性损伤和放射性损伤。非放射性损伤主要是创伤、烧伤等，救治按通常急救原则进行。放射性损伤包括超压波在扩散过程中引起的爆炸性损伤；人体直接暴露在核辐射或核爆炸引起的红外脉冲波下的皮肤核热灼伤；核爆炸释放的初始γ射线和中子流，以及随后放射性尘埃（原子尘）沉降后发出的α、β、γ射线，对人体造成的辐射伤。

2. 辐射危害与检测方法

（1）外污染：核与辐射事故发生人体体表外污染危害的主要来源是产生α、β射线的放射性核素。因此，体表污染的检测需要配备α、β射线表面污染测量仪。由于α射线射程短，造成α放射性核素伤口污染程度难以测量，需要配置伤口探测仪器，α、β和γ射线表面污染测量仪，均应放置在去污室的入口、出口和去污处置室，以便动态检测去污情况；伤口探测仪应根据需要放置在污染伤口处置室。

（2）内污染：指进入人体的放射性核素超过自然存在量，一是原本机体中不含的放射性核素出现了，二是机体原本含有的放射性核素的含量增加。内污染不是一种疾病，而是一种机体内部受核素污染的状态，即内污染不一定产生内照射放射病，然而，内照射放射病肯定是内污染造成的，即指内照射引起的全身性疾病。这种全身性疾病既有电离辐射作用造成的全身表现，又有该放射性核素所针对的靶器官的损害。由于放射性核素存在的方式可为固态、液态和气态，因此进入人体也可有多种途径，其中包括经正常皮肤进入体内；当皮肤有伤口时，其吸收率可大大增加，放射性的气体或气溶胶则可通过呼吸道进入体内。另外，放射性核素也可通过污染水源、食物等，通过消化道进入人体。一般而言，通过调查可基本进行定性诊断；对于可能有过量放射性核素进入人体者，则需定量测定，为医学干预提供依据。测量方法包括采集人体的排泄物进行测量，或通过体外直接测量。

3. 做好辐射防护

（1）公众卫生防护：医学应急组织与相关部门合作，指导公众采取适当防护措施，尽量避免或减少辐射对公众的影响。其措施包括隐蔽或撤退，服用防辐射药，对体表和呼吸道进行防护，对可能或已污染的饮用水和食物进行控制，消除体表放射性污染以及心理效应防治等。

（2）医护人员防护：采取应急救援控制水平和剂量限制原则；穿戴防护衣具，使用防护器械；实施剂量监测，服用辐射损伤防治药和控制作业时间等。

（3）应急人员防护：首先，全部活动都应在照射量尽可能低的原则下进行；不在剂量大于1mSv/h的地方逗留；小心进入剂量大于10mSv/h的地区；未经允许不得进入剂量大于100mSv/h的地区等。其次，应该采取各种手段保护自己，不在污染区饮食饮水等。最后，要注意甲状腺的防护，按规定服用稳定碘。应在预计照射前4小时服用，而照射后8小时服用则无保护作用。

4. 现场急救措施　现场医学救援行动应遵循快速有效、边发现边抢救、先重后轻、对危重伤员先抢救后除污，以及保护救援人员的原则。

（1）伤员现场分类：首先进行辐射监测，分检出有无放射性污染，紧接着快速观察伤员外观和体征，重点询问受伤史，迅速分检出不同伤类和伤情。优先分检危重伤员及时后送，检查放射性污染超过控制者，先洗消再后送，但伤势严重者先救治后洗消。

（2）洗消去污：体表放射性核素污染的去污洗消工作，是核应急和干预中重要的组成部分。完整的去污洗消室应包括如下主要功能区：头、面、颈部、上肢和下肢、胸、腹部、脊柱、体表伤口和不能站立伤员的洗消处理区域，以及生物样品取样室、观察室和去污洗消出入口等。

1）皮肤去污：皮肤去污是以污物为皮肤基底层的剂量率等于0.15Sv/a为控制限值。当继续去污效果有所降低，或皮肤出现刺激反应时，即使皮肤残留的污染量仍远高于上述控制水平，也应暂停去污或每天轻轻清洗2～3次。在保证伤员生命体征相对稳定的前提下，先清洗容易转移和污染重的部位，再清洗难以除去的皮肤污染。

2）污染伤口：既包括对于伤口的外科处理，又包括对于放射性核素即污染物的处理。污染伤口的初期处理包括：①放血和使用止血带压迫防止伤口处静脉血回流。②及时用敷料擦去流出的血液。③清除可见的异物。④用生理盐水彻底冲洗伤口。⑤深及真皮以下的伤口，应尽快使用各种洗涤剂清洗创面。由于操作者需要借助伤口污染检测仪随时根据检测结果指导清创，因此，应严格防止探测仪受到污染而误导清创。伤口的处理流程基本以先轻后重、分步实施、严防交叉污染和范围扩大以及损伤被污染的组织等，以防止清创过程加速放射性核素的吸收。

（3）去内污染：对于内污染的医学干预，即放射性核素进入人体内并需要医学干预的剂量，目前尚无统一标准，须结合伤员具体情况，并综合分析和权衡利弊后作出决定。《电离辐射事故干预水平及医学处理原则》中推荐当放射性核素大于 2 年摄入量限值（ALI）应考虑促排。去内污染的原则是抢救生命为先，减少吸收和加速排出。

1）减少呼吸道吸收：彻底清理上呼吸道，包括清理鼻腔、剪去鼻毛、大量生理盐水冲洗和使用血管收缩剂麻黄碱等。对于下呼吸道的污染采取祛痰剂，如碘化钾和氯化铵；对于极毒核素，如 ^{239}Pu 且剂量大于 100 年摄入量限值时，应积极采取全麻下支气管 – 肺泡灌洗术。

2）减少消化道吸收：总体处理原则与经消化道中毒的处理原则相同。对于食入时间小于 4 小时者，常采取漱口、催吐和洗胃的方法。洗胃时间一般不超过 30 分钟，且须收集洗胃液检测放射量。洗胃后可使用药用炭和泻药促进排泄。对于摄入时间大于 4 小时者，可根据相应的放射性元素使用相应的阻吸收剂。另外，为了防止甲状腺的损害，服用稳定性的碘，阻断放射性的碘在甲状腺蓄积。一般服用甲状腺片，距离放射性碘进入的时间越近效果越佳。但成人服用的总剂量不宜超过 10 片（即 1g 稳定性碘）。小于 3 岁的儿童总剂量为 25mg，3 ~ 12 岁的儿童为 50mg。

3）加速放射性核素排出：①金属络合剂。常用巯基络合剂、氨羧基络合剂；应根据放射性核素的种类选用合适络合剂，并采用短疗程、间歇给药的原则，同时注意防治肾功能的损害。②加速代谢措施。对于均匀分布的核素，如 ^3H、Cs 等，可通过大量饮水和排尿促进其排出；对于亲骨性的核素（Sr、Ra、Ca），可采用早期高钙饮食，晚期低钙饮食，加脱钙疗法（氯化钙、甲状旁腺素等）使其排出。阻吸收剂和促排剂均应早期、足量使用，才能达到良好效果。

第四节　社区突发公共卫生事件的预防与护理循证实践

一、循证问题

流感是由流感病毒引起的一种急性呼吸道传染病，可表现为发热、发冷、肌肉疼痛、头痛以及喉咙痛、咳嗽突然发作等。在流感高发季节，流感病毒会在社区中传播，导致大量人群感染。因此，流感可以被视为社区突发公共卫生事件的一种。流感的传播速度快，影响范围广，对人群健康和社会稳定都有一定的影响。其中，60 岁以上老年人是流感的高危人群，患流感后出现严重疾病和死亡的风险较高。

本次循证实践聚焦于社区长者照护之家流感暴发流行的预防与控制。近年来，长者照护之家作为一种新型养老服务设施，为社区老年人就近提供集中照护服务，功能介于社区日间照料中心和敬老院、护理院之间。长者照护之家打通了养老机构、家庭养老、社区养老之间的障碍，实现了将老年人的"生活圈"和"养老圈"融为一体。然而，居住在社区长者照护之家的老年人由于自身免疫力低下且合并多种基础疾病，加之照护环境的聚集性，很容易受到潜在外来人员、工作人员或其他病人的影响，易发生流感暴发流行。因此，基于循证，总结相关证据，可以帮助社区长者照护之家的护理人员更科学更有效地进行流感暴发流行的预防和管理，从而增强应对社区突发公共卫生事件的能力，在一定程度上减轻社会经济和医疗负担，促进老年人医养结合和生命健康。

综上，采用复旦大学循证护理合作中心的问题开发工具——PIPOST，确定本循证实践的基本问题。P：养老机构（适用于社区长者照护之家）的老年人、护理人员及其他人员。I：预防和管理流感暴发的正确措施。P：养老机构的工作人员、管理者、老年人及其家属。O：养老机构流感

笔记栏

发生率，工作人员知晓率，流感疫苗覆盖率。S：各大规模的养老机构。T：指南、系统评价、专家共识、队列研究、随机对照试验、横断面研究。

二、证据检索

以"流感""养老机构""预防控制"等中文关键词，以"flu""long term care facilities""disinfectant""prevention"等英文关键词，检索国内外权威数据库。文献的纳入标准：①目标群体为养老机构的工作人员及居住在内的老年人。②内容涉及流感的预防、控制以及管理，包括疫苗接种。③主要结局指标为流感的发生率、控制率、疫苗覆盖率等。④证据类型包括临床指南、系统评价、Meta 分析、专家共识以及与本研究内容密切相关的原始研究。⑤语种为中英文。文献的排除标准：①文献质量评价为不合格或信息不全。②文献类型为研究计划书或会议记录等。

三、证据内容

（一）环境设置

1. 每个房间均应设有独立卫生间，并配置洗手台、肥皂、水、一次性擦手巾，有条件可备洗手消毒液。

2. 应设置隔离观察室，配备医用口罩、防护服、手套等防护设备和生活、护理服务的基础设备。

3. 有条件的机构应设置隔离区（通风良好、背风），配备独立卫生间、消毒室。

4. 建议在机构各显著位置如食堂、电梯、走廊等地张贴标语海报，提醒呼吸卫生和咳嗽礼仪，定期开展宣传讲座。

5. 地面、家具、墙壁以及卫生间等可采用 0.1%～0.5% 过氧乙酸或 0.1% 氯己定喷雾或擦拭，作用 15～20 分钟；5%～20% 漂白粉溶液处理地面（1 000ml/m²）和墙面（200ml/m²）；床栏、床头柜、门把手、电话机、洗手台等是消毒盲区。

（二）人员管理

1. 早发现、早诊断、早隔离治疗是防止流感传播、扩散的关键，且在流感暴发期间应限制访客。

2. 流感暴发期间，若能在 72 小时内报告疫情，能显著降低受影响机构中人员的感染率和死亡率；因此，应及早采取措施，促进公共卫生机构的积极参与。

3. 有呼吸道症状或发热的工作人员直到症状消失前均不应工作。

4. 保持每个单元工作人员固定，减少人员流动，防止交叉感染。

5. 流感暴发期间，减少选择性就诊，考虑向轻度呼吸系统疾病病人提供电话咨询以确定其是否需要去医院就诊。

6. 一旦出现确诊或高度疑似病例应避免与其他人接触，及时联系附近有处理能力的医院进行转诊并提供病人的基本信息。转诊后第一时间彻底消毒，防止交叉感染。

（三）预防治疗

1. 制订老年人皮肤护理计划，保持其皮肤完整性以预防感染。

2. 建议佩戴口罩（P2/N95 口罩或医用外科口罩）以减少潜在传染性呼吸道病毒传播；尽早并正确、持续佩戴口罩可提高感染控制的效果。

3. 符合条件的老年人每周至少 5 天，且每天至少进行 30 分钟中等强度的有氧运动。

4. 流感暴发期间，无症状老年人根据临床判断和接触风险给予抗病毒药物预防（奥司他韦、扎那米韦、帕拉米韦等神经氨酸酶抑制剂），有症状老年人建议立即进行抗病毒药物治疗。

5. 保持良好的呼吸道卫生习惯，咳嗽或打喷嚏时用纸巾、毛巾等遮住口鼻。

6. 勤洗手，尽量避免触摸眼睛、鼻或口；加强手卫生，工作人员穿脱口罩、手套等个人防护工具前后，手被污染时，个人使用厕所后，擤鼻涕之后，与血液、体液、分泌物接触后，执行任何侵入性操作前后，离开隔离室后，严格按照七步洗手法洗手，且不少于15秒。

（四）疫苗接种

1. 每年流感流行季节前接种流感疫苗是最有效的手段，可显著降低接种者罹患流感和发生严重并发症的风险。

2. 针对不同纬度地区应采取不同类型疫苗接种以及相应接种方案。

3. 60岁以上老年人、有慢性基础疾病者、养老机构工作人员均是流感疫苗接种的优先群体。

4. 为机构工作人员提供疫苗接种优惠政策或设置医保，可能会减少机构内流感相关疾病和老年人流感的发生率。

5. 建立疫苗接种日（对每位工作人员和老年人进行免费的流感疫苗接种）并进行充分的宣传教育有利于提高疫苗接种率，有效预防和控制流感的暴发。

6. 建议长者照护中心保存疫苗接种的可靠信息，其管理者和当地公共卫生机构有助于推动疫苗接种。

7. 被医务人员推荐、接受过相关教育、以前有疫苗接种经历及患有高血压、糖尿病、高脂血症等基础疾病的老年人更有可能接种流感疫苗。

四、实践建议

流感虽然是我国法定的丙类传染病，但其传染性强、传播迅速。老年人由于抵抗力低下，又常合并不止一项慢性基础疾病，如高血压、心脏病、糖尿病等，因此感染流感也成为老年人的重要死亡原因之一。社区长者服务之家作为社区老年人的聚集地之一，流感一旦暴发，后果不堪设想。为了推动上述证据的应用转化，建议从以下几方面着手：①加强机构人员相关培训，将上述证据转化为培训内容，促进工作人员对于环境设置、人员管理、预防治疗、疫苗接种等措施的理解与应用，并适时开展模拟演练，提升应急处置能力。②设立专门疫情防控小组，负责监测疫情动态、协调应对措施，建立健全的疫情监测和报告机制，及时发现并报告可能的疫情情况；加强流感病例的管理，防止交叉感染；定期进行疫情防控工作的评估和总结，及时调整和改进防控措施。③加强长者健康教育，普及正确的呼吸道卫生习惯和防护措施；制订流感疫苗接种计划，鼓励长者接种流感疫苗，提高免疫力。④与当地卫生部门和社区卫生服务中心合作，共同开展疫情防控工作；建立健全的信息共享机制，及时了解疫情动态和最新防控政策。

（王毅欣）

小　结

随着经济的全球化，人们的经济、政治、文化等往来日益密切，而经济的快速发展也对人类生态环境的破坏日趋严重。因此，突发公共卫生事件的发生日益频繁。社区卫生服务机构作为突发公共卫生事件发现、报告的前沿阵地，是疾病预防和救治的重要力量。因此，应对突发公共卫生事件的医疗应急能力对于指导合理配置卫生资源、加强卫生行政管理、疾病预防控制、卫生监督机构建设和增强医疗急救水平具有十分重要的意义。

然而，就我国当前的应对措施和应对实力来看，还存在许多的不足，提高我国应对突发公共卫生事件的能力已时不我待。因此，建设一支实践经验丰富、技术过硬、训练有素的社区医务人员队伍已经成为共识，同时对社区突发公共卫生事件的相关理论及实践的研究和探索对我国社区应对突发事件的发展具有深远的现实意义。

笔记栏

●●●● 思考题 ●●●●

ER10-3
本章思考题
解题思路

　　1. 2022 年 8 月 13 日 23 时，家住某市的李某出现发热、腹痛、腹泻、恶心、呕吐等症状，被家人送往该社区服务中心进行就诊。检查发现：体温 39.5℃，腹部有压痛，大便为水样便，带有黏液。此后，不断有周围居民出现同样的症状。到 16 日夜间 12 时，同辖区内共有 59 户 117 人因相似的症状体征到医院或门诊观察治疗。

　　（1）作为一名社区值班护士，在治疗护理的过程中应该采取的紧急应对措施有哪些？

　　（2）根据此次事件的发生情况，如何向上级单位汇报？

　　2. 据统计，近十几年来，我国平均每年因自然灾害、事故灾难、突发公共卫生和社会安全事件造成的非正常死亡人数＞20 万人，伤残＞200 万人。社区公共卫生事件发生 25 462 起，造成 385 人死亡、6.3 万人发病。社会安全事件发生 478.8 万起，造成 7.2 万人死亡，直接经济损失约 444.8 亿元。全年仅自然灾害、事故灾难和社会安全事件造成的直接经济损失就超过了 4 552 亿元。

　　请回答：

　　（1）突发公共卫生事件有哪些特点？

　　（2）通过查找相关资料，思考我国突发公共卫生事件管理可能存在着哪些问题。

　　（3）如何降低突发公共卫生事件对社区居民生活的影响？

笔记栏

第十一章

社区中医护理

ER11-1
本章教学课件

社区情景

　　某社区卫生服务中心在其二层就诊区开设了中医馆，馆内设有 3 个中医诊室及中医治疗区、中医理疗区、中医药文化角、药房，团队主要由中医医师、社区护士、中医康复治疗师构成，开展多种中医服务项目。中医馆还配备了中医治疗床、煎药机、中药饮片柜、药品柜、各类针具治疗设备、灸疗器具等与中医服务相适应的诊疗和中药房设备，目前可开展针刺类、拔罐类、灸类、推拿类等 6 类 13 项中医适宜技术。走进中医馆，质朴的棕色牌匾和古色古香的中式装饰映入眼帘。在社区护士的组织下，馆内有不少病人在有序候诊。中医医师在给病人看病，药剂师快速抓药，精确称量，社区护士为病人拔罐、穴位贴敷，中医康复治疗师为病人针灸、推拿。还有一位定期前来坐诊的三甲医院中医专家正在对病人进行查体，与社区中医医师进行讨论。

　　请思考： 中医护理在社区卫生服务中还可以做什么？如何发挥中医药优势，进一步提升社区中医护理质量？

　　中医是我国人民在几千年生产生活实践和与疾病做斗争的过程中逐步形成并不断丰富发展的医学科学。新中国成立以来，党中央、国务院高度重视中医药工作，中医药事业取得了显著成就。中医历来重视护理，"三分治疗，七分护理"的理念突出强调了护理在治疗疾病和维护健康中的重要作用。近年来，随着我国医疗卫生体制改革和社区卫生服务的开展，中医护理已从医院逐步走向社区。

第一节　概　　述

一、基本概念

　　中医护理学（nursing of traditional Chinese medicine）是以中医理论为指导，运用整体观念，对疾病进行辨证护理，结合预防、保健、康复等措施，并运用独特的传统护理技术，对病人及老、弱、幼、残施以护理，以保护人民健康的一门应用学科。

　　中医是我国优秀传统文化的一部分，是我国劳动人民在长期实践中形成和发展起来的防病、治病、养生与保健的经验总结。中西医并存，中西医并重，是我国特有的国情。《中国护理事业发展规划纲要（2011—2015 年）》明确提出要发展中医护理，提高中医护理水平，发挥中医护理特色和优势。在社区卫生服务中引入中医护理，有利于促进社区卫生服务更好发展。国家卫生健康委员会印发的《全国护理事业发展规划（2021—2025 年）》进一步提出，要推动中医护理发展，持续提升中医护理服务质量，创新中医护理服务模式，发挥中医护理在疾病预防、治疗、康复等方面的重要作用，促进中医护理进一步向基层和家庭拓展。

笔记栏

在"健康中国"背景下，中医护理处于发展阶段，积累了较丰富的研究成果。数据显示，1995—2002年公开发表的中医护理论文主题多集中于临床病症、中医康复保健方面，多以实践体会和工作总结为主；此后，主题为慢性病社区中医护理、中医饮食护理、中医养生运动等的中医护理论文增多，中医护理知识和技术在社区慢性病护理、养生、保健中的优势受到关注，而且随机对照试验研究有所增加，病例对照研究、调查性研究的比例也有所提高。随着中医护理研究领域的拓展，研究对象不仅限于护理对象，还扩展到中医院校的护理学生、从事中医护理的临床护士、中医医院的护理管理者等，研究者逐渐从多角度探索中医护理研究领域涉及的各个对象。近年来，我国社区中医药服务现状、中医全科和社区中医护理人才培养、社区卫生服务机构中医药服务能力提升也成为研究热点。未来该领域将更多地关注基于互联网平台构建的数字化紧密型中医医联体，以及中医全科医生参与下的家庭医生签约服务模式，更好发挥社区中医药服务在"医养结合"方面的特色和优势。

> ### 📑 知识链接
>
> #### 循证护理助力社区中医护理的发展
>
> 随着现代护理科学研究的不断深入，以科学证据为基础的循证护理已逐步进入中医护理领域。研究者将循证护理的理念与模式应用于中医护理，形成中医循证护理，从护理问题出发，经过科学研究方法进行论证，提出临床实践的理论依据，运用于实际工作中，可弥补中医护理在实证与量化、标准化与客观化方面的不足。
>
> 循证护理对中医护理的指导意义在于以循证护理研究方法来发展中医护理，可以按照循证护理的方法学，对传统中医护理目前认为最好的护理方法进行收集、整理，科学地分析评价，形成中医循证护理的证据，而后运用在中医护理临床实践之中。循证护理是发展中医护理的科学手段，是经验护理的发展和升华。

二、中医护理应用于社区卫生服务的优势

中医学是中国的传统医学，由几千年的医疗实践与古代哲学思想结合而形成。中医护理学成为独立学科时间较短，但中医护理自身的特色与优势明显。在社区卫生服务的工作内容中，健康教育、预防、保健、康复等要求与中医护理的固有内涵十分吻合。中医护理的"整体观""辨证观""治未病"理论，以及太极拳、八段锦等传统养生运动，针灸、按摩、拔罐、刮痧等特色技术，均与社区护理的服务目标及服务形式相吻合。在建设我国社区护理体系过程中融入中医药和中医护理的理论和技术，将使有中国特色的社区护理体系更具有实践性与科学性。

（一）中医理论与社区卫生服务特点的一致性

1. 预防为主 社区卫生服务是集预防、医疗、保健、康复、健康教育、计划生育于一体的基本卫生服务，强调预防，未病人群防病、已病人群防并发症，从整体上提高社区人群健康状况。中医历来重视"不治已病治未病"，强调预防为主、防重于治的医学观点。唐代医家孙思邈把疾病分为"未病""欲病""已病"，并指出要"消未起之患，治未病之疾，医之于无事之前。"字里行间蕴含着对"无事之前"的养生防病及欲病早调的观点。这种未雨绸缪、防微杜渐的预防思想对后世有深远影响，是中医学重要的理论基础。中医的这种观点与社区卫生服务重预防的观点是相通的。

2. 医学的整体观 社区卫生服务遵循的是生物－心理－社会医学模式，这与中医学模式是一致的，表现在两者都不把"人"视作为一个超然独立、与世无关的实体，而是看作社会环境中的一员。因此认识健康与疾病，不仅着眼于个体，更着眼于人与周围环境的相互联系，相互

影响。其次，两者都注意到精神、心理因素在个体健康与疾病中所起的作用。《黄帝内经》认为人体是一个系统，是"天地人"这个大系统的组成部分；人体本身有各个小系统，如脏腑系统、经络系统、气血津液系统、三阴三阳系统等，这些系统互相联系，互相作用，组成人体的整体。基于这种整体观念，中医提出"天人相应""形神合一"。以糖尿病为例，中医在治疗此病的过程中，首先着眼于整体，重视人体某一部分的病变对其他各部分的影响，以预测病情的演变；西医在治疗糖尿病过程中，针对糖尿病的并发症也是从整体出发去把握疾病，控制其他器官的病变。

3. 价廉和便捷　价廉和便捷是社区卫生服务的两大主要特点。目前我国城市、农村社区卫生服务机构普遍覆盖，在条件允许的情况下，社区居民愿意选择到价格相对便宜的社区卫生服务机构就医。同时，随着我国老龄化速度加快，加之老年人所患疾病大多是慢性退行性疾病且行动不便，多采用常规治疗，使用常规药物，居民更倾向于在离家近、就医方便的社区卫生服务机构就医。另一方面，价廉和便捷也是传统中医的特点，中医药产于中国本土，价格相对便宜，而且中医药服务多以汤药、拔罐、艾灸、推拿按摩、中药食疗、针灸等为主，大多可以由病人自己在家操作，或者借助于一些简单的医疗器械也可以满足需要。中药毒副作用相对较小，尤其是一些廉、验的中成药，在社区医护人员的指导下适于居家长期服用。还有一些简便的中医外治法，如中药外敷、推拿按摩、刮痧疗法、拔火罐等，便于由社区护士推广。另外，中药治病重食疗，社区护士掌握了专业的中医药膳理论，便于社区居民咨询。综合考虑我国医疗现状、养老的经济实力、人力资源、文化传统及服务需求等因素，融中医药与社区卫生服务为一体的中医社区卫生服务以其"简、便、验、廉"等优势，将进一步发挥重要作用。

（二）中医护理有着广泛的群众基础

中医以我国传统文化为背景，发展至今人民群众对很多中医理念耳熟能详，具有良好的大众基础。其中，中医传统养生运动因其简便易行、易于掌握，大众接受度高，易于在社区中推广；中医的非药物疗法源远流长、内涵丰富，针灸、推拿、拔罐、按摩等也有着广泛的群众基础。这些中医护理技术可避免药物的毒副作用，且适应证广泛，疗效确切，经济实惠，符合社区卫生服务覆盖面广、公益性强的宗旨。社区老年人及慢性病病人较多，对于诸多老年病、慢性病，中医护理有着较明显的优势，比如在心脑血管疾病、慢性呼吸系统疾病、慢性胃肠病等方面中医积累了丰富的护理经验，有助于改善病人病情，提高生活质量，病人认可度较高。社区护理的重点和关键正是中医药的擅长领域，这使得中医护理在社区护理中可大有作为。

（三）中医护理可降低社区卫生服务成本

目前，人民群众"看病贵、看病难"问题仍然存在，主要原因是医疗资源的可得性和可及性不能适应目前医疗卫生的需求。如何以最低的经济投入，取得最佳的医疗效果，是当前迫切需要解决的问题。因此，国家正在大力发展社区卫生服务，而低价高效的中医技术将对其起到如虎添翼的效果，既可节约群众的医疗支出，又能减少政府的卫生投入，节省医疗资源。中医特色技术往往针对性明确、疗效突出，可在一定程度上简化临床诊疗过程；中医特色护理技术特别是一些非药物疗法，不依赖于大型诊疗设备，医疗成本低，病人负担较轻，因此大力推广具有疗效、成本优势的中医特色护理技术可以推动社区卫生服务快速发展，也是解决其资金问题的有效途径之一。

第二节　社区中医护理相关理论与应用

中医护理学与中医学有着共同的发展史和学术根源。中医护理理论主要有整体护理观、辨证施护、"治未病"理论。

一、整体护理观

中医认为人体和自然界都是一个有机整体，不仅要关注局部病变，同时应将相关脏腑的生理病理变化联系起来。中医整体护理观，是指在中医基本理论指导下，以病人为中心，以满足病人的身心需要、恢复健康为目的，运用现代护理的护理程序思维方法，实施系统的、有计划的、全面的临床护理实践模式。中医整体护理观的内涵有：①人是一个有机整体，是以五脏为中心，以经络为纽带，把六腑、九窍、四肢、骨髓连为一体，构成人体的各个组成部分，在结构上不可分割，在功能上互相协调，在病理上互相影响。②人与自然环境、社会环境是一个整体。中医整体护理观既重视人体内在的生理病理特点，又重视自然与人体、邪气与正气的关系。

中医护理的整体观念有助于护士对病人采取有效的护理措施。护士在观察病情时从整体观念出发，通过病人的外在变化来了解其内在的情况。如通过病人的表情、语言、生活起居、精神情志、舌苔、脉象的改变，可以了解病人脏腑的虚实和气血的盛衰。另外，中医的整体观念重视人与自然、人与社会的协调，要求社区护士在改善社区环境、调整社区居民的精神心理状态等方面主动与各有关部门协调，达到人与自然、社会的和谐状态。

二、辨证施护

辨证施护是将望、闻、问、切所收集的症状和体征等资料，通过分析、综合，辨清疾病的原因、性质、部位及邪正关系，根据辨证的结果确定相应的护理方法。"辨证"是决定护理措施的前提和依据，"施护"是护理的具体方法，同时也是检验"辨证"是否正确的手段。辨证施护是中医护理的精华，是指导中医护理的基本理论。辨证施护注重人、病、证三者之间的关系，强调人体和疾病的共性与个性，按照因时、因地、因人制宜的原则制订具体护理措施和方案。具体来说，辨证施护是针对不同个体、不同病情、不同环境，应用"同病异护""异病同护""三因制宜"等原则制订护理措施并予以实施。

1. 同病异护　一般情况下，相同的病证应采取相同的护理方法，但由于病因及病情发展阶段的不同，或者个体反应的差异，同一种疾病也可能出现不同证候，因此护理措施也有不同。如感冒有风寒感冒与风热感冒的不同，在护理上有辛温解表和辛凉解表的区别。风寒感冒是风寒之邪外袭、肺气失宣所致，治法以辛温解表为主，常用解表散寒药，服药后可喝些热粥或热汤，微微出汗，以助药力驱散风寒；风热感冒是风热之邪犯表、肺气失和所致，多见于夏秋季，治法以辛凉解表为主，常用清热解毒药。

2. 异病同护　一般情况下，异病异症应该用不同的护理方法。但有时几种不同的疾病，如具有同一证候，也可以用同一种护理方法，即"异病同护"。如脱肛、子宫脱垂是两种疾病，但它们同属中气下陷，故可用补中益气的方法来进行护理，如给予健脾益气之剂，避免负重，局部用五倍子、白矾煎水熏洗以促使脏器回缩，或针灸百会、关元等穴位以补益中气。

3. 三因制宜　指因时、因地、因人制宜的原则。由于疾病的发生发展由多方面因素决定，尤其因人体禀赋不同，对疾病影响更大。因此，在护理工作中要全面看问题，除了掌握一般护理原则外，还要根据具体情况进行具体分析，掌握每位病人、每种疾病的特性，灵活运用护理措施。因时制宜护理是根据不同季节气候特点来确定保健、养生、用药、护理的原则。因人制宜护理是根据病人的年龄、性别、体质、生活习惯、文化修养、精神状态的不同，采取不同的护理方法。因地制宜是指不同的地理环境与生活习惯可以直接影响到人体的生理与病理变化，因此结合地理环境与生活习惯的特点确定护理措施、保健措施及用药。

三、中医"治未病"理论

中医"治未病"理论源远流长，早在《黄帝内经》中就有多处论述。如《素问·四气调神大论》中云："圣人不治已病治未病，不治已乱治未乱，此之谓也。"《灵枢·逆顺》中也云："上工治未病，不治已病。""治"为治理、管理的意思。"治未病"指采取相应的措施，防止疾病的发生发展。中医"治未病"理论包括未病先防、既病防变、瘥后防复等三个部分，倡导早期干预，截断病势，采用积极、主动、有效的措施，以实现防病、治病、康复之目标。具体来说，未病先防指在疾病发生以前，采取各种措施防止疾病的发生；既病防变指在患病以后，及时诊断、治疗，扶正祛邪，防止疾病的传变与发展；瘥后防复指在疾病恢复后注意调养，防止疾病反复。

2008 年，国家中医药管理局正式启动"治未病"健康工程，积极构建中医特色预防保健服务体系，并发布《"治未病"健康工程实施方案（2008—2010 年）》，先后确定多个地区为"治未病"预防保健服务试点地区，探索建立以区域为单位开展中医预防保健服务工作的机制与模式。试点地区社区卫生服务机构将中医预防保健技术与社区卫生服务功能有机结合，通过设立"治未病"服务门诊/工作室、健康小屋等形式全面开展中医预防保健服务工作。经过数年发展，"治未病"健康工程为我国民众的健康保驾护航。2022 年，国务院办公厅印发的《"十四五"国民健康规划》提出，要实施中医药振兴发展重大工程；实施中医药健康促进行动，推进中医治未病健康工程升级。

中医"治未病"理论应用于慢性病的健康管理有良好的应用价值和积极意义。慢性病多为患病周期长、难以治愈或不能治愈的疾病，发病原因复杂，其中 60% 与个人的生活方式有关。在生活方式中，膳食不合理、身体活动不足、烟草使用、有害使用酒精是慢性病的四大危险因素。在中医体质分类辨识的基础上，通过实施有针对性的饮食调养、运动保健、情志调摄及适宜的中医技术，达到慢性病防控的目的，促进中医药在中国特色医药卫生事业中更好地发挥作用。

研究成果

中医体质分类助力人民健康事业

北京中医药大学王琦院士经过多年研究，带领研究团队发现并证实中国人的九种体质，基于此，2009 年中华中医药学会发布了《中医体质分类与判定》标准。该标准是我国第一部指导和规范中医体质研究及应用的文件，旨在为体质辨识及与中医体质相关疾病的防治、养生保健、健康管理提供依据。该标准将体质分为平和质、气虚质、阳虚质、阴虚质、痰湿质、湿热质、血瘀质、气郁质、特禀质 9 个类型。

目前，国家中医药管理局确定的全国多家"治未病"中心运用中医体质分类与判定标准进行体质辨识，并提出相应的健康保健指导。中医体质分类是中医文化的继承与发扬，体现了中医个体化养生保健的精髓，有助于把握中华民族的体质特点，从而调整体质偏颇，提高我国人民的生活质量和健康水平。

第三节　中医社区卫生服务

一、我国中医社区卫生服务的发展

国家卫生健康委员会、国家中医药管理局一直大力推行中医药参与社区卫生服务。1997—2008 年间，国家及各部委出台了《关于在城市社区卫生服务中充分发挥中医药作用的意见》等 18 个中医药相关文件，文件涉及以下方面：①中西医并重，促进中西医结合。②政府将社区中医药服务工作纳入社区卫生服务发展规划并组织实施。③各级人民政府应安排一定的资金用于发展社区中医药服务。④建设一批社区中医药培训基地，培养一批中医全科医学人才，编制一批全

笔记栏

科医学教育培训教材。⑤社区卫生服务机构要推广和应用适宜的中医药和民族医药技术。2009 年国务院通过了《国务院关于扶持和促进中医药事业发展的若干意见》，明确指出要在社区卫生服务机构建立中医科，以促进中医药进社区服务。2010 年，国家中医药管理局在原全国农村中医工作先进县建设工作和全国中医药特色社区卫生服务示范区创建活动的基础上，开展全国基层中医药工作先进单位建设工作，并为此制定印发了《国家中医药管理局关于印发全国社区中医药工作先进单位建设标准的通知》，此文件也为社区卫生服务中心开展中医健康教育提出了指导性意见。2018 年，国家中医药管理局印发的《全国基层中医药工作先进单位建设标准（2017 年版）》中提出，100% 的社区卫生服务中心、乡镇卫生院规范设置中医科、中药房，配备中医诊疗设备，95% 以上的社区卫生服务中心和乡镇卫生院建成中医综合服务区（中医馆、国医堂）。

　　国家从宏观层面对中医药发展有了明确的定位和具体指导，省市级层面则根据区域特点，对中医药的发展规划进行了深化和细化。各基层医疗机构制定符合自身特色的中医药及适宜技术应用的政策，虽然各级政策的特点各不相同，但主旨一致，即促进中医药事业的发展。2010 年，我国中医基本现状调查显示，社区卫生服务中心的中医预防保健服务体系初步形成，各项中医预防保健及服务已基本展开。近年来，我国基层中医药卫生服务体系建设得到有效推进，提供中医药服务的基层医疗卫生机构数量逐年增加。但是，在有序推进的过程中也存在一些不足，如基层中医药资源不足、服务与利用不均衡、中医药优势未充分发挥、人才培养机制不健全等问题在一定程度上制约着社区中医药事业的发展。

> ### 知识链接
> #### 以中医医联体为载体提升社区中医药服务能力
>
> 　　建立医疗联合体（简称医联体）是推进医疗资源纵向结合，完善城乡医疗服务体系，建立分级诊疗机制和双向转诊的重要手段。2016 年国务院发布《中医药发展战略规划纲要（2016—2030）》明确提出要切实提高中医医疗服务能力，全国多地开始探索和尝试由三级中医院牵头的中医医联体建设，将优质中医药服务资源下沉至社区，提高社区医疗卫生机构中医药服务能力。在中医医联体中，三级中医院通过对口支援、进修培训、远程指导等多种方式，使中医护理优势资源向成员单位辐射，这种由核心医院领导和管理下的中医医联体实现了人力资源、设备等方面的深度整合。但是，当前中医医联体建设在双向转诊、医疗信息和资源共享、中医人才培养等方面还存在一定问题，未来基于互联网平台构建的智能化中医医联体将会在解决这些问题方面发挥重要作用。

二、我国社区卫生服务中医机构的设置

　　通过对社区卫生服务机构中医科室的合理设置、中医药设施设备的必要配备，满足中医药科室提供中医药服务的功能需求，促进社区中医药卫生服务发展。

（一）中医药科室设置

1. 社区卫生服务中心

（1）中医科作为一级临床科室，根据需要设中医诊室、针灸室、推拿室、理疗室、康复室、养生保健室等作为中医科的临床科室。

（2）设置中药房和煎药室，纳入药剂科统一管理。

（3）有条件的可设置名老中医社区工作室、中医馆。

2. 社区卫生服务站

（1）设置 1 个以上中医诊室，有条件的设置中医诊室、康复室、养生保健室等。

（2）设置中药房和煎药室，或者由社区卫生服务中心（或上级单位）统一配送和代煎。

（二）中医药人员配备

从事社区中医药服务工作的人员范围是：中医类别医师，包括聘任的和公立医院支援、巡诊的医师；接受过系统的中医药知识与技能培训、提供中医药服务的医师；从事中药饮片调剂的药剂人员；负责中医诊室和病床护理工作的护理人员。

三、我国社区中医护理存在的问题与对策

目前，中医护理在社区卫生服务的发展过程中存在较多问题，如社区中医护理定位不准确，缺乏有效的中医护理管理体制，缺乏社区中医护理专业人才，中医护理技术操作不规范等，这些都有待于改善和解决。

（一）社区中医护理的定位问题

中医护理学与中医学之间部分内容相互重叠，学科间分工比较模糊，部分中医技术存在医护不分的问题，医者同时也是护理者。因此中医护理学的学科特色不显著，定位不准确，中医特色的护理技术操作有待规范。目前在社区卫生服务机构中，承担中医护理工作的人员大多是中医师。究其原因，针灸、按摩等学科特点使其不易从内容上区分医疗和护理范畴。在目前的临床执业环境下，护理人员可将重点放在拔罐术、熏洗术、药熨疗法、全身药浴等项目上，针灸学中的许多技能如点穴、毫针刺、耳针、艾条灸、艾炷灸、穴位敷贴、各种保健按摩的技术操作也可由护理人员独立完成。

（二）社区中医护理管理有待加强

2010年，为推动中医医院中医护理工作扎实开展，国家中医药管理局印发了《中医医院中医护理工作指南（试行）》，但尚无针对社区中医护理工作的文件出台。目前，社区中医护理缺乏相应的质量控制和监督机制。虽然部分社区卫生服务机构建立了院感控制网络及社区站消毒隔离制度，但对中医诊疗项目的院感控制管理未在全国范围内开展。建立和完善中医适宜技术操作规范和质量控制标准，对提高中医适宜技术推广效果具有重要意义。

目前，社区中医护理在管理方面基本上沿用西医医院护理管理制度。当前的中医护理管理方面研究可考虑对中医护理所承担的及需要发展的项目进行分析，并从项目的角度决定护理的人力资源配备，同时根据当前社区中医护理的管理实际，研究一线护理人员及护理管理人员的工作职责与内容，设置人力配备的合理比例，达到人力资源利用的最大效益化。另外，应根据中医护理的学科特点，建立与之配套的绩效评定机制、综合考核制度、人力培训制度等，最终建立适合社区中医护理发展的高效、合理的特色管理制度。

（三）社区中医护理专业人才缺乏

由于高等中医护理教育起步较晚，中医护理实践和科研人才相对缺乏，中医护理理论创新和科研意识尚待加强，这在一定程度上限制了中医护理在理论、科研等方面的发展。从教育及学科建设来看，目前还未见专门的社区中医护理学科及教材。应组织编写社区中医护理学等专业教材，培养高素质的社区中医护理学师资队伍，建立一定数量的社区中医护理教学基地，从而有计划地培养社区中医护理人才。

在我国，对于专科护士的概念、定位、准入资质、分级及使用方面已有相对成熟的研究，如"糖尿病专科护士""造口专科护士"等。"中医专科护士"的培养正在起步，比如中华护理学会从2020年起，至今已举办4届中医护理治疗专科护士培训班。目前，中医专科护士的培养方式及内容主要是普及中医护理知识与技术。"中医专科护士"应该是对中医某专科专病、营养食疗、情志护理、养生康复等方面的中医特色护理方法及技术具有很强的实践能力及深入研究能力的专家型护士。对该层次人才培养可参照其他专科护士的培养，建立培训基地，规范培训过程，建立评价体系，从而保证培训质量。"中医专科护士"不仅可以服务于临床，也可以服务于社区。

笔记栏

（四）需大力发展我国农村社区中医护理服务

在我国农村社区开展中医护理，不仅符合农村卫生保健成本低、覆盖广的要求，而且能够极大地丰富社区卫生服务的内涵。《2009 年中医基本现状调查报告》显示，农村基层中医医疗服务网点还不够健全。在农村，乡镇卫生院和村卫生室是农村居民中医服务最主要的提供者，但是目前尚有 33.5% 的乡镇卫生院和 42.5% 的村卫生室不能提供中医服务，影响了中医服务在农村社区的可及性。随着社会的发展，能够提供中医服务的乡镇卫生院和村卫生室逐渐增多。2012 年以来，中央财政持续支持社区卫生服务中心和乡镇卫生院的中医馆建设，改善基层医疗卫生机构中医诊疗服务环境。截至 2020 年底，超过 80% 乡镇卫生院能够提供 6 类以上中医药技术方法。但现阶段中医护理技术在农村社区的发展还存在中医护理人才缺乏、医护人员对中医护理知识的掌握与技能水平较低、社区中医护理健康教育体系尚不健全等问题，尤其是农村社区护理人才严重匮乏是目前农村卫生事业面临的主要问题。社区护理人员总体年龄偏大，学历水平较低，其中具有中医护理操作能力的护理人员占小部分，这些阻碍了社区中医护理在农村的广泛开展。因此，应采取积极推进农村基层中医医疗服务网点建设，培训社区中医护理人员，完善社区中医护理健康教育体系建设等措施，推进社区中医护理的发展。

四、国外社区中医护理现况

中医药学是中华民族的宝贵财富，中医药很早就有国际交流。约从公元 5 世纪起，中医药就相继流传到印度、阿拉伯、日本、朝鲜、越南等国家和地区，中医药学传入欧洲的时间不晚于明代，大约在 18 世纪中期，中医药传入美国，中医药的传播对东方和西方医疗保健和医药学发展产生较为深远的影响。世界卫生组织对中医药等传统医学也给予关注和支持。2011 年世界卫生组织西太平洋地区委员会第 62 届会议通过了《西太平洋区域传统医学战略（2011—2020）》（简称《传统医学战略》）。《传统医学战略》高度评价了传统医学在维护地区民众健康事业中发挥的重要作用，并制订了五大战略目标：视国情将传统医学纳入国家医疗体系，促进传统医学的安全和有效利用，扩大利用安全和有效的传统医学，促进传统医学资源的保护和可持续使用，加强传统医学知识和技能生成与共享方面的合作；强调在初级卫生保健体系中推广使用传统医学，鼓励各成员国开展交流与合作，促进传统医学的安全、质量和疗效。

2023 年，推进"一带一路"建设工作领导小组办公室和国家中医药管理局联合发布了《共建"一带一路"中医药领域国际合作发展报告》，报告显示目前中医药已传播至 196 个国家和地区，全球 30 多万名中医药从业者在中国以外地区开设了 8 万多家中医诊所；中国已与 14 个共建国家签订了传统医药合作文件，8 个共建国家在本国法律法规体系内对中医药发展予以支持，30 个中医药海外中心投入建设。中医药对于赋能共建国家民众健康保障、促进民心相通发挥了积极作用。

目前中医药在世界上大多数国家或地区得到不同程度的应用，应用领域主要集中于中医诊疗、中草药使用、针灸、推拿等。中医护理进入国外社区卫生服务体系未来可期。

> **知识链接**
>
> **中医药参与共建"一带一路"：中医药特色健康服务**
>
> 针对共建国家常见病，中医药海外中心运用中药、针灸、推拿以及中西医结合方法治疗，效果确切、价格低廉。中医药以其在疾病预防、治疗、康复等方面的独特优势受到许多国家民众的广泛认可。"中国－泰国中医药中心"为泰国肺癌病人提供诊治并给出个性化中医药治疗方案。中国广西国际壮医医院与柬埔寨宏恩医院多次开展远程会诊，针对对方

收治的肝硬化腹水、海绵肾、双下肢三级残疾、胸腔积液等病症病人进行远程会诊，提出了特色治疗方案及康复方案。中医药参与共建"一带一路"，深化了世界各国对中华文明的了解，加强了中国与各国在传统医药领域的合作伙伴关系，促进了共建国家对传统医药的广泛关注和重视，为各国民众带来了新的健康选择，对世界传统医药发展起到了重要示范作用。

第四节　社区中医护理工作内容

社区中医护理将护理服务延伸到社区、家庭，拓展了中医护理的服务领域。社区中医护理因人施护，与西医护理相结合，相辅相成，使社区护理服务内涵更丰富，更加多样化，更具层次性。目前，我国社区中医护理工作主要包括重点人群社区中医健康管理、中医健康教育、中医养生、中医康复、实施中医适宜技术等内容。

一、重点人群社区中医健康管理

社区中医护理为重点人群提供中医健康管理服务，具体体现在对社区常见病症、慢性病，以及需要中医护理支持的病人提供中医特色的专病、专症护理服务，特别是对妇女、儿童、老年人等重点人群开展一般常见病的治疗与护理。在 2011 年国家中医药管理局医政司发布的《基本公共卫生服务中医健康管理技术规范（试行）》以及 2017 年国家卫生和计划生育委员会发布的《国家基本公共卫生服务规范（第三版）》中，对 0～6 岁儿童、孕产妇和老年人的中医健康指导以及高血压和 2 型糖尿病病人中医健康管理工作进行了规范。

（一）0～6 岁儿童中医健康管理服务

在婴幼儿健康管理、学龄前儿童健康管理中进行中医保健指导。根据各地区实际情况，各地区可结合预防接种程序的时间要求，至少在 6 月龄~<1 岁、1～<3 岁、3～6 岁各进行一次中医健康指导。主要内容是：①运用中医四诊合参方法对儿童健康状态进行辨识，以望诊为主。②提供儿童饮食调养、起居活动方面的指导，传授足三里、涌泉等常用穴位按摩、腹部推拿、捏脊等适宜居民自行操作的中医技术。③对各年龄段儿童常见疾病或潜在因素有针对性地提供中医干预方案或给予转诊建议。④每次服务记录在健康档案中。0～36 月龄儿童中医药健康管理服务流程见图 11-1。

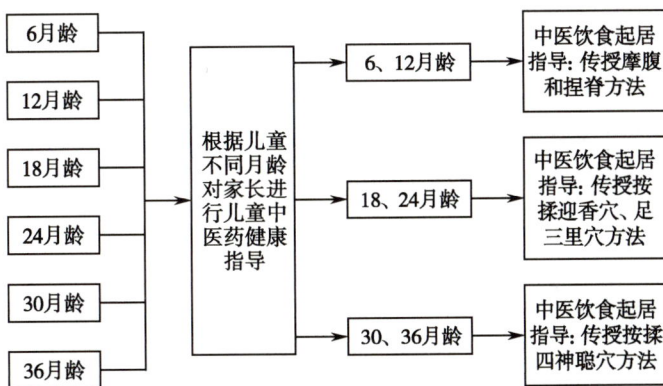

图 11-1　0～36 月龄儿童中医药健康管理服务流程图

笔记栏

269

（二）孕产妇中医健康管理服务

积极运用中医药方法（如情志调摄、食疗药膳、产后康复等）开展孕期、产褥期、哺乳期保健服务，对每个孕产妇孕中、产后进行中医健康指导。各地区结合产前检查与产后访视的时间要求，至少各进行一次中医健康指导。主要内容有：①运用中医四诊合参方法对孕产妇健康状态进行辨识。②提供孕产妇饮食调养、起居活动等指导，传授常用穴位按揉等适宜居民自行操作的中医技术。③对孕产妇常见疾病或潜在因素有针对性地提供中医干预方案或给予转诊建议。④记录在健康档案中。

（三）老年人中医健康管理服务

积极运用中医药方法，为老年人提供疾病防治和养生保健等健康指导。根据实际情况，各地区可结合老年人健康管理的时间要求，每年为 65 岁及以上老年人提供 1 次中医药健康管理服务，主要内容有：①老年人生活方式与健康状况评估。②运用中医四诊合参方法对老年人健康状态进行辨识。③老年人中医体质辨识（老年人中医基本体质特征见附录 1）。④告知老年人中医体质辨识的结果，并进行相应干预，如对已确诊的高血压和糖尿病病人分别纳入高血压和糖尿病病人中医健康管理范围；对存在中医偏颇体质的老年人进行有针对性的养生保健指导，对有常见病证的老年人进行体穴按摩、耳穴贴压、推拿、饮食等养生保健指导；告知日常的情志调摄、饮食调护、生活起居、运动保健等养生保健方法。

情志调摄、饮食调护、生活起居、运动保健等养生保健项目深受社区老年人欢迎。具体实施方法有：组织社区老年人参与太极拳、太极剑、八段锦等中医养生运动；指导老年人，尤其是留守、空巢老人情志调摄的干预方法；将常见的中医护理养生保健知识装订成册分发给社区居民等。老年人中医健康管理服务流程见图 11-2（老年人中医药健康管理服务记录表见附录 2）。

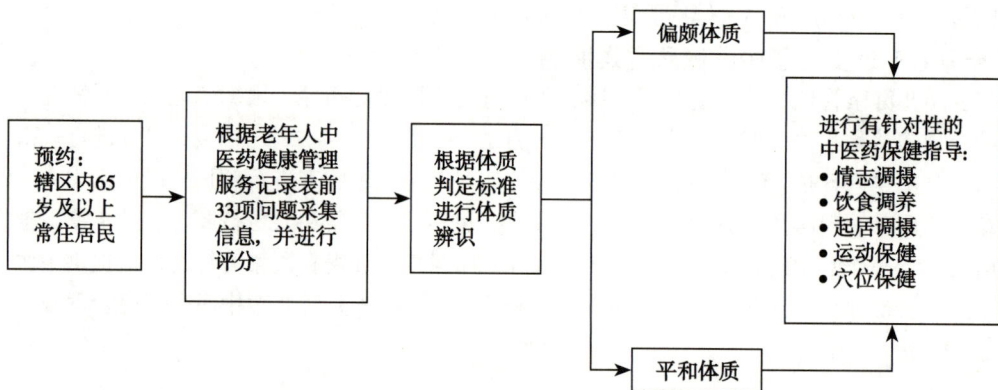

图 11-2　老年人中医药健康管理服务流程图

（四）高血压病人中医健康管理服务

本病社区中医健康管理内容详见本章第五节。

（五）2 型糖尿病病人中医健康管理服务

本病社区中医健康管理内容详见本章第五节。

二、社区中医健康教育

健康教育是实现社区护理预防保健目标的重要手段之一。中医健康教育是通过有组织、有计划的健康教育，采取集体或个体的形式，普及中医基本知识和养生保健方法及技术。通过多种形式的健康教育活动，向社区居民普及中医基本知识与养生保健技术，增强居民的健康意识和自我保健能力，促使人们自觉采取有益于健康的起居、饮食方式，增强体质，消除或减轻影响健康的危险因素，预防疾病，促进健康，提高生活质量。

2010 年国家中医药管理局在印发的《全国社区中医药工作先进单位建设标准》中提出：运用中医药理论知识，在饮食起居、情志调摄、食疗药膳、运动锻炼等方面对居民开展养生保健知识宣教等中医药健康教育。①提供中医药健康教育资料，每个机构每年提供不少于 6 种有中医药内容的文字资料，播放不少于 3 种有中医药内容的音像资料。②社区卫生服务中心宣传栏每年不少于 4 次中医药健康教育内容，社区卫生服务站宣传栏每年不少于 2 次中医药健康教育内容。③社区卫生服务中心每年开展不少于 2 次公众中医药健康咨询活动。④社区卫生服务中心每年举办不少于 4 次中医药健康知识讲座，社区卫生服务站每年举办不少于 2 次中医药健康知识讲座，引导社区居民学习和掌握中医药养生保健知识和中医药养生方法。2018 年，国家中医药管理局发布的《全国基层中医药工作先进单位建设标准（2017 年版）》对基层中医药工作先进单位建设工作提出新的要求，其中包括加强中医药文化宣传，普及中医药知识，基层医疗卫生机构在健康教育中有50% 以上的中医药内容，有条件的应当建设中医药健康文化知识角。

（一）服务对象

1. 社区居民　包括常住居民和流动人口。

2. 重点人群　社区妇女、儿童、老年人、慢性病病人、残疾人，以及对养生保健有特殊需求的人群。

（二）基本原则

坚持科学、实用，突出中医特色；因人施教，重点突出；广泛参与，形式多样。

（三）主要内容与方法

1. 主要内容　中医健康教育的内容包括中医四季饮食、起居，体质调养，中医防病等养生保健知识。

2. 方法

（1）开展社区中医健康教育知识讲座。以中医类别全科医师为骨干，依托全科医师团队，成立健康教育讲师队伍，在各责任社区向群众普及中医药知识。

（2）开展社区中医健康咨询。全科医师团队在各责任社区进行义诊咨询，包括合理营养，各种慢性病的防治知识，家庭心理教育，以及暴饮暴食、偏食、酗酒对健康的影响等。

（3）开展以家庭为单位的中医健康教育，内容可以包括食疗药膳，食补与药补，冬令进补，情志调摄与气功导引等。

（4）结合"世界结核病日""全国肿瘤防治宣传周""世界无烟日""高血压日""糖尿病日""世界艾滋病日"等各种主题日活动开展相应的中医药健康教育活动。

（5）提供针对不同人群、不同时期的涵盖养生保健、食疗药膳、情志调摄、运动功法和体质调养等内容的中医健康教育处方。

健康教育的形式有：①语言方法，如采取口头交谈、健康咨询、专题讲座、医患（或群众）座谈等方法宣传中医药保健知识。②文字方法，如标语、宣传单、宣传画、宣传册、医药报刊、墙报、专栏、健康教育处方、运动处方等。③图片与实物，如照片、中药标本、模型、示范等。④多媒体方法，如广播、幻灯片、互联网、电视、电影等。⑤营造中医药文化环境，如在社区卫生服务机构显著位置悬挂古代名中医人物画像，陈列中医名家塑像，张贴古代健康养生诗词，中医食疗挂图和牌匾等。

（四）开展社区中医健康教育的路径与方法

1. 组建社区中医健康教育团队　以社区中医师、社区护士为主组建社区中医健康教育团队，社区中医师、社区护士负责健康教育的组织、实施与评价，在社区定期组织开展中医药讲座、中医技能体验、中医文化宣传等主题活动，推广中医理念，普及中医药知识，弘扬中医药文化，提升居民健康素养。健康教育的主讲人可邀请知名专家进入社区进行相关主题的讲座。

笔记栏

2. 搭建社区中医健康教育平台 依托当地中医文化宣传教育基地、国医馆等中医教育资源，通过把专家"请进来"、让居民"走出去"的形式，搭建社区中医健康教育平台。社区中医健康教育团队根据社区调研情况，确定每次健康教育主题，定期开展社区健康大讲堂；也可在端午节、重阳节等传统节日邀请社区居民体验中医药知识和文化，学习中医养生保健技能。

3. 开发社区中医健康教育资源

（1）建立中医特色健康教育课程：开设中医养生学、常用中医适宜技术、家庭保健按摩、中医传统养生功法等中医特色课程，形成一批面向社区的公益开放课程，为社区居民提供更加便利的学习机会。在掌握社区居民对于中医药健康教育需求的基础上，开发有区域特色、简单易懂的社区中医健康教育课程，这些课程应注重实用性和针对性，形式灵活、内容丰富，能为社区不同群体提供个性化教育服务。

（2）选择适宜的社区中医技术：选择、推广中医适宜技术进社区、进家庭。选取拔罐、刮痧、艾灸、按摩等适宜的社区中医技术，面向社区居民开展体验活动及技术培训，增强居民健康保障技能。

（3）推广中医养生功法：组织开展社区居民健身运动，让社区居民了解中医养生功法，在社区推广八段锦、五禽戏、太极拳等，定期开展运动指导，提升社区居民的健康运动能力。

（4）开发中医预防保健平台：积极开发中医预防保健平台，引入"治未病"理念，深入社区开展中医体质辨识，基于中医体质分类及监测，为居民开具健康教育处方，帮助社区居民及时掌握和调整身体状态。

三、社区中医养生服务

养生是指通过各种手段和方法，达到及维护身体健康和延长寿命的行为过程。运用中医养生保健理论及方法指导社区居民开展养生保健，增强社区居民健康意识，达到未病先防、既病防变、病后调护、瘥后防复的提高社区居民健康水平的目的。自《黄帝内经》开始，历朝历代的中医著作中多有关于养生的论述。东汉医师华佗认为体育锻炼可助消化，疏通气血，增强体质，减少疾病。华佗根据中医原理，模仿虎、鹿、猿、熊、鸟五种动物的姿态动作，创编了世界上最早的养生运动"五禽戏"。历代的中医养生法时至今日仍值得借鉴和发扬，如顺四时，治未病；宜饮食，和五味；节房劳，保阴精；适劳逸，勿过劳；调情志，贵恬愉；避邪气，防传染；慎服药，重自调；等等。

（一）基本原则

定期体检，见微知著；重视先兆，截断逆转；安其未病，防其所传；掌握规律，先时而治；三因制宜，各司法度。

（二）服务对象

1. 全体社区居民 包括常住居民和流动人口。

2. 重点人群 社区妇女、儿童、老年人、慢性病病人、残疾人，以及对养生保健有特殊需求的人群为重点。

（三）主要内容与方法

1. 主要内容

（1）针对当地气候条件、地理环境、风俗习惯，结合人群体质状况、生活方式、多发疾病谱等，制订适合本地区实际情况的中医预防与养生保健方案，为不同人群提供相应的中医养生保健服务。

（2）针对季节性易感疾病和传染性疾病的易感人群，开展中医药健康教育，并采取中医药干预措施，如在流感易发期发放艾叶燃熏，板蓝根等中药煎水服用；在过敏性疾病易发期，采用中药熏鼻喷喉等方法延缓发作；在节假日前后进行脾胃调理等。

（3）在社区开展中医养生保健科普活动，传授养生保健和健康生活方式，推广普及扇舞、五禽戏、八段锦、太极拳等运动。

（4）开展中医"治未病"服务。体质是指人的先天禀赋和后天生活相融合而形成的身心整体素质。体质不仅表现为个体差异性，而且具有群类趋同性。社区居民体质不同，采取的护理手段不同。根据人群不同体质特点制订个体化调护方案，指导居民的起居调养、药膳食疗、情志调摄、动静养生和经络腧穴按摩保健等。

2. 方法　针灸养生、推拿按摩及经络养生；四时养生；食疗与药膳；冬病夏治、夏病冬治；五禽戏、八段锦、太极拳等。

中医养生学认为，人体顺应四时变化，进行调摄精神活动、起居、饮食、服药诸方面有针对性的护理，对防治疾病有重要意义。采用耳穴贴压、养生气功、中医食疗法可改善社区慢性病病人病情及生活质量；运用情志制胜的原理对脑卒中病人进行情志及辨证施护，有助病人树立战胜疾病的信心，提高医疗效果；辨证施食、治疗药膳以及舌象与饮食的辨证施护等方面的探索也有报道。中医注重早期锻炼，五禽戏、易筋经、八段锦等传统养生气功至今仍在沿用，对社区慢性病病人康复有积极作用。中医传统养生气功种类较多，不同疾病的病人适合何种养生气功，活动量如何掌握，这些是研究热点之一。对社区慢性病病人还可通过开展健康教育提高病人的生活质量，如何帮助病人将中医养生、保健知识有效地转化为健康行为和健康生活方式，健康教育的内容、方法如何合理安排，健康教育的效果如何评价，这些也是研究者探讨的热点。

四、社区中医康复服务

社区中医康复是指在中医药理论指导下，通过针灸、推拿、中药等中医药康复手段，组织康复对象及其家属和社区共同参与，帮助病、伤、残者逐步改善躯体、心理、精神和社会功能，改善或恢复其独立生活、学习和工作的能力，以更好地适应环境，提高生活质量。中医康复技术如推拿、按摩、针灸、养生气功等成本较低，而且行之有效；在药物价格方面，中药价格相对西药便宜。结合现代康复技术并利用中医康复手段开展脑卒中后遗症、伤残等病症的社区中医康复具有现实意义。社区康复护理措施包括：自然疗法（矿泉疗法、空气浴、日光浴）、体育疗法（慢步走、太极拳、气功）、物理疗法（音乐疗法、磁疗法）、中药治疗、食疗指导、药熨疗法、推拿疗法以及化学治疗或放射治疗期的观察和护理。

（一）基本原则

1. 以中医辨证康复观和整体康复观为指导。
2. 遵循三因（因时、因地、因人）制宜的原则。
3. 群体康复与个体康复相结合，中医药与现代理疗手段相结合。

（二）服务对象

1. 先天发育障碍者，小儿生长发育障碍者等。
2. 中医康复有优势的病种，如脑卒中、痹证、五硬（小儿脑瘫）、痿证（脊髓灰质炎）、痴呆（老年期痴呆）等造成的躯体、心理和社会功能障碍者。
3. 伤残诸症者，如肢残、骨折、伤筋等。
4. 恶性肿瘤及热病瘥后诸症者。

（三）主要工作内容

1. 针对不同的康复服务对象，制订个体化的中医康复干预方案。在社区卫生服务机构设立中医康复室，配备必要的中医康复设备，应用针灸、推拿、理疗等技术开展康复服务。对行动不便的人群提供上门康复服务，上门康复服务包括协助医师在家庭应用针灸、推拿、中药等技术方法开展康复服务；对病人及其家庭传授简单、安全、有效、易学的中医康复手段，进行康复训练指导；做好服务记录，并及时进行效果评估，调整康复方案。

笔记栏

2. 与残联协作，协助社区全科医师在社区康复站有计划地定期进行社区巡诊，开展中医康复咨询服务，为残疾人提供身体、心理、精神、社会行为等方面的健康和医疗康复帮助，指导康复训练。指导康复协调员利用社区简易康复设施或康复站内康复器械对病人进行康复训练。

3. 开展中医康复知识健康教育。利用各种卫生宣传日、残疾主题日、节假日，组织中医康复专家进入社区进行义诊和中医康复知识的宣传工作，给社区居民现场诊疗和讲解中医康复的各种知识，加大中医康复工作在社区的普及度。

五、实施社区中医适宜技术

中医适宜技术通常指安全有效、成本低廉、简便易学的中医药技术，又称中医药适宜技术。中医适宜技术作为我国的传统医学已有数千年的悠久历史，包括针法类、灸法类、手法类、中医外治疗法、中医内服法和中药炮制适宜技术六大类。社区中医适宜技术是指适合于社区常见病、多发病的诊治和广大基层群众预防疾病、增进健康的中医适宜技术，具有"简、便、验、廉"的特点。

中医护理操作技术大致可分为传统中医护理操作、传统与现代相结合的护理技术两大类。传统中医护理操作多来源于民间，应用广泛。目前应用较多的疗法有：针刺疗法、灸法、拔罐疗法、刮痧疗法、中药外敷、成人的推法及拿法、小儿捏脊疗法、中药药熨法、中药熏洗法、蜡疗法、泥疗法、中药药浴或中药擦浴降温，多在中医院进行，因传统中医护理操作取材容易，对病人的损伤较少，病人接受度较好。随着现代护理学对中医护理学的影响，近年来逐渐产生传统与现代相结合的护理技术。目前广泛应用于临床的中西医结合护理技术有：穴位注射、中药静脉注射、中药灌肠、中药口腔护理、埋线疗法、经穴磁疗、微波热疗、中药超声雾化吸入等。

1984 年，卫生部中医司组织湖南、北京、南京的护理专家编写了《中医护理常规和技术操作规程》，对中医护理提出了初步的规范和要求。此后分别于 1992 年、1999 年、2003 年进行三次修订，于 2006 年由国家中医药管理局正式发布。2006 年版《中医护理常规技术操作规程》制订了常用中医护理操作流程，标志着中医护理工作向行业标准化管理迈出了新的一步，为全国中医护理工作规范化管理奠定了良好的基础。2015 年至今，多版《护理人员中医技术使用手册》陆续出版，中医护理技术规范性正在逐步提高。

随着循证护理的引入，越来越多的护理实践期待新的研究证据。循证护理可提高护理实践的科学性，指导护理实践并促进护理理论的发展。中医护理技术操作是循证护理与中医护理的切入点之一。医疗机构应保障中医适宜技术应用的规范化、标准化和统一化。目前我国部分中医护理技术存在操作流程不一致，实施方案缺乏科学性等问题，影响了中医护理技术应用的同质性，在一定程度上阻碍了中医护理技术在社区卫生服务中的发展。因此，以循证护理证据为基础，逐步制定各项中医护理技术标准、中医护理技术评价标准等，尤其是重点围绕基层医疗机构的中医护理实际需求与特点，规范适宜社区的中医护理技术操作规程，可以为社区护理人员提供充分的指导和服务，提高护理效率，提升整体护理质量。中医护理结合循证护理，可使中医护理实践发展更为完善，形成规范化、客观化、量化的工作方法和科学评价体系，用循证护理的理念和方法来发展中医护理，将成为中医护理学发展的趋势。

> 📖 **知识链接**
>
> ### 中医循证护理实践
>
> 　　加拿大安大略省注册护士协会下设的最佳实践组织（best practice spotlight organization，BPSO）是全球权威的循证护理指南发展机构，其主要致力于护理临床实践指南的制订、实

施、评价和传播。2015 年，北京中医药大学护理学院和加拿大安大略省注册护士协会签署合作协议，该学院成为中国首家最佳实践指南研究中心；同年，北京中医药大学东直门医院成为国内首家最佳实践指南应用中心。这两个中心致力于将循证思维和临床结合，用循证思维发现并解决问题，同时联合多学科优势资源，制订中医护理指南，传播中医护理证据，推动中医护理在世界范围的应用，提高护理工作的有效性和安全性，促进护理实践的规范化和科学化。

第五节 慢性病社区中医健康管理

一、高血压病人的社区中医健康管理

原发性高血压（简称高血压）是常见慢性病，也是心脑血管疾病的主要危险因素，有效控制高血压病人的血压水平，可减少脑卒中、心脏病及肾脏病事件发生率。高血压属于中医"眩晕""头痛"等病证范畴。对于高血压病人，中医食疗、中医养生运动等有助于血压的控制，对严重高血压及出现并发症的病人，中医药方法可起到减轻症状，协助降压，减轻或减缓靶器官损伤的作用，从而达到未病先防、已病防变的目的。

（一）高血压常见辨证分型

1. 阴虚阳亢证 主症：头部胀痛、烦躁易怒、腰膝酸软。次症：血红目赤，胁痛口苦，便秘溲黄，五心烦热，口干口渴，失眠梦遗。舌脉：舌红少苔，脉细数或弦细。

2. 气血两虚证 主症：头晕时作、少气乏力。次证：动则气短，头部空痛，自汗或盗汗，心悸失眠。舌脉：舌质淡，脉沉细无力。

3. 痰瘀互结证 主症：头重或痛。次证：头重如裹，胸脘痞闷，胸痛心悸，纳呆恶心，身重困倦，手足麻木。舌脉：苔腻脉滑。

4. 肾精不足证 主症：心烦不寐、耳鸣腰酸。次症：心悸健忘，失眠梦遗、口干口渴。舌脉：舌淡暗，脉细大无力。

5. 肾阳亏虚证 主症：背寒恶风，腰膝酸软。次症：头痛遇冷加重，手足发冷，夜尿频数。舌脉：舌淡，脉沉细。

6. 冲任失调证 主症：妇女月经来潮前出现头痛、头晕。次证：心烦，失眠，胁痛。舌脉：舌淡暗，脉弦细。

以上凡具备一项主症和两项次症症状，即可诊断该证候成立。

（二）高血压中医健康管理服务流程

各地区结合高血压病病人健康管理的时间要求，每年至少进行一次中医健康指导和一次有中医内容的随访。主要内容有：①运用中医四诊合参方法对高血压病人进行证候辨识。②对高血压病人进行饮食调养、起居活动等指导，传授四季养生、穴位按摩、足浴等适宜居民自行操作的中医技术。③对不同证型的高血压病人有针对性地提供中医干预方案或给予转诊建议。④记录在健康档案中。高血压病人中医健康管理服务流程见图 11-3。

（三）高血压中医健康管理内容

1. 常用中医穴位疗法 中医穴位疗法治疗高血压具有操作简便、疗效确切、改善症状、安全等特点，目前较常用的方法有针灸法、穴位按摩法、穴位贴敷法、耳穴贴压疗法、耳尖放血疗法等，涉及全身取穴或局部取穴。对于高血压病人可辨证施穴。

耳穴贴压疗法是局部取穴法之一，操作简便，少见不良反应，可用于社区高血压病人。《灵枢·口问》记载"耳者，宗脉之所聚也"。耳郭上对应各脏腑、经络的穴位，通过对相应位置的

笔记栏

```
                    ┌─────────────────────────┐
                    │   35 岁及以上高血压病人      │
                    └─────────────────────────┘
                                 │
                                 ▼
        ┌──────────────────────────────────────────────┐
        │  运用中医四诊合参辨识高血压证型并进行个体化指导，2周后随访  │
        └──────────────────────────────────────────────┘
              │                          │
              │                          ▼
              │               ┌────────────────────┐
              │               │    血压控制不稳定者     │
              │               └────────────────────┘
              │                          │
   ┌──────┐   │   ┌──────┐               ▼
┌──┴──┐ 血 │ ┌─┴─────────────────────────────────────┐
│随访、评│ 压 │ │  规范治疗配合中医健康指导或中医辨证分型      │
│估。根 │◄─控─┤◄─└───────────────────────────────────┘
│据辨证 │ 制 │                          │
│分型进 │ 良 │                          ▼
│行饮食、│ 好 │ ┌───────────────────────────────────┐
│常用保 │ 者 │ │   根据辨证分型进行饮食、常用保健方法指导    │
│健方法 │   │ └───────────────────────────────────┘
│指导   │   │
└───────┘   │
```

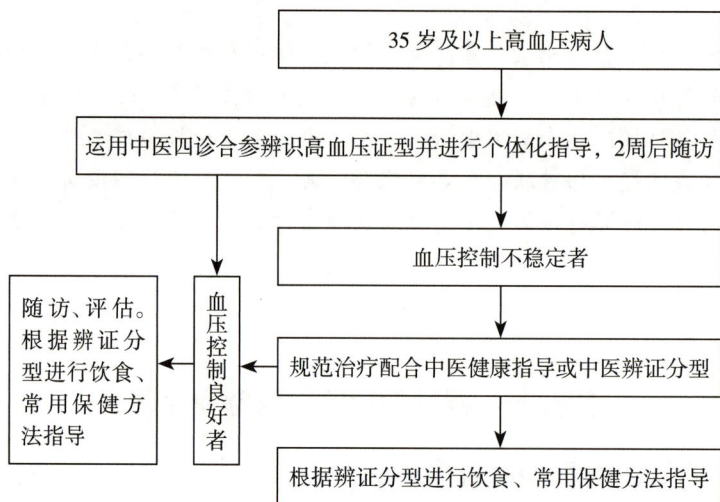

图 11-3　高血压病人中医健康管理服务流程

按摩、刺激可传导相应经络感应，调节脏腑功能。耳穴疗法一般常选用王不留行籽，选穴降压沟、降压点、肝、皮质下、高血压点等。操作方法为：将王不留行籽置于相应耳穴处，用胶布固定，每穴用拇指、示指对捏，以中等力量和速度按压 30～40 次，达到耳郭轻度发热、发痛。两耳穴交替贴压，3～5 天更换一次王不留行籽，14 天为一个疗程。

2. 中医足浴疗法　高血压病人可采用中医足浴疗法辅助控制血压。中医足浴疗法所用泡脚水选用温水（热水），通过温热刺激使腿及全身毛细血管扩张，循环阻力减少，可减轻高血压症状。泡脚尽量选用木质的足浴盆或足浴桶，足浴桶桶高应不小于 40cm，泡脚水水温保持 40℃。泡脚可每天进行 2 次，下午与晚间各 1 次，每次 30～40 分钟。病人双足浸泡，尽量让水没过足踝（使用足浴桶者可至膝以下）。

根据病人证型选用中药足浴配方：阴虚阳亢证者可选用磁石降压方，痰瘀互结证者可选用法夏三皮汤，肾精不足证者可选用杜仲木瓜汤，肾阳亏虚证者可选用杜仲木瓜汤，冲任失调证者可选用三藤汤。

3. 季节更替养生指导　中医理论认为"天人合一"，即人与自然的统一性，季节更替时天气变化无常，如夏秋交替，冷热更迭，高血压病人易因气候突变而病情加重，出现头痛、头晕、耳鸣、目眩、心悸等症状。中医重在治未病，在气候多变的季节根据病人的个体特点在情志、饮食及运动方面加以调节，有利于病人病情的控制。

（1）情志调摄：指导病人顺应四季变化规律，遵循四季养生法则，调摄情志，精神乐观，心境清净。诗词歌赋、琴棋书画、花鸟虫鱼，均可益人心智，怡神养性，有助于高血压病的调治。

（2）平衡饮食：指导高血压病人在季节变换时少摄入酸性食品，多摄入补益脾胃的食物，如瘦肉、禽蛋、大枣、水果、干果等；多吃韭菜、菠菜、荠菜和葱等新鲜蔬菜，有效降低胆固醇，利于血压控制；多食甘温食物，如大枣、花生、玉米、豆浆等。

（3）运动调治：高血压病人在季节变换时应遵循"动中有静、静中有动、动静结合、以静为主"的原则。坚持户外锻炼，以户外散步、慢跑、太极拳、气功等节律慢、运动量小的项目为宜，并以自己活动后不觉疲倦为度。

（4）顺应季节：在季节变化中，通过顺应四时变化，调整阴阳，使人与自然相和谐，从而达到阴平阳秘、养生保健之功效。高血压病人在四季更替的过程中泰然自处，血压平稳少波动。春季肝气当令，万物生发，血压易偏高，应多做户外活动，注意戒怒；夏季炎热，暑湿为邪，注意饮食勿过油腻及生冷，勿使大汗伤津；秋季干燥，阴虚之人当注意勿使津伤阴亏；冬季寒冷，肾阳不足之人当注重保护阳气，宜足浴。

二、糖尿病病人的社区中医健康管理

糖尿病是由于体内胰岛素分泌绝对或相对不足引起的以糖代谢紊乱为主的一种全身性疾病，属中医学"消渴"范畴。中医药在防治糖尿病及其并发症方面有着悠久的历史和丰富的临床实践经验，形成了从整体认识疾病、综合防治和个体化治疗的优势，通过合理运用中成药、中药饮片，配合中医饮食调养、运动治疗等非药物防治技术，可改善临床症状，减轻西药副作用，提高生活质量，有效防治并发症。

（一）糖尿病常见辨证分型

参照国家中医药管理局《中医病证诊断疗效标准》中证候分类标准，2型糖尿病分为燥热伤肺型、肾阴亏虚型、胃燥津伤型、阴阳两虚型、阴虚阳浮型。

1. 燥热伤肺型　主要症状：烦渴多饮，口干咽燥，多食易饥，小便量多，大便干结。舌质红，苔薄黄，脉数。

2. 肾阴亏虚型　主要症状：尿频量多，混如脂膏，头晕目眩，耳鸣，视物模糊，口干唇燥，失眠心烦。舌红无苔，脉细数。

3. 胃燥津伤型　主要症状：消谷善饥，形体消瘦，口干欲饮，大便秘结。舌红，苔黄，脉滑有力。

4. 阴阳两虚型　主要症状：尿多尿混，面色黧黑，耳轮枯焦，腰膝酸软，消瘦显著，阳痿或月经不调，畏寒面浮。舌淡，苔白，脉沉细无力。

5. 阴虚阳浮型　主要症状：尿频量多，烦渴面红，头痛恶心，口有异味，形瘦，唇红口干，呼吸深快，或神昏迷蒙，四肢厥冷。舌质红绛，苔灰或焦黑，脉微数疾。

（二）糖尿病中医健康管理服务流程

各地区结合糖尿病病人健康管理的时间要求，每年至少进行一次中医健康指导和一次有中医内容的随访。主要内容有：①运用中医四诊合参方法对糖尿病病人进行证候辨识。②对糖尿病病人进行饮食调养、起居活动等指导，传授四季养生、穴位按摩、足浴等适宜居民自行操作的中医技术。③对不同证型的糖尿病病人有针对性地提供中医干预方案或给予转诊建议。④记录在健康档案中。糖尿病病人中医健康管理服务流程见图11-4。

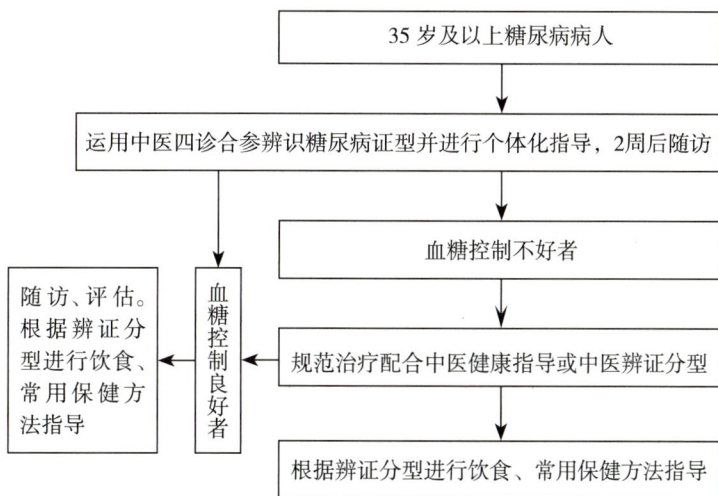

图 11-4　糖尿病病人中医健康管理服务流程

（三）糖尿病中医健康管理内容

1. 辨证施膳　饮食控制影响糖尿病的治疗效果。中医在长期的医疗实践中总结了一定的药膳验方，具体应用应在辨体质、辨病、辨证的基础上合理选用。

（1）燥热伤肺型：施膳原则为清肺润燥，生津除烦，降低血糖。用膳宜忌：宜食黄瓜、冬瓜、丝瓜、芦笋、菠菜、小白菜、大白菜、青菜、芹菜、番茄、山药、豆浆、豆腐、豆芽菜、玉米须、猪瘦肉、牛肉、鸡肉、鸭肉、鱼肉、百合等食物及药食兼用之品。忌食糖、糕点、土豆、蜂蜜、动物脂肪、酒、油炸食物及含糖高的水果。

（2）肾阴亏虚型：施膳原则为补肾滋阴，生津止渴，润燥降糖。用膳宜忌：宜食黑芝麻、豆浆、魔芋、芦笋、海参、泥鳅、海带、猪胰、蚕蛹、银耳、枸杞子、地黄、玄参、绞股蓝等食物及药食兼用之品。忌食品种同燥热伤肺型。

（3）胃燥津伤型：施膳原则为清胃润燥，生津降糖。用膳宜忌：宜食苦瓜、丝瓜、黄瓜、西瓜皮（翠衣）、芦笋、白菜、芹菜、番茄、豆浆、豆腐、罗汉果、银耳、西洋参等食物及药食兼用之品。忌食品种同燥热伤肺型。

（4）阴阳两虚型：施膳原则为滋阴清热，益气补肾。用膳宜忌：宜食洋葱、牛奶、泥鳅、玉竹、天花粉、黄鳝、豆浆、核桃仁、枸杞子、山药、黑芝麻、大蒜、地黄等食物及药食兼用之品。忌食品种同燥热伤肺型。

（5）阴虚阳浮型：施膳原则为滋阴补肾，潜阳降糖。用膳宜忌：宜食芹菜、苦瓜、黄瓜、豆浆、山药、银耳、海带、枸杞子、西洋参、天冬、麦冬、白菊花等食物及药食兼用之品。忌食品种同燥热伤肺型。

2. 中医传统养生运动　运动疗法是糖尿病治疗中的一项重要措施，适度、规律运动有利于控制血糖，改善病人胰岛素敏感性。针对糖尿病运动调养的方法较多，其中八段锦的研究较为深入。八段锦历史悠久，源流清晰，是健身气功中流传最广、健身效果明显的功法之一。八段锦动作舒展大方，动静结合，简单易学，是低强度的有氧运动方式。目前多项研究显示八段锦作为一种运动干预方式，对 2 型糖尿病病人血糖、情绪、睡眠等各个方面有积极影响。

3. 情志调摄保健法　心理治疗，中医学又称之为意疗。在一定条件下，心理因素能改变生理活动，利用情绪对内脏功能气机的影响，通过精神因素去调动机体正气与疾病作斗争，达到扶正以祛邪，主明（心神活动正常）则下安（内脏安定）的目的。

糖尿病病人多阴虚阳亢，肝阳偏亢失于条达则性情易激易怒。指导糖尿病病人胸襟开阔，保持情志舒畅，气血流通，这样才能阴阳调和。糖尿病病人家属应多理解病人，建立和谐的家庭氛围，三餐定时，细心照顾，常沟通、多关爱，帮助病人减轻心理压力。

常用中医心理疗法有劝说开导法、移情易性法、暗示解惑法等。劝说开导法是运用言语对病人进行劝说开导。在一定条件下，言语刺激对心理、生理都会产生很大影响，因此，应正确地运用"言语"，对病人采取启发诱导的方法，宣传糖尿病的有关知识，提高其战胜疾病的信心，使之主动配合医护进行躯体和饮食治疗。劝说开导要针对病人不同思想和人格特征，做到有的放矢，生动活泼，耐心细致。移情易性法是分散病人对疾病的注意力，使思想焦点从疾病移于他处，或改变其周围环境，免于与不良因素接触，或使其从某种情感纠葛中解放出来，转移于另外的人或物上等。暗示解惑法是采用含蓄、间接的方式影响病人的心理状态，诱导病人无形中接受治疗性意见或产生某种信念或改变其情绪和行为，从而达到治疗的目的。暗示疗法一般多用语言，也可采用手势、表情、暗示性药物及其他暗号来进行。

4. 中医适宜技术保健　中医防治糖尿病重视综合调治，除了饮食、运动、药物外，还常用按摩、艾灸、针刺、足浴等多种特色疗法。

（1）按摩：①按摩背腰部。手掌匀力推揉脊柱两侧，或用按摩棒敲打后颈到腰骶，重点按揉胰俞、胃俞、肾俞和局部阿是穴（痛点），适合于 2 型糖尿病伴乏力、腰背酸痛者。②按摩肢体。

以手指点按足三里、三阴交2分钟,以酸胀为度。手擦涌泉穴以透热为度,适合于2型糖尿病头晕、乏力、眠差,或下肢麻痛者。

(2)艾灸:①灸足三里:将艾条一端点燃,对准足三里,距0.5~1寸(病人同身寸),进行熏灸,每侧10~15分钟。适用于2型糖尿病乏力、抵抗力降低、下肢无力者。②灸关元:将艾条一端点燃,对准关元,距0.5~1寸(病人同身寸),进行熏灸,每次10~15分钟。适用于2型糖尿病畏寒肢冷,男子阳痿,或抵抗力降低者。

(3)常用中医穴位疗法:针刺治疗糖尿病常用选穴方法:主穴为脾俞、膈俞、胰俞、足三里、三阴交;配穴为肺俞、胃俞、肝俞、中脘、关元、神门、然谷、阴陵泉等。针刺方法多以缓慢捻转,中度刺激平补平泻法,每日或隔日一次,每次留针15~20分钟,10次为一疗程,疗程间隔3~5日。

耳穴贴压治疗糖尿病常选用的穴位有:主穴为胰、胆、肝、肾、缘中、屏间、交感、下屏尖;配穴为三焦、渴点、饥点。根据主证及辨证分型,每次选穴5~6个。选定耳穴寻得敏感点后,将王不留行籽置于相应耳穴处,用胶布固定,用示指、拇指捻压至酸沉麻痛,每日自行按压3次。每次贴一侧耳,两耳交替。

(4)足浴:适用于糖尿病有周围神经病变及下肢血管病变者。推荐方药物组成为当归、赤芍、川芎、桂枝、红花、鸡血藤、豨莶草、伸筋草。将上述中草药加水3 000ml煎熬,现配现用,水温38~42℃(注意水温不宜太热,以防烫伤),药剂以浸没两足内外踝关节上2寸为准,隔日1次,每次30分钟。10次为一个疗程,共5个疗程。

三、脑卒中病人的社区中医健康管理

中医认为脑卒中属"中风""偏瘫"范畴。病人通常起病较急,多突发一侧腿部、手臂无力,出现猝然昏扑、半身不遂等症状。以调畅气机,祛除浊邪为治疗原则。脑卒中分为缺血性脑卒中(脑梗死)和出血性脑卒中(脑出血)。

(一)脑卒中常见辨证分型

1. 缺血性脑卒中(脑梗死)常见证候 血瘀证为脑梗死基本病机。根据《脑梗死中西医结合诊疗专家共识》(T/CAIM 022—2021)证候诊断标准,急性期在血瘀证基础上常见证候为痰热证、痰湿证、气虚证,恢复期常见证候为痰瘀阻络证、气虚血瘀证、阴虚风动证。

(1)急性期

1)痰热证

主症:半身不遂,口舌歪斜,言语謇涩或不语,偏身麻木,或见神志昏蒙。

兼症:眩晕、头痛,口苦或口干,咳痰或痰多。

舌脉:舌质暗红,苔黄腻,脉弦滑或偏瘫侧脉弦滑而大。

参照《缺血性中风证候要素诊断量表》中证候要素"内火"和"痰湿"得分均≥10分,诊断为痰热证。

2)痰湿证

主症:半身不遂,口舌歪斜,言语謇涩或不语,偏身麻木,或见神志昏蒙。

兼症:痰鸣漉漉,面白唇黯,静卧不烦,二便自遗,周身湿冷。

舌脉:舌质紫暗,苔白腻,脉沉滑缓。

参照《缺血性中风证候要素诊断量表》中证候要素"痰湿"得分≥10分,诊断为痰湿证。

3)气虚证

主症:半身不遂,口舌歪斜,言语謇涩或不语,偏身麻木,或见神志昏蒙。

兼症:神疲乏力,少气懒言,心悸自汗,手足肿胀,肢体瘫软,二便自遗。病情危笃者,昏愦不知,目合口开,肢冷汗多。

舌脉：舌淡暗，苔薄白，脉沉细无力等。

参照《缺血性中风证候要素诊断量表》中证候要素"气虚"得分≥10分，诊断为气虚证。

（2）恢复期

1）痰瘀阻络证

主症：半身不遂，口舌歪斜，言语謇涩或不语，偏身麻木。

兼症：头晕目眩，痰多而黏。

舌脉：舌质暗淡，舌苔薄白或白腻，脉弦滑。

在血瘀证基础上，参照《缺血性中风证候要素诊断量表》中证候要素"痰湿"得分≥10分，诊断为痰瘀阻络证。

2）气虚血瘀证

主症：半身不遂，口舌歪斜，言语謇涩或不语，偏身麻木。

兼症：面色白，气短乏力，口角流涎，自汗出，心悸便溏，手足肿胀。

舌脉：舌质暗淡，有齿痕，舌苔白腻，脉沉细。

在血瘀证基础上，参照《缺血性中风证候要素诊断量表》中证候要素"气虚"得分≥10分，诊断为气虚血瘀证。

3）阴虚风动证

主症：半身不遂，口舌歪斜，言语謇涩或不语，偏身麻木。

兼症：眩晕耳鸣，手足心热，咽干口燥。

舌脉：舌质红而体瘦，少苔或无苔，脉弦细数。

参照《缺血性中风证候要素诊断量表》中证候要素"阴虚"得分≥10分，诊断为阴虚风动证。

2. 出血性脑卒中（脑出血）常见证候　血瘀证作为基本证候贯穿脑出血病程始终。在血瘀证基础上，脑出血发病早期以热毒内蕴证、肝风内动证、痰浊阻络证多见，疾病后期以阴虚血瘀证、气虚血瘀证多见。

（1）热毒内蕴证

主症：半身不遂，口舌歪斜，言语謇涩或不语，偏身麻木；或见神志昏蒙。

兼症：头晕头痛，面红目赤，口苦咽干，心烦易怒，尿赤便干。

舌脉：舌质红或红绛，舌苔黄，脉弦数。

（2）肝风内动证

主症：半身不遂，口舌歪斜，言语謇涩或不语，偏身麻木；或见神志昏蒙。

兼症：烦躁失眠，头晕耳鸣。

舌脉：舌质红绛或暗红，或舌红瘦，少苔或无苔，脉弦。

（3）痰浊阻络证

主症：半身不遂，口舌歪斜，言语謇涩或不语，偏身麻木；或见神志昏蒙。

兼症：痰鸣漉漉，面白唇暗，肢体松懈，瘫软不温，静卧不烦。

舌脉：舌质紫暗，苔白腻，脉沉滑缓。

（4）阴虚血瘀证

主症：半身不遂，口舌歪斜，言语謇涩或不语，偏身麻木。

兼症：烦躁失眠，头晕耳鸣，手足心热，咽干口燥。

舌脉：舌质红绛或暗红，或舌红瘦，少苔或无苔，脉弦细或弦细数。

（5）气虚血瘀证

主症：半身不遂，口舌歪斜，言语謇涩或不语，偏身麻木。

兼症：面色㿠白，气短乏力，口角流涎，自汗出，心悸便溏，手足肿胀。

（二）脑卒中中医健康管理服务流程

各地区结合脑卒中病人健康管理的时间要求，每年至少进行一次中医健康指导和一次有中医内容的随访。主要内容有：①运用中医四诊合参方法对脑卒中病人进行证候辨识。②对脑卒中病人进行饮食调养、起居活动等指导，传授四季养生、中医食疗、传统功法等适宜居民自行操作的中医技术。③对不同证型的脑卒中病人有针对性地提供中医干预方案或给予转诊建议。④记录在健康档案中。目前，对于脑卒中病人的社区中医健康管理主要包括中医康复与随访，其健康管理服务流程见图11-5。

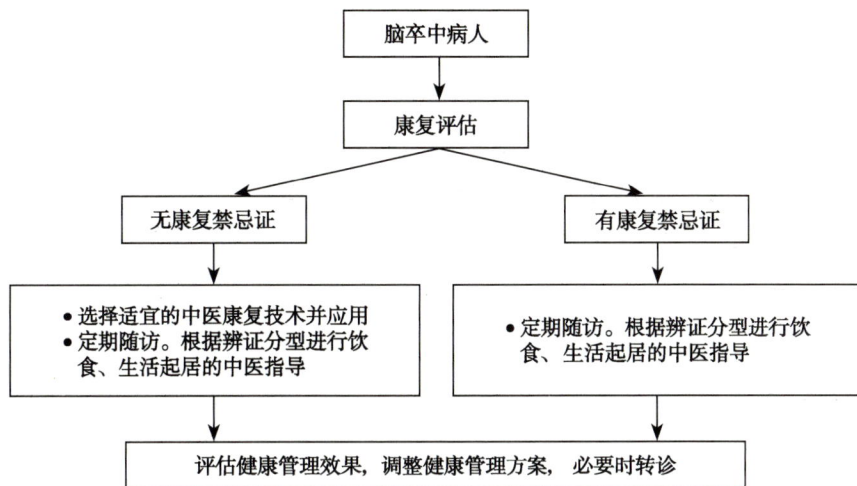

图11-5 脑卒中病人中医健康管理服务流程

（三）脑卒中中医健康管理内容

1. 起居调摄 起居规律，睡眠充足，及时增减衣物，合理安排作息时间，使人体与自然变化相呼应，保持机体内外环境协调统一。居住环境宜安静、清洁，空气流通，阳光充足，温度、湿度适宜，生活起居方便，保持良好的卫生习惯，劳逸结合，睡前用热水泡脚。

2. 饮食调养 饮食要多样化，宜清淡，定时限量。中医食疗方举例：①黑木耳，量6g，用水泡发，入菜肴，可降血脂、抗血栓。②大枣粳米粥：以黄芪、生姜各15g，桂枝、白芍各10g，加水浓煎取汁，去渣；取粳米100g，红枣4枚加水煨粥；粥成后倒入药汁，调匀即可；每日1次；可益气通脉、温经和血，可辅治脑卒中后遗症。③乌鸡汤：取乌骨母鸡1只，去毛及肠杂，洗净切块后加入清水、黄酒等量，文火煨炖至骨酥肉烂时即成；食肉饮汤，数日食毕；适用于脑卒中后言语謇涩、行走不便者。④黑豆汤：取大粒黑豆500g，加水入砂锅中煮至汤汁浓稠即成；每日3次，每服15ml，含服、缓咽；适用于言语謇涩者。⑤栗子桂圆粥：栗子10个（去壳取肉），桂圆肉15g，粳米50g，白糖少许；先将栗子切成碎块，与米同煮成粥，将熟时放入桂圆肉；可做早餐，或不拘时食用；补肾，强筋，通脉；可辅治脑卒中后遗症。

3. 心理调适 保持神志安定，可通过欣赏音乐、习字等方法进行心理调适。病情允许的条件下，配合太极拳锻炼可改善脑卒中病人焦虑情绪。

4. 运动指导 运动要遵循因人制宜、适时适量、循序渐进、持之以恒的原则，运动中注意避免运动损伤，防止运动过度。适合的运动项目有慢跑、散步，在肢体运动功能允许的条件下，进行太极拳锻炼改善脑卒中病人平衡功能及步行速度。也可以选择中医叩齿、咽津等养生方法。

笔记栏

四、慢性病中医管理信息化建设

慢性病管理信息化主要是运用数据库技术和网络技术，实现对病人信息的采集、处理、监测等功能，其采集的信息、分析和监测的数据大部分是以西医中各种医学量化指标为依据，对信息、数据进行定量分析，得出诊断结果及推荐治疗方案等。对于一些受心理、社会因素影响较大的慢性病，单纯依赖西医量化指标可能存在一定局限性，还须综合考虑其他因素。

社区中医信息化平台的建设是推动社区慢性病中医管理信息化建设的途径之一，可实现慢性病病人足不出户即能进行病症自查、后台健康大数据的收集和更新。此方面的工作正陆续展开。2021年，南京市江宁区卫生健康委员会"江宁智慧中医云平台"启用，截至2023年10月，该平台已接入23家社区卫生服务中心及155家社区卫生服务站，累计提供智慧中医药服务超2.8万人次，协助基层开展多种常见病、多发病的中医干预，为病人提供个性化辨证论治方案。2022年起，山东省先后建设智慧共享中药房48个，智慧共享中药房整合线下线上资源，依托区块链、人工智能、物联网、大数据等技术，改革中药药事服务，也可服务于社区病人。2024年，国内某公司推出了中医药智能诊断和药物推荐系统，这是在中医药领域对大型语言模型的一次创新性探索。该系统整合了大量的中医古籍经验方剂，并结合病情特征，通过计算机技术和算法模型，实现中医四诊合一、辨证施治的智能化，集成了中医药知识图谱、智能诊断、药物推荐等多项功能，这些方案和推荐根据病人病情量身定制，以满足病人需求。

随着医疗大数据的积累以及科学技术的快速发展，中医诊疗的数字化、信息化、智能化正在逐步推进，这为慢性病中医管理的信息化建设提供了支撑和保障。凭借人工智能在数据挖掘与采集、数据处理与分析、深度学习等方面的能力，实现中医古籍、文献和临床诊治经验的结构化、科学化表达，建立中医诊疗与护理的客观标准与评价体系，高效地应用于社区慢性病病人健康管理的信息化建设之中，这方面的研究值得深入。

（刘　宇）

小　结

本章首先介绍了中医护理学的概念，分析了中医护理应用于社区卫生服务的优势，阐述了中医护理整体护理观、辨证施护、中医"治未病"三种理论及其应用。然后介绍了我国中医社区卫生服务的发展、中医社区卫生服务机构的设置与职责、我国社区中医护理现状，以及社区中医护理工作内容，如重点人群社区中医健康管理、社区中医健康教育、社区中医养生服务、社区中医康复服务、实施中医适宜技术等，其中详细阐述了高血压、糖尿病、脑卒中病人等重点人群的社区中医健康管理。在各部分内容中穿插阐述了社区中医护理面临的问题及对策，以及中医循证护理等研究热点，以启发学生的社区中医护理研究思维。

思考题

1. 如何有效推广社区中医适宜技术，以提高其在社区卫生服务机构的使用率和知晓率？

2. 某社区卫生服务中心设置了中医科与中药房，能开展部分针灸、拔罐、按摩、刮痧等中医适宜技术。目前在社区卫生服务中心工作的中医技术人员实际在岗3人，其中执业中医师

2 人，中医康复治疗师 1 人，均为中级职称。该社区卫生服务中心所在社区居住人口为 3 万，其中老年人口约 5 700 人，慢性病病人约 7 200 人。社区护士通过调研走访，了解到该社区居民对中医中药接受度高，常有居民询问能否在社区看中医，居民们多次要求社区卫生服务中心增加中医服务强度。该中心近两年邀请了一位曾在三甲医院工作的退休老中医定期来中心出诊。

　　根据以上资料，你认为该社区中医社区卫生服务开展情况如何？存在哪些问题？请对这些问题进行分析并提出对策。

ER11-2
本章思考题
解题思路

第十二章

数字化技术在社区护理实践中的应用

> ## 社区情景
>
> 　　社区李大爷进行晨练时突感不适，他的智能手环检测到心率异常并自动发出警报。社区卫生服务中心的医护人员接收到报警信号后，迅速与李大爷进行视频电话，询问他的症状并查看其生理监测数据。根据平台监测数据和李大爷提供的信息，初步判断为轻微心律不齐。根据李大爷的年龄和心血管病史，社区护士决定前往李大爷家中做进一步评估和处理。通过家庭访视，确认李大爷病情稳定，对他进行了健康教育。此外，社区护士还定期通过视频随访李大爷，了解他的健康状况并及时调整护理计划。
>
> 　　**请思考：**李大爷的智能手环是如何检测到心率异常的？该社区引入了"智能健康监测平台"后，社区卫生服务中心如何利用数字化技术手段提升对社区居民的健康管理服务质量？在使用数字化健康监测平台的过程中，可能会出现哪些伦理挑战，社区护士该如何应对？李大爷的健康数据在平台上存储和管理，应如何确保数据和隐私安全？

　　随着信息技术的飞速发展，数字化技术应用于各领域已成为必然趋势。在现代社区护理实践中，数字化技术的应用正在革新传统的护理模式，为病人提供了更便捷、更个性化的护理服务，同时也为社区护士提供了更高效、更精准的管理手段，极大地提升了护理服务的质量和效率。从传统的手写护理记录和纸质健康档案管理转变为电子化、智能化的健康信息管理系统；从受时间、空间限制的线下面对面诊疗护理服务转变为灵活变通的线上远程医疗护理服务；从家庭照护者须承受症状监测和疾病管理的巨大压力转变为病人可通过移动健康应用程序轻松提升自我监测水平。数字化技术的应用如移动健康应用程序、穿戴式设备、智能护理机器人等正日益融入社区护理的各个方面。

第一节　数字化技术概述

一、数字化技术的概念与特点

（一）数字化技术的概念

　　数字化技术（digitization technology）是指运用"0"和"1"两个数字编码，通过计算机、光缆、通信卫星等设备来表达、传输和处理信息的技术。一般包括数字编码（digital encoding）、数字压缩（digital compression）、数字传输（digital transmission）、数字调制解调（digital modem）等技术。这些技术通常涵盖了从基础的数据处理和存储设施，到更高级的软件和应用程序，以及通过互联网连接的多种设备和服务，包括但不限于移动互联网、人工智能、大数据、云计算、区块链、物联网等。其关键在于能够增强数据的存取和分析速度，提高交流和协作效率以及提供新的方式来进行监测和管理。

（二）数字化技术的主要特点

数字化技术的多种特点决定了数字化技术在当今社会中扮演的重要角色，推动着科技进步、经济发展和社会变革。主要特点包括：

1. 可编程性　是指数字系统具备通过软件程序进行灵活地编程、修改、更新和控制的能力。可编程性为用户提供了更加灵活的操作空间，意味着用户能够根据自身需求使用编程语言来自定义和调整其功能，以便适应不同的应用场景。

2. 精确性　数字化技术以数字形式来表示信息和数据，因此能够实现高度的精确性和准确性。相较于传统的模拟技术，数字化技术可以提供更为可靠和稳定的结果。

3. 可复制性　是指数字化信息可以在不影响质量的情况下轻松进行无限制地复制、传播和分享的特性。每一份复制品都与原始版本相同，保持了完整性和准确性，让信息共享和发送变得更加容易，促进了数据的开发利用。

4. 自动化　是指利用计算机程序、算法和机器人等技术，将一系列任务、流程或操作自动化执行的过程。通过预先设定的规则、逻辑和指令，数字化系统自动完成特定的任务或操作，提高效率并减少人为差错。

5. 集成性　数字化技术可以与其他技术和系统进行集成，实现高级功能和系统互通，意味着不同的数字化系统可以共享数据和资源，实现更复杂和全面的解决方案。

6. 实时性　是指系统在接收到数据或请求后能立即做出响应的能力。意味着数字化信息可以实现实时更新和即时访问，使决策和操作更加迅速和敏捷，能够满足用户即时性的需求。

7. 可扩展性　是指数字化系统或平台能够随需求的增长而扩展其规模和功能的能力。这意味着系统可依据需求进行扩展和升级，适应不断变化的业务需求。

8. 数据驱动　是指以数据作为创新、发展和决策的基础的一种方法。数字化技术以数据为核心，通过分析和利用数据进行决策和改进，制订更有效的战略。

9. 虚拟化　利用数字化技术创建模拟的虚拟环境，使实验和测试变得更加安全和经济。虚拟数字化技术可以在不影响现实世界的情况下进行试验和模拟，大大降低了试验和测试的成本和风险。

10. 智能化　是指利用人工智能、机器学习（machine learning，ML）、自然语言处理（natural language processing，NLP）和计算机视觉等技术，实现数字化信息智能化分析、预测和推荐。包括系统学习、推理、规划、识别、理解、交流等能力，以及能够根据环境的变化自动调整和改进的能力。

二、数字化技术的分类

（一）信息技术

1. 信息技术的概念　信息技术（information technology，IT）是指有关数据与信息的应用技术。其内容包括：数据与信息的采集、表示、处理、安全、传输、交换、显现、管理、组织、存储、检索等。在社区护理实践中，通常借助信息技术和信息化手段，使用各种软件、应用程序和信息系统，以有效管理病人数据、医疗记录和护理计划等。信息技术在社区护理中的应用涵盖了电子健康档案、电子病历、个人健康记录、电子处方和健康信息交换，使得医疗服务更加智能化、个性化和高效化。

2. 信息技术的应用形式

（1）电子健康档案（electronic health record，EHR）：是指居民健康管理（如健康促进、健康保护与疾病防治等）过程的科学化、规范化、电子化记录，涵盖了个人整个生命周期内的全部健康信息，包括个人基本信息、疾病史、药物过敏史、手术史、免疫接种信息、检查结果、诊断报告、用药记录等，是一份综合的、全面的电子化健康档案。

笔记栏

（2）电子病历（electronic medical record，EMR）：是由医疗机构以电子化方式创建、保存和使用的，重点针对门诊、住院病人（或保健对象）临床诊疗和指导干预信息的数据集成系统。是居民个人在医疗机构历次就诊过程中产生和被记录得完整、详细的临床信息资源。通常由单个医疗机构使用。

（3）个人健康记录（personal health record，PHR）：是指由病人自行管理的个人健康信息的电子记录，具有管理、追踪和参与自身健康保健的功能，个人可通过其控制对健康信息的访问。病人通过个人健康记录系统管理自己的健康数据、诊疗记录、用药情况等信息，并与医护人员共享，实现健康管理的个性化和参与性。

（4）电子处方系统（electronic prescription system）：指用于医生开具处方并直接传输至药房的数字化系统。通过电子处方系统，医生可以快速、准确地开具处方，并且可以实时监测病人的用药情况，避免了传统纸质处方可能出现的错误和延误。

（5）健康信息交换（health information exchange，HIE）：又称作"卫生信息交换"，用于不同的医疗机构之间共享病人电子化医疗信息的技术和标准，以提高病人的治疗效率和质量，是提高医疗服务质量和降低医疗成本的重要手段。

（二）移动健康

1. 移动健康的概念　移动健康（mobile health，mHealth）是指利用移动通信技术和无线网络技术，结合智能手机、平板电脑、智能穿戴设备等移动设备，为病人提供医疗服务和健康管理的一种医疗模式。移动健康在医疗市场中扮演着重要角色，帮助病人更好地管理和跟踪自己的健康状况。病人通过移动健康模式可随时随地获取医疗信息、进行健康监测、在线预约挂号、在线咨询医生等，增强了病人自我管理能力，提升了病人的治疗依从性，加强了病人与医护人员之间的沟通，弥补了我国基层医护人员不足的短板，实现医疗服务的便捷化和普惠化。既提升了病人的自我健康管理水平，又提高了医护人员的工作效率，应该在社区卫生服务中心大力推广。

2. 移动健康的应用形式　移动健康是病人健康管理的有效媒介，通过可穿戴设备、移动健康应用程序、社交媒体和信息化平台等多种应用形式，提高病人的自我管理水平。

（1）可穿戴设备：物联网技术可以实现各种智能健康监测设备和可穿戴设备的连接和数据采集，如智能手环、智能手表、智能血糖仪等。这些设备可以实时监测病人的生理参数，并将数据传输到远程服务器，供护理人员进行远程监测和管理，可为病人提供更方便、精准的健康监测和管理方案。

（2）社交媒体：以社交媒体为依托，动态追踪病人的疾病信息以达到全过程监督，通过移动医疗对病人的连续指导可提升病人对疾病的自我管理意识，帮助病人提高自我管理水平。例如病人与医护人员直接进行线上交流，规避了延误治疗的风险。病人之间也可通过社交媒体进行健康知识共享，提升了病人群体间的自我管理水平。

（3）移动健康应用程序：利用数字化技术开发应用于医疗、护理领域的移动应用程序，包括预约挂号、在线咨询、健康管理、医疗资讯等功能，病人可以通过移动应用随时随地预约挂号、查询医疗信息、咨询医生等，避免传统就医过程中的排队等待和时间浪费，为病人提供便捷的医疗服务。目前，国内社区卫生服务中心也借助移动健康应用程序进行健康知识科普，为病人及家属提供科学的医疗健康信息及服务。

3. 移动健康技术在慢性病管理中的作用　移动健康技术为慢性病管理提供了许多便利，有助于改善慢性病病人的生活质量，减少医疗资源的浪费，促进医疗保健的个性化和智能化发展。目前，采用移动健康技术对慢性病病人进行风险评估、体征监测、健康数据分析和预测等，为慢性病病人提供健康综合服务。移动健康技术在慢性病管理中的作用如下：

（1）健康与疾病的风险预测：在移动健康设备上记录的疾病史、血压、血糖、饮食情况和运动情况等，通过人工神经网络、贝叶斯神经网络和决策树等算法，构建风险预测模型，并进行风险评估。在对社区人群的体征、慢性病相关危险因素进行监测的前提下，医护人员可以根据居民自身情况，针对相关危险因素如身体活动不足、高盐饮食、蔬菜和水果摄入不足、吸烟、饮酒等实施早期干预，改善居民的生活方式，从而减少疾病发生。

（2）制订个性化健康管理计划：社区护士可基于病人的健康数据和个体特征，运用大数据分析与决策支持技术更好地理解慢性病病人的健康状况，预测病人的风险，帮助病人制订个性化的健康管理计划，如饮食、运动计划及药物管理等的建议，从而提高慢性病管理的效果和效率。

（3）行为改变支持：护士可以基于健康行为改变相关的理论，以及循证的证据，设计健康行为干预策略，并将其在移动健康应用程序中实现，通过提醒、激励等手段，从而帮助病人改变不健康的行为生活方式。

（4）健康实时监测与生物反馈：通过移动健康应用程序、便携式监测设备等，对慢性病病人健康状况进行持续监测和追踪。例如：利用手机应用程序不仅可以手动记录病人饮食情况，还能利用手机的拍照功能，进行食物种类和分量的识别，分析食物热量和营养含量，数字化膳食记录大大节约了时间和资源。利用智能穿戴设备记录病人饮食、运动情况，并实时监测心率及周围噪声。同时，通过音视频通话，护患双方足不出户也能及时沟通，就病人症状、体征以及危险因素情况进行交流，从而改善健康相关服务质量，改变病人的临床结局。

（5）健康教育与健康咨询：健康教育与健康咨询是社区慢性病防控的重要内容。随着通信技术的迅速发展，社区居民获取知识的渠道多种多样。利用移动健康技术，如各种信息化平台、网页、短信等，对居民进行健康教育与健康咨询，可以达到促进健康的目的。

（6）构建多维的社会支持：移动健康技术可以连接病人、家属和医疗团队，形成一个支持网络，共同参与慢性病管理。

（7）跨地域服务：移动健康技术打破了地理限制，使得病人即使在偏远地区也能获得高质量的医疗保健服务。

（8）紧急响应：借助可穿戴设备和智能监测设备如智能手表、体脂秤、血压计等，不仅可实现对慢性病病人的健康监测，还可在危急的情况下，快速向社区卫生服务中心、家庭成员和医护人员发送紧急信息，为病人提供及时救助。

📝 **典型案例**

贴心的健康助手：数字管家跃进现实

75 岁的张某解锁手机准备查看血糖水平，她的数字健康管家打断她："张奶奶，早上好！我已经把您最近两周的生理数据发给了医生，医生建议做一次检查，为您安排明天下午 3 点如何？"张某同意了。接着数字健康管家又提出一些建议，"今天和朋友去公园散步如何？超市为本周在'与朋友一起散步挑战'中达到 8 万步的人提供免费水果和鸡蛋奖励。"

张某使用的数字健康管家其实是一个虚拟健康助手，依据一系列持续收集到的健康数据工作，这些数据包括从张某智能手表里的心电图传感器收集来的电信号、声音变化以及与智能手机屏幕的互动速度等。

虽然数字健康管家和张某的互动并非现实，但不难想象，随着越来越多的技术提供支持健康老龄化的新方法，数字健康管家未来很可能出现在大多数老年人的口袋里，为他们提供实时支持。

（三）远程医疗

1. 远程医疗的概念　远程医疗（telemedicine）是指不受时空限制，运用信息技术为病人提

笔记栏

供远程诊断、远程会诊及护理、远程教育、远程医疗信息服务等诸多医学活动，实现医疗保健专业人员与病人之间的远程医疗服务和医学交流的医疗模式。

2. 远程医疗的分类　远程医疗按照服务类型可分为异步远程医疗、同步远程医疗和远程监测。

（1）异步远程医疗：是指"存储转发"技术，过去几十年远程医疗服务大多使用存储转发模式提供的，数字图像、视频、音频和临床数据被捕获并离线存储在客户端计算机或移动设备上，然后安全地传输到另一个位置的医疗机构，以便相关专家研究数据，专家意见可稍后传回。它包括聊天机器人以及通过可穿戴或植入式设备对病人进行远程监控的机器人。尽管这种方法一直运行良好，但仍需要实时远程医疗服务，允许利益相关者之间进行即时交互。

（2）同步远程医疗：是指实时通过视频和音频传递健康信息，允许医疗专家与病人或提供者进行实时讨论，以传递医疗专业知识。病人和提供者之间的远程同步音频、视频通信已被证明可以增加访问、降低成本、改善病人体验。视频会议是远程医疗服务最常采用的实时技术形式之一，外围设备连接到计算机或视频会议设备，以帮助进行交互式检查。

（3）远程监测：涉及对病人疾病状态的持续评估，其既可以通过对病人的直接视频监测实现，也可以通过审查远程收集的数据和图像实现。

3. 远程医疗的应用形式　远程医疗可以实现云服务，不受时间地点限制为病人提供远程诊治服务、普及自我管理知识、督促病人采取正确的生活方式等，打破不同地域病人接受医疗护理服务的不平衡性，病人可以通过远程医疗获益，同时也改善了医学资源分布不均的状况，提高了护理质量和病人满意度。通过电话、视频会议、移动健康应用程序、基于物联网技术的远程健康监测服务平台等形式进行医疗诊疗、咨询和远程监测，为病人提供及时有效的远程医疗服务和护理指导。

（1）视频会议：医护人员与病人之间以视频会议的形式进行实时远程医疗服务。病人可以在家中使用带有网络摄像头的计算机或移动设备上的嵌入式摄像头参加远程视频会议，医护人员通过视频观察病人的症状和体征，进行诊断、治疗并提出护理建议，实现异地"面对面"治疗和护理。

（2）移动健康应用程序：病人使用安装了 WiFi 或蓝牙的传感器设备后，病人和医护人员可以分别使用手机上的移动健康应用程序查看可视化的数据。这种数字化技术可以更广泛地用于病人的监测和自我检测，实现病人的个性化管理，改善病人生活质量。

（3）远程健康监测服务平台：物联网是一场技术革命，它允许物体相互连接、跟踪相关活动以及在线收集实时和历史数据。社区卫生服务中心利用物联网技术建立远程健康监测服务平台，实现对病人的远程监测和远程控制，让病人在家中就能接受到持续的健康监护。医护人员通过远程健康监测平台随时随地监控病人的健康状况和医疗设备的运行情况，实时获取病人的健康数据，并进行远程指导和干预。

📝 **最新研究成果**

远程康复在社区慢性肩痛病人中的应用

慢性肩痛（chronic shoulder pain, CSP）是一种常见病症，主要治疗方法是物理治疗。但一些病人在获取康复护理服务方面存在障碍，如老年病人不便频繁到医院治疗。近年来，远程康复在克服这些障碍方面显示出诸多优势。

美国加州大学的 Pak Sang S. 团队对 90 名患有慢性肩痛的病人进行了一项随机对照试验，将完全远程数字物理治疗与传统的面对面康复进行比较，通过手臂、肩部和手部残疾问卷的简短形式测量，两组的功能都有显著改善，组间差异无统计学意义（$P=0.75$）。对于次要结局，在手术意图、镇痛药摄入量和心理健康或最严重的疼痛方面差异无统计学意义。

两组均观察到高依从性和满意度，无不良事件发生。

　　研究表明，远程康复可以作为 CSP 的可行护理模式，因为远程康复不仅有效，而且与传统面对面康复相比，还具有便利性的优点。

（四）扩展现实

1. 扩展现实的概念　扩展现实（extended reality，XR）技术指通过计算机将真实与虚拟相结合，打造一个可人机交互的虚拟环境，包含了增强现实、虚拟现实、混合现实三种技术。通过将三者的视觉交互技术相融合，为体验者带来虚拟世界与现实世界之间无缝转换的"沉浸感"。

2. 扩展现实的分类

（1）增强现实（augmented reality，AR）：增强现实技术是将真实世界与虚拟世界集成在一起的技术。通过数字技术模拟某些实体信息（视觉信息、声音、味道、触觉等）将其与现实世界叠加在一起，并形成与人的交互，从而实现对真实世界的"增强"。

（2）虚拟现实（virtual reality，VR）：虚拟现实技术是通过数字技术生成逼真的视、听、触觉等一体化的虚拟环境，用户借助必要的设备与虚拟世界中的对象进行实时交互，从而获得亲临真实环境的感受和体验。在哲学领域，虚拟现实是指在功效方面是真实的，但事实上却并非如此的事件或实体。AR 与 VR 技术之间的不同在于，AR 技术是在用户所处的现实环境中增加虚拟的体验，而 VR 技术则是脱离用户当时所处现实环境营造出虚拟体验。

（3）混合现实（mixed reality，MR）：混合现实技术同时包括 AR 和 VR 技术，指的是合并现实和虚拟世界而产生的新的可视化环境，在新的可视化环境里物理和数字对象共存，并实时互动。

3. 扩展现实技术在慢病管理中的应用　XR 技术在护理教育、病人教育、疾病康复、心理治疗和疼痛管理等方面有广泛的应用前景，能为使用者提供更加生动和交互式的学习和治疗体验。

（1）护理教育：MR 技术凭借虚实融合、交互性等优势，将医学信息以更加立体的 3D 模式呈现，营造了一种逼真、自然的沉浸式体验氛围，帮助护士突破理论教学与临床实践的瓶颈，为护士培训和学习等提供了新的实践平台。例如利用 AR/VR 技术进行仿真训练，为护士提供逼真的临床仿真环境，用于模拟各种护理场景和操作，如急救护理流程培训、灾害救援模拟培训等，帮助护士提高技能水平和应急处置能力。

（2）病人教育：医护人员利用 VR 技术为康复病人提供沉浸式的虚拟康复环境，例如虚拟步行、平衡训练等，以游戏方式锻炼病人患肢功能，帮助病人恢复功能和提高康复效果。同时为病人提供交互式的健康教育内容，例如通过 AR 应用展示身体器官的结构和功能，帮助病人更好地理解疾病和治疗过程。

（3）疾病康复：①运动康复。VR 技术可以通过虚拟环境中的运动游戏或模拟场景提供个性化的运动康复训练，从而改善肌肉功能、平衡能力和运动协调性。不仅能让病人感受到真实的体验，同时也提高病人参与康复护理的积极性。AR 技术则可以通过识别病人的肢体动作，实时反馈训练效果，帮助病人更准确地调整动作，提升康复护理的效率。②认知康复。VR 认知康复通过刺激特定脑区，如前额叶和海马，促进大脑重塑，从而改善注意力、记忆力、视觉空间能力和执行功能。VR 认知康复应该创建模拟真实生活场景的虚拟环境，不仅可以提高评估的真实性，还能使病人在更贴近日常生活的环境中进行测试。通过创造类似超市购物、使用公共交通或安排日常家务等活动的虚拟环境，病人可以在接近真实的情境中练习和提升日常生活中所需的认知技能。这种现实模拟不仅增强了训练的相关性，也有助于病人更好地将训练成果应用到日常生活中。

（4）心理治疗：XR 技术在心理治疗方面的应用正在迅速发展，为病人提供各种虚拟环境和体验，如自然风景、放松音乐等，帮助病人缓解焦虑、压力等心理问题。虚拟现实暴露疗法

（virtual reality exposure therapy，VRET）是一种常用于治疗恐惧症和焦虑症的方法，利用 VR 技术，病人可以在一个安全可控的环境中逐渐暴露于他们的恐惧对象或情境，例如高度、飞行、社交场合等。另外对于创伤后应激障碍（post-traumatic stress disorder，PTSD）的治疗，一种叫虚拟现实治疗（virtual reality therapy，VRT）的方法已显示出积极效果，VR 技术可以模拟创伤情境，帮助病人在心理治疗师的指导下安全地重新经历创伤事件，减轻创伤记忆的影响。VR 和 AR 技术可以帮助慢性病病人进行情绪调节和心理疏导。AR 技术可以创建互动游戏，通过沉浸式的虚拟环境，病人可以体验到安静和放松的感觉，帮助慢性病病人在游戏中减轻焦虑，提高治疗的接受度，从而减轻焦虑和抑郁等情绪问题。

（5）疼痛管理：VR 技术已被成功应用于疼痛管理，病人通过佩戴 VR 头戴设备进入到一个沉浸式的虚拟环境，如宁静的自然景观或互动性游戏，转移病人对疼痛的注意力。这种沉浸式体验能够显著减少病人对疼痛的感知，降低焦虑和紧张感。对于儿童，XR 技术的应用尤其重要。儿童在接受侵入性操作时通常更容易焦虑和害怕，通过虚拟现实游戏和互动环境，孩子们在治疗过程中保持放松。例如，在进行针刺、换药或其他疼痛操作时，使用 VR 设备让孩子们沉浸在喜欢的卡通世界或冒险游戏中，从而有效减轻疼痛和恐惧感。

（6）家庭环境适应：VR 和 AR 技术可以提供家庭环境适应训练。通过虚拟现实环境模拟家庭场景和日常活动，病人可以在安全的环境中进行日常活动的练习和训练。传统的康复护理训练需要在专业医生的指导下进行，VR 技术则可以提供个性化的训练程序，病人在家中就能进行，大大提高了康复护理训练的便利性。

（五）人工智能

1. 人工智能的概念　人工智能（artificial intelligence，AI）又称机器智能，研究用计算机模拟人类智力活动的理论和技术，如归纳与演绎推理过程、学习过程、探索过程、理解过程、形成并使用概念模型的能力、对模型分类的能力、模式识别及环境适应、进行医疗诊断等。

2. 人工智能的研究领域　人工智能在社区护理中的研究领域涉及诸多方面，包括机器人、语言识别、图像识别、自然语言处理和专家系统等。例如人工智能用于药物管理，包括药物配伍、用药监测和服药提醒等方面，确保病人按时按量用药，避免用药错误或者漏服；人工智能与大数据结合，以数据驱动社区健康教育，通过人工智能对健康数据进行分析和挖掘，发现社区居民潜在的健康问题和需求，从而为健康教育提供更加深入和有针对性的内容；自然语言处理（NLP）用于医疗记录的转录和理解；机器学习模型用于预测病人的健康风险；智能监测设备用于远程监测病人的健康状况等。这些技术帮助医护人员更好地理解病人的需求，并提供个性化的护理方案。

（六）护理机器人

1. 护理机器人的概念　护理机器人是指集成了人工智能、机器学习、计算机技术、自然语言处理和感知技术等先进技术，对病残者进行护理服务的机器人。

2. 护理机器人的作用　护理机器人能实现自主决策和自动执行任务。通过内置的人工智能和感知技术，能够与病人进行交互并根据病人的需求和情况作出相应的反应和决策，同时能够执行一系列护理服务，包括监测病人生理参数、提供医药咨询、执行康复训练、协助病人日常生活等。护理机器人旨在为病人提供护理服务和健康管理，同时辅助护士进行医疗护理和康复训练等，可在一定程度上减轻护士的工作负担，提高护理服务的效率和质量，从而改善病人的生活质量和健康状况。

3. 护理机器人在社区护理的应用领域　护理机器人作为一种医工结合的新型护理手段，正逐渐受到社会的关注和重视。护理机器人的具体应用领域可体现在以下方面：

（1）日常生活辅助：护理机器人可根据病人需要和偏好进行功能定制，设定最符合的应用程序，在保证基本护理功能基础上，最大程度实现机器人的专门化服务。该类机器人功能较为宽泛，可通过传感器监测病人的活动、饮食、睡眠等情况，提供智能化的护理服务，同时可协助失能老年人完成日常生活中的一些基本活动，如起床、洗漱、穿衣、进食等。一些机器人具备抓取和操作物品的能力，可以帮助老年人完成家务和饮食准备等任务。此外，机器人可以通过激光雷达或摄像头等传感器进行环境感知和导航，帮助老年人到达家中指定位置。一些机器人还具备定位服务功能，可以帮助老年人找到特定的物品或位置。

（2）康复护理：护理机器人通过运动感应器和智能控制系统来模拟重复性的运动和活动，与护士一同帮助病人进行康复训练，恢复病人的肌肉力量和运动能力。康复护理机器人可针对不同状况的病人制订个性化护理方案，如脑梗死后双腿瘫痪、股骨头骨折或进行性帕金森病人等。机器人在进行康复护理时，需要记录病人的康复进展和关键数据，并进行分析以评估治疗效果。例如通过自主导航和机械臂控制功能，实现对病人的床旁护理和康复训练。

（3）社交陪伴和娱乐：护理机器人通过语音识别和自然语言理解，与病人进行多场景下的沟通，机器人通常采用自动化、标准化的语言处理方式，减少人为错误的发生，提高沟通质量。护理机器人可以迅速处理语言、声音和图像信息，主动为病人提供服务。该类机器人的临床应用需要解决语义理解、情感识别、个性化、隐私安全以及技术可信度和接受度等多个问题，以提供高质量的沟通和支持，满足病人的需求，并促进医疗护理服务的质量和效率提升。机器人可以作为失能老年人的社交伴侣和娱乐伙伴，陪伴他们进行交谈、听音乐、观看电影等活动。一些机器人还可以通过互动游戏或故事讲解等方式提供娱乐和心理慰藉。

（4）健康监测和提醒：机器人可以配备健康监测设备，如心率监测器、血压计、血糖仪等，帮助失能老年人监测健康状况。此外，还定期提醒老年人服药、测量生理指标，并将数据传输给医护人员进行远程监护。

（5）紧急呼叫和求救：机器人可以配备紧急呼叫按钮或声控功能，老年人在遇到紧急情况时可以通过机器人向家人或急救人员发送求救信号。一些机器人还具备跌倒检测和报警功能，能够自动发出求助信号。

（6）环境监测和安全提醒：机器人可以配备环境监测传感器，监测居家环境的温度、湿度，以及烟雾、可燃气体、$PM_{2.5}$等安全因素。它们可以在检测到异常情况时（如浴室地面湿滑、室内空气不流通、厨房烟雾过大）发出警报或提醒老年人及时采取应对措施，减少意外事件的发生。

（七）物联网

1. 物联网的概念　物联网（internet of things，IoT）是指万物相联的互联网。把人或各种物品通过射频识别、红外感应器、全球定位系统、激光扫描器等信息传感设备与互联网连接起来，进行信息交换和通信，实现智能化识别、定位、跟踪、监控和管理，或者提供相应服务。

2. 物联网在社区护理的应用领域　物联网在社区护理领域的集成有可能彻底改变社区护理服务的提供方式，在社区护理实践中，物联网被应用于健康监测设备、智能医疗器械、远程监护系统等方面，实现对病人的实时监测和远程管理，增强医护人员的专业能力，提高医疗服务的覆盖范围和效果。例如在病房中安装温、湿度感应芯片等物联网模块，可以实时采集环境信息，为病人提供舒适的住院环境，提高病人满意度。

（八）其他数字化技术

1. 元宇宙　元宇宙是基于数字技术而构建的一种人以数字身份参与的虚实融合的三元世界数字社会，模拟现实世界的各种情境和体验，人们可以在其中进行虚拟的社交、工作、学习等活动，是对虚拟现实和增强现实技术的进化。在社区护理实践中，元宇宙可被用于模拟医疗场景、进行医疗培训和场景教学，提高医护人员的技能水平和服务能力。

2. 语言模型　是自然语言的数学模型。主要描述自然语言的统计和结构方面的内在规律。计算机主要依据语言模型对自然语言进行理解。语言模型的主要任务是预测给定一段文本序列的下一个单词或字符，并且能够评估一段文本序列的概率。这种模型在自然语言处理领域中被广泛

笔记栏

应用，包括机器翻译、语音识别、文本生成等任务。在社区护理实践中，语言模型可被用于智能健康咨询、病人教育及医疗对话等方面，为病人提供在线咨询、健康教育和心理支持等。

3. 视频模型 视频模型是一种用于处理视频数据的机器学习模型或深度学习模型，旨在从视频序列中提取特征，进行分类、检测、分割、跟踪等任务。在社区护理实践中，利用视频模型可以高效地生成护理、康复等知识的教育视频，帮助病人及家属更好地了解疾病和自我管理知识。将视频模型集成到临床实践中不仅能够提高诊断过程的准确性，还能够根据精确的医学成像分析为病人提供个性化的护理。

三、研究与热点问题

（一）远程监测技术在社区老年人跌倒中的应用

远程监测技术在预防社区老年人跌倒事件中起着重要的作用，以及时发现老年人跌倒事件并提供紧急处理。例如，利用远程监测技术监测老年人是否跌倒，一旦发生意外，它会发出严重摔倒警报，如果在 60 秒内用户无任何反应，它会自动拨打紧急电话，将用户位置信息告知紧急联系人。通过穿戴设备开发、居家监测系统、远程监测平台、智能居家技术等有效地帮助社区老年人预防跌倒事件，并在跌倒发生时及时提供援助，从而降低跌倒所导致的风险和损害。这样的智能监测系统，将为老年群体，特别是独居的老人带来福音。

1. 穿戴设备开发 老年人佩戴智能穿戴设备，如智能手环或智能鞋垫配备加速度计、陀螺仪和人体雷达感应器等传感器，可以检测到跌倒事件的发生。一旦检测到跌倒，设备会发送警报信息给相关医护人员或家属，以便及时介入。

2. 居家监测系统 安装在老年人居家环境中的监测系统可以使用摄像头、红外传感器等技术实时监测老年人的活动。当监测系统检测到异常活动模式，如跌倒或长时间静止不动，系统会自动发出警报，并通知相关人员进行处理。

3. 远程健康监测平台 通过远程健康监测平台，老年人的生理参数和活动情况可以实时传输到医护人员的终端设备上。当系统检测到老年人出现异常情况，如心率异常或突然停止活动，医护人员可以立即采取行动，包括联系老年人或分派急救人员。

4. 智能家居技术 智能家居技术是指通过物联网、云计算、大数据等现代信息技术，将家居设备连接在一起，实现远程控制、自动化管理、智能化服务等功能的一种技术，为家庭提供全方位的智能化服务，包括照明、安防、健康监测、环境控制等方面。智能家居技术可以通过安装在老年人居家环境中的传感器和智能设备来实时监测活动和生活习惯。通过分析以上信息，系统可以识别出跌倒风险因素，如走动不稳、长时间独自活动和环境因素等，从而及时预警并提醒相关人员采取干预措施。

（二）移动健康技术在糖尿病病人自我管理中的应用

有效的自我管理是减少糖尿病并发症和改善病人长期预后的关键性因素。但由于医疗资源的限制，以及传统管理方式对时间、空间的制约，影响糖尿病病人自我管理的效果。近些年来，随着数字化技术的进步，移动健康技术克服了以往健康教育和自我管理支持的局限，在社区慢性病管理领域中逐渐发展和推广。

1. 社交媒体平台 开发基于社交媒体的糖尿病服务平台，为病人提供专业信息和医护指导等延续性护理服务，同时也为病人互动分享糖尿病的健康信息和提供社会心理支持途径，促进糖尿病病人健康行为习惯的养成。与传统的面对面交流相比，社交媒体平台优势突出，更易保持实时的交流和反馈，病人的参与度更高、信息的吸收度更好。

2. 智能手机应用程序 智能手机应用程序可提供病人健康信息采集、传输、分析、反馈等技术支持，并开展高质量、高效率的健康监管与支持教育。根据糖尿病病人的需求，可开发出多样化的服务，其中包含医疗指导与咨询、饮食锻炼等行为监管、追踪和显示健康信息等功能。使用具有教育、咨询和预约功能的居家糖尿病护理智能手机应用程序对病人进行指导和管理，并针对其出现的问题精准干预，可有效降低糖尿病病人低血糖的发生率，提高血糖代谢水平。

3. 可穿戴设备 通过给 2 型糖尿病病人穿着胸戴式心率带，监测病人运动时的目标心率，并给予结构化训练指导，不仅提高了其运动依从性，改善了病人的心肺耐力和体脂率，且在改善病人的血糖方面也表现出积极结果。通过评估眼泪、唾液等体液糖浓度的可穿戴式血糖监测设备也在不断发展，该类技术将大幅减轻病人的创伤和痛苦，为临床决策提供便利。

4. 医疗相关网站 医疗网站的知识及信息多由医护人员发布，具有专业性和权威性，一般由医务工作者与技术公司联合设计，为医护人员和病人开通 2 种登录方式，提供各自所需的系统界面。医护端可发布多种形式的专业知识和信息，查看病人数据记录，指导病人关于疾病疑问等；病人端可上传临床数据，在线问诊，查看医疗检测报告及学习知识。通过建立"互联网 +"糖尿病管理云平台，对糖尿病病人进行"互联网 +"、医院、社区一体化的健康管理模式，可提高糖尿病病人的自我管理能力，提高生活质量。

四、数字化技术对社区护理实践的影响

数字化技术为构建更加健康、平等的社区医疗环境奠定了坚实的基础，深刻改变了社区护理实践。不仅简化了日常任务，还提高了病人的治疗体验，并在一定程度上缩小了不同病人之间的医疗服务差距，提高社区护理实践的效率、质量与公平。随着技术的不断发展和创新，数字化技术在未来将会继续发挥更大的作用，为社区护理实践带来更多的好处。

（一）提高效率

数字化技术可生成自动化流程帮助医护人员简化烦琐的任务，如记录病人信息、排班安排等，从而节省时间和人力资源；通过在线沟通平台，医护人员可以快速交流并共享关键信息，实现即时通信，提高沟通和工作效率；数字化的病人记录系统如电子健康记录（EHR），可以使医护人员更便捷地访问和更新病人信息，从而提高诊断和治疗的效率。

（二）提升质量

数字化平台能够收集、整理和分析大量的病人数据，数据驱动决策，为医护人员提供决策支持，制订更为科学、个性化的治疗方案，提高了治疗的精准度和效果；通过远程监测设备和智能传感器，医护人员可以实时监测病人的健康状况，及早发现并预防潜在的健康问题，降低了治疗风险，提高了护理质量。

（三）促进公平

数字化技术可以帮助病人平等获取医疗信息，减少人为因素的介入，消除信息不对称，无论病人所在的社区经济状况如何，都尽量保障病人获得一致和全面的医疗服务；数字化技术还可以通过提供在线医疗咨询和远程诊疗服务来弥补医疗资源的不足，病人无须受制于医疗资源的地域限制，随时随地即可享受便捷的医疗服务，大大提高了医疗服务的普及性和可及性。

第二节 数字化技术应用中的挑战、应对策略与展望

数字化技术在社区护理实践中的应用带来了诸多好处，但同时也面临着一些挑战。了解并战胜这些挑战是确保数字化技术顺利应用于社区护理的关键。

一、挑战及应对策略

（一）隐私和安全隐患

1. 数据隐私保护 社区卫生服务中心存储着大量社区居民的敏感健康数据，例如身体状况、

笔记栏

病史等敏感信息，一旦这些数据泄露，将对病人的隐私造成严重威胁。

针对这些问题，社区卫生服务中心需要加强数据安全保护措施，对于存储在数据库或传输过程中的病人健康数据，应采用强加密算法进行加密处理，确保数据在传输和存储过程中不被窃取或篡改。在进行数据分析和共享时，可以采用匿名化或假名化的方式处理病人数据，以保护病人的隐私。匿名化可以彻底去除病人身份信息，而假名化则将病人身份信息替换为虚拟标识符，以确保病人个人身份信息不被识别和泄露。

2. 网络安全风险　社区护理系统容易受到网络攻击，例如恶意软件、网络钓鱼等，导致数据被窃取或篡改。

现在越来越多的病人健康数据迁移到云端，区块链对于这些数据的加密、传输、存储、防篡改等问题，起到非常好的提升作用。区块链技术比其他平台或记录保存系统具有更高的安全性，篡改证据和广泛可访问的基于区块链的注册可以提供更高的透明度和数据民主。针对网络安全风险问题，国家政策层面应大力扶持支持区块链技术的应用落地和技术升级，建立完善的网络安全防御体系，包括防火墙、反病毒软件、入侵检测系统和日志监控等，确保网络系统的安全和稳定运行。同时，社区卫生服务中心应定期对数字化系统进行日常巡检和自查，及时发现和解决系统安全漏洞，查漏补缺、减少风险点，以防范潜在的安全威胁，防止黑客入侵和数据泄露；建立定期备份和紧急恢复机制，及时备份重要数据，并确保能够快速恢复网络系统的运行，降低数据丢失和服务中断的风险；加强对员工网络安全的培训和教育，使他们熟悉并掌握网络安全政策和操作规程，提高对网络安全风险的识别和防范能力。

3. 身份验证和访问控制　社区卫生服务中心未能有效管理医护人员的数据访问权限，导致未经授权的用户可能获取到系统内部数据，或者合法用户的身份可能被仿冒。

针对这些问题，社区卫生服务中心应采用强大的身份验证机制，如密码加密、双因素认证、生物识别技术（指纹识别、人脸识别等）等，确保只有授权的用户能够访问系统。另外，社区卫生服务中心和技术提供商应该实施严格的权限管理和数据访问控制措施，限制不同用户对系统和数据的访问权限，只有经过授权的医疗工作者才能访问病人的健康信息。采用基于角色的访问控制和强制访问控制等技术手段，限制不必要的数据访问权限。

4. 社交工程和人为失误　社交工程（social engineering），又可译为社会工程，简称社工，指一种非纯计算机技术类的入侵。它多依赖于人类之间的互动和交流，且通常涉及并使用到欺骗其他人来破坏正常的安全过程，以达到攻击者的目的，其中可能包括获取到攻击者想要得到的特定信息。社交工程攻击往往具有隐蔽性，攻击者可能伪装成信任的人或组织，使得护理人员或病人难以辨别真伪，容易受到攻击。社交工程攻击者可能通过欺骗、诱导等手段，诱使医护人员或病人透露敏感信息，如用户名、密码等，从而获取未经授权的访问权限，或者医护人员或病人可能由于疏忽、粗心等原因而泄露敏感信息，如在公共场所使用不安全的网络、将设备丢失或遗忘在公共区域等。

针对这些问题，社区卫生服务中心应定期对医护人员和病人进行安全意识教育培训，教育他们如何辨识社交工程攻击并保护敏感信息，提高对社交工程攻击和人为失误的识别能力。同时建立严格的数据处理和分享流程，确保医护人员和病人能够安全地进行信息交流，避免在非安全环境下透露敏感信息，并加强对数据共享的监控和审计。建立事件响应机制，及时发现和应对社交工程攻击和人为失误导致的安全问题，采取有效的措施阻止攻击，并及时通知相关人员进行处理。对医护人员使用的设备进行有效的管理和监控，如远程锁定、远程擦除功能等，防止设备丢失或被盗后导致的数据泄露。

（二）数字鸿沟和信息不对称

1. 数字鸿沟　数字鸿沟（digital divide）是指社会中存在的数字技术和信息获取渠道不平等的现象，能够获取现代信息和通信技术的人口和地区与不能或限制获取现代信息和通信技术的人口和地区之间的差距。一些人可能因为经济、教育水平、地理位置或其他因素而无法获得或有效利用数字技术。例如一些低收入家庭可能因为无法负担高质量的电子设备或高速网络服务，而无法充分参与到信息社会。数字鸿沟可能导致一些人无法享受到数字化社区护理服务所带来的便利和优势，一些社区居民可能由于缺乏接触数字化技术的机会和能力，导致信息不对称，无法充分利用数字化健康服务，加剧了社会中的不平等现象，同时也限制了数字化技术在社区护理中的普及和应用。

针对这些问题，社区卫生服务中心应制订相应的政策和措施，促进数字技术的普及和包容性，包括提供基础设施、提供培训和教育、推动数字化技术的可访问性设计等。充分考虑社区居民的技术水平、文化背景和特殊需求，尤其是老年人等弱势群体和边缘化群体融入数字社会，针对不同人群提供个性化数字技术解决方案。实施普及数字技术的教育和培训，提高社区居民的数字素养，共享新型数字红利，缩小数字鸿沟。

2. 信息不对称　信息不对称指的是在交易或决策过程中，一方拥有比另一方更多或更好的信息，从而导致不公平或不理想的结果。在社区护理中，主要表现为医护人员之间、医护人员和病人之间的信息差距。信息不对称可能导致一些社区居民无法及时准确地获得关于健康护理的信息，从而影响其健康决策和自我管理能力。同时，在数字化护理服务中，医护人员可能会因为缺乏完整或准确的病人信息而无法提供最佳的医疗服务，另外，医护人员和病人之间的信息不对称也可能导致沟通不畅、治疗效果不佳等问题。

针对这些问题，社区卫生服务中心应建立透明和开放的沟通机制，促进医护人员和病人之间的信息共享和互动。提供公平、透明的健康信息平台，确保所有社区居民都能够获得可靠的健康信息。通过数字化平台提供健康教育和信息传播，让社区居民更容易获得健康知识和资源。促进医护人员和病人之间的信息共享和沟通，建立起双向信息交流的机制，提高护理服务的质量和效果。

（三）技术使用能力和接受度受限

社区居民可能缺乏使用数字化技术的基本技能，不了解如何操作数字设备或利用数字平台获取护理信息或服务。中老年人可能由于对数字化技术的陌生感和不适应，对其接受度较低，难以充分利用数字化技术提供的护理服务。不同文化背景的居民可能对数字化技术的接受度有所不同，有些可能更加偏好传统的护理方式，难以接受新的数字化护理模式，不愿意或无法有效地使用相关工具和平台。还有部分居民可能由于经济条件限制，无法购买数字设备或支付网络接入费用，导致无法享受数字化技术带来的护理服务。

针对这些问题，社区卫生服务中心应着重强调数字化技术带来的便利和好处，鼓励医护人员和病人积极参与和使用数字化健康服务；提供个性化的培训和技术支持服务，针对不同年龄、教育水平和文化背景的群体的需求和水平提供定制化的帮助，提高他们使用数字化技术的能力和信心；开展数字化技术在护理实践中的优势宣传和教育，向社区居民普及数字化技术的相关知识和应用，增强其对新技术的信任和接受度；设计和提供易于操作、界面友好的数字服务平台，简化操作流程，降低使用门槛，提高居民的接受度；为经济困难的居民提供数字设备的贷款或补贴，或者提供免费或低收费的网络接入服务，降低数字化技术使用的经济门槛。

（四）伦理问题

数字化技术可能影响医疗决策的透明度和公正性，例如算法偏见、数据不平衡等问题可能导致医疗决策的不公正性。另外数字化技术的滥用可能导致伦理风险，例如人工智能算法的误诊、虚拟现实技术的误导等问题。病人的健康数据在数字化技术应用过程中还可能涉及隐私泄露的风险，如未经授权的数据访问、数据被第三方滥用等。

针对这些问题，社区卫生服务中心应制订健全的伦理准则和政策，明确数字化技术应用中涉及的伦理标准和原则，严格监管和审查数字化技术的应用，确保其符合伦理规范和法律法规；审

笔记栏

查和验证算法的公正性和准确性，确保算法不会产生歧视性结果或偏见。加强对医疗数据质量的监控和管理，避免数据不平衡和偏见对决策结果的影响。强调医疗决策的透明性，向病人和护理人员解释决策过程和依据，让其能够理解和信任医疗决策；加强对医护人员和病人的伦理教育和培训，提高其对伦理问题的认识和理解，促进良好的伦理实践。并且强调护理人员的专业判断和道德责任，避免完全依赖技术决策，保证医疗决策的准确性和可靠性。

（五）法规和政策问题

数字化技术的发展速度迅猛，法律法规往往滞后于技术发展，导致数字化技术应用过程中的法律责任和规范不明确。许多国家和地区都有个人信息保护法律，要求医疗机构保护病人的个人健康信息，而数字化技术的应用可能使得这一要求更加严格和复杂。不同国家的数据保护法律和政策存在差异，如果社区护理机构的数字化技术涉及跨境数据传输，就需要遵守相应国家和地区的规定，可能会增加遵从相应法律法规的复杂性。

针对这些问题，社区卫生服务中心应建立健全网络安全的法律保障体系，强化数据分类分级保护、数据安全审查、数据出境管理等制度措施，提高数据监测预警和应急处置能力。加强网络安全监管，实现权责明确的多部门联动，结合监管和合作协调，提高跨部门的网络安全响应能力。设立专门的团队或部门负责监督和确保社区护理机构的数字化技术符合相关法律法规要求和行业标准，建立数据保护政策和流程，定期进行内部合规性审查，评估数字化技术的应用是否符合法律法规的要求，及时发现和解决潜在的合规性问题，并根据需要进行系统和流程的调整。定期跟踪医疗领域法律法规的变化，确保社区护理机构的政策和实践符合最新的法律法规要求。社区护理机构还可以与其他国家的护理机构和政府部门合作，共同制定数据流动和隐私保护的标准和协议，解决跨境数据流动的问题。

二、未来展望

随着科技的不断进步和社会的快速发展，数字化技术在社区护理实践中将扮演着越来越重要的角色。

（一）智慧护理

智慧护理是护理信息化发展的新阶段，是指围绕临床护理、护理管理、智慧病房等场景，利用云计算、大数据、物联网等信息技术，以实现护理信息全面感知、资源整合、智慧处理，达到改进护理流程、提升护理效率的护理体系。

智慧护理研究作为一项新型的护理技术及形式，越来越受到国内外研究人员的重视。随着数字化技术的不断发展，国家大力发展智慧医疗，建设智慧医院和智慧社区，智慧护理是其中重要的组成部分，在国家相关政策的加持下，我国护理学者对该领域的研究热度逐步增加。

智慧护理将会促使社区护理服务更加个性化和精准化，数字化技术的智能化应用将极大地提升社区护理服务的效率和质量。智能健康监测设备、人工智能辅助诊断系统以及基于大数据和机器学习的个性化治疗方案的应用将成为普遍现象。基于病人的健康数据和个人特征，社区护士可以制订个性化的护理计划和康复方案，满足不同病人的需求和健康目标。

1. 智能健康监测　未来的智能化护理服务将利用传感器、可穿戴设备等技术实现对病人健康数据的实时监测。这些设备可以监测病人的生理参数、活动水平、睡眠质量等信息，并将数据传输到智能健康管理平台进行分析和处理。智能健康监测技术可以帮助社区护理人员及时了解病人的健康状况，发现异常情况并采取相应的护理措施，提高护理服务的效率和质量。

2. 智能诊断与预测　基于人工智能和大数据分析技术，未来的智能化护理服务将实现对疾病的智能诊断和预测。通过分析病人的健康数据、医疗记录和生活习惯，智能系统可以预测病人可能出现的健康问题，并提供相应的预防和治疗建议。智能诊断与预测技术可以帮助社区护理人员及早发现病人的健康风险，采取有效的干预措施，降低疾病的发生和发展风险。

3. 智能化护理计划　未来的智能化护理服务将根据病人的健康状况、自身特点和护理需求，为每位病人定制最适合的个性化护理计划，并实时调整和优化护理计划。帮助社区护士提高工作效率，减少人为错误，确保护理服务的科学性和有效性。例如智慧护理可通过智能决策制订个性化的护理计划以满足多层次、多样化养老需求，提高老年病人健康管理能力。

4. 智能康复与远程监护　未来的智能化护理服务将结合虚拟现实、增强现实等技术，实现智能化的康复训练和远程监护。通过虚拟现实技术，病人在家中就可以进行康复训练，享受沉浸式的康复体验。与此同时，智能远程监护技术帮助社区医护人员实时监测病人的健康状况，提供远程指导和支持，及时发现和处理病人的健康问题，减少病人因康复训练不足或中断而导致的并发症。

（二）跨界合作

未来的社区护理将不再局限于医疗护理服务，而是与其他领域进行更深入的跨界合作，提供综合性的健康管理服务。数字化技术将促进医疗、社会福利、健康教育等领域的深度融合，为社区居民提供全方位、一体化的健康促进服务。

1. 多学科合作　多学科合作是指护理人员与医生、药剂师、营养师、心理学家等不同专业人员共同协作，提供全面的健康服务。未来社区护理将更加强调与其他学科的跨界合作，如医学、工程学、信息技术等。通过与医生、工程师、软件开发人员等专业人士的合作，共同解决社区护理实践中的复杂问题。例如，慢性病病人的管理需要药剂师提供药物指导，营养师制订饮食计划，心理学家进行心理辅导，护士则负责日常护理和健康教育。

2. 多部门合作　多部门合作涉及公共卫生部门、社会服务机构、非政府组织等多个部门的协调。通过这种合作，更好地满足社区居民的多样化需求。例如，公共卫生部门可以提供疾病预防信息，社会服务机构可以提供社会支持和福利，非政府组织可以组织社区活动和健康教育。

3. 跨行业合作　跨行业合作包括与科技公司、保险公司等行业的合作。科技公司可以提供数字化健康解决方案，保险公司可以设计和推广健康保险产品，从而减轻病人的经济负担。

4. 产学研合作　社区卫生服务中心可以与高校、科研机构等进行产学研合作，共同开展数字化技术在社区护理实践中的研究和应用。通过合作研发新技术、新产品，推动护理服务的创新和提升。

（三）创新模式

随着数字化技术的不断进步，未来社区卫生服务中心也将与时俱进，不断打破现有模式，开创全新的服务模式以适应当下社会的数字化水平，打造出更高水平的社区卫生服务中心为社区居民提供健康服务，增强社区居民的健康意识，提高社区卫生服务中心的服务效率和质量。

1. 个性化护理服务　未来社区卫生服务中心将更加注重居民的体验和感受，提供个性化、定制化的护理服务。社区卫生服务中心可以根据病人的健康状况、需求和偏好，量身定制护理方案，提高服务的满意度和效果。

2. 社区护理的数字化转型　数字化技术将成为社区护理实践的核心驱动力，推动社区卫生服务中心实现数字化转型。从数字化健康记录到在线预约挂号、远程医疗服务，社区护理将更加便捷、高效，为社区居民提供更优质、更普惠的护理服务。

3. 健康促进和预防为主　数字化技术将更加强调健康促进和疾病预防为主的理念，通过开发和利用数字化平台和工具，促进病人健康意识的提升，鼓励健康生活方式的培养，预防和减少慢性病的发生和发展，实现全民健康的目标。

ER12-2
移动健康系统
的设计与开发
（微课）

（景丽伟）

笔记栏

小　结

　　本章主要介绍了数字化技术在社区护理实践中的广泛应用及其对社区护理服务的重要影响。借助数字化技术，社区护理服务实现了从传统到现代的转型，从线下到线下线上相结合的转变，不仅提升了服务效率和质量，还促进了护理服务的普惠性和公平性，使得护理服务更加个性化和精准化。然而，数字化技术的应用也面临着一些挑战，如泄露隐私等安全隐患、数字鸿沟、技术使用能力受限等。为了充分发挥数字化技术在社区护理实践中的作用，我们需要共同努力应对这些挑战，确保数字化技术的安全、可靠和可持续应用，以更好地服务社区居民。智慧护理、跨界合作与创新模式等将成为未来社区护理的发展趋势，为社区居民带来更加优质、普惠的护理服务。

ER12-3
本章思考题
解题思路

● ● ● ●　**思考题**　● ● ● ●

　　1. 请探讨在社区护理实践中，如何平衡数字化技术应用于护理人员和病人之间的人际互动和心理支持。

　　2. 请探讨在社区护理实践中，可以采取哪些具体措施来保护病人的数据安全和隐私，请分析这些措施的实施效果和可能存在的挑战。

　　3. 几年前，小明70岁的爷爷摔倒并造成腿和髋关节骨折，一家人手忙脚乱地在乡村小镇上寻找急救医疗服务。而现在，技术创新已让老年人所能获得的社区照护服务发生了改变。小明的奶奶现在戴着家人送她的跌倒报警手环，还加入了社区智慧养老项目。现在，她独自一人在无人知晓的情况下跌倒的风险大大降低。

　　请回答：

　　（1）你认为小明奶奶的手环除了降低跌倒风险外，还能起到什么作用？

　　（2）小明奶奶加入了社区智慧养老服务，请描述一下你心目中的社区智慧养老服务可能使用的数字化技术，并说明该技术的预期作用。

实践指导

实践 1　以社区为中心的健康护理实践

【实践目的】

通过以社区为中心的健康护理实践，使学生能够达到：

1. 系统地收集社区健康的相关资料。

2. 分析社区现存的和潜在的主要健康问题。

3. 根据发现的问题制订社区干预计划。

【实践内容】

通过应用社区健康护理程序完成以社区为中心的健康护理实践。社区健康护理程序包括社区健康护理评估、社区健康护理诊断、社区健康护理计划、社区健康护理实施、社区健康护理评价5 个步骤。

1. 社区健康护理评估

（1）社区健康：包括社区环境健康和社区人群健康，分为社区地理环境、社区人群特征和社区社会系统 3 个方面（实践图 1-1）。

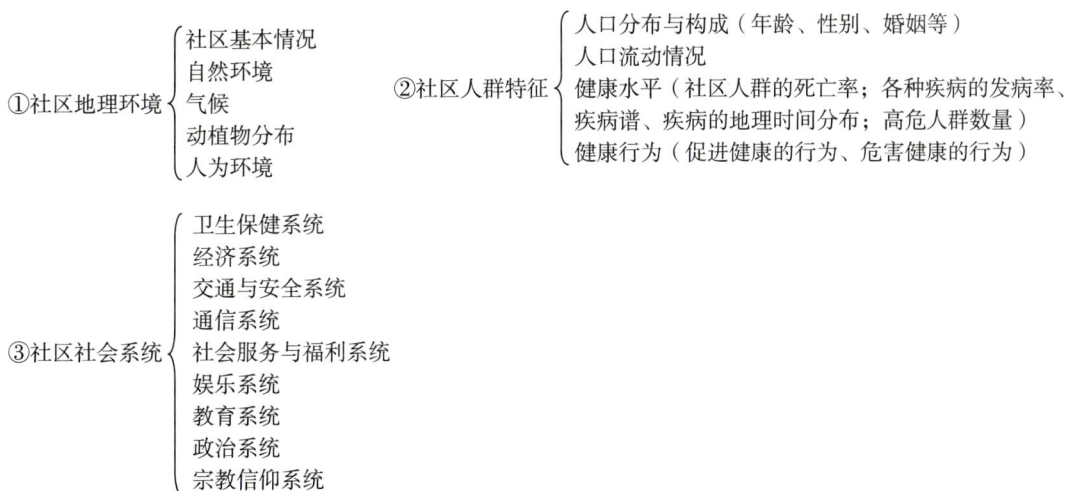

①社区地理环境
- 社区基本情况
- 自然环境
- 气候
- 动植物分布
- 人为环境

②社区人群特征
- 人口分布与构成（年龄、性别、婚姻等）
- 人口流动情况
- 健康水平（社区人群的死亡率；各种疾病的发病率、疾病谱、疾病的地理时间分布；高危人群数量）
- 健康行为（促进健康的行为、危害健康的行为）

③社区社会系统
- 卫生保健系统
- 经济系统
- 交通与安全系统
- 通信系统
- 社会服务与福利系统
- 娱乐系统
- 教育系统
- 政治系统
- 宗教信仰系统

实践图 1-1　社区健康

（2）"格林模式"：将社会环境与人群健康紧密联系在一起。它不仅解释了个体的行为改变，还考虑纳入周围环境，由个体健康扩展到群体健康。因此，也可以运用"格林模式"进行社区健康护理评估（实践图1-2）。

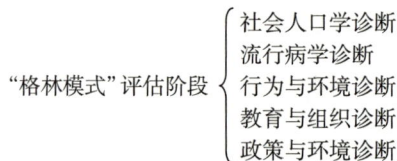

$$
\text{"格林模式"评估阶段}\begin{cases}\text{社会人口学诊断}\\\text{流行病学诊断}\\\text{行为与环境诊断}\\\text{教育与组织诊断}\\\text{政策与环境诊断}\end{cases}
$$

实践图 1-2 "格林模式"评估阶段

2. 社区健康护理诊断 通过评估获取资料后，运用评判性思维方式对收集的资料进行系统分析，判断发展趋势，并做出相应的健康护理诊断。根据社区资源的可利用情况、社区居民的意愿、社区关心程度、问题的严重性、干预的有效性等综合考虑将社区健康护理诊断按优先解决顺序进行排列。社区工作中常用的护理诊断可以参考国际北美护理诊断协会公布的护理诊断名称，例如"社区处理治疗方案不当或无效""社区应对无效""社区有增强应对的愿望"。也可以参考奥马哈护理诊断系统，奥马哈护理诊断系统是专用于社区护理实践的分类系统。

3. 社区健康护理计划 根据社区资源，制订社区健康护理计划。首先制订社区健康护理目标（短期目标、长期目标），接着根据目标，针对性地制订社区健康护理计划（选择合适的社区护理措施、为社区护理措施排序、确定所需的资源及其来源、记录社区护理计划、评价和修改社区护理计划）。

4. 社区健康护理实施 社区健康护理的实施以社区为基础，充分发挥社区政府、医疗机构、三级医疗预防保健网和群众组织的作用。其基本的策略有：政策支持、环境支持、公共信息、社区参与和个人行为改变。对社区整体健康进行护理的主要方式是社区群体健康教育和社区健康管理。

5. 社区健康护理评价 社区健康护理评价是社区健康护理程序的最后一步。其评价内容包括：健康目标达标程度、护理活动的效果、护理活动的效率、护理活动的影响力。

【实践方法】

在应用"社区健康护理程序"进行实践的过程中，可以用到的社区健康护理评估方法包括，社区实地考察法（周游社区法）、档案分析法（主要是居民健康档案）、查阅文献法、分析二手资料法、问卷调查法、重要人物访谈法、参与式观察法、社区讨论；社区健康护理实施效果评价方法包括：统计指标评价法、满意度评价法、护理服务项目评价法、医疗文书评价法。学生可以根据不同目的、不同的对象选择不同的实践方法。

【实践案例】

案例一：

应用社区健康护理程序进行以社区为中心的健康护理实践

以下为某社区卫生服务站对其辖区应用社区健康护理程序进行以社区为中心的健康护理实践实例。

（一）社区健康护理评估

通过对社区卫生服务站内以及辖区环境的观察、分析健康档案资料，得出评估结果如下：

1. 社区地理环境

（1）社区基本情况：某社区位于某镇中心地带，社区占地面积553公顷。小区内环境优美，有公园 2 个，绿化覆盖面积 72 公顷。人们生活安居乐业。

（2）气候与自然环境：属于暖温带半湿润大陆性气候；年平均气温 14.1 ℃，年平均降水 475mm，年平均日照时间 1 898 小时。社区属于平原地貌。

（3）人为环境：小区内楼房居民用水全部由自来水公司供应，采用集中烧煤、天然气供暖，自供暖；垃圾全部采用密封式方法处理；社区毗邻医院，有大型超市、购物中心、银行。

2. 社区人群特征

（1）人口分布与构成：2023 年底总人口 5 138 人，男 2 436 人，女 2 702 人，男女比例 1：1.10；<7 岁儿童 298 人，占 5.80%；>60 岁老年人 957 人，占 18.63%。符合老龄化社区标准。

（2）人口流动情况：常住人口为部分从城区拆迁人口、部分为外来工作人口。属于流动人口多，人员相对密集的地区。

（3）健康水平：2023 年出生率 7.86%，死亡率 4.27%，人口自然增长率 3.59%；人群平均期望寿命 80 岁，男 79 岁，女 81 岁；本社区患病人群前 3 位疾病分别为高血压、糖尿病、消化系统疾病，总人群患病率分别为 5.21%、3.60%、2.80%，老年人群的患病率分别为 28.00%、14.00%、13.20%；同时具有"不规律服药、不难受不吃药、不爱用药"的"三不"习惯。

调查结果显示，高血压已成为该社区居民，特别是老年居民的主要疾病；本社区有残疾人 110 人，其中 21 人已完全丧失劳动力。

（4）健康行为：该社区大多数居民均参加过由社区卫生服务站组织的关于"慢性病自我管理"的健康教育知识讲座，每位高血压病人每 2 个月接受一次健康讲座。但根据调查研究发现，以健康教育为主导的综合防治，虽然能够加强居民对高血压的认识，却并没有真正促使他们养成良好的生活方式，高血压的知晓率、治疗率与控制率未有显著改变，且服药依从性依然较差。调查还发现，多数无症状的高血压病人对该病不予重视，且饮食口味偏咸。与本地高发慢性病有关的前 3 位危险因素是社区居民缺少体育锻炼、烟酒嗜好、肥胖，在该社区的流行率分别为 78.18%、42.31%、15.47%。缺少体育锻炼者中，男 2 505 人，女 1 512 人，合计 4 017 人，其中慢性病患病率 13.78%；烟酒嗜好中，男 1 631 人，女 543 人，合计 2 174 人，其中慢性病患病率 21.34%；肥胖者中，男 199 人，女 596 人，合计 795 人，其中慢性病患病率 15.47%。

3. 社区社会系统

（1）卫生保健系统：社区卫生服务站 1 家。

（2）交通与安全系统：小区居民生活及出行较为方便，设有大型公交车枢纽、轨道交通，有 10 条机动车及人行道路。

（3）娱乐系统：设有免费的露天健身场地和齐全的大众健身器材。

（二）社区健康护理诊断

根据以上评估内容，提出社区应对无效的社区健康护理诊断：

1. 社区应对无效：社区卫生服务机构提供的服务与居民需求存在差距 与医疗服务机构相对不足有关。

2. 社区应对无效：人群健康意识差 与社区居民年龄较大、缺少体育锻炼、受教育程度低，对高血压疾病知晓率低、不重视、不治疗有关。

（三）社区健康护理计划

1. 以"社区应对无效：人群健康意识差 与社区居民年龄较大、缺少体育锻炼、受教育程度低，对高血压疾病知晓率低、不重视、不治疗有关"这一社区健康护理诊断为例，制订相应的短期目标与长期目标。

（1）短期目标：半年后 60% 的肥胖者体重有所减轻，并树立健身观念；8 个月后烟酒嗜好者吸烟、饮酒量减少 50%。

（2）长期目标：①3 年后，95% 的社区居民掌握高血压的病因、诊断、治疗、预后等知识，并且可以把所学到的知识应用、渗透到生活习惯中。②3年后，90%的高血压病人"不规律服药、不难受不吃药、不爱用药"的行为显著改善。③3年后，高血压健康管理率达85%，人群血压控制率达到80%。

2. 根据以上目标，制订社区健康护理计划

（1）社区干预方案

1）动员社区力量开展健康教育，采用讲座、发放宣传册等多种方式，大力宣传高血压预防的相关知识：

合理膳食：饮食上应遵循低盐、低脂、低热量的原则，并注意饮食结构的合理搭配；饮食不宜过饱、过快；从预防高血压的角度，还应注意适当控制食盐的摄入量，改变"口味重"的习惯。

适量运动：中老年人一般不提倡举重、百米赛跑等无氧代谢运动，推荐以大肌群节律性运动为特征的有氧代谢运动（如步行、慢跑、游泳等）。可采用"三、五、七"的运动方式。"三"指每日步行3km，时间在30分钟以上；"五"指每周要运动5次以上；"七"指运动后心率加年龄数值为170，这样的运动属于中等强度。

戒烟限酒：吸烟可加速动脉粥样硬化，引起血压升高。且烟叶中的尼古丁影响降压药的疗效，不利于高血压的治疗。过量饮酒与血压之间存在剂量–反应关系，随着饮酒量的增加，收缩压和舒张压也逐渐升高，长期饮酒会导致高血压的发病率增加。

心理平衡：多项研究表明，高血压所有保健措施中，心理平衡是最关键的一项。保持良好的心境几乎可以拮抗其他所有的内外不利因素，使机体免疫功能处于最佳状态。

2）按常规高血压病人管理制度，建立高血压病人管理的方案，并组织人员实施。

对原发性高血压病人，每年要提供至少4次面对面的随访。随访内容包括：①测量血压并评估是否存在危急情况，如出现收缩压≥180mmHg和/或舒张压≥110mmHg、意识改变、剧烈头痛或头晕、恶心呕吐、视物模糊、眼痛、心悸、胸闷、喘憋不能平卧及处于妊娠期或哺乳期同时血压高于正常等危急情况之一，或存在不能处理的其他疾病时，须在处理后紧急转诊。对于紧急转诊者，乡镇卫生院、村卫生室、社区卫生服务中心（站）应在2周内主动随访转诊情况。②若不需紧急转诊，询问上次随访到此次随访期间的症状。③测量体重、心率，计算体重指数（BMI）。④询问病人疾病情况和生活方式，包括心脑血管疾病、糖尿病、吸烟、饮酒、运动、摄盐情况等。⑤了解病人服药情况。

对血压控制满意（收缩压<140mmHg且舒张压<90mmHg）、无药物不良反应、无新发并发症或原有并发症无加重的病人，预约下一次随访时间。对第一次出现血压控制不满意即收缩压≥140mmHg和/或舒张压≥90mmHg或出现药物不良反应的病人，结合其服药依从性，必要时增加现用药物剂量、更换或增加不同类的降压药物，2周内随访。对连续2次出现血压控制不满意或药物不良反应难以控制以及出现新的并发症或原有并发症加重的病人，建议其转诊到上级医院，2周内主动随访转诊情况。对所有的病人进行有针对性的健康教育，与病人一起制订生活方式改进目标并在下一次随访时评估进展。告诉病人出现异常时应立即就诊。

对原发性高血压病人，每年进行1次较全面的健康检查，可与随访相结合。内容包括体温、脉搏、呼吸、血压、身高、体重、腰围、皮肤、浅表淋巴结、心脏、肺部、腹部等常规体格检查，并对口腔、视力、听力和运动功能等进行粗测判断。

3）基于跨理论模型，为社区老年高血压病人制订和实施与其服药遵从行为改变阶段相匹配的访视。针对处于前意向阶段（个体在未来6个月内没有改变目标行为的意愿）的老年高血压病人，应用科学数据、生动的图片及短片，采用通俗易懂的语言，为病人讲解高血压疾病知识、血压正确测量方法、私自调整药物剂量、擅自停药、调药等服药误区相关知识。由维持阶段（个体坚持改变目标行为超过6个月，行为改变已经相对稳定）老年高血压病人分享自身建立良好遵医服药行为的经验，以及应对行为转变过程中困难和挫折的方法，从而加强病人行为转变的信心。

请医院心血管内科专家坐诊，现场解决病人对于自身服用的降压药物的种类、作用疗效、剂量调整等问题，消除病人对于服用降压药的疑虑。针对处于意向阶段（个体打算在6个月内改变自己的行为，但无明确的计划）的老年高血压病人，采用健康讲座的形式，由心血管专家讲解血压正常值范围及影响血压的因素、常见降压药物的种类、用药注意事项及不良反应、血压控制不佳带来的后果，增强病人对控制血压的风险意识。针对处于准备阶段（个体打算在1个月内进行行为改变并开始准备改变计划）、行动阶段（个体已经进行目标行为的改变，但该行为尚未超过6个月）、维持阶段（个体坚持改变目标行为超过6个月，行为改变已经相对稳定）的老年高血压病人，采用小组讨论和现场答疑的形式进行。首先将社区老年高血压病人分成小组，引导病友间相互讨论并发现自身服药行为存在的问题，同时给予病人切实可行的建议。同时发放药物备忘小药盒，提醒病人将其随身携带或放置在明显的地方。其次，由常年从事慢性病管理的专家现场为高血压病人答疑解惑，教会病人如何应对服药过程中血压波动变化较大及药物副作用引起的不适感，并解答降压药物种类的选择、剂量调整等问题。

（2）高血压病人个体健康教育

1）生活方式指导：对正常人群、高危个体、正常高值以及所有高血压病人，不论是否接受药物治疗者，均需针对危险因素进行改变不良行为、生活方式的指导。中国高血压防治指南指出，针对高血压发病的3个主要危险因素的干预措施是减重、限酒和低盐。因此，健康教育内容包括减重、限酒、低盐等3个方面，超重者应注意限制热量和脂类的摄入，并增加体育锻炼。饮酒可降低降压药物的药效，即增加降压药物的抗药性，所以高血压病人应戒酒。有饮酒习惯的高血压病人最好戒酒，特别是超重的高血压病人更应戒酒。食盐摄入量每日应低于5g。指导病人合理膳食、戒烟、平衡心理、预防便秘、提高服药的依从性、规范监测血压等，并持之以恒，以达到预防和控制高血压及其他心血管疾病的目的。

2）血压监测指导：指导的内容主要包括监测频率、血压控制目标、血压测量方法及注意事项。病人在家中应该监测以下几种情况的血压：①上午6~10时和下午4~8时。这两个时间段的血压是一天中最高的，测量这两个时段的血压可以了解血压的高峰。特别是每日清晨睡醒时，此时的血压水平可以反映服用的降压药物的降压作用能否持续到次日清晨。②服药后。短效制剂一般在服药后2小时测量，此时药效达到最大；中效药物一般在服药后的2~4小时测量，此时达到降压作用的高峰；长效药物一般在服药后3~6小时测量，此时药物的降压作用达到高峰。③血压不稳定或更换治疗方案时。此时应连续测2~4周，掌握自身血压规律，了解新方案的疗效。血压控制目标：长期将血压控制在目标水平以下，可以显著减少高血压病的各种并发症的发生。

高血压病人的降压目标为：①普通病人血压降至<140/90mmHg。②年轻病人、糖尿病病人及肾病病人血压降至<130/80mmHg。③老年人收缩压降至<150mmHg，如能耐受，还可以进一步降低。

3）直立性低血压的预防和处理指导：首先要告诉病人直立性低血压的表现为乏力、头晕、心悸、出汗、恶心、呕吐等，在联合用药、服首剂药物或加量时特别注意。然后指导病人预防方法：避免长时间站立，尤其在服药后最初几个小时；改变姿势，特别从卧、坐位起立时动作宜缓慢；服药时间可选在平静休息时，服药后继续休息一段时间再下床活动；如在睡前服药，夜间起床排尿时应注意；避免用过热的水洗澡，更不宜大量饮酒。还应指导病人在直立性低血压发生时应取头低足高位平卧，可抬高下肢超过头部，屈曲股部肌肉和摇动脚趾，以促进下肢血液回流。

4）进行实地健康指导：在高血压病人掌握了相关生活健康指导的基础上，到高血压病人家中，观察病人餐桌上的饭菜、食用油，进行实地指导并发放高血压食谱。发放高血压盐勺，指导病人每餐最多放入的勺次。

案例二：
应用社区卫生诊断进行以社区为中心的健康护理实践

通过社区卫生诊断可以掌握社区居民健康状况及健康危险因素，发现社区人群主要健康和社区卫生问题，制订社区疾病控制和健康促进策略与措施，提高社区居民健康水平。以下为某社区卫生服务站对其辖区应用社区卫生诊断进行以社区为中心的健康护理实践实例。

1. 社区诊断资料来源

（1）社区居民患病、营养、吸烟、食盐量等来源于社区居民家庭健康档案资料及社区卫生服务站门诊就诊登记（该社区所属市已建立了基于健康档案的区域卫生信息平台）。

（2）居民出生、死亡情况来源于社区统计资料。

（3）社会、经济、环境与人口资料来源于社区居委会。

（4）社区居民卫生需求资料来源于专题调查资料。

2. 社区的基本情况　该社区成立于 2019 年，位于某市东南区，占地面积约 400 公顷。设 2 个居委会，内有 1 个社区卫生服务站、4 家私人诊所、3 家药店和 1 家三甲医院。社区内 96% 的居民住进了楼房。社区卫生服务站是由市政府和该市某三甲医院共同组建，建筑面积 400m²，共有 3 位全科医师、1 位公共卫生医师和 3 位主管护师。

3. 社区人群一般情况及健康状况

（1）社会人口学特征

1）人口构成情况：辖区共 33 个小区，总人口数 8 000 人，常住人口数 7 500 人，其中男性 3 607 人，女性 3 893 人，男女性别比为 1∶1.08，2023 年人口构成统计见实践表 1-1；目前社区居民核心家庭 2 708 户，主干家庭 2 703 户，联合家庭 5 户，居民婚姻构成情况见实践表 1-2。

实践表 1-1　人口构成统计（2023 年）

年龄 / 岁	人数			占人口百分比 /%		
	合计	男	女	合计	男	女
0 ~ 4	267	129	138	3.56	1.72	1.84
5 ~ 9	388	168	220	5.17	2.24	2.93
10 ~ 14	329	156	173	4.39	2.08	2.31
15 ~ 19	320	148	172	4.27	1.97	2.29
20 ~ 24	510	249	261	6.80	3.32	3.48
25 ~ 29	588	289	299	7.84	3.85	3.99
30 ~ 34	523	269	254	6.97	3.59	3.39
35 ~ 39	533	269	264	7.11	3.59	3.52
40 ~ 44	562	297	265	7.49	3.96	3.53
45 ~ 49	558	243	315	7.44	3.24	4.20

年龄/岁	人数			占人口百分比/%		
	合计	男	女	合计	男	女
50~54	561	270	291	7.48	3.60	3.88
55~59	658	326	332	8.77	4.35	4.43
60~64	655	296	359	8.73	3.95	4.79
≥65	1 048	498	550	13.97	6.64	7.33
合计	7 500	3 607	3 893	100.00	48.09	51.91

实践表 1-2　居民婚姻构成（2023 年）

婚姻状况	合计		男		女	
	人数	百分比/%	人数	百分比/%	人数	百分比/%
未婚	2 134	28.45	1 060	14.13	1 074	14.32
初婚	4 710	62.80	2 207	29.43	2 503	33.37
离婚单身	253	3.37	121	1.61	132	1.76
再婚	134	1.79	76	1.01	58	0.77
丧偶	269	3.59	143	1.91	126	1.68
合计	7 500	100.00	3 607	48.09	3 893	51.91

2）人口死亡统计：2023 年死亡 7 人，死亡率 0.09%。居民死因分别为冠心病、恶性肿瘤、呼吸系统疾病、脑梗死、重症感染。详见实践表 1-3。

实践表 1-3　居民死因统计（2023 年）

顺位	死因	合计		男		女	
		人数	百分比/%	人数	百分比/%	人数	百分比/%
1	冠心病	2	0.03	1	0.01	1	0.01
2	恶性肿瘤	2	0.03	1	0.01	1	0.01
3	呼吸系统疾病	1	0.01	1	0.01	0	0
4	脑梗死	1	0.01	1	0.01	0	0
5	重症感染	1	0.01	1	0.01	0	0

3）居民文化程度状况：本社区居民大专以上文化程度占 28.32%，详见实践表 1-4。

实践表 1-4　居民文化构成（2023 年）

文化程度	合计		男		女	
	人数	百分比 /%	人数	百分比 /%	人数	百分比 /%
文盲	568	7.57	238	3.17	330	4.40
小学	1 052	14.03	367	4.89	685	9.13
初中	1 400	18.67	485	6.47	915	12.20
高中、中专	2 356	31.41	1 162	15.49	1 194	15.92
大专以上	2 124	28.32	1 355	18.07	769	10.25
合计	7 500	100.00	3 607	48.09	3 893	51.91

4）居民民族情况：包括 15 个民族，其中汉族占 97.04%，维吾尔族占 1.68%，回族占 0.60%，详见实践表 1-5。

实践表 1-5　居民民族构成（2023 年常住人口）

民族	合计		男		女	
	人数	百分比 /%	人数	百分比 /%	人数	百分比 /%
汉族	7 278	97.04	3 528	47.04	3 750	50.00
维吾尔族	126	1.68	43	0.57	83	1.11
回族	45	0.60	16	0.21	29	0.39
满族	12	0.16	4	0.05	8	0.11
壮族	8	0.11	4	0.05	4	0.05
其他	31	0.41	12	0.16	19	0.25
合计	7 500	100	3 607	48.09	3 893	51.91

5）社会经济和环境状况：该社区居民 2023 年人均年收入为 20 000 元；月平均家庭总开支 2 250 元，其中月平均食物消费 1 550 元，用于医疗保健费用开支年平均 2 600 元；安全用水普及率 100%。

6）社区残疾人状况：本社区有残疾人 110 人，详见实践表 1-6。

实践表 1-6 社区残疾人状况统计（2023 年）

	残疾类型	合计		男		女	
		人数	百分比 /%	人数	百分比 /%	人数	百分比 /%
1	肢体残	89	1.19	56	0.75	33	0.44
2	语言听力残	5	0.07	3	0.04	2	0.03
3	视力残	3	0.04	1	0.01	2	0.03
4	精神残	6	0.08	2	0.03	4	0.05
5	智力残	7	0.09	6	0.08	1	0.01

（2）社区居民健康状况

1）慢性病患病情况：2019 年开始对该小区居民建立家庭健康档案，截至 2023 年，共建 2 708 户 6 393 人的健康档案。其中，检出高血压 450 人，冠心病 585 人，糖尿病病人 185 人；居民前 8 种疾病谱详见实践表 1-7。

实践表 1-7 该小区社区居民慢性病统计（2023 年）

顺位	疾病名称	合计		男		女	
		人数	百分比 /%	人数	百分比 %	人数	百分比 %
1	高血压	450	6.00	240	3.20	210	2.80
2	冠心病	585	7.80	268	3.57	317	4.23
3	糖尿病	185	2.47	91	1.21	94	1.25
4	脑卒中	356	4.75	189	2.52	167	2.23
5	慢性阻塞性肺疾病	31	0.41	13	0.17	18	0.24
6	恶性肿瘤	126	1.68	48	0.64	78	1.04
7	结核	1	0.01	1	0.01	0	0
8	精神疾病	6	0.08	2	0.03	4	0.05

2）社区居民卫生需求：通过组织居民座谈和与社区工作人员、热心社区服务的老人的访谈，社区居民期望在本社区内就能得到方便、及时、周到、亲切、价廉、有效、安全的卫生医疗服务。本社区居民健康需求调查中，健康咨询需求占 90.0%，健康指导占 73.2%，饮食指导占 24.2%，健康检查需求占 19.8%。详见实践表 1-8。

实践表 1-8　该小区社区居民健康需求调查统计（2023 年）

	调查人数	需求人数	需求率 /%
1. 健康咨询	500	450	90.0
2. 饮食指导	500	121	24.2
3. 健康检查	500	99	19.8
4. 家庭病床	500	3	0.6
5. 上门服务	500	15	3.0
6. 健康指导	500	366	73.2

3. 社区主要卫生问题　通过对以上资料和数据分析表明，该社区的主要卫生问题是：

（1）本社区 60 岁以上老年人口为 22.71%，女性老年人居多，部分无经济来源。人口老龄化可能带来一系列的社会、经济与卫生问题。

（2）死因统计与门诊、住院和家庭病床等疾病资料统计结果一致显示，导致居民死亡的主要疾病为冠心病、恶性肿瘤、呼吸系统疾病等，这些疾病社区应重点预防与控制。

（3）中青年人群健康问题不容忽视。高血压、冠心病、高脂血症、糖尿病在中青年人群中发病率逐年增高。

（4）儿童重点防治的疾病是贫血、佝偻病和营养不良。孕产妇防治的疾病主要是贫血、高血压和糖尿病。

（5）影响居民健康的主要危险因素是吸烟、摄盐过高、肥胖、缺乏运动、饮酒等不良生活方式和行为。

（6）居民对健康知识及影响健康的危险因素知晓率尚需提高，应加强健康教育开展多层次多种形式的健康讲座将作为今后的工作重点。

4. 干预计划　以全人群为干预对象，即以老年人、慢性病病人、残疾人、妇女、儿童和高危人群为重点干预人群，针对社区主要卫生问题，以健康促进和健康教育为先导，采取综合干预措施，开展疾病三级预防。改善环境，增强居民自我保健意识，改变不良生活行为方式，预防和控制危害社区居民健康的主要传染病和非传染性慢性病，不断提高居民生命、生活质量，实现人人享有保健，促进社会主义和谐社会建设。

（1）实施健康促进战略：居委会主任为负责人，建立健康促进组织，完善健康促进网络。社区卫生服务站与居委会积极配合，并对有关人员进行培训，了解居民健康需求。

（2）以全人群为对象，利用大众媒介开展健康教育。

1）居委会利用宣传栏、社区卫生服务站利用社区活动场所、社区服务场所开展健康教育宣传、讲座及发放健康教育处方。大、中型健康教育讲座每月开展一次。不定期开展小型健康教育讲座。

2）社区卫生服务站无偿提供健康教育资料和健康教育处方。

3）社区卫生服务站设立室内健康教育宣传栏，每季度更换内容。

（3）开展社区居民良好生活行为和方式的健康教育。

1）平衡膳食教育：参照国家营养膳食指导标准，结合该社区调查的分析结果，对食盐摄入过多、喜食油炸食品和脂肪摄入过多等危险因素，在社区进行平衡膳食指导，门诊和住院病人开具健康教育处方。

2）控烟教育：利用多种载体和手段宣传吸烟有害健康的教育。提倡在公共场所设立禁烟标志，与街道、居委会开展评选无烟家庭活动，定期请有关专家讲座，特别是吸烟与呼吸道疾病的关系。

3）加强运动教育：参照街道文明建设年度计划，利用社区健身设施，与居委会配合，结合全民健身运动，指导不同人群开展有效的体育锻炼，有计划地指导残疾人、慢性病病人康复，对康复者进行评估、记录、备档。

4）根据季节特点，进行针对性健康教育，预防肠道传染病、呼吸系统疾病等季节特征明显的疾病及小儿疾病。

（4）开展临床预防，早期发现病人，利用就诊时进行一对一的病人健康教育。

1）早期发现病人：门诊35岁以上首诊病人常规测量血压；病人就诊、社区义诊、体检以及疾病报告等各种渠道发现的高血压、糖尿病病人及时建立个人与家庭健康档案，纳入慢性病管理。

2）门诊教育：全科门诊采取一对一形式健康教育，针对不同问题的就诊病人采取不同形式。向高血压病人发放健康教育处方，指导用药，对不良生活方式进行干预。

（5）对老年人、慢性病病人、残疾人等弱势人群的干预措施。

1）加强对慢性病病人的管理。每月对高血压病人、糖尿病病人随访一次。管理内容：一是了解病情动态，进行临床处理；二是进行咨询与健康指导。

2）对60岁及以上老年人进行有组织的健康照顾。利用社区场所和服务站，普及保健知识，免费测血压、指导用药和心理咨询。通过居委会配合指导老年人，改善居住和生活环境，养成健康卫生习惯。

3）根据居委会提供的贫困救助户情况，制订医疗救助优惠措施，建立档案，对其中的慢性病病人加强管理。社区卫生服务站每年组织医务人员为辖区内城市居民最低生活保障对象等贫困人员及其他弱势群体免费体检一次。

4）利用中心的健康教育资源，对散居儿童实施健康成长教育，有针对性地开展保健咨询活动。

5）对孕产妇提供全过程健康保健指导，开展计划生育技术咨询。

6）服务站设定专人负责社区人群的心理咨询工作，指导各类弱势人群建立积极健康的心理，正确的生活习惯和原则。

（吴异兰　李　强）

实践 2　以家庭为中心的健康护理实践

【实践目的】
通过社区家庭健康护理实践，学生能够达到如下实践目的：

1. 通过家庭访视应用护理程序对家庭进行健康护理。
2. 运用沟通技术与家庭进行有效沟通。
3. 在实施家庭健康护理过程中获得社区护士的真实工作体验。

【实践内容】
1. 利用居民计划免疫接种或慢性病病人诊疗等机会，通过观察和交谈寻找可能存在健康问题的家庭。

2. 通过家庭访视进行家庭健康护理评估，收集主观和客观资料。

3. 整理和归纳资料,提出家庭健康问题 / 护理诊断,并按优先顺序排列。

4. 制订家庭健康护理计划,包括短期和长期护理目标及具体护理计划。

5. 应用家庭护理技巧,实施家庭健康护理计划。

6. 应用评价工具等评价护理效果,验证短期护理目标达成的情况。

【实践方法】

由社区带教教师带领学生进入社区家庭进行实践。

1. 通过查阅社区档案或与居民接触的过程(儿童预防接种或诊疗)中发现可能需要家庭健康护理的家庭,与有健康问题的家庭建立信任的合作关系,继而预约家庭访视时间。

2. 跟随社区护士入户家访进行家庭健康护理评估。在社区护士的指导下,通过观察、与家庭成员交谈等方式收集健康相关信息,做好记录,并进行相应的护理及指导。预约下次访视时间。

3. 整理访视的评估资料,同社区护士一起讨论并确立家庭存在或潜在的健康问题 / 护理诊断,与访视家庭共同制订家庭护理计划,包括设立短期护理目标和长期护理目标。同时,列出需要进一步收集资料的项目。

4. 跟随社区护士再次到同一家庭进行第二次访视,实施针对短期目标的护理计划。同时,对上次家访所收集信息欠缺之处进行补充调查。根据第二次访视收集的评估资料,调整家庭健康护理计划,进行相应的指导和护理。预约下次访视时间。

5. 跟随社区护士进行第三次家访,评价短期目标是否达成即护理计划的实施效果,并进行相应指导及护理。

6. 同社区护士一起讨论家庭健康护理的效果,并撰写实践报告。

【案例分析】

育婴期健康问题家庭的家庭健康护理

在社区的儿童预防接种室,护士发现一位 3 个月婴儿的母亲(孙某,30 岁)看起来疲惫不堪,婴儿一直哭闹,她表现出焦虑且很不耐烦。经交谈得知,这个婴儿是孙某的第一胎,计划外妊娠。她本想婚后工作两年再考虑要孩子,可结婚 6 个月就受孕了,在丈夫(李某,31 岁)和婆婆的坚持下,她生下了这个孩子。孩子出生打乱了以往的家庭生活节奏,虽然婆婆来帮忙,但孙某在育婴问题上与婆婆有分歧。丈夫李某十分孝顺母亲,总是站在他母亲的立场说话,加上丈夫工作忙,帮不了她,孙某心里很苦闷,感觉自己要崩溃了,觉得活着没意思。社区护士判定这个家庭存在健康问题,决定通过家庭访视进一步了解情况,帮助该家庭走出困境。

(一)家庭健康护理评估

主要通过婴儿生长发育状况、家庭成员的健康状况、家庭结构和功能、家庭应对情况、家庭关系和社会关系的改变等方面评估家庭健康状况。

1. **家庭构成** 孙某是某私企职员。她父亲离婚后再婚,生下其姐妹 2 人,孙某在姥姥家长大,4 岁回到父母身边。由于父母经常吵架,母亲常常离家出走,幼小的她就担负起照顾妹妹的责任。孙某的父亲已去世,其母亲(55 岁)身体健康,并与正在读大学的妹妹生活在一起。其丈夫李某在某公司上班,经常出差。李某的父母生活在农村,都是 59 岁,身体健康状况尚可,之前一直与在家乡中学任教的弟弟一起生活。通过绘制家系图可以厘清该家庭代际的关系、家庭成员的性别、年龄、职业、健康状况等。

2. **家庭成员健康状况** 近日,孙某时常感到背痛(家访时见孙某哺乳姿势不正确),烦躁,而且常常因一点小事就向婆婆和丈夫发火,泌乳也越来越少。谈起家里的事,孙某委屈地哭起来,婴儿经常不明原因地哭闹,尤其晚上更严重,头部有枕秃。丈夫李某身体健康,经常出差。婆婆患有高血压,长年服药,近日血压波动较大,收缩压和舒张压分别在 110 ~ 160mmHg 和

90～140mmHg 之间，睡眠欠佳，有时便秘。

3. 家庭健康状况 ①家庭类型与家庭发展阶段：该家庭属于三口之家的核心家庭，正处于第一子出生的扩张期家庭。②家庭内在结构与家庭功能：该家庭主要大事由李某作决策。家庭成员间关系并不融洽。夫妻虽然感情基础很好，可以直接沟通，但是李某十分孝顺母亲，当婆媳间出现矛盾时往往站在母亲一边，导致最近夫妻间感情出现问题。孙某与婆婆的生活背景不同，孙某在城市长大，婆婆一直生活在农村，因此，无论在婴儿喂养还是在尿布使用等方面，两人观点不同。婆婆觉得自己有育儿经验，儿媳应当听自己的，而儿媳觉得婆婆是老观念，并认为这是自己的家，她管得太多了。最近，婴儿经常哭闹，婆婆血压不稳定，但孙某不想让自己母亲来帮忙，不愿让母亲介入进来。婆婆对这件事有些不高兴，但她不与儿媳直接沟通，只对儿子诉说心中的不快。该家庭经济状况一般，主要经济来源于李某，李某每月收入 5 000 元左右，还房贷1 500 元；孙某休产假后，每月只领 2 000 余元的基本工资；公婆务农，出租土地每年 2 万元收入，婆婆的高血压需要长期服药，没有多余的钱援助儿子。可以通过绘制家庭成员关系图显示家庭成员间的关系和关系程度，并从中看出家庭成员间关系是否处于健康发展中；通过 APGAR 家庭功能评估表来评定家庭功能程度。③家庭应对：婴儿的出生应该是家庭中的喜事，但也因此打乱了家庭婚后刚刚建立的稳定生活，家庭成员未能适应角色的转换。孙某开始担当母亲角色，虽然在妊娠初期觉得这个孩子来得有些突然，但孩子出生后她越来越喜欢，几乎将全部的精力都投入孩子身上，忽略了做妻子和儿媳的角色；李某因工作忙碌且经常出差，很少能帮助家里分担家务，平时在家时也很少看护孩子，未能从丈夫及儿子角色转换为父亲角色。有时甚至觉得妻子过于关爱孩子，感觉自己被冷落了。婆婆专程来照顾儿媳和孙子，但在育婴问题上经常与儿媳发生冲突，感到很郁闷，在家里不太说话。

4. 家庭资源、社会支持度 绘制社会支持度图体现以护理对象为中心的家庭内、外的相互作用，可用其判断家庭目前的社会关系以及可利用的资源。也可利用社会支持评定量表评估家庭可获得的主观支持、客观支持以及对支持的利用度。

（二）家庭健康问题/护理诊断

家庭健康护理诊断应注意：①确定家庭健康问题的角度，如孩子的出生给家庭带来的变化，在此家庭发展阶段未完成的发展任务等。②判断需要护理及援助的项目，即从家庭应对和处理健康问题的状况判断所需援助的程度是紧急援助，还是维持现状。③分析健康问题之间的关系、构建家庭健康护理计划。该家庭的健康问题/护理诊断是：

1. 焦虑 与婆媳间育婴冲突、夫妻感情不良、家庭成员间沟通不良以及文化和养育观念差异等有关。

2. 背部酸痛 与孙某育婴疲劳和哺乳姿势不正确有关。

3. 维生素 D 缺乏病 与家长喂养知识缺乏有关。

4. 高血压加重、便秘 与婆婆承担家务和育婴压力以及婆媳间矛盾等有关。

5. 角色缺如 与妻子对丈夫忽视和夫妻间相互不理解有关。

6. 角色适应不良 与父亲接触婴儿少、对婴儿关心和照顾不够有关。

7. 关系冲突 与夫妻相互体贴不够、丈夫不能妥善处理婆媳间关系有关。

8. 家庭失能性应对能力失调 与家庭成员间不能互相配合、未有效利用外部资源完成扩张期家庭发展任务有关。

（三）家庭健康护理计划

根据家庭健康问题/护理诊断确定护理目标，制订具体计划。制订计划的 5 项原则：①互动性，即家庭的参与。②特殊性，即对有相同健康问题的家庭，实施的护理援助方法不尽相同。③实际性，即设立切合实际的目标、考虑时间和资源限制以及家庭结构。④意愿性，即考虑家庭成员的想法、价值观念和健康观念。⑤合作性，即与其他医务工作者合作和充分有效地利用资源的情况。

1. 短期目标

（1）婴儿缺钙症状得到缓解。

（2）孙某背痛减轻、情绪好转。

（3）婆媳关系好转，合作完成照顾孩子的任务。

（4）夫妻关系缓和，相互理解。

（5）婆婆血压平稳、便秘减轻。

（6）父子间感情联结建立。

2. 长期目标

（1）家庭能得到多方援助，如孙某的母亲或家政公司等，使孙某感受到养育孩子不是负担而是一件快乐的事情。

（2）孙某恢复健康，母乳喂养充足。

（3）家庭成员关系融洽，相互关注和体贴，共同完成家庭发展任务。

（四）家庭健康护理实施

实施注意事项：①恰当运用沟通技巧，有意识地从家庭成员中获得有价值的资料。②认识家庭的多样性。③避免主观判断。④随时收集资料和修改计划。⑤充分利用其他医务工作者收集的资料。实现短期目标的具体措施是在第二次家庭访视时，对其家庭和家庭成员的护理如下：

1. 给予家庭成员精神支持，对育婴取得的成绩给予鼓励，认可他们的付出，以促进其家庭成长；护士避免将自己的育婴观强加于夫妇，从家庭整体来提高夫妇及其家庭成员育婴的积极性。

2. 帮助查明婴儿哭闹原因，给予健康指导，必要时指导其就医。在护理过程中应注意提高家庭成员育婴知识与技能水平，如指导促进泌乳方法、婴儿缺钙表现的观察等。

3. 针对婆媳育婴方法或育婴观念出现的冲突，护士在解决问题时，可采用"积极赋义"的方法从积极方面肯定她们的行为，都是为了家、为了孩子、为了对方好，从而缓解婆媳之间的冲突和矛盾。同时，社区护士与家庭成员共同分析育婴问题，给予有针对性的引导及育婴知识的答疑与宣教，最终促进家庭达成育婴共识。

4. 向孙某和婆婆解释休息和心情与乳汁分泌的关系，与家庭成员共同探讨维持和提高家庭生活质量和减轻育婴负担的方法，指导孙某充分利用时间休息，并进行产后康复训练，消除背部疼痛，促进家庭育婴能力的提升。

5. 促进家庭成员间的有效沟通，与李某沟通使其认识到妻子育婴的辛苦，应多关心妻子；指导李某主动调节婆媳关系；指导李某多照顾孩子，采用家庭作业角色互换法，让爸爸体验育儿的不易，从而体谅妻子，并可促进父子间情感的联结，同时让妻子理解丈夫的辛苦；指导孙某不要将全部精力都花在孩子身上，也要抽出一些时间关注丈夫的感情需要，多给丈夫以关心。在调和婆媳关系时，社区护士站在中立立场，注意不要评论哪一方正确，弄清其分歧的焦点问题，进而进行有针对性的调节。可采用记秘密红账的方法，让双方记录对方好的行为，在下次访视时当面阅读这些记录，从而缓解矛盾，感恩对方。

6. 帮助家庭寻找可利用资源，必要时介绍计时工帮助料理家务，或建议孙某母亲也经常来家里看看，给予一定的帮助，促进家庭社会资源的利用。

（五）家庭健康护理评价

在第三次家庭访视时进行评价，评价内容与结果如下：

1. 对家庭成员援助的评价　①护理对象和亲属日常生活质量提高的程度：该家庭基本恢复正常家庭生活，孙某睡眠饮食情况有所改善，背痛稍有缓解，但乳汁分泌量尚未见明显改善。②护理对象和亲属对家庭健康问题的理解程度、自我保健的意识：该家庭成员已认识到家庭出现问题的原因，正在努力纠正其不足之处。③护理对象和亲属情绪稳定的程度：孙某和婆婆的情绪都有好转，心情也愉快了。

2. 促进家庭成员相互作用方面的评价 ①家庭成员的相互理解与交流：在育婴问题上儿媳能接纳婆婆的一部分建议，婆婆也尝试接纳儿媳的部分做法；遇到分歧时，两人可以相互商量解决，夫妻间也达到相互理解。②家庭成员的亲密度和爱心：由于丈夫对妻子的关心，夫妻间亲密度增加，婆媳关系有所改善，但父子感情联结有待进一步加强。③家庭成员判断和决策问题的能力：在遇到育婴分歧时，家庭成员能互相商量。④家庭的角色分工：家庭成员间既有分工又有合作，各自完成自己的角色任务。

3. 促进家庭与社会关系方面的评价 如社会资源的有效利用情况等，由于家庭经济的原因，该家庭未请钟点工帮忙料理家务。偶尔孙某母亲来帮忙，但由于时间有限，未解决问题。

4. 评价后对下一步计划的修订 给予孙某有效的泌乳指导，如泌乳师按摩乳房促进乳汁分泌，进行饮食调理，保持心情舒畅、睡眠充足等，必要时指导其遵医嘱服用促进乳汁分泌的药物；加强李某与婴儿间的父子感情联结；其他计划继续执行。

（李玉红　杨　丽）

实践 3　社区中医护理实践

【实践目的】

通过在社区卫生服务中心的实践，以 2 型糖尿病（消渴病）为例，学会了解社区慢性病病人的中医护理需求，能设计中医健康教育处方，达到以下具体目标：

1. 设计问卷了解社区 2 型糖尿病病人中医护理需求。
2. 根据社区 2 型糖尿病病人需求设计健康教育系列处方。
3. 选择适用于 2 型糖尿病的中医适宜技术，并以健康教育处方的形式呈现。

【实践内容】

1. 设计半结构化访谈提纲，通过半结构化访谈收集资料，了解社区 2 型糖尿病病人的中医护理需求。
2. 设计社区 2 型糖尿病病人中医护理需求问卷，调查病人的中医护理需求。
3. 整理和归纳资料，提出社区 2 型糖尿病病人的中医护理需求。
4. 根据社区居民需求，制订社区 2 型糖尿病中医健康教育系列处方。

【实践方法】

每位学生由 1 名社区护士一对一实习带教。带领学生进入社区慢性病门诊进行现场实践（半结构化访谈、问卷调查、健康教育处方的发放）。

【案例分析】

某社区 2 型糖尿病病人中医健康教育需求调查

（一）问卷设计

1. 设计半结构化访谈提纲了解 2 型糖尿病病人中医健康教育需求 通过文献分析法，并结合现有中医健康管理内容，拟定访谈提纲，在正式访谈前对 2 名 2 型糖尿病病人进行预访谈以调整访谈提纲。访谈提纲拟为：①您在社区接触过糖尿病的中医干预吗？如果是，通过什么途径接触的？②您对糖尿病的中医干预方法了解多少？③您想了解哪些糖尿病中医干预内容？

采用半结构化访谈收集资料。在访谈前主动与病人进行沟通，介绍访谈的目的和意义，取得病人的同意与配合，全程录音。访谈地点选择安静、独立的房间，访谈时间30~40分钟，以不影响病人正常生活为宜。访谈过程中研究者应注意病人的情绪变化，并进行适时重复、追问、反问。

2. 编制《2型糖尿病病人社区中医健康教育需求问卷》 为了深入了解2型糖尿病病人在社区的中医健康教育需求，结合现有的中医服务以及对部分2型糖尿病病人、社区中医医护人员进行半结构化访谈所提取的主题，编制《2型糖尿病病人社区中医健康教育需求问卷》。该问卷拟包括六个主题：饮食调护、生活起居调护、情志调护、用药护理、养生气功和中医护理适宜技术。

（二）问卷调查

采用方便抽样法，招募社区内2型糖尿病病人进行问卷调查。

1. 调查对象 2型糖尿病病人。纳入标准：诊断为2型糖尿病；居住在本社区。排除标准：酮症酸中毒等糖尿病急性并发症的病人；严重心、肺、肝、肾等器官功能受损者；存在精神障碍而不能配合的病人。

2. 资料收集方法 使用《2型糖尿病病人社区中医健康教育需求问卷》进行现场调查。采用统一的指导语说明填写要求和注意事项，避免调查者偏倚。填写问卷的过程中，不做诱导性讲解，使病人根据实际情况独立完成，并及时解答病人疑问。填写完毕后，统一将问卷收回。

样本量的计算依据问卷条目估算，至少为问卷条目的5~10倍，根据《2型糖尿病病人社区中医健康教育需求问卷》条目数计算样本量。

社区2型糖尿病病人中医健康教育系列处方的设计

（一）检索糖尿病中医健康教育内容

根据上一步调查的结果，对社区2型糖尿病病人需要的中医健康教育内容进行编制。检索与糖尿病中医健康教育相关的指南、系统评价与原始文献，提取文献中糖尿病中医健康教育内容。

1. 2型糖尿病中医健康教育相关指南的检索 对2型糖尿病中医健康教育相关指南进行检索、筛选，应用AGREE Ⅱ指南评价工具对纳入指南进行质量评价，以提取中医健康教育内容。

（1）指南检索策略

1）检索主要指南相关网站、数据库如下：中国医脉通指南网、中华医学会糖尿病学分会、PubMed、维普网（VIP）、中国知网（CNKI）、中国万方数据库（WanFang）、中国生物医学文献服务系统（SinoMed）。

2）检索日期自2019年1月起截止到2024年6月。中文以糖尿病、消渴病、健康教育、中医为检索词；英文以diabetes mellitus，health education，Chinese medicine为检索词，在相关数据库中检索。

（2）文献纳入/排除标准：纳入标准：①国内外公开发表的有关糖尿病的临床实践指南（最新版本）。②指南的信息完整，包括名称、目录、推荐意见、证据级别等详细信息。③发表时间为2019年1月至2024年6月。④语种为中文或英文。排除标准：①直接翻译国外指南的中文版本指南。②多个机构重复发表的指南。③节选部分指南内容的指南。

（3）指南筛选与数据提取：2名研究者独立完成指南筛选与数据提取的过程。将检索结果以txt格式导入NoteExpress中，利用NoteExpress查重功能，去除重复文献，而后由2名研究者根据纳入和排除标准独立进行筛选，各自筛选出合格的文献；留下共同选择的文献和有分歧的文献，最后对可能符合标准的文献逐一阅读和分析，确定最终是否入选，如遇分歧则通过与第三位研究者咨询讨论解决；缺乏的资料通过与原文作者联系获取予以补充。

对主要检索指南的网站，其检索结果无法导出，需要对检索结果进行手动查重和筛选，首先根据题目排除不相关的指南，下载可能符合纳入标准的文献，阅读指南全文后依据纳入和排除标准再进行筛选。

对最后筛选出的指南进行资料提取，指南提取内容包括指南名称、发布机构、发布年份、更新年份、页数及指南来源等。

（4）指南质量评价：指南的质量评价工具选择 AGREE Ⅱ（the appraisal of guidelines for research & evaluation instrument）。AGREE Ⅱ是由 AGREE 协作网在 2009 年发布的指南研究与评价工具，包含 6 个领域，23 个条目。6 个领域分别是：指南的应用范围和目的；参与人员；指南开发的严谨性；指南呈现的清晰性；指南的应用性；指南编撰的独立性。每个领域针对指南质量的一个特定问题进行评价。

（5）指南条目整理：指南条目整理合并的原则为：①发表时间不同的条目，整理条目过程中参考较新指南的推荐意见。②发表时间相同的指南中的条目，整理条目过程中参考推荐强度高的推荐意见。

2. 2 型糖尿病中医健康教育相关系统评价的检索 对 2 型糖尿病中医健康教育相关系统评价进行检索、筛选，为编制糖尿病中医健康教育处方提供支持。

（1）检索数据库：PubMed、维普网（VIP）、中国知网（CNKI）、中国万方数据库（WanFang）、中国生物医学文献服务系统（SinoMed）。

检索日期自 2019 年 1 月至 2024 年 6 月。中文以糖尿病、消渴病、健康教育、中医为检索词；英文以 diabetes mellitus，health education，Chinese medicine 为检索词，在相关数据库中检索。

（2）糖尿病中医健康教育相关系统评价的筛选：纳入标准：①研究类型，中英文公开发表的随机对照试验的系统评价/Meta 分析。②研究对象，2 型糖尿病病人。③干预组的干预措施包含糖尿病中医健康教育。排除标准：①重复发表的文章。②会议摘要或未获取全文的文章。

3. 2 型糖尿病中医健康教育相关随机对照试验的检索 对 2 型糖尿病病人中医健康教育相关随机对照试验进行检索、筛选，应用随机对照试验评价工具对糖尿病相关随机对照试验进行质量评价，为编制 2 型糖尿病中医健康教育处方提供支持。

（1）检索数据库：PubMed、维普网（VIP）、中国知网（CNKI）、中国万方数据库（WanFang）、中国生物医学文献服务系统（SinoMed）。

检索策略：检索日期自 2019 年 1 月至 2024 年 6 月。中文以糖尿病、消渴病、健康教育、中医为检索词；英文以 diabetes mellitus，health education，Chinese medicine 为检索词，在相关数据库中检索。

（2）文献纳入/排除标准：纳入标准：①公开发表的随机对照试验，中英文发表。②研究对象为 2 型糖尿病病人。③试验组的干预措施包含糖尿病中医健康教育。④主要结局指标包括血糖或糖化血红蛋白。排除标准：①重复发表的文章。②未获取全文的文章。

（3）随机对照试验筛选：2 名研究者独立完成随机对照试验的筛选与数据提取的过程。将以上检索结果以 txt 格式导入 NoteExpress 中，利用 NoteExpress 查重功能去除重复文献，由 2 名研究者根据纳入和排除标准，独立筛选出合格的文献，留下共同选择的文献和有分歧的文献，最后对可能符合标准的文献逐一阅读和分析，确定最终是否入选，如遇分歧则通过与第三位研究者讨论解决。缺乏的资料与原文作者联系予以补充。

（4）随机对照试验质量评价：随机对照试验的质量评价工具采用 Cochrane 评价手册 5.1.0 推荐的 Cochrane 偏倚风险评估工具对纳入文献的方法学质量进行评价。该评价工具包括 7 个条目：随机序列的生成、随机分配的隐藏、研究者和受试者盲法、结局评价者的盲法、不完整结局数据、选择性报告结局和其他偏倚。2 名研究者独立对纳入的随机对照试验进行方法学质量评价，而后交叉核对，如遇分歧与第三位研究者讨论决定。

（5）随机对照试验内容提取：由 2 名研究者分别使用自制 Epidata 数据提取表对纳入的随机对照试验文献进行资料提取，将双方意见汇总，缺失资料由研究者本人补充。提取随机对照试验的作者、文献类别、期刊名称、发表时间等信息，以及中医健康教育等文献特征信息。

（二）编制 2 型糖尿病中医健康教育处方

通过对社区 2 型糖尿病病人中医健康教育需求的调查，了解病人对于中医的需求点，检索、提取 2 型糖尿病中医健康教育相关指南、系统评价及随机对照试验中的相关内容，制订 2 型糖尿病中医健康教育处方。

1. 确定 2 型糖尿病中医健康教育处方的原则 遵循"全面、简单、重要、有用"的原则，可酌情将中医健康教育处方内容分为基本知识点和医护忠告两个部分。基本知识点一般包含 1~2 条疾病信息，通俗地解释某病症 / 健康问题或控制环节；医护忠告是一个主题内主要、具体的健康指导内容。

2. 编制 2 型糖尿病中医健康教育处方的内容 糖尿病，中医称之为消渴病，指因先天禀赋不足，复因饮食不节、情志失调等导致机体阴虚燥热，出现以多饮、多食、多尿、形体消瘦等为主要临床表现的病证。从饮食调护、生活起居调护、情志调护、用药护理、养生气功和中医护理适宜技术等方面制订糖尿病中医健康教育处方。

（1）糖尿病辨证施膳：中医学自古就有"药食同源"理论。辨证施膳是在中医辨证施治的基础上，根据体质、病因、证候给予不同食养方案。针对不同证型的糖尿病病人，选取不同特性的食物或食药物质（指按照传统既是食品又是中药材的物质）食用，可协助改善病人的血糖水平。

1）燥热伤肺型

主要症状：烦渴多饮，口干咽燥，多食易饥，小便量多，大便干结。舌质红，苔薄黄，脉数。

施膳原则：清肺润燥，生津除烦，降低血糖。

用膳宜忌：宜食黄瓜、冬瓜、丝瓜、芦笋、菠菜、小白菜、大白菜、青菜、芹菜、番茄、山药、豆浆、豆腐、豆芽菜、玉米须、猪瘦肉、牛肉、鸡肉、鸭肉、鱼肉、百合等食物及药食兼用之品。忌食食糖、糕点、土豆、蜂蜜、动物脂肪、酒、油炸食物及含糖高的水果。

食疗方举例。百合丝瓜虾皮粥：百合 30g 洗净，丝瓜 500g 刨去薄层外皮，洗净后切成滚刀状小块，备用。将粟米 100g 淘洗干净，放入砂锅，加适量水，大火煮沸后改用小火煨煮至粟米酥烂，放入丝瓜、虾皮，再加葱花、姜末、精盐、味精，并烹入黄酒，搅拌均匀，再以小火煨煮片刻即成。早晚分服，随餐做主食，当日吃完。功效清热化痰，生津除烦，止渴降糖。

2）肾阴亏虚型

主要症状：尿频量多，混如脂膏，头晕目眩，耳鸣，视物模糊，口干唇燥，失眠心烦。舌红无苔，脉细数。

施膳原则：补肾滋阴，生津止渴，润燥降糖。

用膳宜忌：宜食黑芝麻、豆浆、魔芋、芦笋、海参、泥鳅、海带、猪胰、蚕蛹、银耳、枸杞子等食物及药食两用之品；忌食食糖、糕点、土豆、蜂蜜、动物脂肪、酒、油炸食物及含糖高的水果。

食疗方举例。山药炒猪腰：猪腰 1 只一切两半，除去白色臊腺，切成腰花；山药 15g 润软，切丝；葱 5g 切花，生姜 5g 切丝。将猪腰放入碗内，加入生粉 10g，水调稠状，放入盐、绍酒 15g。炒锅置大火上，加素油 30g，用中火烧六成熟时，下入葱、姜煸香，放入猪腰、山药丝，炒熟即成。当菜佐餐，适量食用。功效滋补肝肾，养阴润燥。

3）胃燥津伤型

主要症状：消谷善饥，形体消瘦，口干欲饮，大便秘结。舌红，苔黄，脉滑有力。

施膳原则：清胃润燥，生津降糖。

用膳宜忌：宜食苦瓜、丝瓜、黄瓜、西瓜皮（翠衣）、芦笋、白菜、芹菜、番茄、豆浆、豆腐、罗汉果、银耳、西洋参等食物及药食兼用之品。忌食食糖、糕点、土豆、蜂蜜、动物脂肪、酒、油炸食物及含糖高的水果。

食疗方举例。二皮玉米须饮：将冬瓜皮 100g、翠衣 100g 用温水洗净，切碎后一同放入碗中，备用。玉米须 50g 漂洗后盛入碗中，待用。赤小豆 30g 淘洗干净，放入砂锅，加足量水，大火煮沸后改用小火煨煮 30 分钟，待赤小豆呈熟烂状，加玉米须、冬瓜皮、翠衣碎片，继续煨煮 20 分钟，待赤小豆酥烂，用洁净纱布过滤，取滤汁放入大杯中即成。早晚分服。功效清胃利水，生津止渴，降血糖。

4）阴阳两虚型

主要症状：尿多尿混，面色黧黑，耳轮枯焦，腰膝酸软，消瘦显著，阳痿或月经不调，畏寒面浮。舌淡，苔白，脉沉细无力。

施膳原则：滋阴清热，益气补肾。

用膳宜忌：宜食洋葱、牛奶、泥鳅、玉竹、天花粉、黄鳝、豆浆、核桃仁、枸杞子、山药、黑芝麻、大蒜、地黄等食物及药食兼用之品。忌食食糖、糕点、土豆、蜂蜜、动物脂肪、酒、油炸食物及含糖高的水果。

食疗方举例。蒜泥海蜇拌萝卜丝：将紫皮大蒜头 2 个掰成瓣，去皮，洗净后切碎，剁成蒜泥糊。将海蜇 30g 放入温水中浸泡片刻，捞出洗净，切成细丝。将白萝卜 250g 洗净外表皮，用温开水冲一下，连皮剖片，切成细丝，加精盐少许，腌渍片刻，待入味后滗去过量汁水，码入盆中，加海蜇丝，并将大蒜泥铺放在海蜇丝上，加味精、酱油、葱花、姜末、麻油，搅拌均匀即成。当菜佐餐，随膳服食，当日吃完。功效清热解毒，生津止渴，补虚降糖。

5）阴虚阳浮型

主要症状：尿频量多，烦渴面红，头痛恶心，口有异味，形瘦，唇红口干，呼吸深快，或神昏迷蒙，四肢厥冷。舌质红绛，苔灰或焦黑，脉微数疾。

施膳原则：滋阴补肾，潜阳降糖。

用膳宜忌：宜食芹菜、苦瓜、黄瓜、豆浆、山药、银耳、海带、枸杞子、西洋参、天冬、麦冬等食物及药食两用之品。忌食食糖、糕点、土豆、蜂蜜、动物脂肪、酒、油炸食物及含糖高的水果。

食疗方举例。枸杞炒芹菜：枸杞子 20g 洗净，去杂质；芹菜 200g 洗净，切成段，葱段 8g 切花。将炒锅置中火上，加入素油 20g，烧热六成熟时，下入葱花煸香，随即加入芹菜、枸杞子、酱油、盐，炒熟即成。当菜佐餐，适量食用。功效滋补肾阴，降压降脂。

（2）生活起居调护：中医强调人与自然的协调，顺应自然界的变化，做到人与自然和谐一致。糖尿病病人在四季养生中应顺应自然气候变化，选择适合季节的养生方法。

1）春季：人顺春时之气早睡早起，舒畅情志，少生气，保持心情开朗乐观。避免长时间的精神紧张，使精神情志有张有弛，肝气畅达，逆春天生发之气则易伤肝。

饮食方面宜养肝，宜辛温，利湿祛寒，如煮菜、做汤时多加些姜、胡椒等辛味的调味品，少用咸味与苦味食品。

可进行头部推拿保健、太极拳等锻炼。

2）夏季：人顺夏时之气晚睡早起，这样使人的神气旺盛饱满，少发怒，逆夏天生长之气则易伤心。

饮食方面宜养心养脾，省苦增辛（即减少苦味食物的摄入，增加辛味食物的摄入），宜清热利湿，食温为佳，如黄瓜、番茄、绿豆、大蒜等。

夏天暑热易耗气伤阴，不宜进行剧烈运动，注意补充水分。

3）秋季：人顺秋时之气晚睡晚起，收敛神气而勿外露，心平气和，秋失所养则易伤肺。

饮食方面宜养肺，省辛增酸，宜滋阴防燥，清淡新鲜。如银耳、梨、芝麻、莲藕、乌鸡、猪肺、豆浆、苹果等。

4）冬季：人宜早睡晚起，不要使皮肤过度出汗，导致阳气耗伤。减少思虑，松弛紧张情绪，消除噪声的干扰，保持精神舒畅。

饮食方面宜养肾，省咸增苦，宜杂、淡、少、软，食补最佳，如羊肉、鹅肉、核桃、板栗、萝卜、地瓜、菠菜、油菜等。

冬天天气寒冷，老年人不宜过早出去锻炼身体，注意保暖，天冷时多穿衣物，洗热水澡，多晒太阳。

（3）情志调理：2 型糖尿病病人多阴虚阳亢，肝阳偏亢失于条达则性情易激、易怒。

1）病人应努力做到怡情悦志，保持情志舒畅，气血流通。多与家人沟通，和谐的家庭氛围有助于调节糖尿病病人的情绪。

2）应用中医七情（指喜、怒、忧、思、悲、恐、惊七种情志活动）归属，了解病人情志状态，采用移情易性的方法，分散对疾病的注意力，改变不良生活习惯。

3）应用五行音乐调理情绪。对于 2 型糖尿病病人，五行音乐以宫调和角调音乐为主。

宫音旋律悠扬沉静、敦厚庄重，有助于糖尿病病人稳定情绪，改善血糖、血脂水平，对冠心病和高血压也有防治作用。听此类音乐还可消除紧张，有镇静催眠之效。推荐曲目：《中国传统五行音乐：正调式》系列中"宫调 1、宫调 2"，《梅花三弄》《春江花月夜》《月儿高》《塞上曲》《平湖秋月》等。推荐时间：可在进餐时或餐后 1 小时内听，每天一次，每次 30 分钟，音量 20 ~ 40dB，以舒适、悦耳为宜。

角音旋律生机盎然，曲调清新爽朗，令人心情舒畅，助人入眠，可促进体内气机宣发和舒展、疏肝解郁，有助改善糖尿病病人焦虑、抑郁情绪，辅助降低血糖水平。推荐曲目：《中国传统五行音乐：正调式》系列中"角调 1、角调 2"，《春风得意》《江南竹丝乐》《江南好》等。

（4）用药护理

1）中药汤剂宜温服，丸药用温水送服或用温水浸化后服用。

2）使用口服降糖药或胰岛素治疗时，严格按照医嘱规定的药量、给药途径、给药时间执行。

3）降糖药物的剂量与进食关系极为密切，病人必须严格遵医嘱，准时、准量应用，若偶尔发生未进食或过量进食的情况，必须调整降糖药物用量，否则容易发生低血糖。发生低血糖时，立即服用糖水或果汁等。

（5）养生气功

1）依照病情选择合适的有氧运动方式：如太极拳、气功、八段锦、五禽戏、闲步、快走、慢跑、游泳等运动项目，与病人的年龄、病情、经济状况、文化背景及体质相适应。

2）运动流程

①准备活动：5 ~ 10 分钟，为略微运动，如步行。

②进行运动：为低、中等强度的有氧运动（各种中医养生功法做成视频，用二维码在健康处方中显示，病人通过手机扫码观看与学习）。

③运动后的放松活动：5 ~ 10 分钟，为慢走、自我按摩等。

3）运动注意事项

①规律运动，强度由低开始，若进行激烈、长时间运动，应监测血糖并遵医嘱调整胰岛素或口服降糖药剂量。

②运动前血糖较低，应先加餐：进餐后 0.5 ~ 1 小时开始运动；运动减体重应缓慢进行，每周减重少于 400g。

③运动前要检查足部一般情况、鞋子是否合适，并携带糖尿病卡片；运动中出现极度乏力、头晕、眼花、心慌、胸闷、出虚汗等，马上停止运动。注射胰岛素者，在运动时最好不要将胰岛素注射在大腿、上肢等活动较激烈的部位。

（6）中医护理适宜技术：经 2 型糖尿病中医临床路径分析，中医护理适宜技术中穴位贴敷被选择最多，其次为耳穴贴压、铜砭刮痧，推拿疗法、走罐疗法被选择频率偏少。

1）穴位贴敷：穴位贴敷法是中医内病外治的一种独特疗法。采用穴位贴敷法既可刺激穴位，激发经络之气，又可使药物经皮肤由表入里，循经络传至脏腑，发挥药物的作用，以调节脏腑的气血阴阳，扶正祛邪，从而达到治疗疾病的目的。

①贴敷药物选择：根据不同临床表现选择药物。当病人有烦渴多饮、口干舌燥，尿频症状时，可使用天花粉、黄连、生地黄、黄芪等药物，以生津清热、养阴止渴；当病人有多食易饥、大便干燥时，可使用生石膏、知母、生地黄、麦冬、牛膝、黄连等，以清肺泻火、养阴增液；当病人有腰膝酸软、四肢畏寒怕冷症状时，可使用茯苓、红花、泽泻、川芎、川椒等，以通络止痛、活血化瘀。

②药物加工：将药物灭菌后，烘干粉碎，过筛成细粉。药物灭菌处理有利于贴敷药物的保存，粉碎过筛后有利于药物吸收。

③使用方法：将研制的细末装在密闭的玻璃瓶内备用。用时取药适量，用老醋调匀成糊状，均匀涂布于敷贴上。根据辨证取穴。敷贴于腧穴上，胶布固定，每次 8～10 穴，每日 1 次。咨询中医医师，根据消渴病分型选择具体穴位。

④注意事项：确保无中药过敏史、家族史，对药物、花粉等过敏体质慎用。贴敷穴位按常规清洁皮肤，必要时祛除毛发，75% 乙醇常规局部消毒；有创伤、溃疡、皮肤病者禁用。药物装在密闭玻璃瓶内，严防因挥发、潮湿而失效。穴位贴敷后要外加固定，以防止药物脱落或移位，可使用医用透气胶带，用时观察有无红、痒等不良反应。贴敷每组穴位不宜连续贴敷过久，首次贴敷不超 2 小时，之后 2～6 小时不等，4 周为 1 个疗程。交替使用，每日 1 次即可。注意观察局部皮肤，若出现红疹、瘙痒、水疱等过敏反应，应立即处理。贴敷后要尽量减少出汗，注意局部防水。贴敷期间禁食生冷、辛辣、刺激及海鲜等食物，饮食应以清淡为主。

2）耳穴贴压

①穴位选择：取神门、胰腺、三焦、皮质下、内分泌穴位（实践图 3-1），其主要功效见实践表 3-1。

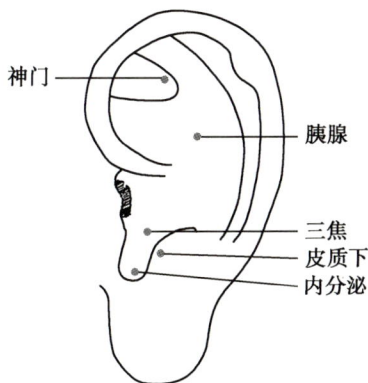

实践图 3-1　2 型糖尿病耳穴贴压穴位

实践表 3-1　所选耳穴的主要功效

耳穴	主要功效
胰腺	治疗糖尿病、脾虚、消化不良
内分泌	调节全身内分泌功能，抗风湿、抗感染、抗过敏、利湿消肿

耳穴	主要功效
皮质下	治疗大脑皮质兴奋、抑制功能失调所致疾病，治疗消化系统疾病，治疗心血管系统疾病
三焦	疏布精气，调理脏腑，调整内分泌及全身代谢
神门	镇静、安神，镇痛

②操作：以表面光滑为原则调整王不留行籽，固定耳郭，确定敏感穴位，行局部按压并固定，以病人感受到局部酸胀感为宜，按压频率控制在 4 次 /d，穴位单次按压时间控制在 1 分钟，耳穴贴 3 天更换 1 次，两耳替换。

3）铜砭刮痧：铜砭刮痧是指在中医经络腧穴理论指导下，使用黄铜所制特殊虎符铜板，在体表一定部位反复刮动，使相应部位刮拭升温，以调气为首，调动人体的气血运动，通过四井排毒，驱邪外出，防治疾病。

经络选穴顺序：①开大椎、大杼、膏肓、神堂四穴。大椎三阳、督脉之会，有清热解表、截虐止痛之作用；大杼祛风解表、宣肃肺气、强筋骨、清邪热；膏肓起散热排脂、扶阳固卫的作用；神堂能宽胸理气，宁心通络。②开阳脉，刮拭背部督脉、膀胱经。督脉又称"阳脉之海"，总督一身之阳经，调节气血，扶正祛邪，温通阳气。③刮拭风府、风池、天柱。④刮拭背部脏腑映射区，肺、胃、肾，起到疏通气血、化瘀导滞的作用。⑤分别刮拭心经、心包经、肺经、三焦经并四井排毒。⑥分别刮拭足阳明胃经、少阳胆经、太阴脾经，重点穴位为太溪、复溜、公孙、太白、申脉、照海等穴并四井排毒。⑦根据临床主要症状或辨证选择刮治部位。

操作方法：用物准备铜砭刮痧板和专用刮痧油。手法如下：①从上到下，引邪下行。人体气机升降出入，下行为顺，上行为逆。刮痧时，一般病人采用坐姿，从上到下。②刮痧时采用徐而和手法，不疾不徐，用和缓的力度和手法。③先阳后阴，先左后右，先躯干后四肢，先刮拭阳脉再刮阴脉，先刮通督脉、膀胱经，再刮其他经络。④四井排毒，在膀胱经和督脉打通以后，把身体毒素赶到手脚，磨痧时以少油多磨的手法，将皮肤磨出黑色排泄物，引邪出表，达到祛邪外出的作用。

刮痧前后 24 小时内不能喝酒。刮痧后被刮部位 4 小时内不宜洗澡，避免吹风。两次刮痧间隔以痧退为标准；5～7 天为一个治疗周期，一个疗程为 4 个治疗周期，约 28 天。刮痧后如出现发热、腹泻、皮疹、呕吐、血尿等不适反应请及时就医。

4）按摩调养

①抱颤腹部（大横穴、关元穴）：先将双手抱成一个球状，两手的小指向下，大拇指向上，掌根向里，将两手掌根放在大横穴（肚脐两侧一个横掌处），小指放在关元穴（肚脐下四个手指处），大拇指放在中脘穴（肚脐上方一横掌处）。以此手法微微往下压，然后上下快速颤动，至少每分钟超过 150 次。抱颤腹部在餐后半小时或者睡前半小时进行，一般每次 3～5 分钟。此法可辅助改善血糖，还可治疗便秘。

②按摩涌泉穴：涌泉穴是足少阴肾经的常用腧穴之一，位于足底部，蜷足时足前部凹陷处，足底第 2、3 跖趾缝纹头端与足跟连线的前 1/3 与后 2/3 交点上。适用于 2 型糖尿病头晕、乏力、眠差，或下肢麻痛者。

取坐姿，左手对右足心的涌泉穴，同时右手掌贴放于右脚背上，用按摩手法推搓涌泉穴。一边做完再换另一边脚，双脚交替按摩。

③按摩三阴交：三阴交为足太阴脾经常用腧穴之一，位于内踝尖上 4 横指处，用拇指揉搓

2~3分钟，做完左侧再做右侧。适用于2型糖尿病头晕、乏力、眠差，或下肢麻痛者。

④按摩背腰部：手掌匀力推揉脊柱两侧，或用按摩棒敲打后颈到腰骶，重点按揉胰俞（第八胸椎棘突下旁开1.5寸）、胃俞（第十二胸椎棘突下旁开1.5寸）、肾俞（第二腰椎棘突下旁开1.5寸）与局部阿是穴（痛点）（说明：此处"寸"指同身寸）。适用于2型糖尿病乏力、腰背酸痛者。

除上述中医护理适宜技术外，热敏灸、足浴、火龙罐等在消渴病痹证中也有应用，消渴病非阳虚证明显者忌用灸法，具体情况请咨询社区护士。

3. 设计2型糖尿病中医健康教育处方的推送形式　由社区医生或社区护士有针对性地根据病人病情及需求，提供给2型糖尿病病人中医健康教育处方，并根据处方内容指导病人改善生活方式。2型糖尿病中医健康教育处方可以电子格式置入社区卫生服务管理信息系统中，方便社区医生在2型糖尿病病人就诊时根据病情抽调适合的健康教育处方打印给病人。选择最常用的2型糖尿病中医健康教育处方进行印制，放置于社区健康教育处方架上，供居民自由取阅。

在有条件的情况下，使用大数据技术和云计算技术，挖掘个人电子健康数据、诊疗数据、检验数据（如血糖值、糖化血红蛋白值）、个人需求等信息的关联程度，通过数据挖掘技术建立相应的处方生成模型，使用云计算技术搭建2型糖尿病中医健康教育处方信息共享系统和健康处方生成系统，为病人提供个性化糖尿病中医健康教育处方的推送。

（刘　宇　王爱红）

实践4　互联网＋社区护理实践

【实践目的】

1. 能够全面了解互联网＋社区护理服务模式及运营机制。
2. 能够利用互联网＋护理服务平台对服务对象的健康状况进行动态评估、监测和管理。
3. 能够指导服务对象利用互联网＋护理服务平台主动获取健康信息。
4. 能够提升自我信息素养，并建立网络信息安全保护意识。

【实践内容】

1. 全面了解互联网＋护理服务平台（简称服务平台）的服务流程。在服务平台接收社区居民居家服务的申请，并在医生首诊确定可提供上门服务后，了解服务对象护理需求，完成上门随访前准备工作。

2. 通过上门随访对服务对象进行全方位居家护理评估。收集主、客观资料，并将资料内容录入至该病人健康档案中，利用服务平台进行评估结果分析。

3. 将服务平台的数据个性化分析结果与专业判断结合，提出病人目前护理诊断/问题，并按问题的轻、重、缓、急进行排序。

4. 根据病人目前护理诊断/问题，与病人及家属共同制订居家护理方案，包括短期和长期护理目标及具体护理计划。

5. 实施居家护理计划并评价护理效果，验证护理目标达成情况。

6. 服务结束后，完成护理人员和病人双方评价。

【实践方法】

由社区带教教师带领学生全程参与脑卒中病人的互联网＋护理服务居家护理实践。

1. 由病人或家属在服务平台发起服务申请，医疗机构接受其申请并完成服务前首诊和评估，确定是否可提供上门护理服务。经评估可提供服务后，带教老师线上查阅服务对象健康档案、既往病史及就诊等资料，准备上门随访所需常规用品以及病人所需特殊用品，如访视包、药品、检查器械、记录单等，电话确认居民家庭住址等信息。

2. 跟随带教教师按照预先安排的访视路线在约定时间携带访视包上门随访。

3. 上门随访对服务对象进行居家护理评估。在带教教师的指导下，对病人认知功能、皮肤及压力性损伤分期、日常生活活动能力、患侧肢体肌力、肌张力、吞咽功能及膳食营养等进行评估，并将相关结果在服务平台记录，留档保存。

4. 服务平台对评估结果进行个性化分析。同带教教师一起与病人、家属共同讨论并制订短期、长期护理目标和居家护理计划。

5. 在带教教师指导下，对病人进行压力性损伤伤口换药护理，指导病人家属为病人进行康复训练等，并将护理措施及护理效果记录于服务平台上。

6. 与病人家属交谈，了解家属对该病人的居家护理知识掌握程度以及对服务平台的利用度，向家属传授相关知识，指导家属利用服务平台获取居家护理、康复锻炼学习视频，上传病人每日病情动态，从而获得医护人员线上指导。

7. 每日线上对病人病情动态评估并与病人家属沟通交流，动态调整下一次上门随访时间，提供智慧社区居家服务。

8. 服务结束，病人对带教老师进行服务满意度评价；带教教师对病人的依从性和配合度进行综合评价。

【案例分析】

脑卒中病人的互联网＋社区护理

吴某，男性，72 岁，初中文化程度。脑出血史，右侧肢体偏瘫，居家卧床 2 月余。因在家中护理不当，病人骶尾部出现 6cm×4cm 压力性损伤，表皮部分缺损，创面呈粉红色，少许渗出。家属在社区互联网＋护理服务平台上传了吴某病历资料以及骶尾部压力性损伤皮肤照片，申请专业人员上门服务。经医疗机构对病人首诊和综合评估，符合上门护理服务条件。服务平台接受了吴某家属的在线预约申请，并安排一名伤口造口专科护士开展入户随访工作。

（一）护理评估

社区护士初次上门对病人进行了全面的评估，主要包括一般情况、病史、心理社会史、日常生活习惯、家庭环境、家庭经济状况、家庭资源等，重点评估病人骶尾部皮肤情况，身体活动能力、营养状况、家属照顾能力及照顾需求等。

1. 了解病人一般情况、病史、心理社会史　病人吴某、老伴（张某，65 岁，小学文化程度）与女儿（40 岁，本科文化程度）共同居住。吴某有高血压、高血脂病史，目前口服降压药苯磺酸左旋氨氯地平片 2.5mg，每日一次，降脂药阿托伐他汀钙片 10mg，每晚一次，服药依从性较好，为其测量血压，140/74mmHg。病人自脑出血后，一直卧病在床，未出过门；意识清醒，吞咽功能尚可，言语不清，与家人很少沟通，心情差，对疾病康复缺乏信心。吴某及家属对压力性损伤及脑卒中知识了解较少，但有这方面的学习需求。

2. 骶尾部皮肤情况　可见骶尾处一 6cm×4cm 大小的创面，表皮已破损，创面湿润，基底呈粉红色，属于 2 期压力性损伤。

3. 身体活动能力　右侧肢体偏瘫，右上肢、下肢肌力均为 2 级；左上肢、下肢肌力正常，关节活动不受限。病人床上翻身或移动，需要家人协助。日常生活活动能力巴塞尔指数评定 50 分，生活需要家属的照顾。

4. 家庭其他情况　家庭膳食结构不合理，营养素较为单一，油盐较重，病人每餐摄入较少，营养不足。家庭环境整洁，家具陈设简单，有站立、步行训练等活动空间。吴某女儿是事业单位会计，吴某与老伴都有退休工资，可以满足日常生活开销。吴某一家邻里关系较好，有事会主动联系社区帮助解决问题。

（二）护理诊断／问题

将评估资料进行归纳、整理、分析，病人目前主要的护理诊断／问题是：

1. 皮肤完整性受损 与长期卧床，局部组织受压有关。

2. 躯体活动障碍 与运动中枢损害致肢体瘫痪有关。

3. 有废用综合征的危险 与偏瘫长期卧床，缺乏活动有关。

4. 营养失衡：低于机体需要量 与饮食结构不合理，进食少有关。

5. 焦虑 与肢体活动障碍，担心疾病预后有关。

6. 知识缺乏：缺乏康复、护理和预防疾病复发的相关知识。

（三）护理计划

社区护士与家庭共同制订护理计划，具体护理目标如下：

1. 短期目标

（1）通过护士2~3次的伤口护理，家属的精心照顾，吴某骶尾部压力性损伤好转，伤口逐渐愈合。

（2）通过每日的康复训练，吴某患肢肌力达到3级，未发生深静脉血栓、肢体挛缩、畸形等并发症。

（3）通过饮食教育，吴某家庭膳食结构合理，吴某摄入的营养均衡。

（4）吴某焦虑情绪好转，对疾病康复逐渐树立信心，积极配合康复训练。

（5）吴某家属能够识别高血压、脑出血疾病的危急症状，并对吴某进行康复护理。

2. 长期目标

（1）吴某日常生活活动能力增强，能够完成进食、穿衣、个人清洁卫生活动等。

（2）吴某未再发生压力性损伤，未出现肺部感染、深静脉血栓、肢体失用萎缩和关节挛缩、畸形等并发症。

（四）护理实施

1. 压力性损伤护理 对于2期压力性损伤，护士用生理盐水清洗创面及周围皮肤后，用水胶体敷料外敷，3~5天换药一次。指导家属对创面进行观察和护理，包括：①每2小时协助吴某翻身一次，避免局部组织长时间受压。指导家属在服务平台搜索翻身技巧视频，当面示范并答疑，告知家属注意避免拖、拉、拽，造成皮肤摩擦。②视情况对骶尾部及足跟等部位给予减压贴保护或使用垫圈保护骨隆突处。③保持皮肤清洁，经常性温水擦拭，告知家属拭浴的注意事项，指导背部按摩的手法（发红的皮肤处禁止按摩），促进局部血液循环。④指导家属使用便器，便盆放入、取出动作要轻柔，勿拖拉或用力过猛，以免损伤皮肤。⑤指导家属烹饪低盐少油，制作品种多样、富含营养易消化的饮食，鼓励病人多进食，摄取足够的营养。⑥指导家属在服务平台上传压力性损伤皮肤照片，以便护士对伤口治疗效果进行评估与在线指导，必要时，上门处理。

2. 康复训练指导 吴某右侧肢体偏瘫，右上肢、下肢肌力均为2级，为避免出现废用综合征，应加强活动锻炼。具体指导内容：①结合服务平台相关视频，指导病人及家属体位安置、体位转移，如床上翻身，良肢位摆放，卧位到坐位，床上转移至轮椅的方法。②指导病人进行健侧肢体的主动运动，如肌肉等长、等张收缩练习，日常生活活动能力训练等。③向家属示教全范围关节活动练习，指导家属结合平台上肌肉锻炼、关节活动练习的教学视频，对吴某患侧肢体进行肌肉按摩、全范围关节活动练习，并使患侧肢体关节处于功能位。康复训练内容由简单到复杂，循序渐进，持之以恒。指导家属在服务平台上坚持每日打卡，上传训练视频。④根据吴某病情和康复训练情况选择中医针灸、理疗等辅助治疗，以促进运动功能的恢复。

3. 心理护理 了解吴某焦虑情绪的根源以及对疾病的认知，耐心开导病人，鼓励家属多与病人交流增加陪伴；为病人讲解有关疾病预后、康复训练的相关知识，正确对待康复训练过程中出现的畏难、悲观情绪，鼓励病人克服困难，摆脱对照顾者的依赖心理，增强自信心；营造和谐的亲情氛围和舒适的家庭休养环境。

4. 服务平台功能应用指导 指导家属学会在智慧医护服务 APP 上获取与病人病情相关的健康信息、照顾知识，平台也可以根据服务对象的需求推送疾病护理知识及照护技能、肢体功能训练等视频，以供病人及家属学习和实践。指导家属每日上传病人病情动态，包括血压监测数据、肢体活动锻炼视频、翻身次数、骶尾部伤口情况等，医护人员根据上传的资料，判断分析现存的健康问题，给予反馈指导。病人家属还可以通过服务平台提出健康问题和诉求，以获得医护人员的线上指导。

（五）护理评价

1. 吴某日常生活活动能力逐渐增强。
2. 吴某积极配合、坚持肢体功能康复训练，未发生废用综合征。
3. 吴某未再次发生压力性损伤，未出现深静脉血栓、肺部感染等并发症。
4. 吴某焦虑情绪缓解，对疾病康复树立信心。

（李玉红 刘民辉）

实践 5 社区突发公共卫生事件的应急处置实践

【实践目的】

通过在社区卫生服务中心实践，能够达成如下目标：

1. 了解我国应急管理体系的"一案三制"。
2. 掌握社区突发公共卫生事件应急预案的编制原则与要素。
3. 理解社区突发公共卫生事件应急预案演练的类型与基本过程。
4. 体验护士在社区突发公共卫生事件应急处置中的角色作用。

【实践内容】

1. 通过了解我国应急管理系统"一案三制"，利用实地调研考察社区应急处置现有资源，探讨社区卫生服务中心在应急管理体系建设中的角色和作用。

2. 围绕社区卫生服务中心现有的突发公共卫生事件应急预案，通过讨论与分析，了解预案编制的过程、掌握预案编制的原则与要素，评价应急预案的质量。

3. 参与社区卫生服务中心突发公共卫生事件应急预案的演练，熟悉突发公共卫生事件应急预案演练的类型和基本过程，体验护士在社区突发公共卫生事件应急处置中的角色作用。

【实践方法】

采用实地研学的方式开展社区突发公共卫生事件应急处置的相关实践活动。

1. 经验分享 由社区卫生服务中心负责突发公共卫生事件应急处置的工作人员介绍其工作职责，其中涉及应急管理体系"一案三制"，让学生了解社区卫生服务中心在整个应急管理体系中的地位与作用。分享以往突发公共卫生事件应急处置的经历和经验，让学生体验护士在社区突发公共卫生事件应急处置中的角色作用。

2. 资料查阅 在社区卫生服务中心工作人员的许可下，查阅与社区突发公共卫生事件应急处置相关的文件资料，如管理制度、法律文件、应急预案、演练方案及其相关记录等。对"一案三制"、应急预案和演练方案建立更加直观的认识，为下一步讨论性实践提供素材基础。

3. 小组讨论 在经验分享和资料查阅之后，以小组为单位对上述内容进行讨论，主题包括但不限于：①与社区突发公共卫生事件应急管理相关的"一案三制"有哪些内容。②社区突发公共卫生事件应急预案编制质量如何。③社区突发公共卫生事件应急预案演练开展得怎么样。通过讨论，再次强化学生对于"一案三制"、应急预案、预案演练等相关实践目标的达成。

4. 参与演练　适时参与社区卫生服务中心组织的突发公共卫生事件应急预案的演练，包括参与现场协调、事件报告、现场救援、居民心理疏导及心理支持、帮助恢复社区居民相关活动等，在演练过程中体验社区护士在妥善处置突发公共卫生事件过程中的角色与作用。

【案例分析】

××街道社区卫生服务中心突发公共卫生事件应急预案的分析讨论

××街道社区卫生服务中心为科学规范、高效有序地开展突发公共卫生事件应急救治工作，保障其辖区人民群众的身体健康和生命安全，根据国务院《突发公共卫生事件应急条例》和《国家突发公共卫生事件应急预案》等法律法规，结合中心实际情况，制订了如下预案。

××街道社区卫生服务中心突发公共卫生事件应急预案

一、目标任务

（一）预案所称突发公共卫生事件（简称突发事件）是指突然发生，造成或者可能造成社会公众健康严重损害的重大传染病疫情、群体性不明原因疾病，重大食物和职业中毒以及其他严重影响公众健康的事件。提高防范意识，落实防范措施，做好人员、物资、技术和设备的应急储备工作，开展突发公共卫生事件危险因素调查，及时发现、分析、预警，做到早发现、早报告、早处置。

（二）本预案在执行中必须服从上级卫生主管部门的指挥，无条件服从上级主管部门的调动和安排。

（三）突发事件应急工作应坚持"预防为主，常备不懈"的方针。

（四）设立应对突发事件专项资金，主要用于急救设施完善，急救人才培训，突发事件流行病学调查，卫生防护等有关物资、设备、设施的储备与完善。

（五）依据国家政策，对参加突发事件应急处理的医护人员给予适当的补助，对参加突发事件应急处理作出贡献的人员，给予表彰和奖励。

二、预防与应急组织架构与职责

（一）突发事件应急医疗救治小组

组长：×××

成员：×××　×××

职责：

1. 全面领导本辖区突发事件应急医疗救治工作。

2. 负责医疗救治重大事项的决策、督查落实和指导工作。

3. 负责紧急调集人员、储备物资、交通工具以及相关的设施、设备。

4. 报请所在区上级主管部门×××疾病预防控制科，决定人员疏散或隔离，并依法对疫区封锁。

领导小组下设办公室，×××同志任办公室主任。

办公室职责：收集、汇总突发事件伤病员情况，并及时向指挥小组报告；负责与区突发事件应急各成员单位和各医疗机构联系；及时向上级报告突发事件伤病员情况；负责落实指挥小组交办的其他工作。

（二）工作组织

1. 医疗救治小组

组长：×××

成员：×××　×××　×××

职责：负责全院应急医疗救治工作，负责本院应急医疗救治预案制订工作，成立医疗急救、护理、后勤保障等相关组织；负责组建现场医疗救护分队，接受领导小组派遣；负责本中心内的突发事件伤病员情况的信息收集、汇总、报告工作；负责落实指挥小组交办的其他工作。

2. 疾病控制组

组长：×××

成员：×××　×××

职责：负责突发事件后疫情防治工作；负责对突发事件灾害区疫情处理方案制订工作；负责疫点消毒和疫区资料信息汇总报告工作；指导相关人员对疫区的消毒、封锁；接受指挥小组的领导，完成指挥小组交办的其他工作。

3. 卫生监督组

组长：×××

成员：×××　×××

职责：负责全乡疫点水质监测，生活饮用水安全等工作；制定饮用水、生活饮食标准；指导生活用水等管理工作；规范救治小组的质量建设。

4. 卫生宣传组

组长：×××

成员：×××　×××

职责：负责救治过程中先进人物事迹报道宣传工作；负责对突发事件的认识和防治工作；负责对突发事件评估和对灾民健康教育等工作；负责社会对灾区捐献物资和资金的收集、宣传、统计、上报和其他工作；完成落实指挥小组交办的其他工作。

5. 后勤供应组

组长：×××

成员：×××　×××

职责：负责对突发事件的所需物品设备、药品、卫生材料的供应；负责车辆和各种急救物资的调配和应急；负责参加医疗救治的医务人员的生活、饮食等后勤服务。

三、突发事件的综合评估

预案启动突发事件发生后，中心突发事件领导小组对突发事件进行综合评估，初步判定突发事件的类型，明确是否启动突发事件应急预案。

四、医疗救治工作程序及措施

1. 中心接到突发公共卫生事件，应迅速赶赴现场，同时报告区卫生健康委。

2. 在接诊急救病人时，如发现重特大灾害事故信息，应迅速报告区卫生健康委。

3. 中心内救治迅速到位，畅通绿色通道，做好救治准备工作，确定责任医生和责任护士。

4. 确定专人负责，伤病员救治情况的收集汇总并及时向卫生健康委报告。

5. 如有下列情况之一的，应当依据《突发公共卫生事件应急条例》规定，在2小时内向卫生行政主管部门报告：①发生或可能发生传染病暴发流行的；②发生或者发现不同原因的群体性疾病的；③发生重大食物或职业中毒的；④发生重大火灾、水灾、特大爆炸、车祸及其他重大伤害事件。

6. 疫情突发时，实行"零报告"制度，严格报告程序。不得漏报和瞒报。

（一）预案与应急管理系统"一案三制"的关系

预案是我国应急管理系统"一案三制"中的"一案"，而"三制"分别指体制、机制、法制；这是我国综合应急管理体系基础架构的四个维度。

1. 体制是基础　应急管理体制主要是指应急管理机构的组织形式，即综合性应急管理组织、各专项应急管理组织，以及各地区、各部门的应急组织各自的法律地位，相互间的权利分配关系及其组织形式等，是一个由横向机构和纵向机构、政府机构与社会组织相结合的复杂关系，主要包括应急管理的领导指挥机构、专项应急指挥机构、日常办事机构、工作机构、地方机构及专家组织等不同层次。应急管理体制的形成，不仅需要成立一个实体机构，更要有对实体机构的责任界定和不同实体机构之间的关系规定。

2. 机制是关键　应急管理机制是以相关法律、法规和部门规章制度等为基础的应急管理制度和方法的具体运行流程，体现了政府应急管理的各项具体职能，是一个复杂的工作系统。

3. 法制是保障　应急法制是应急管理相关的法律、法规和规章。

4. 预案是前提　以应急预案为抓手，可以化应急管理为常规管理。

（二）应急预案编制的过程与原则

根据需要确定预案编制的目的和类型，成立应急预案编制小组，对突发公共卫生事件的风险和救援能力进行分析，编制预案草案，组织专家评估与论证，经审核后方可发布。之后还要适时和定期对预案进行宣传、培训、演练、修订等动态管理。

预案编制的原则包括：①目的性原则，预案制订须以最大限度减少人员伤亡、保障人民的生命健康安全为中心。②全局性与系统性原则，预案应与突发公共卫生事件应急救援的全局相适应，充分考虑与其他部门、组织的配合与协调；预案应成体系，以便满足应急救援的各种需要。③实用性原则，对救援工作中的救援队伍、装备、运输、后勤保障、通信等提出设想和要求，其内容不仅理论上可行，还需在实践上可行，具备充分的现实可操作性。④科学性原则，预案的内容应遵循社区突发公共卫生事件应急医学救援的内在科学规律，充分吸纳、汇聚相关领域专家的知识和经验，以及利用循证医学的方法保证预案内容的先进性和科学性。⑤权威性原则，预案中应明确社区突发公共卫生事件综合评估的机制、应急响应的步骤、预案启动的条件和启动权的归属、预警机制、救援信息的发布机制、救援工作步骤，以及执行与遵从责任体系，以保证预案具有一定的权威性。⑥从重、从大与分级原则，以可能发生的最高级别事件考虑，分级制订、分组管理与实施。

（三）应急预案编制的要素

预案编制要素：①预案名称。名称中体现预案执行的范围，针对突发公共卫生事件的名称须规范、统一。②总则。说明预案编制的目的、工作原则、编制依据及适用突发公共卫生事件的范围等。③组织体系和职责。以突发公共卫生事件应急响应过程为主线，应急准备及保障机构为支线，明确事件发生、预警、响应、结束、善后处置等环节的主管部门和协助部门，确定各部门和人员的职责、权力及义务。④预警及预防机制。包括突发公共卫生事件医学信息监测与报告、预警预防行动措施、预警级别及发布机制等。⑤事件分级。根据突发公共卫生事件发生的规模大小及其造成的医学危害程度，对事件进行分级，并设定相应的医学救援响应级别。⑥应急响应。包括分级响应流程、信息共享和处理、通信保障、救援指挥、资源清单、紧急处置、救援人员与民众的安全防护、社会力量参与及管理、救援效果及事件后果评估、新闻信息共享、救援反应终止等内容。⑦后期处置。包括善后处置、社会医学救助、伤害保险、伤害调查报告、救援工作总结等内容。⑧保障措施。包括通信与信息、救援装备、救援技术储备、公众自救互救教育、救援演练等。⑨预案管理与更新。明确救援预案管理和更新的主管部门、预案更新的条件、流程等。此外，在突发公共卫生事件医学救援预案中，还应包括责任与奖惩、附则和附录等内容，对救援工作的责任与贡献、专业术语、人员通讯录等进行说明。

（四）应急预案的质量评价

根据上述预案，可从以下几方面讨论其质量：①定义和目标。预案中清晰定义了突发公共卫生事件的类型，如突发疫情、灾害事故等。预案明确了应急工作的目标，包括救治受灾群众、防控疫情传播等。②组织架构。预案设立了突发事件应急医疗救治小组和各工作组织，如疫点水质监测组、卫生宣传组、后勤供应组等。各组织的职责和人员构成明确，包括组长、成员和具体职责。③预案启动和流程。预案规定了对突发事件进行综合评估和启动流程，以及医疗救治工作的具体程序和措施。预案要求迅速赶赴现场、报告卫生健康委等，保证了救治工作的及时性和有效性。④信息报告和沟通。预案要求严格遵守报告程序，实行"零报告"制度，确保信息准确报告，有利于疫情控制。预案中是否有明确的沟通和协调机制，可以进一步完善。⑤应急资源和物资保障。预案规定了后勤供应组负责应急物品设备、药品、卫生材料的供应，保障了救治工作所需物资。预案是否考虑了车辆调配、医疗人员生活饮食等后勤服务，可以进一步完善。⑥培训和演练。预案是否包含了培训和演练计划，以提高医疗救治人员的救援能力；是否有定期演练和评估机制，可以进一步加强应急响应能力。⑦持续改进和更新。预案是否规定了持续改进和更新机制，以适应不断变化的突发事件形势；是否建立完善的反馈机制，根据演练结果和实际应用中的问题进行调整和改进。

综合分析可见，××街道社区卫生服务中心突发公共卫生事件应急预案在定义和目标、组织架构、启动流程等方面表现较好，但在信息沟通、后勤保障、培训演练和持续改进等方面仍有改进空间。建议中心进一步完善预案，加强沟通机制、物资保障和培训计划，以提高突发公共卫生事件的救治效率和应对能力。

（五）应急预案的演练

1. 演练类型

（1）根据演练规模，可分为局部演练、区域性演练和全国性演练。社区突发公共卫生事件应急预案的演练属于局部演练，可根据社区卫生服务中心特点，选择特定的突发事件，演练一般不涉及多级协调。

（2）根据演练内容与尺度，可分为单项演练和综合演练。单项演练，类似课目操练，也可以是单一事故处理过程的演练。综合演练相对复杂，需要模拟救援人员的派出，一般包括应急反应的全过程，有大量的信息注入，包括对实际场景的模拟、单项实战演练、对模拟事件的讨论解决等。

（3）根据演练形式，可分为模拟场景演练、实战演练和模拟与实战结合的演练。模拟场景演练，以桌面推演和讨论形式对救援过程进行模拟和演练；实战演练，可包括单项或综合性的演练，涉及实际的应急、救援处理。模拟与实战结合的演练则是对前两者的综合。

2. 演练基本过程

（1）制订演练计划：编制演练计划时首先应确定演练的目的，根据目标选择演练类型，明确举办救援演练要解决的问题和预期达到的效果。其次是分析演练需求，根据风险事件和应急预案确定演练人员与技能、需检验的设备及需完善的流程与职责，并根据需求、经费、资源和时间等条件的限制确定演练范围。最后再制订演练准备和实施的具体日程计划，编制经费预算及经费来源。

（2）设计演练方案：设计演练方案时首先需根据简单化、具体化、可量化、可实现的原则确定演练目标，再设计演练情境和实施步骤，包括场景概要和场景清单。根据演练目标设计合理的评估标准和方法，可以采取定量和/或定性方法。最后还应详细编制演练人员手册、演练控制与评估指南、演练宣传方案、演练脚本。对于重大的综合性、示范性和风险较大的演练，还应组织评估人员对该方案进行评估审核，以确保方案的科学性、可行性及演练的顺利实施。

（3）演练动员与培训：在正式开展演练前，应对参与演练的人员进行动员和培训，以保障所有参与演练人员积极主动，熟悉本次演练的目的与流程，以及自己的具体岗位和职责，并掌握本岗位所需的各种技能。

（4）演练保障：演练保障包括人员、经费、场地、物资与器材、通信、安全六方面内容。

（5）演练实施：演练前应举行一个简短的启动仪式，由总指挥宣布演练开始，演练总指挥对整个演练过程进行指挥与监控，根据医学救援预案，应急指挥机构或人员指挥参与演练人员开展模拟突发公共卫生事件的医学救援活动，总策划则按照演练方案对演练过程进行控制。在演练实施过程中，应安排专人记录演练开始和结束的时间，演练过程中人员的表现，意外情况与处置情况，以及演练控制情况，可以通过文字、图片及影像等形式进行记录。对于大型综合性、示范性救援演练，组织单位可安排专人对演练过程进行解说。演练完毕，由演练总策划发出结束信号，总指挥宣布结束，所有人员停止演练活动，按照预定方案疏散或现场集合总结反馈。遇到突发状况，可根据情况提前结束演练。

（6）演练总结与归档：演练总结包括现场总结和事后总结，所有演练活动后，组织单位应根据演练记录对照演练方案全面分析演练实施过程中参与演练人员的表现、演练目标实现情况、演练组织与演练保障等情况，对预案的合理性与可操作性、指挥人员的指挥协调能力、参演人员的救援处置能力、设施设备的完好性与适应性、演练目标的达成情况、对完善预案的建议等内容进行评估与评价。通过评估与评价，不断发现问题，总结经验与教训，持续改进与完善预案，不断提升突发公共卫生事件应急处置和教育培训水平。组织单位在演练结束后须把演练计划、实施方案、评估总结报告等资料归档保存，并对参演人员进行考核评价。

（王毅欣）

附录

附录1　老年人中医基本体质特征

1. 平和质
总体特征：阴阳气血调和，以体态适中、面色润泽、精力充沛等为主要特征。

形体特征：体形匀称，无明显驼背。

常见表现：面色、肤色润泽，头发较密，目光有神，不易疲劳，精力充沛，耐受寒热，睡眠良好，胃纳佳，二便正常，舌色淡红、苔薄白，脉和缓有力。

心理特征：性格随和开朗。

发病倾向：平素患病较少。

对外界环境适应能力：对自然环境和社会环境适应能力较强。

2. 气虚质
总体特征：元气不足，以疲乏、气短、自汗等表现为主要特征。

形体特征：形体偏胖，肌肉松软不实。

常见表现：平素语音低弱，气短懒言，容易疲乏，精神不振，易出汗，易头晕，活动量减少，舌淡红，舌边有齿痕，脉弱。

心理特征：性格偏内向，喜安静。

发病倾向：易患感冒、内脏下垂等病；病后康复缓慢。

对外界环境适应能力：不耐受风、寒、暑、湿邪。

3. 阳虚质
总体特征：阳气不足，以畏寒怕冷、手足不温等表现为主要特征。

形体特征：肌肉松软不实。

常见表现：平素畏冷，以胃脘、背部、腰膝多见，手足不温，喜热饮食，精神不振，舌淡胖嫩，脉沉迟。

心理特征：性格内向，多沉静。

发病倾向：易患痹证、咳喘、泄泻等病；感邪易从寒化。

对外界环境适应能力：耐夏不耐冬；易感风、寒、湿邪。

4. 阴虚质
总体特征：阴液亏少，以口燥咽干、手足心热等表现为主要特征。

形体特征：体形偏瘦。

常见表现：眼睛干涩，口燥咽干，鼻微干，皮肤干燥、脱屑，偏好冷饮，大便干燥，舌红少津，脉细数。

心理特征：性格外向，易急躁。

发病倾向：易患便秘、燥证、消渴等病；感邪易从热化。

对外界环境适应能力：耐冬不耐夏；不耐受暑、热、燥邪。

5. 痰湿质

总体特征：痰湿凝聚，以形体肥胖、腹部肥满、口黏苔腻等表现为主要特征。

形体特征：体形肥胖，腹部肥满松软。

常见表现：面部皮肤油脂较多，多汗且黏，胸闷，痰多，口黏腻或甜，喜食肥甘甜黏，苔腻，脉滑。

心理特征：性格温和、稳重，善于忍耐。

发病倾向：易患鼾症、中风、胸痹等病。

对外界环境适应能力：对梅雨季节及湿重环境适应能力差。

6. 湿热质

总体特征：湿热内蕴，以面垢油光、口苦、苔黄腻等表现为主要特征。

形体特征：形体中等或偏瘦。

常见表现：面垢油光，口苦口中异味，身重困倦，大便黏滞不畅，小便短黄，男性易阴囊潮湿，女性易带下发黄，舌质偏红，苔黄腻，脉滑数。

心理特征：性格多变，易烦恼。

发病倾向：易患皮肤湿疹、疮疖、口疮、黄疸等病。

对外界环境适应能力：对夏末秋初湿热气候，湿重或气温偏高环境较难适应。

7. 血瘀质

总体特征：血行不畅，以肤色晦黯、舌质紫黯等表现为主要特征。

形体特征：胖瘦均见。

常见表现：肤色、目眶晦黯，色素沉着，容易出现瘀斑，肢体麻木，好卧，口唇黯淡，舌黯或有瘀点，舌下络脉紫黯或增粗，脉涩。

心理特征：性格偏浮躁，易健忘。

发病倾向：易患胸痹、癥瘕及痛证、血证等。

对外界环境适应能力：不耐受寒邪。

8. 气郁质

总体特征：气机郁滞，以神情抑郁、紧张焦虑等表现为主要特征。

形体特征：形体瘦者为多。

常见表现：神情抑郁，紧张焦虑，烦闷不乐，有孤独感，容易受到惊吓，舌淡红，苔薄白，脉弦。

心理特征：性格不稳定，敏感多虑。

发病倾向：易患不寐、郁证等。

对外界环境适应能力：对精神刺激适应能力较差；不适应阴雨天气。

9. 特禀质

总体特征：过敏体质者，禀赋不耐、异气外侵，以过敏反应等为主要特征；先天失常者为另一类特禀质，以禀赋异常为主要特征。

形体特征：过敏体质者一般无特殊；先天失常者或有畸形，或有生理缺陷。

常见表现：过敏体质者常见哮喘、风团、咽痒、鼻塞、喷嚏等；先天失常者患遗传性疾病者，有垂直遗传、先天性、家族性特征。

心理特征：随禀质不同情况各异。

发病倾向：过敏体质者易患哮喘、荨麻疹、过敏性鼻炎及药物过敏等；遗传疾病如血友病等。

对外界环境适应能力：适应能力差，如过敏体质者对季节变化、异气外侵适应能力差，易引发宿疾。

附录 2 老年人中医药健康管理服务记录表

姓名：　　　　　　　　编号：□□□-□□□□□

请根据近一年的体验和感觉，回答以下问题。

问题	没有（根本不/从来没有）	很少（有一点/偶尔）	有时（有些时间）	经常（相当多时间）	总是（非常/每天）
（1）您精力充沛吗？（指精神头足，乐于做事）	1	2	3	4	5
（2）您容易疲乏吗？（指体力如何，是否稍微活动一下或做一点家务劳动就感到累）	1	2	3	4	5
（3）您容易气短，呼吸短促，接不上气吗？	1	2	3	4	5
（4）您说话声音低弱无力吗？（指说话没有力气）	1	2	3	4	5
（5）您感到闷闷不乐、情绪低沉吗？（指心情不愉快，情绪低落）	1	2	3	4	5
（6）您容易精神紧张、焦虑不安吗？（指遇事是否心情紧张）	1	2	3	4	5
（7）您因为生活状态改变而感到孤独、失落吗？	1	2	3	4	5
（8）您容易感到害怕或受到惊吓吗？	1	2	3	4	5
（9）您感到身体超重不轻松吗？（感觉身体沉重）[BMI 指数=体重（kg）/身高（m）^{2}]	1（BMI $<24kg/m^2$）	2（$24kg/m^2$ ≤BMI $<25kg/m^2$）	3（$25kg/m^2$ ≤BMI $<26kg/m^2$）	4（$26kg/m^2$ ≤BMI $<28kg/m^2$）	5（BMI $\geq28kg/m^2$）
（10）您眼睛干涩吗？	1	2	3	4	5
（11）您手脚发凉吗？（不包含因周围温度低或穿的少导致的手脚发冷）	1	2	3	4	5

续表

请根据近一年的体验和感觉，回答以下问题。	没有（根本不/从来没有）	很少（有一点/偶尔）	有时（有些/少数时间）	经常（相当/多数时间）	总是（非常/每天）
(12) 您胃脘部、背部或腰膝部怕冷吗？（指上腹部、背部、腰部或膝关节等，有一处或多处怕冷）	1	2	3	4	5
(13) 您比一般人耐受不了寒冷吗？（指比别人容易害怕冬天或是夏天的冷空调、电扇等）	1	2	3	4	5
(14) 您容易患感冒吗？（指每年感冒的次数）	1 一年<2次	2 一年感冒2~4次	3 一年感冒5~6次	4 一年8次以上	5 几乎每月
(15) 您没有感冒时也会鼻塞、流鼻涕吗？	1	2	3	4	5
(16) 您有口黏口腻，或睡眠打鼾吗？	1	2	3	4	5
(17) 您容易过敏（对药物、食物、气味、花粉或在季节交替、气候变化时）吗？	1 从来没有	2 一年1~2次	3 一年3~4次	4 一年5~6次	5 每次遇到上述原因都过敏
(18) 您的皮肤容易起荨麻疹吗？（包括风团、风疹块、风疙瘩）	1	2	3	4	5
(19) 您的皮肤在不知不觉中会出现青紫瘀斑、皮下出血吗？（指皮肤在没有外伤的情况下出现青紫色的一块一块的情况）	1	2	3	4	5
(20) 您的皮肤一抓就红，并出现抓痕吗？（指被指甲或钝物划过后皮肤的反应）	1	2	3	4	5
(21) 您皮肤或口唇干吗？	1	2	3	4	5
(22) 您有皮肤麻木或固定部位疼痛的感觉吗？	1	2	3	4	5

续表

请根据近一年的体验和感觉，回答以下问题。	没有（根本不/从来没有）	很少（有一点/偶尔）	有时（有些/少数时间）	经常（相当/多数时间）	总是（非常/每天）
（23）您面部或鼻部有油腻感或者发光吗？（指脸上或鼻子）	1	2	3	4	5
（24）您面色或目眶晦黯，或出现褐色斑块/斑点吗？	1	2	3	4	5
（25）您有皮肤湿疹、疮疖吗？	1	2	3	4	5
（26）您感到口干咽燥、总想喝水吗？	1	2	3	4	5
（27）您感到口苦或嘴里有异味吗？（指口苦或口臭）	1	2	3	4	5
（28）您腹部肥大吗？（指腹部脂肪肥厚）	1（腹围<80cm, 小于2.4尺）	2（腹围 80~85cm, 2.4~2.55尺）	3（腹围 86~90cm, 2.56~2.7尺）	4（腹围 91~105cm, 2.71~3.15尺）	5（腹围>105cm, 大于3.15尺）
（29）您吃（喝）凉的东西会感到不舒服或者怕吃（喝）凉的东西吗？（指不喜欢吃凉的食物，或吃了凉的食物后会不舒服）	1	2	3	4	5
（30）您有大便黏滞不爽、解不尽的感觉吗？（大便容易粘在马桶或便坑壁上）	1	2	3	4	5
（31）您容易大便干燥吗？	1	2	3	4	5
（32）您舌苔厚腻或有舌苔厚的感觉吗？（如果自我感觉不清楚是可由调查员观察后填写）	1	2	3	4	5
（33）您舌下静脉瘀紫或增粗吗？（可由调查员辅助观察后填写）	1	2	3	4	5

续表

体质类型	气虚质	阳虚质	阴虚质	痰湿质	湿热质	血瘀质	气郁质	特禀质	平和质
体质辨识	1. 得分 2. 是 3. 倾向是	1. 得分 2. 是 3. 倾向是	1. 得分 2. 是 3. 倾向是	1. 得分 2. 是 3. 倾向是	1. 得分 2. 是 3. 倾向是	1. 得分 2. 是 3. 倾向是	1. 得分 2. 是 3. 倾向是	1. 得分 2. 是 3. 倾向是	1. 得分 2. 是 3. 基本是
中医药保健指导	1. 情志调摄 2. 饮食调养 3. 起居调摄 4. 运动保健 5. 穴位保健 6. 其他:	1. 情志调摄 2. 饮食调养 3. 起居调摄 4. 运动保健 5. 穴位保健 6. 其他:	1. 情志调摄 2. 饮食调养 3. 起居调摄 4. 运动保健 5. 穴位保健 6. 其他:	1. 情志调摄 2. 饮食调养 3. 起居调摄 4. 运动保健 5. 穴位保健 6. 其他:	1. 情志调摄 2. 饮食调养 3. 起居调摄 4. 运动保健 5. 穴位保健 6. 其他:	1. 情志调摄 2. 饮食调养 3. 起居调摄 4. 运动保健 5. 穴位保健 6. 其他:	1. 情志调摄 2. 饮食调养 3. 起居调摄 4. 运动保健 5. 穴位保健 6. 其他:	1. 情志调摄 2. 饮食调养 3. 起居调摄 4. 运动保健 5. 穴位保健 6. 其他:	1. 情志调摄 2. 饮食调养 3. 起居调摄 4. 运动保健 5. 穴位保健 6. 其他:

填表日期　　年　月　日　　　　医生签名

中英文名词对照索引

参考文献

［1］姜丽萍. 社区护理学［M］. 5版. 北京：人民卫生出版社，2022.

［2］毛萌，江帆. 儿童保健学［M］. 4版. 北京：人民卫生出版社，2020.

［3］黄荷凤，陈子江. 生殖医学［M］. 北京：人民卫生出版社，2021.

［4］杨树旺，汤世明，张玲，等. 严重精神障碍患者健康管理指南［M］. 武汉：武汉大学出版社，2023.

［5］迪唐纳. 正念疗法［M］. 郭书彩，范青，陆璐，等译. 北京：人民邮电出版社，2021.

［6］黄悦勤. 中国精神卫生调查精神障碍患病率及其分布［M］. 北京：北京大学医学出版社，2022.

［7］朱凤才，沈孝兵. 公共卫生应急：理论与实践［M］. 南京：东南大学出版社，2017.

［8］耿兴义，刘仲，崔永学，等. 公共卫生应急处置（案例版）［M］. 济南：山东大学出版社，2024.

［9］薛其韵，沈梦莲，谢飒飒，等. 数字化技术在社区老年营养健康管理中的应用和展望［J］. 保健医学研究与实践，2023，20（10）：7-13.

［10］任裕海. 跨文化能力的伦理维度［J］. 南京社会科学，2007（10）：98-102.

［11］赵燕利，李莹莹，李秋芳，等. 复杂干预的开发与评价：2021年英国医学研究委员会框架更新解读［J］. 中国循证医学杂志，2023，23（02）：125-132.

［12］褚红玲，曾琳，赵一鸣，等. 复杂干预研究的过程评价指南解读［J］. 中国循证医学杂志，2020，20（11）：1353-1358.

［13］郑萍，刘宁. 实施性研究的方法学综述［J］. 护理学报，2022，29（11）：47-52.

［14］孙晓敏，车碧众，苟波，等. 中国居民运动减重专家共识［J］. 中国预防医学杂志，2024，25（04）：395-405.

［15］中国营养学会肥胖防控分会，中国营养学会临床营养分会，中华预防医学会行为健康分会，等. 中国居民肥胖防治专家共识［J］. 中国预防医学杂志，2022，23（05）：321-339.

［16］郭红玉，孙雪. 家庭健康对话在家庭护理中的研究进展［J］. 护理学杂志，2024，39（01）：121-125.

［17］何兴月，杨辉，曹慧丽. 脑卒中患者家庭护理循证实践方案的构建［J］. 护理学杂志，2021，36（20）：5-9.

［18］国家卫生健康委办公厅. 国家卫生健康委办公厅关于印发近视防治指南（2024年版）的通知［EB/OL］.（2024-05-17）［2024-05-31］. http://www.nhc.gov.cn/yzygj/s7653/202405/b6edbd0bf3a64ecc8cef30d72f80ed9e.shtml.

［19］任泽平. 中国老龄化报告［J］. 发展研究，2023，40（02）：22-30.

［20］艾婷芳，李剑虹. 我国"互联网＋"慢性病管理的应用进展及思考［J］. 中国慢性病预防与控制，2024，32（02）：142-146.

［21］查雨欣，邓颖，何君，等. 四川省3.6万成年居民健康生活方式遵循情况［J］. 中华疾病控制杂志，2024，28（06）：657-663.

［22］黄雨滟，黄厚强，陈佩云，等．预防和控制流感在养老院暴发管理的最佳证据总结［J］．中国全科医学，2021，24（15）：1867-1873.

［23］王琦．中医体质学运用复杂系统科学思维解码生命科学［J］．北京中医药大学学报，2023，46（07）：889-896.

［24］徐健，戴芳芳，潘文雷，等．"健康中国"背景下我国社区中医药服务研究热点和前沿趋势的可视化分析［J］．中国全科医学，2023，26（34）：4343-4350.

［25］吴浩，刘新颖，张世红，等．"互联网＋社区卫生健康管理服务"标准化建设指南（二期）［J］．中国全科医学，2018，21（16）：1891-1909.

［26］黄聪，谌永毅，刘翔宇，等．移动医疗在护理领域的应用进展［J］．中华护理杂志，2019，54（08）：1264-1269.

［27］MONTERO-ODASSO M, VAN DER VELDE N, MARTIN F C, et al. World guidelines for falls prevention and management for older adults: a global initiative[J]. Age and ageing, 2022, 51(09): afac205.

［28］XIAO L D, WANG J, RATCLIFFE J, et al. A nurse-led multicentre randomized controlled trial on effectiveness and cost-effectiveness of Chinese iSupport for dementia program: A study protocol[J]. Journal of advanced nursing, 2022, 78(05): 1524-1533.

［29］BUSEBAIA T J A, THOMPSON J, FAIRBROTHER H, et al. The role of family in supporting adherence to diabetes self-care management practices: An umbrella review[J]. Journal of advanced nursing, 2023, 79(10): 3652-3677.

［30］WANG Y, LI N, CHEN L, et al. Guidelines, consensus statements, and standards for the use of artificial intelligence in medicine: systematic review[J]. Journal of medical Internet research, 2023, 25: e46089.